9783801204549-9

WILLY BRANDT
Berliner Ausgabe

WILLY BRANDT
# Berliner Ausgabe
Herausgegeben von
HELGA GREBING, GREGOR SCHÖLLGEN
und HEINRICH AUGUST WINKLER
Im Auftrag der
Bundeskanzler-Willy-Brandt-Stiftung

BAND 1:
Hitler ist nicht Deutschland.
Jugend in Lübeck – Exil in Norwegen 1928 – 1940
BAND 2:
Zwei Vaterländer.
Deutsch-Norweger im schwedischen Exil –
Rückkehr nach Deutschland 1940 – 1947
BAND 3:
Berlin bleibt frei.
Politik in und für Berlin 1947 – 1966
BAND 4:
Auf dem Weg nach vorn.
Willy Brandt und die SPD 1947 – 1972
BAND 5:
Die Partei der Freiheit.
Willy Brandt und die SPD 1972 – 1992
BAND 6:
Ein Volk der guten Nachbarn.
Außen- und Deutschlandpolitik 1966 – 1974
BAND 7:
Mehr Demokratie wagen.
Innen- und Gesellschaftspolitik 1966 – 1974
BAND 8:
Über Europa hinaus.
Dritte Welt und Sozialistische Internationale
BAND 9:
Die Entspannung unzerstörbar machen.
Internationale Beziehungen und deutsche Frage 1974 – 1982
BAND 10:
Gemeinsame Sicherheit.
Internationale Beziehungen und deutsche Frage 1982 – 1992

WILLY BRANDT
# Berliner Ausgabe
BAND 9
Die Entspannung unzerstörbar machen
Internationale Beziehungen und deutsche Frage
1974 – 1982

Bearbeitet von
FRANK FISCHER

Verlag J.H.W. Dietz Nachf. GmbH

Die Bundeskanzler-Willy-Brandt-Stiftung bedankt sich für die groß-
zügige finanzielle Unterstützung der gesamten Berliner Ausgabe bei:
Frau Ursula Katz, Northbrook, Illinois
Alfried Krupp von Bohlen und Halbach-Stiftung, Essen
Otto Wolff von Amerongen-Stiftung, Köln
Stiftungsfonds Deutsche Bank im Stifterverband für die Deutsche Wissenschaft e. V., Essen
Stiftung Deutsche Klassenlotterie Berlin
Deutsche Druck- und Verlagsgesellschaft mbH, Hamburg
Bankgesellschaft Berlin AG
Herlitz AG, Berlin
Metro AG, Köln
Schering AG, Berlin

**Bibliografische Information Der Deutschen Bibliothek**
Die Deutsche Bibliothek verzeichnet diese Publikation
in der Deutschen Nationalbibliografie;
dataillierte bibliografische Daten sind im Internet über
http://dnb.ddb.de abrufbar.

ISBN 3-8012-0309-3

© Copyright der deutschsprachigen Ausgabe
Verlag J.H.W. Dietz Nachfolger GmbH, Bonn
© Copyright für alle übrigen Sprachen
Bundeskanzler-Willy-Brandt-Stiftung, Berlin
Lektorat: Dr. Heiner Lindner
Umschlag und Layout-Konzept:
Groothuis & Consorten, Hamburg
Satz: Medienhaus Froitzheim AG, Bonn, Berlin
Druck und Verarbeitung: Ebner + Spiegel, Ulm
Printed in Germany 2003

# Inhalt

Willy Brandt – Stationen seines Lebens     7

Vorwort der Herausgeber     11

FRANK FISCHER
Einleitung
„Die Entspannung unzerstörbar machen"
Internationale Beziehungen und deutsche Frage 1974 – 1982     15

Verzeichnis der Dokumente     79

Dokumente     87

Anmerkungen     389

Anhang
  Quellen- und Literaturverzeichnis     450
  Abkürzungsverzeichnis     458
  Editionsgrundsätze     463
  Personenregister     468
  Sachregister     484
  Bildnachweis     498
  Angaben zum Bearbeiter und zu den Herausgebern     500

Willy Brandt – Stationen seines Lebens

| | |
|---|---|
| 1913 | Am 18. Dezember in Lübeck als Herbert Ernst Karl Frahm geboren |
| 1929 | Mitglied der Sozialistischen Arbeiterjugend (SAJ) in Lübeck |
| 1930 | Eintritt in die SPD |
| 1931 | Wechsel zur Sozialistischen Arbeiterpartei Deutschlands (SAP); Vorsitzender ihres Jugendverbandes in der Hansestadt |
| 1932 | Abitur am Lübecker Reform-Gymnasium „Johanneum" |
| 1933–1940 | Exil in Norwegen; unter dem Namen Willy Brandt Widerstand gegen das NS-Regime; Mitglied der Exil-Leitung des SAP-Jugendverbandes und des Internationalen Büros revolutionärer Jugendorganisationen; seit 1939 Koordinator für Inlandsarbeit der SAP; zum „Federführenden" der SAP während des Krieges ernannt; umfangreiche journalistische und publizistische Tätigkeit |
| 1936 | Illegaler Aufenthalt in Berlin |
| 1937 | Beauftragter der SAP im Spanischen Bürgerkrieg |
| 1938 | Ausbürgerung durch die Nationalsozialisten |
| 1939 | Sekretär der norwegischen Volkshilfe |
| 1940 | Flucht ins Exil nach Schweden; norwegische Staatsbürgerschaft; umfangreiche publizistische Tätigkeit für den norwegischen Widerstand |
| 1942–1945 | Sekretär der „Kleinen Internationale" in Stockholm |
| 1944 | Eintritt in die Landesgruppe deutscher Sozialdemokraten in Schweden; Verbindungen zur Widerstandsgruppe des 20. Juli |
| 1945 | Nach Kriegsende Rückkehr nach Oslo |

| | |
|---|---|
| 1945–1946 | Berichterstatter für skandinavische Zeitungen aus Deutschland, u. a. über das Internationale Kriegsverbrechertribunal in Nürnberg |
| 1947 | Presseattaché an der norwegischen Militärmission in Berlin |
| 1948 | Vertreter des SPD-Parteivorstandes in Berlin; Wiedereinbürgerung |
| 1949–1957, 1961 | Vertreter Berlins im Deutschen Bundestag |
| 1950–1969 | Mitglied des Berliner Abgeordnetenhauses |
| 1954–1958 | Stellvertretender Landesvorsitzender der Berliner SPD |
| 1955–1957 | Präsident des Berliner Abgeordnetenhauses |
| 1957–1966 | Regierender Bürgermeister von Berlin |
| 1957–1958 | Vorsitzender des Bundesrats |
| 1958–1963 | Präsident des Deutschen Städtetages |
| 1958–1964 | Vorsitzender des Berliner Landesverbandes der SPD |
| 1958–1992 | Mitglied des Parteivorstandes der SPD |
| 1960, 1964, 1969 | Nominierung zum Kanzlerkandidaten der SPD |
| 1962–1964 | Stellvertretender Vorsitzender der SPD |
| 1964–1987 | Vorsitzender der SPD |
| 1966–1969 | Bundesminister des Auswärtigen und Vizekanzler in der Großen Koalition aus CDU/CSU und SPD |
| 1966–1976 | Vizepräsident der Sozialistischen Internationale |
| 1969–1992 | Mitglied des Deutschen Bundestages |
| 1969 | Wahl zum Bundeskanzler und Beginn der sozial-liberalen Ära |
| 1970 | Erste deutsch-deutsche Gipfeltreffen in Erfurt und Kassel; Unterzeichnung des Moskauer und des Warschauer Vertrages; Wahl zum „Mann des Jahres" durch „Time" (USA) und „L'Express" (Frankreich) |
| 1971 | Verleihung des Friedensnobelpreises; Ehrenbürger von Berlin |

| | |
|---|---|
| 1972 | Erfolgloses Misstrauensvotum der CDU/CSU gegen den Bundeskanzler; Sieg der SPD bei den vorgezogenen Wahlen zum Deutschen Bundestag; Wiederwahl zum Bundeskanzler; Ehrenbürger von Lübeck |
| 1973 | Inkrafttreten des Grundlagenvertrages; Beitritt beider deutscher Staaten zu den Vereinten Nationen; Unterzeichnung des Prager Vertrages |
| 1974 | Rücktritt vom Amt des Bundeskanzlers |
| 1976–1992 | Präsident der Sozialistischen Internationale |
| 1977–1983 | Vorsitzender der Nord-Süd-Kommission |
| 1979–1983 | Mitglied des Europäischen Parlaments |
| 1983, 1987 | Alterspräsident des Deutschen Bundestages |
| 1985 | Auszeichnung mit dem Albert-Einstein-Friedenspreis |
| 1987–1992 | Ehrenvorsitzender der SPD |
| 1990 | Ehrenvorsitzender der SPD in der DDR; Alterspräsident des ersten gesamtdeutschen Bundestages |
| 1991 | Auf Antrag Brandts und anderer Entscheidung des Deutschen Bundestages für Berlin als Sitz von Regierung und Parlament |
| 1992 | Am 8. Oktober in Unkel bei Bonn verstorben |

## Vorwort der Herausgeber

Willy Brandt zählt zu den großen Persönlichkeiten und bedeutenden Staatsmännern des 20. Jahrhunderts. Sein Name ist untrennbar verbunden mit der Sicherung des Friedens, der Verteidigung der Freiheit und dem unablässigen Bemühen um mehr soziale Gerechtigkeit. Seine Entwicklung vom jungen Linkssozialisten, den seine politische Überzeugung und der Kampf gegen die nationalsozialistische Diktatur in die Emigration führte, zum Regierenden Bürgermeister von Berlin, Vorsitzenden der SPD und später der Sozialistischen Internationale sowie zum Außenminister und Bundeskanzler der Bundesrepublik Deutschland ist eine der bemerkenswertesten Politikerkarrieren des 20. Jahrhunderts.

Die durch den Deutschen Bundestag 1994 ins Leben gerufene Bundeskanzler-Willy-Brandt-Stiftung, in deren Auftrag die Herausgeber die Berliner Ausgabe vorlegen, will mit dieser Edition die Bedeutung Willy Brandts für die Geschichte des 20. Jahrhunderts dokumentieren und einer breiten historisch-politisch interessierten Öffentlichkeit zugänglich machen. An diesem Zweck orientiert sich die auf zehn Bände angelegte Auswahl wichtiger Reden, Artikel und Briefe Willy Brandts.

Die Berliner Ausgabe wird jene innenpolitischen Weichenstellungen beleuchten, die wesentlich von Willy Brandt herbeigeführt wurden. Sie wird zugleich deutlich machen, dass sein vorrangiges politisches Interesse nicht erst seit seinen Berliner Tagen im Bereich der Deutschland- und Außenpolitik lag. Das Augenmerk der Dokumentation gilt weiter dem Parteiführer, der die SPD in ihrer Binnenstruktur modernisierte und einem neuen Denken öffnete, ihr neue Wählerschichten erschloss und später Ansehen und Gewicht der Sozialistischen Internationale, nicht zuletzt in den Ländern der „Dritten Welt", beträchtlich erhöhte. Immer wieder wird offenkundig, dass es bei Willy Brandt beides gibt: bemerkenswerte Konstanten seines Denkens und Handelns und zugleich ein hohes Maß an Flexibilität gegenüber konkreten zeitbedingten Anforderungen sowie die Fähigkeit zur Korrektur der eigenen Politik angesichts neuer Herausforderungen.

Willy Brandt beherrschte die unterschiedlichen Formen und Instrumente der politischen Meinungs- und Willensbildung gleichermaßen souverän. Große Reden auf Parteitagen, auf Marktplätzen, in Versammlungslokalen und Festhallen stehen neben Ansprachen vor einem intellektuellen Publikum und Zeitschriftenaufsätzen; kurze Briefe neben umfassenden grundsätzlichen Äußerungen, Radio- und Fernsehkommentare neben großen Büchern; konzentrierte und gezielte Diskussionsbemerkungen neben knappen, seinerzeit manchmal kaum wahrgenommenen Einmischungen in politische Entscheidungsprozesse. All das werden die Bände widerspiegeln.

Wie nur wenige deutsche Politiker im 20. Jahrhundert hat Willy Brandt nach dem Zusammenbruch der nationalsozialistischen Herrschaft das Weltgeschehen nicht nur beeinflusst, sondern entscheidend mitgestaltet. Er fühlte sich verpflichtet, sich der Last der deutschen Vergangenheit persönlich zu stellen, was ihm neben Anerkennung auch viel Anfeindung eintrug. Bis in die siebziger Jahre musste er sich politischer Diffamierung erwehren, die ihm als Emigranten und Widerstandskämpfer gegen den Nationalsozialismus galten. Auch dies werden die Bände belegen.

Maßgebliche Fundstellen für die Berliner Ausgabe sind der umfangreiche Nachlass im Willy-Brandt-Archiv im Archiv der sozialen Demokratie der Friedrich-Ebert-Stiftung sowie Parallelüberlieferungen im Archiv der sozialen Demokratie – wie SPD-Parteivorstandsakten, Deposita und Nachlässe anderer Politiker. Hinzu kommen zahlreiche einschlägige Bestände von Archiven, Bibliotheken und Stiftungen, wie diejenigen des Bundesarchivs, und natürlich Publikationen Willy Brandts. Jedem der zehn Bände ist eine umfangreiche Einleitung vorangestellt, in der die Texte in den historischen Zusammenhang eingeordnet und kritisch gewürdigt werden. Jeder Band hat einen Umfang von etwa 500 Druckseiten einschließlich eines Personen- und Sachregisters.

Die Berliner Ausgabe will ein facettenreiches Bild vom Leben und Werk Willy Brandts vermitteln. Die Herausgeber hoffen, dass es auf diese Weise gelingt, die Erinnerung an den bedeutenden Politiker und Staatsmann lebendig zu halten. Sie sind davon überzeugt, dass sein Denken und Wirken tiefe Spuren hinterlassen haben und auch unter den veränderten Bedingungen des 21. Jahrhunderts die politische Entwicklung beeinflussen.

Für die unverzichtbare und kollegiale Zusammenarbeit wissen sich die Herausgeber dem Leiter des Historischen Forschungszentrums der Friedrich-Ebert-Stiftung, Herrn Prof. Dr. Dieter Dowe, und dem Vorsitzenden des Vorstandes der Bundeskanzler-Willy-Brandt-Stiftung, Herrn Dr. Gerhard Groß, zu besonderem Dank verpflichtet.

Prof. Dr. Helga Grebing  
Prof. Dr. Gregor Schöllgen  
Prof. Dr. Heinrich August Winkler

FRANK FISCHER

Einleitung

"Die Entspannung unzerstörbar machen"
Internationale Beziehungen und deutsche Frage 1974–1982

> "Also, was ich will, wenn Sie danach fragen – bloß danach fragt die Welt der Mächtigen nicht viel –: Ich möchte, daß wir von diesem Wahnsinn des Wettrüstens wegkommen."[1]
>
> Willy Brandt

Der jähe Abschied von der politischen Macht am 6. Mai 1974 war für Willy Brandt der Tiefpunkt seiner Karriere. Gewiss, Rückschläge und Niederlagen hatte er auch vorher hinnehmen müssen: bei seinen vergeblichen Versuchen, in den Parteivorstand der SPD gewählt zu werden – erst der dritte Anlauf führte im Mai 1958 zum Ziel –, oder bei den erfolglosen Spitzenkandidaturen für die Bundestagswahlen der Jahre 1961 und 1965.[2]
Der Rücktritt vom Amt des Bundeskanzlers jedoch hatte eine völlig neue Dimension.[3] Im Gegensatz zu früheren Misserfolgen ließ er sich nicht mehr als Rückschlag in der Vita eines politischen Aufsteigers deuten, wohl aber als Ende eines bedeutenden, von Krisen geprägten Abschnitts des politischen Lebens Willy Brandts, der mit der vorgezogenen Bundestagswahl vom 19. November 1972 begonnen hatte. Nach dem missglückten Misstrauensvotum der Unionsfraktion und dem von der Mehrheit des Parlaments abgelehnten Haushalt des Kanzleramts hatte Brandt ein letztes Mal die Flucht nach vorn angetreten, die Vertrauensfrage gestellt, Neuwahlen angesteuert. Der Erfolg gab ihm recht, mit 45,8 % der Stimmen erreichte die SPD mit Willy Brandt einen historischen Wahlsieg. Der Kanzler stand im Zenit, die Partei war siegesbewusst und voller Zuversicht.[4]

Der triumphale Höhepunkt war zugleich der Scheitelpunkt der Karriere Willy Brandts als Bundespolitiker. „Von nun an ging's bergab"[5], konstatierte Egon Bahr, ein „Sieg zerrinnt"[6], bilanzierte Willy Brandt. Im schrillen Crescendo einer teils selbst-, teils fremdverschuldeten Fehlerserie ging nicht nur der Wahlsieg, sondern auch der Wahlsieger unter. „Die Luft, die ich atmete, war dünn geworden"[7], beschrieb er seinen sechzigsten Geburtstag im Dezember 1973: Ölkrise, Rezession, Tarifkonflikte, zusätzlich gesundheitliche Malaisen, die Brandt schwer zu schaffen machten. Und dann Guillaume. Ermittler wühlten im Privatleben des Kanzlers, zerrten amouröse Details, tatsächliche und vermeintliche, ans Licht. Brandt konnte nicht mehr, wollte nicht mehr. „Ich bleibe in der Politik, aber die jetzige Last muss ich loswerden"[8], hieß es im persönlichen Begleitschreiben, das der scheidende Kanzler seinem Rücktrittsgesuch an Bundespräsident Gustav Heinemann beifügte. Kein Zweifel: In der Rückschau ist dieser 6. Mai 1974 die tiefste Zäsur in der politischen Biographie Willy Brandts. Es gibt in der Geschichte kaum Beispiele, die der scheinbaren Endgültigkeit eines solchen Absturzes widersprechen.

Im Falle Willy Brandts allerdings, und davon handeln die 79 Dokumente dieses Bandes der Berliner Ausgabe, geschah etwas ganz und gar Ungewöhnliches. Die hier in den Blick zu nehmenden knapp achteinhalb Jahre vom Sturz des ersten sozialdemokratischen Kanzlers der Bundesrepublik bis zum Bruch der sozial-liberalen Koalition am 17. September 1982 und dem Ende der Kanzlerschaft Helmut Schmidts am 1. Oktober 1982 enthalten auch die Stationen eines verblüffenden Comebacks: Brandts Rückkehr schien sich in einem ähnlich furiosen Tempo wie sein Absturz zu vollziehen. Er habe „fast nie einen erlebt", so schrieb ihm Ende 1975 mit Rudolf Augstein einer seiner ausdauerndsten journalistischen Wegbegleiter, „der sich aus solch tragischem They never come back so souverän und erfolgreich erhoben"[9] habe. Wie war das möglich?

Brandt hatte mit den Begleit- und Folgeerscheinungen des Machtverlusts zumindest ebenso zu kämpfen wie all seine Vorgänger und Nachfolger im Amt des Bundeskanzlers. In immer neuen Anläufen suchte er die Ursachen und Hintergründe seines Scheiterns auszuleuchten; witterte allenthalben Abgründe von Illoyalität, Intrigen und Verrat. Diese Vorstellung wurde geradezu zu einem lebenslangen Trauma, welches die dunkle Innenseite der äußerlich strahlenden Wiederkehr Brandts auf die politische Bühne bildete. „Leicht war die Zeit nicht, die dem Rücktritt folgte", gestand Brandt später. „Wie hätte ich es anders erwarten können! Die Last blieb schwer, doch wer sie zu tragen nicht bereit ist, sollte dem politischen Geschäft entsagen."[10] Im Dezember 1975 schrieb er an Rudolf Augstein: „Wie viel habe ich nicht in meinem Leben schon durchstreichen müssen! In den letzten zwei Jahren habe ich mich auf verschiedene Weise wehren müssen, gegen mich selbst und andere; sonst wäre ich untergegangen."[11]

Zum Aktivposten für die Bewältigung der Krise nach der Krise wurde für ihn das Amt des Parteivorsitzenden. In den letzten Maitagen des Jahres 1974 – der schlimmste Monat seiner politischen Karriere neigte sich dem Ende zu – verfasste er einen Artikel für *Die Neue Gesellschaft*.[12] Gedacht als Standortbestimmung der SPD, bezeugte er zugleich Brandts persönliche Suche nach Orientierung, Sinnstiftung und Selbstvergewisserung: „Eine politische Bewegung, die in ihrer Geschichte im ganzen gesehen so sicher ist wie die unsere, hält sich nicht allzu lange mit Rückblicken auf. Sie sieht und sie arbeitet nach vorn. Das gilt auch für ihren Vorsitzenden, der sich aus dem Palais Schaumburg [...] dorthin wandte, wo er immer zuhause war: ins Zentrum unseres sozialdemokratischen Lebens."[13]

Dort, nicht im Kanzleramt, wusste Brandt seine Wurzeln, seine politische Heimat; dort wie sonst nirgends schlugen ihm Zuneigung und Verehrung entgegen. Insofern war es ein Glücksfall, dass der neue Bundeskanzler Helmut Schmidt keine Ambitionen auf die Führung der Partei verspürte.[14] Führen hieß in diesem Falle integrieren und zusammenhalten, und in dieser Hinsicht kannte Helmut Schmidt seine Grenzen. Bei Willy Brandt wusste er die deutsche Sozialdemokratie in besseren Händen und gab sich – nicht ohne Erleichterung – mit einem der beiden Stellvertreterposten und der

Ämtertrennung zwischen Kanzlerschaft und Parteivorsitz zufrieden, die ihm erst in der Rückschau als verhängnisvoll erscheinen sollte.[15] Der Parteivorsitz bildete für Brandt das äußere Geländer, an dem er sich aus der Talsohle des Rücktritts herausarbeitete. Entscheidend aber war seine Persönlichkeit: die „Persönlichkeit Willy Brandts" habe den „Staatsmann Willy Brandt" geschaffen, analysierte mit Klaus von Dohnanyi einer seiner Weggefährten – „nicht etwa umgekehrt, wie sonst so oft in der Geschichte, wo erst das Amt die Person in Erscheinung treten ließ."[16]

In der Tat: Brandts Charisma und seine Glaubwürdigkeit wurzelten in seinem ausgeprägten Sinn für Freiheit und Toleranz, Gerechtigkeit und Solidarität und damit in Tugenden, zu deren Entfaltung es keines Amtes bedurfte. Die Bürde der Macht hatte ihm fast die Luft, seinen ureigenen Stärken die Wirkung genommen. Insofern kam der Machtverlust einer Befreiung gleich. „Wie wenig er des Kanzleramtes bedurfte, um politisch zu wirken, das erwies sich eben nach seinem Rücktritt 1974, als er noch einmal, nun nur noch er selbst, zu einer großen Figur der Weltpolitik wurde."[17]

## „Prinzip Zukunft": die Rückkehr Willy Brandts in die Weltpolitik

Am Anfang war, einmal mehr, die Partei. Den Zwängen der Tagespolitik entronnen, suchte und fand Brandt seine neue Aufgabe zunächst im programmatischen Ausloten der Inhalte und Ziele sozialdemokratischer Politik – „über den Tag hinaus", wie er es in dieser Zeit gern nannte. Unter diesem Titel legte er noch 1974 einen Erinnerungsband vor, den er ausdrücklich als „Zwischenbilanz"[18] verstanden wissen wollte. Im Übrigen gehe seine „Arbeit kontinuierlich weiter; wenn auch aus einer anders gefaßten Verantwortung heraus."[19] Von Ruhe und Erholung also keine Spur, zumindest in Brandts überfülltem Terminkalender bildete der 6. Mai 1974 keine Zäsur. Im Sommer 1974 beispielsweise absolvierte der Parteivorsitzende einen Marathon von 15 Arbeitskonferenzen, in deren Verlauf er mit sämtlichen Vorsitzenden der rund 10 000 SPD-Ortsvereine zusammentraf, um die Sorgen und Nöte der Parteibasis vor Ort zu

*Bundeskanzler a.D. Willy Brandt gratuliert im Deutschen Bundestag am 16. Mai 1974 seinem Nachfolger Helmut Schmidt zur Kanzlerwahl.*

erfragen. Zuzuhören, Probleme wahrzunehmen, zwischen divergierenden Meinungen und Strömungen zu vermitteln – das waren Brandts Stärken. Das immense Pensum betäubte zudem den Rücktrittsschmerz. „Beim Pflügen soll man nicht zurücksehen!"[20] Wenn der Parteivorsitzende seinem Publikum diese Maxime vortrug, dann wussten alle, wovon er sprach.

Der Auszug aus dem Palais Schaumburg kam jedoch nicht nur der Parteiarbeit zugute. Brandts enormes Renommee auf internationalem Parkett verblasste nicht – im Gegenteil. Zum einen reichten auch hier seine Wurzeln weit hinter die viereinhalbjährige Tätigkeit im Kanzleramt zurück. Zum anderen war er der Weltöffentlichkeit als Protagonist der Ostpolitik, als Entspannungspolitiker, als Friedensnobelpreisträger, mit einem Wort: als moralische Instanz präsent. Unter seiner Regie war gelungen, was vor dem

Hintergrund der jüngsten deutschen Geschichte – Hitlerregime, Zweiter Weltkrieg, Holocaust – als undenkbar gelten musste: die Begriffe Deutschland und Frieden auf einen Nenner zu bringen.[21]

Die Verträge von Moskau und Warschau, das Vier-Mächte-Abkommen, der Grundlagenvertrag mit der DDR, der Prager Vertrag standen für die Öffnung nach Osten und lieferten der schwierigen Aussöhnung der Deutschen mit ihren dortigen Nachbarn ein ausbaufähiges Fundament. Nach Lage der Dinge hatte die sozial-liberale Ostpolitik dabei ihren archimedischen Punkt in Moskau suchen müssen – denn ohne, gar gegen die sowjetische Hegemonialmacht ging nichts. Eine historische Leistung, die den auf Entspannung stehenden Zeitzeichen Rechnung trug und Konrad Adenauers Politik der Westintegration um den dringend erforderlichen Komplementärentwurf zum Osten hin ergänzte, ohne an der festen Verankerung der Bundesrepublik Deutschland im westlichen Bündnis zu rütteln.

Bereits 1968 hatte Brandt, damals Außenminister und Vizekanzler der Großen Koalition, die ostpolitische Marschroute – wenngleich mit der Einschränkung, dass dies ein langwieriger Weg sei und viele Schwierigkeiten aufgetürmt würden – wie folgt skizziert: Vom „vereinbarten Gewaltverzicht" führe sie über ein „garantiertes, ausgeglichenes europäisches Sicherheitssystem unter Beteiligung der beiden Weltmächte zu einer soliden und gerechten Friedensordnung für diesen Kontinent und damit auch zu einer Lösung der deutschen Fragen im Einverständnis mit den Deutschen und ihren Nachbarn."[22] Die bis 1974 erzielten Ergebnisse konnten sich mehr als sehen lassen.

Von einem europäischen Sicherheitssystem und einer kontinentalen Friedensordnung konnte jedoch noch keine Rede sein, von einer Lösung der deutschen Frage ganz zu schweigen. Schon 1973, erklärte Brandt in der Rückschau, habe er erkennen müssen, dass die Entspannungspolitik nicht so laufen werde, wie sie „1970, '71, '72 angelegt worden war; sondern daß sie ganz rasch wieder umkippte durch Entwicklungen in Washington und Moskau."[23]

Die Entspannung, wahlweise Détente, war als Kind der Supermächte und ihrer Einsicht in das nukleare Patt zur Welt gekommen.

Der Kalte Krieg konnte mit militärischen Mitteln nicht beendet werden, ein Drahtseilakt über dem atomaren Abgrund im Stile der Kubakrise des Oktobers 1962 durfte sich nicht wiederholen. Kooperation lautete das Gebot der Stunde, von dem sich beide Seiten viel versprachen. Der amerikanische Präsident Richard Nixon erhoffte sich die Einhegung des sowjetischen Macht- bzw. Nuklearpotenzials und die Überwindung des Vietnam-Traumas. Der sowjetische Staats- und Parteichef Leonid Breschnew stand ebenfalls unter Zugzwang, trieben ihn doch die im „Prager Frühling" 1968 aufbrechenden Erosionserscheinungen im eigenen Lager und der Beinahekrieg mit China in die Enge. Die von Nixon überraschend betriebene Öffnung der USA den Pekinger Kommunisten gegenüber tat vor diesem Hintergrund ein Übriges, um die sowjetische Kooperationsbereitschaft zu beschleunigen. Ein Modus vivendi mit den Amerikanern wurde aus sowjetischer Sicht Pflicht, zumal er westliches Know-how und Kapital ins Land zu bringen versprach: für die lahmende Planwirtschaft eine willkommene Aussicht. Sehnlicher noch wünschten die Kremlherrscher die endgültige Legitimierung des territorialen und politischen Status quo in Europa und damit der Ergebnisse des Zweiten Weltkrieges, am besten durch eine gesamteuropäische Konferenz großen Stils – notfalls auch unter Beteiligung der Vereinigten Staaten von Amerika.

In Bonn war die in Washington und Moskau auf den Weg gebrachte Entspannung mit Verspätung angekommen. Erst die sozialliberale Koalition unter Bundeskanzler Willy Brandt und Außenminister Walter Scheel hatte mit der Abkehr von der „Hallstein-Doktrin"[24], dem Bonner Alleinvertretungsanspruch gegenüber Ost-Berlin und dem Beharren auf der Vorfahrt der deutschen Einheit vor der europäischen Entspannung, die Hindernisse beseitigt.

Mit der Unterschrift unter den atomaren Nichtverbreitungsvertrag setzte Brandt 1969 das passende Signal; mit der faktischen Anerkennung der DDR als zweitem Staat „in Deutschland"[25] stellte er die richtigen Weichen. Die Entspannungspolitik der Supermächte rangierte nun *vor* dem Bonner Wunsch nach nationaler Einheit, der im Lager der westlichen Verbündeten zwar rhetorisch stets unterstützt, nie aber ernsthaft geteilt wurde. Willy Brandt hatte die Notwendigkeit erkannt, einen eigenen deutschen Entspannungsbeitrag durch die Ostpolitik zu leisten, die er später „aktive Friedenspolitik"[26] zu nennen vorzog. Ihr besonderer Reiz lag in der Annahme, dass Entspannung und deutsche Einheit womöglich zwei Seiten einer Medaille seien. „Wandel durch Annäherung"[27] hieß die hoffnungsfrohe Devise.

Ab 1975 geriet die Entspannungspolitik in schwieriges Fahrwasser. Was die Supermächte anging, so stand auf der Habenseite zwar das Moskauer SALT-Abkommen vom 26. Mai 1972, das die Anzahl der ABM-Systeme festschrieb und die quantitative Aufrüstung mit strategischen Nuklearraketen für fünf Jahre zumindest limitierte. Der Rüstungswettlauf ging trotzdem weiter, da die Modernisierung der Raketen, etwa durch die Ausstattung mit Mehrfachsprengköpfen, von den vertraglichen Regelungen nicht erfasst wurde. Das von Leonid Breschnew und Gerald Ford, Nixons Nachfolger im Weißen Haus, Ende 1974 erwogene, umfassendere SALT II-Abkommen kam vorerst nicht zustande, da beide Seiten ihre rüstungsstrategischen Ausgangspositionen noch auszubauen hofften.[28]

Unterdessen verfiel der gesamte amerikanisch-sowjetische Bilateralismus rapide. Das so genannte „Jackson-Vanik-Amendment" vom Oktober 1972 legte die Axt an die Handelsbeziehungen mit der Sowjetunion, indem es die Gewährung der von Nixon im Frühjahr 1972 bereits zugesagten Meistbegünstigungsklausel von einer Liberalisierung der Moskauer Auswanderungspolitik abhängig machte. Dies und das drastisch reduzierte amerikanische Kreditvolumen – gerade 300 Millionen $ bis Ende 1978 – veranlassten die enttäuschten Kremlherrscher am 11. Januar 1975 zur Aussetzung des Handelsabkommens von 1972.[29] Breschnews Vision von ökonomischen Mammutprojekten mit der technologisch potenten Welt des Kapitalismus war wie eine Seifenblase zerplatzt.

Der „Yom-Kippur"- oder vierte Nahostkrieg, der am 6. Oktober 1973 mit dem Überraschungsangriff Ägyptens und Syriens auf Israel begann, fand Moskau und Washington erwartungsgemäß an der Seite ihrer jeweiligen Klientel und damit in indirekter Konfrontation. Direkt aufeinander prallten die Interessen der beiden Supermächte in der Dritten Welt. Hier blies die Sowjetunion zur strategischen Offensive und setzte sich über das *quid pro quo* der Entspannung mit den USA hinweg: weltpolitische Zurückhaltung gegen die Anerkennung als ebenbürtige zweite Weltmacht.[30] Den Anfang machte die sowjetische Unterstützung der kubanischen Interventionstruppen in Angola, es folgten Engagements in Mosambik und Äthiopien. Der Kreml flankierte seine globale Macht- und Einflusssphärenpolitik mit massiven Aufrüstungsprogrammen. Die SALT-Verhandlungen gerieten ins Stocken, in den USA formierte sich die neokonservative Gegnerschaft von Détente und Rüstungskontrolle. Die Warnung des amerikanischen Außenministers Henry Kissinger, die Entspannung könne „kein weiteres Angola überleben"[31], verhallte. Die sowjetische Führung schien einer „Machtprobe"[32] entgegenzusteuern.

Auf der zweiten Ebene der Entspannung, den innerdeutschen Beziehungen, verhärteten sich ebenfalls die Fronten. Die Rechnung der DDR-Führung war auf den ersten Blick aufgegangen – nach der faktischen Anerkennung durch die Bundesrepublik, dem deutschdeutschen Grundlagenvertrag vom 21. Dezember 1972 und der gleichzeitigen Aufnahme beider deutscher Staaten in die UNO am 18. September 1973 stand dem Entree in die internationale Staatengemeinschaft nichts mehr im Wege. Am 4. September 1974 erreichte die Anerkennungswelle einen ersten Höhepunkt – die DDR und die Vereinigten Staaten von Amerika nahmen diplomatische Beziehungen auf.

Nach ihrem vermeintlichen weltpolitischen Prestigegewinn schaltete die SED-Spitze sofort wieder auf Abgrenzung, insbesondere in den für Bonn so wichtigen humanitären und praktischen Problemfeldern des Reiseverkehrs, der Familienzusammenführung und des Informationsaustausches. Ende September 1974 verfügten die Machthaber zudem die Tilgung aller gesamtdeutschen Bezüge in der Verfassung der DDR. Keine Frage: „normale gutnachbarliche Beziehungen"[33], wie sie der Artikel 1 des Grundlagenvertrages in Aussicht stellte, sahen anders aus.

Gegenwind erhielt die Ostpolitik zudem durch die teilweise veränderte Bewertung ihrer Bedeutung durch die Bundesregierung und Vertreter des Parlaments. Nach dem Amtsantritt Helmut Schmidts am 16. Mai 1974 hatte sich der SPD-Fraktionsvorsitzende und Brandt-Kritiker Herbert Wehner als eine Art deutschlandpolitischer „Mentor des neuen Kanzlers"[34] profiliert und den Brandt-Vertrauten und Unterhändler des Grundlagenvertrages, Egon Bahr, vollends aus der Deutschlandpolitik verdrängt. Bahrs Rezept eines „Wandels durch Annäherung" hatte Wehner stets als „Narretei" empfunden und diese Meinung auch Erich Honecker, dem neuen starken Mann in Ost-Berlin, nicht vorenthalten.[35] Wehner verbanden mit Honecker gemeinsame Vorkriegserfahrungen und sehr zurückhaltende Erwartungen, was das mühsame deutsch-deutsche Alltagsgeschäft anging.

Hinzu kam: Willy Brandt stand seit seinem Rücktritt der DDR-Führung mehr als reserviert gegenüber – zu tief saß der Stachel der Guillaume-Affäre, zu groß war die Verbitterung darüber, dass ausgerechnet er über den Spion eines Staates stolpern musste, für dessen internationale Reputation er mehr getan hatte als alle Bundeskanzler vor und nach ihm. Deutschlandpolitische Initiativen waren von ihm, zumal ohne amtliche Handhabe, bis auf weiteres nicht zu erwarten. Der Parteivorsitzende beschränkte sich auf die Rolle des distanzierten Beobachters und behalf sich mit der Feststellung, im Verhältnis zur DDR „über alle aktuellen Schwierigkeiten hinweg" einen „Prozeß der Entkrampfung eingeleitet"[36] zu haben.

Umso mehr aber stemmte er sich dem drohenden Niedergang der Entspannung zwischen den Supermächten entgegen. Hier entschied sich auch das Schicksal der deutschen Ostpolitik, die insofern eine nachgeordnete, abgeleitete Größe war. Eines stand außer Zweifel: Sollte die globale Détente neuen Konfliktherden zum Opfer fallen, würden große Teile der Bonner Entspannungspolitik, für die Brandts Name stand, als Fußnote in die Geschichte eingehen. Brandt war seinen Erwartungen gleichwohl treu geblieben: „Die bilaterale – zweiseitige – Phase dieser Politik", so erklärte er Mitte November 1974, „bedeutet nur die erste Stufe eines größeren, eines multilateralen – mehrseitigen – Versuchs, der in seinen wesentlichen Elementen noch vor uns liegt: durch den ausgewogenen Truppenabbau in Mitteleuropa sowie durch die Begrenzung der Rüstungen parallel zu größerer technischer, kultureller und wirtschaftlicher Zusammenarbeit und damit – auf längere Sicht – zur Überwindung der Blöcke zu gelangen."[37]

Die multilaterale Phase der Entspannungspolitik erreichte ihren Höhepunkt mit der Unterzeichnung der Schlussakte der Konferenz über Sicherheit und Zusammenarbeit in Europa (KSZE).[38] Nach zweijährigen Vorbereitungen unterzeichneten am 1. August 1975 33 europäische Staats- und Regierungschefs sowie der Präsident der USA und der Premierminister Kanadas in Helsinki das Dokument – eine Absichtserklärung, kein völkerrechtlich bindender Vertrag. Es gliederte sich in vier „Körbe", in denen es um Sicherheitsfragen in Europa, gemeinsame Grundprinzipien, die Kooperation in Wirtschaft, Wissenschaft, Technik und Umwelt, die Sicherheit im Mittelmeerraum und nicht zuletzt um die „Zusammenarbeit in humanitären und anderen Bereichen" ging. Ein letzter Korb nahm weitere Zusammenkünfte und Folgekonferenzen in Aussicht.

Für Moskau zählten die Formulierungen über „souveräne Gleichheit", „territoriale Integrität", die „Unverletzlichkeit der Grenzen" sowie die „Nichteinmischung in innere Angelegenheiten"[39], welche sich als Bestätigung des ost- und mitteleuropäischen Machtbereichs lesen ließen. Wie Henry Kissinger diagnostizierte, hatten die Kremlherrscher eine derartige Konferenz seit den 50er Jahren aus einem „tiefverwurzelte[n] Gefühl von Unsicherheit" und dem daraus resultierenden „unstillbaren Bedürfnis nach Legitimität"[40] angesteuert.

Der Westen, der sich nur halbherzig und zögerlich auf die sowjetische Konferenzidee eingelassen hatte, setzte dafür die Verankerung humanitärer Prinzipien in der Schlussakte durch – die „Menschenrechte und Grundfreiheiten einschließlich der Gedanken-, Gewissens-, Religions- oder Überzeugungsfreiheit".[41] Die Kodifizierung der Menschenrechte entfaltete für die kommunistischen Machthaber fatale Nebenwirkungen. Mit den osteuropäischen Regimekritikern, den so genannten „Dissidenten", erklommen neue Protagonisten die

Bühne des Ost-West-Dialogs. Die KSZE-Schlussakte lieferte ihnen das Berufungsmanifest für ihren mutigen, oft aussichtslos scheinenden Kampf mit dem kommunistischen System. Schon durch ihre Existenz stellten die Regimekritiker die in Helsinki pompös inszenierte Ausrichtung der westlichen Entspannungspolitik auf die bestehenden Systeme in Frage: Konnten die demokratisch illegitimen östlichen Staats- und Parteichefs auf Dauer die richtigen, die alleinigen Ansprechpartner für westliche Regierungen sein? Diese Frage blieb anderthalb Jahrzehnte offen, nicht nur für Willy Brandt. Im Umbruchsjahr 1989 sollte sich dann herausstellen, dass Breschnew und seine Vasallen um Honecker, Kádár und Schiwkow in Helsinki Freiheitsprinzipien zugestimmt hatten, die ihre Systeme nicht aushielten.

Noch größere Erwartungen als mit dem KSZE-Prozess[42] verband Brandt mit den Ende Januar 1973 in Wien gestarteten MBFR-Verhandlungen, in denen die Mitgliedsstaaten der NATO und des Warschauer Pakts um eine ausgewogene Abrüstung in Europa feilschten. Wer mehr hatte, in diesem Falle der Warschauer Pakt, sollte stärker abrüsten, nur: die NATO-Vertreter zählten immer rund 150 000 sowjetische Soldaten mehr, als Moskau zuzugestehen bereit war. In der Sackgasse der so genannten „Datenfrage" blieb das Projekt für die nächsten anderthalb Jahrzehnte und nach rund 500 Plenarsitzungen stecken.[43] Dabei hatten Willy Brandt und Egon Bahr mit der Fortsetzung der Entspannung auf militärischem Gebiet eigentlich „die nächste Phase der Ostpolitik"[44] einleiten wollen. Brandt hatte bereits als Bundeskanzler während eines von ihm oft in Erinnerung gerufenen Treffens mit Leonid Breschnew in Oreanda auf der Krim im September 1971 die „gegenseitige Verringerung von Truppen und Rüstungen" [Herv. i. Orig.] ins Auge gefasst, „ohne das Gleichgewicht zu gefährden".[45]

Weder das eine noch das andere ließ sich realisieren, ganz im Gegenteil – Moskau rüstete, zu Lande, in der Luft und auf dem Wasser, vor allem auch im nuklearen Mittelstreckenbereich, und das bedeutete: gegen Westeuropa. Noch während des KSZE-Gipfels in Helsinki 1975 sichteten amerikanische Aufklärungssatelliten den Prototyp einer neuen sowjetischen Mittelstreckenrakete, die im Westen bald als „SS 20"[46] für Furore sorgte und durch ihre massenhafte Stationierung nicht zuletzt das deutsch-sowjetische Entspannungsverhältnis der frühen 70er Jahre massiv gefährden sollte.

„Neben der Krise liegt die Chance"[47], formulierte Willy Brandt Ende Mai 1974, noch nicht ahnend, dass die Krise der Entspannung ihn ganz persönlich in die Pflicht nehmen und ihm *nolens volens* eine neue außenpolitische Aufgabe zuweisen würde. „Dies war ein verdammt schwieriges Jahr, und Du bist einer der ganz wenigen, die in etwa wissen, was es für mich bedeutet hat – ganz weiss ich es wohl selbst noch nicht"[48], hatte er noch mit resignativem Unterton am Weihnachtstag 1974 an Egon Bahr geschrieben.

1975 war Brandt wieder ein weltweit gesuchter Gesprächs- und Interviewpartner, auch und gerade wenn es um die großen Fragen der internationalen und die kleineren der deutsch-deutschen Beziehungen ging. Unter den verdüsterten Rahmenbedingungen schärfte sich sein Profil wieder, galt er doch „in der Welt als Mentor der Entspannungspolitik in Mitteleuropa".[49]

Anders als in den späten 60er und frühen 70er Jahren agierte Willy Brandt nun nicht mehr als Vorkämpfer und Wegbereiter einer neuen politischen Idee. Anders als damals besaß er kein außenpolitisches Mandat, keine Regierungsmacht, wusste er sich nicht mehr im Bunde mit der Tiefenströmung der Weltpolitik, sondern kämpfte, unter ungleich schlechteren Bedingungen, dagegen an. Seine neue Rolle wurde die der Kassandra, des Warners vor der Rückkehr in die Mentalität des Kalten Krieges, den womöglich tödlichen Konsequenzen des Wettrüstens, der leichtfertigen Abkehr von den Prinzipien der Entspannungspolitik.

Seine Waffe war allein das Wort – sowohl das öffentliche, in Form von Reden, Interviews und Artikeln, als auch das vertrauliche. Vom Bundeskanzler und Außenminister einmal abgesehen, stand kein deutscher Politiker der Zeit in einem derart intensiven und permanenten Gedankenaustausch mit ausländischen Staatsmännern und Diplomaten. Die Adressaten wechselten, Brandts Credo nicht. Es lautete: den Entspannungsprozess „unzerstörbar [...] machen".[50]

„*Gegen den Strom*" – *Willy Brandt und die Krise der Entspannung*

Wer wollte die Entspannung zerstören? Ihr Schicksal entschied sich dort, wo sie erfunden worden war – in Moskau und in Washington, kaum in Bonn, erst recht nicht in Ost-Berlin. In einem Punkt wenigstens schienen sich alle Akteure dies- und jenseits des Eisernen Vorhangs einig – Schuld an neuen Spannungen, neuen Krisen, neuen Rüstungsrunden trugen immer die anderen.

Allerdings war es die sowjetische Staats- und Parteiführung, voran Generalsekretär Leonid Breschnew und Außenminister Andrej Gromyko, die angesichts der relativen amerikanischen Schwächeperiode nach Vietnam und Watergate auf die Macht des Faktischen setzte, massive Hochrüstung mit ungebremster Expansion in der Dritten Welt kombinierte und dem Westen gegenüber eine außenpolitische Strategie kultivierte, die den operativen Wandel mit angeblicher Kontinuität verknüpfte und verschleierte. Auf dem XXV. Parteitag der KPdSU Ende März 1976 wiederholte Breschnew, dass die „politische Entspannung [...] durch eine militärische bekräftigt werden"[51] müsse. Andererseits bilanzierte er, dass der „Einfluß der Länder des Sozialismus auf das Weltgeschehen immer stärker, immer tiefer" werde, worin sich nicht zuletzt deren „historische Überlegenheit über den Kapitalismus"[52] manifestiere. In der Logik Breschnews konnte Entspannung vieles bedeuten – niemals aber die vermeintlich objektiven Gesetze der Geschichte außer Kraft setzen, welche die Kommunisten auf ihrer Seite glaubten.

War es Brandts Schwäche, dies nicht hinreichend wahrgenommen zu haben? In Washington gab man wenig auf Rhetorik, hielt sich an die Fakten. Die sowjetische Globaloffensive bei gleichzeitig forcierter Rüstung galt vor allem den konservativen Politikern in den USA als Aufkündigung des Entspannungskompromisses und sollte dementsprechend beantwortet werden.

Die Bundesregierung geriet unter zunehmenden Druck. Die Deutschen, auch die in der DDR, hatten von der Entspannung profitiert – im Gegensatz zu den Vereinigten Staaten, die sich nun anschickten, die Entspannung *ad acta* zu legen und zur Politik der

Stärke zurückzukehren. Die außenpolitisch in Maßen souveräne Bundesrepublik war wichtigster europäischer NATO-Partner, im Zweifel ganz auf die amerikanische Beistandsgarantie angewiesen und zur Bündnisloyalität verpflichtet. Es passte ins Bild, dass die Gründungsväter der Ostpolitik bereits 1974 das Feld weitgehend geräumt hatten: Willy Brandt nicht mehr Kanzler, Walter Scheel nicht mehr Außenminister, Egon Bahr nicht mehr Minister für besondere Aufgaben im Bundeskanzleramt. Der ostpolitische Spielraum war, das zeigte sich jetzt, sehr viel kleiner als zu Hochzeiten der bilateralen Vertragspolitik gedacht. Nicht „ohne Sorge", so Helmut Schmidt in seiner erster Regierungserklärung am 17. Mai 1974, betrachte man die „wachsenden Rüstungsanstrengungen im Warschauer Pakt" und die daraus resultierende „Gefahr machtpolitischer und militärischer Pressionen".[53]

Wenn Schmidt sich dennoch zur Fortsetzung der Ost- und Deutschlandpolitik Brandts bekannte, so war dies sehr viel leichter gesagt als getan. Zumal der Kanzler im Gefolge der Ölkrise – Rezession, Inflation, Währungs- und Finanzkrise, wachsende Arbeitslosigkeit – und der Herausforderung durch den Terrorismus alle Hände voll zu tun hatte.

Willy Brandt, der Bürden der Bonner Alltagspolitik ledig und international unvermindert populär, brach zu einer ausgedehnten Reise- und Besuchsdiplomatie auf. In den ersten drei Jahren nach dem Rücktritt vom Kanzleramt absolvierte er knapp 40 Auslandsreisen in fast alle Regionen der Welt. „Draußen ist es, als wäre er immer noch Kanzler"[54], meldeten die Beobachter. Die Brandt als „herausragende Persönlichkeit der Weltpolitik"[55] bereiteten Empfänge ließen sich von denen zu Ehren eines Regierungschefs oder Staatsoberhauptes kaum unterscheiden. Bis auf einen, entscheidenden Punkt: Verhandlungen führen, verbindliche Zusagen geben, Verträge schließen konnte er nicht. Als Parteivorsitzender sprach er für seine Partei und seine Person, jedoch nicht in verantwortlicher Funktion für die Bundesrepublik. Und es gab noch ein weiteres Handikap. „Informationen, die einem Regierungschef zur Verfügung standen", kamen „nicht mehr automatisch auf den Tisch."[56] Missverständnisse waren

*Kein einfaches Verhältnis: Willy Brandt und Helmut Schmidt auf einer Wahlkundgebung in Dortmund im Mai 1975 (links oben), während des Berliner SPD-Parteitages am 4. Dezember 1979 (rechts oben) und in der Sitzung der SPD-Bundestagsfraktion am 17. Dezember 1982 in Bonn mit Herbert Wehner (rechts unten).*

damit programmiert, zu Hause in Bonn wie auf Seiten seiner Gastgeber. Früh wurden Spannungen erkennbar, zeichneten sich Sollbruchstellen ab, zwischen Regierung und Partei sowie, kaum überraschend, zwischen Schmidt und Brandt. „Wenn sich H[elmut] S[chmidt] zu meiner Verantwortung ebenso eindeutig äusserte, wie ich mich jetzt laufend zu seiner Verantwortung geäussert habe, könnte die Belastung vielleicht abgefangen werden. Aber ich bin nicht gesonnen, um etwas zu bitten."[57]
Brandts östliche Gesprächspartner neigten dazu, Einfluss und Gewicht des SPD-Vorsitzenden nach ihren Maßstäben zu beurteilen und damit stark zu überschätzen. Brandt sah sich zu vorsichtigen Klarstellungen veranlasst: „Wie Sie wissen", schrieb er im Sommer 1974 an Edward Gierek, den Ersten Sekretär der Polnischen Vereinigten Arbeiterpartei, „ist es in unserem Teil der Welt nicht so wie in Ihrem, dass die Partei in der Lage wäre, Aufgaben zu übernehmen, die der Regierung zukommen. Ich kann Ihnen aber begründet versichern, dass Bundeskanzler Helmut Schmidt die Absicht hat, die Politik der Entspannung und Versöhnung fortzusetzen [...]."[58]
Nein, einfach war das Verhältnis zwischen Willy Brandt und Helmut Schmidt nie. Ihrem Selbstverständnis nach verkörperten sie unterschiedliche bis gegensätzliche Persönlichkeiten. Schmidt verstand sich als Machtmanager und verbarg seine Emotionen hinter dem Gestus des effizienten Problemlösers. Auch seine ausgeprägten musischen und künstlerischen Neigungen blieben im Verborgenen. Brandt sah sich als Machtmoderator, der die einvernehmliche langsamere Lösung der schnellen einsamen vorzog, der in Bedrängnis seinen Emotionen und, ein erratisches Element in Kauf nehmend, seiner Intuition vertraute: für Atmosphärisches, den tieferen Charakter einer Situation, die Spätfolgen einer getroffenen oder unterlassenen Entscheidung. Bei alldem standen beide nicht nur für sich, sondern als Exponenten für jeweils Hunderttausende Sozialdemokraten.
Das Jahr 1975 sah die ersten Höhepunkte der Reisediplomatie Willy Brandts. Am 20. März brach er zu einer knapp zweiwöchigen Amerikareise auf. Auf dem Programm standen längere Aufenthalte in

Mexiko, in den USA und in Venezuela. In Washington traf Brandt mit dem Präsidenten Gerald Ford, dessen skandalumwittertem Vorgänger Richard Nixon und Außenminister Henry Kissinger zu Kurzgesprächen zusammen. Brandts Eindruck: „Ich habe bei keinem meiner früheren Besuche ein gleiches Maß an innerer Irritation und an Unsicherheit über die weltpolitische Rolle der Vereinigten Staaten erlebt wie zu diesem Zeitpunkt."[59]

Dafür gab es Gründe. Zwar war es den USA nach zähen Verhandlungen mit nordvietnamesischen Vertretern gelungen, den „ehrenvollen" Abzug der US-Truppen aus Südostasien auszuhandeln und am 29. März 1973 abzuschließen, am militärischen Debakel und seinen negativen, auch das Selbstverständnis der politischen Elite der USA beeinträchtigenden Folgen änderte dies freilich nichts. Dass sich die siegreichen Nordvietnamesen und der Vietcong über die Abmachungen mit Washington hinwegsetzten und am 30. April 1975 die südvietnamesische Hauptstadt Saigon erstürmten, unterstrich den rapiden amerikanischen Macht- und Prestigeverfall. Tags zuvor musste der letzte US-Bürger per Hubschrauber evakuiert werden.[60] Bereits am 17. April war die kambodschanische Hauptstadt Phnom Penh von den Roten Khmer eingenommen worden.

Die Washingtoner Südostasienpolitik stand, exakt zehn Jahre nach der Landung der ersten US-Truppen am 8. März 1965, vor dem Nichts. Das kollektive Selbstvertrauen Amerikas wankte. Insofern konnten sich die Kremlführer in ihrer optimistischen Wahrnehmung einer Verschiebung des globalen Kräfteverhältnisses zu ihren Gunsten durchaus bestätigt fühlen. Und die Entspannung? Die Politik der Entspannung, so entnahm Willy Brandt seinen Gesprächen mit Ford und Nixon im Frühjahr 1975 immerhin, sei für das „Verhältnis zwischen den Vereinigten Staaten und der Sowjetunion ebenso maßgebend wie für unseren Teil der Welt. Dies bleibt also ein Generalthema."[61]

Deutlich spektakulärer als die USA-Reise fiel Brandts Visite in der Sowjetunion vom 2. bis 9. Juli 1975 aus. Breschnews Einladung folgend, die er noch als Bundeskanzler erhalten hatte, kehrte er nun zum ersten Male nach der Unterzeichnung des Moskauer Vertrages vom 12. August 1970 in die sowjetische Hauptstadt zurück. Leonid Breschnew empfing den Deutschen persönlich am Flughafen – eine exklusive Geste, die normalerweise für Staats- und Regierungschefs reserviert blieb und in auffallendem Gegensatz zu dem nüchtern-förmlichen Empfang Brandts in Washington stand. Obwohl der Parteivorsitzende vorab vor überhöhten Erwartungen gewarnt und betont hatte, dass seine Reise keine sei, „bei der es etwas zu verhandeln"[62] gebe, maßen Breschnew und Gromyko den Gesprächen offensichtlich große Bedeutung bei.

Das hing auch damit zusammen, dass die deutsch-sowjetischen Beziehungen stagnierten. Die Moskaureise von Bundeskanzler Helmut Schmidt und Außenminister Hans-Dietrich Genscher vom 28. bis 31. Oktober 1974 hatte weder Fortschritte in der strittigen Interpretation des Vier-Mächte-Abkommens noch die erhofften Ergebnisse gebracht: Die Sowjets hatten an ihrer Weigerung festgehalten, die Unterbringung des Umweltbundesamtes in West-Berlin als vertragskonform anzuerkennen. Bilaterale Abkommen über wissenschaftlich-technische Kooperation, Rechtshilfe und Kulturaustausch waren liegen geblieben, ebenso ein wirtschaftlicher Kooperationsvertrag sowie Schmidts Projekt eines Atomstromverbundes zwischen der Sowjetunion und der Bundesrepublik.[63]

Willy Brandt und Leonid Breschnew trafen am 3. Juli 1975 zu einem ausführlichen Gespräch zusammen, sicher „keine Begegnung zwischen Fremden"[64], wie Brandt in für ihn typischem Understatement formulierte. In der Tat empfanden die beiden Sympathie füreinander und waren sich, bei allen Unterschieden, in ihrem emotionalen, mitunter sentimentalen Zugang zur Politik sowie in ihrer oft biographisch gefärbten Argumentationsweise nicht unähnlich. Bei ihrer Tour d'Horizon durch die Weltpolitik hielten sie sich ungern bei Details auf – auch das verband sie.

Aus dem sowjetischen Gastgeber sprach in erster Linie die Enttäuschung über die verkümmerten Wirtschaftsprojekte mit der Bundesrepublik. Hier befinde man sich noch in einem „Anfangsstadium".[65] Heftige Vorwürfe gegen die Bundesregierung – „der grösste Bremser" bei der KSZE – wusste er mit Entspannungsrhetorik und Komplimenten für Brandt zu kombinieren, den er als „grosse und verdiente Autorität" und „Freund des Friedens" würdigte.

Breschnew beklagte die „Tendenz der Steigerung der militärischen Macht der NATO", um sich daraufhin Sorgen um die Entspannung zu machen: Die Ostpolitik sei doch „das Kind von Herrn Brandt"; „die sowjetische Seite wolle ehrlich nicht, dass dieser Politik, diesem Kind irgendein Unglück zustosse."

Brandt brach eine Lanze für die ostpolitische Kontinuität und Vertrauenswürdigkeit der Bundesregierung unter Helmut Schmidt und machte die Schwerfälligkeit der sowjetischen Behörden für den schleppenden Fortgang der Kooperation verantwortlich. Danach sprach er humanitäre Probleme, wie die Familienzusammenführung, an und übergab „eine Liste mit Einzelfragen einem Mitarbeiter Breschnews ohne Publizität zu treuen Händen".[66] Für Brandt war dies die Konsequenz seiner Maxime, Menschenrechtsverletzungen in den Ostblockstaaten in jedem Falle diskret, mittels stiller Diplomatie anzusprechen, eine Haltung, auf die noch zurückzukommen sein wird. Abschließend erörterten Brandt und Breschnew einen bunten Themenreigen – die innere Entwicklung der Bundesrepublik, die deutsch-polnischen Beziehungen, die DDR, die Zukunft der KSZE, die MBFR-Verhandlungen, die Lage im Mittelmeerraum und im Nahen Osten, in Spanien und in Portugal. Der SPD-Vorsitzende überbrachte einen Brief des Generalsekretärs der Sozialistischen Partei Portugals, Mario Soares, und warnte Breschnew vor einem Engagement an der Seite der portugiesischen Kommunisten.[67]

Das Gespräch vom 3. Juli 1975 ist auch insofern bemerkenswert, als es einem Muster folgte, das den meisten Zusammenkünften westlicher, namentlich westdeutscher Akteure mit Ostblockgrößen in dieser Zeit – bis hin zu Michail Gorbatschow – zugrunde lag: Der östliche Vertreter, in diesem Falle Breschnew, plädierte inständig für „Frieden, Entspannung, Abrüstung"[68] und deren Fortsetzung, um im nächsten Atemzug die NATO der Hochrüstung, Unterminierung der Entspannung und Gefährdung des Weltfriedens zu bezichtigen. Erst danach stellten die Kremlherrscher ihrem jeweiligen Gegenüber in der Regel die Gretchenfrage: Wie haltet ihr es mit der Entspannung?

Brandt konnte Breschnew natürlich nur zustimmen, wenn dieser die Fortsetzung der Ostpolitik beschwor, musste aber intervenieren, wenn der Kremlchef die USA oder die Bundesregierung der Kriegstreiberei beschuldigte, etwa indem er dem Bundesverteidigungsminister Georg Leber (SPD) vorwarf, er würde „gerne alle französischen und sonstigen Raketen auf sein Territorium schaffen."[69] Der antiamerikanische Impetus, von Breschnew im Namen vermeintlich gemeinsamer europäischer Interessen vorgetragen, war bereits 1975 unüberhörbar und entwickelte sich in den folgenden Jahren zu einem Stereotyp. Ebenfalls obligatorisch für Gespräche dieser Art war die stillschweigende Übergabe von Listen so genannter humanitärer Fälle.[70] Allerdings schafften immer nur wenige Opfer kommunistischer Repressalien den Sprung in den Gesichtskreis der westlichen Öffentlichkeit und damit in die besagten Listen westlicher Politiker.

Der Inhalt des Brandt-Breschnew-Gespräches vom 3. Juli 1975 lief auf einen Dissens im Grundsätzlichen, etwa in der Perzeption der weltpolitischen Lage, und einen partiellen Konsens im Rhetorischen hinaus, wenn etwa die Wünschbarkeit von Frieden, Entspannung und Abrüstung in Rede stand. Breschnews Entspannungs- und Abrüstungsadressen taten jedoch dem Zuwachs des sowjetischen Militärpotenzials keinen Abbruch. Zugleich bestand kein Zweifel daran, dass die sowjetische Seite den Beziehungen zu Washington absolute Priorität, den Kontakten zu Bonn, zumal zur SPD in Gestalt Willy Brandts, jedoch bestenfalls funktionale Bedeutung einräumte. Vor diesem Hintergrund ist Breschnews Bestreben zu erklären, die Bundesrepublik gegen die NATO respektive die Vereinigten Staaten und den SPD-Vorsitzenden Brandt gegen den Bundeskanzler Schmidt auszuspielen, der – so Breschnew – die Ostpolitik, „das Kind von Herrn Brandt", stiefväterlich vernachlässige, vielleicht „zur Zeit schlechte aussenpolitische Berater" habe oder gar unter dem unguten Einfluss von „direkten Gegnern der Entspannung"[71] stehe.

Die Dokumente im hier zu betrachtenden Zeitraum bis Ende 1982 werfen die Frage auf, ob sich an diesen Gegebenheiten etwas änderte. Die Geometrie der sozial-liberalen Ostpolitik jedenfalls blieb für Willy Brandt unverändert: An der Sowjetunion, die sich immer stärker und selbstbewusster als östliche Hegemonialmacht gerierte, an Breschnew, der immer hinfälliger und unzugänglicher wurde, führte in Sachen Entspannung kein Weg vorbei. In Moskau, so die von Brandt geteilte These Egon Bahrs, „lag der Schlüssel für alles".[72] Insofern ist es kein Zufall, vielmehr eine qualitative und quantitative Widerspiegelung des Faktischen, wenn der schriftliche Niederschlag des überaus intensiven Gedankenaustausches zwischen Brandt und Breschnew einen konstitutiven Teil dieses Bandes einnimmt.

Es mochte auf Breschnews persönliche Affinität zu Brandt, ganz sicher jedoch mit der oben beschriebenen sowjetischen Instrumentalisierung der Beziehungen zur SPD im sich wieder zuspitzenden Ost-West-Konflikt zurückzuführen sein, dass der Parteivorsitzende in Moskau stets mit ungleich größerem protokollarischen Aufwand empfangen wurde als beispielsweise in Washington, London oder Paris. Seine Korrespondenz mit Breschnew bis zu dessen Tod Ende 1982 jedenfalls ist umfangreicher als die mit Ford, Carter, Thatcher oder Giscard d'Estaing zusammen. Sicherlich konnte Brandt glauben, dass Breschnew seinen Argumenten bis zu einem gewissen Grade zugänglich sei, andererseits vergaß der sowjetische Generalsekretär keinen Moment, dass er selbst einer hochgerüsteten nuklearen Supermacht, sein Gegenüber dagegen einer sozialdemokratischen Partei vorstand, die, wie Helmut Schmidt gelegentlich bemerkte, als „dritte Weltmacht" nicht in Betracht kam.

*Zuspitzung: Die Rückkehr der Sicherheitspolitik ins Zentrum der Ost-West-Beziehungen*

„Helsinki", so brachte es Willy Brandt am 2. Januar 1976 auf den Punkt, „bliebe aber nur ein halber Schritt, wenn nicht in absehbarer Zeit [...] die Wiener Konferenz mit ersten Ergebnissen über einen beiderseitigen und ausgewogenen Abbau von Truppen und Rüstungen in Mitteleuropa aufwarten"[73] könne. Mit seiner Einschätzung der Bedeutung von Helsinki sollte er Recht behalten, mit seinen Erwartungen zu den Ergebnissen der Wiener Konferenz jedoch nicht. Denn aus der multilateralen Phase der Entspannung wurde nichts. Die Wiener MBFR-Gespräche offenbarten lediglich die Unüberbrückbarkeit der Kluft zwischen NATO und Warschauer Pakt; die Konferenz in Helsinki ging nicht als Aufbruch zu neuen Ufern in die Annalen ein, sondern als Kulminationspunkt einer Kooperationsphase, die sich nun immer mehr abschwächte.

Die gemeinsamen Interessen der Supermächte waren aufgebraucht. Die SALT-Gespräche, ursprünglich *das* Thema zwischen Moskau und Washington, traten auf der Stelle. Ein letzter Versuch des US-Außenministers Henry Kissinger, die Stagnation aufzubrechen, schlug fehl. Im Januar 1976 unterbreitete er in Moskau eine Reihe von Kompromissvorschlägen, die sowohl bei den Sowjets als auch bald darauf im Nationalen Sicherheitsrat der Vereinigten Staaten durchfielen.[74] Das Jahr 1976 stand zudem ganz im Schatten des amerikanischen Präsidentschaftswahlkampfes, in dem die Entspannung bzw. Détente zum Zankapfel wurde.

Amtsinhaber Gerald Ford, am 9. August 1974 für den tags zuvor unter skandalösen Umständen zurückgetretenen Richard Nixon in die Bresche gesprungen, sah sich mit Ronald Reagan einem aussichtsreichen Kandidaten aus dem eigenen republikanischen Lager gegenüber. Détente definierte der Herausforderer so: ein „französische[r] Begriff, den die Russen als die Freiheit übersetzt hatten, überall in der Welt nach ihrem Belieben subversiv, aggressiv und expansionistisch vorgehen zu können."[75] Präsident Ford erklärte es am 1. März 1976 für angebracht, die diskreditierte Vokabel „Détente" nicht mehr in den Mund zu nehmen und sich stattdessen zu einer Politik des „Friedens durch Stärke"[76] zu bekennen.

Brandt reagierte prompt. Am 5. März warnte er in einem Interview für die *Süddeutsche Zeitung*, dass mit einer „Politik des Säbelrasselns und der starken Worte [...] niemandem gedient" sei und betonte zugleich, der amerikanische Präsident habe dazu „gewiß auch nicht einladen wollen". Insoweit könne von einer Kursänderung der amerikanischen Politik nicht die Rede sein. Von seiner Politik der „aktive[n] Friedenssicherung" – auch Brandt mied jetzt das Wort „Entspannung" – werde er sich jedenfalls nicht abbringen lassen: „So schön waren die Erfahrungen mit dem Kalten Krieg nicht, daß wir uns nach ihm zurücksehnen könnten."[77]

Die Wahlen am 2. November 1976 sahen überraschend den Demokraten James Earl „Jimmy" Carter als Sieger, der mit der demonstrativen Betonung der Menschenrechte nicht nur ein neues Thema, sondern auch einen anderen Akzent ins Zentrum der amerikanischen Außenpolitik rückte: „die Wiederherstellung der Moral und des Geistes des amerikanischen Volkes."[78] In Bonn, zumal im Auswärtigen Amt unter dem freidemokratischen Außenminister Hans-Dietrich Genscher, begann man den Begriff Entspannung mit einschränkenden Beiwörtern wie „realistisch" zu versehen und gab vor, ihn von seinen vermeintlich illusionären Ingredienzien befreien zu müssen. Willy Brandt konnte das nicht gleichgültig lassen, zumal solche Korrekturen, insbesondere ihre Begründungen, natürlich zugleich als Kritik an der Ostpolitik unter seiner Kanzlerschaft missverstanden werden konnten.

Brandt begegnete diesen Tendenzen auf dreifache Weise. Zum einen machte er auf seiner Meinung nach meist übersehene ostpolitische Aktiva aufmerksam. Bezugnehmend auf einen Artikel Henri Nannens im *Stern* begrüßte Brandt in einem Schreiben an den Chefredakteur des Magazins, „daß Sie in Ihrer Bilanz der bisherigen Ost-Politik auf einen Aspekt hinweisen, der in der öffentlichen Diskussion nach meinem Eindruck zu wenig beachtet worden ist: daß es der sozial-liberalen Koalition auch darum gehen mußte, das Verhältnis der Menschen in unserem Lande zur jüngsten deutschen Geschichte in Ordnung bringen zu helfen."[79]

Zum Zweiten wies Brandt den Vorwurf ostpolitischer Blauäugigkeit aus den Reihen der CDU/CSU-Opposition energisch zurück: „Illusionen über Ausmaß und Tempo der Normalisierung des Verhältnisses mit den Staaten Osteuropas habe ich nicht gehegt. Ich habe vor ihnen gewarnt und immer wieder darauf hingewiesen, daß viel Geduld notwendig ist, auch und gerade im humanitären Bereich, erste Auflockerungen zu erreichen."[80]

Die argumentative, öffentliche Auseinandersetzung mit dem sich erweiternden Chor der Entspannungskritiker konnte für Willy

Brandt nur zu einem Ergebnis führen: einem entschiedenen „Jetzt erst recht" als dritter Antwort auf die Frage nach der Zukunft der Entspannung; zumal es dazu aus seiner Sicht keine Alternative gab, wenn man von der Rückkehr zur Konfrontation, zum selbstmörderischen Balancieren über dem atomaren Abgrund, dem so genannten „brinkmanship" der 50er Jahre, einmal absah. In diesem Sinne benutzte und intensivierte Brandt seine internationalen Kontakte, um – ob nun in der Korrespondenz mit Breschnew oder im Gedankenaustausch mit Ostblockgrößen wie Gierek oder Tito – verstärkt Entspannungslobbyismus zu betreiben.[81]

Gültig blieb für Brandt die Erkenntnis, dass nur eine Politik der Entspannung oder der aktiven Friedenssicherung die Chance eröffnete, das Dilemma der deutschen Teilung für „die Menschen" dies- und jenseits der innerdeutschen Grenze erträglicher zu machen. Die Berliner Mauer, so rief der Parteivorsitzende anlässlich des 15. Jahrestages der Errichtung des monströsen Bauwerks im August 1976 in Erinnerung, könne „isoliert nicht überwunden werden". Seiner Prognose blieb er treu: „Ich war und bleibe der Meinung, dass die Berliner Mauer gegen den Strom der Geschichte errichtet worden ist, ebenso wie sich die Grenze zwischen den beiden deutschen Staaten in ihrer gegenwärtigen Form als eine historische Absurdität erweisen wird."[82] Keine anderthalb Jahrzehnte später sollte diese Prophezeiung eintreten – zu einem Zeitpunkt, als selbst der Prophet nicht mehr damit rechnen konnte.

Auf die operative Ebene der Deutschlandpolitik nahm Willy Brandt freilich nach wie vor keinen Einfluss. Er blieb bei der Rolle des kenntnisreich kommentierenden, um Hinweise auf historische Zusammenhänge nie verlegenen Beobachters. Anders als mit Breschnew verband ihn mit Erich Honecker ein Nichtverhältnis. Ein schriftlicher Gedankenaustausch, gar ein Treffen mit dem SED-Generalsekretär lagen damals noch außerhalb des Vorstellbaren. Zudem war der Parteivorsitzende dagegen gefeit, „die Rolle Honeckers im anderen Bündnis [zu] überschätzen".[83] Erst im September 1985 sollte sich Brandt zu einem Besuch bei Honecker in Ost-Berlin durchringen.[84]

In den innerdeutschen Beziehungen nach dem Grundlagenvertrag vom 8. Dezember 1972 waren Fortschritte nur schwer zu erkennen. Wenn es welche gab, dann vorwiegend auf Expertenebene. Die beiden Gespräche zwischen Helmut Schmidt und Erich Honecker am Rande des KSZE-Abschlusstreffens in Helsinki im Hochsommer 1975 hatten Themen, Tempo und Grenzen des deutschen Dialoges vorgegeben: Mindestumtausch, Reisemöglichkeiten, Familienzusammenführung, Transitpauschale, Berlin-Fragen, wirtschaftliche Kooperation.[85] Zunehmende Repressionen der DDR-Führung – insbesondere die Ausbürgerung des Liedermachers Wolf Biermann am 17. November 1976 und die Ausweisung westdeutscher Journalisten aus der DDR im Dezember 1976 – bewogen Bundeskanzler Schmidt, einen direkten Kontakt zu Honecker herzustellen: Am 20. März 1977 kam es zum ersten deutsch-deutschen Telefonat auf Spitzenebene.[86]

Willy Brandts Meinung war nach wie vor gefragt, wenn es um die Fernperspektiven der Deutschen in ihrem geteilten Land ging. Dabei waren seine Antworten nicht frei von resignativen Untertönen. Die Frage, wie er sich Berlin zur Jahrtausendwende vorstelle, beantwortete er Anfang September 1976, anlässlich des 5. Jahrestages des Vier-Mächte-Abkommens vom 3. September 1971, so: „Das Jahr 2000, das heisst fast 25 Jahre von jetzt ab, wenn Sie mich vor 25 Jahren gefragt hätten, hätte ich gesagt, es ist möglich, dass wir im Laufe eines Vierteljahrhunderts die deutsche Frage im Sinne der Wiederherstellung der staatlichen Einheit lösen können. Heute fürchte ich, zwanzig, fünfundzwanzig Jahre vorausschauend, die grössere Wahrscheinlichkeit spricht dafür, dass es weiter zwei deutsche Staaten geben wird."[87]

Die stete Zuspitzung der weltpolitischen Lage, insbesondere der amerikanisch-sowjetischen Beziehungen, schien dieser Einschätzung Recht zu geben. Die im Zenit der Détente nach Brandts Meinung vorhandene „beispiellose Harmonisierung in der Allianz zwischen den Vereinigten Staaten und den Staaten Westeuropas"[88] wurde im Jahre 1977 auf harte Proben gestellt, vor allem, was das Klima zwischen Washington und Bonn betraf. Präsident Carter, seit dem 20. Januar 1977 im Amt, deklarierte die Menschenrechte zum Dreh- und Angelpunkt seiner Außenpolitik und schlug Moskau gegenüber eine schärfere Gangart ein: Entspannung, so hieß es nun, sei ein globales Geschäft auf Gegenseitigkeit. Die Vereinigten Staaten, so Carter am 22. Mai 1977, könnten sich „nicht darauf einlassen, in einem Teil der Welt Entgegenkommen zu zeigen und in einem anderen Teil die Verschärfung der Konflikte hinzunehmen".[89] Mit dem einen Teil war Europa gemeint, mit dem anderen die Dritte Welt, wo der Kreml seinen Expansionskurs forcierte.

Neben der moralisierenden Menschenrechtskampagne stieß in Westeuropa Carters Wirtschaftspolitik auf Bedenken. Schmidt und Genscher setzten beispielsweise dem amerikanischen Ansinnen, die Bundesregierung zur Kündigung des Vertrages über die Lieferung von Kernkraftwerken nebst Wiederaufbereitungsanlagen an Brasilien zu bewegen, anhaltenden und erfolgreichen Widerstand entgegen. Brandt setzte sich in einem Artikel für *Die Zeit* ausführlich mit dem Vorwurf auseinander, die SPD habe es womöglich an Interesse für aktuelle „Initiativen zugunsten von Bürger- oder Menschenrechten [...] mangeln lassen".[90]

Brandts Analyse konnte nicht darüber hinwegtäuschen, dass sein Versuch, die Ostpolitik über die Kontakte zu den kommunistischen Regierungen fortzuführen, durch das Auftreten östlicher Bürgerrechtsbewegungen, etwa der tschechoslowakischen „Charta 77"[91], in Frage gestellt wurde. Durfte man „die Demokraten ignorieren, um die Demokratie zu fördern"?[92] Sollte man um des Friedens und der Abrüstung willen mit den kommunistischen Machthabern vom Schlage Breschnews reden oder um der Freiheit und der Menschenrechte willen mit den Regimekritikern um Jiří Hájek oder Lew Kopelew?

Brandts Schriftwechsel mit seinem ehemaligen tschechoslowakischen Außenministerkollegen Hájek, inzwischen verfolgter und geächteter Regimegegner, und später mit dem Schriftsteller Kopelew lassen ahnen, wie stark Brandt unter diesem Zwiespalt litt. Nicht alles sei „vergeblich gewesen"[93], schrieb er im Mai 1977 an Hájek. Die Ausbürgerung des Schriftstellers Lew Kopelew aus der

Sowjetunion Anfang 1981 berührte Brandt schmerzlich: „Erzürnt bin ich", schrieb er mit Blick auf „mächtige Apparatleute" in Moskau, „weil ich mich getäuscht sehe. Man hatte mir den Eindruck vermittelt, Sie würden bei uns in der Bundesrepublik ein Jahr [...] arbeiten und danach [...] nach Moskau zurückkehren können." Brandt setzte sich – vergebens – für Kopelews Rückkehr ein, sicherte Rat und Hilfe zu. Wenn einer wusste, wie es Kopelew zumute war, dann Willy Brandt, „der auch, allerdings in jüngerem Alter, ausgebürgert war"[94], wie es im Postskriptum seines Schreibens an Kopelew hieß.

Der Adressatenkonflikt – Machthaber oder Regimekritiker? – sollte nicht das einzige Dilemma der Entspannungspolitik Willy Brandts bleiben, das nach einem „Entweder-Oder" anstatt eines „Sowohl-als-auch" zu verlangen schien. Auch anderswo waren Spagatübungen gefragt: Die Fortsetzung der Entspannung mit Moskau geriet in Widerspruch zur Bündnisloyalität mit Washington. Das Beschwören der Ostpolitik – neben Willy Brandt taten sich hierbei Egon Bahr, Erhard Eppler und Herbert Wehner hervor – brachte die SPD auf Gegenkurs zur Bundesregierung unter Helmut Schmidt und Hans-Dietrich Genscher, die sich zu tagespolitischem Krisenmanagement gezwungen sahen.

Die heftigsten Kontroversen entbrannten in der Sicherheitspolitik. Den Anfang machte die so genannte „Neutronenbombe". Hinter dieser irreführenden Bezeichnung verbarg sich keine Bombe, sondern eine taktisch-nukleare Kurzstreckenrakete mit verstärkter Strahlungs- und verminderter Druckwirkung. Die europäischen NATO-Partner hatten in Washington immer wieder auf eine derartige Waffe gedrängt, um etwaigen massierten sowjetischen Panzerangriffen begegnen zu können. Kaum jedoch hatte die Neutronenwaffe die Serienreife erlangt, änderte sich das Bild. Ein Aufschrei der Entrüstung hallte durch die Bundesrepublik: Egon Bahr, nach einem Intermezzo als Bundesminister für wirtschaftliche Zusammenarbeit mittlerweile Bundesgeschäftsführer der SPD, sah in einer Waffe, die Menschen töte und dabei kaum Sachschaden anrichte, ein „Symbol der Perversion des Denkens".[95]

Bahrs Wortmeldung war weder mit Kanzler Schmidt noch mit Verteidigungsminister Leber oder Außenminister Genscher abgestimmt. In der SPD, wo schon Schmidts Wirtschafts- und Finanzpolitik kaum jemanden begeisterte, wurde Bahrs These rasch populär – zumal bei denen, für die Schmidts Ostpolitik weit hinter derjenigen Brandts zurückblieb. Und jetzt auch noch neue Atomraketen auf deutschem Boden? Die Querele um die Neutronenwaffe nahm vergleichsweise die Intensität des Streits um den so genannten „NATO-Doppelbeschluss" vorweg. „Ich hatte die Bundesregierung in eine schwierige Lage gebracht"[96], bilanzierte Egon Bahr. In der Tat. Der Kanzler geriet unter Druck: hier der amerikanische Präsident, dort die aufbegehrende Partei. In einem Privatissimum mit Egon Bahr am Brahmsee beschwor Schmidt den SPD-Bundesgeschäftsführer, der aktuellen Diskussion keinen „anti-amerikanische[n] Drall"[97] zu verleihen. Auf dem Hamburger Bundesparteitag vom 15. bis 19. November 1977 beschloss die SPD, „die Bundesregierung sollte im Rahmen der Bündniskonsultationen ihren Einfluß geltend machen, um zu verhindern, daß technische Weiterentwicklungen bei den Atomwaffen zu einer Senkung der nuklearen Schwelle führen."[98]

Schmidt rang seiner Partei ein konditioniertes Ja ab: Die SPD stimmte dem Grundsatzbeschluss des Bundessicherheitsrates vom Januar 1978 und damit der Lagerung der Neutronenwaffe auf deutschem Territorium nur für den Fall zu, dass Rüstungskontrollverhandlungen auch zwei Jahre nach Produktionsbeginn die neue Waffe nicht verzichtbar machten. Die alleinige Stationierung in der Bundesrepublik kam nicht in Betracht. Damit war die Blaupause für den NATO-Doppelbeschluss in der Welt, auch wenn es dieses Mal noch nicht zum Schwur kam. Präsident Carter machte schließlich die mühsame Überzeugungsarbeit des Bundeskanzlers zu Makulatur, indem er sich am 7. April 1978 ohne Konsultierung der Verbündeten überraschend *gegen* die Einführung der Neutronenwaffe entschied.

Es folgte eine tiefe Verstimmung im Bündnis. Das Vertrauen, das Schmidt bisher in die Führungskünste Carters gesetzt haben mochte, war dahin. Die bundesdeutsche Öffentlichkeit war sicherheitspolitisch sensibilisiert; erstmals seit den Anti-Atomtod-Kampagnen der späten fünfziger Jahre erhitzten sich an der Ethik und Moral atomarer Abschreckung wieder die Gemüter, zumal der potenzielle Einsatzort der Neutronenwaffe auf deutschem Boden lag. Verkleinerte, zielgenaue Gefechtsfeldwaffen machten – zumal in der Sicht selbsternannter Sicherheitsexperten – einen begrenzten Atomkrieg wieder denkbar.

In der SPD brachte die Debatte um die „Bombe" latente Spannungen ans Licht: Die Kluft zwischen Regierung und Partei wurde mehr und mehr als Kluft zwischen Kanzler und Parteivorsitzendem wahrgenommen, obwohl oder gerade weil sich dieser bei der von Bahr losgetretenen Debatte auffallend zurückhielt. Viele Sozialdemokraten erwarteten aber gerade von Brandt eine klare Haltung: „Lieber Willy Brandt", hieß es beispielsweise am 10. April 1978 im Schreiben einer Sozialdemokratin, welches die Stimmungslage der Parteibasis widerspiegelte, „angesichts der jüngsten Diskussion um die Neutronenbombe halte ich es für dringend erforderlich, daß der Vorsitzende der SPD ein klärendes Wort spricht. Es kann doch wohl nicht angehen, daß der Vorsitzende und Minister einer anderen Partei [Außenminister Hans-Dietrich Genscher] in Washington die breite Zustimmung aller Bonner Parteien zur Lagerung dieser amerikanischen Waffe in der Bundesrepublik überbringt. [...] Gerade von Dir als Friedensnobelpreisträger wird erwartet, daß Du entschieden Stellung nimmst gegen eine Waffe, die unser Parteifreund Egon Bahr mit Recht eine Perversion des menschlichen Denkens genannt hat. Ich bitte Dich, lieber Willy Brandt, nicht länger zu schweigen."[99]

Brandt steckte in der Klemme – einerseits durfte er der Bundesregierung und Helmut Schmidt die Loyalität nicht versagen, andererseits musste er den Erwartungen der Partei gerecht werden. Was blieb, war die Flucht in Gemeinplätze: die Alternativlosigkeit der Entspannung, die Überzeugung, dass deren Fortsetzung dem Wettrüsten einen Riegel vorschiebe. Im Gegensatz zum tief enttäuschten, verärgerten Kanzler reagierte Brandt auf Carters Absage an die Neutronenwaffe positiv: „Ich begrüße diese Entscheidung. Sie kann dem

Bemühen um Rüstungskontrolle Auftrieb geben."[100] Die Gefahrenanalyse Schmidts, der das wachsende sowjetische Militärpotenzial und die damit verbundene Gefährdung des militärischen Gleichgewichts fürchtete, teilte Brandt nicht mehr – und machte keinen Hehl daraus: „Bei längst nicht immer überzeugender Berufung auf das militärische Gleichgewicht machen die Rüstungsspiralen neue Umdrehungen."[101] Viele Sozialdemokraten, bei Verlautbarungen Willy Brandts ohnehin daran gewöhnt, zwischen den Zeilen zu lesen und zu hören, verstanden dies so, wie es gemeint war, und schlossen sich der Position des Parteivorsitzenden an, dessen moralische Autorität, gerade in Zeiten der Verunsicherung, Halt und Orientierung bot. Der Sicherheitspolitik des Bundeskanzlers war dies kaum zuträglich, nicht nur was die Unterstützung aus den eigenen Reihen anging.

Die Gleichgewichtslogik Schmidts geriet mit den von Moskau geschaffenen Fakten immer mehr in Konflikt. Ende 1977 meldeten die ersten Abschussrampen für die SS-20 Einsatzbereitschaft, Ende 1981 schnellte ihre Zahl auf 270, 1982 auf 324, bis 1986 gar auf 441 empor.[102] Schmidts Vorschlag, die bislang von allen Abrüstungsverhandlungen unberührten eurostrategischen Mittelstreckenwaffen (INF) in den SALT-Prozess einzubeziehen, stieß bei Präsident Gerald Ford ebenso auf taube Ohren wie bei dessen Amtsnachfolger Carter.

Der Bundeskanzler ging in die Öffentlichkeit und forderte am 28. Oktober 1977 vom Podium des Londoner Instituts für Strategische Studien (IISS) aus nicht nur den Abbau der gravierenden nuklearen Asymmetrien in Europa im Rahmen des SALT-Prozesses, sondern auch eine Reaktion des Westens auf die drückende konventionelle Überlegenheit des Warschauer Paktes. Natürlich gab Schmidt einer Angleichung nach unten, durch asymmetrische Abrüstung, den Vorzug.[103] Die Chancen dafür standen jedoch schlecht, wie die Stagnation der Wiener MBFR-Verhandlungen bewies. Wahrscheinlicher war die Angleichung nach oben in Form einer konventionellen und nuklearen Nachrüstung des westlichen Bündnisses. Schmidts Londoner Rede markierte die „eigentliche Geburtsstunde"[104] des NATO-Doppelbeschlusses.

Die von Willy Brandt ins Auge gefasste Fortsetzung der Entspannung auf militärischem Gebiet drohte damit gegenstandslos zu werden und mit ihr wesentliche Teile der Ostpolitik. Aber andererseits: Durfte man vor dem Problem der sowjetischen Rüstung die Augen verschließen? Brandts intensivierter Schriftwechsel mit Breschnew zeugt, was Brandt anging, von dem unermüdlichen Bemühen, dem alternden Generalsekretär den Ernst der Lage ins Bewusstsein zu rücken – und, von der Aussichtslosigkeit dieses Vorhabens, was Breschnew anbetraf. Im Vorfeld des mit hohen Erwartungen verbundenen Bonn-Besuchs Breschnews vom 4. bis 7. Mai 1978 schrieb Brandt: „Es wurde schon viel Zeit verloren, und wir stehen jetzt an einem vielleicht entscheidenden Punkt. Ich denke, wir stimmen darin überein, dass die Entspannung nur überleben wird, wenn sie durch Massnahmen auf dem Gebiet der militärischen Sicherheit ergänzt und verfestigt wird."[105]

Für Bundeskanzler Schmidt war die sowjetische SS-20-Rüstung *das* zentrale Gesprächsthema, noch vor dem endlich unterschriftsreifen, auf 25 Jahre angelegten wirtschaftlichen Rahmenabkommen. Bei Breschnew biss er jedoch auf Granit. Am Ende konnte der Kanzler wenigstens einen deklarativen Erfolg verbuchen: Der gemeinsamen Erklärung zufolge erachteten es beide Seiten als wichtig, „daß niemand militärische Überlegenheit anstrebt. Sie gehen davon aus, daß annähernde Gleichheit und Parität zur Gewährleistung der Verteidigung ausreichen."[106] Worte waren eine Sache, Realitäten eine andere. Wer geglaubt hatte, die sowjetische Führung würde die Rüstungsschraube lockern, sah sich getäuscht; das SS-20-Arsenal wuchs ungebremst weiter.

Im Gespräch mit Willy Brandt auf Schloss Gymnich wiederholte Leonid Breschnew einen Vorschlag, den er bereits im Sommer 1975 gemacht hatte: die Zusammenarbeit zwischen KPdSU und SPD auf Arbeitsgruppenebene, auch und vor allem in sicherheitspolitischen Fragen. Brandt blieb sich ebenfalls treu und lehnte Breschnews Offerte ab: Er habe „Breschnew erläutert, daß man das lebenswichtige Thema der Rüstungsbegrenzung mit dem unverändert schwierigen (und aufgrund der Gegebenheiten in einer Reihe von Ländern sich unterschiedlich darstellenden) Verhältnis zwischen Sozialdemokraten und Kommunisten nicht vermengen sollte. Die Idee gemeinsamer Konferenzen würde der Sache der Abrüstung zum Beispiel nicht dienen."[107] Warum kam Breschnew immer wieder darauf zurück? Wenn der Sowjetunion an Abrüstungsschritten gelegen war, dann standen ihr mehr als genügend Foren zur Verfügung. Aus Moskauer Sicht kamen ohnehin nur die USA als ernsthafter, gleichwertiger Verhandlungspartner in Betracht. Sicherheitspolitik, so das Grundgesetz des Kalten Krieges, wurde von denen gemacht, denen die Waffen gehörten. Arbeitsgruppen mit der SPD machten für den Kreml nur Sinn, wenn es um Rhetorik, die Manipulation der westlichen Sicherheitsdebatte und das Bestreben ging, den USA die Schuld für das vermeintliche Wettrüsten und das Scheitern der Entspannung zuzuschieben. Breschnews Schreiben an Brandt sprechen in dieser Hinsicht eine deutliche Sprache. Der sich ankündigende NATO-Doppelbeschluss war aus Breschnews Sicht nichts anderes als der Versuch der USA, „die militärische Überlegenheit über die SU sowohl in Europa als auch im globalen Ausmaß sicherzustellen."[108]

Das Debakel um die Neutronenwaffe hatte die Aufgeschlossenheit Carters für die sicherheitspolitischen Sorgen Schmidts geweckt. Die konventionellen Kapazitäten der NATO sollten gestärkt, der sowjetischen SS-20-Rüstung begegnet werden. Über diese Frage berictcn am 5. und 6. Januar 1979 auf Guadeloupe Jimmy Carter, der britische Premier James Callaghan, der französische Staatspräsident Giscard d'Estaing und eben auch der deutsche Bundeskanzler Helmut Schmidt. Dass er als einziger nuklearer *have not* mit am Tisch saß, sprach für sich. Die Vier hoben den NATO-Doppelbeschluss aus der Taufe. Carters Vorschlag einer Nachrüstung mit amerikanischen Mittelstreckenraketen verband sich mit Giscards Idee eines auf vier Jahre befristeten Verhandlungsangebotes an Moskau. Sollte dieses ergebnislos verstreichen, würde der Westen nachrüsten. „Diesem doppelten Ergebnis habe ich auf Guadeloupe befriedigt zugestimmt"[109], schrieb Helmut Schmidt.

*Zwischen Bundesregierung und Anti-Raketenbewegung –*
*der NATO-Doppelbeschluss und die drohende Spaltung der SPD*

Anders als der Kanzler nahmen die SPD-Spitze und große Teile der Basis das Ergebnis von Guadeloupe mit gemischten Gefühlen auf, zumal der Streit um die Neutronenwaffe noch frisch in Erinnerung war. In der ersten Reihe profilierte sich Herbert Wehner: Seine Kritik an der Opposition, es entspreche nicht der realen Lage der Bundesrepublik, mit der „vorgeblichen Notwendigkeit zusätzlicher Waffensysteme zu argumentieren und dabei die Gefahr heraufzubeschwören, daß die Bundesrepublik zum Träger solcher zusätzlicher Waffen gemacht würde"[110], richtete sich auch an die Adresse Schmidts. In den Befürchtungen Wehners, die kriselnde Entspannung könnte an Rüstung und Gegenrüstung zerschellen, wurzelte auch seine umstrittene These, die sowjetische Rüstung sei defensiv.[111]

Und Willy Brandt? Am 5. März 1979 meldete sich der Parteivorsitzende nach krankheitsbedingter, über dreimonatiger Zwangspause zurück, um erstmals wieder eine Sitzung des SPD-Präsidiums zu leiten. Ende Oktober 1978 hatte er einen Herzinfarkt erlitten, der zu spät erkannt und behandelt worden war. Der Intensivbehandlung in Bonn folgte ein längerer Aufenthalt in einer Rehabilitationsklinik im französischen Hyères. „Mein gesundheitlicher Rückschlag war ernsthafter Natur"[112], schrieb er im Dezember 1978 an Herbert Wehner, arbeiten könne er bestenfalls stundenweise. Anfang März 1979 war die Gesundheit Brandts wieder hergestellt. Auf Anraten der Ärzte musste er mit seinen Kräften haushalten – acht Stunden Arbeit und Lesen am Abend gestanden sie ihm zu. Vorrang hatte das Amt des Parteivorsitzenden, hinzu kam seine Spitzenkandidatur für die SPD bei der ersten Direktwahl zum Europäischen Parlament am 10. Juni 1979. Als Präsident der SI beabsichtigte er, sich im laufenden Jahr weitgehend vertreten zu lassen, der Bericht der von ihm geleiteten „Unabhängigen Kommission für internationale Entwicklungsfragen", der so genannten „Nord-Süd-Kommission", stand kurz vor dem Abschluss.[113]

Die Dissonanzen in der Parteispitze, das Vorpreschen Herbert Wehners, wollte Brandt auf bloße „Temperamentsfragen" reduziert wissen, welche der Übereinstimmung in der Sache nicht schadeten. Seine eigene Marschrichtung blieb unverändert: „die Politik des Abbaus von Spannungen" und der „Begrenzung von Rüstungen gegen alle möglichen Widerstände [...] nicht nur weiterzutragen, sondern auch durchzusetzen helfen."[114] Die vermeintlichen Temperamentsfragen veranlassten Helmut Schmidt immerhin, die Führungsriege der SPD am 19. Mai 1979 ins Bundeskanzleramt einzubestellen. Beteiligt waren Hans Apel, Egon Bahr, Willy Brandt, Horst Ehmke, Alfons Pawelczyk, Herbert Wehner und Hans-Jürgen Wischnewski. Thema der Runde: der NATO-Doppelbeschluss. Die Entscheidung war bereits in Guadeloupe gefallen, es konnte nur noch darum gehen, die Anwesenden darauf einzuschwören. Brandt blieb unverbindlich und zurückhaltend, mit der Begründung, „er verstehe von der Sache nichts, Helmut Schmidt sei ja der Fachmann."[115] Wehner hatte seiner öffentlichen Kritik nichts hinzuzufügen. Letztlich war allen Teilnehmern klar, dass der Bundeskanzler bei den Verbündeten im Wort stand, weder zurück wollte noch konnte. Willy Brandt fiel einmal mehr die Rolle des Mahners und Warners zu: Es komme, so erklärte er Anfang September 1979, „jetzt und in naher Zukunft sehr darauf an, daß die Chancen verstärkter Zusammenarbeit zwischen West und Ost nicht vor die Hunde gehen. Daß der Wettlauf der Rüstungen nicht ins Selbstmörderische abgleitet."[116]

Die nahende Verabschiedung des NATO-Doppelbeschlusses bewog Breschnew zu seiner taktisch klug angelegten Rede am 6. Oktober 1979 in Ost-Berlin, in der er für den Fall der Stationierung amerikanischer Mittelstreckenraketen in der Bundesrepublik mit einem „Gegenschlag" drohte, um im selben Atemzug Verhandlungsbereitschaft zu signalisieren und den Abzug von 20 000 Sowjetsoldaten und 1 000 Panzern aus der DDR anzukündigen.[117]

Zudem nahm er im November 1979 den schriftlichen Kontakt zu Brandt wieder auf, schlug allerdings einen deutlich schärferen Ton an. Entweder, so Breschnews kalkulierte Drohung, entscheide sich die SPD für die Raketen und gegen die Entspannung oder gegen die Raketen und für die Entspannung. Den Einfluss der SPD veranschlagte der Sowjetführer erneut sehr hoch: „Hätte Ihre Partei, die Regierung der BRD, ernsthaft die Lage einschätzend, den Weg der Verhandlungen und nicht der Ansammlung von Waffenbergen gewählt, so würde diese Linie ohne Zweifel einen positiven Widerhall in den meisten Ländern Europas finden. Das hätte geholfen, die gefährliche Entwicklung der Ereignisse stoppen zu können."[118] Dass der NATO-Doppelbeschluss ein doppelter war, mithin eine Verhandlungsoption enthielt, wollte Breschnew nicht zur Kenntnis zu nehmen.

Brandts Antwortschreiben vom 14. November 1979 gab ein Beispiel diplomatischen Fingerspitzengefühls. Er wählte einen Ton der „freimütigen und freundschaftlichen Offenheit" und räumte ein, „ohne das Wissen um viele technische Einzelheiten der Waffenentwicklung" zu sein, über „das Sie und andere verfügen, das wichtig ist, das aber nicht entscheidend und bestimmend sein darf, wenn die Staatsmänner nicht zu Oberexperten werden wollen." Er konstatierte die sowjetische Überlegenheit auf konventionellem sowie eurostrategischem Gebiet und machte deutlich, wo seiner Meinung nach der Kern des Problems lag: „Wenn Sie in der Lage gewesen wären, einen einseitigen Produktionsstopp [der SS 20] zu verkünden, wäre m[eines] E[rachtens] der beabsichtigte Dezember-Beschluß der NATO nicht weiter verfolgt worden."[119]

Es sprach für das realitätsferne Selbstbewusstsein der sowjetischen Führung, dass ein solcher Schritt nie in Betracht gezogen wurde. Das westliche Tauziehen um die Neutronenwaffe, das eben nicht zur Stationierung geführt hatte, mochte die Kremlführer in der Auffassung bestärken, dass die Zeit abermals für sie arbeiten und das westliche Bündnis sich nicht zur Stationierung neuer Waffen würde aufraffen können, zumal der US-Administration das Thema nicht wirklich wichtig zu sein schien. Am 18. Juni 1979 hatten Breschnew und Carter in Wien das SALT II-Abkommen unterzeichnet, ohne über die leidigen Mittelstreckenwaffen in Europa eine Silbe zu verlieren – von einer flüchtigen Bemerkung Carters während einer gemeinsamen Fahrstuhlfahrt mit Breschnew einmal abgesehen.

Bei Schmidts anschließendem Kurzaufenthalt in Moskau am 25. Juni konnten sich seine Gegenüber taub stellen, als der Bundeskanzler diese Frage anschnitt, und sich zudem noch auf den amerikanischen Präsidenten berufen. Außerdem glaubten sich die Moskauer Führer fest auf das Veto der westlichen Öffentlichkeit verlassen zu können, sollte die Stationierung akut werden. „Möglicherweise glaubte die politische Führung, wenn wir unsere Raketen stationierten, würden die Friedenskämpfer im Westen Gegenmaßnahmen schon verhindern"[120], schrieb Michail Gorbatschow.

Ungeachtet dessen beschlossen am 12. Dezember 1979 die Außen- und Verteidigungsminister der NATO, in „zwei parallelen und sich ergänzenden"[121] Ansätzen sowohl die Modernisierung der Mittelstreckenraketen als auch die Rüstungskontrolle voranzutreiben. Konkret bedeutete dies die Aufstellung von 108 Pershing-II-Startrampen und 464 bodengestützten Marschflugkörpern, den so genannten Cruise Missiles, falls die gleichzeitig vorgeschlagenen Verhandlungen mit Moskau im Sande verliefen. Da mit einer Stationierung aus technischen Gründen erst im Herbst 1983 zu rechnen war, blieben knapp vier Jahre Zeit.

Auf ihrem Berliner Bundesparteitag vom 3. bis 7. Dezember 1979 hatte die SPD kurz zuvor unter Mühen ihre sicherheitspolitische Position abgesteckt. Die Partei war unzufrieden mit dem Kanzler und verlagerte ihre Hoffnungen auf den Parteivorsitzenden. Man sei „nicht mehr bereit", klagte ein Delegierter, „über lange Zeit hinzunehmen, daß eine solche Politik keine zählbaren Erfolge zustande bringt. [...] Schmidt ist nicht die Verkörperung eines Programms, wie Brandt das einmal war."[122]

Der Gegenwind gegen seine Sicherheitspolitik, angefacht vor allem vom Landesvorsitzenden der baden-württembergischen SPD, Erhard Eppler, hatte den Bundeskanzler im Vorfeld des Berliner Parteitages bereits veranlasst, entsprechende Angriffe zurückzuweisen. Vorerst mit Erfolg, zumal der Bundestagswahlkampf 1980 seinen Schatten voraus warf. Mit Franz Josef Strauß hatte die CDU/CSU-

Fraktion einen polarisierenden Herausforderer nominiert, dem gegenüber die verunsicherten Sozialdemokraten automatisch enger zusammenrückten. Brandt mied in seiner mit Spannung erwarteten Berliner Parteitagsrede das Raketenthema, forderte aber verstärkte Anstrengungen, um die „Entspannung neu zu beleben und sie durch beiderseitigen Rüstungsabbau solide"[123] zu machen. Im Unterschied zu Schmidt, der als ultima ratio auch für strategische Maßnahmen zur Wahrung des strategischen Gleichgewichts eintrat, setzte Brandt nach wie vor auf einen möglichen Erfolg der Friedens- und Abrüstungspolitik. Wer vom Parteivorsitzenden klarere Worte erwartet hatte, wie etwa Verteidigungsminister Hans Apel, wartete auch deshalb vergebens. Brandt, so Apel, rede „lieber von den großen Perspektiven", vermeide „allzu gern die Auseinandersetzung mit den harten Realitäten".[124]

Die Zustimmung des Berliner SPD-Parteitages zum NATO-Doppelbeschluss vom 12. Dezember 1979 basierte schließlich auf einem Kunstgriff, sollte sie doch nur unter der „auflösenden Bedingung" gelten, dass auf die Stationierung neuer Raketen verzichtet werde, „wenn Rüstungskontrollverhandlungen zu befriedigenden Ergebnissen führen. Ziel der Verhandlungen" sei es, durch eine „Verringerung der sowjetischen und eine für Ost und West in Europa insgesamt vereinbarte gemeinsame Begrenzung der Mittelstreckenwaffen die Einführung zusätzlicher Mittelstreckenwaffen in Westeuropa überflüssig zu machen."[125] Die bei knapp 90 Prozent liegende Zustimmung der Delegierten, die sich zudem kaum mit der außerordentlich schwierigen Materie befasst hatten, durfte nicht überbewertet werden. Schmidt-Antipode Eppler hatte nicht zugestimmt, da er an der Ernsthaftigkeit der amerikanischen Verhandlungsbereitschaft zweifelte.

Der NATO-Doppelbeschluss brachte nicht nur die SPD ins Schleudern, sondern löste die Initialzündung für die „Friedensbewegung" aus: ein nicht nur auf die Bundesrepublik beschränktes außerparlamentarisches Massenphänomen, das sich medienwirksam in Szene zu setzen verstand. Der Atom- und Aufrüstungsprotest der 50er, die außerparlamentarische Opposition der 60er und die Umweltbewegung der 70er schienen sich nun, an der Schwelle der 80er Jahre, in einem heterogenen Aktionsbündnis mit *einem* Ziel zu bündeln: die Verhinderung der Aufstellung neuer amerikanischer Mittelstreckenraketen in Westeuropa.

Eine Art negativer Minimalkonsens, der neben Vorstellungen vom Auseinanderrücken der Blöcke, einem atomwaffenfreien Europa, der Umrüstung auf so genannte defensive Waffen oder einer zivilen Verteidigung keine Gründe entdeckte, die für eine Aufstellung der Mittelstreckenraketen sprachen. In der Wahrnehmung der Raketengegner war die *westliche* Sicherheitspolitik der eigentliche Grund für die bedrohliche Konfrontation und damit die Ursache kollektiver Ängste. Die forcierte Raketenrüstung gegen Westeuropa und die sowjetische Expansion in der Dritten Welt hingegen blieben weitgehend unberücksichtigt.

An der SPD zerrten mächtige Zentrifugalkräfte. Hier der Kanzler, der sein politisches Überleben mit der Realisierung des Doppelbeschlusses in *beiden* Teilen verknüpft hatte; dort die Parteilinke um Erhard Eppler, die den Aufrüstungsteil des Beschlusses lieber heute als morgen für null und nichtig erklärt hätte; und vor den Toren die kompromisslose Konkurrenz der „Grünen", die, größtenteils frühere Anhänger der SPD und Jungwähler, nicht nur den NATO-Doppelbeschluss, sondern aus ihrer „ökologisch-anarchisch-pazifistischen Grundhaltung"[126] heraus zugleich auch noch die NATO ablehnten. Mitten in diesem Kräftefeld stand Willy Brandt und sah sich der enormen Herausforderung gegenüber, seine Partei zusammenzuhalten, wofür sein außergewöhnliches Integrations- und sinnstiftendes Orientierungsvermögen dringender denn je gefragt war.

*Das Ende der Entspannung*

Am Weihnachtstag des Jahres 1979 befahl die Moskauer Führung ihren Truppen den Einmarsch in Afghanistan und löste damit jenen weltpolitischen Klimasturz aus, der seit Mitte der 70er Jahre in der

Luft gelegen hatte. Die sowjetische Kriegsmaschinerie operierte erstmals jenseits der Grenzen des Warschauer Paktes und sorgte mit der militärischen Einbindung eines sympathisierenden Regimes in den eigenen Machtbereich für eine neue Qualität.

Der US-Administration steckte noch das Teheraner Geiseldrama in den Knochen. Am 4. November 1979 war die dortige amerikanische Botschaft von iranischen Fanatikern gestürmt, die Botschaftsangehörigen in Geiselhaft genommen worden. Die Welt registrierte, was die vermeintlich mächtigen Vereinigten Staaten für ihre arretierten Diplomaten tun konnten: nichts. Der Prestigeverlust war immens. Präsident Carter musste jetzt Stärke zeigen. Er verurteilte die sowjetische Intervention als „flagrante Verletzung anerkannter internationaler Verhaltensregeln" und „ernsthafteste Bedrohung des Weltfriedens seit dem Zweiten Weltkrieg".[127] Die so genannte „Carter-Doktrin" erklärte jeden Vorstoß auf die strategisch wichtige, als Fernziel der Sowjets vermutete Golfregion zum Anschlag auf die vitalen Interessen der USA. Die Détente der 70er Jahre, so sah man es in Washington, hätte nicht vernichtender scheitern, ihre Logik – Eindämmung der Sowjetunion durch Entgegenkommen – nicht überzeugender widerlegt werden können. Mit Afghanistan endete die Dekade der Détente.

Am 3. Januar 1980 stoppte Carter die Ratifizierungsdebatte des SALT II-Abkommens im amerikanischen Senat und kündigte tags darauf umfassende Sanktionen an.[128] Die von der deutschen Bundesregierung, erst recht von Willy Brandt, erhoffte Null-Lösung bei den Mittelstreckenraketen – eine Lösung, die deren Stationierung im besten Falle überflüssig machte – rückte damit in weite Ferne. Die Bonner Regierung wusste keine Rezepte. Helmut Schmidt sprach von nüchternem Krisenmanagement, von Ruhe und Besonnenheit; Hans Apel mahnte, der Afghanistan-Konflikt dürfe „nicht europäisiert werden".[129] Schmidt musste in dieser Situation dem Bündnis und den USA gegenüber Loyalität demonstrieren: Die Solidarität mit den Vereinigten Staaten sei, so erklärte er am 17. Januar 1980 im Bundestag, unverändert „der Kern unserer Sicherheit und zugleich der Kern der Sicherheit Berlins."[130]

Willy Brandt stand der Afghanistan-Krise ebenfalls ratlos gegenüber. Seine Antwort auf die Frage, ob er in den Tagen nach dem sowjetischen Einmarsch Kontakte zu Breschnew gehabt habe, fiel eindeutig aus: „Nein, keine." Der intensive Gedankenaustausch mit Breschnew war abgerissen, auch Brandt konnte nur spekulieren, wenn es um Ziele und Motive der sowjetischen Führung ging. Enttäuschung und Verärgerung über Breschnew klangen an: „Ich bin in einem Alter und in einem Gemütszustand, in dem man sich nirgends mehr aufdrängt oder aufdrängen sollte."[131] Brandts Bitterkeit war verständlich, hatte er doch noch am 14. November 1979 in einem längeren Schreiben an den Kremlherrscher die „Fortsetzung unseres Werkes"[132] beschworen, ein Ansinnen, das sich jetzt als Trugschluss erwiesen hatte.

Brandt wiederholte dennoch seine Argumente zugunsten der Entspannung, die an ihrer Plausibilität so wenig verloren hatten wie sie mit den sich überschlagenden Ereignissen Schritt halten konnten: „Aus unserer Interessenlage ist es so, daß wir zu den Hauptgeschädigten gehören würden. Wir müssen also alles nur Menschenmögliche tun, um den Rückfall in den Kalten Krieg verhindern zu helfen." Konkrete Vorschläge konnte Brandt freilich nicht unterbreiten. Wie auch? So zitierte er einen Ratschlag, den er Jean Monnet verdankte: „Wenn es ganz schwierig wird, dann muß man sich darüber Gedanken machen, wie man die Bühne neu arrangieren kann. Denn häufig können Sie mit denselben Requisiten ein anderes Bild erzeugen und aus diesem anderen Zueinanderordnen der Kulissen etwas in Gang bringen, was völlig festgefahren schien."[133] Hier sollte der Nukleus dessen liegen, was die SPD als „zweite Ostpolitik" nach dem Sturz Helmut Schmidts gewissermaßen aus doppelter Opposition heraus – gegen die konservativ-liberale Bundesregierung und die politische Überzeugung der wichtigsten NATO-Partner – ins Werk setzte.[134]

Der aufbrechende Konflikt zwischen Entspannung und Bündnistreue ließ Brandt auf Distanz zum Bundeskanzler gehen. Unter dem Eindruck der Afghanistan-Krise entsann sich Brandt des Vermächtnisses de Gaulles – die „Nutzung des Spielraums zwischen den Supermächten durch eine europäische Mittelmacht".[135] Schmidt fand klare Worte: Die Bundesrepublik eigne sich nicht zum „Zünglein an der Waage", daher gebe es keine „Möglichkeit und keinen Willen und auch keinen Eventualvorsatz zu irgendeiner Art von dritter Position. Das dürfen wir auch nicht haben." Im Übrigen glaube er nicht, dass Brandt das „so gesagt"[136] habe.

Am 12. Februar 1980 übergab Willy Brandt in Washington den Abschlussbericht der von ihm geleiteten „Unabhängigen Kommission für internationale Entwicklungsfragen" an UN-Generalsekretär Kurt Waldheim sowie an Präsident Jimmy Carter. Zu einem weltpolitisch ungünstigeren Augenblick hätte das Papier wohl kaum veröffentlicht werden können; nicht nur die darin enthaltenen Abrüstungsvorschläge durften kaum auf positive Resonanz hoffen.

Zurück in Bonn, wandte sich Brandt schriftlich an Breschnew und bot ihm an, dabei behilflich zu sein, den gerissenen Gesprächsfaden zwischen Moskau und Washington neu zu knüpfen: Präsident Carter habe ihm während eines kurzen Gesprächs mitgeteilt, „daß er auf die Gelegenheit warte, um zu Gesprächen zurückfinden und den Prozeß der Entspannung fortsetzen zu können. Auf meine Frage, ob er Ihrem Land dies schwer oder leicht machen wolle, hat er das letztere ausdrücklich bestätigt. Er wolle die Beziehungen zur Sowjetunion verbessern und diese weder in Verlegenheit bringen noch kränken. Ich will nichts überinterpretieren, meine aber, daß es über diese Antwort nachzudenken lohnt."[137]

Breschnews Antwort vom 11. März 1980 fiel, von den üblichen Floskeln abgesehen, einmal mehr bezeichnend aus: „Präsident Carter hat Ihnen gegenüber erklärt, er möchte auf den Weg der Verhandlungen zurückkehren und den Prozeß der Entspannung fortführen, darunter auch die Beziehungen zu der UdSSR verbessern. Hätte es nur gestimmt!" Leider, so Breschnew, zeugten die „Taten der amerikanischen Administration von anderem", nämlich vom „Bekenntnis zu der Politik der Stärke" sowie der „Absicht, militärische Überlegenheit über die Sowjetunion zu erlangen und eine dominierende Rolle in der ganzen Welt zu spielen".[138]

Das Wettrüsten der USA gefährde die Entspannung, das Aufbauschen der Afghanistan-Frage dagegen sei ein reines westliches

Ablenkungsmanöver. Breschnew versäumte nicht, Bundeskanzler Schmidt mangelnden Entspannungswillens zu bezichtigen. Dabei hatte Schmidt in einer Gemeinsamen Erklärung mit dem französischen Staatspräsidenten Giscard d'Estaing vom 5. Februar 1980 wohlkalkulierte Schadensbegrenzung betrieben: Die Entspannung werde erst „einem neuen Schlag gleicher Art nicht standhalten"[139], hieß es da. Brandt und Breschnew, das wurde deutlich, schrieben aneinander vorbei. Immerhin lud der Generalsekretär den Parteivorsitzenden zu persönlichen Gesprächen nach Moskau ein.

Schmidt stimmte Brandt zu, dass es zu diesem Zeitpunkt nicht ratsam sei, die Einladung anzunehmen: „Die Lage ist wirklich sehr ernst. [...] Moskau sucht seit Ende Februar auf verschiedenen Wegen in einer auffälligen Weise ein solches Gespräch [...] mit uns, um die Bundesregierung dahin zu bringen, bei den Olympia- und Wirtschaftsmaßnahmen nicht mitzumachen. Die Sowjetunion hat dabei falsche Vorstellungen über das, was wir wollen und was wir können."[140]

Schmidt bezog sich dabei auf die amerikanischen Wirtschaftssanktionen und Exportbeschränkungen gegen die Sowjetunion sowie den Boykott der Olympischen Sommerspiele in Moskau, den auch der Kanzler für angezeigt hielt, wenn die sowjetischen Truppen Afghanistan nicht räumten. Mit dieser Zusicherung stand Schmidt bei Carter im Wort. In der SPD, namentlich bei Egon Bahr, der heftig für eine deutsche Beteiligung an den Olympischen Spielen plädierte, stieß diese Haltung auf Unverständnis. Am 15. Mai 1980 entschied das NOK der Bundesrepublik, durchaus im Sinne des Kanzlers, den Moskauer Spielen fernzubleiben.

Im Bundestagswahlkampf 1980 schlossen sich nochmals die Reihen. Wenn jemand den verfahrenen Karren der Abrüstung flott machen konnte, dann das Gespann Helmut Schmidt und Willy Brandt und nicht – da waren sich die Sozialdemokraten einig – Franz Josef Strauß. Tatsächlich gelang es dem Kanzler während seines Moskau-Aufenthaltes vom 30. Juni bis 1. Juli 1980, die sowjetische Führung von ihrer Verhandlungsblockade bezüglich der nuklearen Mittelstreckenwaffen (INF) abzubringen. Die ersehnten Gespräche zwischen Washington und Moskau rückten in greifbare Nähe, am 17. Oktober 1980 kamen die Delegationen erstmals in Genf zusammen. Wie klein jedoch der Bonner Spielraum in der Weltkrise war, bewies die am 12. Juni 1980 bei Schmidt eingegangene Mahnung Carters, gegenüber Breschnew nicht vom NATO-Doppelbeschluss abzuweichen.[141]

Mitte August 1980 spitzte sich die Lage dramatisch zu: Polen, *das* strategische Verbindungsglied zwischen der Sowjetunion und ihrem mitteleuropäischen Glacis, wurde von heftigen Arbeiterunruhen und Streikwellen erschüttert, die sich rasch auf das gesamte Küstengebiet von Stettin bis Danzig ausweiteten. Die unabhängige Gewerkschaftsbewegung „Solidarność" begann sich zu formieren, Arbeiterkomitees verlangten neben dem Streikrecht und der Freiheit des Wortes die Aufhebung der Zensur, die Freilassung der politischen Gefangenen sowie die Abschaffung der Privilegien der Mächtigen. Der ratlose Edward Gierek, Erster Sekretär der Polnischen Vereinigten Arbeiterpartei, sagte seinen geplanten Bonn-Besuch ab. Am 5. September musste er, von der Krise überrollt, seinen Hut nehmen.

Am 22. August 1980 sah sich Helmut Schmidt gezwungen, seinen für Ende August avisierten DDR-Besuch abzusagen. Nichts ging mehr in den Ost-West-Beziehungen. Brandt hielt zwar seinen Kontakt mit Breschnew aufrecht, sein Schreiben anlässlich des 10. Jahrestages des Moskauer Vertrages gelangte jedoch über die Beschwörung der Vergangenheit nicht hinaus. „Ich sehe auch heute und weiterhin kein anderes tragendes Prinzip, wenn die Menschheit den Absturz ins Chaos vermeiden will. [...] Sich als Partner des Friedens verstehen lernen, verlangt immer wieder eine richtige Einschätzung."[142] Breschnews Antwort[143] verriet, dass es in Moskau genau daran mangelte.

Unter diesen Vorzeichen musste im Bundestagswahlkampf 1980 das innenpolitische Wuchern mit angeblicher außenpolitischer Kompetenz im Allgemeinen, der Entspannung im Besonderen, mehr als problematisch erscheinen. Gleichwohl verhalf diese Wahlkampfstrategie der SPD mit 42,9 % der Stimmen zu einem passablen Ergebnis in den neunten Bundestagswahlen vom 5. Oktober 1980. Die

Union kam auf 44,5 %, die FDP auf 10,6 %, die debütierenden Grünen lediglich auf 1,5 %. Ausschlaggebend für den Erfolg der sozial-liberalen Koalition war das „Plebiszit *gegen* Strauß".[144]

Danach meldeten sich die Kanzlerkritiker in der SPD wieder verstärkt zu Wort. Es war kein Zufall, dass Schmidt bei seiner Wiederwahl am 5. November 1980 fünf Stimmen aus der Koalition fehlten. Das Echo auf Schmidts Regierungserklärung vom 24. November 1980, überschrieben „Mut zur Zukunft", fiel ernüchternd aus. Vor allem Erhard Eppler äußerte sich sehr pointiert: Nie zuvor habe sich eine solche „Atmosphäre geistiger Öde verbreitet".[145]

Der NATO-Doppelbeschluss, dessen Stationierungsoption immer näher rückte, die Etablierung der Grünen links von der SPD und auf ihre Kosten, die Erosion in den eigenen Reihen – Willy Brandt konnte das nicht kalt lassen. Es spricht vieles für die Diagnose seines engen Wegbegleiters Horst Ehmke, dass Schmidts glückloser Start in die neue Legislaturperiode für Brandt den Wendepunkt in seinem Bemühen markierte, seine Partei mit aller Kraft an der Regierung zu halten. Als die SPD ihre „soziale und politische Identität aufs Spiel gesetzt sah", so Ehmke, habe Brandt die „Interessen der Partei über eine Regierungsteilhabe" gestellt, die „inhaltsleer zu werden drohte".[146]

Ein Indikator dafür war, die deutschlandpolitische Zurückhaltung fallen zu lassen, die sich Willy Brandt seit 1974 auferlegt hatte. Der Schatten der Polen-Krise hatte auch die deutsch-deutschen Beziehungen verdunkelt. Die DDR-Führung schottete sich vor dem „polnischen Bazillus" ab, drang in Moskau auf schärfste Gegenmaßnahmen und zog Bonn gegenüber die Zugbrücke hoch. Am 9. Oktober 1980 erfolgte die massive Erhöhung der Mindestumtauschsätze für Reisende in die DDR, vier Tage später erneuerte Erich Honecker in Gera seine Forderungen an die Bonner Adresse – Anerkennung der Staatsbürgerschaft der DDR, Umwandlung der Ständigen Vertretungen in Botschaften, Regelung der Elbgrenze im eigenen Sinne, Auflösung der Zentralen Erfassungsstelle in Salzgitter. Vor allem aber kritisierte er den Bundeskanzler als „Erfinder und Einpeitscher des Brüsseler Raketenbeschlusses"[147] und drohte an, dass die Bonner Solidarität mit den USA, auch in der Frage des Olympiaboykotts, auf Kosten der Beziehungen zur DDR gehen könnte.

Vor diesem Hintergrund mutete Willy Brandts Vorstoß vom 10. November 1980, man müsse sich „mehr Mühe geben, mehr Gedanken darüber machen", wie das „Verhältnis zwischen den beiden deutschen Staaten mehr politische Substanz bekommt", wenig aussichtsreich an, zumal er konkrete Vorschläge schuldig blieb, bleiben musste: „Eine größere Dichte des – wenn auch schwierigen – politischen Gesprächs scheint mir, wenn mal wieder die Gelegenheit dafür da ist, eine der Voraussetzungen dafür zu sein, das mit abzufedern, was im Praktischen erwünscht wird, möglich ist, möglich werden kann." Brandts Hinweis auf die Bedeutung des KSZE-Prozesses und der MBFR-Verhandlungen änderte nichts daran, dass beide Projekte lahmten: die KSZE-Folgekonferenzen – in Belgrad (4. Oktober 1977 bis 9. März 1978) und in Madrid (Beginn am 11. November 1980) – gingen ohne konkrete Ergebnisse zu Ende, die Wiener MBFR-Verhandlungen waren längst zur Hängepartie erstarrt.

Brandt machte keinen Hehl aus seiner Verärgerung darüber, dass die Bundesregierung, dass der Kanzler in der Deutschlandpolitik wenig auf die Meinung des SPD-Vorsitzenden gab: „Erstens hat die Bundesregierung gesagt, daß sie meines Rates nicht bedarf [...]. Sie meinen, wenn mich schon sonst niemand danach fragt, könnte ich es ja auch lieber im Gespräch mit dem SPIEGEL abhandeln. Das ist aber eigentlich nicht meine Stimmungslage."[148]

Das Ergebnis der amerikanischen Präsidentschaftswahlen vom 4. November 1980 vermochte Brandts Stimmungslage nicht aufzuhellen, entsprach jedoch dem weltpolitischen Trend. Mit einem triumphalen Wahlsieg zog der Republikaner Ronald Reagan am 20. Januar 1981 ins Weiße Haus ein. Seinen Triumph verdankte er der Verheißung eines „Friedens durch Stärke"[149], dem eine veränderte Wahrnehmung der Sowjetunion – nicht mehr als Entspannungspartnerin, sondern als globale Rivalin – zugrunde lag. Vor Abrüstungsverhandlungen, so Reagans Credo, müsse man erst einmal „klar demonstrieren, daß wir entschlossen sind, uns mit ihnen zu messen."[150] Der neue Präsident ließ Taten folgen: eine in Friedenszeiten bislang unerreichte Erhöhung des Verteidigungsbudgets und ein gewaltiges Aufrüstungsprogramm.

Der Regierungswechsel im Weißen Haus leitete neues Wasser auf die Mühlen der bundesdeutschen Anti-Raketenbewegung. In Ronald Reagan machte sie die Symbolfigur einer verfehlten westlichen Sicherheitspolitik aus, welche die Menschheit in den atomaren Untergang schlittern lasse. Auf dem 19. Deutschen Evangelischen Kirchentag im Juni 1981 in Hamburg artikulierte sich offener Protest der Anti-Raketenbewegung gegen die Außen- und Sicherheitspolitik der Bundesregierung, wie sie Helmut Schmidt vertrat; und einmal mehr war Erhard Eppler einer der Wortführer.

Am 29. Juni 1981 nahm Willy Brandt die Einladung Breschnews vom März 1980 an und reiste abermals nach Moskau. Dieser Coup erhitzte die Gemüter und teilte, so Apel, „die Kabinettsmitglieder in Brandt-Anhänger und Schmidt-Fans".[151] Vorbereitet worden war der Besuch in einer Reihe von Gesprächen zwischen Brandt und dem sowjetischen Botschafter in Bonn, Wladimir Semjonow, sowie durch Egon Bahrs Moskauer Sondierungsgespräche zwei Wochen zuvor. Intern gelangte Bahr zu einer positiven Einschätzung des sowjetischen Verhandlungswillens: „Ich habe nicht den geringsten Zweifel, daß die Sowjetunion zu ernsten Verhandlungen bereit ist, auch zu entsprechenden substantiellen Reduktionen ihrer SS 20."[152] Willy Brandt erreichte vorab noch ein Bittbrief[153] Lew Kopelews, den er, wie es mittlerweile Usus war, in Moskau am Rande zur Sprache brachte.

Brandts Gespräch mit Breschnew am 30. Juni 1981 bewegte sich in den alteingefahrenen Gleisen: langatmige Beschwerden des Generalsekretärs über die USA – „die militärische Überlegenheit anstrebten" –, Vorwürfe gegen die Bundesregierung und insbesondere gegen Helmut Schmidt – besonders „verhängnisvoll könne sich der NATO-Beschluss auswirken. Dabei habe Helmut Schmidt eine aktive Rolle gespielt. ‚Bonn hat gründliche Arbeit geleistet.'"[154]

Üblich auch Breschnews Versuche, Brandt am ostpolitischen Portepee zu packen, die Ostpolitik gegen die Bundesregierung und die NATO auszuspielen und einen Gegensatz zwischen Westbindung und Entspannung zu konstruieren. Hinzu kamen taktisch motivierte Vorschläge: etwa ein so genanntes Moratorium für den Zeitraum von INF-Verhandlungen, welche die amerikanischen Forward Based Systems[155] sowie die französischen und die britischen Atomwaffen einschließen müssten – eine Forderung, die, wie Breschnew wissen musste, Washington, London und Paris immer als inakzeptabel zurückgewiesen hatten. Mitterrand wies Brandt wenige Wochen später deutlich darauf hin, dass Derartiges nicht in Frage komme; die USA lehnten bereits am 3. Juli 1981 Breschnews Moratoriumsvorschlag als „offensichtlich ungleichgewichtig" ab.[156] Auch Bundeskanzler Helmut Schmidt und Außenminister Hans-Dietrich Genscher vermochten Breschnews Vorschlägen keine neuen Perspektiven abzugewinnen.

Brandt trug Breschnew im Kreml ebenfalls Vertrautes vor: So sei zu fragen, „wie die Entspannung wieder auf solide Grundlagen gestellt werden könne. [...] Man brauche wieder einen stärkeren Willen zur Entspannungspolitik."[157] Es folgte die übliche Tour d'Horizon: KSZE-Prozess, SI, China, Nord-Süd-Problematik, Polen, Frankreich nach dem Wahlsieg François Mitterrands, Solidarność und die Lage in Polen. Obgleich beider Positionen meilenweit auseinander lagen, überwogen in Brandts Gesprächsbilanz die Aktiva: „Und das muß ich nun wirklich mal sagen, was ich sonst immer gegen die Sowjets haben mag: Die wollen verhandeln. Und man kann über Breschnew sagen, was man will: Er zittert, wo es um den Weltfrieden geht."[158]

Es verwunderte nicht, dass Brandts positive Einschätzung der sowjetischen Kooperations- und Verhandlungsbereitschaft die deutsche Anti-Raketenbewegung in- und außerhalb der SPD in der Wahrnehmung bestätigte, dass die westliche Sicherheitspolitik am so genannten Wettrüsten die Hauptschuld trage, wenngleich der Kreml an seinem Kurs festhielt, forcierte militärische Aufrüstung mit forcierter Entspannungsrhetorik zu kombinieren und die westliche Nachrüstung unter Beibehaltung des eigenen SS 20-Arsenals zu verhindern.

Die Spannungen in der SPD, aber auch in der sozial-liberalen Koalition, verschärften sich immer mehr. Im Bereich der Sicherheitspolitik war die Abkehr vom NATO-Doppelbeschluss mit der FDP – dafür bürgte Genscher – nicht zu erreichen. Ein weiteres strittiges Politikfeld war die Finanz- und Wirtschaftspolitik, bei der man sich über der Frage entzweite, wie den Folgen der erneuten Ölpreisexplosion von 1979 beizukommen sei: Konjunktureinbruch, Inflation, Rezession, wachsende Staatsverschuldung. Die FDP vertraute auf ihr marktwirtschaftliches Instrumentarium und setzte die Schere an das soziale Netz.

Kein Wunder, dass sich die der Bundestagswahl vom 5. Oktober 1980 folgenden Koalitionsverhandlungen überaus zäh gestaltet hatten, die Konflikte bestenfalls vertagt worden waren. Egon Bahr gab intern zu bedenken, dass es nicht hinnehmbar sei, wenn „zu außenpolitischen Fragen keine eigenen Stellungnahmen abgegeben werden und ausschließlich die Äußerungen des Außenministers in der Öffentlichkeit bekannt seien. Die Partei werde in dieser Frage nicht mehr länger ruhig bleiben."[159]

Unter den zahlreichen Unterzeichnern aus Kultur, Wissenschaft und Politik des „Krefelder Appells" vom November 1980 gegen den Doppelbeschluss waren bereits Sozialdemokraten gewesen. Der so genannte „Bielefelder Appell" vom Dezember 1980, initiiert von 150 Mandatsträgern der SPD, hatte den NATO-Doppelbeschluss als „verhängnisvolle Fehlentscheidung" qualifiziert und dem Kanzler die Rückkehr zur „ursprünglichen Absicht der Entspannungspolitik vor zehn Jahren"[160] nahe gelegt. Helmut Schmidt sah sich im Mai 1981 seiner Partei gegenüber zu erneuten Rücktrittsdrohungen für den Fall gezwungen, dass die Sozialdemokraten seiner Sicherheitspolitik die Gefolgschaft aufkündigten.

Ihren Höhepunkt erreichte die „Friedensbewegung" mit der Demonstration im Bonner Hofgarten am 10. Oktober 1981. Eine Viertelmillion Menschen protestierte gegen den NATO-Doppelbeschluss, darunter etwa 50 SPD-Bundestagsabgeordnete. Erhard Eppler, Mitglied des SPD-Präsidiums, erklomm das Rednerpult. Und dies, obwohl sich der Bundeskanzler Helmut Schmidt am 16. September 1981 schriftlich an den Parteivorsitzenden Willy Brandt gewandt hatte – „mit der dringlichen Bitte, Erhard Eppler zu ersuchen, sich von der

Veranstaltung fernzuhalten".[161] Brandt antwortete am 21. September, die SPD dürfe sich nicht „isolieren von dem, was viele, vor allem junge Menschen, in unserem Lande umtreibt".[162] Auch Schmidts nochmalige Intervention in der SPD-Präsidiumssitzung vom 28. September war erfolglos. Sein Argument, dass der „Handlungsspielraum der Regierung durch Demonstrationen dieser Art eingeschränkt"[163] werde, überzeugte die Mehrheit der Anwesenden nicht, schon gar nicht Erhard Eppler, der sich der Rückendeckung Willy Brandts sicher sein konnte. Der langsame Abschied der SPD als Regierungspartei in Bonn hatte begonnen.

Den Besuch Leonid Breschnews in der Bundesrepublik vom 22. bis 24. November 1981 nutzten beide Seiten lediglich, um ihre altbekannten Positionen zu unterstreichen. Schmidt bekundete, im Falle eines Scheiterns der Genfer Verhandlungen, „für das Zustandebringen einer westlichen Nachrüstung notfalls die Existenz meiner Regierung riskieren"[164] zu wollen. Breschnew und Gromyko beschwerten sich über Reagan, die Politik der USA und die vermeintliche Hochrüstung der NATO. Es sollte Leonid Breschnews, der schon zu diesem Zeitpunkt von schwerer Krankheit gezeichnet war, letztes Zusammentreffen mit Helmut Schmidt sein. Auch Willy Brandt sah er zum letzten Mal; beider Gespräch auf Schloss Gymnich am 24. November blieb kurz und routinemäßig, auch wenn Brandt danach die „konstruktiven Elemente"[165] in Breschnews Ausführungen hervorhob. Bewegung in der Sache gab es nicht.

Gleiches galt für den mehrfach verschobenen Besuch Helmut Schmidts bei Erich Honecker, der vom 11. bis 13. Dezember 1981 stattfand. Zuvor hatten sich beide Anfang Mai 1980 am Sarg Titos in Belgrad getroffen, wobei Honecker eine Geste sowjetischen Entgegenkommens im Hinblick auf Afghanistan angedeutet hatte, falls Schmidt die DDR besuche. Die Verhängung des Kriegsrechtes über Polen durch General Wojciech Jaruzelski, zugleich Regierungs- und Parteichef, in der Nacht vom 12. zum 13. Dezember machte selbst bescheidene Erwartungen an den deutsch-deutschen Gipfel zunichte. Jaruzelskis Griff zu diesem extremen Mittel, um den wankenden Staatssozialismus zu retten, spitzte die seit Sommer

1980 schwelende Polen-Krise gefährlich zu. US-Präsident Reagan machte die Sowjetunion verantwortlich, verhängte dementsprechende Sanktionen und diagnostizierte den „moralischen Bankrott des Kommunismus".[166]

Vor diesem Hintergrund konnte es Bundeskanzler Schmidt nur noch darum gehen, den DDR-Besuch hinter sich zu bringen, wobei er davon ausging, mit einer Absage des Besuches oder einer vorzeitigen Abreise den Menschen in der DDR zu schaden. Schmidts gespenstisch anmutende Visite in Güstrow symbolisierte den Stand der innerdeutschen Beziehungen: winterliche Kälte, leere Straßen, Polizeiabsperrungen, bestellte Claqueure, unter Hausarrest gesetzte Einwohner. Unterm Strich blieb wenig, von der Verlängerung des so genannten „Swing", eines zinslosen Überziehungskredits zugunsten der DDR, abgesehen. Übereinstimmung gab es bestenfalls in Selbstverständlichkeiten, etwa darin, dass von deutschem Boden nie wieder Krieg ausgehen dürfe.[167]

Willy Brandt – bemüht, auch die wenigen verbliebenen Chancen der Entspannung zu wahren – hatte von Anfang an auf scharfe öffentliche Kritik an den Repressalien der polnischen Partei- und Staatsführung verzichtet. Anlässlich des 10. Jahrestages der Unterzeichnung des deutsch-polnischen Warschauer Vertrages sprach er im Dezember 1980 davon, sich „in die Zucht der Zurückhaltung" nehmen zu wollen, „wo es ganz allein um das geht, was die Polen miteinander ausmachen".[168] Vielen seiner politischen Freunde, so schrieb Brandt Ende 1980 an den ungarischen Staats- und Parteichef Janos Kádár, sei „das nicht leicht gefallen", aber man sei sich bewusst, dass „jede unüberlegte Kommentierung zu Fehleindrücken führen müsste, die nicht hilfreich sein würden".[169]

Für die Fortsetzung der Entspannung und die Erhaltung des Friedens, so Brandts These, waren nun einmal die „Mächtigen", hier also die kommunistischen Machthaber, nicht die Regimekritiker, die richtigen Ansprechpartner. Das Problem, so erklärte Brandt dem amerikanischen Außenminister Alexander Haig, sei folgendes: Da die polnische Staatspartei „ein Vakuum gelassen habe, das Solidarność nicht füllen könne, komme die Armee. Mit Wałęsa habe man ein besonderes Problem: einerseits wolle man ihn nicht entmutigen, ihm andererseits aber deutlich machen, wo Grenzen sind."[170]

Heftige Vorwürfe, auch aus den Reihen der SPD, blieben nicht aus. „Ich bleibe dabei, daß es besser ist, auf starke Worte zu verzichten, als Hoffnungen zu wecken, für die es keine inhaltliche Deckung gibt [...], auch wenn man sich damit Mißverständnissen aussetzt"[171], schrieb Willy Brandt am 23. Dezember 1981 dem Bremer Historiker Imanuel Geiss, der in seiner Enttäuschung darüber, dass der SPD-Vorsitzende seine Zurückhaltung auch *nach* der Verhängung des Kriegsrechtes in Polen nicht aufgab, Brandt „Appeasement gegenüber der UdSSR und der DDR"[172] vorgehalten hatte, und das in einer Zeit, in der Polen gerade den „Bankrott des ‚realen Sozialismus'" anzeige.

In einem Schreiben an Jaruzelski vom 14. Januar 1982 blieb Brandt bei seiner Sicht der Dinge, wenngleich er dosierte Kritik an den Vorgängen in Polen anklingen ließ. Die SPD wie die Bundesregierung hätten sich um eine „ausgewogene, Zuspitzungen vermeidende Haltung bemüht" und seien „entschlossen, an dieser Position festzuhalten, soweit die objektiven Umstände"[173] dies erlaubten. Man werde, so unterstrich Brandt bald darauf in einem ausführlichen *Spiegel*-Artikel, „im Falle Polen" nicht „jede Art von Maulheldentum mitmachen".[174]

Kein Zweifel: Die in den Ländern des Ostblocks sich formierenden Oppositions- und Reformbewegungen *von unten* drohten der herkömmlichen Ostpolitik, die ganz auf Kontakte mit den dortigen Machthabern und deren Reformbereitschaft *von oben* setzte, die Grundlage zu entziehen. Die SPD-Führung wie die Bundesregierung standen vor einem Dilemma, aus dem bis zum Ende des Ost-West-Konfliktes 1989/90 kein befriedigender Ausweg gefunden werden konnte.[175]

Unterdessen strebte der Zerfallsprozess der sozial-liberalen Koalition seinem Schlussakt entgegen. Schmidts Vertrauensfrage am 5. Februar 1982, die nicht zuletzt der eigenen Partei galt, vermochte die Talfahrt nicht zu stoppen. Auch nicht der Münchener Bundesparteitag der SPD vom 19. bis 23. April 1982[176], der einen mühsamen

Kompromiss hervorbrachte: Die Entscheidung über die Stationierung der Pershing II-Raketen und Marschflugkörper sollte erst im Herbst 1983 auf einem eigens einzuberufenden Sonderparteitag fallen. Die Partei spielte auf Zeit, damit der Kanzler nochmals sein Gesicht wahren konnte.

Im Vorfeld des Parteitages hatte Breschnew erneut versucht, Brandt in der Stationierungsfrage unter Druck zu setzen: Wenn die Entscheidung in den Herbst 1983 verschoben werde, so dürfe „man sich wohl fragen, ob die Führung der SPD nicht vor eine vollendete Tatsache gestellt wird und dann beim besten Willen nicht imstande sein wird, den Lauf der Ereignisse in eine positive Richtung umzukehren". Den amerikanischen Vorschlag einer Null-Lösung, also der völligen Abrüstung der nuklearen Mittelstreckenwaffen kanzelte Breschnew als „Verhöhnung des gesunden Verstandes"[177] ab. Es lag wohl auch an diesem Tonfall, dass Brandts Antwort eindeutiger als gewöhnlich ausfiel. Die Vorschläge der Sowjetunion seien „auch umgekehrt nicht annehmbar", trotzdem sei, so Brandt weiter, jede „Verständigung [...] besser als keine. Aber was Raketen angeht, so halte ich es doch für wünschenswert, daß dies nicht auf unsere Kosten geschieht."[178]

Das war auch die Meinung Helmut Schmidts, der mittlerweile zwischen allen Stühlen saß. Prominente Sozialdemokraten wie Erhard Eppler oder der Saarbrücker Oberbürgermeister Oskar Lafontaine distanzierten sich vom NATO-Doppelbeschluss, hielten gar die Regeneration der SPD in der Opposition für angezeigt. Eine der letzten gemeinsamen Entscheidungen der sozial-liberalen Koalition, die Verabschiedung des Bundeshaushaltes für 1983, quittierte Lafontaine mit persönlichen Attacken auf den Kanzler: „Helmut Schmidt spricht weiter von Pflichtgefühl, Berechenbarkeit, Machbarkeit, Standhaftigkeit. [...] Das sind Sekundärtugenden. Ganz präzis gesagt: Damit kann man auch ein KZ betreiben. Das sind Sekundärtugenden, auf die man zurückgreift, wenn innerlich nicht bewältigt ist, worum es geht, nämlich um die Bewahrung des Lebens."[179] Das Schweigen des Parteivorsitzenden Willy Brandts zu den Ausfällen Oskar Lafontaines sprach Bände.

Vom so genannten „Waldspaziergang" am 16. Juli 1982, dem diskreten Treffen des amerikanischen INF-Unterhändlers, Paul Nitze, mit seinem sowjetischen Pendant Julij Kwizinski am Genfer See, erfuhr Kanzler Schmidt ebenso wenig wie vom Ergebnis der Zusammenkunft. Nitze hatte einen Kompromiss für die am 30. November 1981 zwar wieder aufgenommenen, aber völlig verfahrenen Genfer INF-Verhandlungen ins Gespräch gebracht. Sein Vorschlag sah u.a. den Verzicht auf die Pershing II und die beiderseitige Begrenzung der Mittelstreckensysteme in Europa vor, scheiterte dann aber an höheren Bedenken in Moskau und Washington.[180] Für Helmut Schmidt wäre die Realisierung dieses Ansatzes einem Geschenk des Himmels gleichgekommen: „Schmidt und ich", so Bundesverteidigungsminister Hans Apel, „hätten es nicht durchgehen lassen, daß unser westlicher Verbündeter, die USA, den Nitze/Kwizinski-Vorschlag einfach durch die Ritzen fallen lässt."[181]

Im September 1982 brach die Koalitionskrise offen aus. Auf Länderebene hatte die SPD im Sommer nicht nur eine Wahlschlappe in Hamburg erlitten. Die hessische FDP hatte zudem eine Koalitionsaussage gegen die SPD und zugunsten der CDU abgegeben. Der Signalcharakter für Bonn wäre auch dann unübersehbar gewesen, wenn führende Liberale wie Bundeswirtschaftsminister Otto Graf Lambsdorff nicht öffentlich darauf hingewiesen hätten. Der Bundeskanzler erkannte die Zeichen der Zeit und trat die Flucht nach vorn an. Er nötigte Lambsdorff zur Vorlage seiner wirtschaftspolitischen Thesen und forderte am 9. September 1982 Helmut Kohl, den Vorsitzenden der CDU/CSU-Fraktion, zum konstruktiven Misstrauensvotum auf.

Lambsdorffs Denkschrift war ein wirtschaftsliberales Papier reinsten Wassers und enthielt weitreichende Vorschläge zur Sanierung der Wirtschaft, nicht zuletzt auf Kosten der sozialen Sicherungssysteme. Die Denkschrift ging als „Scheidungsbrief"[182] in die Annalen ein, weil sie mit der sozial-liberalen Koalition, den Positionen des Kanzlers sowie der SPD nicht kompatibel war und nicht sein wollte – allein schon wegen der für die SPD unzumutbaren Einschnitte in die sozialen Sicherungssysteme.

Der Kanzler versuchte, das Heft in der Hand zu behalten und die FDP für das nahende Ende der Koalition verantwortlich zu machen. Am 17. September 1982 erklärte er im Bundestag mit der sozial-liberalen Koalition eine „geschichtliche Epoche in der Entfaltung unseres demokratischen Gemeinwesens" für beendet. Zugleich räumte er ein, dass die Sozialdemokratie „gegenwärtig in einem handfesten politischen Tief"[183] stecke. Hans-Dietrich Genscher und die drei FDP-Minister hatten bereits am Morgen um ihre Entlassung gebeten, die andernfalls Schmidt verfügt hätte. Das nun amtierende sozialdemokratische Rumpfkabinett – Schmidt übernahm das Außenministerium, SPD-Politiker die übrigen vakanten Ressorts – wurde am 1. Oktober 1982 aus seiner Agonie erlöst. Um 15.12 Uhr gab Bundestagspräsident Richard Stücklen das Ergebnis der Abstimmung über das konstruktive Misstrauensvotum gegen Helmut Schmidt bekannt: „Ich stelle fest, der Abgeordnete Dr. Helmut Kohl ist zum Bundeskanzler der Bundesrepublik Deutschland gewählt."[184] 256 von 495 Abgeordneten hatten mit Ja votiert.

Vorab hatte Schmidt in seiner letzten Rede als Bundeskanzler sein politisches Vermächtnis zu Protokoll gegeben und mit dem Satz beendet: „Jedermann darf und jedermann muß mit unserer Stetigkeit rechnen."[185] Was die Realisierung des NATO-Doppelbeschlusses anging, so konnte diese Stetigkeit nur durch den Machtwechsel in Bonn garantiert werden. Amtsnachfolger Helmut Kohl setzte Schmidts Kurs in diesem Punkt nahtlos fort, wie Schmidt später anerkannte. In einem tieferen Sinne, so bemerkte der britische Historiker Timothy Garton Ash nicht zu Unrecht, habe „Schmidt durch Verlieren gewonnen."[186]

Auffällig war der letzte Satz Willy Brandts in der historischen Bundestagsdebatte am 1. Oktober 1982 – nicht obwohl, sondern vielmehr *weil* er eine selbstverständliche Aussage enthielt, die in der augenblicklichen Situation gerade deshalb die Distanz großer Teile der Partei zu ihrem Bundeskanzler erkennen ließ: „Wir Sozialdemokraten sind gegen den Sturz von Bundeskanzler Schmidt. Wir sind dafür, daß er gedeihlich weiter arbeiten kann und daß wir uns gemeinsam mit ihm den Wählern stellen können."[187]

*Bilanz: Erfolge und Grenzen der Entspannungspolitik*

Die Ostpolitik, die von Willy Brandt zusammen mit Egon Bahr entwickelte deutsche Variante der Entspannungspolitik, hat die gegenseitigen Beziehungen zwischen Ost und West vor allem durch den Gewaltverzicht und die Anerkennung der Unverletzlichkeit der Grenzen auf eine gesicherte Grundlage gestellt. Sie war die Voraussetzung für ein weiteres gedeihliches Zusammenwirken und hat damit zugleich die internationale Stellung der Bundesrepublik Deutschland nachhaltig und dauerhaft verbessert. Der westdeutsche Teilstaat war aufgrund der Neuorientierung der Deutschland- und Außenpolitik zu einem allseits akzeptierten, dem Frieden verpflichteten Partner geworden, ohne dass die feste Verankerung im westlichen Bündnis und in der Wertegemeinschaft der demokratischen Staaten dadurch in Frage gestellt worden wäre. Die Spannungen zwischen den Blöcken konnten – zumindest in Europa – reduziert und damit die Gefahr einer militärischen Auseinandersetzung gemindert werden.

Helmut Schmidt würdigte 1975 in einem Brief an Willy Brandt dessen Verdienste um die Ostpolitik mit den Worten, Brandt habe mit der Eliminierung bzw. Limitierung der Risiken in Berlin und gegenüber den östlichen Nachbarn, die zugleich entscheidende Behinderungen der westlichen und Europa-Politik gewesen seien, Durchbrüche erzielt. Und er betonte, dass sie ohne Brandt „nicht so möglich gewesen wären".[188]

Die Ostpolitik war aber nicht nur auf der Ebene der zwischenstaatlichen Beziehungen ein Erfolg. Ebenso wichtig wie die Sicherung des Friedens waren für Brandt stets die Erleichterungen des alltäglichen Lebens möglichst vieler Menschen im geteilten Deutschland. Diese Verbesserungen kamen Millionen Deutschen insbesondere in den innerdeutschen Beziehungen und bei der Sicherung der Bindungen und Verbindungen der Bundesrepublik zu West-Berlin zugute. Zugleich diente diese „Politik der kleinen Schritte" dem Ziel, die Einheit der deutschen Nation in der Zeit der staatlichen Teilung zu wahren.

Nach Abschluss der wichtigsten Ostverträge, des Moskauer, des Warschauer und des Prager Vertrages sowie des Vier-Mächte-Abkommens über Berlin in den Jahren 1970 bis 1973 waren die KSZE und die MBFR-Verhandlungen für Willy Brandt der nächste Schritt der Entspannungspolitik. Beide Verhandlungen waren durch das günstigere internationale Klima möglich geworden, das Brandts Ostpolitik bewirkt hatte. Die KSZE-Gespräche konnten – trotz mancher Formelkompromisse – im August 1975 noch zu einem überwiegend erfolgreichen Abschluss gebracht werden. Dagegen kamen die MBFR-Verhandlungen nicht voran.

Was den Beitrag der Ostpolitik zur Lösung der deutschen Frage betrifft, hat sich Brandt stets zurückhaltend geäußert. Er ging davon aus, dass die Wiederherstellung der deutschen Einheit in Frieden und Freiheit eine Aufgabe von Generationen sein würde.

Von der Stagnation der Entspannungspolitik von 1975 an war Brandt überrascht und enttäuscht. Die Weltpolitik schlug eine andere Richtung ein, als er erwartet hatte: die sowjetische Raketenrüstung gegen Westeuropa, der Vormarsch des Kremls in der Dritten Welt, das Tauziehen um die „Neutronenbombe", der NATO-Doppelbeschluss, die sowjetische Intervention in Afghanistan, die Krise des kommunistischen Systems in Polen – ein „zweiter Kalter Krieg" drohte. Dafür gab es vielfältige Ursachen. Entscheidend war, dass sich die Beziehungen zwischen den USA und der UdSSR erheblich verschlechterten, teils durch innere Entwicklungen beider Supermächte, teils durch Interessengegensätze außerhalb Europas.

Zur gleichen Zeit, als sich die Beziehungen zwischen Ost und West verschlechterten, stellte sich für die bisherige Konzeption der Ostpolitik, die auf den Kontakten zwischen den Regierenden beruhte, eine neue Herausforderung. In den osteuropäischen Staaten entstanden Oppositionsbewegungen mit Leitfiguren wie Václav Havel, Andrej Sacharow oder Lech Wałęsa, die eine Reform von oben für aussichtslos hielten und den westlichen Politikern vorwarfen, durch ihre ausschließlichen Verhandlungen mit den östlichen Machthabern das kommunistische System – dessen Stabilität auch von Brandt überschätzt wurde – zu stützen und dabei die schleichende Relativierung westlicher Werte wie „Freiheit" und „Menschenrechte" in Kauf zu nehmen. Brandt sah jedoch die Gefahr einer Destabilisierung der Staaten Osteuropas, nicht zuletzt vor dem Hintergrund seiner Erfahrungen aus den fünfziger Jahren, als der Westen den ungarischen Aufstand zwar propagandistisch unterstützt hatte, ihm aber im entscheidenden Moment die militärische und politische Hilfe versagen musste. Dennoch konnten sich die „Dissidenten" der Unterstützung ihrer politischen Ziele durch Brandt sicher sein, der beispielsweise seine Sympathie für die „Identitätsstiftung einer neuen Generation"[189] in Polen deutlich erkennen ließ. Vielen aber war dies zu wenig. So kam die Ostpolitik und mit ihr Brandt bei einigen Regimekritikern und vielen Konservativen in den Verdacht, die kommunistischen Machthaber als Gesprächspartner den Oppositionellen vorzuziehen.

Langfristig trug die Ostpolitik zur Schwächung der Diktaturen in Osteuropa und der Sowjetunion bei. Die kommunistischen Machthaber konnten den Unmut des Volkes mit immer weniger überzeugenden Argumenten gegen den westdeutschen Revanchismus ablenken, wie dies besonders in Polen bis Ende der sechziger Jahre noch möglich gewesen war. Intensivierte Wirtschaftsbeziehungen bezogen die Comecon-Staaten immer mehr in den Weltmarkt ein und beseitigten auch hier den früheren Isolationismus. Immer stärker gelangten unzensierte Informationen aus dem Westen in die ehedem abgeschotteten Gesellschaften. Die Ausführungen der KSZE-Schlussakte zu Menschenrechten, auch in der gleichgeschalteten kommunistischen Presse abgedruckt, waren für die Oppositionellen Anstoß, Ermutigung und Legitimation zu weiteren politischen Aktivitäten.

Nach 1975 war es Brandts Anliegen, durch vielfältige Kontakte und öffentliche Erklärungen den Prozess der Entspannungspolitik neu zu beleben, waren doch viele Ziele noch unerreicht. Der Einmarsch der Sowjetunion in Afghanistan 1979 stellte die Entspannung zwischen Ost und West grundsätzlich in Frage. Von nun an ging es auch Brandt um nicht mehr und nicht weniger als um die Verteidigung der Entspannungspolitik als Grundmotiv der Ost-West-Beziehungen überhaupt. Reagans Hochrüstungspolitik belastete aus Sicht Brandts die internationalen Beziehungen zusätzlich. 1981 sah es zeitweise so aus, als hielte Brandt die amerikanische Außenpolitik für eine noch größere Herausforderung der Entspannungspolitik als das Vorgehen der Sowjetunion. Von Fortschritten zu einer immer spannungsärmeren Welt war in dieser Situation nicht zu reden; stattdessen galt es, Rückschritte zu verhindern.

Von großer Bedeutung war jedoch in jedem Falle die Politik Willy Brandts: Er stand für Versöhnung, Frieden und Vertrauen. Selbst in den schwierigsten Zeiten resignierte er nicht, sondern kämpfte für die Fortsetzung der Entspannungspolitik. Es ist ein Teil des historischen Verdienstes von Willy Brandt, hierdurch zum dauerhaften Abbau von Spannungen in Europa und in der Welt beigetragen zu haben.

*Zur Dokumentenauswahl*

Die Auswahl der Dokumente ergibt sich aus den in der Einleitung dargestellten äußeren Bedingungen und inneren Beweggründen des Wirkens Willy Brandts und spiegelt dessen politische Schwerpunktsetzung in den Jahren von 1974 bis 1982 wider.

Nach dem Rücktritt vom Regierungsamt auf sich selbst zurückgeworfen, besann sich Brandt auf seine beruflichen Wurzeln, die im Journalismus, im abwägenden Umgang mit dem geschriebenen Wort lagen. Nachdenkend, reflektierend, bilanzierend, stets um die treffendere Formulierung, den plastischeren Vergleich bemüht, suchte er mit sich und der Welt ins Reine zu kommen, sich die nötige klärende Distanz zum gewiss nicht einfachen Alltag zu erarbeiten.

Das Ergebnis waren nicht nur gewichtige autobiographische Schriften, sondern auch eine erstaunliche Fülle von akribisch verfassten journalistischen Texten zu nahezu sämtlichen politischen Themen der Zeit, zur Innen- wie zur Deutschland-, Außen- und Weltpolitik. Aus den letztgenannten Zusammenhängen wurden einige repräsentative Dokumente ausgewählt.

Im Bemühen um einen möglichst signifikanten, vielfältigen und facettenreichen Eindruck von Brandts Denken und Handeln wurden verschiedenste veröffentlichte sowie unveröffentlichte Quellentypen berücksichtigt: Reden, Artikel, handschriftliche Vermerke Brandts stehen neben Gesprächs- und Interviewaufzeichnungen, zahlreichen Briefen und charakteristischen Fotografien. Brandts Umgang mit Texten soll zudem durch einige wenige faksimilierte Dokumentenabbildungen veranschaulicht werden.

Das Rückgrat des Dokumententeils bildet zweifellos der hier erstmals zugänglich gemachte, überaus dichte Schriftwechsel Willy Brandts mit dem sowjetischen Generalsekretär Leonid Breschnew bis zu dessen Tod am 10. November 1982. Aufgrund der zahlreichen wechselseitigen Bezugnahmen erwies es sich als unverzichtbar, diesen Schrift*wechsel* auch als solchen nachvollziehbar zu machen. Zu diesem Zweck wurden auch einige Schreiben Breschnews an Brandt zum Abdruck gebracht.

Darüber hinaus wurden Dokumente aufgenommen, die Brandts Gedankenaustausch mit Spitzenpolitikern östlicher Länder wie Tito, Ceaușescu, Kádár, Gierek oder Jaruzelski bzw. den westlichen Verbündeten in Gestalt von Mitterrand, Haig oder Kissinger wiedergeben. Ebenfalls berücksichtigt wurden exemplarische Schreiben Brandts an osteuropäische Regimekritiker und Dissidenten wie Lew Kopelew oder Jiři Hájek.

Entsprechend den Editionsvorgaben stützt sich die Dokumentenauswahl auf die Überlieferung aus dem Willy-Brandt-Archiv im Archiv der sozialen Demokratie der Friedrich-Ebert-Stiftung in Bonn. Die ausgewählten Quellen wurden durch Einsichtnahme in Archivalien aus den ebenfalls im AdsD aufbewahrten Deposita führender sozialdemokratischer Politiker, wie Helmut Schmidt, Egon Bahr, Horst Ehmke, Erhard Eppler und Hans-Jochen Vogel ergänzend und kommentierend flankiert. In Einzelfällen wurden auch die Aufzeichnungen des Ton- und Filmarchivs des AdsD herangezogen. Verzichtet wurde auf die Aufnahme von Protokollen aus den Sitzungen der SPD-Gremien – Fraktion, Präsidium, Parteivorstand – sowie auf die Reden Willy Brandts vor den Delegierten der Bundes- und Landesparteitage der SPD.

*Danksagung*

Der vorliegende Band wäre ohne die Unterstützung zahlreicher Menschen nicht zustande gekommen. In allen Stadien dieses Projektes war ich auf deren Bereitschaft angewiesen, mir mit Rat und Tat zur Seite zu stehen und den jeweiligen Stand der Dinge aufmerksam, geduldig und kritisch – in jedem Falle wohlwollend und weiterführend – zu kommentieren.

Mein Dank gilt den Herausgebern der Berliner Ausgabe und dem Vorstand der Bundeskanzler-Willy-Brandt-Stiftung, dem Vorsitzenden Dr. Gerhard Groß sowie den Professoren Dr. Dieter Dowe, Dr. Helga Grebing, Dr. Gregor Schöllgen und Dr. Heinrich August Winkler, inbesondere Professor Schöllgen, der als verantwortlicher Herausgeber diesen Band von Anfang an begleitet und ihm durch alle Fragen und Probleme hindurch den Weg geebnet hat.

Den Kollegen und Kolleginnen aus dem Kreis der Bearbeiter der Berliner Ausgabe danke ich ebenso wie den Mitarbeitern der Geschäftsstelle der Bundeskanzler-Willy-Brandt-Stiftung, vor allem Dr. Carsten Tessmer, Dr. Bernd Rother, Dr. Wolfgang Schmidt und Dr. Wolfram Hoppenstedt, für ihre fachliche und persönliche Anteilnahme und ihre kontinuierliche Diskussions- und Hilfsbereitschaft. Gleiches gilt für das Willy-Brandt-Archiv, wo Harry Scholz, Referent des WBA, und sein Mitarbeiter Sven Haarmann wertvolle Hinweise und Ratschläge gaben sowie für alle beteiligten Mitarbeiter anderer Abteilungen des Archivs der sozialen Demokratie und der Bibliothek der Friedrich-Ebert-Stiftung in Bonn, namentlich Gisela Krause, Dr. Christoph Stamm, Wolfgang Stärcke und Hartwig Schlaberg.

Auf entscheidende Weise an der Fertigstellung des Buches beteiligt waren Dr. Friedrich Kießling, Dr. Claus W. Schäfer und Dr. Wolther von Kieseritzky. Für informative und anregende Gespräche bzw. die unverzichtbare Unterstützung in der intensiven Schlussphase des Projekts danke ich Dr. Markus Paul, Dr. Hans-Diether Dörfler, Dr. Emmanouil Zacharioudakis, Margarete Griffaton,

Heike Scharf M.A., Isabelle Schneider, Sabine Galster und Sandra Bissert. Für das akribische Lektorat bin ich Dr. Heiner Lindner zu Dank verpflichtet.

Nürnberg, im September 2002                    Frank Fischer

Verzeichnis der Dokumente

| 88 | Nr. 1 | Juni 1974 | Aus dem Artikel des Vorsitzenden der SPD, Brandt, für *Die Neue Gesellschaft* |
| 90 | Nr. 2 | 15. Juli 1974 | Aus dem Schreiben des Vorsitzenden der SPD, Brandt, an den Ersten Sekretär des ZK der PVAP, Gierek |
| 91 | Nr. 3 | 20. August 1974 | Aus dem Interview des Vorsitzenden der SPD, Brandt, für die *National-Zeitung*, Basel |
| 95 | Nr. 4 | 15. November 1974 | Aus der Rede des Vorsitzenden der SPD, Brandt, zum 15. Jahrestag des Godesberger Programms |
| 98 | Nr. 5 | 19. November 1974 | Manuskript der Rede des Vorsitzenden der SPD, Brandt, auf einer Veranstaltung des Mouvement Européen in Paris |
| 114 | Nr. 6 | 24. Dezember 1974 | Aus dem hs. Schreiben des Vorsitzenden der SPD, Brandt, an den Bundesminister für wirtschaftliche Zusammenarbeit, Bahr |
| 115 | Nr. 7 | 9. Februar 1975 | Aus dem Interview des Vorsitzenden der SPD, Brandt, für den Süddeutschen Rundfunk |
| 117 | Nr. 8 | 15. Februar 1975 | Aus dem Interview des Vorsitzenden der SPD, Brandt, für den Sender Freies Berlin |
| 120 | Nr. 9 | 26. März 1975 | Manuskript der Rede des Vorsitzenden der SPD, Brandt, vor UNO-Vertretern und Botschaftern in New York |
| 124 | Nr. 10 | 5. Mai 1975 | Artikel des Vorsitzenden der SPD, Brandt, für den *SPD-Pressedienst* |

| 127 | Nr. 11 | 23. Juni 1975 | Aus dem Interview des Vorsitzenden der SPD, Brandt, für die jugoslawische Zeitung *Nin* |
| 130 | Nr. 12 | 30. Juni 1975 | Aus dem Interview des Vorsitzenden der SPD, Brandt, für den *General-Anzeiger* |
| 134 | Nr. 13 | 3. Juli 1975 | Manuskript der Tischrede des Vorsitzenden der SPD, Brandt, anlässlich eines Mittagessens auf Einladung des Generalsekretärs des ZK der KPdSU, Breschnew, in Moskau |
| 138 | Nr. 14 | 3. Juli 1975 | Aus dem Vermerk über das Gespräch des Vorsitzenden der SPD, Brandt, mit dem Generalsekretär des ZK der KPdSU, Breschnew |
| 151 | Nr. 15 | 7. Juli 1975 | Interview des Vorsitzenden der SPD, Brandt, für *Der Spiegel* |
| 155 | Nr. 16 | 10. Juli 1975 | Interview des Vorsitzenden der SPD, Brandt, für den Hessischen Rundfunk |
| 160 | Nr. 17 | 22. Juli 1975 | Interview des Vorsitzenden der SPD, Brandt, für die Sendung „Kennzeichen D" des Zweiten Deutschen Fernsehens |
| 163 | Nr. 18 | 27. Oktober 1975 | Schreiben des Vorsitzenden der SPD, Brandt, an den Generalsekretär des ZK der KPdSU, Breschnew |
| 165 | Nr. 19 | 5. Dezember 1975 | Beitrag des Vorsitzenden der SPD, Brandt, zum fünften Jahrestag der Unterzeichnung des Warschauer Vertrages |
| 167 | Nr. 20 | Dezember 1975 | Schreiben des Generalsekretärs des ZK der KPdSU, Breschnew, an den Vorsitzenden der SPD, Brandt |

| | | | |
|---|---|---|---|
| 170 | Nr. 21 | 22. Dezember 1975 | Schreiben des Vorsitzenden der SPD, Brandt, an den *Spiegel*-Herausgeber, Augstein |
| 171 | Nr. 22 | 2. Januar 1976 | Interview des Vorsitzenden der SPD, Brandt, für die sowjetische Zeitung *Sa Rubjeshom* |
| 175 | Nr. 23 | 7. Januar 1976 | Schreiben des Vorsitzenden der SPD, Brandt, an den Generalsekretär des ZK der KPdSU, Breschnew |
| 177 | Nr. 24 | 28. Januar 1976 | Schreiben des Vorsitzenden der SPD, Brandt, an den Chefredakteur des *Stern*, Nannen |
| 178 | Nr. 25 | 5. März 1976 | Interview des Vorsitzenden der SPD, Brandt, für die *Süddeutsche Zeitung* |
| 180 | Nr. 26 | 8. April 1976 | Aus dem Schreiben des Vorsitzenden der SPD, Brandt, an den Botschafter a.D. Lüders |
| 182 | Nr. 27 | 9. Juni 1976 | Hs. Vermerk des Vorsitzenden der SPD, Brandt, über ein Gespräch mit dem Ersten Sekretär des ZK der PVAP, Gierek |
| 185 | Nr. 28 | 5. August 1976 | Hs. Schreiben des Vorsitzenden der SPD, Brandt, an den jugoslawischen Staatspräsidenten, Tito |
| 186 | Nr. 29 | 12. August 1976 | Beitrag des Vorsitzenden der SPD, Brandt, zum 15. Jahrestag des Berliner Mauerbaus für die *Harburger Anzeigen und Nachrichten* |
| 188 | Nr. 30 | 7. September 1976 | Interview des Vorsitzenden der SPD, Brandt, für die Sendung „Kennzeichen D" des Zweiten Deutschen Fernsehens |

| | | | |
|---|---|---|---|
| 190 | Nr. 31 | 11. Januar 1977 | Schreiben des Vorsitzenden der SPD, Brandt, an den Außenminister der Vereinigten Staaten von Amerika, Kissinger |
| 192 | Nr. 32 | 11. März 1977 | Schreiben des Generalsekretärs des ZK der KPdSU, Breschnew, an den Vorsitzenden der SPD, Brandt |
| 195 | Nr. 33 | 12. April 1977 | Schreiben des Vorsitzenden der SPD, Brandt, an den jugoslawischen Staatspräsidenten, Tito |
| 198 | Nr. 34 | 9. Mai 1977 | Schreiben des Vorsitzenden der SPD, Brandt, an den Generalsekretär des ZK der KPdSU, Breschnew |
| 201 | Nr. 35 | 17. Mai 1977 | Schreiben des Vorsitzenden der SPD, Brandt, an den tschechoslowakischen Außenminister a.D. Hájek |
| 202 | Nr. 36 | Juli 1977 | Schreiben des Generalsekretärs des ZK der KPdSU, Breschnew, an den Vorsitzenden der SPD, Brandt |
| 204 | Nr. 37 | 26. August 1977 | Artikel des Vorsitzenden der SPD, Brandt, für *Die Zeit* |
| 213 | Nr. 38 | 24. Oktober 1977 | Schreiben des Vorsitzenden der SPD, Brandt, an den Generalsekretär des ZK der KPdSU, Breschnew |
| 216 | Nr. 39 | 1. Dezember 1977 | Schreiben des Generalsekretärs des ZK der KPdSU, Breschnew, an den Vorsitzenden der SPD, Brandt |
| 218 | Nr. 40 | 18. Januar 1978 | Aus dem Schreiben des Vorsitzenden der SPD, Brandt, an den jugoslawischen Staatspräsidenten, Tito |
| 221 | Nr. 41 | 2. Februar 1978 | Interview des Vorsitzenden der SPD, Brandt, für den *Vorwärts* |

| | | | |
|---|---|---|---|
| 225 | Nr. 42 | 10. April 1978 | Aus dem Schreiben der Kreistagsabgeordneten und Landtagskandidatin der SPD Kiekheben-Schmidt an den Vorsitzenden der SPD, Brandt |
| 226 | Nr. 43 | 3. Mai 1978 | Schreiben des Vorsitzenden der SPD, Brandt, an die Kreistagsabgeordnete und Landtagskandidatin der SPD Kiekheben-Schmidt |
| 227 | Nr. 44 | 4. Mai 1978 | Erklärung des Vorsitzenden der SPD, Brandt, zum Besuch des Generalsekretärs des ZK der KPdSU, Breschnew, in der Bundesrepublik |
| 232 | Nr. 45 | 4. Mai 1978 | Hs. Schreiben des Vorsitzenden der SPD, Brandt, an den Generalsekretär des ZK der KPdSU, Breschnew |
| 234 | Nr. 46 | 1. Juni 1978 | Schreiben des Vorsitzenden der SPD, Brandt, an den Ersten Sekretär des ZK der PVAP, Gierek |
| 237 | Nr. 47 | 12. Juni 1978 | Interview des Vorsitzenden der SPD, Brandt, für die *Deutsche Welle* |
| 241 | Nr. 48 | 15. August 1978 | Beitrag des Vorsitzenden der SPD, Brandt, für den *SPD-Pressedienst* |
| 244 | Nr. 49 | 5. September 1979 | Beitrag des Vorsitzenden der SPD, Brandt, für das *sozialdemokrat-magazin* |
| 246 | Nr. 50 | 14. November 1979 | Schreiben des Vorsitzenden der SPD, Brandt, an den Generalsekretär des ZK der KPdSU, Breschnew |
| 252 | Nr. 51 | 19. Dezember 1979 | Aus dem Schreiben des Vorsitzenden der SPD, Brandt, an den Staatspräsidenten der Sozialistischen Republik Rumänien, Ceaușescu |
| 254 | Nr. 52 | 14. Januar 1980 | Interview des Vorsitzenden der SPD, Brandt, für *Der Spiegel* |

| | | | |
|---|---|---|---|
| 268 | Nr. 53 | 19. Februar 1980 | Schreiben des Vorsitzenden der SPD, Brandt, an den Generalsekretär des ZK der KPdSU, Breschnew |
| 273 | Nr. 54 | 11. März 1980 | Schreiben des Generalsekretärs des ZK der KPdSU, Breschnew, an den Vorsitzenden der SPD, Brandt |
| 279 | Nr. 55 | 12. August 1980 | Schreiben des Vorsitzenden der SPD, Brandt, an den Generalsekretär des ZK der KPdSU, Breschnew |
| 281 | Nr. 56 | 28. August 1980 | Schreiben des Generalsekretärs des ZK der KPdSU, Breschnew, an den Vorsitzenden der SPD, Brandt |
| 286 | Nr. 57 | 17. September 1980 | Schreiben des Vorsitzenden der SPD, Brandt, an den Generalsekretär des ZK der KPdSU, Breschnew |
| 288 | Nr. 58 | 10. November 1980 | Aus dem Interview des Vorsitzenden der SPD, Brandt, für *Der Spiegel* |
| 295 | Nr. 59 | 17. November 1980 | Schreiben des Vorsitzenden der SPD, Brandt, an den Generalsekretär des ZK der KPdSU, Breschnew |
| 296 | Nr. 60 | 22. November 1980 | Aus dem Redebeitrag des Vorsitzenden der SPD, Brandt, zum zehnten Jahrestag der Unterzeichnung des Warschauer Vertrages |
| 300 | Nr. 61 | 11. Dezember 1980 | Vermerk über das Gespräch des Vorsitzenden der SPD, Brandt, mit dem sowjetischen Botschafter Semjonow |
| 305 | Nr. 62 | 19. Dezember 1980 | Aus dem Schreiben des Vorsitzenden der SPD, Brandt, an den Ersten Sekretär des ZK der USAP, Kádár |
| 306 | Nr. 63 | 25. Januar 1981 | Schreiben des Vorsitzenden der SPD, Brandt, an den Schriftsteller Kopelew |

| | | | |
|---|---|---|---|
| 308 | Nr. 64 | 18. Mai 1981 | Aus dem Interview des Vorsitzenden der SPD, Brandt, für *Der Spiegel* |
| 319 | Nr. 65 | 30. Juni 1981 | Vermerk über das Gespräch des Vorsitzenden der SPD, Brandt, mit dem Generalsekretär des ZK der KPdSU, Breschnew |
| 327 | Nr. 66 | 6. Juli 1981 | Interview des Vorsitzenden der SPD, Brandt, für *Der Spiegel* |
| 343 | Nr. 67 | 24. Juli 1981 | Aus dem Schreiben des Vorsitzenden der SPD, Brandt, an den Schriftsteller Kopelew |
| 345 | Nr. 68 | 25. September 1981 | Vermerk über das Gespräch des Vorsitzenden der SPD, Brandt, mit dem französischen Staatspräsidenten, Mitterrand |
| 348 | Nr. 69 | 5. Oktober 1981 | Aus dem Vermerk über das Gespräch des Vorsitzenden der SPD, Brandt, mit dem Außenminister der Vereinigten Staaten von Amerika, Haig |
| 350 | Nr. 70 | 23. Dezember 1981 | Aus dem Schreiben des Vorsitzenden der SPD, Brandt, an den Historiker Geiss |
| 351 | Nr. 71 | 14. Januar 1982 | Schreiben des Vorsitzenden der SPD, Brandt, an den Vorsitzenden des Militärrates der VR Polen, Jaruzelski |
| 353 | Nr. 72 | 1. Februar 1982 | Artikel des Vorsitzenden der SPD, Brandt, für *Der Spiegel* |
| 360 | Nr. 73 | 5. Februar 1982 | Interview des Vorsitzenden der SPD, Brandt, für *Die Zeit* |
| 369 | Nr. 74 | 22. Februar 1982 | Schreiben des Generalsekretärs des ZK der KPdSU, Breschnew, an den Vorsitzenden der SPD, Brandt |

| | | | |
|---|---|---|---|
| 373 | Nr. 75 | 17. März 1982 | Schreiben des Vorsitzenden der SPD, Brandt, an den Generalsekretär des ZK der KPdSU, Breschnew |
| 375 | Nr. 76 | 5. April 1982 | Aus dem Interview des Vorsitzenden der SPD, Brandt, für *Der Spiegel* |
| 379 | Nr. 77 | 4. Oktober 1982 | Aus dem Vermerk über das Gespräch des Vorsitzenden der SPD, Brandt, mit dem sowjetischen Botschafter Semjonow |
| 382 | Nr. 78 | 13. Oktober 1982 | Schreiben des Vorsitzenden der SPD, Brandt, an den Generalsekretär des ZK der KPdSU, Breschnew |
| 384 | Nr. 79 | 15. November 1982 | Artikel des Vorsitzenden der SPD, Brandt, zum Tod des Generalsekretärs des ZK der KPdSU, Breschnew, für *Der Spiegel* |

# Dokumente

Nr. 1
**Aus dem Artikel des Vorsitzenden der SPD, Brandt,
für *Die Neue Gesellschaft*
Juni 1974**[1]

*Die Neue Gesellschaft* 21 (1974) 6, S. 443–445.

### Für die deutsche Vernunft

Das Frühjahr 1974 bleibt eine entscheidende Markierung in unserer Parteigeschichte: diese Markierung ist positiv. Die „Krise", die man der SPD anhängen oder aufdrängen wollte, fand nicht statt.[2] Die Erklärung ist einfach: Eine politische Bewegung, die in ihrer Geschichte im ganzen gesehen so sicher ist wie die unsere, hält sich nicht allzu lange mit Rückblicken auf. Sie sieht und sie arbeitet nach vorn. Das gilt auch für ihren Vorsitzenden, der sich aus dem Palais Schaumburg[3] aus eigenem freien Entschluß dorthin wandte[4], wo er immer zuhause war: ins Zentrum unseres sozialdemokratischen Lebens. Es gilt in gleicher Weise für Helmut Schmidt, der mit völliger Selbstverständlichkeit die Arbeit des Bundeskanzlers übernahm[5] – auf das Geleistete bauend, das Notwendige vollziehend und das Neue wagend. So entspricht es unserer Tradition.
[...][6]

Nicht nur der Zufall einer knapp günstigen Konstellation hat uns im Herbst 1969 mit den freien Demokraten zusammengeführt.[7] Dieses Bündnis hat vielmehr eine historische Dimension. Die Sozialdemokratie, der deutsche Liberalismus und jene Strömungen, die aus der christlichen Sozialethik schöpfen: sie waren immer die vitalen Kräfte deutscher Demokratie. Doch seit 1848 haben sich – über Kaiserreich, Weimar und das Dritte Reich hinaus – Sozialdemokratie und Liberalismus meist verfehlt, oft auf tragische Weise. 1969 fanden sie endlich zusammen.

Man mag sagen, was man will: der frische Bürgergeist[8], der dieses Bündnis mitformte, hat demokratisches Bewußtsein weit ins Volk getragen. Aber auch Gegenkräfte wurden geweckt. Unsere demo-

kratische Deutschstunde ist also noch lange nicht zu Ende. Das Pensum des gemeinsamen Auftrages ist bei weitem nicht erfüllt.
[...][9]

Die europäische Aufgabe hat für die gegenwärtige Bundesregierung genauso Vorrang wie sie es für meine Regierung hatte. Vor allem: Unsere Partei versteht sich mehr denn je als eine europäische Partei. Ich sagte einst: Ein guter Deutscher kann kein Nationalist sein.[10] Ich füge heute hinzu: Wer ein guter Deutscher sein will, muß Europäer sein. Die Schatten der Vergangenheit dürfen uns jedenfalls nicht davon abhalten, unsere Pflicht gegenüber Europa mit allen Kräften, die uns zugewachsen sind, und mit neuem Mut zu erfüllen.

Neben der Krise liegt die Chance. Die sozialliberale Koalition und ihre Regierung müssen diese Chance nutzen. Das europäische Einigungswerk ist neben unserer Ostpolitik das entscheidende Friedenswerk unserer Generation. Unser Kurs bleibt auf den gesicherten, den organisierten Frieden gerichtet. Europa – das Bündnis – Entspannung und Zusammenarbeit: das sind die Grundelemente unserer äußeren Politik, die ein Faktor des Friedens in der Welt geworden ist und die uns eine Zukunft des Friedens garantiert.

Wirtschaftliche Dynamik, die sich auf Leistung gründet – soziale Sicherheit und Gerechtigkeit – Schutz der Freiheit des einzelnen – gebändigter Fortschritt im Sinne einer wohlverstandenen Qualität des Lebens – gute Nachbarschaft: das sind die Prinzipien unserer Politik im Innern. Das gehört zu unserem Programm der deutschen Vernunft. Mit ihm werden wir bestehen.

Nr. 2
**Aus dem Schreiben des Vorsitzenden der SPD, Brandt, an den Ersten Sekretär des ZK der PVAP, Gierek**
**15. Juli 1974**[1]

*AdsD, WBA, A 9, 33.*

Sehr geehrter Herr Gierek,
[...][2]
Der Vorsitzende der Sozialdemokratischen Partei Deutschlands hält unverändert die Aufgabe für wichtig, den Versuch fortzusetzen, der zu der Zeit begonnen worden ist, als ich ausserdem noch das Amt des Bundeskanzlers innehatte[3]: Wenn es möglich wäre, einen Schlußstrich zu ziehen zwischen der Bundesrepublik und Polen und damit die Basis dafür zu legen, dass beide Staaten in ihren Beziehungen ihren Blick in die Zukunft richten und dabei von der Vergangenheit nicht mehr behindert würden, so wäre das für die Lage in Europa und nicht nur für unsere beiden Staaten von grosser Bedeutung.

Wie Sie wissen, ist es in unserem Teil der Welt nicht so wie in Ihrem, dass die Partei in der Lage wäre, Aufgaben zu übernehmen, die der Regierung zukommen.[4] Ich kann Ihnen aber begründet versichern, dass Bundeskanzler Helmut Schmidt die Absicht hat, die Politik der Entspannung und Versöhnung fortzusetzen, die die beiden Bundesregierungen unter meiner Führung[5] begonnen haben. Mit anderen Worten: Unsere Seite ist auch bereit, den Rahmen aufrechtzuerhalten, in dem die Gespräche zwischen den beiden damaligen Aussenministern[6] zuletzt Ende vergangenen Jahres stattgefunden hatten.

Ich habe mit Aufmerksamkeit und Genugtuung festgestellt, in welcher Art in Warschau die Ereignisse in der Bundesrepublik verfolgt worden sind, und ich hoffe, dass es möglich sein wird, die richtige Ebene zu finden, um die Aufgaben zu lösen, die gestellt bleiben, auch wenn da und dort die Funktion einzelner Personen sich ändert.
Mit vorzüglicher Hochachtung
‹Br[andt]›[7]

Nr. 3
**Aus dem Interview des Vorsitzenden der SPD, Brandt, für die *National-Zeitung*, Basel**
**20. August 1974**

*SPD Pressemitteilungen und Informationen, Nr. 367/74 vom
20. August 1974.*

Frage: Herr Brandt, Wochen sind nun vergangen seit Ihrem – jedenfalls für Außenstehende – überraschenden Rücktritt als Bundeskanzler. Haben Sie inzwischen die Bilanz Ihrer fünfjährigen Regierungszeit gezogen?
Antwort: Der aktive Politiker zieht allenfalls eine Zwischenbilanz. Eine solche werde ich im Laufe des Herbstes in Buchform[1] veröffentlichen. Im übrigen geht meine Arbeit kontinuierlich weiter; wenn auch aus einer anders gefaßten Verantwortung heraus.[2]
Frage: Wenn Sie alles in allem rechnen, erfüllt Sie der Rückblick mit Genugtuung?
Antwort: Alles in allem: Ja.
Frage: Welches sind Ihrer Meinung nach die Haupterrungenschaften Ihrer Kanzlerschaft?
Antwort: Der Abstand ist wohl noch zu kurz, um eine Gesamtbewertung vornehmen zu können. Außerdem sollte ich eine solche Gesamtbewertung auch eher anderen überlassen. Trotzdem möchte ich drei Feststellungen treffen.

Erstens: Gesellschaftspolitisch haben wir mit unserer Politik der inneren Reform[3] in unserem Land ein neues Verständnis geweckt für das, was notwendig geändert werden muß, damit das Bewahrenswerte erhalten bleiben kann. Und ich meine, wir haben durch die Politik der inneren Reform erreicht, daß die im Alltag erlebbaren Freiheitsbereiche der Bürger erweitert wurden und daß wir auf dem Weg zu mehr Gerechtigkeit und Sicherheit ein Stück vorangekommen sind. Wer meine Regierungserklärungen von 1969 und 1973[4] mit der heutigen Wirklichkeit vergleicht, wird feststellen können: Es wurde mehr

Demokratie gewagt.⁵ Es beginnt sich eine höhere Lebensqualität abzuzeichnen, weil die Gemeinschaftseinrichtungen ernster genommen werden. Und es gibt mehr soziale Leistungen, auch mehr Anteilnahme am Schicksal der benachteiligten Mitbürger.

Zweitens: Ökonomisch und sozial ist die Stabilität der Bundesrepublik Deutschland ausgebaut und gefestigt worden. Die Preissteigerungen sind niedriger, die realen Einkommenssteigerungen höher als in den meisten vergleichbaren Staaten. Besser als in vielen anderen Ländern haben wir erreicht, daß die unvermeidbaren sozialen Konflikte geregelt ausgetragen wurden.

Drittens: Außenpolitisch haben wir vor allem erreicht, daß Deutschland und Frieden wieder in einem Atem genannt werden. In Europa und im Atlantischen Bündnis achtet man uns als verlässlichen Partner. Zur Entspannungspolitik zwischen Ost und West haben wir unsere eigenen unersetzbaren Beiträge geleistet.⁶ Im Verhältnis zur DDR hat – über alle aktuellen Schwierigkeiten hinweg – ein Prozeß der Entkrampfung eingeleitet werden können.

Frage: Die Menschen erreichen praktisch nie alle Ziele, die sie sich ursprünglich setzen, und die Staatslenker machen hiervon keine Ausnahme. Welche Fehlschläge Ihrer Kanzlerzeit bedauern Sie heute am meisten?

Antwort: Wir haben es über weite Strecken nicht geschafft, den Menschen in unserem Lande hinreichend klarzumachen, welche Ziele wir wirklich verfolgen und wie wir sie wirklich erreichen wollen. Gruppenegoismus und das Verfolgen nur vermeintlich berechtigter Interessen waren ein ernstes Hindernis.

Es gab einen großen Abstand zwischen dem, was Verbandsfunktionäre⁷ – oft in Eintracht mit der politischen Opposition – behaupteten, und dem, was tatsächlich in den Regierungsvorlagen stand. Immer wieder begegnete man dem Versuch von Verbandsspitzen, ihrer Mitgliedschaft weiszumachen, sie würde insgesamt von den Regierungsvorlagen negativ betroffen. In Wirklichkeit ging es darum – und wird es weiterhin darum gehen – nicht mehr begründbare und für die Gemeinschaft nachteilige Privilegien abzubauen.

Ich will ein selbstkritisches Wort hinzufügen: Es ist uns trotz wiederholter Versuche nicht in ausreichendem Maße gelungen, die in bestimmten großen Fragen staatspolitisch gebotene Solidarität zwischen den gesellschaftlichen Gruppen und zwischen den Parteien zu erreichen. Dies gilt zum Teil auch für die Regierung und die Führungsgremien der sie tragenden Parteien. Nun hoffe ich, daß mein Rücktritt dazu beigetragen hat, daß an den richtigen Stellen die richtigen Überlegungen angestellt werden, um aus Fehlern der vergangenen Jahre zu lernen.

Frage: Von verschiedenen Seiten ist Ihnen seinerzeit angeraten worden, sich für die Bundespräsidentenwahl[8] zur Verfügung zu stellen. Bereuen Sie es heute, den Rat nicht befolgt zu haben?

Antwort: Nein, ich bereue dies nicht.

Frage: In gewissen Zeitungen las man, daß Sie, als Sie als Kanzler zurücktraten, ursprünglich auch den Parteivorsitz niederlegen wollten und nur auf Bitten Ihrer Stellvertreter in der Partei, Helmut Schmidt und Heinz Kühn, „aus Pflichtgefühl" geblieben sind. Haben Sie tatsächlich erwogen, auch in der Partei in das Glied zurückzutreten? Und wie steht es heute? Sind Sie heute Parteichef aus Neigung oder „Pflichtgefühl"?

Antwort: Ich hatte nicht erwogen, den Parteivorsitz niederzulegen.[9] Im übrigen ergänzen sich hier Neigung und Pflichtgefühl. Ich habe ja auch erklärt, daß ich mich auf dem nächsten Parteitag – in Mannheim, im November 1975 – zur Wiederwahl zur Verfügung stellen werde.[10]

[...][11]

Frage: Sie haben erklärt, daß Sie sich künftig vor allem um die langfristige Programmatik der Partei und um die europäische Sozialdemokratie kümmern wollen. Welche Ziele verfolgen Sie mit der europäischen Sozialdemokratie?

Antwort: Ich will dafür sorgen, daß meine Partei ihre europäische Aufgabe noch ernster nimmt. Und daß wir gemeinsam mit befreundeten Parteien in den Nachbarländern dafür arbeiten, europäische Einigung und soziale Demokratie möglichst stark auf einen Nenner zu bringen.

Frage: Sind Sie der Meinung, daß die Positionen der neutralen Staaten die Einigung Europas erschweren?
Antwort: Nein, das würde ich nicht sagen. Erstens kann ich mir die europäische Substanz ohne die bündnisfreien Länder[12] nicht vorstellen. Zweitens zeigt die Erfahrung, daß Formen der Zusammenarbeit gefunden werden können, die dem besonderen Status der Neutralen Rechnung tragen.
Frage: Nach all Ihren europäischen Erfahrungen: Halten Sie eine Vereinigung der europäischen Länder für möglich, nützlich oder sogar unausweichlich?
Antwort: Ich halte den Zusammenschluß – in Form einer Union, die über die Wirtschaftsgemeinschaft hinausreicht – der dazu bereiten Staaten der europäischen Demokratie für notwendig und auch möglich.
Frage: Gegebenenfalls: Kann man noch erwarten, daß die bis 1980 angestrebte politische Union Europas einen supranationalen Charakter haben wird?
Antwort: Über den Begriff der Supranationalität läßt sich viel philosophieren. Worum es meiner Meinung nach geht, ist dies: Auf den Gebieten, für die der europäische Staatenverband zuständig sein wird, muß er, muß die Union über eine eigene Regierungsstruktur verfügen. Klar davon zu trennen sind die Verantwortlichkeiten, für die die nationalen Regierungen zuständig bleiben.
Frage: Halten Sie eine Gesamtkonzeption für die Politik gegenüber der Sowjetunion und allen anderen Warschauer-Pakt-Staaten für erforderlich? Und gegebenenfalls: Wie sollte eine solche Gesamtkonzeption aussehen?
Antwort: In der Europäischen Gemeinschaft und im Atlantischen Bündnis ist die Ostpolitik in den letzten Jahren im ganzen gut abgestimmt gewesen. Ich gehe davon aus, daß dies auch weiterhin der Fall sein wird. Die Politik der Bundesrepublik Deutschland gegenüber den östlichen Nachbarn war und ist in den westlichen Gemeinschaften verankert. Wir befinden uns jetzt in der Phase, in der die multilateralen Aspekte der Ost-West-Beziehungen an Bedeutung zunehmen. Die Konferenz über Sicherheit und Zusammenarbeit in Europa[13] kennzeichnet diese Akzentverschiebung. Besondere Anforde-

rungen werden jedoch an den Zusammenhalt des Westens gestellt, wenn die Verhandlungen über – zunächst sicher nur bescheidene – gleichgewichtige Begrenzungen von Truppen und Rüstungen in Europa[14] voranschreiten.

Frage: Der sowjetische Parteichef Breschnew hat Sie eingeladen, ihn in Moskau zu besuchen. Wann werden Sie dieser Einladung Folge leisten?

Antwort: Ich würde mich freuen, wenn ich die Sowjetunion näher kennenlernen könnte. Aber konkrete Plänen liegen nicht vor.

Frage: Wären Sie unter Umständen auch bereit, eine Einladung der Herren Honecker, Stoph und Sindermann anzunehmen?

Antwort: Mit dieser Frage werde ich mich bis auf weiteres nicht zu beschäftigen brauchen. Unabhängig hiervon bleibe ich sehr daran interessiert, daß die Verträge zwischen den beiden deutschen Staaten[15] – und das sie beide verpflichtende Viermächteabkommen über Berlin – dem Buchstaben und dem Geist entsprechend erfüllt werden.


Nr. 4
**Aus der Rede des Vorsitzenden der SPD, Brandt, zum 15. Jahrestag des Godesberger Programms**
**15. November 1974**

*Die Neue Gesellschaft 21 (1974) 12, S. 1033–1039.*


## Willy Brandt: Godesberg geht es um menschliche Gestaltung der Gesellschaft insgesamt

[. . .][1]
In dieser Rede ist bereits angeklungen, daß unsere Grundwerte nicht allein eine innenpolitische Dimension besitzen. Wir sind eine nationale Partei in europäischer Verantwortung und mit unabweislichen weltweiten Pflichten.

1959² lebte in uns die Hoffnung, die Spaltung der deutschen Nation würde in absehbarer Zeit durch Wiederherstellung der staatlichen Einheit überwunden werden können. Wir haben zunehmend lernen müssen, daß es eine isolierte Lösung der deutschen Fragen nicht gibt, daß sie sich von den europäischen Zusammenhängen nicht trennen lassen.

Um so wichtiger war es, auch im Interesse der Nation, daß wir unseren Beitrag zur Sicherung des Friedens leisteten. Daß wir daran gingen außerdem, den Kontakt zwischen den Menschen in den beiden deutschen Staaten ‹...› lebendiger werden zu lassen.

Die brennendste Sorge richtete sich in den Jahren, in denen am Godesberger Programm gearbeitet wurde, auf die Gefahr eines dritten Weltkrieges, der auf europäischem Boden ausgelöst und zum Untergang durch Atombrand führen könnte. Diese Gefahr ist noch nicht gebannt, aber sie ist vergleichsweise geringer geworden.

Hierzu hat die durch uns eingeleitete und zielstrebig vorangetragene Politik der Entspannung und der Verständigung – wie manche meinen: wesentlich beigetragen. Aber es gibt noch viele Schwierigkeiten. Dennoch bin ich sicher: wir werden sie mit Geduld und Behutsamkeit überwinden ‹...›

Wer nun meint, das Stichwort „aktive Friedenspolitik" könne aus dem Vokabular unserer Bundesrepublik getilgt werden, hat die von uns vor Jahr und Tag eingeleitete Politik – zu deren Voraussetzungen selbstverständlich ein angemessener militärischer Beitrag zu unserer Sicherheit gehört – bis heute in ihrem Kern nicht begriffen.³

Die bilaterale – zweiseitige – Phase dieser Politik bedeutet nur die erste Stufe eines größeren, eines multilateralen – mehrseitigen – Versuchs, der in seinen wesentlichen Elementen noch vor uns liegt: Durch den ausgewogenen Truppenabbau in Mitteleuropa sowie durch die Begrenzung der Rüstungen ‹...› parallel zu größerer technischer, kultureller und wirtschaftlicher Zusammenarbeit und damit – auf längere Sicht – zur Überwindung der Blöcke zu gelangen.⁴

Ich weiß, es gibt heute noch vordringlichere Probleme: Solche der Energie- und Rohstoffpolitik, solche der Überwindung permanenter Defizite der Zahlungsbilanzen, solche des Kampfes gegen Arbeitslosigkeit und Inflation in der Industriewelt. Gleichwohl: Wir werden das Ziel, von dem ich eben sprach, im Auge behalten. Und wir werden uns die von der übergroßen Mehrheit des Volkes gestützte Friedenspolitik – die im Rahmen unserer Möglichkeiten darauf abzielt, den Nord-Süd-Konflikt überwinden zu helfen – weder von Kleinmütigen noch von Großsprechern zerreden lassen.

Es könnte im übrigen sein, daß Europa jetzt geschichtlich die letzte Chance hat, in diesem Prozeß zwischen Ost und West und Nord und Süd eine eigene Rolle zu spielen. Das erfordert, daß es den Weg zur politischen, wirtschaftlichen und sozialen Einheit entschlossen weitergeht. Und wir deutschen Sozialdemokraten wollen und werden alles uns Mögliche tun, um die europäische Einigung voranzubringen, durch diese kritische Phase hindurchzubringen und hinüberzuretten.

In den letzten fünfzehn Jahren ist immer deutlicher geworden: Kein Land, nicht einmal die beiden stärksten, ist in der Lage, seine Probleme in Autarkie zu lösen. Die Bundesrepublik Deutschland würde ihre Probleme in einem vereinten Europa leichter lösen, Europa würde seine Probleme leichter lösen können in einer Welt, deren Mitglieder sich weltweiten Vereinbarungen und Beschlüssen anschließen. Alle Staaten der Welt, gleichgültig, welchen Grad der Entwicklung sie haben, welches gesellschaftliche System bei ihnen wirkt, ob sie gebunden oder ungebunden sind, haben einen Grad von gegenseitiger Abhängigkeit erreicht, der noch ständig zunimmt. Gewicht und Bedeutung eines Landes werden davon abhängen, ob es ihm gelingt, seinen spezifischen Platz in der arbeitsteiligen Welt zu finden, zu sichern und seine Rolle auf dem Wege einer friedlichen Welt engagiert zu übernehmen ‹...›
[...][5]

Nr. 5
**Manuskript der Rede des Vorsitzenden der SPD, Brandt, auf einer Veranstaltung des Mouvement Européen in Paris 19. November 1974**

*SPD Pressemitteilungen und Informationen, Nr. 538/74 vom 19. November 1974.*[1]

Frankreich, Deutschland und Europa

Krisen sind für die Einigung Europas zum ständigen Begleiter geworden.

Die – über Parteigrenzen hinausreichenden – Europäischen Bewegungen in unseren Ländern haben notgedrungenermaßen einen Teil ihrer Energien einem ständigen Krisenmanagement zum Wohle Europas widmen müssen, indem sie auf die nie endende Kette von Veränderungen, Rückschlägen und Herausforderungen neue Antworten suchten. Nicht selten haben sie dabei dem Einigungsprozess neue Impulse gegeben.

Neuer Impulse bedarf es jetzt im ganz besonderen Maße. Und ich kann nur hoffen, sie kommen nicht zu spät.

Wenn heute eine tiefe Malaise durch Europa geht, dann doch deshalb, weil eine steigende Zahl von Menschen sich die Frage stellt, ob nicht Europa an einem kritischen Wendepunkt steht. Deutlicher gesagt: Ob es nicht am Anfang einer Krise steht, bei der vielen von uns nicht nur unklar ist, <u>wie</u>, sondern <u>ob</u> sie bewältigt werden kann.

Die Frage, die der Präsident der Französischen Republik anläßlich seiner letzten Pressekonferenz[2] formulierte, die Frage nämlich, ob die Welt auf eine Katastrophe hinsteuert, hat eine in Europa verbreitete Befürchtung zum Ausdruck gebracht.

Kein Zweifel: Europa steht vor der schwierigsten Bewährungsprobe der Nachkriegsgeschichte. Ich sage dies nicht leicht dahin, sondern aus der Erfahrung eines politischen Lebens, in dem ich mitverfolgen mußte, wie immer wieder kostbare Chancen vertan wurden und die Arbeit von Generationen zerstört worden ist.

Auch spreche ich nicht nur von einer Bewährungsprobe der Europäischen Gemeinschaft – obwohl sie im Mittelpunkt unserer Überlegungen steht –, sondern eines Härtetests für Europa überhaupt. Denn mit einem Scheitern der Gemeinschaft steht auch das Schicksal Westeuropas auf dem Spiel. Und mit seiner Stabilität auch die Zukunft der gesamteuropäischen Entspannung und Zusammenarbeit.

Wie besorgniserregend die Situation ist, kann man auch aus den europäischen Reaktionen auf die kürzlichen Anregungen Frankreichs zur Aktivierung der Gemeinschaft ersehen. Wären die vom Präsidenten der Republik gemachten Vorschläge[3] noch vor wenigen Jahren formuliert worden, man hätte sie als eine Sensation empfunden. Ein aufatmendes Europa hätte sie als einen willkommenen Impuls begrüßt, der die Einigung höchstwahrscheinlich rasch einen guten Schritt vorangebracht haben würde.

Wenn die Reaktion auf die neuen Vorschläge zurückhaltender ist als von Frankreich erwartet, dann zum Teil doch wohl deshalb, weil viele der in Europa Verantwortlichen das Gefühl haben, die vorgeschlagenen Maßnahmen könnten nicht mehr ausreichen, um der kritischen Lage Herr zu werden. Vielleicht sogar: dass sie zu spät kommen!

Meine Sorge um die Zukunft der Europäischen Gemeinschaft ist zu groß, um nicht mit all jenen zu sympathisieren, die allein in durchgreifenden Maßnahmen die Hoffnung und den Ausweg sehen. Aber wenn ich an das lange Warten auf Frankreich in einigen zentralen Fragen der europäischen Integration[4] zurückdenke, dann kann ich die französischen Vorschläge nur lebhaft und nachdrücklich begrüßen. Mir ist ohnehin bewusst: Ohne die großen Europäer Frankreichs[5] wäre der Prozess der europäischen Einigung gar nicht ernsthaft in Gang gekommen. Wenn Frankreich für die Fortführung der Integration – zumal der politischen Einigung – neue Impulse gibt, stellt es sich damit seinen traditionellen Verantwortungen.

Frankreich darf wie in der Vergangenheit auf große Bereitschaft von deutscher Seite rechnen, auf konstruktive Vorschläge für die Sache Europas einzugehen. Wir treten keinem unserer anderen Partner zu nahe, noch mindert es deren gleichwertigen Rang, wenn wir an die simple Wahrheit erinnern: In Europa klappt es nicht, wenn es zwischen Frankreich und Deutschland nicht klappt. Positiv ausgedrückt: Mit Europa geht es voran, wenn Deutschland und Frankreich sich einig sind.

Ich frage nun: Welche spezifischen <u>Gefahren</u> stellen sich für Europa und insbesondere die Gemeinschaft?

Die in harter Arbeit nach dem Krieg in Westeuropa entwickelte wirtschaftliche Prosperität, das von ihr vermittelte Ausmaß an sozialem Ausgleich und individueller Freiheit sind bedroht.

Die im Rückblick bald vielleicht als goldene Jahre empfundenen zwei Dekaden nach 1950 mit ihrem Wirtschaftswachstum, ihrem hohen Beschäftigungsgrad und ihren relativ stabilen Preisen sind vorbei.[6]

Die Verknappung und Verteuerung von Erdöl und Rohstoffen haben Einbrüche von katastrophalem Ausmaß bewirkt. Die Symptome einer weltwirtschaftlichen Strukturkrise sind hierdurch deutlicher geworden.

Nun frage ich weiter: Sind wir uns eigentlich darüber im klaren, welche Konsequenzen es für unsere soziale und politischen Ordnung hat, wenn es mit den bisher als selbstverständlich empfundenen Zuwächsen von Produktion und Einkommen nicht nur für einige Zeit vorbei ist, sondern dass hier und dort reale Rückgänge möglich, teilweise wahrscheinlich sind?

Aufgrund unserer Importabhängigkeit bei Energie und Rohstoffen müssen wir auf längere Zeit angesichts der hohen Preise reale Ressourcen aus der Gemeinschaft heraustransferieren. Dies ist nicht möglich ohne Wohlstandseinbußen in Europa. Und ich füge hinzu: Überall in Europa. Dies gilt auch für die Bundesrepublik Deutschland, deren ökonomische Lage bis auf weiteres etwas gesicherter ist als die der meisten anderen Industriestaaten.

Innerhalb der Gemeinschaft wird diese Entwicklung den bisher schon schwierigen Versuch eines Ausgleichs der regionalen und strukturellen Ungleichgewichte und der Überwindung sozialer Ungerechtigkeit ungemein erschweren. Wo weniger ist, da ist auch weniger zu verteilen.

Eine Verschärfung des Verteilungskampfes in Verbindung mit hohen Inflationsraten und sektoraler Arbeitslosigkeit müsste die sozialen Spannungen steigern und die Gefahr der Radikalisierung erhöhen. Diese Entwicklungen würden eine ernste Bedrohung für die demokratischen Ordnungen Westeuropas bedeuten. Daß dies keine eingebildete Gefahr ist, lässt sich an innergesellschaftlichen Entwicklungen in mehr als einem Land deutlich genug ablesen.

Meine nächste Frage: Sind wir wirklich vorbereitet auf die Konsequenzen eines realen Transfers von Ressourcen auf Erdöl- und Rohstoffproduzenten?

Ein Blick auf die Größenordnungen der jährlichen Zahlungen für Erdölimporte zeigt, daß – und zwar schon am Ende dieses Jahrzehnts – eine gewisse Verschiebung von wirtschaftlicher Macht auf die Erdölproduzenten, und damit deren Einfluss auf unsere eigene Wirtschaft, schwer zu vermeiden ist. Andere Gewichtsverschiebungen in der Weltwirtschaft und durch die Entfaltung der multinationalen Gesellschaften lasse ich im Augenblick ausser Betracht.

Meiner Meinung nach darf es nicht sein, daß einseitige wirtschaftliche Abhängigkeit, die mit Recht in vergangenen Jahren im Verhältnis zwischen Industrie- und Entwicklungsländern kritisiert worden ist, als unausweichlich und sogar rechtens hingenommen werden soll, wenn sie sich für die achtziger Jahre als eklatante Abhängigkeit der Industrieländer von den Erdölproduzenten darstellt.

Die Gemeinschaft muss sich hier zu einem Minimum an Selbstachtung aufraffen. Durch solidarisches Handeln muss sie das Entstehen einer _einseitigen_ Abhängigkeit verhindern, um stattdessen eine _gegenseitige_ Abhängigkeit sich entwickeln zu lassen.

Im Innern bedeutet dies: Unseren Bürgern in aller Offenheit klarmachen, daß jede Verschwendung von Energie heute zur Abhängigkeit von morgen führt; im schlechtesten Falle: Abhängigkeit in Verbindung mit wirtschaftlichen und sozialen Wirren, von politischer Erpressung ganz zu schweigen. Dies bedeutet ferner: Eine

Energie- und Forschungspolitik betreiben, die keinen realistischen Weg unerprobt lässt, auf dem mehr Unabhängigkeit erzielt werden kann. Dies bedeutet ausserdem: Unseren Bürgern nüchtern darlegen, daß es den eigenen Interessen schaden würde – von der moralischen Seite der Sache einmal abgesehen –, wenn wir auf diese schwierige Situation mit Hass auf andere Nationen reagierten.

Aber noch mehr steht auf dem Spiel. Angesichts der riesigen Zahlungsbilanzdefizite als Resultat der gestiegenen Erdölpreise – in diesem Jahr allein wahrscheinlich mehr als 40 Milliarden Dollar für die Gesamtheit der in der OECD zusammengefassten Industriestaaten und (brutto) 20 bis 30 Milliarden für die EG-Länder (saldiert mit unserem und anderen Zahlungsbilanzüberschüssen noch netto ca. 15 Milliarden Dollar Defizit) – sind monetäre Zusammenbrüche mehrerer Länder möglich.

In Verbindung mit einem nationalen Wettlauf um Öl, Rohstoffe und Kredite sind damit die Voraussetzungen für jene kurzsichtige nationalstaatliche Politik geschaffen, die da glaubt, durch Restriktionen, Schliessung der Grenzen oder bilaterale Sonderverhältnisse ihr Problem zu lösen, während man in Wirklichkeit damit das Gebäude zerstört, in dem auch die Kurzsichtigen wohnen.

Angesichts der hohen Interdependenz unserer Wirtschaften sitzen wir heute viel mehr in einem Boot als in der Weltwirtschaftskrise der dreißiger Jahre. Zudem: Die großen wirtschaftlichen, sozialen und politischen Auswirkungen der Preiserhöhungen von Rohstoffen auf die Zahlungsbilanzen und die Einkommensentwicklung fast aller Staaten der Welt werden ja erst noch kommen. Wir stehen doch erst am Anfang der neuen Probleme.

Machen wir uns nichts vor: Niemand, der etwas von der Sache versteht und redlich ist, hat schon eine Antwort auf die Frage, wie wir im nächsten Jahr – geschweige denn Ende dieses Jahrzehnts – eine befriedigende Lösung für die riesigen Zahlungsbilanzdefizite der Gemeinschaft und der OECD insgesamt gefunden haben werden.

Wie real nun die Gefahr eines Aufbrechens des Gemeinsamen Marktes ist, ersieht man aus der wirtschaftlichen Lage einiger Mitgliedsländer und den schon in der letzten Zeit als Zwischenantwort getroffenen restriktiven Maßnahmen. Man erkennt es auch an der nur äusserst schwachen Handlungsfähigkeit der Europäischen Gemeinschaft als Gruppe im weltwirtschaftlichen Geschehen.

Wie wird es erst aussehen, wenn sich die Probleme in einigen Jahren weiter verschärft haben werden? Ich sage es unverblümt: Wenn die Solidarität der Gemeinschaft noch einmal so auseinanderbricht wie angesichts des Ölembargos im letzten Winter[7], dann wird sie unter den gewandelten Bedingungen vertiefter wirtschaftlicher Schwierigkeiten am Ende sein.

Mit einer Gefährdung der Gemeinschaft steht auch die Zukunft der Entspannung und Zusammenarbeit mit den Ländern des Ostens auf dem Spiel. Für die von mir geführte Regierung der Bundesrepublik Deutschland galt, ebenso wie es heute bei uns gilt, daß Entspannungspolitik eine starke Gemeinschaft in einem funktionierenden Atlantischen Bündnis voraussetzt und von diesen abgestützt werden muß.

Wie aber soll das Bündnis funktionsfähig bleiben, wenn die Demokratie durch soziale Wirren geschwächt wird oder gar durch Einbrüche des politischen Extremismus in wichtigen Ländern verstümmelt würde?

Entspannungsdiplomatie setzt Vertrauen und Kooperation unter Verbündeten voraus, die dann untergraben wären, wenn als Resultat von restriktiven Maßnahmen sich ein Klima des Mißtrauens und der Spannungen im Westen entwickeln würde. Eine wirtschaftliche Schwächung der Gemeinschaft und des Westens würde zudem das Gleichgewicht zwischen Ost und West zerstören, ohne das Entspannungsdiplomatie nicht möglich ist.

Zudem: Hätten die Staaten des Ostens noch positives Interesse an einer wirtschaftlichen Kooperation mit Westeuropa, wenn dieses so sehr unter inneren Schwierigkeiten litte, daß es für langfristige Abkommen über den Austausch von technologischem Wissen und Kapitalgütern sowie für die Zusammenarbeit von Wirtschaftsunternehmen nicht mehr den zuverlässigen Partner darstellen würde?

Was die Gemeinschaft braucht, ist ein <u>Notprogramm zur Selbstbehauptung.</u>

Die Väter der Römischen Verträge[8] haben mit einigem Erfolg versucht, die Gemeinschaft auch auf damals noch nicht absehbare Schwierigkeiten vorzubereiten und ihr das notwendige Rüstzeug zu geben. Niemand hätte jedoch damals die Schwierigkeiten voraussehen können, vor denen jetzt die Gemeinschaft der Neun[9] steht.

Jetzt geht es ums Überleben, d.h. um die Erhaltung der Substanz der Gemeinschaft, auch wenn dies bedeutet, daß der Vertrag an einigen Stellen vorübergehend nicht mehr angewandt wird.

Dies sollte bedeuten, dass wir die Streitigkeiten zwischen Funktionalisten, Föderalisten – oder welcher anderen Schule auch immer – hintenanstellen, sie weniger wichtig nehmen und uns auf praktische Lösungen konzentrieren, die die Gemeinschaft erhalten und ihr die Instrumente zur Bewältigung der neuen Schwierigkeiten geben.

Dies bedeutet ferner, daß wir die Antworten auf diese Krise auch nicht aus dem europäischen Redereservoir der letzten Jahre schöpfen können. Manche Reden, die durchaus nicht schlecht waren, und manche Beschlüsse auf höchster Ebene, denen es auch nicht an Qualität mangelte, helfen jetzt nicht weiter.

Welches könnten die Grundelemente eines Notprogramms für die Gemeinschaft sein? Ich will dazu sechs Anregungen geben.

1. Die Gemeinschaft braucht ein permanentes Krisenmanagement.

Dies bedeutet einmal eine Veränderung des Selbstverständnisses: „Überleben als Gemeinschaft" muß der oberste Leitsatz sein; die Erfüllung dieser oder jener Vertragsbestimmung muß ihm untergeordnet sein. Dabei darf jedoch das mit den Verträgen angestrebte Ziel, die möglichst umfassende wirtschaftliche und politische Integration Europas, nicht aus den Augen verloren werden.

Dies bedeutet zum anderen, daß die Gemeinschaft ein Organ des Krisenmanagements braucht. Das kann, wie die Dinge liegen, nur sehr bedingt die Brüsseler Kommission sein, so unerlässlich ihre Mitarbeit ist und so wenig an ihrer verantwortungsvollen Stellung gerüttelt werden soll.

Man wird sich erinnern: Der deutsche Bundeskanzler hat die Anregung des französischen Präsidenten zu regelmäßigen Gipfeltreffen der Regierungs- bzw. Staatschefs aufgegriffen[10] – eine Anregung, wenn ich dies hinzufügen darf, die ich im vorigen Jahr unter dem Stichwort regelmässiger „Präsidentschaftstreffen"[11] gegenüber meinen damaligen Partnern in die Diskussion eingeführt hatte – und vorgeschlagen, daß hieraus das zentrale Instrument für die Krisenpolitik der Gemeinschaft wird. Hier würden also – unter Beteiligung des Präsidenten der Kommission und bei angemessener Mitwirkung der Aussenminister – die wesentlichen politischen Entscheidungen durch die mit Autorität ausgestatteten Regierungschefs zu treffen sein.

Damit verbunden werden muß die Straffung der Arbeit der verschiedenen Ministerräte und deren Koordinierung durch einen zentralen Rat (– der nota bene früher oder später aus Ministern zusammengesetzt sein müßte, die sich dieser Arbeit voll widmen können –). Jedenfalls haben Rat und Kommission für das Krisenmanagement zu sorgen.

Die Effektivität eines solchen Krisenmanagements wird sicherlich gesteigert werden, wenn die Anregung des Präsidenten der [Französischen] Republik aufgegriffen wird, allmählich das Mehrheitsprinzip einzuführen und die Einstimmigkeit nur noch auf Fragen anzuwenden, bei denen wirklich vitale nationale Interessen ins Feld geführt werden können.

Im Zentrum des Krisenmanagements muß stehen: der Kampf gegen die Arbeitslosigkeit, gegen die Inflation und vor allem auch die Arbeit an einer gemeinsamen Energiepolitik der Gemeinschaft.

2. Die Gemeinschaft braucht eine Politik realistischer Begrenzung
auf das, was jetzt möglich ist.

Ich wiederhole: Die Zeit der selbstverständlichen Zuwächse an Wohlstand und Einkommen ist vorbei. Die Auswirkungen der Energiekrise durchziehen unsere gesamte Wirtschaftsstruktur und keineswegs nur einzelne Industriezweige. Hinzu kommt die Auswirkung der weltweiten Inflation, die ja schon vor der Ölpreiskrise begonnen hatte. Die Geldentwertung wird bekanntlich auch nicht nur aus der Aufblähung der Öl- und Rohstoffpreise gespeist. Sie resultiert zum anderen aus dem Unvermögen von Regierungen und Parlamenten, den Forderungen von Interessengruppen aller Art zu widerstehen, die das Bruttosozialprodukt unserer Volkswirtschaft überfordern.

Jeder europäische Politiker, der die Bezeichnung verantwortlich verdient, muß den Bürgern unserer Länder in aller Offenheit sagen, daß die Zeit der selbstverständlichen Zuwächse vorbei ist und, wenn wir Glück haben, bis auf weiteres bestenfalls eine in etwa stationäre Einkommensentwicklung möglich ist – wobei dann allerdings eine zusätzliche soziale Komponente zugunsten von am meisten Unterprivilegierten geschaffen werden muss.

Wer Europa erhalten will, muß nunmehr den Bürgern sagen, daß dies ohne Opfer und Mäßigung nicht möglich sein wird und daß es dazu einer möglichst gerechten Verteilung von Vorteilen und Lasten bedarf. Nur so – und zwar einschließlich der genannten sozialen Komponente – haben wir eine Chance, die Gemeinschaft als eine Union stabiler demokratischer Ordnungen zu erhalten.

Diese Politik erfordert rückhaltlose Offenheit und den freimütigen Dialog mit den Beteiligten. Hier greife ich ausdrücklich den Vorschlag auf, den Bundeskanzler Schmidt anlässlich der jüngsten Tagung der Sozialdemokratischen Parteien der Gemeinschaft gemacht hat, den Vorschlag nämlich, daß im Rahmen des anlaufenden Krisenmanagements der Gemeinschaft die Regierungschefs den Dialog mit den Führern der europäischen Gewerkschaften suchen.[12] Selbstverständlich muß es einen solchen Dialog auch mit der Unternehmerseite geben.

Eine Politik der Begrenzung auf das jetzt Mögliche ist jedoch ohne die Unterstützung durch eine große Zahl von Bürgern Europas nicht möglich. Ich bin davon überzeugt, daß diese Unterstützung, die notwendigerweise hier und da auch ein Opfer einschließt, gewährt werden wird, wenn die politischen Führungen Europas den Mut haben, die Lage nüchtern zu schildern und das Notwendige klarzumachen.

Vielleicht sollte die Europäische Bewegung auf Gemeinschaftsebene über all ihre Mitgliedsverbände einen Appell an die Vernunft und an den europäischen Bürgersinn formulieren. Darin könnte die Öffentlichkeit Europas unter nüchterner Darlegung der neuen, besorgniserregenden Situation aufgefordert werden, daß alle auf ihre Weise dazu beitragen müssen, wenn wir das Geschaffene in der nunmehr entstehenden Situation erhalten und damit die Grundlage für spätere neue Erfolge sichern wollen.

Wir haben viel zu verlieren. Die Gemeinschaft ist trotz mancher Rückschläge eine lebendige Realität geblieben. Dies äussert sich in einem intensiven Austausch an Wirtschaftsgütern, der freien Bewegung von Millionen Menschen, der Entstehung eines fortschrittlichen interdependenten Raumes. Das ist gewiss nicht wenig.

### 3. Die Gemeinschaft braucht eine Politik der Solidarität, jedenfalls der gegenseitigen Rücksichtnahme unter europäischen Demokraten.

Angesichts der wirtschaftlichen Schwierigkeiten, der Verknappung der Mittel und der Probleme im Aussenhandel neigen europäische Regierungen immer wieder dazu, einen Gegensatz zwischen nationalen Interessen und europäischen Interessen zu sehen. Diese Sicht ist heute genauso falsch wie gestern, nur kann sie heute noch fatalere Konsequenzen haben.

Ohne Europa wird es nämlich kaum noch möglich sein, nationale Interessen angemessen vertreten zu können!

Was kurz- und mittelfristig wie ein Opfer aussieht, sind langfristig die notwendigen Maßnahmen, die zur Aufrechterhaltung einer gesunden sozialen Ordnung und der Demokratie in Europa nötig sind.

Ich bin selbst der Vorsitzende einer großen Partei und weiss, wie illusionär und abwegig es wäre, den Wettbewerb zwischen den Parteien auf Eis legen zu wollen. Worauf ich aber in allem Freimut hinweisen will, ist dies: Solange Oppositionen [in] den Gemeinschaftsländern jedes Opfer für Europa, das in Wirklichkeit eine langfristige

Anlage zu seiner Erhaltung ist, mit dem Vorwurf eines angeblichen Ausverkaufs nationaler Interessen angreifen, sind demokratische Regierungen nur beschränkt handlungsfähig.

Wir brauchen deshalb in unseren Ländern – bei allem im übrigen weiterlaufenden Streit der Meinungen – zwischen den Regierungen und Oppositionen ein Verhältnis, das es möglich macht, gemeinsam zu tragen, was ich hier, über den Tag hinaus, „Investitionen für Europa" nenne.

Ich möchte jeden Anschein vermeiden, als sei mir danach zumute, mich in die inner-britische Diskussion einmischen zu wollen. Aber ich will doch – zumal ich mich selbst nicht unerheblich engagiert hatte – keinen Zweifel daran aufkommen lassen, daß ich Großbritanniens Verbleiben in der Gemeinschaft für erwünscht halte. Weiter meine ich, daß auf die sachlichen britischen Petita eine objektive Antwort zu finden sein dürfte, ohne die Vertragsgrundlagen zu schwächen.[13]

### 4. Die Gemeinschaft braucht eine Politik der Abstufung der Integration.

Angesichts der starken Unterschiede in der wirtschaftlichen Situation der verschiedenen Mitgliedsländer der Gemeinschaft würde eine mechanistische Gleichbehandlung aller Mitglieder bei ihren Rechten und Lasten den Zusammenhalt der Neun jetzt ernsthaft gefährden. Die Gemeinschaft sollte sich deshalb die Einsicht zueigen machen, daß sie nicht geschwächt, sondern gestärkt wird, wenn die ihrer Wirtschaftslage nach objektiv stärkeren Länder die wirtschaftliche Integration voranbringen, während andere Länder aufgrund ihrer objektiv abweichenden Lage hieran zunächst in Abstufungen teilnehmen.

Hierbei kann es sich keineswegs um eine „Abkoppelung" handeln, sondern es muß darum gehen, den gemeinsamen Rahmen zu erhalten und das gemeinsame Dach zu stärken.

Man tritt niemandem zu nahe, wenn man darauf hinweist, daß die Bundesrepublik Deutschland, Frankreich und die Benelux-Länder über günstigere Voraussetzungen eines aufeinander abgestimmten Verhaltens verfügen, als dies gegenwärtig bei Italien und Großbritannien gegeben ist.

Verständnis der Gemeinschaft für die Probleme dieser Partnerländer und aktive Unterstützung bei deren Lösung liegt in unserem wohlverstandenen Eigeninteresse. Dieses Prinzip stand schon auf einer Vielfalt von Ebenen zur Diskussion. Nur durch eine sinnvolle Differenzierung kann diesen Ländern wirksam geholfen werden.

Verschiedene agrarpolitische Ratsbeschlüsse, aber auch die Aufnahme einer Gemeinschaftsanleihe bei den Ölländern und der bilaterale Währungskredit der Bundesrepublik für Italien sind Beispiele einer solchen Politik.

5. Die Gemeinschaft braucht eine Politik der Selbstbehauptung in der Weltwirtschaft und damit auch in der Weltpolitik.

Die Voraussetzungen hierfür sind mit den französischen Vorschlägen zur weitgehenden Zusammenlegung der wirtschaftlichen Zusammenarbeit und der Europäischen Politischen Zusammenarbeit, die weiter verstärkt werden sollte, erheblich erleichtert worden.[14]

Dies müßte dazu beitragen, daß die Gemeinschaft vor allem eine gemeinsame Energie- und Rohstoffpolitik im Rahmen eines Konzeptes der Verbraucherländer verfolgt, so wie es das „Internationale Energiekonzept" darstellt. Die Zusammenarbeit der Neun reicht hier nicht aus, sondern es bedarf der Zusammenarbeit möglichst aller Industrieländer. Jeder Glaube, daß dieses Problem im nationalen Alleingang lösbar ist, stellt eine fast selbstmörderische Kurzsichtigkeit dar.

Die Gemeinschaft muß nicht nur ihre Ressourcen zusammenlegen, sondern sie muß sich auch intern zu einem Programm des Sparens, der Substitution und der Entwicklung neuer Energiequellen entschließen.

Es versteht sich, daß wir einen europäisch-arabischen Dialog – neben dem die Gemeinschaft auch wichtige Verhandlungen mit Israel erfolgreich zu führen hat – als Bestandteil des Versuchs zu sehen haben, eine Konfrontation mit den öl- und rohstoffproduzierenden Ländern zu vermeiden und durch Einbringung dessen, was Europa an technisch-organisatorischem know-how zu bieten hat, in ein Verhältnis der gegenseitigen „strategischen" Abhängigkeit umzuwandeln.

Dieser Versuch ist um so notwendiger, als nur eine kooperative Lösung zwischen den öl- und rohstoffproduzierenden Ländern und den Industrieländern die katastrophalen wirtschaftlichen Auswirkungen der Energiekrise auf die Entwicklungsländer – im engeren Sinne des Wortes – verhindern oder doch mildern kann. Beide sollten sich der Verantwortung gegenüber den Entwicklungsländern bewußt sein.

Die Gemeinschaft stellt neben den USA nach wie vor den mächtigsten Wirtschaftsraum der Welt mit gewaltigen intellektuellen und organisatorischen Ressourcen dar. Eine Koordinierung unter den Neun kann hier wirklich den Unterschied darstellen zwischen einer machbaren Politik der Krisenbewältigung und einem Abgleiten ins Chaos.

6. Die Gemeinschaft braucht eine Politik der <u>Unterstützung der Demokratie an ihrer südlichen Peripherie.</u>

Nach langen Jahren geduldigen Widerstands hat sich in Griechenland und Portugal der Wille zur Freiheit und Demokratie erneut durchgesetzt.[15] Für die Gemeinschaft entsteht damit eine besondere Aufgabe und eine kreative Chance.

Die Lösung der Probleme dieser Länder kann ihnen nicht allein überlassen bleiben, sondern muß auch als eine europäische Aufgabe begriffen werden. Sie verdienen Verständnis und Unterstützung, damit jenen politischen Kräften geholfen wird, die eine widerstandsfähige Demokratie in sozialer Gerechtigkeit errichten wollen.[16]

Die demokratischen Kräfte in den Ländern der Gemeinschaft sollten dies als eine sie alle angehende Aufgabe verstehen und ihre Hilfe nicht zu deklaratorischer Unterstützung verkümmern lassen. Es geht darum, diesen Ländern bei der Lösung ihrer wirtschaftlichen und sozialen Probleme zu helfen, ohne die Demokratie dort nicht am Leben bleiben kann.

Konkret bedeutet dies, daß die Gemeinschaft mit Portugal möglichst schnell und entgegenkommend die handelsvertraglichen Vereinbarungen überprüft und ausbaut.

Im Falle Griechenlands muß der Assoziationsvertrag so schnell wie möglich belebt werden.

Beiden Ländern sollte im Rahmen der Gemeinschaftspolitik wie auch durch zweiseitige Vereinbarungen wirtschaftliche Hilfe gewährt werden.

Ich zögere nicht hinzuzufügen: Alle Wahrscheinlichkeit spricht dafür, daß sich Spanien in Richtung auf demokratische Strukturen und in Richtung auf das organisierte Europa bewegen wird. Es ist wichtig – und ich bin sicher: dies wird in Paris noch deutlicher gesehen als bei uns in Bonn –, daß wir uns auf diese wahrscheinliche Entwicklung einstellen.

Um das, was ich ein Notprogramm für die Gemeinschaft genannt habe, verwirklichen zu können, müssen mehrere <u>Bedingungen</u> erfüllt sein. Hier möchte ich drei davon nennen, die mir besonders wichtig erscheinen.

<u>Erstens</u>: Diese Politik setzt die aktive Beteiligung der Bürger Europas voraus.

Dies erfordert völlige Offenheit und eine klare Darlegung der schwierigen Lage, in der wir uns befinden. Nur dann dürfen wir jene Mitwirkung – auch wenn sie mit gewissen Opfern verbunden ist – erwarten, ohne die ein Notprogramm nicht verwirklicht werden kann.

Unterstützung durch den Bürger setzt jedoch voraus, daß der Prozeß der demokratischen Legitimation funktioniert. Deshalb ist es nur zu begrüßen, daß die französische Regierung den alten Vorschlag einer Direktwahl des Europäischen Parlaments aufgegriffen hat. Es könnte viel bedeuten, wenn eine Mobilisierung von der europäischen Gesellschaft her das Europa der Bürokratien, Geschäftsleute und Eliten wirksam ergänzte.

Allerdings sollte die Diskussion über die Arbeit am Wahlmodus nicht von der jetzt vordringlichen Aufgabe ablenken, nämlich: der bestehenden parlamentarischen Versammlung mehr konkrete Befugnisse – vor allem, wo es um das Haushaltsrecht geht – einzuräumen.

In diesem Zusammenhang möchte ich meine an anderer Stelle gemachte Anregung wiederholen: Im Europäischen Parlament sollte ein Stellvertreter- oder Ergänzungssystem eingeführt werden, damit etwa zweimal im Jahr die Parteiführer und/oder Fraktionsvorsitzenden aus den Gemeinschaftsländern in die Lage versetzt werden, im Parlament der Gemeinschaft Ministerrat und Kommission zu einem Dialog zu veranlassen, der zusätzliches Gewicht hat und der über die laufenden Angelegenheiten hinweg Ausstrahlungskraft für die öffentliche Debatte in den Mitgliedsländern erlangen könnte.

Zweitens: Viele der wirtschaftlichen Probleme, vor denen die Europäische Gemeinschaft steht, teilt sie mit der westlichen Industriewelt insgesamt, zum Beispiel mit den Vereinigten Staaten, Kanada, Japan und anderen Industrieländern. So wie die Hoffnung auf den nationalen Alleingang eine Illusion ist, so ist auch die Vorstellung einer durchgängigen Lösung durch die Europäische Gemeinschaft im Alleingang als illusionär zu bezeichnen.

Viele der Probleme, um die es jetzt geht, sind nur in koordinierter Weise mit diesen anderen Regionen zu lösen. Dies bedeutet nicht und darf nicht bedeuten, daß die Gemeinschaft in einem größeren Zusammenhang verschwindet. Im Gegenteil: Im großen Dialog innerhalb der westlichen industrialisierten Welt muß die Gemeinschaft zunehmend – jedenfalls mehr als bisher – mit einer eigenen Stimme und mit dem ihr gebührenden Gewicht zu Wort kommen.

Koordinierung heißt nicht Unterordnung. Die Gemeinschaft darf erwarten und muß dafür sorgen, daß in diesem Prozeß der Abstimmung ihre Interessen gebührend berücksichtigt werden.

Drittens: Wichtige Voraussetzung für weitere Fortschritte in der Europa-Politik bleibt – heute wie eh und je – ein gutes und vertrauensvolles deutsch-französisches Verhältnis.

Immer, wenn hier Gleichklang bestand, konnte Europa Fortschritte machen. Oft ist in Frankreich Sorge über das deutsche Gewicht in der Mitte Europas geäußert worden. Wie in der Vergangenheit bin ich der Meinung, daß die feste Bindung der Bundesrepublik Deutschland an die Gemeinschaft der europäischen Demokratien und deren Stärkung und Weiterentwicklung die konstruktive Antwort auf diese Sorge darstellt.

Der Vertrag vom 22. Januar 1963[17], dessen zehnjährigen Bestand Präsident Pompidou und ich 1973 in beiderseitiger Erkenntnis seiner Bedeutung begingen[18], muß weiterhin eine Leitschnur der Europa-Politik beider Regierungen sein. Ich hoffe, alle Europäer teilen meine Befriedigung darüber, daß auch heute zwischen den Regierungen unserer beiden Länder, aber in erfreulichem Maße auch zwischen den Menschen unserer beiden Völker, ein Vertrauensverhältnis besteht, das hierfür wichtige Voraussetzung ist.

Die Bedenken anderer Gemeinschaftsländer über eine vermeintliche deutsch-französische Vorherrschaft muß man ernst nehmen, man darf ihnen keine Nahrung geben, sondern überzeugend darlegen, daß unsere Zusammenarbeit im Dienst an Europa steht. Und unser Augenmerk wie das unserer Partner sollte sich jetzt wirklich ganz darauf richten, was im Interesse aller in Europa machbar ist.

Ohne die deutsch-französische Partnerschaft ist Fortschritt nicht möglich. Gemeinsam können wir die Krise meistern in unserer Entente élémentaire für die Zukunft der Europäischen Gemeinschaft – auch für jene europäischen Zusammenhänge, die über die Gemeinschaft hinausreichen.

113 Manuskript der Rede in Paris, 19. Nov. 1974

Nr. 6
**Aus dem hs. Schreiben des Vorsitzenden der SPD, Brandt, an den Bundesminister für wirtschaftliche Zusammenarbeit, Bahr**
**24. Dezember 1974**[1]

*AdsD, WBA, A 11.3, 32.*

Lieber Egon,
[...][2]
Dies war ein verdammt schwieriges Jahr, und Du bist einer der ganz wenigen, die in etwa wissen, was es für mich bedeutet hat – ganz weiss ich es wohl selbst noch nicht. Es ist gut, dass Du in der Regierung geblieben bist.[3] Dies kann von ganz entscheidender Bedeutung sein, um böse Fehlentwicklungen zu vermeiden. Was Du mir vor einiger Zeit unter Berufung auf E[gon] F[ranke] erzähltest, beginnt Kreise zu ziehen.[4] Hieraus kann sich für Regierung und Partei eine zusätzliche ärgerliche Belastung ergeben. Wenn sich H[elmut] S[chmidt] zu meiner Verantwortung ebenso eindeutig äusserte, wie ich mich jetzt laufend zu seiner Verantwortung geäussert habe[5], könnte die Belastung vielleicht ‹abgefangen›[6] werden. Aber ich bin nicht gesonnen, um etwas zu bitten.

Du warst so gut, zuzusagen, dass Du eine Skizze für das aufschreiben würdest, womit ich die aussenpolitische Konferenz Mitte Januar[7] abschliessen könnte. Du hattest ja schon einmal, im Entwurf für Godesberg[8], etwas über die globalen Probleme aufgeschrieben, auf die es globale Antworten zu finden gilt. Es müsste sich wohl vor allem handeln um
– Wettrüstung
– Energie, Rohstoffe (mit Auswirkungen auf Welthandel und Weltwährung)
– Welthunger
– Umwelt etc.
[...][9]
Mit herzlichen Grüssen, zugleich von Haus zu Haus,
Dein Willy

Nr. 7
**Aus dem Interview des Vorsitzenden der SPD, Brandt, für den Süddeutschen Rundfunk**
**9. Februar 1975**

*SPD Pressemitteilungen und Informationen, Nr. 78/75 vom 9. Februar 1975.*

[...]¹
Frage: Nun hat die Führung der DDR inzwischen die Regierungserklärung von Bundeskanzler Schmidt über die Lage der Nation als „gehässig" bezeichnet.² Sie und der Bundeskanzler haben übereinstimmend geäussert, dass im Verhältnis zwischen Bonn und Ostberlin noch nicht alles in Ordnung sei. Zweifel also an der Wirksamkeit und Verwirklichung der von Ihnen selbst zu verantwortenden und vorangetriebenen Verträge?³
Antwort: Ich kann nichts dafür, dass diejenigen, die gegen die Verträge waren und sie scharf bekämpft haben, hinterher so tun, als hätte mit Hilfe dieser Verträge eine neue Welt geschaffen werden können. Es ist doch in Wirklichkeit naiv zu glauben, wir könnten mit Hilfe solcher Verträge den kommunistisch regierten Staaten unseren Willen aufzwingen. Das können die Amerikaner nicht, das können wir auch nicht! Sondern die Ratio, der Grundgedanke der Vertragspolitik ist doch, wie man trotz der nicht zu vereinbarenden Unterschiede etwas zustandebringt, was der Erhaltung des Friedens und, wenn es geht, hier und da auch dem Wohlergehen der Menschen zugute kommt. Auf diesem Wege ist einiges geschehen. Es musste von vornherein klar sein, dass dies gegenüber der DDR schwieriger ist als gegenüber anderen Partnern. Trotzdem hat man auch hier einiges erreicht und muss sich weiter hartnäckig bemühen, Fortschritte zu erzielen.
Frage: Rechnen Sie überhaupt mit einer Abkühlung unserer Beziehungen zum Ostblock? In letzter Zeit mehren sich die Stimmen, dass beispielsweise Leonid Breschnew in die Schußlinie jener starken

sowjetischen Führungsgruppe geraten ist, die dessen Entspannungsbemühungen als übertrieben und wenig nützlich für die Sowjetunion betrachtet.

Antwort: Ich möchte mich an Spekulationen über die Stellung von Generalsekretär Breschnew nicht beteiligen. Es unterliegt kaum einem Zweifel, dass er schon in den letzten Jahren sich gesundheitlich überanstrengt hat. Ich habe keine Anzeichen dafür, dass sein Einfluss geringer geworden sei. Aber, wie gesagt, an Spekulationen darüber möchte ich mich nicht beteiligen, sondern darauf hinweisen, dass das, was man Entspannungspolitik nennt, ob nun zwischen Rußland/Amerika oder im weiteren Bereich, ja nicht etwas ist, was in einer geraden Linie nach vorne führt, sondern da gibt es Abweichungen, mal nach der einen, mal nach der anderen Seite. Da gibt es Zeitabschnitte, in denen bestimmte Dinge etwas leichter und rascher gehen und andere, in denen es sich festhakt. Die Grundfrage ist: Wird ein auf Entspannung – das heisst Kriegsverhinderung – und Zusammenarbeit gerichteter Kurs durchgehalten werden können oder nicht? Und da, meine ich, sei im vergangenen Herbst bei den Beratungen zwischen dem amerikanischen Präsidenten Ford und der sowjetischen Führung – also Breschnew selbst an der Spitze – in Wladiwostok[4] der Kurs bestätigt worden. Ich glaube manches, was wir sonst erleben, ist ein Hin und Her, das aber nichts ändert an dem Grundstrom der internationalen Politik, den zur Kenntnis zu nehmen wir nicht versäumen sollten.

Interview für den Süddeutschen Rundfunk, 9. Feb. 1975

Nr. 8
**Aus dem Interview des Vorsitzenden der SPD, Brandt, für den Sender Freies Berlin**
**15. Februar 1975**

*SPD Pressemitteilungen und Informationen, Nr. 91/75 vom 15. Februar 1975.*

Frage: Berlin soll [sic] wieder fest in sowjetischen Zugriff, die Stadt drohe ihre Hoffnung zu verlieren, sie blute aus. Das ist ein Zitat aus dem Deutschen Bundestag, eine These des deutschland-politischen Sprechers der Union, Prof. Abelein.[1] Tatsache ist, Herr Brandt, daß die Kritik an der Berlin-Politik in letzter Zeit zugenommen hat. Offensichtlich hatte man zu viel von ihr erwartet. Entspricht die heutige Situation Berlins den Vorstellungen, die Sie sich gemacht haben, als das Vier-Mächte-Abkommen[2] in Kraft trat?
Antwort: Ich finde, daß es wichtiger ist, das, was heute ist, zu vergleichen mit dem, was früher war. Es ist ja keine Schande, wenn man sich im politischen Ringen vornimmt, wenn es irgend geht, immer noch ein bißchen mehr zu erreichen, als dann unter dem Druck der Verhältnisse von außen zu erreichen ist. Wenn wir die Situation mit der vor der Zeit des Berlin-Abkommens vergleichen, dann müssen wir nüchtern feststellen: Wir haben einen im ganzen viel besser geregelten Zugang nach Berlin. Wir haben zweitens eine im ganzen viel bessere Mitvertretung Berlins durch den Bund. Wir haben drittens zumindest eine Reihe von Verbesserungen, was den Verkehr mit den Landsleuten in Ost-Berlin und in der DDR angeht.[3] Da hat es Schwierigkeiten gegeben. Wir wissen dies alle. Aber wenn wir die Zahlen der letzten Jahre vergleichen, dann sieht man, es hat sich verbessert. Und was die Situation in West-Berlin selbst angeht, die Wirtschaft kann besser kalkulieren. Sie braucht nicht, wie im früheren Maße, mit immer wieder neu hereinbrechenden Krisen zu rechnen. Sie kann sich auf eine gesicherte Perspektive einstellen. Ich komme also dazu, auch wenn wir uns manches noch etwas besser, ja

erheblich besser gewünscht hätten – dies auch weiterhin tun –, dann wäre es doch falsch, die Veränderungen nicht zu registrieren, sie nicht auch als gute Chance zu sehen. Das, was dazu von dem von Ihnen zitierten Herrn im Bundestag[4] gesagt worden ist, geht an der Wirklichkeit vorbei. Die Berliner selbst haben es natürlich, was ich sehr wohl verstehen kann, etwas schwer gehabt, sich auf diese neue politische Lage, in der wir leben, selbst hineinzudenken. Und es ist auch völlig legitim, daß man an Ort und Stelle neben dem, was erreicht worden ist, was sich zum Besseren verändert hat, auch immer an das denkt, was in den Jahren, die vor uns liegen, hoffentlich noch wird verbessert werden können.

Frage: Bleibt da nicht dennoch viel Wünschenswertes übrig, gerade was die Situation Berlins und der Berliner angeht?

Antwort: Ja, aber ganz gewiß. Das habe ich ja eben schon anklingen lassen. Die Frage ist eben nur: Wenn man nach der Methode verfährt, nach der jahrelang vom damaligen offiziellen Bonn verfahren wurde, nämlich nach der Methode „alles oder nichts", dann kommt unter dem Strich leicht dabei heraus, daß man nichts bekommt. Wir haben uns vor zehn Jahren, vor zwölf Jahren – sogar noch etwas mehr, als wir die Konsequenzen der Mauer durchdacht haben – eingestellt auf eine Politik gradueller Veränderungen, kleine Schritte, von denen ich damals gesagt habe und auch heute sage, daß sie mehr wert sind als große Worte.[5] Aber ganz gewiß ist in Berlin, wie in der Welt überhaupt, sehr viel erst noch positiv nach vorn zu bringen.

Frage: In den letzten Tagen und Wochen sind die Bemühungen des Ostens evident geworden, Berlin wieder einmal, [wie] früher schon, als dritten deutschen Staat zu behandeln. Probleme hat es da ja auch bei der Staatsangehörigkeit gegeben. Es sieht so aus, als wolle der Osten prinzipiell die West-Berliner als Angehörige eines eigenen Staates behandeln.[6] Sind die Verträge mit Fehlern behaftet, die dieses östliche Reagieren und Handeln jetzt ermöglichen?

Antwort: Da muß ich wieder anders herum von mir aus mich dem Thema zuwenden, ohne der Antwort auf die eben gestellte Frage auszuweichen. Sehen Sie, als das Berlin-Abkommen ausgehandelt wurde, da mußte neben vielem anderen durchgesetzt werden, daß

West-Berliner auch wieder mit ihrem deutschen Paß in östliche Länder reisen konnten. Das war einige Jahre zuvor – ich habe es damals als sehr bitter empfunden – einfach weggewischt worden. Keine Bundesregierung hat uns dabei helfen können, sondern die West-Berliner sind, soweit sie damals in Ostblockstaaten fuhren, mit ihrem Personalausweis gereist.[7] Und ich will hier einmal sagen, ich selbst habe darauf bestanden – auch gegenüber solchen Alliierten, die diesem Thema keine besondere Bedeutung beimaßen –, daß die Wiederherstellung unserer Paßgleichheit im Zusammenhang mit dem Vier-Mächte-Abkommen erreicht wurde. Ein weiterer Faktor in diesem Zusammenhang, dieser Thematik dritter Staat oder nicht: Wir hatten eine Reihe von Jahren, da hat die Bundesrepublik Deutschland, weil sie dies für nötig hielt, Abkommen mit der Sowjetunion gemacht, ohne daß Berlin in diese einbezogen war.[8] Wir haben durch das Berlin-Abkommen eine Lage erreicht, in der Berlin einbezogen ist, mittlerweile in ein paar Dutzend Abkommen schon, einige andere werden erst noch ausgehandelt. Nun kommt das komplizierte Thema der Staatsangehörigkeit. Wir haben eine überwölbende deutsche Staatsangehörigkeit. Wir haben außerdem die administrative Zuordnung zu einer staatlichen Organisation Bundesrepublik Deutschland. Zu dieser ist das Verhältnis West-Berlins so geordnet, wie es von den vier Mächten in dem von uns jetzt schon mehrfach erörterten Vier-Mächte-Abkommen geregelt ist.[9] Das, was da sonst im Gange ist, muß sicher sehr aufmerksam verfolgt werden. Ich glaube aber, dies müssen wir in erster Linie, die die Verantwortung tragen in West-Berlin und in der Bundesrepublik, vertrauensvoll mit den drei Westmächten, die ja die unmittelbare Zuständigkeit für West-Berlin haben, erörtern. Dies, wie auch manche Einzelthemen auf solchen Gebieten, wird besser zunächst vertrauensvoll mit den unmittelbar zuständigen westlichen Schutzmächten erörtert, als daß wir darüber eine große öffentliche Debatte in Gang setzen.
[...][10]

119 Interview für den Sender Freies Berlin, 15. Feb. 1975

Nr. 9
**Manuskript der Rede des Vorsitzenden der SPD, Brandt, vor UNO-Vertretern und Botschaftern in New York**
**26. März 1975**

*SPD Pressemitteilungen und Informationen, Nr. 181/75 vom 26. März 1975.*

Es ist mir eine besondere Freude, heute im Hause des Leiters der Ständigen Vertretung der Bundesrepublik Deutschland bei den Vereinten Nationen mit einer Reihe von Missionschefs in New York zusammenzutreffen; Vertretern von Ländern, denen im Rahmen der Weltorganisation – aber nicht nur hier – herausgehobene Verantwortlichkeiten zukommen.

Die Mitgliedschaft der Bundesrepublik Deutschland in den Vereinten Nationen ist noch relativ jungen Datums. Kaum zwei Jahre ist es her, daß wir zusammen mit dem anderen deutschen Staat unseren Platz in der Generalversammlung einnahmen.[1] Damit haben wir auch im engeren politischen Bereich der Vereinten Nationen weltpolitische Mitverantwortung übernommen. Kaum zwei Jahre, daß ich vor der Vollversammlung von unseren Überzeugungen und Vorstellungen sprechen und unseren Willen bekräftigen konnte, in diesem für uns neuen Rahmen unserer Friedenspolitik eine weitere Dimension zu geben.[2]

Der gleichzeitig[e], miteinander vereinbarte und koordinierte Eintritt der beiden deutschen Staaten war für sich Bestandteil dieser Friedenspolitik.[3] Er war letztlich die Konsequenz unserer Bemühungen um Verständigung in Europa mit dem Ziel, Gräben des Kalten Krieges zuzuschütten. Gewaltverzicht war das eine Moment in diesen Bemühungen, Einsicht in die Wirklichkeit das andere. Es war für uns Deutsche eine bittere Einsicht. Wir beugten uns ihr um der Sicherung des Friedens willen.

Wir haben gesehen, daß auch die Entspannung ihre eigenen Probleme produziert. Wir beobachten es bei der Gestaltung unserer

Beziehungen mit der DDR. Komplikationen und Verzögerungen konnten nicht ausbleiben.[4]

Aber dennoch: Unsere Friedenspolitik in Europa hat sich als ein Faktor weltweiter Entspannung erwiesen, auch wenn Kräfte, denen die Entspannung unheimlich ist, gelegentlich versucht haben, Grundlagen getroffener Vereinbarungen in Frage zu stellen.

Trotzdem: Nicht nur Spannungen sind ansteckend, auch Entspannung überträgt sich. Heute bezweifelt niemand mehr, daß der Prozess der Ablösung von Konfrontation durch Kooperation in Europa weitergeführt werden muss und kann.

Der Zustand unseres Verhältnisses zur Sowjetunion, wie er sich auf der Grundlage des Moskauer Vertrages[5] entwickelt hat, wird vielen, denen die Gegebenheiten von vor wenigen Jahren nicht mehr bewusst sind, nicht immer voll bewusst: Gegenseitiger Meinungsaustausch, gegenseitige Besuche, regelmäßige Konsultationen der Staatsführungen und nicht zuletzt wirtschaftlicher und technologischer Austausch haben dem Wort von der Normalisierung einen konkreten Inhalt gegeben.

Durch das Viermächte-Abkommen über Berlin[6] sind latente Gefährdungen für den Frieden in Mitteleuropa ausgeschlossen, Risiken und Begrenzungen für die Entfaltung der Zusammenarbeit beseitigt worden.

Man redet heute offener miteinander, auch über die auf zahlreichen Gebieten fortbestehenden fundamentalen Interessengegensätze. Wichtige Ansätze für ein stetig wachsendes gegenseitiges Vertrauen sind geschaffen worden. Ohne Vertrauen wären solche Gespräche undenkbar.

Inzwischen gibt uns der Gang der Verhandlungen auf der KSZE[7] die Hoffnung, daß hier ein weiteres Fundament gelegt wird, auf dem dieses gegenseitige Vertrauen weiter gebaut und gefestigt werden kann.

Und dies alles, ohne daß die feste Verankerung unseres Landes im Westen, im Atlantischen Verteidigungsbündnis, in der Europäischen Gemeinschaft auch nur für einen Augenblick in Frage gestellt worden wäre. Der Entspannungsprozess in Europa mag prekär sein. Aber er könnte beispielhaft werden für die Lösung anderer großer internationaler Konflikte.

Noch schleppt sich der bedrückende Konflikt in Nahost[8] fort, und ich kann nur dringend hoffen, daß den unmittelbar Betroffenen und uns allen eine neue gefährliche Zuspitzung erspart bleibt. Ein Ausgleich zwischen den beiden Bevölkerungsteilen auf Zypern[9] scheint in weite Ferne gerückt.

Aber – so darf man fragen – sollte nicht auch hier eine Entspannung möglich sein, wenn sich schwierige Probleme in Mitteleuropa als im Prinzip regelbar erwiesen haben? Könnten nicht auch hier Gewaltverzicht und Einsicht in die Realitäten die großen Schlüsselworte werden für eine positive Koexistenz, die schließlich zur Kooperation führt?

Wir Deutsche wollen uns nicht anmaßen, Ratschläge zu geben. Wir können mittelbar wirken, indem wir zeigen, wie ernst wir selbst die Pflicht des Friedens nehmen, und indem wir beweisen, daß selbst schwierige Probleme überbrückt werden können, die unser eigenes Volk betreffen.

Wir hoffen deshalb, daß die gemeinsamen Anstrengungen der Regierungen, die in dieser Region vor allem engagiert sind, gelingen mögen, einen Prozeß in Gang zu setzen, möglicherweise an einem anderen Ort, der am Ende die direkt Betroffenen in die Lage bringt, die entscheidenden Funktionen selbst zu übernehmen.

In einem weiteren Rahmen ist die Bundesrepublik Deutschland in zunehmendem Maße in eine Mitverantwortung hineingewachsen: Europa – ich meine das Europa der Neun, der Europäischen Wirtschaftsgemeinschaft[10] – schickt sich an, in weltpolitischen Angelegenheiten und hier in den Vereinten Nationen mit einer Stimme zu sprechen und sein Gewicht in die Waagschale zu werfen.

Ein europäisch-arabischer Dialog hat begonnen. Ich meine, er sollte durch einen parallel laufenden Meinungsaustausch mit Israel ergänzt werden. Zu den Problemen auf Zypern haben sich die Neun geäußert.[11]

Deutlicher als in den krisenhaften politischen Zuspitzungen ist naturgemäß der Beitrag Europas zu den Bemühungen um eine Lösung der Gegensätze und Spannungen auf dem Gebiete der Weltwirtschaft. In der in Gang befindlichen Auseinandersetzung um die künftige Struktur der Weltwirtschaft, um die neuen Fragen der Erdöl- und Rohstoffversorgung und der Preispolitik sind die Neun einbezogen. Aber sie sind ernstlich bemüht um eine Politik des Ausgleichs.

Zusammen mit anderen Industrieländern unternimmt die Europäische Gemeinschaft jetzt den Versuch, eine Konfrontation mit den öl- und rohstoffproduzierenden Ländern abzuwenden und durch Einbringung dessen, was Europa an technisch-organisatorischem know-how zu bieten hat, ein Verhältnis des gegenseitigen konstruktiven Zusammenwirkens zu entwickeln.

Nur eine kooperative Lösung zwischen beiden Gruppen – den entwickelten Staaten und den Entwicklungsländern – kann die katastrophalen Auswirkungen der Energiekrise auf die Entwicklungsländer im engeren Sinne des Wortes verhindern oder mildern.

Die europäische Gemeinschaft stellt neben den USA den mächtigsten Wirtschaftsraum der Welt mit gewaltigen intellektuellen und organisatorischen Ressourcen dar. Ein tatkräftiges Engagement der Neun in den begonnenen und in den bevorstehenden Gesprächen könnte den Unterschied darstellen zwischen einer machbaren Politik der Krisenbewältigung und einem Abgleiten ins Chaos.

Das jüngst in Lomé unterzeichnete Abkommen[12] zwischen den Neun und 46 Staaten Afrikas, des karibischen und pazifischen Raumes mag als gutes Beispiel dienen.

Aber die Entspannung auf diesem Gebiet ist nicht allein Sache der westlichen Industriestaaten. Die Sowjetunion mit den Mitgliedsstaaten des RGW ist ein Weltwirtschaftsfaktor von großem Gewicht. Ich spreche eine – gewiß nicht zum ersten Mal geäußerte – Erwartung aus, wenn ich sage: Auch die sozialistischen Staaten, die sich ihrer wachsenden weltwirtschaftlichen Rolle gewiß bewußt sind, sollten daraus ein deutlicher werdendes Engagement ableiten. Es wäre wünschenswert, wenn sich diese Länder – mehr als dies bisher geschehen ist – in die praktische Erörterung der anstehenden wirtschaftlichen Probleme mit den anderen Industriestaaten und den Ländern der Dritten Welt einschalten würden.[13]

Gewiß, die Probleme der Entspannung auf dem Gebiet der globalen Wirtschaftsbeziehungen sind anderer Natur als diejenigen, mit welchen die Bundesregierung unter meiner Kanzlerschaft zu ringen hatte[14] und welche weiterhin von brennender Aktualität für Europa sind. Aber die Diskussionen der letzten Monate haben gezeigt, daß sich neuer gefährlicher Konfliktstoff ansammelt. Auch hier muß als Leitmotiv gelten: einen vernünftigen Ausgleich zu suchen, von Realitäten auszugehen und auf jede Form von Gewalt zu verzichten. Die Menschheit hat keine Alternative. Auch im weltwirtschaftlichen Bereich gibt es Verkrampfungen, die gelöst und in Kooperation umgewandelt werden müssen.

Die Vereinten Nationen, ihre so dringend notwendige Existenz, sind der sichtbare Ausdruck dieser Erkenntnis. Sie in die Tat umzusetzen, daran wirken Sie, meine Herren, persönlich mit. Mit großem Interesse habe ich im Gespräch mit Ihnen über Ihre Arbeit in New York gehört, die mir sehr am Herzen liegt, und über Ihre Erfahrungen. Ich bin dankbar für diese Gespräche.

Auf Ihren Erfolg, der unser aller Erfolg sein kann, erhebe ich mein Glas und trinke auf Ihr persönliches Wohl und das der Vereinten Nationen.


Nr. 10
**Artikel des Vorsitzenden der SPD, Brandt, für den *SPD-Pressedienst*
5. Mai 1975**

*SPD Pressemitteilungen und Informationen, Nr. 256/75 vom 5. Mai 1975.*

### Dreißig Jahre danach

In anderen Ländern mehr noch als bei uns erinnert man sich oder wird daran erinnert, daß in diesen Tagen vor dreißig Jahren die nazistische Gewaltherrschaft zusammenbrach. Der von Hitler begonnene Krieg forderte das Opfer von Millionen Menschenleben und endete in der totalen Niederlage.[1]

Wir Deutsche haben gewiß keinen Grund, die Zerstörung und Zerstückelung unseres Vaterlandes zu einem Feiertag zu machen. Aber unser Volk muß bereit sein, sich auch und gerade mit diesem Abschnitt seiner Geschichte ehrlich auseinanderzusetzen. Das Jahr 1945 brachte auch für das deutsche Volk eine Befreiung, aber der Preis war hoch. Mit der bedingungslosen Kapitulation war die militärische Besetzung verbunden. Die Existenz des Volkes selbst war infrage gestellt. Eine unübersehbare Zahl unserer Landsleute war ohne Haus und ohne Heimat. Die Familien waren zerrissen, die Städte zerstört. Hoffnungslosigkeit drohte den Lebensmut zu ersticken. Vielen erschien es zweifelhaft, ob ein Wiederaufbau gelingen würde.

Heute – 30 Jahre nach Kriegsende – haben wir uns immer noch mit einer politischen Wirklichkeit auseinanderzusetzen, die durch die Niederlage des Hitler-Reiches entstanden ist. Grenzlinien wurden neu gezogen. Die markanteste Besatzungslinie jener Zeit bestimmt heute die Abgrenzung zwischen den beiden Staaten in Deutschland.[2] Dem Hitler-Krieg folgte die Teilung der Welt in die beiden großen Machtblöcke. Europa wurde gespalten. Noch Jahre nach der totalen Niederlage des Reiches lebte die Welt am Rande eines neuen großen Konfliktes.

Es bedurfte großer Anstrengungen, um aus dem unheilvollen Gegeneinander zu einer Politik des sachlichen Miteinanders und der aktiven Friedenssicherung zu gelangen. Zunächst ging es um die Aussöhnung mit den Nachbarn im Westen. Dabei kam der Chance, zu freundschaftlicher Zusammenarbeit mit Frankreich zu gelangen, besondere Bedeutung zu. Sie ist der Grundstein für das Bemühen um europäische Einigung und um die Sicherung des Friedens in unserem Teil der Welt, der im Bündnis mit den Vereinigten Staaten garantiert wird. Erst rund 25 Jahre nach dem Zweiten Weltkrieg war aber ein Zustand erreicht, der es erlaubte, ohne Illusionen und bei fester Verankerung im westlichen Bündnis eine umfassende Politik der Entspannung einzuleiten, zu der die Bundesrepublik Deutschland ihren aktiven Beitrag leistet.[3]

Heute, 30 Jahre nach dem Ende des Zweiten Weltkrieges, müssen wir sehen, von wieviel Unruhe und ungelösten Konflikten die

Welt noch immer erfüllt ist. Der unglückselige 33-jährige Krieg in Vietnam geht unter Umständen zu Ende, die mit neuen Belastungen zwischen den Weltmächten verbunden sind.[4] Im Nahen Osten steht eine Friedensregelung immer noch aus. Die Spannungen zwischen Industriestaaten, Rohstofferzeugern und anderen Entwicklungsländern sind besorgniserregend.

Demgegenüber ist positiv zu vermerken, daß die Großmächte USA und Sowjetunion sich von ihrem Bemühen, zumal um die Verhinderung einer nuklearen Konfrontation, nicht abbringen lassen wollen. Bei der europäisch-amerikanischen Konferenz in Genf für Sicherheit und Zusammenarbeit[5] sind Fortschritte erzielt worden, die hoffentlich auch den Wiener Beratungen um einen beiderseitigen Abbau der Rüstungen[6] zugute kommen werden.

Wichtig für die Erhaltung des Gleichgewichtes in Europa ist auch das Ergebnis der freien Wahlen in Portugal.[7] Die Verantwortung der demokratischen Parteien und der Bewegung der Streitkräfte für den Weg Portugals in eine gesicherte Zukunft ist dabei unvermindert groß. In aller gebotenen Behutsamkeit will ich dies hinzufügen: Zur Tendenz einer friedlichen Politik in Europa passen nicht die Anzeichen einer erneuten ideologischen Kampagne gegen Andersdenkende in der ČSSR, die schmerzlich an die Vorgänge von 1968 erinnern.[8]

Bei uns in der Bundesrepublik Deutschland sollten wir die Lehren, die aus dem Zusammenbruch des Hitler-Faschismus zu ziehen waren, nicht verblassen lassen. Die allgemeine und entschlossene Ablehnung terroristischer Verbrechen ist nicht zu übersehen. Nationalistische Versuchungen müßten ebenso ins Leere laufen. Jedenfalls stehen Sozialdemokraten gerade heute in der Tradition ihres Widerstandes gegen den Nazismus wie gegen jeden Extremismus seither und in der unverbrüchlichen Treue zum Grundgesetz.

Bittere Erfahrungen und zusätzlich gewonnene Erkenntnisse sollten es allen verantwortlichen Kräften unseres Staates möglich machen, bei ihrem Ringen der Meinungen jene Grenzen zu erkennen und zu beachten, jenseits derer sich Gefahren für die Demokratie selbst ergeben. Das Schicksal der Weimarer Republik bleibt wesentlicher Teil der Erfahrungen meiner Generation. Weimar ging nicht zuletzt daran zugrunde, daß die Grenzen einer zumutbaren Auseinandersetzung bewußt überschritten wurden. Das gilt es ebenso zu bedenken, wie jene Gefahren, die sich aus einem Verdrängen des schlimmsten Abschnitts unserer neu[er]en Geschichte ergeben können.

An den Erinnerungsstätten ehemaliger Konzentrationslager hat sich dieser Tage gezeigt, daß die Narben noch nicht überall verheilt sind. Auch das Mißtrauen uns gegenüber ist noch nicht überall verschwunden, sondern manchmal bricht es sogar aus geringfügigem Anlaß wieder durch.[9] Dies gehört zu den Realitäten, mit denen die deutsche Politik fertigwerden muß. Wir können dies nur, wenn wir deutsche Politik ständig auf die Sicherung des Friedens ausrichten. Dazu bedarf es der aktiven Mitarbeit der jungen Generation. Diese Generation ist zwar frei von den schrecklichen Erlebnissen ihrer Eltern, aber sie ist dennoch nicht frei von der Geschichte, die sie geerbt hat. Aus ihr kann sich niemand davonstehlen. Unser Volk hat den Wahnsinn von gestern teuer bezahlt. Was immer die Parteien und Generationen sonst trennt: Dies dürfen wir alle miteinander nie vergessen.


Nr. 11
**Aus dem Interview des Vorsitzenden der SPD, Brandt, für die jugoslawische Zeitung *Nin***
**23. Juni 1975**

*SPD Pressemitteilungen und Informationen, Nr. 329/75 vom 23. Juni 1975.*


[. . .][1]
Frage: Sie sind der Schöpfer der sog[enannten] Ostpolitik. Viele behaupten, daß gerade diese Ostpolitik den Beginn der wirklichen Entspannung in Europa bezeichnet hat. Wie sehen Sie die Ergebnisse

dieser Politik heute? Ist es nicht in gewisser Hinsicht zu einem Stillstand gekommen?
Antwort: Haben sie zunächst Dank für Ihre freundlichen Bemerkungen. Die sogenannte Ostpolitik hat in der Tat eine Bedeutung gehabt, die über ihre unmittelbare Zielsetzung hinausreichte. Unmittelbar ging es uns um die Normalisierung von Beziehungen, mittelbar haben wir auf die Lage in Europa einwirken und in einer bestimmten Situation auch das Verhältnis zwischen den Weltmächten beeinflussen können.[2] Unsere Bemühungen haben also – worüber ich mich freue – mit dazu beigetragen, die Entspannung in Europa zu fördern und den Frieden auf unserem Kontinent sicherer zu machen. Der Ausgleich von Interessen mit unseren östlichen Nachbarn, um den sich die Bundesrepublik Deutschland mit schon sichtbar gewordenem Erfolg bemüht hat, hat sich sinnvoll in die Entspannungspolitik unserer Verbündeten und Partner in der Europäischen Gemeinschaft und in unserem Bündnis eingeordnet.

Einen Stillstand dieser unserer Politik kann ich nicht erkennen. Fußend auf den Vertragswerken[3], die wir abgeschlossen haben, hat sich die wirtschaftliche Zusammenarbeit gut entwickelt; sie bleibt ausbaufähig. Über die Regelung praktischer Fragen hinaus, hat sich zu einer Reihe von Staaten auch ein politischer Dialog ergeben, der noch ergiebiger sein könnte, aber den es bis vor wenigen Jahren überhaupt nicht gab. Bei einem solchen Bemühen wird es immer Probleme geben, deren Klärungsprozeß Zeit und Energie in Anspruch nimmt. Aber damit wir uns richtig verstehen: Es ist nichts so gut, als daß es nicht noch wesentlich besser werden könnte.
Frage: Herr Brandt, es gibt eine Photographie, die schon historische Bedeutung hat. Es ist der für immer festgehaltene Moment, als sie als Bundeskanzler vor der Gedenkstätte im einstigen Warschau niederknieten.[4] Über diese Tat hat man später ganze Essays geschrieben. Wie denken Sie heute darüber aus einer zeitlichen Distanz von mehr als fünf Jahren?
Antwort: Nicht anders, als ich damals gedacht habe. Die Geste sollte ja zeigen, daß es sich aus meiner Sicht um etwas mehr handelte, als darum, einen Vertrag zu machen. Und daß ich nicht meinte, man

könne einfach ein Blatt im Buch dieser neuesten Geschichte umschlagen. Und ich mache mir die Deutung zueigen, die damals einer der deutschen Kommentatoren gegeben hat: „Der Brandt hat selbst gekniet, damit andere aufrecht gehen können."[5]

Frage: Gibt es etwas Neues in den Beziehungen zwischen den beiden deutschen Staaten?

Antwort: Die amtlichen Beziehungen zwischen der Bundesrepublik Deutschland und der DDR haben ihre besondere Bedeutung dadurch erlangt, daß es sie überhaupt gibt.[6] Einige praktische Fragen wurden einvernehmlich geregelt, über andere wird verhandelt. Es ist zu wünschen, daß es weiterhin gelingen wird, offene Fragen im beiderseitigen Interesse und zum Wohle der betroffenen Menschen zu lösen.

Frage: Mit einiger Verzögerung scheinen nun die Vorbereitungen für die Schlussphase der Europäischen Konferenz über Sicherheit und Zusammenarbeit[7] ihrem Ende entgegenzugehen. Was erwarten Sie von dieser Konferenz, wie sehen Sie die Zukunft Europas?

Antwort: Die Konferenz über Frieden und Zusammenarbeit in Europa scheint ihren Abschluß zu finden – ein Vorgang, der von großer Bedeutung für alle Staaten und Völker ist. Was die Zukunft betrifft, so wird es darauf ankommen, daß die Prinzipien und Vereinbarungen[8], auf die sich die Teilnehmerstaaten geeinigt haben, in die konkrete Wirklichkeit umgesetzt werden. Sollte es gelingen, daß die Substanz der Konferenzergebnisse für möglich[st] viele Menschen in Europa persönliche Wirklichkeit wird, dann erst können wir mit der Konferenz zufrieden sein.

Ich bin deshalb dafür, daß die Regierungen ein Verfahren vereinbaren, nach dem sie einander über die Maßnahmen berichten, die in jeweils eigener Zuständigkeit ergriffen wurden, um Konferenzergebnisse in die Wirklichkeit umzusetzen. Zum anderen halte ich es für geboten, daß man sich nun dem schwierigen Thema zuwendet, das davon handelt – und wenn es lange andauert und wenn es zunächst in Form von kleinen Schritten möglich ist –, Truppen und Rüstungen beiderseitig und ausgewogen abzubauen.[9]

[...][10]

Nr. 12
**Aus dem Interview des Vorsitzenden der SPD, Brandt, für den** *General-Anzeiger*
**30. Juni 1975**

*SPD Pressemitteilungen und Informationen, Nr. 355/75 vom 30. Juni 1975.*

Frage: Sie werden sich eine Woche in der Sowjetunion aufhalten, einer Einladung folgend, die Sie noch als Bundeskanzler angenommen haben. Welches sind die Schwerpunkte Ihres Reiseprogramms? Mit welchen sowjetischen Gesprächspartnern werden Sie zusammentreffen und wie schätzen Sie selbst Ihren Gesprächsspielraum ein?
Antwort: Ich gehe auf Einladung von Herrn Breschnew in die Sowjetunion[1] und daraus ergibt sich schon, dass er mein wichtigster Gesprächspartner sein wird. Ich werde auch mit anderen Mitgliedern der sowjetischen Führung zusammentreffen. Aus meiner Sicht steht im Mittelpunkt der Gespräche, ob man sich gegenseitige Gewissheit verschaffen kann, dass und wie der Kurs der Entspannung fortgesetzt wird. Was das im einzelnen für uns bedeutet, habe ich mit der Bundesregierung besprochen, weil meine Reise ja nicht eine ist, bei der es etwas zu verhandeln gibt. Ich will Auffassungen der sowjetischen Seite aufnehmen und deutsche Auffassungen dort einführen. Im übrigen hoffe ich, etwas mehr von Moskau zu sehen. Ich war das vorige Mal im August 1970[2] nur kurz da. In Leningrad werde ich der Vergangenheit begegnen, einer grossen, aber auch einer leidvollen Vergangenheit. Und in Nowosibirsk, denke ich, wird man der Zukunft, vor allem der wissenschaftlichen Zukunft nahe sein.
Frage: Unter Ihrer Regierungsverantwortung sind die Ostverträge und das Berliner Viermächteabkommen abgeschlossen worden. Worauf führen Sie die Schwierigkeiten zurück, die seitdem in der Ostpolitik entstanden sind? Ist dafür, wie gelegentlich behauptet wird, möglicherweise auch ein geringeres Engagement der jetzigen Bundesregierung verantwortlich zu machen?

Antwort: Das letztere glaube ich nicht. Die Bundesregierung ist heute in besonders starkem Maße mit wirtschaftlichen Problemen beschäftigt und muss es sein. Aber sie misst der Ostpolitik keinen anderen Wert bei, noch gibt sie ihr eine andere Richtung, als die, die wir gemeinsam nach der Regierungsbildung 1969 konzipiert hatten. Aber in den letzten Jahren haben sich Probleme entwickelt, mit denen alle Regierungen wichtiger Staaten zu tun haben, Probleme, die es im Sommer 1970 so nicht gab. Ich sehe einmal ab von innenpolitischen Vorgängen in einer Reihe von Ländern. Ich denke an die neuen Gegebenheiten in der Weltwirtschaft, an die Veränderungen, die sich aus der Beendigung des Krieges in Süd-Ost-Asien ergeben haben, an den noch immer nicht gelösten Konflikt im Nahen Osten, an die Problematik um das Mittelmeer[3] herum. Das ist das eine.

Zum anderen sind wir häufig geneigt, Dinge, die sich in die Länge ziehen oder sich widersprüchlich entwickeln, stärker zu beachten, während wir tatsächliche Fortschritte als selbstverständlich konsumieren. Aber es wird nicht allen bewusst, dass sich unser Handel im Zusammenhang mit den Verträgen mit der Sowjetunion beachtlich entwickelt hat.[4] Das bedeutet heute und in Zukunft auch die Sicherung von Arbeitsplätzen. Oder nehmen wir die völlig veränderte Lage im Zugang von und nach Berlin. Ich war über's Wochenende im Oberfränkischen und habe mich zu meiner eigenen Überraschung davon überzeugt, was es bedeutet, daß jetzt tausende von Berlinern nicht nur zum Urlaub, sondern auch zum verlängerten Wochenende in dieses Erholungsgebiet kommen.
Frage: Erwarten Sie, dass Ihre Gespräche in der Sowjetunion dazu beitragen können, die Zwiespältigkeit zu überwinden, die bei der Anwendung der Ostverträge und des Viermächteabkommens über Berlin sichtbar geworden ist?
Antwort: Ich würde mich freuen, wenn ich mithelfen könnte, das eine oder andere Thema flottzumachen. Beim Viermächteabkommen[5] bleibt es, aus meiner Sicht, bei dem, worauf Breschnew und ich uns während des Besuchs in Bonn im Mai 1973 geeinigt hatten: nämlich bei der bekannten Formel von der strikten Einhaltung und der vollen Anwendung des Berlin-Abkommens.[6] Da hat es wohl – auf

beiden Seiten – auch das eine oder andere Mißverständnis gegeben. Ich hoffe, dass sich das eine oder andere klären lässt oder mir selbst klarer werden wird. Im übrigen sollte niemand falsche Erwartungen an meine Reise knüpfen. Ich bin in der angenehmen Lage, weder über Texte noch über Kommuniqués verhandeln noch unbedingt vorzeigbare Ergebnisse mit nach Hause bringen zu müssen.

Frage: Glauben Sie, dass auch der bevorstehende Abschluss der Genfer KSZE-Verhandlungen dazu beitragen kann, wieder mehr Bewegung in die Ostpolitik zu bringen? Wie bewerten Sie das sich jetzt abzeichnende Gesamtergebnis? Rechtfertigt es das geplante Treffen auf höchster Ebene?

Antwort: Ich habe den Eindruck, dass die Voraussetzungen gegeben sind, die Konferenz noch im Sommer zum Abschluss zu bringen.[7] Abschluss bedeutet für mich in diesem Fall nicht ein Ende, sondern die Einleitung zu etwas Neuem. Ich trete entschieden dafür ein, dass die beteiligten Regierungen ihren Bürgern nach einer angemessenen Zeit Rechenschaft darüber ablegen, was jede einzelne Regierung getan hat, um die gemeinsamen Beschlüsse und Empfehlungen, wenn auch zunächst nur auf Teilgebieten, durchzuführen. Es wäre eine Kompromittierung des Konferenzgedankens, wenn man es mit den Texten genug sein ließe.

Im übrigen wird sich die bilaterale Ostpolitik, also unser Verhältnis zur Sowjetunion und zu den anderen osteuropäischen Staaten, ohnehin weiter entwickeln. Da erwarte ich von Helsinki keine zusätzlichen sensationellen Impulse. Vielmehr bedarf es der beharrlichen illusionsfreien Arbeit daran, im wirtschaftlichen, wissenschaftlich-technischen und kulturellen Bereich sowie den damit zusammenhängenden Fragen der Einbeziehung Berlins voranzukommen und auch den politischen Dialog so lebendig wie möglich zu halten.

Frage: Welche längerfristigen ostpolitischen Zielvorstellungen halten Sie heute für realistisch? Können zum Beispiel die eklatanten konzeptionellen Gegensätze, die im bisherigen Verlauf der MBFR-Verhandlungen[8] sichtbar geworden sind, überhaupt überbrückt werden, und halten Sie es für möglich, dass die Entspannungspolitik die gegenwärtigen Bündnissysteme eines Tages entbehrlich macht?

Antwort: Ich denke, dass alle realistische Politik für die überschaubare Zeit davon auszugehen hat, dass es die beiden Bündnissysteme gibt. Nicht nur die beiden Weltmächte, sondern auch deren Bündnissysteme sind die Grundlage, von der aus man sich – ohne die Rolle nicht gebundener Staaten zu übersehen – an weitere Entspannungsmaßnahmen und mögliche Rüstungsbegrenzung heranarbeiten muss.

Worum es konkret geht, ist zweierlei. Einmal: Wie werden die Vereinigten Staaten und die Sowjetunion mit SALT II vorankommen, das heisst, in der Frage der Begrenzung oder Eindämmung der strategischen Rüstung? Die Konkretisierung der allgemeinen Absprachen zwischen Präsident Ford und Generalsekretär Breschnew von Wladiwostok[9] steht jetzt bevor. Vermutlich im Laufe des Herbstes wird man wissen, wie sich das entwickelt.

Gestützt auf den KSZE-Abschluss[10] und den Gang von SALT II wird man dann zweitens sehen, ob sich Ansatzpunkte ergeben, um bei den Wiener MBFR-Verhandlungen[11] zur Sache zu kommen. Alles, was dort bisher geschehen ist, ist zwar nicht uninteressant, aber doch nur Vorgeplänkel. Was wir in der NATO-Konferenz in Reykjavik 1968 als das Thema beiderseitiger, ausgewogener Begrenzungen von Truppen und Rüstungen in der Mitte Europas bezeichnet haben[12], wird uns dann für eine Reihe von Jahren beschäftigen.

Frage: Staatspräsident Tito und Aussenminister Kissinger haben über die Zukunft Europas gesagt, es werde marxistisch oder sozialistisch werden. Kissinger hat ferner von einem Feindverhältnis zur Sowjetunion gesprochen, das eine Verständigung nur in Teilbereichen zulasse. Teilen Sie diese Auffassung?

Antwort: Was Kissinger wirklich gesagt hat, weiss ich nicht.[13] Tito hat zu mir jedenfalls [...] nichts derartiges geäussert.[14] Ich bin davon überzeugt, Europa wird nicht kommunistisch werden.

Kissingers Betrachtung über das Verhältnis zur Sowjetunion, wie sie nun immer genau lauten mag, gibt zutreffend den Tatbestand wieder, dass die beiden Großmächte im Wettbewerb miteinander stehen und dass zugleich von ihnen und ihren gemeinsamen Bemühungen um die Verhinderung einer Nuklearkatastrophe für den Weltfrieden unendlich viel abhängt. Aus dieser Doppelsichtigkeit der Relationen ergibt sich vieles, was uns umgibt und was uns noch eine ganze Weile begleiten wird.

Nr. 13
**Manuskript der Tischrede des Vorsitzenden der SPD, Brandt, anlässlich eines Mittagessens auf Einladung des Generalsekretärs des ZK der KPdSU, Breschnew, in Moskau**
**3. Juli 1975**

*SPD Pressemitteilungen und Informationen, Nr. 354/75 vom 3. Juli 1975.*

Es ist für mich eine große Genugtuung, heute hier zu sein, und ich danke für die Einladung, für die freundliche Aufnahme, für die Möglichkeit zu freimütigen Gesprächen.

Dies ist keine Begegnung zwischen Fremden. Freilich hatten wir lange Strecken zurückzulegen, ehe das Gespräch zwischen uns ernsthaft begonnen werden konnte. Doch nun ist es auch schon ein gutes Stück Wegs, das wir nebeneinander und sogar miteinander abgeschritten haben – und ich kann sagen: Es war ein Wegstück der friedlichen Kooperation. Die Genugtuung entspringt der Überzeugung: Die Richtung stimmt, sie bleibt unverändert auf das Ziel der Festigung des Friedens gerichtet.

Wir können, Herr Generalsekretär, unsere vierte Begegnung[1] registrieren. Es jährt sich nun fast zum fünften Mal, seit im Katharinen-Saal von Ministerpräsident Kossygin und mir in Ihrem Beisein und in Anwesenheit einer Reihe Ihrer Kollegen und Mitarbeiter das deutschsowjetische Vertragswerk[2] unterzeichnet wurde.

Wir haben im September 1971 den Austausch von Meinungen und Erfahrungen in konstruktiven Diskussionen in Oreanda miteinander fortgesetzt.

Bei Ihrem Besuch in der Bundesrepublik Deutschland, im Mai 1973, konnten Sie, Herr Generalsekretär, sich davon überzeugen, daß der Wille zur Verständigung und zur sachlichen Zusammenarbeit von einer großen Mehrheit meiner Landsleute mitgetragen wird.

Mein Nachfolger im Amt des Bundeskanzlers, Helmut Schmidt, konnte Ihnen im Herbst des vergangenen Jahres hier in Moskau[3] versichern, daß er die Politik der Kooperation, der Entspannung und aktiven Friedenssicherung unbeirrt und mit dem lautersten persönlichen Engagement weiterführt. Damit ist die notwendige Kontinuität sichtbar geworden.

Was wir vor fünf Jahren begonnen haben, war keine Taktik, war nicht kurzfristig gedacht, sondern es war eine prinzipielle, eine langfristige Entscheidung. Wir haben erlebt, welche tiefgreifende Bedeutung das Verhältnis zwischen unseren Staaten hat, seit 1970 zum Guten. Es sollte der gemeinsame Beschluß der auf beiden Seiten Verantwortlichen sein, auf diesem Kurs zu bleiben.

Dabei kommt dem Berlin betreffenden Abkommen der Vier Mächte vom September 1971[4] weiterhin eine wesentliche Bedeutung zu. Der Generalsekretär und ich hatten dazu die Formel von der „strikten Einhaltung und vollen Anwendung"[5] gefunden. So sollte man es auch heute halten und mögliche Mißverständnisse im Interesse aller Beteiligten ausräumen.

Wir überblicken miteinander ein halbes Jahrzehnt der Kooperation und der aktiven Friedenssicherung. Es ist deutlich, daß der Anfang, den wir miteinander wagten, auch weltpolitisch dazu beigetragen hat, die Tür zum Dialog der Entspannung und der Eindämmung des atomaren Vernichtungspotentials zu öffnen. Wir haben den Weg für die Konferenz für Sicherheit und Zusammenarbeit in Europa freigemacht, die demnächst ihren Abschluß[6] finden wird. Wir haben Voraussetzungen geschaffen für die schwierigen, aber um so wichtigeren Verhandlungen über die Begrenzung der Streitkräfte in der Mitte Europas.

Man darf dankbar sein für das, was voranführte, aber wir erkennen zugleich klar genug, daß die multilaterale Phase der Politik der Entspannung und aktiven Friedenssicherung noch nicht weit über eine Ouvertüre, über die Einleitung hinausgelangt ist. Ich betrachte Helsinki[7] als eine Einleitung, nicht als ein Ende.

Wir sehen Fortschritte, und ich begrüße sie. Aber es gibt Grund zur Unzufriedenheit, wenn wir an das Ziel denken: Der Prozeß der Entspannung, der Zusammenarbeit muß unrevidierbar werden, mindestens für Europa. Dies ist die Aufgabe unserer Generation. Ohne weitere solide Fortschritte wird die Entspannung Schaden nehmen; ohne den Abbau von Truppen und Rüstungen[8], und sei er am Anfang noch so begrenzt, werden wir Rückschläge erleben.

Auch künftig werden die Fortschritte mühselig sein. Enttäuschungen, auch dessen bin ich sicher, bleiben den Beteiligten nicht erspart. Sie haben uns bis hier und heute nicht verschont. Das Friedenswerk, an dem wir arbeiten, fordert, wie mir scheint, immer wieder das sabotierende Ressentiment der Kleinmütigen, Engstirnigen, der Ängstlichen heraus, die ihrer selbst und ihrer Sache nicht allzu sicher zu sein scheinen. Ich halte mich, was dies angeht, an ein europäisches Sprichwort, von dem man mir sagte, es stamme aus Ihrem Lande: Furcht ist die Arbeit am eigenen Grab.

Wenn wir den Weg der Furcht gehen, sind wir verloren. Aber wer von uns wollte die Probleme der Welt ohne Sorge betrachten?

Der Friede im Mittleren Osten[9] bleibt gefährdet, solange die Völker und Staaten dieser Region nicht bereit sind – und solange man ihnen nicht von allen Seiten dabei hilft –, ihre Lebensrechte und ihre Zukunft durch den Willen zu Koexistenz und Kooperation zu sichern.

Die Rohstoff-Problematik droht die Weltwirtschaft in einem Zustand der Lähmung erstarren zu lassen, aus dem niemand einen Gewinn zu ziehen vermag. Die krisenhaften Auseinandersetzungen zwischen der industrialisierten und nicht industrialisierten Welt verschärfen sich. Welthunger und Verelendung von Millionen schaffen Spannungen, die uns alle betreffen.

Die Verantwortung für unsere Welt ist unteilbar. Sie ist besonders groß für Staaten mit einer starken Industrie, also nicht zuletzt für die Bundesrepublik Deutschland und die Sowjetunion.

Sie und ich, meine verehrten Anwesenden, stehen objektiv in zunehmendem Maße in gemeinsamer Verantwortung. Die Gesellschaftssysteme, denen wir angehören, sind sehr unterschiedlich geprägt. Die Philosophien, denen wir uns verpflichtet fühlen, dulden keine Vermischung und Verwechslung. Dennoch glaube ich, daß wir im Menschen ein Wesen erkennen, das zu vernünftigem Handeln fähig ist. Das verpflichtet uns, unter dem Prinzip der Lösbarkeit der Konflikte zu arbeiten. Dazu braucht es den Mut, den ich zitiert, bedarf es der Geduld, zu der ich gemahnt habe – zuhaus und anderswo in der Welt.

Wir haben in unsern Beziehungen ein Beispiel für die Lösbarkeit von Problemen und Konflikten zu schaffen versucht. Wir haben den Gedanken zu konkretisieren begonnen, daß Europa eine Region des Friedens sein kann. Dieser Kontinent, der mit seinen Tragödien immer wieder die Welt überzog, kann der Menschheit die Vitalität produktiver Kooperation demonstrieren, wenn zugleich die Grundlagen des Friedens Tag für Tag aufs neue gefestigt werden. Im Westen Europas wächst eine Gemeinschaft, die ein Faktor der Stabilität ist. Das Zusammenwirken der Staaten Osteuropas folgt seinen eigenen Gesetzen. Die Erfahrung der letzten Jahre scheint bereits zu zeigen, daß von diesen Grundlagen aus überwölbende Konstruktionen gemeinsamen Handelns gefunden werden können.

Die Überwindung der Furcht: das ist die entscheidende Aufgabe im Leben des Einzelnen und im Leben der Völker. Dafür gilt es, weiter zu arbeiten, miteinander und jeder an seinem Platz. Dies sollte der Auftrag sein, den wir in Frieden und zu guter Stunde an eine jüngere Generation zu übergeben haben.

Nr. 14
**Aus dem Vermerk über das Gespräch des Vorsitzenden der SPD, Brandt, mit dem Generalsekretär des ZK der KPdSU, Breschnew**
**3. Juli 1975**[1]

*AdsD, WBA, A 9, 33.*


Aufzeichnung über das Gespräch des Herrn Bundeskanzlers a.D. und Vorsitzenden der SPD, Willy Brandt, mit dem Generalsekretär des ZK der KPdSU, L[eonid] I[ljitsch] Breschnew, am 3. Juli 1975 in Moskau, Kreml, von 12 Uhr bis 15.30 Uhr

Herr Breschnew erklärte einleitend, er und seine Kollegen seien sehr befriedigt darüber, Herrn Brandt wieder hier in Moskau begrüssen zu können, und darüber, dass man wieder die Möglichkeit habe, ein offenes Gespräch ohne protokollarische Zwänge über alle Fragen von beiderseitigem Interesse zu führen. In der Vergangenheit hätten beide sehr viel getan, und es habe keinen Sinn, dies brachliegen zu lassen. Seit der ersten Begegnung und der Unterzeichnung der Dokumente[2] sei noch nicht sehr viel Zeit vergangen, aber diese Zeit habe nicht nur eine grosse Rolle für beide Länder und Völker gespielt, sondern sei auch von sehr grosser Bedeutung und Einfluss auf die Entwicklung der Entspannungspolitik und der Gesundung des Klimas in Europa gewesen. Er wolle wiederholen, was er in seiner Tischrede[3] ausführen werde, dass man in der Sowjetunion Herrn Brandt als Politiker und Staatsmann sehr hoch schätze. Das Leben habe eindrucksvoll die Richtigkeit des von beiden eingeschlagenen Weges der Entspannungspolitik bewiesen. Natürlich sei noch nicht alles zu einem Abschluss gebracht worden, aber die wichtigsten Fragen seien gelöst. Dieser Weg sei nicht leicht gewesen. Allein die Tatsache dieses Besuches beweise, welch grossen Respekt man Herrn Brandt hier entgegenbringe.

Man habe auch Herrn Bundeskanzler Helmut Schmidt in der Sowjetunion mit der gebührenden Aufmerksamkeit begrüsst.[4] Er

*Willy Brandt im Gespräch mit dem sowjetischen Parteichef, Leonid Breschnew, am 3. Juli 1975 im Kreml.*

habe das Telegramm mit der Einladung zu einem Besuch in der BRD erhalten. Er wisse jedoch nicht, wann und wie er dieser Einladung werde nachkommen können.

Herr Brandt dankte zunächst für die Einladung zu diesem Besuch. Er wolle auch die Grüsse von Bundeskanzler Schmidt wiederholen. Im Laufe des Gespräches wolle er einige Punkte vortragen, die er vor seiner Abreise mit Bundeskanzler Schmidt gemeinsam erörtert habe. Zunächst wolle er jedoch betonen, dass der Bundeskanzler zu dem stehe, was er in dem Schreiben und auch in anderen Formen des Meinungsaustausches zum Ausdruck gebracht habe. Er brauche hier nicht besonders zu betonen, dass Herr Breschnew in der Bundesrepublik jederzeit herzlich willkommen sei.

Mit grossem Interesse habe er den Entwurf der Tischrede Breschnews[5] gelesen, und er glaube, dass dies eine sehr konstruktive Rede sei. Breschnew habe recht, wenn er sage, dass die seit der Unterzeichnung des Vertrages vom August 1970[6] vergangenen fünf

Jahre notwendig und sinnvoll gewesen seien. Nunmehr sei es wichtig festzulegen, wie die beiderseitigen Beziehungen und die Politik der Entspannung, der Sicherheit und Zusammenarbeit in Europa weitergeführt werden sollten.

Breschnew wisse, dass er seit dem letzten Treffen auch Enttäuschungen erlebt habe und es zu Veränderungen in seinen Verantwortlichkeiten gekommen sei.[7] Er wünsche, dass Breschnew zwei Dinge wisse: Er werde weiterhin aktiv in der Führung seiner Partei wirken. Die Enttäuschungen, die beide und beide Länder nicht berührt hätten, hätten nicht zu einer Änderung seiner grundlegenden Ansicht geführt, dass die Entspannung nötig sei.

Herr <u>Breschnew</u> erwiderte, auch er habe Enttäuschungen erlebt.[8] Trotzdem wolle er sagen, dass in den Beziehungen zwischen der BRD und der SU viel getan worden sei. Ganz besonders wolle er betonen, dass die gemeinsame Arbeit bis zum Rücktritt Herrn Brandts unersetzlich sei. Dies sei eine Tatsache, die niemand aus der Geschichte streichen könne. Auch danach habe man die Linie der Verbesserung der Beziehungen zur BRD weiter verfolgt. In diesem Sinne wolle er die Bedeutung des Besuches von Bundeskanzler Schmidt in der SU[9] betonen.

Trotzdem dürfe man bei dieser Lage nicht vergessen, dass sich die Gesamtentwicklung der <u>beiderseitigen Beziehungen</u> noch in einem Anfangsstadium befinde. Er glaube, es sei wichtig, nicht die Perspektive zu verlieren und nicht zuzulassen, dass relativ kleine Fragen dominierend würden. Man dürfe diese Fragen nicht zu prinzipiellen Fragen werden lassen. Er wolle daran erinnern, wie beide die grundlegenden und sehr komplizierten Fragen der beiderseitigen Beziehungen seinerzeit erörtert hätten. Man habe sich über den Alltag erheben müssen, und dies sei auch gelungen, da man die Perspektive im Auge gehabt habe. Er sei der Ansicht, dass, gleichgültig welches Amt Herr Brandt bekleide, er die Dinge nicht auf halbem Wege liegen lassen könne. Herr Brandt habe eine grosse und verdiente Autorität. Die sowjetischen Menschen sähen ihn als Freund des Friedens, der Entspannung und der Annäherung zwischen der BRD und der UdSSR. Seine Arbeit und seine Aktionen in dieser Richtung fänden immer ein positives Echo in der SU.

Herr Breschnew fuhr fort, Aussenstehende könnten glauben, in den gegenseitigen Beziehungen sei alles in Ordnung und alles liefe auf vollen Touren. Die Minister beider Länder begegneten sich, Wirtschaft und Handel entwickelten sich, die kulturellen und andere Beziehungen weiteten sich aus. Aber so sei es nicht. In letzter Zeit merke man deutlich Veränderungen in den aussenpolitischen Akzenten der Bundesregierung. So habe man ihm vergangene Nacht berichtet, dass bei der KSZE in Genf der grösste Bremser eigentlich die BRD sei, obwohl verbal Bundeskanzler Schmidt immer gesagt habe, er trete für die KSZE ein.[10]

Auch gäbe es eine Tendenz der Steigerung der militärischen Macht der NATO. Nehme man zum Beispiel Minister Leber, so würde er gerne alle französischen und sonstigen Raketen auf sein Territorium schaffen.[11]

Wenn man sich die sowjetisch-westdeutschen Beziehungen im politischen Bereich ansehe, so könne man feststellen, dass man bestenfalls auf der Stelle trete. So würden bereits über zwei Jahre Verhandlungen über den Abschluss eines Abkommens über die wissenschaftlich-technische Zusammenarbeit und ein Kulturprogramm geführt.[12] Es würden die Prinzipien verletzt, die im vierseitigen Abkommen[13] erzielt worden seien, und dies störe auch politisch. In diesem Zusammenhang ein kleines Problem: Mit Zustimmung der BRD habe man den Bürgermeister von Westberlin, Schütz, eingeladen. Dann aber seien Bedingungen gestellt worden, derentwegen es bis heute unmöglich gewesen sei, diese Einladung durchzuführen.[14] Dies erscheine als relativ kleines Problem, aber es berühre volens nolens [!] den Bereich der Politik.

Gelegentlich sage man, die jetzige Regierung habe es schwer, der Druck der Opposition werde immer grösser. Aber einige dieser Faktoren habe es auch früher gegeben, und trotzdem habe die Regierung Brandt/Scheel in den parlamentarischen und anderen Schlachten[15] die Oberhand behalten, und die wichtigsten Fragen in den beiderseitigen Beziehungen seien gelöst worden. Vielleicht habe der Bundeskanzler zur Zeit schlechte aussenpolitische Berater, oder es werde auf ihn von den direkten Gegnern der Entspannung Einfluss ausgeübt?

Er wolle besonders betonen, dass die Ostpolitik das Kind von Herrn Brandt sei. Die sowjetische Seite wolle ehrlich nicht, dass dieser Politik, diesem Kind irgendein Unglück zustosse.

Auf wirtschaftlichem Gebiet stehe alles, wenn man sich die Zahlen betrachte, gut. Die BRD nehme die erste Stelle im Handelsumsatz der SU mit den kapitalistischen Ländern ein, obwohl auch hier alle möglichen Fragen seinerzeit lange hingezogen worden seien. Dennoch habe sich der Warenaustausch vervierfacht. Lange hinausgezogen worden sei zum Beispiel die Frage des Hüttenkombinats bei Kursk.[16] Die sowjetische Seite habe sich schliesslich bereit erklärt, bar in Devisen zu zahlen. Aber dies habe fast zwei Jahre gedauert. Inzwischen habe die sowjetische Seite die Vorstudie und auch andere Dokumentationen erhalten. Man habe verschiedene Systeme, und dementsprechend seien auch die westdeutschen Firmen andere. Jetzt würden die Dinge jedoch laufen, und dies eröffne grosse Perspektiven für viele Jahre hinaus. Er glaube, die wirtschaftlichen und Handelsbeziehungen hätten eine nicht geringe Bedeutung für die Beziehungen zwischen zwei Ländern. Voraussehend sei er sich dessen gewiss, dass sich die beiderseitigen Wirtschaftsbeziehungen unbedingt weiter entwickeln würden. Allerdings habe jemand gesagt, die Deutschen seien durch hohe Zinsen verwöhnt.

Derzeit könne man eine wichtige Frage vorantreiben, nämlich die Zusammenarbeit bei der Errichtung eines Atomkraftwerks.[17] Dies sei ein wichtiger und wertvoller Faktor. Es gebe auch eine Reihe von guten Maschinen in der BRD. Man könne etwas tun auf dem Gebiet der Kompensationsgeschäfte. Dies sei zur Zeit besonders wichtig. Man könne Chemiebetriebe in der SU bauen. In diesem Bereich sei noch wenig erreicht worden.

Herr Breschnew fuhr fort, in der SU behalte man nicht nur den Respekt vor dem, was getan worden sei, sondern man wünsche eine weitere Entwicklung der Beziehungen sowohl auf politischem wie auch auf wirtschaftlichem Gebiet.

Natürlich wisse auch Herr Brandt, dass man keineswegs wünsche, dass die CDU/CSU mit Strauss und anderen an die Macht komme.[18]

Er wisse, dass der Bundeskanzler und Herr Brandt an der Frage der Stromleitung[19] interessiert seien. Er habe hierüber mit der DDR, mit Polen und den eigenen Kollegen gesprochen. Auch Vizepremier Nowikow habe sich mit diesem Thema beschäftigt. Er könne im Augenblick nichts Bestimmtes sagen, da die einen so, die anderen so sagten: die Leitung solle über Berlin gehen, die Leitung solle an Berlin vorbeigeführt werden, das Kraftwerk solle in der DDR gebaut werden, es solle in der SU gebaut werden. Diese Frage befinde sich jetzt in Erörterung. Dies sei das allgemeine Bild, wie es sich ihm und seinen Kollegen darstelle.

Herr Brandt erwiderte, Breschnew solle nicht den Eindruck haben, die derzeitige Regierung habe andere aussenpolitische Akzente. Sie wünsche die KSZE. Er selbst sehe in der KSZE keinen Abschluss, sondern die Einleitung zu einer Epoche der europäischen Zusammenarbeit.[20]

Herr Breschnew warf ein, der sowjetische Vertreter in Genf[21] habe berichtet, die Westdeutschen seien ein zweifelhafter Verbündeter in dieser Sache.

Herr Brandt erklärte, er wolle wiederholen, dass sich Bundeskanzler Schmidt intern und gegenüber der Öffentlichkeit zur Kontinuität der Aussenpolitik[22] bekannt habe, und Breschnew solle davon ausgehen, dass dies so sei. Auf dem bevorstehenden Parteitag im Herbst[23] werde man dies besonders hervorheben, und dies werde in der Politik der Regierung deutlich bleiben.

Herr Breschnew erklärte, nicht nur er, sondern alle seine Kollegen hätten hohen Respekt vor Bundeskanzler Schmidt und sie würden alles tun, was sie versprächen. Die erwähnte Tatsache habe jedoch aufhorchen lassen.

Herr Brandt führte aus, der Koalitionspartner FDP stehe auf dem Boden der gemeinsamen Aussenpolitik. Er gehe davon aus, dass im nächsten Wahlkampf beide Parteien, jede mit gewissen natürlichen Akzenten, mit dieser Politik vor die Öffentlichkeit treten würden.

Was Verteidigungsminister Leber angehe, so wolle dieser aus der Bundeswehr keine Armee machen, die auf Angriff ausgerichtet sei.[24] Leber sei kein Abenteurer, sondern seine Politik sei die einer defensiven Funktion der Bundeswehr. Wenn Leber hier wäre, so würde er vielleicht auch sagen, er habe den Eindruck, die sowjetische Seite sei recht aktiv, zum Beispiel auf See.[25] Er, Brandt, hoffe, dass das Thema der Rüstungsbegrenzung nach Helsinki verstärkt in Angriff genommen werde.[26]

Herr Breschnew entgegnete, wir könnten davon ausgehen, dass die Sowjetunion niemals die Bundesrepublik angreifen werde. Die innere Entwicklung der Bundesrepublik sei eine interne Sache; es sei jedoch verständlich, dass die Sowjetmenschen sich dafür interessierten, wohin die Politik der BRD gehe, nach links oder nach rechts. Und man könne doch alles erwarten. Die Sowjetmenschen machten sich Sorgen über die Aktivitäten der Reaktion und der rechten Kräfte.[27]

Herr Brandt erklärte, zu den bilateralen Fragen zurückkehrend, die aussenpolitischen Beziehungen der beiden Staaten seien vielleicht nicht so gut, wie sie sein sollten. Sie hätten sich jedoch in den vergangenen fünf Jahren ständig weiterentwickelt. Leider habe die Frage Westberlins immer wieder die Beziehungen belastet.[28] Er werde noch darauf zurückkommen, wie man diese Belastung wegdrücken könne. Jedenfalls habe er in Breschnews Rede mit grossem Interesse die Passage betreffend des Viermächteabkommens gelesen und halte diese für besonders wichtig.

Herr Breschnew fuhr fort, man habe doch schliesslich sehr viel miteinander getan, und die sowjetische Seite hoffe, dass es gelingen werde, die innenpolitischen Schwierigkeiten zu überwinden und aus den Wahlen 1976[29] als Sieger hervorzugehen. Man könne nicht alles auf einmal machen. Einige Fragen seien noch nicht reif.

Auf die KPdSU und die SPD eingehend, führte Herr Breschnew aus, er habe bereits beim ersten Treffen am 12. August 1970 und dann wieder in Oreanda gesagt[30], dass beide Parteien verschiedene Programme usw. hätten, dass sie jedoch in Fragen des Friedens, der Zusammenarbeit und der Entspannung Hand in Hand gehen sollten.

Herr Brandt erklärte, auf die Wirtschaftsbeziehungen eingehend, dass auch er der Ansicht sei, dass sich der Handel im allgemeinen zufriedenstellend entwickle.[31] So wie die sowjetische Seite glaube, dass auf Seiten der Bundesrepublik manches nur zögernd behandelt werde, so hätten wir den Eindruck, dass die sowjetische Verwaltung sich gelegentlich viel Zeit nehme. Mit Polen oder Ungarn gebe es zum Beispiel eine viel grössere Zahl von Kooperationsprojekten als mit der Sowjetunion. Beide Seiten müssten eine gewisse Schwerfälligkeit überwinden. Wir seien bereit, wie mit Rumänien auch mit der Sowjetunion zu einer Zusammenarbeit in Drittländern bei Wirtschaftsprojekten zu kommen. Besonders wichtig sei die Zusammenarbeit bei dem Energieprojekt und die Tangentiallösung mit der Einbeziehung Westberlins.[32] Bundeskanzler Schmidt wäre dankbar, wenn man bei dem Treffen in Helsinki einiges hier konkretisieren könne. Es wäre sicherlich hilfreich, wenn man etwa im Frühjahr 1976 sagen könne, dass man sich im Grundsätzlichen einig sei, auch wenn noch einige technische oder finanzielle Fragen zu lösen wären.

Die Rechtshilfevereinbarung, das Kulturprogramm und das Abkommen über wissenschaftlich-technische Zusammenarbeit seien wegen der Berlinfrage immer noch in der Schwebe.[33] Wenn man von der Position ausgehe, wie sie in Breschnews Rede dargelegt sei, so müssten diese Probleme zu klären sein. Es wäre gut, wenn man in Helsinki den beiden Aussenministern[34] den Auftrag geben könnte, die drei Vereinbarungen fertig zu machen. Dies wäre ein Fortschritt, auch für die Menschen in unseren Staaten, im Sinne einer Komplettierung der bilateralen Zusammenarbeit.

Was Westberlin angehe, so wünschten wir keinen Streit. In der Vergangenheit habe es sicherlich Missverständnisse gegeben. Die deutsche Seite sei jedenfalls nicht an Friktionen interessiert. Er wolle den Vorschlag machen, dass, wenn es etwas im Zusammenhang mit Westberlin, was gemeinsame Interessen oder gemeinsame Projekte betreffe, gebe, man ein offenes, laufendes und undiplomatisches Informationsgespräch habe. Dies solle man vereinbaren. Auch Bundeskanzler Schmidt wünsche, dass ein derartiges Verfahren entwickelt werde, damit man in Zukunft unnötige Differenzen bezüglich Westberlins vermeiden könne.

Herr Breschnew erwiderte hierauf, er habe mit grossem Interesse Herrn Brandts Interview[35] gelesen und schätze dieses sehr hoch ein.

In dem, was Herr Brandt eben gesagt habe, spüre er eine Wiederholung und Bestätigung des Inhalts des Interviews.

Herr Brandt fuhr fort, er würde es begrüssen, wenn der Besuch von Bürgermeister Schütz in der Sowjetunion[36] stattfinden könne. Wenn er sich recht erinnere, gehe es darum, dass Schütz in Moskau bei der einen oder anderen Gelegenheit zusammen mit dem Botschafter der Bundesrepublik Deutschland auftrete. Er glaube, dass man hier Formen finden könne. So sei zum Beispiel jedenfalls auf konsularischem Gebiet die Behörde des Botschafters für Westberlin zuständig und dies mit Zustimmung der Sowjetunion. Vielleicht könne man flexible Formen finden, die dem Status, der sich herausgebildet habe, entsprächen.

Herr Breschnew führte hier aus dem Gedächtnis, wie er sagte, aus, dass Schütz einen Empfang in der Botschaft veranstalten wolle und die sowjetischen Gäste hierzu im Namen der Bundesregierung eingeladen werden sollten. Er werde den Auftrag geben, diese Frage noch einmal zu prüfen.

Herr Brandt sprach anschliessend einige humanitäre Probleme, u.a. der Familienzusammenführung, an und dankte Breschnew für dessen Verständnis und für das, was seit Mai 1973[37] geschehen sei. In diesem Jahr seien die Zahlen etwas zurückgegangen, doch hoffe die deutsche Seite, dass die Frage in dem bisherigen Sinne weitergeführt werde. Er wolle eine Liste mit Einzelfragen einem Mitarbeiter Breschnews ohne Publizität zu treuen Händen übergeben.

Auf die innenpolitische Entwicklung in der Bundesrepublik eingehend, führte Herr Brandt aus, Breschnew könne mit grosser Wahrscheinlichkeit davon ausgehen, dass die derzeitige Koalition im Oktober 1976 bestätigt werde.[38] Er wolle daran erinnern, dass er zur Frage der Ratifizierung des Moskauer Vertrages seinerzeit in Oreanda[39] Breschnew eine reale Beurteilung gegeben habe. Man werde den eigenen Weg weitergehen und die Zustimmung der Öffentlichkeit finden, mit anderen Worten, es werde keine für die sowjetische Seite unübersehbare Entwicklung in der Bundesrepublik geben.

Herr Breschnew warf hierzu ein, man solle alle linken Kräfte um sich vereinigen und gemeinsam die CDU schlagen. Es solle jeder sein

Programm haben, aber die Zusammenarbeit der fortschrittlichen Kräfte sei doch an sich nichts Schlechtes.

Herr Brandt erwiderte hierauf, die Frage der Zusammenarbeit von Parteien dürfe man nicht schematisch sehen. Dies sei eine Frage, die in jedem Lande anders zu sehen sei. Im Grundsatz widerspreche er nicht, dass fortschrittliche Kräfte nicht gegeneinander arbeiten sollten.

Herr Breschnew führte hierauf aus, er meine, die linken Kräfte sollten geeint gegen die Opposition auftreten.

Anschliessend informierte Herr Brandt Herrn Breschnew über die Beziehungen der Bundesrepublik zu Polen und zur DDR, da man seit Vertragsabschluss die Beziehungen zur Sowjetunion und den Staaten des Warschauer Vertrages in einem gewissen Zusammenhang sehe. Gierek und Schmidt gingen davon aus, dass sie sich in Helsinki treffen würden, um dort einige Fragen, die schon im Laufe von mehreren Jahren behandelt würden, zu einem Abschluss zu bringen. Dies könnte etwa auf folgender Grundlage geschehen: Die Bundesrepublik gewähre Polen zweimal eine Milliarde DM, wovon eine Milliarde als Abgeltung für Sozialversicherungsleistungen und ähnliche Fragen, die andere Milliarde zur Förderung von Wirtschaftsprojekten dienen solle. Andererseits wolle man den Komplex der Familienzusammenführung etwa in einer Grössenordnung von hunderttausend Menschen deutscher Herkunft zu einem gewissen Abschluss bringen. So ungefähr stelle man sich die Regelung vor, ohne dass es einen direkten Zusammenhang zwischen beiden Fragen gebe.[40]

Mit der DDR würden Verhandlungen über eine Reihe von Verkehrsfragen geführt. Hier gehe die Bundesregierung davon aus, dass an der Verbesserung der Verkehrswege nicht nur die Bundesrepublik interessiert sei und deshalb auch die DDR einen gewissen Teil der entstehenden Kosten tragen müsse. Hierüber seien sich beide Seiten noch nicht einig. Bundeskanzler Schmidt wünsche, dass in der nächsten absehbaren Zeit nur Projekte in Angriff genommen würden, die sich in Anbetracht der Belastung des Haushalts in gewissen finanziellen Grenzen hielten.[41]

Wegen des besonderen Nebeneinanders beider deutscher Staaten sei hier das Volumen der Fragen grösser als in den Beziehungen zu anderen Staaten. Man brauche hier Zeit, und die Dinge würden sich nicht so schnell weiterentwickeln, wie man dies wünsche.

Sodann bestätigte Herr Brandt die Frage Breschnews, ob sich die Dinge bei dem Besuch von Menschen aus der Bundesrepublik in der DDR verbessert hätten. Auf die Frage Breschnews, wie die Bundesrepublik die Zusammenarbeit mit Drittländern mache und warum es in diesem Bereich Zusammenarbeit mit Rumänien gebe und nicht mit der Sowjetunion, führte Herr Brandt aus, hier gehe es nicht um die Kooperation mit Rumänien, die es auch gebe, sondern es gehe um gemeinsame Dinge etwa in afrikanischen oder lateinamerikanischen Ländern, das heisse, man lege Technik und Kapital zusammen.[42]

Im weiteren erwähnte Herr Breschnew, man stelle zur Zeit Überlegungen über ein Verbundnetz für alle sozialistischen Länder an, womit man auch Berlin erfassen könne. Er wisse jedoch nicht, wie der derzeitige Stand der Überlegungen sei.

Hierauf entgegnete Herr Brandt, das würde jedoch Fragen aufwerfen, die über den jeweiligen Bereich hinausgingen. Er glaube, dass dies eine der Fragen sei, über die man sich nach Helsinki werde Gedanken machen können, das heisse, über ein europäisches Verbundnetz zwischen West- und Osteuropa, RGW und EG.[43]

Auf die Frage von Herrn Brandt, wie er die Perspektiven nach Helsinki[44] sehe, sagte Herr Breschnew, er sehe grosse Perspektiven und glaube, dass dies zu einer erheblichen Verbesserung der Atmosphäre in Europa sowohl im politischen wie auch im wirtschaftlichen Bereich führen werde.

Herr Brandt führte weiter aus, man müsse sich Gedanken darüber machen, wie man die Völker davon überzeugen könne, dass die Texte, die in Helsinki verabschiedet würden, nicht nur auf dem Papier stünden, sondern dass die Regierungen konkrete Arbeit leisten würden. Es habe den Streit gegeben, ob man ein besonderes Organ schaffen solle. Seine persönliche Ansicht sei, dass man bei dem Treffen in Helsinki sich darüber verständigen solle, wann und in welchem neutralen Staat die Vertreter der Staaten, etwa auf der Ebene der stellvertretenden Aussenminister, zu einem Erfahrungsbericht zusammenkommen sollten.[45] Dabei könne man feststellen, wo Fortschritte erzielt worden seien und wo man sich noch im Rückstand befinde, und man könne die Fragen und Gebiete auswählen, bei denen es leichter sein werde, die weitere Entwicklung zu vollziehen. Würde man so verfahren, so hätte dies den Vorteil, dass es zu keiner diplomatischen Veranstaltung käme, sondern dass die Menschen in allen Ländern sähen, dass die Regierungen am Thema blieben. Man dürfe sich nicht zuviel auf einmal vornehmen, andererseits jedoch auch nicht so tun, als schlüge man ein Buch zu. Man solle sagen, man mache weiter in der eingeschlagenen Richtung, auch wenn die Fortschritte nur begrenzt seien. Breschnew wisse, dass er für eine Politik der kleinen Schritte sei, wo grosse noch nicht möglich seien.

Herr Breschnew erwiderte, es sei der sowjetische Vorschlag gewesen, ein kleines Organ zu schaffen, das nicht die Vereinten Nationen ersetze, sondern konsultativ tätig werde. Einmal im Jahr hätte dieses Organ den Regierungen Bericht erstatten können, wie die Dinge laufen, welche Regierungen etwa welche Bestimmungen der Vereinbarungen verletze[n].

Herr Brandt fuhr fort, man werde sich nicht auf ein Organ verständigen können. Deshalb meine er, man solle nicht nichts tun, sondern sagen, dass man nach gewisser Zeit, etwa nach anderthalb, zwei Jahren, sich wieder in Helsinki, Wien oder in einer anderen Stadt treffe. Eine Regierung könne dieses Treffen vorbereiten, die europäischen Regierungen würden ihre Berichte schicken, was sie getan hätten und was sie zu tun anregten, diese Berichte könnte man zirkulieren, und dies alles könnte man tun, ohne ein neues Organ zu schaffen.[46]

Herr Breschnew erwiderte hierauf, offensichtlich habe Herr Brandt recht, da zu viele Einwände hätten. Er werde diese Anregung mit seinen Kollegen prüfen.

Zu MBFR[47] sagte Herr Brandt, er und Bundeskanzler Schmidt, der auf diesem Gebiet ein Experte sei, würden es begrüssen, wenn man etwa im Frühjahr 1976 etwas in Gang setzen könne, das zeige, dass beide Regierungen und auch andere Regierungen sich ernsthaft mit der Frage der Rüstungsbegrenzung in Europa befassten. Auch wenn dies zunächst nur begrenzten und symbolischen Charakter haben würde, so würde es doch von politischer und psychologischer Bedeutung sein.

Hierauf führte Herr Breschnew aus, man sei nach wie vor der Ansicht, dass der erfolgreiche Abschluss der KSZE und die Gespräche über die Begrenzung der strategischen Rüstung mit den USA für MBFR förderlich seien.[48] Er glaube weiter, dass, wenn erst ein bißchen Vertrauen geschaffen sei, es möglich sei, immer mehr Vertrauen zu schaffen. Man müsse hier psychologische Barrieren durchbrechen.

Herr Brandt wiederholte, die deutsche Seite wolle dieses Thema aktualisieren, sehe jedoch durchaus den Zusammenhang zu SALT. Man gehe davon aus, dass die sowjetische Seite im Herbst mit den USA versuchen werde, die in Wladiwostok erzielte Vereinbarung[49] zu konkretisieren.

Herr Breschnew fügte hinzu, die sowjetische Politik in dieser Frage sei in seiner Wahlrede[50] besonders deutlich geworden.

Zu Problemen des Mittelmeerraumes übergehend, erklärte Herr Brandt einleitend, während die Lage in Mitteleuropa sich positiv entwickle, gebe es im Süden Europas viele Veränderungen und Spannungen, die in der einen oder anderen Richtung auf das Ost-West-Verhältnis einwirken könnten.[51]

Herr Breschnew verwies auf den letzten Besuch Gromykos in Italien[52] und bemerkte, bei den letzten Wahlen habe die KPI gewisse Erfolge erzielt. Angesichts der Existenz der profaschistischen Organisationen gebe es keine Einheit der Sozialisten. In Portugal sei er selbst noch nicht gewesen und habe auch keine Gespräche mit portugiesischen Politikern, auch nicht mit Cunhal, gehabt. Er wisse nicht, wie ernst man Gonçalves zu nehmen habe. Er sei über die Lage in Portugal besorgt, da sie zu einer Bremse für die KSZE[53] werden könne.

[...][54]

Nr. 15
**Interview des Vorsitzenden der SPD, Brandt, für *Der Spiegel***
**7. Juli 1975**

*Der Spiegel, Nr. 28 vom 7. Juli 1975, S. 23 f.*

„Ich glaube, es gibt eine Chance"

SPIEGEL: Herr Brandt, zum vierten Mal in fünf Jahren haben Sie jetzt den Generalsekretär der KPdSU getroffen.[1] War Ihre Begegnung mit Leonid Breschnew ein Treffen von Kollegen – Parteichefs unter sich –, von politischen Partnern oder von Freunden?
*BRANDT:* Elemente eines freundschaftlichen Kontakts spielen gewiß auch eine Rolle, aber man muß doch auch immer den recht weit voneinander entfernten Standort sehen, bei allem, was man sich miteinander vorgenommen hat. Hier möchte ich nicht durch eine Etikettierung falsche Eindrücke erwecken.
SPIEGEL: Sie haben zur Zeit kein Regierungsamt. Hat Breschnew Sie das spüren lassen?
*BRANDT:* Die Gespräche haben sich, was den Inhalt angeht, eigentlich nicht dadurch verändert, daß ich nicht mehr Bundeskanzler bin. Wir haben nicht verhandelt, aber wir haben Meinungen ausgetauscht, etwa so wie auf der Krim im September 1971 und zum Teil auch im Mai 1973 auf dem Petersberg.[2] Um das gleich für einige bei uns zu Hause, die mit falschen Vergrößerungsgläsern dasitzen, hinzuzufügen: damals wie heute mit einem Dolmetscher, den ich mir von unserem Auswärtigen Amt auf die Reise mitgenommen habe und der die Niederschrift festhält und sie selbstverständlich dem Bundeskanzler und Bundesaußenminister zur Verfügung stellt.
SPIEGEL: Also kein Gespräch unter vier Augen, sondern unter acht Augen.
*BRANDT:* Unter vier Augen, das habe ich in dieser Himmelsrichtung nur mit Willi Stoph erlebt, dem damaligen Ministerpräsidenten der

DDR. Er sagte 1970, zum erstenmal ist ein Gespräch unter vier Augen wirklich ein Gespräch unter vier Augen, weil wir ja keine Dolmetscher brauchen.[3]

SPIEGEL: Hat Sie der persönliche Empfang durch Breschnew auf dem Flughafen beeindruckt?

*BRANDT:* Sosehr ich mich über den protokollarisch herausgehobenen Empfang gefreut habe – es ist ja nicht so, als ob ich woanders in der Welt, wohin ich komme, schlecht behandelt werde. Auch wenn sich der eine oder andere bei uns zu Hause schwer daran gewöhnt, weil ein Bundeskanzler außer Diensten, der SPD-Vorsitzender ist, verständlicherweise in der Verfassung nicht vorgesehen ist – ich brauche mich über einen Mangel an Beachtung nicht zu beschweren.

SPIEGEL: Aber zu Breschnew haben Sie ein besonderes Verhältnis.

*BRANDT:* Wir haben es leicht, miteinander zu sprechen. Obwohl wir erst das vierte Mal beisammen waren, haben wir uns eine Form angewöhnt, die es möglich macht, leidenschaftslos auch über schwierige Fragen miteinander zu sprechen und zu wissen, wo man weiterkommen kann und wo man nur die Ansicht des anderen zur Kenntnis nimmt.

SPIEGEL: Hat Ihnen der persönliche Kontakt zu besonderen politischen Erfolgen verholfen?

*BRANDT:* Erfolg ist ein großes Wort. Objektive Gegebenheiten haben ein größeres Gewicht als eine angenehme Atmosphäre. Das Gute an der Reise ist ja, daß ich nicht unter Erfolgszwang stehe, losgelöst vom Amt, aber nach intensiver Vorbereitung mit der Regierung und besonders Bundeskanzler Schmidt.

SPIEGEL: Stand Breschnew unter Erfolgszwang?

*BRANDT:* Den Eindruck habe ich nicht. Natürlich will er gern auf seinem 25. Parteitag im Februar nächsten Jahres[4] zeigen können, daß die Politik, für die er sich stark engagiert hat, die vielleicht in Moskau auch Kritiker gefunden hat, insgesamt doch einen Sinn ergibt. Er will zeigen, daß die Sowjet-Union dabei nichts weggibt, sondern – wie die andere Seite auch – etwas gewinnt: mehr Wirtschaftsaustausch, mehr Friedenssicherung.

SPIEGEL: Aber Moskau hatte sich doch von der wirtschaftlichen Kooperation weit mehr versprochen und scheint nun enttäuscht.
BRANDT: Wenn man von Enttäuschung sprechen will, dann gilt das für beide Seiten. Ich hatte auch kritische Anmerkungen zu machen. Immerhin sind wir inzwischen der wichtigste westliche Handelspartner der Sowjet-Union geworden.[5] Die UdSSR war immer ein guter Partner, auch ein guter Zahler, da läßt sich noch einiges machen, damit unsere Volkswirtschaften noch besser einander ergänzen.
SPIEGEL: Haben Sie aus Ihren Gesprächen den Eindruck gewonnen, daß Moskau die Wirtschaftskrise des Westens weltrevolutionär nutzen will?
BRANDT: Ich habe keinen Anhaltspunkt bei Herrn Breschnew dafür gefunden, daß er auf eine Exploitation wirtschaftlicher Schwierigkeiten der westlichen Welt setzt, sondern mein Eindruck ist, daß er unbeschadet der Rezession – aus der wir uns ja allmählich herausrappeln – an einem kontinuierlichen Ausbau der Wirtschaftsbeziehungen interessiert ist.
SPIEGEL: Noch immer ist die Berlin-Frage ein Störfaktor in den deutsch-russischen Beziehungen. Seit Jahren scheitert die Einigung über drei Abkommen zwischen Bonn und Moskau an einer Berlin-Klausel. Haben Sie da etwas vorangebracht?
BRANDT: Die durchaus beachtliche Berlin-Passage, die Breschnew in seine genau formulierte Tischrede im Kreml[6] hineingenommen hatte, wie auch das, was wir dazu erörtert haben, läßt mich zu der Einschätzung kommen, daß es in der nächsten Zeit möglich sein könnte, aus dem Zirkel der unfruchtbaren Polemik um Berlin herauszukommen.
SPIEGEL: Breschnew hat in seiner Tischrede die „interessierten Seiten" zum Wohlverhalten in Berlin aufgefordert. Ist damit vor allem die DDR gemeint?
BRANDT: Ich möchte Herrn Breschnew nicht in Verlegenheit bringen, indem ich diese Vermutung bestätige. Wer damit auch immer gemeint sein mag – to whom it may concern –, wichtig ist, daß dort, wo Leute auf Prestige-Bäume hinaufgeklettert sind, von denen wieder runterkommen ...

SPIEGEL: ... auf beiden Seiten ...
*BRANDT:* ... auf allen Seiten, daß dort, wo Polemik überhandgenommen hat, diese zurückgenommen wird. Beide deutsche Staaten müssen verstehen, daß sie nicht Partner des Viermächteabkommens sind.[7] Es kann auch keiner der beiden deutschen Staaten so tun, als sei er dem anderen gegenüber in besonderem Maße Hüter des Viermächteabkommens, das von den drei Westmächten und der Sowjet-Union geschlossen wurde. Die beiden deutschen Staaten sind in starkem Maße mit betroffen. Wir sind vital interessiert, das weiß die sowjetische Seite nicht erst seit heute, das habe ich genauso zu Protokoll gegeben, als ich im August 1970 hier war. Und die West-Berliner selbst sind in höchstem Maße berührt. Alles zusammengenommen: Ich glaube, es könnte eine Chance geben, aus dem Im-Kreise-Drehen herauszukommen.
SPIEGEL: Sie wollen doch noch mehr: den Entspannungs-Prozeß unumkehrbar machen. So jedenfalls steht es in der sowjetischen Presseerklärung[8] über Ihre Gespräche mit Breschnew – als gemeinsames Ziel der Führungen der Sozialdemokratischen Partei Deutschlands und der Kommunistischen Partei der Sowjet-Union. Befürchten Sie nicht den Vorwurf der Opposition, das sei ein Stückchen Einheitsfront?
*BRANDT:* Von Einheitsfront kann keine Rede sein. Die Verlautbarung der sowjetischen Seite stellt nur fest, daß jede Partei in ihrem Einflußbereich diese Position in dieser Frage vertritt. Es gibt keine Vereinbarungen über eine gar institutionelle Zusammenarbeit. Das schließt nicht aus, daß sich Repräsentanten auch dieser Parteien bei der einen oder anderen Gelegenheit mal sehen und Meinungen austauschen.
SPIEGEL: Und wenn Kritiker nun sagen: getrennt marschieren – vereint schlagen?
*BRANDT:* Dann gilt dies auch für die Amerikaner und die Russen, die schlagen ja auch vereint dort, wo sie atomare Zerstörungsgewalt zurückdrängen wollen, ohne daß die Amerikaner deswegen Sozialdemokraten geworden sind.

Nr. 16
**Interview des Vorsitzenden der SPD, Brandt, für den Hessischen Rundfunk**
10. Juli 1975

*SPD Pressemitteilungen und Informationen, Nr. 365/75 vom 10. Juli 1975.*

Frage: Sieben Tage in der Sowjetunion, Herr Brandt, haben Sie Entspannungs-Nostalgie empfunden?
Antwort: Nein, aber ich bin nicht zuletzt dorthin gereist, um mir ein Bild davon zu machen, wie es um die Entspannung steht. Und da komme ich zu dem Ergebnis, die Großwetterlage – soweit man sie in der Sowjetunion ablesen kann, soweit man sie aufgrund von Gesprächen mit der sowjetischen Führung beurteilen kann –, die ist weiter so, daß der Entspannungsprozeß sich entfalten kann. Das heißt, daß man nicht etwa nach der Konferenz in Helsinki[1] sagen wird, jetzt haben wir das hinter uns, sondern es wird weitere Bemühungen geben, nicht nur im Verhältnis zwischen den beiden Weltmächten, sondern auch zwischen den anderen beteiligten Staaten, um Spannungen abzubauen.
Frage: Sie sind nun zweimal mit dem sowjetischen Parteichef Leonid I[ljitsch] Breschnew zusammengetroffen.[2] Wenn Sie versuchen, seine Meinung zu interpretieren, wie Sie sie jedenfalls aus diesen Gesprächen erfahren haben: Was erwarten denn eigentlich die Sowjets von der Konferenz für Sicherheit und Zusammenarbeit in Europa?[3]
Antwort: Ich sollte nicht den Generalsekretär Breschnew zitieren. Aber es ist sicher so, daß auch auf sowjetischer Seite die Frage erörtert wird, was man nun macht, nachdem eine solche Konferenz stattgefunden hat. Lassen Sie mich das so sagen: Noch vor fünf Jahren hätten die meisten es nicht für möglich gehalten, daß sich 34 oder 35 Staaten – einschließlich der beiden nordamerikanischen – auf eine solche Zahl von Grundsätzen und Leitlinien verständigen würden, wie es nun demnächst in Helsinki der Fall sein wird.[4] Aber dann kommt die nächste Frage, was macht man damit? Was macht man

daraus? Wie sehr wird das, was dort vereinbart ist, von den einzelnen Regierungen betrachtet als ein Auftrag, als ein Auftrag, sich konkret um mehr Zusammenarbeit und um mehr Sicherheit in Europa zu bemühen? Dazu habe ich meine Auffassungen in Moskau nicht nur öffentlich dargelegt, sondern auch im Gespräch mit Herrn Breschnew erläutert. Und er hat mir dazu gesagt, daß er mit seinen Kollegen dies auch weiterhin beraten wird.[5]

Frage: Nun darf man in diesem Zusammenhang die Terminfrage nicht aussparen. Wir wissen ja nun, daß aller Voraussicht nach der Juli völlig ausgeschlossen ist aus den Möglichkeiten für eine Gipfelkonferenz. Wie, glauben Sie, könnte man in diesem Zusammenhang dazu kommen, die Sowjetunion positiver zu stimmen, die gerade in dieser Terminfrage so ganz erheblichen Widerstand gegen die Haltung der europäischen Länder – der westeuropäischen, versteht sich – ausgesprochen hat?[6]

Antwort: Das ist eine Frage, die mich nicht in erheblichem Maße beschäftigen kann. Das hat ja auch seinen Vorteil, wenn man nicht mehr Regierungschef ist. Wäre ich dies, würde ich an der Terminfrage interessierter sein, als ich es jetzt bin. Regierungschefs stellen sich auch die Frage, wie sie mit ihren Urlaubsplänen zurechtkommen. Das tun sie im Osten, das tun sie im Westen, und das tun sie in den neutralen Ländern. Und die Sowjetunion ist davon ausgegangen, daß ihr eine Reihe von Regierungen, nämlich die der USA, Frankreichs und anderer Länder, gesagt hatten, die Konferenz solle im Juli zu Ende gehen.[7] Aber aus meiner Sicht, also aus der Sicht eines Nicht-Regierungschefs, spielt dies keine entscheidende Rolle, ob eine solche Konferenz einige Wochen früher oder später abgeschlossen wird.

Frage: Herr Brandt, einige Kommentatoren in der Bundesrepublik haben die Verbindlichkeit Ihres Meinungsaustausches mit Leonid Breschnew bezweifelt. Ich möchte daher ganz bewußt eine Frage an Sie erneut richten, die in einem Interview des Nachrichtenmagazins „Der Spiegel" bereits an Sie gestellt wurde. Es heißt da, Breschnew hat in seiner Tischrede[8] die interessierten Seiten zum Wohlverhalten in Berlin aufgefordert. Ist damit vor allem die DDR gemeint?

Antwort: Ich möchte das anders herum formulieren. Ich habe Kommentare gesehen, die darauf hinausliefen: Was muß doch der Brandt für ein Illusionist sein, wenn er diesen Passus der Breschnew-Rede konstruktiv nennt oder in ihm konstruktive Züge entdeckt. Und – so diese Kritiker – Breschnew hat doch uns angegriffen, zugleich in diesem Passus. Und dazu sage ich: Ich ziehe mir diesen Schuh nicht an. Ich bin allerdings der Meinung, daß alle Beteiligten Veranlassung haben, sich noch einmal genau zu prüfen, ob sie sich an das Vier-Mächte-Abkommen genau halten. Ich habe ja die Formel seinerzeit geprägt mit Breschnew von der strikten Einhaltung und vollen Anwendung.[9] Und wenn ich jetzt ausdrücklich bestätigen würde, daß jener andere Partner auch oder mitgemeint sein könnte, würde ich damit niemandem helfen. Ich habe es so auffassen müssen, als ob Breschnew sich nicht nur an uns gewandt hat, sondern an alle Beteiligten.
Frage: Aber ich glaube, man sollte doch darauf hinweisen, Herr Brandt, daß Sie eben die Gelegenheit genutzt und für notwendig befunden haben – so scheint es mir jedenfalls –, eben an die im Mai 1973 gefundene Formel von der strikten Einhaltung und vollen Anwendung des Vier-Mächte-Abkommens[10] zu erinnern?
Antwort: Ja, und Breschnew hat dies auf seine Weise getan. Er hat dies neu formuliert, aber gestützt auf den damals gemeinsam gefundenen Passus.
Frage: Nun kann ich mir vorstellen, daß Sie natürlich in Moskau noch eine ganze Reihe anderer Gesprächsthemen gehabt haben. Eines ist in der Presse nicht erwähnt worden und auch in den Fragen der Journalisten bei den Pressekonferenzen nicht angesprochen worden. Ich kann mir vorstellen, daß Breschnew Sie an eine Ihrer spektakulären anderen Reisen als Parteivorsitzender erinnert hat, nämlich an Ihre Reise nach Portugal[11], um wiederum zu erfahren, wie er mit seinem Sorgenkind – so kann ich es mir weiterhin vorstellen –, nämlich der portugiesischen kommunistischen Partei, verfahren soll. Vielleicht hat er dabei sogar Ihren freundschaftlichen Rat erbeten?
Antwort: So weit sollte man nicht gehen. Und ich kann mir auch nicht die Formulierung zueigen machen vom Sorgenkind, denn da-

mit würde ich meinen Gesprächspartner festlegen auf eine Weise, die er vielleicht für ganz unangebracht hielte. Richtig vermuten Sie jedoch, daß wir unsere Meinungen auch zu diesem Punkt ausgetauscht haben und daß Herr Breschnew mich gefragt hat, wie ich denn die Entwicklung in Portugal beurteile. Das habe ich ihm gesagt. Es liegt auf der Hand, daß sich dies nicht ohne weiteres in Übereinstimmung miteinander befand. Aber es war sicher gut, daß der eine jeweils die Auffassung des anderen kennengelernt hat.

Frage: Sehen Sie eine Möglichkeit, etwas von den Auffassungen von Leonid Breschnew über Portugal hier wiederzugeben?

Antwort: Nein, das halte ich ganz und gar nicht für zweckmäßig. Ich darf ja auch nirgends den Eindruck erwecken, als sei ich eine Art Vormund – in diesem Fall auf die portugiesischen Sozialisten bezogen. Aber ich habe mich als einen ehrlichen Makler betrachtet und deren Auffassungen dargelegt, zumal mein Freund Mario Soares, der Führer der portugiesischen Sozialisten, sowohl in der „Prawda" wie in der „Literaturnaja Gaseta", also in zwei wichtigen sowjetischen Organen, sehr hart angegriffen worden war.

Frage: Herr Brandt, die Christlich Soziale Union hat Ihnen vorgeworfen, offensichtlich seien die ständigen Konsultationsgespräche zwischen deutschen Sozialdemokraten und kommunistischen Parteien durch die regelmäßigen Gespräche Brandt-Breschnew bereits zur Institution erhoben worden.[12] Da stellt sich die alte Frage nach der Volksfrontgefahr. Da stellen sich möglicherweise auch Fragen, ob sie nicht die antikommunistische SPD-Wählerschaft verschrecken?

Antwort: Das kann ich überhaupt nicht einsehen. Wenn seinerzeit Dr. Barzel in Moskau war, und wenn im Herbst dieses Jahres Dr. Kohl nach Moskau reisen wird, dann hat der eine Funktionäre von der KPdSU getroffen, und der andere wird sie treffen.[13] Denn in hoher politischer Verantwortung stehende Personen sind in der Sowjetunion zugleich Mandatsträger der Partei, die die Geschicke jedes [sic] Landes prägt. Die Unterschiede zwischen der kommunistischen Partei der Sowjetunion und der SPD sind allgemein bekannt. Sie ergeben sich nicht nur aus den unterschiedlichen Verantwortlichkeiten, sondern auch aus den weithin nicht miteinander zu vereinbarenden

Programmen. Von einer institutionalisierten Zusammenarbeit kann deshalb auch gar keine Rede sein. Aber gegen einen Meinungsaustausch, Informationsaustausch von Fall zu Fall ist nicht nur nichts einzuwenden, sondern dies ist bisher der allgemeinen Politik zugute gekommen und kann weiterhin der allgemeinen Politik zugute geführt werden.

Frage: Können beide Parteien voneinander lernen, Herr Brandt?

Antwort: Das doch wohl nur sehr indirekt. Aber bei der starken Interdependenz der Probleme heute ist es gut, jedenfalls nicht zu überhören, was andere zu sagen haben, die nicht irgendwo, sondern in wichtigen Ländern und in wichtigen Punkten politische Verantwortung tragen, so daß bei allem, was unter ihnen umstritten ist, sich ein Stück gemeinsamer Verantwortung stellt, wo immer es um Friedenssicherung geht. Und um sachliche Zusammenarbeit zwischen den Staaten.

Frage: Herr Brandt, sehen Sie die Gefahr, als Außenpolitiker erfolgreicher zu sein als der Außenminister der Bundesrepublik Deutschland?

Antwort: Nein, überhaupt nicht. Das Problem sehe ich nicht. Denn ich habe ja meine Haupttätigkeit zu Hause. Meine Auslandsreisen finden relativ viel Beachtung. Und dadurch setzt sich hie und da der Eindruck fest oder droht sich der Eindruck festzusetzen, als beschäftige ich mich im wesentlichen mit Auslandsreisen. Ich bin in diesem Jahr nur ein paar Tage in Amerika gewesen und jetzt in Rußland. In der zweiten Jahreshälfte ein paar Tage in Athen und Belgrad.[14] Das heißt – auf mehr als ein halbes Jahr bezogen – zweieinhalb Wochen außerhalb der Grenzen der Bundesrepublik. Nein. Meine Tätigkeit als Vorsitzender der SPD bleibt weiterhin ganz überwiegend auf die Arbeit zu Hause konzentriert und konkurriert überhaupt nicht mit der Tätigkeit des Bundesaußenministers – mit dem ich mich im übrigen abstimme – sowie natürlich auch mit dem Bundeskanzler.

Nr. 17
**Interview des Vorsitzenden der SPD, Brandt, für die Sendung „Kennzeichen D" des Zweiten Deutschen Fernsehens**
**22. Juli 1975**

*SPD Pressemitteilungen und Informationen, Nr. 383/75 vom 22. Juli 1975.*

<u>Frage</u>: Herr Brandt, da werden morgen in einer Woche 33 Regierungschefs europäischer Staaten, die Regierungschefs der Vereinigten Staaten und Kanadas in Helsinki zusammentreffen.[1] Manche nennen das Ganze schon heute inhaltsloses Spektakulum, großes Gespinst. Andere sehen darin das Ende des Kalten Krieges, das Ende der Nachkriegszeit. Sie selbst haben gesagt, das sei ein Anfang, ein erster Schritt. Sie gelten in der Welt als Mentor der Entspannungspolitik in Mitteleuropa. Deshalb die erste Frage: Hätten wir Deutschen als geteilte Nation nicht verhindern müssen, daß die beiden Supermächte mit den anderen europäischen Staaten auf der Basis der Teilung zur Tagesordnung, zum Modus Vivendi übergehen. Hätten wir es verhindern können?
<u>Antwort</u>: Nein, wir hätten es nicht verhindern sollen, auch wenn wir es hätten verhindern können, was ich bezweifle. Ich denke, es tut uns gut, diesen Vorgang, der in Helsinki in der nächsten Woche über die Bühne geht, wie man so sagt, geschichtlich richtig einzuordnen. Wir müssen uns doch einmal klarmachen, was dieses bedeutet: 30 Jahre, nachdem Hitler und seine Gehilfen jenes Europa so hinterlassen hatten, so wie es damals war. Jenes Europa, das sie hatten sich botmäßig machen wollen. Dann die ganze Folgeentwicklung, die Interdependenz zwischen scheiternder nationalsozialistischer Gewalt und sowjetischer Machtausdehnung in Europa. Der Kalte Krieg, der uns zu Beginn der fünfziger und noch zu Beginn der sechziger Jahre mehr als einmal, auch in diesem Teil der Welt, bis an den Rand eines neuen militärischen Konflikts brachte.[2] Dann diese eigenartige neue Situation, zu der gehört, daß die beiden Weltmächte, aber inzwischen nicht mehr nur sie, ein Gemisch von Konfrontation und Kooperation

entwickelt haben. Zu dieser Situation gehört auch, daß die Welt eben nicht mehr nur bestimmt ist durch das, was zwischen den beiden Weltmächten vor sich geht. Auch Europa ist inzwischen mehr als ein Gebiet, auf dem sich Russen und Amerikaner die Einflußzonen gegeneinander abgrenzen. Auf diesem ganzen Hintergrund müssen wir die Tatsache sehen, daß es im Jahre 1975 immerhin möglich ist, bei allem, was umstritten bleibt, bei allen Gefahren, die nicht behoben sind, daß es möglich ist, daß alle europäischen Staaten – mit Ausnahme von Albanien – und die beiden nordamerikanischen Staaten[3] dazu, zusammenkommen, nicht um neues Völkerrecht zu setzen, aber um doch Leitlinien und Grundsätze zu vereinbaren, an die man wird anknüpfen können. Ich habe jedenfalls vor, mich darauf mehr als einmal in der Zukunft zu beziehen. Und ich fürchte, es wird nicht an Gelegenheiten fehlen, bei denen man sich darauf zu beziehen haben wird.

Frage: Nun bringt Helsinki lediglich Absichtserklärungen. Wen sollen diese Absichtserklärungen binden?

Antwort: Wir haben dies in der Geschichte häufig gehabt, daß Staaten sich etwas vornehmen miteinander. Wenn ich mir das ansehe, was in zweieinhalbjähriger Arbeit zu Papier gebracht worden ist, mit den wohl unvermeidlichen Füllseln, dann überrascht mich, wieviel Substanz übrig geblieben ist.[4] Es mußte ja alles oder überwiegend auf dem Wege des Kompromisses ausgehandelt werden. Das heißt: Wo sich die Gebiete abzeichnen, auf denen die Interessen der Staaten miteinander für mehr Zusammenarbeit sprechen, und vielleicht Ansatzpunkte bieten für ernsthaftere Unterhaltungen über den beiderseitigen ausgewogenen Abbau von Rüstungen[5] und, wie ich vor allem hoffe und worauf wir bestehen müssen, für ein Mehr an Bewegung der Menschen und auch ein Mehr an dem, was ich nennen möchte, daß man die Ideen besser aneinander messen kann hüben und drüben.

Frage: Die Vereinigten Staaten und Kanada sind dabei, entgegen der ursprünglichen Absicht der Sowjetunion[6] – inzwischen ist die Sowjetunion damit einverstanden –, ist das selbstverständlich oder hat das eine besondere Bedeutung für Sie?

Antwort: Dies ist von ganz großer Bedeutung. Ich kann mich ja selbst an Unterhaltungen mit sowjetischen Vertretern in jener Zeit erinnern, in denen es zu ihrer fixen Position gehörte, daß Amerika mit einem solchen Vorgang nichts zu tun hätte. Damit konnten wir [uns] und konnten sich die Westeuropäer nicht einverstanden erklären. Denn: Westeuropäische Sicherheit ist mit Amerika verbunden, Westeuropa und die Vereinigten Staaten und Kanada insgesamt. Es geht aber darüber hinaus. So wie auf schwache, aber immerhin unverkennbare Weise das Berlin-Abkommen des Jahres 1971 für die Vereinigten Staaten ein[en] vom Kriegsausgang, also von den Siegerrechten unabhängigen neuen Rechtstitel geschaffen hat, für die Präsenz in Europa[7], so macht die Konferenz in Helsinki klar, daß für die Gebiete, um die es dort geht, die USA und Kanada mit Europa zusammengehören. Das ist nicht nur für Westeuropa, das ist für die weltpolitischen Zusammenhänge von großem Gewicht.

Frage: Nun vermisst mancher in unserer politischen und öffentlichen Meinung zu Berlin Fixierungen unserer Standpunkte in den strittigen Berlin-Auslegungsfragen. Wäre das nicht eher ein Versäumnis der drei Westmächte, die ja Signatarstaaten des Berlin-Abkommens sind?

Antwort: Ich bin natürlich nicht dabei gewesen, als über diese Fragen mit den Westmächten gesprochen worden ist. Aber ich habe Grund anzunehmen, daß die Westmächte und die Bundesregierung miteinander der Meinung waren, daß dieses Thema dort nicht hingehörte, sondern daß die strittigen, weiterhin leider strittigen Berlin-Fragen zwischen den Westmächten und der Sowjetunion geklärt werden müssen.

Frage: Der Bundeskanzler wird in Helsinki ja wohl nicht nur mit Breschnew sprechen, sondern auch mit Honecker[8] und Sindermann. Ostberlin hat mit seiner Abgrenzung nach den deutsch-deutschen Verträgen mancher Erwartung hüben wie drüben entgegengewirkt. Erwarten Sie von Helsinki direkte Verbesserungen oder braucht es noch Jahre einer verbesserten Gesamtatmosphäre in Europa, bis diese Abgrenzungspolitik mit ihren Folgen anachronistisch wird?

Antwort: Ich neige eher der Vermutung im zweiten Teil Ihrer Frage zu. Wir sollten, das habe ich ja schon anklingen lassen, den Vorgang von Helsinki nicht unterbewerten, auch nicht nur immer davon sprechen, was er nicht bedeutet. Auch die Chancen sehen, die in ihm drinstecken. Aber ich erwarte nicht, – ich würde hier eher vor Wunschvorstellungen warnen – ich erwarte nicht, daß sich für das Verhältnis zwischen Bundesrepublik Deutschland und DDR auf kürzere Sicht wesentlich Neues aus den Beschlüssen von Helsinki ergibt.[9] Wohl aber halte ich es einmal für möglich, daß Helsinki zu einer entspannteren Gesamtlage in Europa beitragen kann. Dies würde im Laufe der Entwicklung auch auf die deutschen Dinge einwirken. Und zum anderen gibt uns Helsinki auch eine zusätzliche Argumentation. Wir müssen ja doch, wenn wir das nicht nur als eine Sache der Regierungen, sondern der Völker sehen, müssen wir darauf bestehen, daß die Völker in Europa, hüben und drüben und bei den Neutralen, ablesen können, was sich für sie ergibt. Was die einzelnen Regierungen, und wenn es zu Teilen zunächst bescheiden ist, tatsächlich tun, um den Empfehlungen von Helsinki gerecht zu werden. Einer solchen Fragestellung, denke ich, wird sich auch die Regierung in Ostberlin nicht ganz entziehen können.

Nr. 18
**Schreiben des Vorsitzenden der SPD, Brandt, an den Generalsekretär des ZK der KPdSU, Breschnew**
**27. Oktober 1975**[1]

*AdsD, WBA, A 9, 7.*

Sehr geehrter Herr Generalsekretär,
ich erinnere mich gern des Besuchs bei Ihnen im Juli[2] und möchte mich auch dafür bedanken, daß inzwischen in einer Reihe von humanitären Fällen geholfen werden konnte. Es wäre hilfreich, wenn auf diesem Gebiet weiterhin Entgegenkommen gezeigt werden könnte.

Heute möchte ich vor allem die Gelegenheit nutzen, um meiner Sorge über die Spannungen Ausdruck zu geben, die sich kürzlich im Zusammenhang mit dem Besuch einer Gruppe sowjetischer Kommunalpolitiker beim Deutschen Städtetag offensichtlich ergeben haben.[3] Der Städtetag ist eine Organisation, zu der auch West-Berlin gehört. Ich war dort selbst Präsident in den Jahren 1958 – 1963.[4] Der heutige Präsident ist der Bremer Bürgermeister Hans Koschnick, der auf dem bevorstehenden Parteitag der SPD in Mannheim mit großer Wahrscheinlichkeit als einer meiner beiden Stellvertreter gewählt werden wird.[5] Es gibt also mehr als einen Grund dafür, daß es dringend erwünscht ist, die aufgetretenen Spannungen möglichst bald auszuräumen. Das Abkommen der Vier Mächte erlaubt nicht nur, sondern bestätigt ausdrücklich solche Art von Bindungen oder Verbindungen, wie sie zwischen West-Berlin und dem Städtetag bestehen.[6] Ich höre, daß Überlegungen im Gange sind, wie und wann das jetzt nicht zu Ende geführte Besuchsprogramm der sowjetischen Delegation nachgeholt werden kann. Dies wäre sehr zu wünschen, um negative Auswirkungen zu vermeiden. Es sollte auch deshalb nicht allzu schwer sein, weil bisher keine offiziellen Erklärungen abgegeben wurden, die einer Bereinigung der Angelegenheit im Wege stehen würden. Bürgermeister Koschnick, der mit Ihrem Botschafter Verbindung hat, ist gewiß zu jeder sachlichen Erörterung bereit.[7]

Zum anderen erlaube ich mir den Hinweis, für wie wichtig ich es halte, daß die Verantwortlichen die Beschlüsse und Empfehlungen von Helsinki nicht zu den Akten legen lassen. Mancherorts wird in diesen Wochen die Frage gestellt, ob und wo es – in Ost und West – Kräfte gibt, die es Ihnen und uns schwer machen, auf dem Weg der Entspannung voranzukommen. Es wird also darauf ankommen, sowohl im vielfältigen bilateralen Bereich als auch durch beharrlich zu entwickelnde multilaterale Initiativen dafür zu sorgen, daß die Konferenz von Helsinki nicht abgewertet wird, sondern der Ausgangspunkt bleibt für mehr Sicherheit und Zusammenarbeit in Europa.[8]

Ich möchte schließlich noch eine andere Frage aufwerfen, die mich auch im Hinblick auf meinen Parteitag, der am 11. November beginnt⁹, sehr interessiert. Es gibt mehr und mehr die Notwendigkeit internationaler Beratungen und Beschlüsse – und zwar unabhängig von den unterschiedlichen Gesellschaftsformen – zwischen Industriestaaten, rohstofffördernden Ländern und solchen Entwicklungsländern, die mit ihren Problemen fertig werden müssen, ohne über nennenswerte Rohstoffe zu verfügen. Meine Frage ist nun, ob und auf welche Weise die Sowjetunion bereit ist, sich an diesen internationalen Bemühungen zu beteiligen. Wenn diese Bereitschaft – über die leicht im Allgemeinen verbleibenden Erörterungen im Rahmen der Vereinten Nationen hinaus – vorhanden ist, würde ich dies gern in meine Präsentation des Problems einbeziehen.[10]

Mit meinen Grüßen möchte ich Ihnen meine guten persönlichen Wünsche übermitteln.

‹gez[eichnet] Willy Brandt›[11]


Nr. 19
**Beitrag des Vorsitzenden der SPD, Brandt, zum fünften Jahrestag der Unterzeichnung des Warschauer Vertrages**
**5. Dezember 1975**

*SPD Pressemitteilungen und Informationen, Nr. 574/75 vom 5. Dezember 1975.*


Vor fünf Jahren, am 7. Dezember 1970, habe ich gemeinsam mit Aussenminister Walter Scheel in Warschau den deutsch-polnischen Vertrag unterschrieben. Der Vertrag von Warschau war nach dem Moskauer Vertrag der zweite Schritt in den 1969 eingeleiteten Bestrebungen der sozial-liberalen Koalition, das Verhältnis zu den Staaten Ost-Europas zu entkrampfen und auf vertraglicher Grundlage das friedliche Zusammenleben der Staaten und Völker zu fördern.[1]

Damals sagte ich in meiner Fernsehansprache aus Warschau: „Der Vertrag soll einen Schlußstrich setzen unter Leiden und Opfer einer bösen Vergangenheit. Er soll eine Brücke schlagen zwischen den beiden Staaten und den beiden Völkern."[2] Er sollte auch den Weg dafür öffnen, so fügte ich hinzu, dass getrennte Familien wieder zusammenfinden können; und dass Grenzen weniger trennen als bisher!

Heute, fünf Jahre später, ist die bilaterale Phase dessen, was man die Vertragselemente der deutschen Ost-Politik nennen kann, im wesentlichen abgeschlossen.[3] Das heisst aber nicht, dass alle im Zusammenhang damit aufgetretenen Probleme schon gelöst wären. Gerade am Beispiel Polen lässt sich zeigen, dass Zähigkeit und Geduld auf beiden Seiten notwendig sind, um die Schatten jener unseligen Vergangenheit zu vertreiben, an der beide Völker schwer zu tragen hatten, die aber dem polnischen Volk noch vor einer Generation Ungeheuerliches abverlangte. Manche unserer Mitbürger hierzulande haben offenbar nicht immer daran gedacht, dass die Bundesrepublik und Polen an jenem 7. Dezember 1970 einen Vertrag über die „Grundlagen der Normalisierung ihrer gegenseitigen Beziehungen"[4] unterzeichnet haben. Dieser Titel war mit Bedacht gewählt worden. Er sollte besagen, dass dieser Vertrag nicht weniger, aber auch nicht mehr als der Anfang eines Prozesses der Aussöhnung sein konnte, der beiden Seiten noch viel Kraft und Einsicht abverlangen würde.

Wer dies nicht ständig im Auge hat, ist leicht geneigt, an ein solches Vorhaben zu hochfliegende Erwartungen zu knüpfen, sich schnell enttäuscht zu fühlen und damit den Sinn der Vertragspolitik mit Ost-Europa überhaupt zu bezweifeln. Er fällt dann leicht auf die Parolen derer herein, die zwar stets beteuern, auch sie seien für Aussöhnung mit Ost-Europa und vor allem mit Polen, die aber in der Praxis die Gemeinsamkeit in diesen zentralen Fragen deutscher Außenpolitik nach wie vor verweigern. Gerade in den letzten Tagen haben sich Sprecher aus den Reihen der CDU und CSU wieder etwas einfallen lassen, was völlig neben der Wirklichkeit liegt. Die von ihnen vorgebrachte Forderung, über die jetzt im Deutschen Bundestag verabschiedeten Vereinbarungen mit Warschau neu zu verhandeln[5], ist nicht nur in praktisch-politischer Hinsicht abwegig; sie muss wie eine Verhöhnung aller Bestrebungen in der Bundesrepublik wie in

Polen erscheinen, die Vergangenheit schrittweise zu überwinden und dadurch eine gemeinsame friedliche Zukunft zu sichern.

Nein, die Aussöhnung mit dem polnischen Volk ist ein menschlich wie politisch viel zu ernstes und wichtiges Thema, als dass sie durch innenpolitischen oder gar innerparteilichen Streit Schaden leiden dürfte. Ihre moralische und geistige Dimension muss bewahrt bleiben. Sie darf nicht durch unwürdige Manöver denaturiert werden. Es geht ja nicht allein darum, die Schatten einer bösen Vergangenheit zu verscheuchen, sondern auch gemeinsames geschichtliches Erbe freizulegen und – unbeschadet aller Unterschiede in den politischen Ordnungen – Beiträge zu einer gemeinsamen europäischen Zukunft zu leisten.

Ich möchte mit Nachdruck betonen, dass es die Verpflichtung einzulösen gilt, die mit der Unterschrift vom 7. Dezember 1970[6] verbunden war. Dessen müssen sich die Verantwortlichen auf beiden Seiten bewusst bleiben.


Nr. 20
**Schreiben des Generalsekretärs des ZK der KPdSU, Breschnew, an den Vorsitzenden der SPD, Brandt**
**Dezember 1975**[1]

*AdsD, WBA, A 9, 7.*

Sehr geehrter Herr Brandt,
es gibt einen dreifachen Anlass, Sie zu beglückwünschen: zu Ihrer Wiederwahl als Vorsitzender, zu Ihrem Geburtstag[2] und zum Neuen Jahr. Ich habe den Parteitag[3] mit Aufmerksamkeit verfolgt. Es ist eine grosse Aufgabe, die grösste politische Partei Ihres Landes zu führen. Ich möchte Ihnen zu allen drei Anlässen meine guten Wünsche übermitteln.

Für mich war das Wichtigste auf dem Parteitag, dass sich die SPD für die Fortsetzung unserer Politik ausgesprochen hat, wie sie im Moskauer Vertrag[4] formuliert wurde. Dies ist ein wichtiger Faktor, der meiner Auffassung nach die schrittweise Weiterentwicklung unserer Beziehungen sichert. Mir sind Ihre Überlegungen darüber, dass die Entspannungspolitik und die guten nachbarlichen Beziehungen zwischen der Bundesrepublik und den sozialistischen Staaten viele Anstrengungen erfordern, sehr nahe und ebenso, dass diese Politik neue, reale Initiativen verlangt. Es ist wahr, dass hier Dynamik und Fähigkeit entwickelt werden muss, Schwierigkeiten zu überwinden.

Unsere prinzipielle Linie, die internationale Lage gesünder zu machen, darunter bessere Beziehungen mit Ihrem Land zu haben, war und bleibt unverändert. Ich bin überzeugt, dass diese Politik auf dem vor uns liegenden 25. Parteitag[5] erneut bestätigt und weiter entwickelt werden wird. Dieser Parteitag wird die Bilanz des Friedensprogramms des vorigen Parteitags[6] ziehen und neue Ziele im Kampf für die Sicherheit und die breite internationale Zusammenarbeit ausarbeiten. Die Beschlüsse von Helsinki[7] bieten eine gute Basis für konsequente Schritte zur Verbreiterung und Verwirklichung des Entspannungsprozesses.

Diese Beschlüsse sind gemeinsames Eigentum aller Staaten, die daran beteiligt waren, sie sind der gemeinsame Nenner ihrer im übrigen nicht immer gleichen politischen Auffassungen und Positionen. Es kann nichts Schlechteres für die Sache der europäischen Zusammenarbeit geben, als den Geist des Einverständnisses zu vergessen, der dem Schlussakt von Helsinki[8] zugrunde liegt, und das daraus erwachsende Bestreben, einige Punkte zu Lasten anderer aufzublähen und die Empfehlungen des Schlussakts den verschiedenen Kombinationen anzupassen, die die Staaten zusammenstossen oder auseinandertreiben lassen. Was täglich im Westen über die Beschlüsse von Helsinki geschrieben und gesprochen wird, dient grossenteils nicht der Erfüllung, sondern der Schaffung von Schwierigkeiten bei der Verwirklichung. Sie werden vielleicht mit mir einverstanden sein, dass die Massenmedien in der Bundesrepublik Deutschland hier keine Ausnahme bilden. Man soll mit den Beschlüssen der Konferenz sorgsam umgehen, und alle Teilnehmer der Konferenz sollen sich dafür interessieren.

Was die Reise der Bürgermeister einiger sowjetischer Städte angeht, die Sie in ihrem Brief berührt haben, so waren die Erklärungen dafür, wie mir bekannt ist, dem Vorsitzenden des Städtetages, Herrn Koschnick, gegeben.[9] Ich kann hier nichts Neues sagen. Wir sind bereit, sie zu einer rechten Zeit nach Westberlin zu schicken und wir hoffen, dass dort eine entsprechende Situation ist, die keinen Ärger schafft, insbesondere keine feindlichen Akte gegenüber der sowjetischen Vertretung.[10]

Zum Schluss über die Fragen der Beratungen zwischen Industriestaaten und Entwicklungsländern: Solche Konferenzen sind im Prinzip nützlich angesichts der Aktualität der zu erörternden Probleme. Die Sowjetunion hat schon an einigen Besprechungen im Rahmen der Vereinten Nationen teilgenommen. Was andere solche Foren betrifft, wo diese Themen erörtert werden, so sind sie regelmässig separat, ohne unsere Teilnahme organisiert worden. Wenn es Wünsche gibt, diese Praxis zu ändern, so sind wir bereit, alle entsprechenden Fragen zu besprechen.

Mit besten Grüssen und Wünschen
L[eonid] Br[eschnew]
Moskau, Dezember 1975

Nr. 21
**Schreiben des Vorsitzenden der SPD, Brandt, an den *Spiegel*-Herausgeber, Augstein**
**22. Dezember 1975**[1]

*AdsD, WBA, A 11.1, 29.*

Lieber Rudolf Augstein,
haben Sie Dank für Ihren Brief.
 Ich glaube nicht, daß mein Problem das „Übelnehmen" ist.[2] Wie viel habe ich nicht in meinem Leben schon durchstreichen müssen! In den letzten zwei Jahren habe ich mich auf verschiedene Weise wehren müssen, gegen mich selbst und andere; sonst wäre ich untergegangen.
 Wie dem auch sei: Warum sollen wir uns nicht wiedersehen? Im Januar bin ich überwiegend nicht in Bonn, weil ich ein schwieriges Manuskript[3], aus dem wohl doch was wird, überarbeiten muß. Ich werde meinem Büro sagen, mit Ihrem Vorzimmer einen Termin im Februar ausfindig zu machen.
 Zum Fest und für das neue Jahr wünsche ich Ihnen und Ihrer Familie möglichst viel Gutes.
‹gez[eichnet] Willy Brandt›[4]

Nr. 22
**Interview des Vorsitzenden der SPD, Brandt, für die sowjetische Zeitung *Sa Rubjeshom*[1]**
2. Januar 1976

*SPD Pressemitteilungen und Informationen, Nr. 1/76 vom 2. Januar 1976.*

Frage: Was sind nach Ihrer Meinung die Hauptveränderungen in der internationalen Lage in den letzten 25 Jahren, d.h. auf dem Gebiet der Festigung des Friedens, der Bekämpfung der Gefahr eines Atomkrieges, der Entwicklung der Zusammenarbeit zwischen den Ländern?
Antwort: Zu den wichtigen Veränderungen gehört, dass die Ost-West-Beziehungen aus der Phase der Konfrontation heraus- und in die Phase der Kooperation hineinzuwachsen beginnen. In Ost und West hat die Bereitschaft zugenommen, die Verzerrungen des Kalten Krieges endgültig zu überwinden, um zu einer möglichst sachlichen Zusammenarbeit zu gelangen. Dies kam durch die Konferenz von Helsinki im Sommer 1975[2] besonders deutlich zum Ausdruck.

Voraussetzung für eine solche Entwicklung war, dass die USA und die UdSSR sich zunehmend über Fragen ihrer weltweiten Verantwortung abgesprochen haben. Diese Entwicklung ist durch vertragliche Regelungen abgesichert worden. Dabei denke ich besonders an das Abkommen zwischen den USA und der Sowjetunion aus dem Jahre 1972, das ja in bezug auf die strategischen Waffen Ende 1974 in Wladiwostok[3] bestätigt wurde. Dieses Abkommen kam der globalen Sicherheit zugute. Dies war ein im Sinne der Gesamtentwicklung historisch richtiger Schritt. Aber er reicht allein nicht aus, weder auf dem Gebiet der Rüstungskontrolle noch in bezug auf solche Krisenherde, aus denen sich weltweite Konflikte ergeben könnten. Deshalb habe ich die Hoffnung, dass die Vereinigten Staaten und die Sowjetunion 1976 weitere Fortschritte in ihrer Zusammenarbeit machen werden.

Gleichzeitig denke ich natürlich an unseren eigenen spezifischen Beitrag, an den Vertrag zwischen der UdSSR und der Bundesrepublik Deutschland vom 12. August 1970 und an die Verträge, die sich daran angeschlossen haben.[4] Auch die Konferenz von Helsinki[5] wäre ja ohne diese Vertragspolitik nicht möglich gewesen. Nun wird es darauf ankommen, dass bei den Wiener Beratungen über den beiderseitigen Abbau von Rüstungen in der Mitte Europas[6] erste Ergebnisse erzielt werden. Eine Politik der Entspannung und des Ausgleichs wird weiterhin nur dann Erfolg haben, wenn sie das Element der Sicherheit für alle Beteiligten nie aus den Augen verliert.

Frage: Eines von den Hauptereignissen des Jahres 1975 war, das ist weltbekannt, die Konferenz für Sicherheit und Zusammenarbeit in Europa. Was könnten Sie in bezug auf ihre Bedeutung sagen? Wie werden die Bestimmungen der Konferenz in Ihrem Staat erfüllt?

Antwort: Ich weiss mich mit der Bundesregierung einig in der Überzeugung, dass es jetzt darauf ankommt, die Absichtserklärungen, die in der Schlussakte von Helsinki[7] enthalten sind, zunehmend so zu konkretisieren, dass sie zu einem lebendigen Element der Beziehungen zwischen den Staaten unterschiedlicher Gesellschaftsordnungen werden können. Dies ist vor allem die Aufgabe, die Prinzipien von Helsinki zum Inhalt von vielfachen bilateralen Verpflichtungen zu machen. Das gilt für den wirtschaftlichen, den wissenschaftlichen und kulturellen Austausch. Für das eigentliche Gebiet der Sicherheit sind multilaterale Vereinbarungen erforderlich, um noch immer vorhandenes Misstrauen abzubauen. Damit also der in Helsinki auf allen Feldern gesteckte Rahmen ausgefüllt wird, bedarf es auf allen Seiten eines zähen Bemühens. Es darf keine einseitige Inanspruchnahme geben, doch darf es auch keine Inseln geben, die ausgenommen werden von der Wirkung jener Deklaration, die in Helsinki mit den Unterschriften von 35 Regierungs- und Staatschefs besiegelt worden ist.

Nun wurden die Ergebnisse der Konferenz ja nicht in ein Niemandsland entlassen. Die Berichte der Teilnehmerstaaten, die in zwei Jahren in Belgrad[8] abgegeben werden müssen, werden zeigen, in welchem Masse damit begonnen wurde, die Empfehlungen von Helsinki in die Wirklichkeit umzusetzen. Unsere Regierung wird es an konkreter Bereitschaft nicht fehlen lassen, ihre Beiträge zu leisten, ebenso wie sie von den anderen Beteiligten erwartet, dass auch sie sich der Empfehlungen in allen Bereichen bewusst bleiben. Und dies sage ich nicht nur in bezug auf das Kapitel der Schluss-Deklaration, das mit den Worten überschrieben ist: „Zusammenarbeit in humanitären und anderen Bereichen".[9] Helsinki bliebe aber nur ein halber Schritt, wenn nicht in absehbarer Zeit – wie ich eben schon bemerkte – die Wiener Konferenz mit ersten Ergebnissen über einen beiderseitigen und ausgewogenen Abbau von Truppen und Rüstungen in Mitteleuropa[10] aufwarten kann. Beides gehört nach meiner Überzeugung zusammen.

Frage: Wie schätzen Sie den Zusammenhang zwischen der Gesundung der Lage in Europa und der Verbesserung der Beziehungen zwischen der Bundesrepublik und der UdSSR ein?

Antwort: Die Verbesserung der Beziehungen zwischen unseren beiden Staaten hat aus geschichtlichen, geografischen und politischen Gründen eine Schlüsselrolle gespielt. Auch weiterhin ist dies mitentscheidend dafür, ob und wie die Entspannung und Zusammenarbeit zwischen den Staaten vertieft werden kann. Vor diesem Hintergrund behält das deutsch-sowjetische Verhältnis seine besondere Qualität. Dabei bleibt unsere Verankerung im westlichen Bündnis ebenso unangetastet wie die Rolle der Sowjetunion im Warschauer Vertrag.[11] In vertrauensvoller Abstimmung mit unseren westeuropäischen und atlantischen Partnern haben wir unseren Beitrag zur Politik des Ausgleichs und der Verständigung geleistet, und wir werden ihn weiter leisten. Und wir bleiben in hohem Masse daran interessiert, dass sich das Verhältnis zwischen der Bundesrepublik Deutschland und der Sowjetunion weiter gedeihlich entwickelt und von unnötigen Belastungen frei bleibt. Wir sollten nicht stehen bleiben in der Fortentwicklung unserer politischen bilateralen Zusammenarbeit.

Frage: Ihre Einschätzung der praktischen Verwirklichung des Vertrages zwischen der UdSSR und der Bundesrepublik vom 12. August 1970?[12]

Antwort: Ich meine, dass es gelungen ist, durch und mit dem Vertrag vom 12. August 1970 viel Misstrauen abzutragen. Die politischen

Gespräche zwischen den beiden Regierungen sind wertvoll. Der Handel ist wesentlich angestiegen. Der wissenschaftliche und kulturelle Austausch hat zugenommen. Auf einer Reihe von Gebieten wurden besondere Abkommen geschlossen. Gesellschaftliche Organisationen haben auf manchen Gebieten interessante Kontakte aufgenommen.[13] Dies würde in noch stärkerem Masse der Fall sein, wenn es endlich gelänge, die Streitfragen zu regeln, die sich in bezug auf Berlin (West) aus der Anwendung des Vier-Mächte-Abkommens vom September 1971 ergeben.[14]

Jedenfalls: Ohne den Vertrag stünden wir noch heute vor einer Politik des Stillstands. Aber es wäre gewiss vermessen anzunehmen, dass in fünf Jahren Wunden geheilt werden könnten, die in einer leidvollen Geschichte aufgerissen wurden. Dennoch: Alle Erfahrungen, alle verfügbaren Zahlen und Statistiken beweisen: Ein vernünftiger Anfang ist gemacht.

Frage: Wie sind die Perspektiven der weiteren Verbesserung der Lage in Europa und in der Welt in den nächsten Jahren und in den letzten 25 Jahren dieses Jahrhunderts insgesamt?

Antwort: Für Europa wird es darauf ankommen, zäh, geduldig und unbeirrbar an der Politik der Entspannung und des Ausgleichs festzuhalten, sie zu festigen und abzusichern. Dazu gehört auch, Möglichkeiten zu finden, um das Potential an Vernichtungswaffen in Mitteleuropa und weltweit Schritt für Schritt zu verringern, ohne die Kräftebalance zu gefährden. Nicht nur Rückschläge zu vermeiden, sondern neue Fortschritte zu machen, ist für Europa lebensnotwendig. Dies um so mehr, als die europäische Verantwortung für weltpolitische Entwicklungen steigt.

In den kommenden 25 Jahren wird Europa seinen Beitrag leisten müssen, damit die Menschen den Übergang finden zu einem Zustand, in dem Gewalt als Mittel zur Lösung von Konflikten auch in anderen Teilen der Welt ausscheidet. Dies wird nur möglich sein, wenn das globale Instrumentarium zunimmt, das auf dem Sektor der Sicherheit bilateral geschaffen wurde. Uns ist aber auch – jedem an seinem Platz und, wo immer möglich, miteinander – aufgegeben, an der Lösung jener weltweiten Probleme mitzuwirken, die sich aus der Not der Entwicklungsländer und aus dem Verhältnis zwischen Rohstoffproduzenten und Rohstoffverbrauchern ergeben. Das Potential, das zum Überleben und für den Fortschritt der Menschheit zur Verfügung steht, muss den Völkern in ihrer Gesamtheit zugute kommen.

## Nr. 23
**Schreiben des Vorsitzenden der SPD, Brandt, an den Generalsekretär des ZK der KPdSU, Breschnew**
**7. Januar 1976**[1]

*AdsD, WBA, A 9, 7.*

Sehr geehrter Herr Breschnew,
Ihr Brief vom Dezember[2], für den ich mich bedanke, hat sich mit meinen guten Wünschen zum neuen Jahr gekreuzt.

Sie stehen nun kurz vor Ihrem Parteitag.[3] Ich hoffe, dass er sich zum Vorteil des Prozesses der Friedenssicherung und der Zusammenarbeit auswirken wird. Das Jahr 1976 ist durch Unklarheiten und Unsicherheiten in der Führung mehrerer wichtiger Staaten vorbelastet.[4] Umso wichtiger ist es, dass nichts verschüttet wird, was der Politik der Entspannung zu weiteren Erfolgen verhelfen kann.

Ich widerspreche Ihnen nicht, wenn Sie eine gewisse Enttäuschung darüber zum Ausdruck bringen, dass von Helsinki[5] keine stärkeren, positiven Impulse ausgegangen sind. In der Tat hat es mancherorts eine allzu enge und einseitige, zuweilen auch illusionäre Beurteilung und Auslegung der Konferenzergebnisse gegeben. Auf der anderen Seite sollten auch Sie prüfen, was im Bereich Ihrer unmittelbaren Verantwortung versäumt worden sein könnte, um den dynamischen Charakter dessen zum Ausdruck zu bringen, was als interdependenter Prozess von Entspannung und Zusammenarbeit beschrieben worden ist.

Die Tatsache, dass über neue Rüstungen wieder mehr gesprochen wurde als über Rüstungsbegrenzung, hat in diesem Zusammenhang besonderes Gewicht. Andere Entwicklungen, wie die in Portugal, waren im vergangenen Jahr als Störfaktoren hinzugekommen.[6]

Die meisten Menschen werden die Entspannung weiterhin daran messen, ob die vielfältigen bilateralen Beziehungen Fortschritte machen. Dies war der Grund, weshalb ich Ihre Aufmerksamkeit auf die unglücklicherweise unterbrochene Bürgermeister-Reise lenkte.[7] Es geht jedoch nicht allein um diesen Punkt, sondern darum, dass die mit Berlin (West) zusammenhängenden Fragen so behandelt werden, wie es dem Vierer-Abkommen[8] entspricht und wie wir es im letzten Sommer ins Auge gefasst hatten. Ihre positive Haltung zu dem Bürgermeister-Besuch weiss ich zu würdigen; wir werden in den nächsten Wochen hier einen operativen Vorschlag erörtern, natürlich mit dem Blick auf den weiteren Verlauf des Jahres.

Es freut mich, dass Sie die Bedeutung der Zusammenarbeit zwischen Industriestaaten, Rohstoffproduzenten und Entwicklungsländern bejahen. Ich habe mich dazu auf meinem Parteitag geäussert[9] und werde an geeigneter Stelle darauf zurückkommen. Jedenfalls können sie davon ausgehen, dass wir uns für das Prinzip der zunehmenden Arbeitsteilung der Weltwirtschaft einsetzen werden, das eine stärkere Beteiligung der Sowjetunion und anderer Länder des Warschauer Vertrages wünschenswert macht.

Mit guten Wünschen für Ihre Arbeit und Ihr persönliches Wohlergehen und mit den besten Grüssen
gez[eichnet] Brandt
Bonn, 7. Januar 1976

Nr. 24
**Schreiben des Vorsitzenden der SPD, Brandt, an den Chefredakteur des *Stern*, Nannen**
28. Januar 1976[1]

*AdsD, WBA, A 11.1, 46.*

Lieber Herr N a n n e n ,
was Sie im „stern" vom 22. Januar[2] darlegten, habe ich mit großem Interesse gelesen.

Ich begrüße es sehr, daß Sie in Ihrer Bilanz der bisherigen Ost-Politik auf einen Aspekt hinweisen, der in der öffentlichen Diskussion nach meinem Eindruck zu wenig beachtet worden ist: daß es der sozial-liberalen Koalition auch darum gehen mußte, das Verhältnis der Menschen in unserem Lande zur jüngsten deutschen Geschichte in Ordnung bringen zu helfen. Gerade wir Deutschen haben uns ja immer wieder schwer getan, die Geschichte als eigene Vergangenheit anzuerkennen und damit zu leben.

Aber nicht nur in diesem Sinne, so hoffe ich, ist die Ost-Politik der sozial-liberalen Koalition „nicht umsonst"[3] geblieben, wie Sie es formulieren. Denn ich denke, daß es uns gelungen ist, unseren spezifischen Beitrag dazu zu leisten, daß die Entspannungspolitik – widerspruchsvoll, wie sie ist und bleibt – nicht an uns vorbeigegangen ist; sie hätte uns auch überrollen können.[4]

Illusionen über Ausmaß und Tempo der Normalisierung des Verhältnisses mit den Staaten Osteuropas habe ich nicht gehegt. Ich habe vor ihnen gewarnt und immer wieder darauf hingewiesen, daß viel Geduld notwendig ist, auch und gerade im humanitären Bereich, erste Auflockerungen zu erreichen. Das von Ihnen beschriebene Einzelschicksal[5] ist eine beredte Bestätigung, wieviel auf diesem schwierigen Feld zu tun bleibt.

Es wäre gut, wenn wir unsere Meinungen einmal austauschen könnten. „Ostpolitisch" besteht meiner Meinung nach kein Grund

zur Resignation. „Gesamtpolitisch" gibt es Grund zu nicht geringer Sorge.
Mit herzlichen Grüßen
‹gez[eichnet] Willy Brandt›⁶

Nr. 25
**Interview des Vorsitzenden der SPD, Brandt, für die *Süddeutsche Zeitung***
**5. März 1976**

*Süddeutsche Zeitung, Nr. 54 vom 15. März 1976, S. 1 f.*

**SZ:** US-Präsident Ford hat den Begriff „Entspannung" (Détente) durch „Frieden durch Stärke" ersetzt.[1] Ist das Ihrer Ansicht nach nur eine sprachliche Änderung oder deutet dies auf eine inhaltliche Änderung der amerikanischen Außenpolitik hin?
**Brandt:** Wenn wir einmal alle Nebentöne des amerikanischen Wahlkampfes[2] beiseite lassen: Präsident Ford will durch Abkommen mit der Sowjetunion weiterhin dafür sorgen, daß die Katastrophe einer Kernwaffenkonfrontation vermieden wird. Er will sich weiterhin um sachliche Zusammenarbeit mit den kommunistischen Großmächten und mit anderen bemühen. Insoweit kann von einer Kursänderung der amerikanischen Politik nicht die Rede sein.

Die Amerikaner hatten für den ohnehin nicht leicht zu definierenden Begriff Entspannung das französische Wort Détente übernommen. Präsident Ford weist durch seine Wortwahl darauf hin, daß es eines starken westlichen Bündnisses bedarf. Für die deutsche Politik ist das nichts Neues. Wir müssen uns nur daran erinnern, daß Stärke nicht allein auf militärischer Macht beruht. Niemand hindert Amerika und andere westliche Länder daran, daß sie ihre ungelösten Probleme anpacken und dadurch stärker werden. Mit einer Politik des Säbelrasselns und der starken Worte ist niemandem gedient. Dazu hat der Präsident gewiß auch nicht einladen wollen.

**SZ:** Bundesaußenminister Genscher spricht von der Notwendigkeit einer „realistischen Außenpolitik" und in Reaktion auf Ford jetzt auch von „realistischer Entspannungspolitik".[3] Läßt dies darauf schließen, daß sich die Bundesregierung, zumindest tendenziell, von der Außenpolitik abwendet, die von der Regierung Brandt/Scheel formuliert worden war?

**Brandt:** Selbstverständlich muß Außenpolitik und muß das Bemühen um den Abbau von Spannungen realistisch sein. Was denn sonst? Aber mit dem Wort allein ist auch noch nichts gewonnen. Die Frage ist immer, welches die Realitäten sind, von denen man auszugehen hat, und auf welche Weise man im Interesse der Menschen und des Friedens auf sie einwirken will.

Vor neun Jahren hat man sich im Atlantischen Bündnis darauf verständigt, daß Sicherheitspolitik aus zwei Hauptelementen besteht, nämlich aus den Anstrengungen zur Verteidigung und dem Bemühen um Entspannung.[4] Dies hat sich noch die Regierung der Großen Koalition zueigen gemacht.[5] Sozialdemokraten und Freie Demokraten haben dies konsequent und frei von Illusionen weitergeführt. Die gegenwärtige Bundesregierung hat sich zur Kontinuität bekannt.[6] Daran gibt es nichts zu deuten. Die deutschen Sozialdemokraten stehen zu dieser Politik und gegen jene rückwärtsgewandten Kräfte, die sie unablässig bekämpft haben.

**SZ:** Haben sich die Voraussetzungen für die Politik der Entspannung zwischen Ost und West nicht verändert?

**Brandt:** An der Notwendigkeit, einen dritten Weltkrieg zu vermeiden, hat sich nichts geändert. Auch nicht daran, sachliche Zusammenarbeit zu entwickeln, wo immer Gebiete eines gemeinsamen Interesses abgesteckt werden können. Aber sonst hat sich in den letzten Jahren gewiß viel verändert. Das gilt nicht nur für die internationale Wirtschaftskrise und die Entwicklungen in der Dritten Welt. Die Sowjetunion ist militärisch stärker geworden. Die Amerikaner sind so sehr mit sich beschäftigt, daß ihre internationale Handlungsfähigkeit darunter gelitten hat.[7] Andererseits sollte man sich erinnern, daß sich Washington und Moskau selbst durch den Vietnam-Krieg nicht daran haben hindern lassen, über Fragen von gemeinsamem Interesse miteinander zu verhandeln.

**SZ:** Der CSU-Vorsitzende Strauß hat Bundeskanzler Schmidt vorgeworfen, durch eine „Entspannungspolitik falscher Art" dem Vormarsch der Sowjetunion „ungeheure Auftriebsimpulse" gegeben zu haben.[8] Werden Sie den Begriff Entspannungspolitik weiter benutzen?

**Brandt:** Ja, natürlich werde ich weiter davon reden, daß man sich zielstrebig darum bemühen muß, Spannungen abzubauen, wo immer das möglich ist. Dazu gibt es keine realistische Alternative. Im übrigen wird man sich daran erinnern, daß ich es vorgezogen habe, meine Politik als aktive Friedenssicherung[9] zu bezeichnen. Mit meinen politischen Freunden werde ich mich davon auch nicht abbringen lassen. So schön waren die Erfahrungen mit dem Kalten Krieg nicht, daß wir uns nach ihm zurücksehnen könnten.

Nr. 26
**Aus dem Schreiben des Vorsitzenden der SPD, Brandt, an den Botschafter a.D. Lüders**
**8. April 1976**[1]

*AdsD, WBA, A 11.1, 45.*

Lieber Herr L ü d e r s ,
vielen Dank für Ihren Brief von Ende Februar[2], den ich mit Freude gelesen habe. Bitte haben Sie Verständnis dafür, daß ich Ihnen erst jetzt antworte; auf der anderen Seite gibt mir dies die Gelegenheit, auf die Entwicklung in der Behandlung der Polen-Verträge einzugehen.

Inzwischen – nach Billigung der Vereinbarungen mit Polen durch den Bundesrat[3] – können wir nun endlich die nächsten notwendigen Schritte auf dem Weg der Aussöhnung zwischen dem deutschen und dem polnischen Volk tun. Aber es bleibt ein bitterer Nachgeschmack wegen der langen Verzögerung, für die die Unbelehrbaren in CDU und CSU[4] die Verantwortung tragen, vor allem auch wegen des beträchtlichen außenpolitischen Schadens, der unserem Land durch die unnötige Taktiererei der Opposition zugefügt worden ist. So schnell wird es nicht zu überwinden sein, daß die Bundesrepublik international gedemütigt worden ist und als vertrauenswürdiger Vertragspartner in Zweifel gezogen werden konnte.

Im übrigen bezweifle ich, daß die schließlich erfolgte Zustimmung im Bundesrat einen Kurswechsel in der außenpolitischen Haltung der CDU signalisiert. Und ich bezweifle auch, daß sich die besonnenen Kräfte innerhalb der CDU/CSU auf Dauer gegenüber Strauß durchsetzen können.

Noch ein Wort zu den Diskussionen über die Haltung der Amerikaner in der Frage der Entspannungspolitik: Ich meine, hier darf man sich nicht verwirren lassen von dem, was dort rein wahlkampfbedingt ist. Fords Abrücken von dem Begriff Détente[5] hat nichts daran geändert, daß er – wie er selbst sagt – weiterhin keine Alternative sieht zu seiner auch schon bisher verfolgten Politik der „relaxation of tensions".[6]

Dennoch, man muß wohl aufpassen, daß nicht ein Klima entsteht, wie wir es aus den 50er Jahren zur Genüge erfahren haben.
[...][7]
Mit freundlichen Grüßen
[Willy Brandt][8]
[...][9]

Nr. 27
**Hs. Vermerk des Vorsitzenden der SPD, Brandt, über ein Gespräch mit dem Ersten Sekretär des ZK der PVAP, Gierek**
**9. Juni 1976**[1]

*AdsD, WBA, A 9, 34.*

Vermerk
Gespräch mit E[dward] Gierek in Köln, 9. Juni 1976, 13.15–15.00
1) G[ierek] betonte, dass der Besuch in der Bundesrepublik[2] für ihn mit starken Emotionen verbunden sei. Natürlich sei die Regelung wirtschaftlicher Fragen von Interesse, aber viel wichtiger sei für ihn, dass sich vertrauensvolle Beziehungen entwickelten.
2) G[ierek] war damit einverstanden, dass Briefe, die ich im Zusammenhang mit dem Besuch zu humanitären Fragen erhalten habe, dem Botschafter[3] zugeleitet werden.
3) Betr[effs] Lassalles Grab[4] hatte er schon am Vorabend in Hamburg mitgeteilt, dass der betr[effende] Teil des Breslauer Friedhofs nicht eingeebnet, sondern neu in Stand gesetzt werde.
4) G[ierek] stimmte der Auffassung zu, dass der Impuls der KSZE[5] nicht verkümmern dürfe und dass der ersten Überprüfungskonferenz (1977 in Belgrad)[6] Bedeutung zukomme.
Zur MBFR-Problematik[7] schien er wie ich davon auszugehen, dass eine Weichenstellung vermutlich erst nach den amerikanischen Wahlen[8] möglich sei und dass dann die neue SALT-Runde zwischen USA und UdSSR[9] vermutlich Vorrang haben werde. Er meinte, ein erster symbolischer Schritt in Wien sei wohl nur zu erreichen, wenn ‹man›[10] sich auf einen gemeinsamen Prozentsatz verständige. In diesem Zusammenhang warf er die Frage auf, ob BRD und VR Polen nicht ein gutes Beispiel geben würden, wenn sie miteinander eine Reduzierung um 5 Prozent vereinbarten. Ich weiss nicht, ob dies ernst gemeint war. Jedenfalls liess er meine Einwände gelten.
Aufgeschlossen war er bezüglich gesamteurop[äischer] Infrastruktur-Vorhaben: Kommunikation, Energieversorgung, Umwelt.

*Erste Seite des Vermerks Willy Brandts über sein Gespräch mit dem Ersten Sekretär des ZK der PVAP, Edward Gierek, vom 9. Juni 1976.*

Er meinte, was wir bilateral in Bezug auf Kohle begännen[11], könnte in den kommenden Jahren für andere von Interesse sein.

5) In Beantwortung meiner entsprechenden Frage sagte G[ierek], die europäische Konferenz der kommun[istischen] Parteien[12] werde wohl bald stattfinden können. Er brachte deutliche Sympathien für Berlinguer zum Ausdruck und erwähnte u[nter] a[nderem], er habe sich „auch bei anderen" für die KPI eingesetzt, als diese angegriffen wurde, weil sie Cunhal kritisiert hatte.[13]

Er fragte, ob es zutreffe, dass ich Präsident der SI[14] werden solle. Ich berichtete über die Konferenz in Caracas[15] und über mögliche weitere Versuche mit flexibler, undogmatischer Zusammenarbeit. Hieraus könnten sich auch für einige Länder Europas in den späteren Jahren interessante Perspektiven ergeben.

Mir fiel auf, dass G[ierek] mehrfach Hinweise in der Richtung gab, dass man an das Verhältnis zwischen Sozialdemokraten und Kommunisten doch nicht für alle Zeiten so herangehen müsse, als stünde man noch am Ende des ersten Weltkriegs. Er komme selbst aus einer sozialistischen Familie etc.

Fragen eines etwaigen Kontakts zwischen seiner und unserer Partei wurden von G[ierek] nicht aufgeworfen.[16]

6) Am Vorabend hatte G[ierek] mir Grüsse von Breschnew aufgetragen, der hoffe, mir bald wieder begegnen zu können. Ich bat, die Grüsse zu erwidern und setzte auseinander, dass ein BN-Besuch[17] vor den Wahlen kaum noch in Betracht kommen dürfte.

7) Die Einladung an meine Frau und mich verband G[ierek] mit einer demonstrativen Bezugnahme auf den Dezember 70.[18] Viel unbefangener als die damalige Führung[19] äusserte er sich auch zur Geste am Ghetto-Denkmal.[20] Mein Name bedeute in Polen viel, und wir hätten sicher noch manches miteinander zu besprechen.

〈Br[andt]〉[21] 11-6-76

Nr. 28
**Hs. Schreiben des Vorsitzenden der SPD, Brandt, an den jugoslawischen Staatspräsidenten Tito**
**5. August 1976**[1]

*AdsD, WBA, A 9, 11.*

Verehrter Herr Präsident,
ich erlaube mir, Ihnen von meinem norwegischen Urlaubsort aus einige Zeilen im Hinblick auf die Konferenz zu schreiben, die Mitte des Monats in Colombo beginnen wird.[2]

Die gegenwärtige Weltlage ist so, dass von diesem Gipfeltreffen der „Blockfreien" wichtige Wirkungen ausgehen können.

Zum ersten ist kein Zweifel daran, dass die Entwicklung der Rüstungen zu ernsten Sorgen Anlass gibt. Gewiss hängt viel davon ab, zu welchen Vereinbarungen die Supermächte im nächsten Jahr fähig sein werden. Aber es ist dringend erwünscht, dass einer gewissen Resignation gegenüber der Thematik der Rüstungsbegrenzungen aktiv und konstruktiv begegnet wird.

Zum anderen ist es wichtig, dass die Ansätze realistisch entwickelt werden, die sich vor wenigen Monaten gegen Ende der Konferenz von Nairobi[3] ergeben hatten. Die Entwicklungsländer wären gut beraten, wenn sie diese Ansätze energisch weiterverfolgten und sich nicht über Gebühr bei theoretischen Maximalforderungen aufhielten.

Drittens würde ich es sehr begrüssen, wenn in Colombo auch ein deutliches Wort zum Thema des Terrorismus gesagt werden könnte.

Aber, von einzelnen Gegenständen abgesehen: Es kann viel davon abhängen, wie deutlich sich die „Blockfreien" gegenüber Interventionismus und Hegemonialansprüchen abzugrenzen vermögen.

Vielleicht darf ich Sie, verehrter Herr Präsident, auch noch davon unterrichten, dass ich mir mit meinen Freunden Kreisky und Palme den Zorn von Frau Gandhi zugezogen habe, weil wir ein Wort zugunsten des verhafteten Vorsitzenden der indischen „Sozialistischen

Partei" gesagt hatten. Wir haben Frau Gandhi inzwischen geschrieben und hoffen, Missverständnisse ausgeräumt zu haben.[4] Der Bedeutung Indiens sowie der Schwierigkeit der dort zu lösenden Aufgaben sind wir uns bewusst, und uns ist an vertrauensvollen Kontakten mit den verantwortlichen Kräften sehr gelegen.

Im übrigen habe ich den Vertreter der Friedrich-Ebert-Stiftung in Colombo[5] gebeten, den Verlauf der Konferenz genau zu beobachten und meinen politischen Freunden wie mir selbst darüber zu berichten.

Ich bin mir der besonderen Rolle bewusst, die Ihnen, verehrter Herr Präsident, bei der bevorstehenden Konferenz[6] wiederum zufallen wird und möchte Ihnen dazu meine besten Wünsche übermitteln.

Mit freundlichen Grüssen,
Ihr
Willy Brandt


Nr. 29
**Beitrag des Vorsitzenden der SPD, Brandt, zum 15. Jahrestag des Berliner Mauerbaus für die *Harburger Anzeigen und Nachrichten*
12. August 1976**

*Sozialdemokraten Service Presse Funk TV, Nr. 411/76 vom
12. August 1976.*


Der 13. August markiert die 15. Wiederkehr eines Datums, das für eine ganze Generation schon nicht mehr mit eigenem Erleben verbunden ist. So verblasst auch die Tatsache, dass die Politik der voraufgegangenen Jahre nicht in der Lage gewesen war, den Bau der Mauer durch Berlin zu verhindern. Vielmehr besteht die Gefahr, dass man die Lehren der jüngsten Vergangenheit in den Wind schlägt und sich allein der Empörung hingibt, wo es immer wieder des Nachdenkens darüber bedürfte, wie die Lage im Interesse der Menschen zum Besseren verändert werden kann.

Was sich an jenem Sommertag – Sonntag, den 13. August 1961 – in Berlin abspielte[1], war eine politische Erschütterung von allergrösstem Ausmaß. Viel menschliches Leid war damit verbunden, vieltausendfach wurden familiäre Bindungen zerschnitten. West-Berlin schien in seiner Existenz bedroht.[2] Die Westmächte und die Berliner selbst haben diese Bedrohung abgewehrt. Aber die Spaltung Deutschlands wurde noch tiefer als sie vorher gewesen war.

Ich war und bleibe der Meinung, dass die Berliner Mauer gegen den Strom der Geschichte errichtet worden ist, ebenso wie sich die Grenze zwischen den beiden deutschen Staaten in ihrer gegenwärtigen Form als eine historische Absurdität erweisen wird. Aber es bleibt auch bei der Erfahrung, dass im August 1961 gewissermassen ein Vorhang weggezogen wurde, um uns eine leere Bühne zu zeigen.[3] Es war vieles verschwunden, an das man sich im Westen lange Zeit geklammert hatte: Illusionen über den Erfolg einer Politik, die große Worte mit der Wirklichkeit verwechselt hatte. Die Garantien der Westmächte galten für West-Berlin, wie für die Bundesrepublik. Alles andere wurde in den Bereich langwieriger und schwieriger Verhandlungen verwiesen. Mit realitätsfernen Formeln war und ist nichts zu erreichen.

Es hat sich nichts an der Erkenntnis geändert, dass die Mauer in Berlin isoliert nicht überwunden werden kann. Dies gilt auch für das Schicksal der deutschen Teilung. Nur im Rahmen der Ost-West-Beziehungen und einer Veränderung des gesamteuropäischen Klimas lassen sich Erleichterungen für die Menschen erreichen, lassen sich Verbesserungen durchsetzen, die zugleich geeignet sind, den Frieden sicherer zu machen. Auf diesen Weg hatten wir uns begeben, nicht ganz ohne Erfolg.

Die kurzatmige Polemik gegen dieses zähe Bemühen hat bis in die jüngste Zeit hinein vergessen zu machen versucht, was tatsächlich im Laufe einiger weniger Jahre erreicht werden konnte.

Nehmen wir Berlin: In den annähernd fünf Jahren, die seit dem Abschluss des Abkommens der Vier Mächte[4] verstrichen sind, haben die Ampeln auf den Zufahrtswegen nach Berlin nicht wieder auf rot gestanden, was früher leider zu oft an der Tagesordnung war. Seither können Westberliner Ost-Berlin und die DDR besuchen, woran sie jahrelang gehindert waren. Auf einer Reihe weiterer Gebiete haben sich die beiderseitigen Behörden über die praktische Regelung offener Fragen verständigen können.[5]

Natürlich weiss ich, dass dies hinter dem Wünschbaren weit zurückbleibt. Eine derartige Trennungslinie, die ein ganzes Land durchschneidet und die alte Hauptstadt noch einmal teilt, lässt sich eben nicht einfach „normalisieren". Aber niemand, der guten Willens und frei von Illusionen ist, kann ernsthaft bestreiten, dass wir in unserem Bemühen, die Folgen der Spaltung zu lindern, nicht ohne Erfolg gewesen sind. Empörende Gewalthandlungen an der Grenze zwischen den beiden deutschen Staaten[6] dürfen nicht den Blick trüben für das, worum sich eine verantwortungsbewusste Politik weiterhin zu kümmern hat. Proteste sind allzu berechtigt. Mit Ersatzhandlungen ist niemandem gedient. Am hartnäckigen Ringen um den Abbau von Spannungen führt kein Weg vorbei.


Nr. 30
**Interview des Vorsitzenden der SPD, Brandt, für die Sendung „Kennzeichen D" des Zweiten Deutschen Fernsehens**
**7. September 1976**

*Sozialdemokraten Service Presse Funk TV, Nr. 486/76 vom*
*7. September 1976.*


Frage: Herr Brandt, fünf Jahre Berlin-Abkommen[1] – wenn man auf der Basis dessen, was ist und auf der Basis der Annahme, dass sich an der deutschen Zweistaatlichkeit nach menschlichem Ermessen in absehbarer Zeit nichts ändern wird – an Sie die Frage richtet: Wie stellen Sie sich Westberlin im Jahre 1990, im Jahre 2000 vor? Was wäre dazu zu sagen?

Antwort: Das Jahr 2000, das heisst fast 25 Jahre von jetzt ab, wenn Sie mich vor 25 Jahren gefragt hätten, hätte ich gesagt, es ist möglich, dass wir im Laufe eines Vierteljahrhunderts die deutsche Frage im Sinne der Wiederherstellung der staatlichen Einheit lösen können. Heute fürchte ich, zwanzig, fünfundzwanzig Jahre vorausschauend, die grössere Wahrscheinlichkeit spricht dafür, dass es weiter zwei deutsche Staaten geben wird. Das ist aber nur der eine Teil der Antwort, eigentlich nur eine Bestätigung, von mir aus, der Fragestellung. Alles andere ist ja offen: Wie wird das Verhältnis der beiden deutschen Staaten zueinander sein, wie wird das Verhältnis der Teile Europas zueinander sein? Da sind verschiedene Möglichkeiten denkbar. Ich hoffe, wir werden eine grössere Dichte der Zusammenarbeit, der Beziehungen zueinander haben als heute. Jedenfalls gehe ich davon aus, Berlin wird mit der Bundesrepublik verbunden bleiben. Es wird hoffentlich ganz stark, auf manchen Gebieten mehr noch als jetzt, einbezogen sein in den politischen, wirtschaftlichen, kulturellen, technisch-wissenschaftlichen Kreislauf dieses Deutschland. Und es wird sich zu entwickeln und zu behaupten haben. Also eine grosse Stadt, eine Stadt, wie andere grosse Städte auch, die für sich selbst etwas darstellt, für ihre Bürger sich behauptet, sich ja auch zu behaupten weiss, im Vergleich zu anderen. Und vielleicht, wenn wir Glück haben, noch bevor wir diesen doch relativ weit entfernten Zeitpunkt, 20–25 Jahre von jetzt ab, erreicht haben, etwas machen können aus der geografischen Sonderlage, ich war an dem Thema selbst schon einmal vor 10–12 Jahren dran[2], ob nicht der Zeitpunkt kommt, wo die Beziehungen der Teile Europas und der Teile Deutschlands zueinander es möglich machen, dass in Berlin einiges wegen der geografischen Lage leichter zu machen ist als anderswo. Gerade auch für den ökonomischen Austausch. Aber wie gesagt, das hängt dann ab von dem konkreten Stand der Beziehungen der Teile Europas und Deutschlands zueinander.
Frage: Modell einer modernen, attraktiven, auch für ihre Umwelt attraktiven Großstadt. Wie kann das erreicht werden angesichts der Umwelt dieser Stadt, der bisherigen Erfahrungen dieser Stadt und vor allem auch der Presse in dieser Stadt?

Antwort: Berlin hat ja im Laufe der Jahrzehnte, man könnte noch weiter gehen und auch von Jahrhunderten sprechen, aber lassen wir es einmal bei den Jahrzehnten, eine erstaunliche Regenerationskraft bewiesen. Ich hoffe, sie wird sich weiter zeigen. Das heisst dann allerdings, dass man diese moderne grosse Stadt, von der Sie sprechen, dass man die nur entwickeln wird, wenn nicht das Rückwärtsschauen dominiert, wenn auch nicht die Nabelbeschau eine dominierende Rolle spielt, sondern das Sicheinstellen auf neue Möglichkeiten und Notwendigkeiten. Die Presselandschaft spielt sicher eine grosse Rolle. Ich glaube, dass es Berlin nicht gut bekommen ist, dass diese Stadt ganz dominiert wird durch den Springer-Konzern und seine Veröffentlichungen.[3] Ich glaube, die Mischung einer missionarischen Haltung, die von den deutschen Realitäten und den Realitäten in der Welt ziemlich weit entfernt sind [sic], dass die Mischung dieses Elementes mit etwas sehr Kleinkariertem und eigentlich nicht besonders Großstädtischem der Stadt insgesamt nicht gut bekommen ist.


Nr. 31
**Schreiben des Vorsitzenden der SPD, Brandt, an den Außenminister der Vereinigten Staaten von Amerika, Kissinger
11. Januar 1977**[1]

*AdsD, WBA, A 9, 34.*


Vor Ihrem Abschied aus dem Amt, dessen Last Sie nun lange Jahre getragen haben, möchte ich Ihnen ein Wort des Dankes sagen: für eine komplizierte, produktive, vertrauensvolle Zusammenarbeit und vor allem für die großen Verdienste, die Sie sich um die Festigung des Friedens in unserer schwierigen und bedrohten Welt erworben haben. Sie formten eine Epoche der amerikanischen Außenpolitik, die man auch in den Geschichtsbüchern mit Ihrem Namen verbinden wird.[2]

Sie müssen manche Aufgabe unerledigt, manches Begonnene als ein Fragment zurücklassen: das ist das Geschick jedes Staatsmannes, der sich dem Reglement der Demokratie unterstellt; es ist wohl Menschengeschick überhaupt. Doch wichtiger: Sie haben Voraussetzungen für die Kontinuität einer amerikanischen Weltpolitik geschaffen, die auch unter veränderten Bedingungen den Gang der Dinge lange prägen wird. Es war mehr als ein Glücksfall, nämlich ein Ergebnis innerer Logik, daß Ihr Konzept der Entspannung sich fast nahtlos mit meinen Bemühungen um eine Entkrampfung der West-Ost-Beziehungen im gefährdeten europäischen Bereich zusammenfügte.[3] Als Schnittpunkt hat sich uns das Berlin-Abkommen[4] dargestellt. Aus solcher Übereinstimmung ergab sich eine beispiellose Harmonisierung in der Allianz zwischen den Vereinigten Staaten und den Staaten Westeuropas, die trotz der unendlichen Komplikationen auf das Ziel einer Europäischen Union orientiert bleiben.

Erlauben Sie mir ein persönliches Wort: Ihr Weg und der meine wurden in frühen Jahren vom Konflikt mit dem totalitären Geist des Nazismus und seinen schrecklichen Folgen bestimmt.[5] Wir verstanden dies, jeder auf seinem Platz, als die Verpflichtung, für eine Ordnung des Friedens zu arbeiten, in der das Recht und die Freiheit des einzelnen und der Völker geschützt sind. Die Schritte, die gelangen, mögen größere oder kleinere sein: sie waren, wie es nicht anders denkbar ist, nur ein Anfang. Es hat mich tief befriedigt, daß Sie dabei die Arbeit der deutschen Sozialdemokratie für die Sicherung des inneren und äußeren Friedens so aufrichtig respektierten, wie Sie es bei unserer letzten Begegnung mit einer spontanen Rede im Haus des deutschen Botschafters in Washington ausdrückten.[6]

Ich bin gewiß, daß Sie das begonnene Werk auch in Zukunft vorantreiben werden: Durch Anregung, Rat und kritische Ermutigung. Es würde mich freuen, wenn sich die Gelegenheit böte, unseren Gesprächskontakt aufrechtzuerhalten.
Mit herzlichen Wünschen
‹gez[eichnet] Willy Brandt›[7]

Nr. 32
**Schreiben des Generalsekretärs des ZK der KPdSU, Breschnew, an den Vorsitzenden der SPD, Brandt**
11. März 1977[1]

*AdsD, WBA, A 9, 7.*

Sehr geehrter Herr Brandt,
es hat mich gefreut, Ihre Überlegungen kennenzulernen. Ich betrachte Ihre Botschaft als Fortsetzung unseres schon seit langem bestehenden Meinungsaustausches, den ich sehr zu schätzen weiß.

Für uns in der Sowjetunion waren Sie, Herr Brandt, und bleiben auch jetzt „ein Mann der Entspannung", ein Politiker, der einen bedeutenden Beitrag zur Entschärfung von Spannungen, zur Herstellung normaler Beziehungen vor allem zwischen der UdSSR und der Bundesrepublik, aber auch zwischen Ost und West im ganzen geleistet hat. Wir kennen Ihre letzten Äußerungen, die Sie bereits in Ihrer neuen Eigenschaft[2] gemacht haben, und wir schätzen die darin angekündigte Absicht, die Entspannung fortzusetzen, Frieden und friedliches Zusammenwirken der Völker anzustreben.

Was aber gewisse Mutmaßungen und Deutungen anbetrifft, die von bestimmten westlichen Presseorganen verbreitet werden, so messen wir denen keinerlei Bedeutung bei. Wir schätzen einen Politiker vor allem nach seinen Taten ein. Das war immer unser Standpunkt, der auch heute gilt.

Und nun zu dem von Ihnen angesprochenen wichtigen Problem, und zwar den Perspektiven der Entspannung und der Rolle, die die Sozialistische Internationale bei Ihrer Fortsetzung und Vertiefung spielen könnte.

Unsere allgemeine Grundauffassung in der Frage der Beziehungen zwischen Kommunisten und Sozialdemokraten ist Ihnen, Herr Brandt, wohl bekannt, und es ist kaum angebracht, sie hier ausführlich wiederzugeben. Wir gehen davon aus, daß trotz tiefer Unterschiede in den ideologischen Positionen zwischen Kommunisten und Sozialdemokraten ein breites Feld gemeinsamer Interessen besteht. Und das betrifft vor allem die Verteidigung und Festigung des Friedens.[3] Wie schon in der Praxis bewiesen, kann die Zusammenarbeit der Kommunisten und Sozialdemokraten auf diesem Gebiet eine große positive Rolle spielen. Ihrer Botschaft nach vertreten Sie, Herr Brandt, die gleiche Meinung.

Wir aber betrachten die Kontaktmöglichkeiten zwischen Kommunisten und Sozialdemokraten etwas anders als Sie. Sie sind der Auffassung, daß die Beziehungen zwischen diesen zwei Strömungen innerhalb der Arbeiterbewegung durch folgende trilaterale Formel verdeutlicht werden könnten: „Gegnerschaft innerhalb des Landes, Partnerschaft in Europa im Interesse des Friedens, Wettbewerb außerhalb Europas". Der zweite Teil dieser Formel findet unser völliges Einverständnis, was wir aber über den ersten und dritten Teil nicht sagen können.

In der Tat, Sie schreiben, daß Kommunisten und Sozialdemokraten innerhalb des Landes Gegner seien.[4] Stimmt es wirklich? Nach unserer Auffassung besteht eine Reihe von Problemen, bei deren Lösung Mitglieder der kommunistischen und sozialdemokratischen Parteien der kapitalistischen Länder im Interesse der Sache miteinander zusammenarbeiten könnten. Das betrifft beispielsweise die Verteidigung von Sozialrechten und Interessen der Werktätigen. Das betrifft weiter den Kampf gegen Rechtsextremismus und Neofaschismus jeder Art, was, wie wir es verstehen, sehr aktuell bleibt, auch für die Bundesrepublik. Also, trotz aller Unterschiede, selbst mancher Unvereinbarkeit unserer ideologischen Auffassungen, ist kaum der Standpunkt vertretbar, daß Kommunisten und Sozialdemokraten auf dem Gebiet der Innenpolitik unbedingt Gegner seien.

In der Praxis kommt zwar auch das vor. Aber es ergibt sich nicht aus der objektiven Lage, sondern aus der Linie, die die Führung mancher sozialistischen und sozialdemokratischen Parteien vertritt. Es gibt aber, wie Sie wissen, auch andere Beispiele, die davon zeugen, daß die Zusammenarbeit, und zwar eine langfristige, innerhalb eines Landes einen nicht unbedeutenden Nutzen für beide Strömungen in der Arbeiterbewegung bringen kann.

Genausowenig kann ich mit Ihrem dritten Punkt[5] einverstanden sein, und zwar, daß Kommunisten und Sozialdemokraten außerhalb Europas Konkurrenten sind. Nehmen wir zum Beispiel die Lage in der ehemalig kolonialen Welt. Es gibt dort nicht wenige brennende noch zu lösende Probleme, die die ganze Welt verunsichern. Ich verstehe darunter Überreste des Kolonialismus, Willkür seitens multinationaler Konzerne, Unterentwicklung usw. Ich bin sicher, daß man nach den Wegen zur Lösung von diesen Problemen suchen soll. Und was hat man davon, wenn Kommunisten und Sozialdemokraten meinen, daß hier nur Konkurrenz zwischen ihnen am Platze sei.

Also, nach meiner Überzeugung ist der Bereich der möglichen Berührungspunkte zwischen Kommunisten und Sozialdemokraten breiter, als Sie es geäußert haben. Die Kommunistische Partei der Sowjetunion ist wie auch andere kommunistische Parteien bekanntlich bereit zur aktiven Zusammenarbeit mit sozialdemokratischen Parteien in vielen Fragen.

Es ist vollkommen verständlich, daß wir Ihre Überlegungen über das Zusammenwirken zwischen Kommunisten und Sozialdemokraten im Kampf für die Festigung europäischen Friedens mit Genugtuung entgegennehmen. Unter Berücksichtigung der jetzigen konkreten Lage in Europa wäre es meiner Meinung nach wichtig, diese Frage sofort auf [eine] praktische Basis zu stellen. Warum denn nicht, zum Beispiel, die Möglichkeit besprechen von manchen vereinbarten oder vielleicht parallelen Aktionen im Interesse der Minderung von militärischer Konstellation zwischen Ost und West in Europa?

Ich erinnere mich daran, daß Sie bei unseren früheren Begegnungen stets eindeutig für die Reduzierung der Streitkräfte und Rüstungen einschließlich die der Bundeswehr in Mitteleuropa nach dem Prinzip der gegenseitigen Nichtbeeinträchtigung auftraten.[6] Dabei gingen Sie davon aus, daß die Bundesrepublik eine konstruktive Haltung in den Wiener Verhandlungen einnehmen und zu den für beide Seiten akzeptablen Lösungen aktiv beitragen wird. Leider sind ernste Schwierigkeiten in den Verhandlungen bis jetzt noch nicht beseitigt.[7] Es wäre richtig, wenn die sozialdemokratischen Parteien ihren Einfluß und ihre Möglichkeiten für den Fortschritt auf diesem Gebiet einsetzen würden.

Es gibt selbstverständlich auch andere Fragen, die zum Gegenstand Ihrer sowie unserer Betrachtung werden könnten. Vielleicht sollte man nach Möglichkeiten gemeinsamer persönlicher Besprechungen dieser Fragen suchen. Ich rechne mit unserer Zusammenkunft während meines Besuches in der Bundesrepublik.[8] Andererseits waren Sie schon lange nicht mehr in der Sowjetunion. Sollte man vielleicht Ihre Reise in die UdSSR überlegen? Falls es Ihnen grundsätzlich paßt, könnte man später den Zeitpunkt vereinbaren sowie die Frage erörtern, in welcher Eigenschaft wir Sie einladen sollen.

Ich möchte noch einmal zum Ausdruck bringen, daß ich mit großer Genugtuung an unsere Begegnungen[9] zurückdenke. Ich wünsche Ihnen weiterhin Erfolge im Kampf für das Europa des Friedens, der Sicherheit und der Zusammenarbeit.
Mit herzlichen Grüßen
gez[eichnet] L[eonid] Breschnew
Moskau, 11. März 1977


Nr. 33
**Schreiben des Vorsitzenden der SPD, Brandt, an den jugoslawischen Staatspräsidenten, Tito**
**12. April 1977**[1]

*AdsD, WBA, A 9, 11.*


Sehr verehrter Herr Präsident,
mir liegt daran, Sie wissen zu lassen, wie dankbar ich für den kürzlichen Besuch von Herrn Grličkow[2] in Bonn gewesen bin. Ich denke, es war sowohl für die Beziehungen zwischen unseren beiden Ländern als auch für das Verhältnis zwischen den politischen Gruppierungen von großem Wert, daß wir Gelegenheit hatten, ausführlich über wesentliche Bereiche unserer Politik zu sprechen.

Ich bin froh zu hören, daß der Besuch von Bundeskanzler Schmidt bei Ihnen jetzt fest vereinbart ist.[3] Diese Begegnung wird sicherlich nicht nur in bilateraler Hinsicht von großem Nutzen sein können.

Meine Kollegen und ich freuen uns darüber, daß unser Freund Bakarić[4] nach der Sommerpause zu uns kommen wird. Dies ist auch deshalb zu begrüßen, weil dann der Gedankenaustausch auf der Ebene der Parteien[5] weitergeführt werden kann.

Am kommenden Wochenende werden wir uns auf einer sozialdemokratischen Parteiführer-Besprechung in Amsterdam[6] über die Situation vor der Belgrader „Folgekonferenz"[7] unterhalten. Der schwierige Anlauf der SALT-Verhandlungen[8] sollte uns nicht von einer möglichst konstruktiven Haltung ablenken. Es ist mein Eindruck, auch nach Unterhaltungen in Washington[9], daß sich das Bemühen um Entspannung erneut durchsetzen wird. Um so wichtiger ist es, daß man sich für die Belgrader Konferenz[10] nicht zu viel vornimmt, aber auf den Hauptgebieten einige konkrete Fortschritte ins Auge faßt.

Ich möchte diese Gelegenheit nutzen, um Ihnen in wenigen Sätzen zu erläutern, weshalb ich mich grundsätzlich bereiterklärt habe, den Vorsitz der von Weltbank-Präsident Robert S. McNamara vorgeschlagenen Nord-Süd-Kommission zu übernehmen.[11] Eine solche Kommission wird sich natürlich nicht als „Vermittler" zwischen den Regierungen zu verstehen haben. Sie wird vielmehr den Beginn ihrer Arbeit vom weiteren Verlauf der Verhandlungen abhängig machen, die beim Pariser Nord-Süd-Dialog[12] und anderswo auf der Ebene der Regierungen geführt werden. Hier darf es keine Verschiebung der Verantwortung geben. Andererseits wird niemand an den Arbeiten von Colombo[13] oder aus den Gremien der Vereinten Nationen vorbeigehen können.

Zugleich möchte ich betonen, daß es sich bei der ins Auge gefaßten unabhängigen Kommission nicht um ein Instrument der Weltbank[14] handeln soll; selbst die Finanzierung des Mitarbeiterstabes der Kommission würde nicht von dort übernommen werden. Worauf es in meinen Augen ankommt, ist dies: Eine Anzahl – ich denke etwa an ein Dutzend – von Persönlichkeiten sollte den Versuch unternehmen, frei von jeder unmittelbaren Regierungsverantwortung über neue Wege nachzudenken, die wir in dem vor uns liegenden Jahrzehnt einschlagen sollten, um den sozialen und ökonomischen Fortschritt in den Entwicklungsländern zu beschleunigen.

Ich würde mir wünschen, daß die unvoreingenommene Beantwortung einiger Grundfragen hilft, einige der sichtbar gewordenen Streitigkeiten überwinden zu helfen. Eine solche Kommission wird natürlich nur dann erfolgreich arbeiten können, wenn sie Hilfe von möglichst allen Seiten erwarten darf. Ich hoffe deshalb auch sehr, daß Sie, sehr verehrter Herr Präsident, mir Ihre Unterstützung für diese schwierige Aufgabe nicht versagen und das geschätzte Wissen jugoslawischen Sachverstandes der Kommission zugängig machen können.

Lassen Sie mich – unabhängig hiervon – hinzufügen, Herr Präsident, daß aus der Reaktivierung der Sozialistischen Internationale, die ja nichts anderes sein will als eine Arbeitsgemeinschaft selbständiger Parteien, nichts zu erwachsen braucht und meinen Intentionen nach nichts erwachsen soll, was einer vernünftigen Zusammenarbeit in den gesamteuropäischen und internationalen Bereichen im Wege stehen würde. Dies gilt nicht zuletzt für den afrikanischen Kontinent. Wir beabsichtigen nicht, eine Tätigkeit zu entfalten, die eine objektiv schwierige Lage durch eigenes Zutun schwieriger machen würde. Wir haben zumal nicht vor, in das südliche Afrika zusätzliche, vermeidbare Kontroversen hineinzutragen.

Der Eindruck, der bei einigen Ihrer Mitarbeiter entstanden zu sein scheint, als wollten wir eine Art sozialdemokratischer Missionsarbeit entfalten, ist abwegig. Natürlich liegt uns – dies gilt für die SPD wie für die Sozialistische Internationale – am Austausch von Meinungen und Erfahrungen mit solchen Gruppierungen, die ihrerseits daran interessiert sind. Aber wir werden dabei stets zu berücksichtigen suchen, ein wie wichtiger weltpolitischer Faktor die Blockfreiheit geworden ist und daß es keinem vernünftigen Interesse entsprechen kann, uns hierzu in einen Gegensatz zu begeben.

Ich vermute, daß es nützlich wäre, wenn ich auf Mitarbeiterebene hierzu noch nähere Informationen übermitteln lasse.
Mit respektvollen Empfehlungen und freundlichen Grüßen
‹gez[eichnet] Willy Brandt›[15]


Nr. 34
**Schreiben des Vorsitzenden der SPD, Brandt, an den Generalsekretär des ZK der KPdSU, Breschnew**
**9. Mai 1977**[1]

*AdsD, WBA, A 9, 7.*


Sehr geehrter Herr Breschnew,
haben Sie Dank für Ihren Brief vom 11. März.[2] Ich freue mich, daß wir unseren Meinungsaustausch fortführen können. Unsere Begegnungen seit 1970[3] bleiben mir in guter Erinnerung, und ich meine unverändert, daß wir zugunsten des Friedens und an sachlicher Zusammenarbeit einiges haben bewirken können – günstigere Konstellationen, als sie gegeben waren, hätten die Chance einer noch deutlicheren Verbesserung der Ost-West-Beziehungen geboten.

Bei den nächsten Schritten kommt es nun sehr darauf an, daß die Folgekonferenz in Belgrad[4] eine begrenzte Zahl konkreter Fortschritte ansteuert und daß man in Wien zu ersten Beschlüssen kommt (wie wir sie 1971 und 1973 ins Auge gefaßt hatten).[5] Natürlich kommt auch einem gedeihlichen Verlauf der bilateralen Beziehungen weiterhin große Bedeutung zu. Ich hoffe, daß die bilateralen und multilateralen Probleme durch Ihren Besuch in der Bundesrepublik[6] wesentlich gefördert werden können. Es ist wichtig, daß der Besuch gut vorbereitet wird, und ich weiß, daß hieran gearbeitet wird.

Viel wird davon abhängen, daß die Ratio der Entspannungspolitik nicht in Vergessenheit gerät. Es handelt sich um den Frieden sichernde und die Zusammenarbeit fördernde Maßnahmen von und zwischen Staaten sehr unterschiedlicher politisch-gesellschaftlicher Ordnung. Ideologische Gegensätze werden also nicht überwunden, höchstens können die Formen ihres Austragens sich ändern. Humanitäre Erleichterungen, Fragen des kulturellen Austausches usw. können allerdings leichter geregelt werden, wenn die allgemeinen zwischenstaatlichen Beziehungen durch den Abbau von Spannungen gekennzeichnet sind. (Es hat seine Bedeutung, wenn man dies auch in der Führung der DDR nicht aus dem Auge verliert und daß – verstehen Sie dies bitte richtig – alle Beteiligten darauf hinwirken, aus dem Umgang mit West-Berlin keine Quelle dauernder Irritationen werden zu lassen.)[7]

Ich habe Sie immer gut verstanden, wenn Sie in Ihren öffentlichen Äußerungen betont haben, daß friedliche Koexistenz zwischen Staaten nicht mit ideologischer Koexistenz verwechselt werden darf. Ich teile diese Auffassung. Das bedeutet, daß es ideologische Auseinandersetzungen gibt auch während der Entspannungspolitik zwischen Staaten; darüber sind interessante Arbeiten in Ihrem Land veröffentlicht worden.

Wie in den vergangenen Jahren bleibe ich dafür, daß zwischen führenden Repräsentanten unterschiedlicher Parteien daran gearbeitet werden soll, die Politik der Entspannung zwischen Staaten zu fördern. Auch uns beide haben Meinungsunterschiede auf anderen Gebieten nicht daran gehindert, und so sollte es bleiben.

Wenn Sie schreiben, daß es Beispiele dafür gibt, daß die „beiden Strömungen der Arbeiterbewegung"[8] auch positiv zusammenarbeiten können, so kann das möglich sein. Die Lage in den einzelnen Ländern ist unterschiedlich. In meinem Land sind wir bestrebt, möglichst wenig Stimmen an die Kommunisten zu verlieren und selbst möglichst stärker zu werden. Hier würde – von allem anderen abgesehen – eine Zusammenarbeit die Sozialdemokraten nicht nur schwächen, sondern im Ergebnis regierungsunfähig machen, und das würde nach den gegebenen Verhältnissen auch zu einem Rückschlag für die Entspannungspolitik werden. Was das Verhältnis zwischen Sozialdemokraten und Kommunisten angeht, so beziehen Sie sich auf Formulierungen, die nur zum Teil meine eigenen sind.[9] Es hat sich allerdings nichts daran geändert, daß meine Partei Aktionsgemeinschaften oder ähnliches in der Bundesrepublik ablehnt; wir haben dafür unsere guten Gründe, auf die ich eben noch einmal eingegangen bin.

Auch im Verhältnis zu kommunistischen Parteien in anderen europäischen Ländern stellt sich für uns die Bündnisfrage nicht. Dies hat uns nicht daran gehindert, die Entwicklung einflußreicher Parteien aufmerksam zu beobachten und auf einigen Gebieten Parallelismen festzustellen, die es früher nicht gab.

Zu den Vertretern der regierenden kommunistischen Parteien haben wir uns um ein korrektes Verhältnis bemüht, wobei meiner Meinung nach unverändert gilt, daß es sich hier ganz überwiegend um Fragen handelt, die von Staat zu Staat, von Regierung zu Regierung behandelt werden müssen.

In den Ländern der Dritten Welt liegt uns nicht daran, politische Missionstätigkeit zu entfalten oder importierte Gegensätze auszutragen. Aber weder die SPD noch die Sozialistische Internationale werden natürlich darauf verzichten, einen Austausch von Meinungen und Erfahrungen mit solchen Parteien und Gruppen zu führen, die dies wünschen.

Bei dieser Gelegenheit möchte ich gern auf ein Thema zurückkommen, auf das ich seit 1975 mehrfach hingewiesen habe. Es ist meine Meinung, daß die Sowjetunion und ihre Verbündeten in stärkerem Maße an der Erörterung weltwirtschaftlicher Fragen teilnehmen sollten. Dies gilt nicht zuletzt für die Beantwortung von Fragen, die sich gegenüber den Entwicklungsländern ergeben. Ich werde mir erlauben, hierauf zurückzukommen, wenn ich den Vorsitz einer – vom Präsidenten der Weltbank angeregten – unabhängigen Kommission übernehme, die Vorschläge für eine raschere soziale und ökonomische Entwicklung zu unterbreiten haben würde.[10]

Sie hatten die Freundlichkeit, die Frage einer neuen Begegnung aufzuwerfen[11]; ich weiß das zu schätzen. Zunächst hoffe ich, daß wir bei Ihrem Besuch in der Bundesrepublik[12] die Gelegenheit zu einem

ruhigen Gespräch finden werden. Sodann halte ich es für möglich, daß ich Ende des Jahres – in Verbindung mit einer Japan-Reise[13] – in Moskau Station machen könnte.
Mit freundlichen Grüßen und guten Wünschen
‹gez[eichnet] Willy Brandt›[14]

Nr. 35
**Schreiben des Vorsitzenden der SPD, Brandt, an den tschechoslowakischen Außenminister a.D. Hájek**
**17. Mai 1977**[1]

*AdsD, WBA, A 11.15, 3.*

Sehr geehrter Herr ‹Hájek›[2],
wenn Ihnen einer meiner Mitarbeiter diesen Brief bringt, möchte ich Sie wissen lassen, daß ich oft an die Zeit gedacht habe, in der wir beide Außenminister[3] waren, ohne einander begegnet zu sein; wir haben uns beide um die Normalisierung der Beziehungen zwischen unseren Staaten und um eine bessere europäische Zusammenarbeit bemüht – und nicht alles ist vergeblich gewesen.

Meinen Freunden und mir wird zuweilen eine unstatthafte Einmischung unterstellt. Nichts liegt mir ferner. Ich möchte Sie nur wissen lassen, mit wieviel Respekt ich mit anderen den Weg derer verfolge, die sich um die realistische Verwirklichung dessen bemühen, was in der Schlußakte von Helsinki 1975[4] seinen Niederschlag gefunden hat und worüber in Belgrad[5] demnächst wieder beraten werden wird. Die Beziehungen zwischen den Weltmächten und demzufolge auch in unserem Teil der Welt sind durch mancherlei Unklarheiten beeinflußt, und doch vermute ich, daß sich das Interesse an einem weiteren Abbau von Spannungen durchsetzen wird.

Ich möchte Ihnen sagen – dies zugleich im Sinne meiner Freunde Palme, Kreisky, Mitterrand, Craxi und anderer –, daß wir um die Politik der sachlichen Zusammenarbeit unverändert bemüht bleiben. Dabei wissen wir uns mit denen verbunden, die hierfür unter Bedingungen eintreten, die von den unsrigen wesentlich abweichen.[6]
Mit aufrichtigen Grüßen und guten Wünschen
Ihr
gez[eichnet] Willy Brandt


Nr. 36
**Schreiben des Generalsekretärs des ZK der KPdSU, Breschnew, an den Vorsitzenden der SPD, Brandt**
**Juli 1977**[1]

*AdsD, WBA, A 9, 7.*


Sehr geehrter Herr Brandt,
haben Sie Dank für den Brief vom 9. Mai.[2] Ich weiß die Möglichkeit eines ständigen Kontaktes mit Ihnen zu schätzen. Erfreulich ist auch, daß wir, Herr Vorsitzender, in solchen prinzipiellen Fragen wie Frieden und Entspannung ständig eine gemeinsame Sprache gefunden haben.

Ihr politischer Realismus hat wesentlich dazu beigetragen, daß unsere Länder in eine neue Phase der zwischenstaatlichen Beziehungen eingetreten sind und daß sich die Gesamtatmosphäre in Europa besonders nach Helsinki[3] deutlich verbessert hat.

Wir dürfen allerdings nicht die Augen ‹davor›[4] schließen, daß in der Welt, darunter auch in der Bundesrepublik, noch bedeutende Kräfte bestehen, die die Entspannungsideen nicht ‹billigen›[5] und keineswegs passiv auf ihre Stunde warten, sondern aktiv darauf hinwirken, die Entwicklung umzukehren.[6]

Jetzt gibt es keine wichtigere Aufgabe in der internationalen Arena – ich denke, daß Sie derselben Meinung sind – als eine Verstärkung und Weiterentwicklung von Entspannungsprozessen herbeizuführen durch praktische Schritte zum Wettrüstungsstop[7] sowie durch andere wichtige Maßnahmen zur Unwiderruflichmachung der Entspannung. Auf diesem Gebiet gibt es sicher nicht wenige Schwierigkeiten. Ich hoffe aber, daß der Realismus und der gesunde Menschenverstand siegen. Ich glaube, daß Ihre Partei, Sie selbst, hochgeehrter Herr Vorsitzender, und Kanzler Schmidt den notwendigen Beitrag zu dieser nützlichen und wichtigen Sache sowie zur weiteren Verbesserung der Beziehungen zwischen der Sowjetunion und der Bundesrepublik leisten würden.

Sie traten mehrmals dafür ‹ein›[8], daß das in diesem Jahr bevorstehende Treffen von Staatsrepräsentanten in Belgrad[9] ein wichtiger Markstein in der Entwicklung und Vertiefung der Entspannung werden soll. Ich bin völlig mit Ihnen einverstanden. Unsererseits wird alles Notwendige getan, damit dieses Treffen seine politische Rolle spielen kann.

Nun zu einer anderen von Ihnen erwähnten Frage, u[nd] z[war zu] Verhältnisse[n] zwischen Kommunisten und Sozialdemokraten. Hier sind wir offensichtlich geteilter Meinung. Ich will dieses Problem jetzt nicht ‹weiter›[10] diskutieren, aber bei passender Gelegenheit könnten wir zu diesem Thema ‹zurückkehren›[11]. Ich möchte hier lediglich auf eine Seite dieses Problems eingehen. Die Feinde der Entspannung treten gegen ihre Vertiefung und Festigung recht einig und zusammengeschlossen auf. Und sie treten dabei sowohl gegen Kommunisten als auch gegen Sozialdemokraten auf. ‹Wäre es in dieser Situation nicht wichtig, keine ideologischen Differenzen zwischen den beiden Strömungen der Arbeiterbewegung in den Vordergrund zu schieben, sondern deren gemeinsamen Willen in den lebenswichtigen Fragen wie Frieden, Entspannung, Abrüstung, Bekämpfung von Krisenauswirkungen?[12]›[13]

Geben Sie zu, Herr Vorsitzender: wenn die Entspannungsgegner siegen und den „kalten Krieg" wieder herbeiführen, dann stehen wir alle vor einer solchen Gefahr, die jeden ideologischen Streit sinnlos macht.

‹Wir haben mit Interesse Ihre Pläne über die Schaffung der internationalen Kommission für [die] Entwicklung von Nord-Süd-Beziehungen kennengelernt. Über diese Pläne hat uns auch Herr Bahr informiert. Es ist Ihnen bekannt, daß wir an das Problem der Beziehungen zwischen den ehemaligen kolonialen und den entwickelten kapitalistischen Ländern anders herangehen als die Vertreter der westlichen Staaten.[14] Wir sind jedoch bereit, nachdem die Kommission gebildet, ihr Teilnehmerkreis bekannt und ihr Aufgabenbereich bestimmt ist, die Frage über unsere eventuellen Kontakte mit ihr sowie die passende Form solcher Kontakte zu betrachten.›[15]

Ich freue mich auf eine neue Begegnung mit Ihnen, sei es in Bonn oder in Moskau. Bisher waren solche Begegnungen fruchtbar für die Beziehungen zwischen unseren Ländern und für die Entspannung.[16] Ich zweifele nicht im geringsten, daß es so auch weiter bleibt. Ich wünschen Ihnen viel Erfolg und bestes Wohlergehen.[17]

Nr. 37
**Artikel des Vorsitzenden der SPD, Brandt, für *Die Zeit*
26. August 1977**

*Die Zeit, Nr. 36 vom 26. August 1977, S. 3.*

Wider die alten Kreuzritter. Über Bedingungen und Chancen einer künftigen Entspannungs-Politik zwischen Ost und West

Seit Monaten führen wir eine verwirrende, häufig mit Polemik durchsetzte Diskussion. In ihr tauchen nicht nur Zweifel, sondern auch Unterstellungen auf –
- Ob das Bemühen um Entspannung (oder wie ich zu sagen vorziehe: um aktive Friedenssicherung)[1] nicht in Widerspruch gerade zu einem hinreichenden Engagement für Menschenrechte stehe (oder ein solches Engagement beeinträchtigen könne).

- Ob Präsident Carter bei seinen Bemühungen[2] nicht eine stärkere europäische und zumal deutsche Unterstützung verdient gehabt hätte.
- Ob es die Sozialdemokraten (und die sozialliberale Koalition) etwa an Interesse für aktuelle Initiativen zugunsten von Bürger- oder Menschenrechten haben mangeln lassen.
- Von anderer Seite: Ob wir gesonnen seien, an die Menschenrechts-Problematik in verschiedenen Teilen der Welt gänzlich unterschiedliche Maßstäbe anzulegen.

Ich möchte diesen Fragen nachgehen und damit ein paar Vorschläge verbinden, die vielleicht zu einer sachlicheren Diskussion beitragen können.

Als wir vor einem Jahrzehnt in und mit der Allianz – ich erinnere an den Harmel-Bericht Ende 1967[3], an das Signal von Reykjavik vom Sommer 1968[4], an die Washingtoner Erklärung vom Frühjahr 1969[5] – Entspannung neben Verteidigung (oder Abschreckung) als die miteinander verbundenen Hauptelemente der Sicherheitspolitik beschrieben haben, sind wir bekanntlich nicht davon ausgegangen, daß auf diese Weise – und gar noch von heute auf morgen – die tiefen Gegensätze zwischen den politischen Ordnungen in Ost und West zum Verschwinden gebracht würden. Im Gegenteil: Mit unseren Verbündeten haben wir uns von der Arbeitshypothese leiten lassen, die Konflikte zwischen den grundverschiedenen politischen Ordnungen (und den sie überwölbenden „Blöcken") ließen sich möglicherweise so eingrenzen und unter Kontrolle bringen, daß der Friede sicherer werde.

Damit verband sich – für einige mehr als für andere – die Hoffnung, im beiderseitigen (allseitigen) Interesse würden sich größere Bereiche sachlicher Zusammenarbeit erschließen lassen; im Laufe der Zeit würde sich sogar der Charakter von Grenzen wandeln können; aktive Friedenssicherung, sachliche Zusammenarbeit und vielfältige Kommunikation könnten sich – über ideologische und machtpolitische Barrieren hinweg – auf das Leben vieler einzelner Menschen erleichternd auswirken.

Die Politik der Entspannung ist also nicht entwickelt, die Methode des Abbaus von Spannungen (und von Rüstungen!) nicht „erfunden" worden als eine Strategie zur Abschaffung kommunistischer Regime. Diese waren, wie man sich erinnern wird, in den Jahren des Kalten Krieges nicht schwächer geworden. Sicherung des Friedens, um der Menschheit zum Überleben zu verhelfen, wurde zum eigenen hochrangigen Wert.[6] In der Begründung unserer Vertragspolitik und in den heftigen Auseinandersetzungen, die darum geführt wurden, haben wir diesen Wert und die aus ihm realistisch abzuleitenden Möglichkeiten höher gesetzt als alle noch so wichtigen nationalen Ambitionen. Wenn ich, als ein nicht nur peripher Beteiligter, gefragt würde, ob die so verstandenen Chancen der Entspannungspolitik seither hinreichend wahrgenommen worden sind, könnte ich dies, guten Gewissens, nicht bejahen. Hier ist nicht der Ort, das näher zu begründen.

Statt dessen möchte ich der durch keine Tatsachen zu belegenden Konstruktion widersprechen, wir hätten die Menschenrechte außer acht gelassen, als wir die Entspannungspolitik konzipierten und uns um unseren spezifischen Beitrag dazu bemühten. Wir waren nie gesonnen, die Menschenrechte im Bereich unserer eigenen, unmittelbaren Verantwortung zu vernachlässigen. Viele von uns waren immer der Hoffnung, daß die Menschenrechte – in unserem Verständnis – auf unserem Kontinent und in anderen Teilen der Welt zunehmend an Gewicht gewinnen und sich schrittweise durchsetzen würden.

So sagte ich auf der Konferenz der Nichtkernwaffenstaaten in Genf im Herbst 1968[7] – dies war unmittelbar nach der verhängnisvollen Krise um die Tschechoslowakei[8] –, auch für eine nukleare Großmacht könne es keinen Freibrief für die Außerkraftsetzung der Menschenrechte geben; die universalen Prinzipien des Völkerrechts müßten uneingeschränkt zur Geltung gelangen. Auf die Lage der beiden deutschen Staaten bezogen, wies ich zwei Jahre später bei meinem Erfurter Zusammentreffen mit dem Ministerratsvorsitzenden der DDR auf den Rang der Menschenrechte in der Deutschlandpolitik hin. Damals sagte ich, es gelte, den Menschenrechten, Rückschlägen zum Trotz, Raum zu schaffen.[9] Als mir Ende 1971 eine besondere internationale Auszeichnung[10] zuteil wurde und ich aus diesem Anlaß über Friedenspolitik zu sprechen hatte[11], sagte ich, der Kampf um den Frieden und das Ringen um die Menschenrechte seien nicht voneinander zu trennen; davon ist nichts abzustreichen.

Es ließen sich andere Beispiele anführen, nicht nur über Gesagtes, sondern auch über einiges, was getan werden konnte. Wir haben davon nicht viel Aufhebens gemacht, denn es kam uns auf die möglichen kleinen Schritte mehr an als auf die großen Worte. Es galt, kein Stück gewonnenen Terrains leichtfertig aufs Spiel zu setzen, sondern mit Geduld und Hartnäckigkeit neues Terrain zu erschließen. Die Art, mit der sich heute bei uns manche Leute in die Polemik stürzen, erscheint mir vor diesem Hintergrund reichlich unbedacht und nicht frei von Pharisäertum.

Für besonders bedenklich halte ich es, wenn der Eindruck erweckt wird, als könnten seit dem Sommer 1975 die europäischen Menschenrechtsfragen vor einem Amtsgericht in Helsinki zur Entscheidung gebracht werden.[12] Damit es hier kein Mißverständnis gibt: Wer könnte es nicht begrüßen, daß die Staats- und Regierungschefs aller europäischen Staaten (außer Albanien) sowie der Vereinigten Staaten und Kanadas die Menschenrechte einbezogen haben, als sie ihre Unterschriften unter die Absichtserklärungen vom Sommer 1975 setzten? Wer bei uns würde sich nicht darüber freuen, wenn Bezugnahmen darauf einzelnen Menschen und ganzen Gruppen helfen könnten, die in ihren Ländern mehr Bürger- und Menschenrechte zu verwirklichen wünschen? Aber wer wollte nicht auch zugeben, wenn er ehrlich ist, wieviel Formelkompromisse in den Texten enthalten sind, um die es sich hier handelt? Wieso konnte und kann man eigentlich meinen, daß durch sie plötzlich alles anders geworden sei, als es durch die Deklarationen und Konventionen der Vereinten Nationen hatte werden können?

Helsinki ist und bleibt ein wichtiger Bezugspunkt, wenn man die Hauptthemen im sinnvollen Zusammenhang betrachtet und bearbeitet. Dies gilt dann gerade auch für die humanitären Themen, von denen im dritten Hauptteil („Korb") die Rede ist.[13] Man muß erwarten können, daß es – neben anderem – auch hierzu auf der Belgrader Überprüfungskonferenz[14] nicht nur eine kritische Zwischenbilanz, sondern auch eine sachliche Anreicherung geben wird.

In der Debatte des Bundestages vom 26. Mai [1977] haben wir von einem der rechten Flügelmänner der Unionsparteien gehört, die Menschenrechtsdiskussion könne – richtig genutzt, wie es hieß – „zum Vehikel der Politik des Westens werden".[15] Hier wurde kaum verhüllt die Empfehlung ausgesprochen, die Grundlagen der Entspannungspolitik umzukehren. Ich würde dies für eine böse Fehlentwicklung halten, auch für eine unangebrachte und durchaus unfruchtbare Auseinandersetzung mit dem Kommunismus, konkret: mit den kommunistisch regierten Staaten. (Trotz der nur begrenzt positiven Erfahrungen der letzten Jahre erscheint es mir nicht nur wünschenswert, sondern auch möglich, daß mehr Gebiete gemeinsamen sachlichen Interesses erschlossen werden können; mehr Aufmerksamkeit auf Probleme konzentriert werden kann, die für alle Beteiligten neu sind und vielfach eine gemeinsame Herausforderung darstellen; unterschiedliche Interessen und sogar gegensätzliche Meinungen mit zivilisierteren Mitteln ausgetragen werden könnten.)

Ich bedaure die Tatsache, daß der neue Präsident der Vereinigten Staaten[16] von interessierten Kreisen in der Bundesrepublik (und anderswo in Europa) zum Kronzeugen einer im Widerspruch zur Entspannungspolitik stehenden Menschenrechts-Propaganda gemacht werden soll. Man wird Jimmy Carter nicht gerecht, wenn man nicht versteht, daß er es mit den Bürgerrechten in seinem großen Land – in dem seinen eigenen Worten nach noch viel zu tun bleibt – ernst meint und daß er dem Zusammenleben der Völker gewisse moralische Zielvorstellungen zugrunde legt, ohne damit die Methoden, den Zeitpunkt – ja, vielleicht auch nur die Möglichkeit – des Verwirklichens beantworten zu wollen.

Ich möchte jene, denen an der Entspannung und an Menschenrechten wirklich gelegen ist, nachdrücklich bitten, dort, wo es angezeigt ist, den amerikanischen Präsidenten vor falschen Freunden in Schutz zu nehmen. Dies war auch der Grund, weshalb ich unmittelbar vor Bundeskanzler Schmidts Besuch[17] erklärt habe: Präsident

Carter weiß uns an seiner Seite, wo immer es wirklich um Frieden und um Menschenrechte geht.

Die Besprechungen Carter/Schmidt und andere Kontakte – unter den westlichen Verbündeten, aber auch über deren Kreis hinaus – lassen darauf schließen, daß die unterschiedliche Nuancierung der Menschenrechtsthematik nicht zu einer ernstzunehmenden amerikanisch-europäischen Belastung führen muß.

Was sich im Laufe der letzten Jahre in der deutschen (und europäischen) Außenpolitik bewährt hat, muß auch weiterhin gelten. Dazu gehört meines Erachtens vor allem:

1. Die aktive Friedenssicherung hat Vorrang. Neue Initiativen in Belgrad[18] und in Wien (bei den Bemühungen um den beiderseitigen ausgewogenen Abbau von Truppen und Rüstungen)[19] müssen hinzukommen.

2. Gewaltverzicht ist und bleibt das Grundelement unserer Vertragspolitik. Friedliche Mittel sind allein geeignet, das Leben von Menschen zu erleichtern, die Zusammenarbeit der Völker zu födern und gemeinsame Vorstellungen, wie sie in den Texten der UN oder von Helsinki[20] ihren Niederschlag gefunden haben, im Laufe der Zeit wenigstens teilweise zu verwirklichen.

3. Ideologische Auseinandersetzungen müssen der Friedenssicherung und dem Gewaltverzicht untergeordnet bleiben; sonst verkümmern menschliche Erleichterungen, und Menschenrechte leiden Schaden.

Ganz gewiß konnte uns nicht gleichgültig lassen, welche Rolle Fragen der Bürger- und Menschenrechte unter Berufung auf Helsinki[21] vielerorts, nicht zuletzt in osteuropäischen Staaten, gespielt haben. Die Menschen, die unter zuweilen für ihre eigene Person riskanten Umständen um die Ausgestaltung von Rechten in ihren Ländern ringen, haben wir wissen lassen, und ich unterstreiche es hier: Wir haben großen Respekt vor solchen Bemühungen, wie sie sich etwa in der Charta '77[22] niedergeschlagen haben. Diese Menschen können sicher sein, daß wir sie verstanden haben und daß wir ihr menschliches, freiheitliches und europäisches Engagement hoch einschätzen.

Dieses Verständnis ist jedoch etwas anderes als die kritiklose Hinnahme all dessen, was unter dem Stichwort „Dissidenten" von sich reden macht. Wer etwa den Standpunkt bezieht, es gehe ihm heute nicht um das Schicksal einzelner Menschen, sondern um die Zerschlagung eines Regimes, kann nicht damit rechnen, daß dies zu einem Orientierungspunkt unserer Politik werden könnte. Die sozialistische Opposition in einem Land wie der ČSSR, die wir sehr wohl einzuschätzen wissen (dies gilt sinngemäß auch für manchen Oppositionellen in Polen[23] oder zu Unrecht deklassierte Intellektuelle in der UdSSR[24]), ist eine Sache; Mystiker in der säkularen Gestalt rückwärtsgewandter Nationalisten sind eine andere.

Vom sicheren Hort unserer demokratischen Ordnung läßt sich's trefflich streiten für Menschenrechte anderswo; und einige alte Kreuzritter haben nicht verlernt, ihre verbale Entrüstung über mangelnde Menschenrechte in Osteuropa mit der Versicherung an die dortigen Regierungen zu verbinden, daß Verträge und Geschäfte funktionieren müßten. Im übrigen ist konkrete Hilfe wichtiger als alle Propaganda. Wir haben einer Anzahl von Menschen aus unterschiedlichen Anlässen und zu verschiedenen Zeitpunkten nur wirksam helfen können, weil wir keine oder nicht viele Worte darüber verloren. Dies gilt auch für eine Reihe von stillen Unternehmungen meiner politischen Freunde in anderen Teilen der Welt. Gewiß bleiben wir unseren Prinzipien treu; darüber dürfen wir aber nicht vergessen, daß Erleichterungen menschlicher Art nur im Fortschritt von Entspannung (und normalen Beziehungen) möglich sind. Ginge gar der Kampf um den Frieden verloren, so verlöre alles Reden über Menschenrechte seinen Sinn.

Im November 1976 – auf dem Kongreß der Sozialistischen Internationale in Genf, also bevor Präsident Carter sich des Themas angenommen hatte – habe ich mit meinen Freunden zu einer weltweiten Offensive für die Menschenrechte aufgerufen[25], und zwar für deren individuelle und soziale Verwirklichung: eine Offensive gegen Hunger und Elend als der eine große Auftrag; eine Offensive für die individuellen Menschenrechte als der andere – für mich gehören diese beiden Arbeitsfelder zusammen. Die dem einzelnen zugestandenen

Rechte bleiben so lange nur eine gutklingende Absichtserklärung, als die sozialen Voraussetzungen für ein menschenwürdiges Leben nicht errungen sind. Hier liegt nicht nur für demokratische Sozialisten die große Aufgabe der letzten beiden Jahrzehnte unseres Jahrhunderts.

Mein Angebot zur Zusammenarbeit mit internationalen Vereinigungen anderer politischer Parteien ist nicht unbestritten geblieben. Man hat uns deutsche Sozialdemokraten beispielsweise gefragt: Wollt ihr gemeinsam mit Strauß, so wie er sich euch und anderen gegenüber gebärdet, für abstrakte Menschenrechte eintreten?[26] Andererseits haben wir von führenden Christdemokraten Italiens[27] gehört, daß ihnen am gemeinsamen Vorgehen gegen Terrorregime vor allem in Lateinamerika sehr gelegen sei. Man wird die Möglichkeit eines partiellen Zusammengehens weiter im Auge haben müssen.

Ich habe, als ich den Kongreß in Genf[28] erwähnte, klarzumachen versucht: So wenig wir darauf verzichten wollen, für die Verwirklichung der individuellen Menschenrechte einzutreten, so bedenklich für die internationale Entwicklung wäre es, die Debatte auf eine gewissermaßen „westliche" Thematik eingrenzen zu wollen. Für mich ist alles, was dazu beiträgt, die schreiende Ungerechtigkeit zwischen den Industrieländern und den Habenichtsen, insbesondere auf der südlichen Halbkugel, zu bekämpfen, gleich wichtig; es wird sogar vordringlich.

Terror bleibt Terror und darf nirgends verniedlicht werden. Aber wir dürfen nicht so tun, als könnten wir europäisch-westliche Maßstäbe an die ganze übrige Welt anlegen. Für einen sehr großen Teil der Menschheit gibt es mit jedem neuen Tag nichts anderes als den Kampf ums Überleben. In diesen Ländern hat man wenig Verständnis, wenn wir die Menschenrechtsdiskussion etwa allein auf die Fragen der Organisations- und Pressefreiheit zuspitzen.

Und trotzdem bleibe ich dabei, daß die Sache der Menschenrechte unteilbar ist. Freilich frage ich mich zuweilen, ob in Teilen der Debatte nicht noch versteckte koloniale Denkstrukturen mitspielen. Jedenfalls werden wir nicht mit einer Einstellung bestehen können, die im Grunde davon ausgeht, daß man die Verwirklichung der Menschenrechte dem ungewissen Gang der Zeit zu überlassen habe.

Die Freiheit von Not ist kein geringeres Menschenrecht als die Freiheit von Angst.

Es geht um Menschenrechte in Ost und West, in Nord und Süd. Sie sind täglich bedroht, sie werden täglich geschändet, täglich vergewaltigt. Von einer durch Meuchelmord umgekommenen deutschen Sozialistin polnisch-jüdischer Herkunft stammt die Überzeugung, daß Freiheit auch immer die Freiheit des Andersdenkenden zu sein habe.[29] Man kann dies ergänzen und sagen: Das Recht müssen wir immer auch als das des anderen verstehen. Ich möchte das ganz ernst genommen wissen: Mein Recht ist ein zweifelhaft erworbenes, solange es vielen meiner Mitmenschen vorenthalten bleibt. Wenn es einen Universalismus der Freiheit gibt, dann gibt es auch einen Universalismus des Rechts und der Gerechtigkeit.

Das neue Moment in unseren Tagen ist die Unausweichlichkeit, das Menschenrechtsverständnis über den Horizont des eigenen Landes und dessen, was wir als Europa verstehen, hinaus auf die prekäre Situation in den unterentwickelten, zumal den hungernden Staaten auszudehnen. Obwohl in der Arbeiterbewegung Solidarität nie nur auf das eigene Volk und Land bezogen war, ist die Vorstellung von Entwicklungspolitik als Verwirklichung von Menschenrechten auch für die SPD relatives Neuland. Ich hoffe, daß wir uns – zusammen mit vielen anderen, die guten Willens sind – auf diesem Neuland besser als bisher bewähren werden. Viel Zeit bleibt uns nicht.

Es gilt, bei uns in der Bundesrepublik ein gedeihlicheres Klima für die zukünftige Beschäftigung mit den Menschenrechten zu schaffen. Dazu möchte ich vier Vorschläge unterbreiten:

*Erstens:* Wir müssen – mit der Opposition oder ohne sie – neue Initiativen ergreifen für eine Politik der aktiven Friedenssicherung, des Abbaus von Spannungen (Belgrad, Wien, Begrenzung der strategischen Waffen, Abrüstungsbemühungen der UN)[30]; denn ohne Erfolge im Ringen um den Frieden werden wir auch bei der Verwirklichung der Menschenrechte auf der Stelle treten.

*Zweitens:* Wir brauchen eine aktive deutsche (und europäische) Nord-Süd-Politik, die einen rascheren Ressourcentransfer anstrebt und sich um die Frage der sozialen Menschenrechte nicht herumdrückt.

*Drittens:* Die Bundestagsparteien sollten – jede für sich oder alle gemeinsam – unzweideutig erklären, daß sie (unbeschadet des unterschiedlichen rechtlichen Rangs) für eine Bestätigung dessen eintreten, was die Vereinten Nationen beschlossen haben, was in der Europäischen Erklärung der Menschenrechte steht und was in Helsinki vereinbart wurde.[31]

*Viertens:* Die freiwilligen Gruppen, die sich für die Menschenrechte und verfolgte Mitmenschen einsetzen, sollten politisch ermutigt, materiell stärker unterstützt und durch das Angebot vielfältiger Mitarbeit in einen besseren Stand als bisher versetzt werden. Unentbehrlich erscheint mir in diesem Zusammenhang auch der Hinweis auf eine möglichst unbürokratische Zusammenarbeit dieser freiwillig engagierten Gruppen mit der Regierung. Aktuelle Beispiele haben gezeigt, daß die Fähigkeit zur Anteilnahme, die Sensibilität unserer zuständigen Ämter und einiger unserer Vertretungen in anderen Ländern auf dem Gebiet der Menschenrechte noch manches zu wünschen übrigläßt.


Nr. 38
**Schreiben des Vorsitzenden der SPD, Brandt, an den Generalsekretär des ZK der KPdSU, Breschnew**
**24. Oktober 1977**[1]

*AdsD, WBA, A 9, 7.*


Sehr geehrter Herr Breschnew,
ich möchte auf Ihren Brief von Anfang Juli[2] zurückkommen und meiner Befriedigung darüber Ausdruck geben, daß auf den Gebieten der Entspannung, der Rüstungsbegrenzung und der Zusammenarbeit Fortschritte zu verzeichnen sind.

Damit meine ich die sich abzeichnende – und hoffentlich noch deutlicher werdende – Annäherung der sowjetisch-amerikanischen

Positionen bei SALT und in bezug auf den Nahen Osten, aber auch den im ganzen sachlichen Verlauf des Helsinki-Folgetreffens in Belgrad.[3]

Ich finde, daß nun politische Anstrengungen erforderlich sind, um bei den Wiener Verhandlungen[4] ein erstes Ergebnis in absehbarer Zeit zu erzielen. Darüber hinaus müssen bei anderen sich im nächsten Jahr bietenden Gelegenheiten die Gefahren der Rüstungseskalationen stärker bewußt gemacht werden.

Auf einer Tagung in Madrid Mitte dieses Monats[5] habe ich mich zu diesen Themen geäußert. Vielleicht hat man Ihnen hierzu schon berichtet; sonst können es Ihre Mitarbeiter sicher leicht nachholen.

In Ihrem Juli-Brief[6] hatten Sie eine Frage aufgeworfen, über die ich inzwischen mit einigen meiner engeren Freunde aus anderen europäischen Ländern gesprochen habe. Die Frage lautete: „Wäre es in dieser Situation nicht wichtig, keine ideologischen Differenzen zwischen den beiden Strömungen der Arbeiterbewegung in den Vordergrund zu schieben, sondern deren gemeinsamen Willen in den lebenswichtigen Fragen wie Frieden, Entspannung, Abrüstung, Bekämpfung von Krisenauswirkungen?"[7]

Zunächst stimme ich Ihnen zu: Wenn die Entspannung torpediert würde, stünden wir vor einer Situation, in der man noch mehr als heute erkennen würde, daß ideologische Auseinandersetzung nicht die wichtigste Frage unserer Zeit ist. Ich weiß nicht, wie Sie das beurteilen: Es gibt in meinem Land, aber auch sonst in West-Europa, es gibt weltweit – und da kann man sogar die Volksrepublik China einbeziehen – linksextreme oder sektiererische Tendenzen; aber in den meisten dieser Fälle handelt es sich weniger um ideologische, als um Probleme der Sicherheit auf den verschiedenen Ebenen; zum Teil handelt es sich natürlich um eine Verwirrung der Begriffe.

Umso wichtiger ist es, unabhängig von ideologischen Differenzen, in den „lebenswichtigen Fragen"[8] Fortschritte zu erzielen. Dabei wäre in diesem Zusammenhang zu klären, was unter „Bekämpfung von Krisenauswirkungen"[9] zu verstehen ist. Natürlich stellt es einen großen Fortschritt dar, wenn politische Krisen – und es gibt deren ja leider auf dieser Welt nicht wenige – gemeinsam bekämpft werden (sofern die Ideologie nicht verhindert, daß man sie als allgemeine politische Krisen erkennt und bezeichnet). Aber ohne Zweifel würde sich das Feld erweitern, wenn damit auch Krisen gemeint sind, die mit der weltwirtschaftlichen Entwicklung im Zusammenhang stehen. In diesem Falle gäbe es natürlich ein noch breiteres Feld gemeinsamer Interessen und miteinander verbundener Verantwortung.

Unserer Meinung nach liegt es auf der Hand, daß die ideologischen Differenzen reduziert werden könnten, wenn die Zusammenarbeit der Staaten auf den erwähnten Gebieten rascher vorankäme; darauf hat die Sowjetunion natürlich einen maßgeblichen Einfluß. Mit anderen Worten: Je stärker wir gemeinsam und abgestimmt zur Eindämmung oder Beseitigung von Krisen handeln, umso weniger brauchen wir Sorge zu haben, daß ideologische Differenzen sich in den Vordergrund schieben und überhandnehmen.

Im übrigen sollte man es auf beiden Seiten nicht an der Bereitschaft fehlen lassen, solche Differenzen, die logischerweise weiterbestehen, in möglichst zivilisierten Formen auszutragen. Sie wissen, daß es an meiner Bereitschaft dazu nicht fehlt.

Ich gehe wahrscheinlich richtigerweise davon aus, daß sie mit dem Zurückstellen ideologischer Fragen in das zweite Glied nicht die Situation in der Sowjetunion gemeint haben. Und umgekehrt gilt das auch für meine, Ihnen wohlbekannte Haltung in bezug auf die innere Lage in der Bundesrepublik Deutschland. Auf die in diesem Zusammenhang stehenden Fragen Westeuropas und zwischen Westeuropa und Osteuropa könnten wir bei passender Gelegenheit zurückkommen.

Zu bedanken habe ich mich noch dafür, daß Sie von meinen Plänen zur Bildung einer unabhängigen internationalen Kommission, die sich mit einigen Hauptproblemen der Nord-Süd-Beziehungen befassen soll[10], mit Interesse Kenntnis genommen haben. Daß Sie bereit sind, nachdem die Kommission gebildet, der Teilnehmerkreis bekannt und ihr Aufgabenbereich bestimmt ist, die Frage eventueller Kontakte sowie passende Formen solcher Kontakte zu erörtern, betrachte ich positiv. Ich werde mir erlauben, darauf zurückzukommen. Die Kommission wird ihre Arbeit wahrscheinlich im Dezember aufnehmen können. Ein Kontakt darüber könnte auch im Zusammenhang mit der Vorbereitung Ihres Besuches nützlich sein.

Wir hoffen, daß der Termin des Besuches in diesen Tagen geklärt wird.¹¹ Ich glaube in Übereinstimmung mit Helmut Schmidt, daß er nicht nur die bilateralen Beziehungen vertiefen, sondern auch auf die europäischen und internationalen Entwicklungen vorteilhaft einwirken könnte. Daß ich mich freuen würde, Sie dabei zu einem ruhigen und konstruktiven Gespräch wiederzusehen, brauche ich kaum hinzuzufügen.

Sie haben in den zurückliegenden Wochen Genugtuung gehabt, das bedeutende Werk einer neuen Verfassung abschließen zu können¹²; dazu möchte ich Sie beglückwünschen, nicht ohne ein Gefühl der Neugier, welche Erfahrungen Sie und die Sowjetunion damit machen.

Mit guten Wünschen und freundlichen Grüßen.
‹Willy Brandt›¹³


Nr. 39
**Schreiben des Generalsekretärs des ZK der KPdSU, Breschnew, an den Vorsitzenden der SPD, Brandt**
**1. Dezember 1977**¹

*AdsD, WBA, A 9, 7.*


Sehr geehrter Herr Brandt,
ich habe mich mit Interesse mit Ihrem jüngsten Brief² bekanntgemacht. Ich bin froh, daß unser nützlicher und konstruktiver Dialog einen regelmäßigen Charakter gewinnt. Ein Meinungsaustausch mit Ihnen hilft die Lage in der internationalen Arena besser einzuschätzen, was dann wiederum für die zu fassenden Beschlüsse wichtig ist.

Meine Kollegen und ich haben mit Genugtuung Ihre jüngste Aussage in Madrid zur Kenntnis genommen, daß es heute keine realistische Alternative zur Entspannung gibt, daß Wettrüsten die Situation der Unstabilität schafft und den Frieden bedroht.³ Eine derartige Einstellung sollte meiner Auffassung nach gegenüber allen anderen Problemen der Beziehungen zwischen unseren Staaten und Völkern absolut vorrangig sein.

Mir scheint, daß auf diesem Gebiet die Zeit gekommen ist, von gemeinsamen Beurteilungen der Lage zu konkreten Taten überzugehen. Bekanntlich haben wir eine Reihe von Vorschlägen zur Beherrschung des Wettrüstens gemacht.[4] Daneben haben wir mit großem Interesse die Äußerungen des Bundeskanzlers Schmidt auf dem Hamburger Parteitag der SPD[5] notiert über die Notwendigkeit, die Verhandlungen in Wien über die Reduktion von Streitkräften und Rüstungen in Mitteleuropa[6] zu intensivieren, und über die Absicht der Bundesregierung, neue Vorschläge in dieser Richtung zu machen.

Wenn wir die Ereignisse der letzten Jahre einschätzen, so können wir ohne weiteres sagen, daß in der Entspannungspolitik und in der Verbesserung der nachbarlichen Beziehungen der Länder in Ost- und Westeuropa nicht wenig erreicht wurde. Das ist unser gemeinsames politisches Kapital, das man hoch einschätzen soll. Ich habe aber schon mehrfach den Gedanken geäußert, daß es noch Kräfte gibt, die dieses Kapital zunichte machen wollen, und wir hätten ihre Aufgabe bedeutend erleichtern können, wenn wir auf dem Erreichten stehengeblieben wären und nicht weitergehen würden.

Natürlich kann man nicht alles auf einmal lösen. Die Entspannungsprozesse sind sehr vielschichtig. Sie bringen viel Neues in die internationalen Beziehungen und stellen uns vor Probleme, für deren Lösungen noch keine Erfahrungen gesammelt wurden.

Aber politische Tapferkeit besteht gerade darin, keine Angst vor dem Neuen zu haben, den Konservativismus von gestern zu überwinden und im Interesse der Zukunft der Völker zu handeln. Wir sind bestrebt, uns auch künftig genau so zu verhalten.

Ich danke Ihnen für Ihren Glückwunsch zur Beendigung der Arbeit an der neuen Verfassung der UdSSR. Wir wissen, wie hoch das sowjetische Volk diese Verfassung geschätzt hat als eines der wichtigsten Staatsdokumente, das unsere Errungenschaften spiegelt und die rechtspolitische Basis für die Lösung neuer Aufgaben schafft.[7]

Ich benutze diese Möglichkeit, Ihnen zu Ihrer Wiederwahl als Vorsitzender der SPD auf dem Hamburger Parteitag[8] zu gratulieren. Wir sind froh, daß die Positionen Ihrer Partei in Ihrem Land, wie die Lage zeigt, sich festigen und daß Ihre Partei zusammen mit Ihrem Koalitionspartner entschlossen ist, den realistischen außenpolitischen Kurs zu verfolgen, den Sie, sehr geehrter Herr Brandt, seinerzeit mit einem so großen Erfolg begonnen haben.

Ich hoffe, daß wir während Ihres Aufenthaltes in Moskau auf dem Wege nach Tokio[9] die Möglichkeit haben werden, uns zu unterhalten und noch ausführlicher besonders aktuelle Fragen zu besprechen.
Mit den allerbesten Wünschen.
gez[eichnet] L[eonid] I[ljitsch] Br[eschnew]


Nr. 40
**Aus dem Schreiben des Vorsitzenden der SPD, Brandt, an den jugoslawischen Staatspräsidenten, Tito**
**18. Januar 1978**[1]

*AdsD, WBA, A 9, 11.*


Verehrter Herr Präsident,
[...][2]
Ich bin dankbar für die mir übermittelten Grüße und natürlich auch dafür, daß Sie einen neuen Besuch in Ihrem Land angeregt haben. Mein Terminkalender ist für das Jahr 1978 schon reichlich strapaziert, aber ein wichtiger Arbeitsbesuch muß sich immer noch unterbringen lassen. Ich schlage also vor, daß wir den geeigneten Zeitpunkt durch die Mitarbeiter feststellen lassen.[3]
[...][4]
Lassen Sie mich, was unsere Lage angeht, nur auf folgendes hinweisen: Alle Wahrscheinlichkeit spricht dafür, daß unsere Koalition mit den Freien Demokraten sich unbeschadet der knappen parla-

mentarischen Mehrheit behauptet wird. Unsere ökonomische Lage ist besser als die der meisten vergleichbaren Länder. Trotzdem haben wir uns mit internationalen Folgewirkungen und strukturellen Schwierigkeiten auseinanderzusetzen, die uns hindern, in der Kooperation so aktiv zu werden, wie wir es gern möchten. Die SPD ist jedoch nicht allein auf die Aufgaben des Tages fixiert; sie arbeitet auf ihre Weise und unter unseren Bedingungen an den Perspektiven für die achtziger und neunziger Jahre, einschließlich der sich aus unserer Sicht ergebenden strukturellen Reformen. Besondere Sorgen bereiten uns die verderblichen Wirkungen, die vom Phänomen des Terrorismus[5] ausgehen. Gerade auch auf diesem Gebiet sollte eine noch engere Zusammenarbeit im beiderseitigen Interesse liegen.
[...][6]

Wir wünschen auch und möchten dazu beitragen, daß Ihr Verhältnis zur Europäischen Gemeinschaft substantiell verbessert wird. Dabei haben wir durchaus vor Augen, welche Bedeutung die Stabilität Jugoslawiens für den Frieden in Europa hat und welche Rolle der jugoslawischen Blockfreiheit für eine gedeihliche internationale Entwicklung beizumessen ist.

Ganz besonders liegt mir daran, Ihnen, Herr Präsident, zu bestätigen, daß wir uns trotz mancher Unklarheiten an anderen Orten und unbeschadet der Widerwärtigkeiten im eigenen Land nicht vom Kurs der Entspannung abbringen lassen, der logischerweise zu Konsequenzen auf dem Gebiet der Rüstungen führen muß. Es ist erklärte und unveränderte Politik der deutschen Sozialdemokraten, daß wir – über das hinaus, was jetzt auf der Belgrader Konferenz[7] behandelt wurde –, zur Ausgewogenheit und zum behutsamen Abbau von Rüstungen in Europa kommen müssen. Dies sollte seine Ergänzung in den Themen finden, die die vorgesehene Sondertagung der Vereinten Nationen[8] beschäftigen werden. Sie können sicher sein, daß wir uns, was immer auch andere behaupten, von dieser Orientierung nicht werden abbringen lassen.

Sie wissen, Herr Präsident, daß ich den Vorsitz einer unabhängigen Kommission[9] übernommen habe, die den Versuch unternehmen will – ohne den Regierungsverhandlungen in die Quere zu kommen –, das bislang dominierende Element der Konfrontation im Nord-Süd-Verhältnis zu überwinden. Wir müssen das überholte Konzept der „Hilfe" hinter uns lassen und die „Gegenseitigkeit von Interessen" neu interpretieren, und wir müssen die öffentliche Meinung hierfür mobilisieren. Auf jugoslawischer Seite hat es einige Mißverständnisse gegeben, als ich meine Kommission vorbereitete.[10] Inzwischen wird man verstanden haben, was es bedeutete, daß sich maßgebliche Vertreter aus Ländern wie Indien, Algerien und Tanzania zur Mitarbeit bereiterklärt haben; aus der industrialisierten Welt habe ich natürlich auch Konservative beteiligen müssen, denn gerade diese – oder einen Teil von diesen – gilt es sachlich zu überzeugen.[11] Es kann überhaupt keine Rede davon sein, daß die Arbeit meiner Kommission gegen die „Gruppe der 77"[12] oder gegen die Nichtgebundenen gerichtet wäre. (Dies wird neben anderem auch dadurch deutlich, daß ich für die Leitung des Expertenstabes in Genf einen Ihrer Bürger engagiert habe, der dafür seinen Posten bei der Weltbank aufgegeben hat, nachdem er das Programm der UNCTAD wesentlich mitgeformt hatte.)[13] Ich hoffe also, daß meinen Mitarbeitern und mir die Möglichkeit geboten wird, jugoslawischen Sachverstand in möglichst hohem Maße in die Arbeit der Kommission einzubeziehen. Wir können im übrigen wohl damit rechnen, daß die Sowjetunion und die Comecon-Länder[14] sich Erörterungen auf der Ebene von Experten nicht verschließen werden. Dies ist um so mehr zu begrüßen, weil in kommenden Jahren der Transfer eines auch nur bescheidenen Prozentsatzes von Rüstungsausgaben zu Entwicklungsleistungen eine Aufgeschlossenheit beider Supermächte voraussetzt.

Schließlich möchte ich noch ein Wort zu einem Thema sagen, von dem ich weiß, daß es einigen unserer jugoslawischen Freunde Sorgen bereitet: Sie wissen, daß ich seit etwas über einem Jahr auch der Vorsitzende jener Arbeitsgemeinschaft souveräner Parteien bin[15], die mit dem etwas ambitiösen Namen „Sozialistische Internationale" ausgestattet ist. Es liegt in der Natur der Sache, daß wir hier nicht ganz derselben Meinung sein können. Aber Sie sollen wissen, daß mir nicht daran liegt, zurückliegende Schlachten noch einmal zu führen. Ich bin auch nicht der Meinung, daß europäische Sozialdemokratie ein Exportartikel ist. Ganz im Gegenteil, während wir unseren Eurozentrismus überwinden, werden wir auch eine neue Prinzipienerklärung formulieren, welche die Positionen des Kalten Krieges hinter uns läßt (und übrigens auch das fatale Mißverständnis ausräumt, als ob wir als Gemeinschaft sozialdemokratischer Parteien mit dem westlichen Bündnis verheiratet wären und den Wert der Blockfreiheit nicht zu würdigen wüßten!).

Dies ist es, was ich Ihnen, Herr Präsident, bei dieser Gelegenheit gern übermitteln wollte. Ich verbinde hiermit die besten Wünsche für Ihr persönliches Wohlergehen und für Ihr politisches Wirken – das auch durch Ihre Reisen wieder so eindrucksvoll manifestiert wurde – sowie mit der Hoffnung, daß die besonderen Beziehungen zwischen zwei Parteien von besonderem Zuschnitt sich weiterhin gut entwickeln mögen.
Ihr
‹gez[eichnet] Willy Brandt›[16]

Nr. 41
**Interview des Vorsitzenden der SPD, Brandt, für den *Vorwärts*
2. Februar 1978**

*Vorwärts*, Nr. 5 vom 2. Februar 1978, S. 9.

Bewährungsprobe für die Entspannungspolitik

**Vorwärts:** In den Beziehungen zwischen den beiden deutschen Staaten, im Ost-West-Verhältnis allgemein hat es in der letzten Zeit Ereignisse gegeben, deren Folgen noch offen sind. Das Verhalten der DDR[1] und der Breschnew-Brief an die NATO-Staaten[2] sind zwei Beispiele. Sind sie Symptome dafür, daß die Bemühungen um eine Vertiefung der Entspannungspolitik zu scheitern drohen? Oder aber: Befinden wir uns im Normalzustand, im Alltag der Vertragspolitik?

**Brandt:** Die beiden Punkte, die Sie nennen, haben keinen direkten Zusammenhang miteinander. Im übrigen könnte man natürlich noch andere Vorgänge nennen, die sehr unterschiedlich zu beurteilen sind, die aber doch anzeigen, daß wir uns in einer labilen Situation befinden. Aber, und das ist wichtiger, sie sind – auch wenn es paradox klingt – zugleich der Beweis dafür, daß Entspannungspolitik in West *und* Ost zu etwas geworden ist, was sich im Zentrum politischer Entscheidungen angesiedelt hat. Keine verantwortliche Regierung wird sich davon leicht trennen können oder wollen. Das schließt die Gefahr von Rückschlägen nicht aus, wie die Erfahrung zeigt. Beide Seiten, mit einer Mehrzahl von Mitbeteiligten, können die Sache zum Guten wie zum Schlechten wenden. Wir stehen heute mitten in dem Entscheidungsprozeß, ob der Weg weiterbeschritten oder ob zugelassen werden soll, daß die bisher sich abzeichnenden Chancen der Friedenssicherung auf Jahre hinaus verschüttet werden. Deutsche und europäische Interessen sprechen eindeutig dafür, daß wir alles zu vermeiden suchen, was zu einer Verschüttung führen könnte.
**Vorwärts:** Wie lautet Ihre Schlußfolgerung aus dieser Kennzeichnung der politischen Lage?
**Brandt:** Ich rate zu einer entschlossenen und zugleich – wie ich immer wieder betont habe – illusionslosen Fortsetzung auf dem eingeschlagenen Weg. Es nützt niemandem und damit auch nicht dem friedlichen Ausgleich insgesamt, wenn eine Seite in ihren realen Möglichkeiten überschätzt oder überfordert wird. Ich will glcich hinzufügen: Meiner Meinung nach wird die Entspannung nur bestehen können, wenn sie in den nächsten Jahren auch auf dem Gebiet der Rüstungsbegrenzung bestätigt und konkretisiert wird.
**Vorwärts:** Das heißt also: Bewährungsprobe für die Entspannungspolitik?
**Brandt:** So kann man es nennen. Die Politik der Entspannung und aktiven Friedenssicherung hat heute in mehrfacher Hinsicht eine Bewährungsprobe zu bestehen. Alle müssen dazu einen Beitrag leisten, die Sowjetunion und ihre Verbündeten nicht anders als wir hier innerhalb unseres westlichen Bündnisses und mit unseren Bündnis-

partnern zusammen. Die Beiträge müssen konkret sein; sie müssen, ich wiederhole mich hier, auch an der Rüstungsentwicklung ablesbar sein. Von den beiden atomaren Supermächten hängt gewiß viel ab. Aber neben den beiden „Großen" tragen viele andere, nicht zuletzt wir als Bundesrepublik Deutschland, ihre eigene Verantwortung.

**Vorwärts:** Wie bekannt geworden, behandelt auch der Brief Breschnews an die NATO-Staaten[3] dieses Thema; allerdings in der Form einer Aufforderung, auf die Einführung der amerikanischen Neutronenwaffe zu verzichten. Was halten Sie von dieser Aufforderung?

**Brandt:** Viele reden über einen Brief, den sie nicht kennen. Davon abgesehen halte ich es für unbefriedigend, wenn die Sowjetunion polemisiert, ohne selbst einen Verzicht auf entsprechende waffentechnische Neuentwicklungen auszusprechen. Über die sogenannte Neutronenwaffe[4] ist bekanntlich noch nicht entschieden. Es wäre gut, wenn es einer solchen Entscheidung nicht bedürfte, wenn also weitere Umdrehungen der Rüstungsschraube vermieden werden könnten. Aber das erreicht man nicht, indem man den Ausbau der eigenen Rüstung forciert und zugleich eine Kampagne gegen das andere Bündnis in Gang setzt. Man erreicht es nur gemeinsam und nach dem Prinzip der Gegenseitigkeit in Vereinbarungen, und das bedeutet hier: in Verhandlungen zwischen West und Ost über die Rüstungsbegrenzung. Die „Grauzonenwaffen"[5], auch die der Sowjetunion, müssen hier einbezogen werden. Anders wird es nicht gehen.

**Vorwärts:** Geht es denn überhaupt?

**Brandt:** Man wird den ernsten Versuch machen müssen, wenn eine Eiszeit oder gar eine Zeit heißer Gefahren für die Menschheit vermieden werden soll. Der Weg geht über ernsthafte Verhandlungen, über Rüstungsbegrenzung und Rüstungskontrolle, und zwar über SALT II[6] hinaus möglichst bald hin zu einem ersten stabilisierenden Ergebnis der Bemühungen in Wien.[7] Dort ist ja in den vergangenen drei Jahren nützliche Vorarbeit geleistet worden.

**Vorwärts:** Bei der übergeordneten Frage, ob die Idee der Vertragspolitik insgesamt gefährdet ist, spielen die Lage in der DDR, das Verhalten der Partei- und Staatsführung dort eine entscheidende Rolle.[8] Worauf kommt es gegenwärtig in dieser Beziehung an?

**Brandt:** Es kommt zuallererst darauf an, daß man sich nicht abschottet, sondern daß man miteinander spricht. Dies geschieht, wie man weiß, und es geschieht, weil auf unserer Seite besonnen reagiert wurde. Vorgänge, die weder mit dem Buchstaben noch mit dem Geist vertraglicher Regelungen zu vereinbaren sind, darf man nicht unwidersprochen durchgehen lassen. Aber mit steriler Aufgeregtheit war und ist niemandem gedient. Ich will deutlich sagen: Es gibt zur Deutschlandpolitik der sozialliberalen Koalition, die auf vertraglichen Regelungen zwischen den beiden Staaten im Interesse des Friedens und der Menschen gegründet ist, heute ebensowenig eine realistische Alternative wie in den zurückliegenden Jahren. Es liegt im Interesse unserer ganzen Nation und ihrer Menschen, daß wir davon nicht abgehen. Es liegt im Interesse der Nation *und* der beiden Staaten und der Menschen, die in beiden Staaten leben. Europa erwartet von uns Deutschen, daß wir uns von dieser Einsicht nicht abbringen lassen.
**Vorwärts:** Wünscht man in der DDR nicht eine stärkere Trennung?
**Brandt:** Ich kann nicht in andere Köpfe hineinsehen. Aber wir haben doch gerade von Hans-Jürgen Wischnewski gehört, daß er nützliche Gespräche führen konnte und daß Voraussetzungen geschaffen wurden, um Hürden wegzuräumen.[9] Entscheidend ist doch die Frage, ob wir uns mit negativen Tendenzen abfinden oder ob wir uns allen Schwierigkeiten zum Trotz immer wieder um konstruktive Anknüpfungspunkte bemühen. Dazu muß freilich auch gehören, daß kleinliches Gerangel um Berlin aufhört und das Viermächte-Abkommen[10] vernünftig angewendet wird.
**Vorwärts:** Deutschlandpolitik, Ostpolitik, Entspannungspolitik – darüber ist jahrelang erbittert gestritten worden. SPD und FDP hatten für diese Politik eine Mehrheit der Bürger auf ihrer Seite, haben damit Wahlen gewonnen. Warum ist hier ein Meinungsumschwung eingetreten?
**Brandt:** Ist er eingetreten? Ich würde das nicht für abgemacht halten: Die Mehrheit unserer Bürger ist nach wie vor für die Verträge[11], die unser Verhältnis zu den Nachbarn im Osten auf eine Grundlage gestellt haben, von der aus Normalisierung erst möglich werden konnte. Das ist nun gewiß ein mühseliges Geschäft, Glanzlichter sind

selten, Begeisterung dafür ist schwer zu wecken. Aber die Regelungen, die wir, zumal im Verhältnis mit der DDR zustande gebracht haben, betreffen doch viele Millionen unserer Bürger, ihre unmittelbaren täglichen Lebensverhältnisse. Das wird noch deutlicher, wenn man die Ergebnisse der Verträge und Vereinbarungen mit den osteuropäischen Staaten mit einbezieht. Würde der Grundsatz geregelter Beziehungen zwischen beiden deutschen Staaten heute zur Abstimmung gestellt werden, die meisten würden ihm zustimmen. Ich halte es für kurzsichtig, außerdem für geschichtslos, daß die Führung der Opposition von einer differenzierten Haltung zur Deutschlandpolitik in den Jahren des Streits um die Verträge mittlerweile zu einem weitgehend totalen Nein abgerutscht ist.[12] Das ist schlimm für eine Partei, nein, für die beiden Parteien, die die Nation zwar immer im Munde führen, sich aber der gemeinsamen Verantwortung im harten Alltag immer mehr entziehen.

Nr. 42
**Aus dem Schreiben der Kreistagsabgeordneten und Landtagskandidatin der SPD Kiekheben-Schmidt an den Vorsitzenden der SPD, Brandt**
**10. April 1978**[1]

*AdsD, WBA, A 11.1,* 77.

Lieber Willy Brandt,
angesichts der jüngsten Diskussion um die Neutronenbombe halte ich es für dringend erforderlich, daß der Vorsitzende der SPD ein klärendes Wort spricht. Es kann doch wohl nicht angehen, daß der Vorsitzende und Minister einer anderen Partei in Washington die breite Zustimmung aller Bonner Parteien zur Lagerung dieser amerikanischen Waffe in der Bundesrepublik überbringt.[2] Es sind auch solche grundsätzlichen Fragen, auf die ich bei meiner partei- und kom-

munalpolitischen Tätigkeit hier vor Ort angesprochen werde. Ich jedenfalls sage dabei ein eindeutiges Nein zu der Neutronenbombe[3] und beziehe mich hier auch auf die Beschlüsse unserer Partei. Der Hamburger Parteitag der SPD hat im vergangenen Jahr die Neutronenbombe einstimmig verurteilt.[4] Dieser Beschluß sollte auch für unsere Abgeordneten und Regierungsmitglieder in Bonn verbindlich sein.
[...][5]

Gerade von Dir als Friedensnobelpreisträger wird erwartet, daß Du entschieden Stellung nimmst gegen eine Waffe, die unser Parteifreund Egon Bahr mit Recht eine Perversion des menschlichen Denkens[6] genannt hat.
Ich bitte Dich, lieber Willy Brandt, nicht länger zu schweigen.
Mit solidarischen Grüßen
‹Veronika Kiekheben-Schmidt›[7]


Nr. 43
**Schreiben des Vorsitzenden der SPD, Brandt, an die Kreistagsabgeordnete und Landtagskandidatin der SPD Kiekheben-Schmidt**
**3. Mai 1978**[1]

*AdsD, WBA, A 11.1, 77.*


Liebe Veronika Kiekheben-Schmidt,
wir haben uns in den letzten Wochen eingehend mit den von Dir beschriebenen Problemen beschäftigt. Tatsächlich besteht zwischen der Haltung des Bundeskanzlers bzw. der Bundesregierung und den Beschlüssen unserer Partei in bezug auf Bau und Lagerung von Neutronenwaffen kein Dissens.

Wir wollen, daß die Neutronenwaffe einbezogen wird in das Bemühen um Rüstungskontrolle und Abrüstung. Wir erwarten, daß hier Fortschritte erzielt werden können, die die Einführung und Stationierung der Neutronenwaffe in der Bundesrepublik überflüssig machen. Die Entscheidung des amerikanischen Präsidenten[2], die nach Konsultationen mit dem deutschen Außenminister und dem Bundeskanzler getroffen wurde, kann dem Ringen um eine Beendigung des allgemeinen Wettrüstens einen wichtigen Impuls geben.

Im übrigen gilt, was Bundeskanzler Schmidt in seiner Regierungserklärung vom 13. April 1978 vor dem Plenum des Deutschen Bundestages gesagt hat: „Die Bundesregierung hat sich schon zu Zeiten Konrad Adenauers feierlich zum Verzicht auf Atomwaffen verpflichtet. Wir haben diese Verpflichtung mit unserer Unterschrift unter dem Nichtverbreitungsvertrag bekräftigt."[3] Daran wird sich nichts ändern.

Du wirst ansonsten gerade in den letzten Tagen wohl festgestellt haben, wie wichtig mir das Thema Waffenentwicklung und Abrüstung ist.

Mit freundlichen Grüßen
‹gez[eichnet] Willy Brandt›[4]

Nr. 44
**Erklärung des Vorsitzenden der SPD, Brandt, zum Besuch des Generalsekretärs des ZK der KPdSU, Breschnew, in der Bundesrepublik**
**4. Mai 1978**

*Vorwärts, Nr. 18 vom 4. Mai 1978, S. 16 f.*

Willy Brandt: „Beide Völker lieben den Frieden und verabscheuen den Krieg"

Begegnungen der führenden Politiker zweier Staaten sind nicht allein Gradmesser für den Stand der Beziehungen, und doch behalten sie neben den laufenden diplomatischen Kontakten ihren besonderen Rang. Wenn der sowjetische Generalsekretär Leonid

Breschnew in dieser Woche in Bonn eintrifft, wird es zum sechsten Mal zu einer Begegnung zwischen ihm und dem Bundeskanzler der Bundesrepublik Deutschland kommen – zum sechsten Mal innerhalb von acht Jahren. Gespräche auf dieser Ebene fanden zweimal, 1970 und 1974, in Moskau statt; zweimal, 1973 und 1978 in Bonn; einmal, 1971, in Oreanda und ein weiteres Mal, 1975, in Helsinki.[1] Ohne daß dies überbewertet werden darf: Die Dichte des Kontaktes illustriert ein wenig vom Engagement beider Seiten, nach einer langen und leidvollen geschichtlichen Vergangenheit und einer noch längeren Periode des beiderseitigen Mißtrauens und der Abgrenzung, ein Verhältnis der praktischen Kooperation zu entwickeln und den Versuch zu unternehmen, Vertrauen aufzubauen.

Der Vertrag zwischen der Bundesrepublik und der Sowjetunion vom 12. August 1970[2] war ein Anfang. Rückschläge sind uns seither nicht erspart geblieben. Es wäre vermessen zu behaupten, es gebe kein Mißtrauen mehr. Aber wir sind von dem eingeschlagenen Weg nicht abgekommen; es ist der Weg zu normalen Beziehungen, und das muß, im Verhältnis zwischen unseren Staaten, immer zugleich auch heißen: engen Beziehungen. Die UdSSR ist eine Weltmacht, die Bundesrepublik Deutschland ein Staat mittlerer Größe von wirtschaftlichem und politischem Gewicht. Das Verhältnis der beiden zueinander sollte unter einem dreifachen Gesichtspunkt betrachtet und weiterentwickelt werden: der bilateralen Bedeutung, der Bedeutung als friedenssichernder Faktor in Europa und der Bedeutung als Element der weltweiten Bemühungen um den Abbau von Spannungen.

## I.

Die bilateralen Beziehungen sind in den Jahren seit 1970 ein gutes Stück vorangekommen. Handel und wirtschaftliche Kooperation haben zugenommen[3] – nicht in dem Maße, in dem optimistische Erwartungen sich manchmal bewegten, und auch von den Schwierigkeiten des Alltags nicht frei. Aber es ist in diesem Bereich eine Verstetigung und eine Konsolidierung möglich. Die Felder der prak-

*Die Entspannung unzerstörbar machen: Willy Brandt im Gespräch mit dem sowjetischen Staats- und Parteichef, Leonid Breschnew, während dessen Besuch in der Bundesrepublik Deutschland im Mai 1978.*

tischen Zusammenarbeit zu erweitern, kann eine wichtige Aufgabe dieser Tage sein. Kultureller und wissenschaftlicher Austausch, auch die Zahl der Begegnungen zwischen den Menschen in beiden Staaten haben zugenommen.

Sicherlich hat man sich auf diesen Gebieten noch nicht frei gemacht vom Gefühl des Außergewöhnlichen, man ist mitten auf dem Weg zur Normalität. Es kommt nicht nur darauf an, Abkommen zu schließen; Papiere schaffen noch kein Vertrauen, das weiß ich wohl. Und doch können Abkommen, in denen auf Interessen und Bindungen beider Seiten gebührend Rücksicht genommen wird, dazu beitragen, daß das Außergewöhnliche zum Normalfall wird. Das kann sich auch auf Berlin nur positiv auswirken.

229  Brandt zum Besuch Breschnews in Bonn, 4. Mai 1978

## II.

Im europäischen Rahmen muß festgehalten werden, daß für das deutsch-sowjetische Verhältnis, wie das Verhältnis zu allen anderen Nachbarn und Partnern, ein unumkehrbares Prinzip der Politik der Bundesrepublik Deutschland gilt: ausgehend von der wirklichen Lage, die der Zweite Weltkrieg hinterlassen hat, an der Friedenssicherung mitzuwirken – unter Verzicht auf Androhung und Anwendung von Gewalt. Interessengegensätze und Meinungsverschiedenheiten hat es immer gegeben, und es wird sie weiterhin geben; nichts wird verkleistert. Aber nach der langen Periode des fruchtlosen Kalten Krieges war und bleibt es notwendig, daß die Bundesrepublik alle in ihrer Macht liegenden Schritte tat und weiterhin tun muß, die den Charakter des Konfliktes zwischen Ost und West verändern helfen.

Das heißt, wir haben – unter zum Teil großen inneren Schwierigkeiten – uns aus der Fixierung auf die Vergangenheit gelöst und den Blick auf die Gestaltung der Zukunft gerichtet. Was man, aus deutscher Sicht, neue Ostpolitik nannte, war der Beginn dieses Versuchs, den Charakter des Konfliktes in Mitteleuropa zu verändern.[4] Dieser Versuch muß weitergeführt werden. Die Konferenz für Sicherheit und Zusammenarbeit in Europa[5] mag man als bisher sichtbarsten Ausdruck des neuen Verhältnisses der Staaten ansehen.

Jeder hat damit seine Schwierigkeiten gehabt und wird sie, die Folgetreffen zeigen es, weiter behalten. Das Wagnis, miteinander zu sprechen, notfalls auch zu streiten, ist man eingegangen. Man wird sich ihm in Zukunft nicht mehr entziehen können.

Es gibt einen anderen Bereich, den der Rüstung, zu dem wir uns fragen müssen, ob notwendige Entscheidungen nicht bedrohlich lange offen geblieben sind. Im Zentrum Europas ist heute mehr Zerstörungskraft angesammelt als jemals zuvor. Die Konzentration von Truppen und Rüstungen ist mehr als ein Ergebnis des Kalten Krieges: der Übergang von der Konfrontation zur Kooperation, den die Politik einzuleiten versuchte, ist auf dem militärischen Bereich noch ohne sichtbaren Einfluß geblieben.

Die Sowjetunion und die Bundesrepublik sind davon in einem besonderen Maße berührt, wenn auch aus unterschiedlichen Gründen. Eins gilt für beide: die politische Zusammenarbeit wird Rückschläge nur vermeiden können, wenn auch durch Schritte auf militärischem Gebiet Mißtrauen eingedämmt und Vertrauen entwickelt werden können. Weder allein die Sowjetunion noch gar das viel kleinere Land Bundesrepublik können hier einzeln etwas bewirken. Aber sie können, jeder auf dem Feld seiner besonderen Verantwortung, Anstöße geben. Rüstungskontrolle und Abrüstung müssen zwingend dem Versuch zur politischen Kooperation folgen.

**III.**
Für die Menschen in der Bundesrepublik und der Sowjetunion gilt: beide Völker lieben den Frieden und verabscheuen den Krieg. Sie sind – gleich den anderen Völkern – mit ihren Regierungen daran interessiert, daß der Friede, wie wir ihn heute kennen, sicherer wird. Jede Seite hat ihren Beitrag zu leisten, damit auch die über Europa hinausgreifenden Bemühungen einer international friedenssichernden Politik wirksamer werden.

Den Großmächten kann die Hauptlast der Verantwortung von niemandem abgenommen werden. Wir haben an sie appelliert, die Chancen einer weiteren Vereinbarung über die Begrenzung der interkontinental wirksamen Zerstörungsmittel zu nutzen. Wir wissen, daß es einen Zustand der Sicherheit im europäischen Rahmen nicht geben kann, wenn er nicht auch zwischen den Supermächten gefunden wird. Wir wissen auch, daß von anderen regionalen Konfliktherden außerhalb Europas große Gefahren für den Weltfrieden ausgehen.

Friedenspolitik hat in jeder Beziehung globalen Charakter angenommen. Jeder absprachefreie Raum – betreffe er nun die Geographie oder neue waffentechnologische Entwicklungen – kann zu einer neuen Bedrohung werden.

Unser Verhältnis zur Sowjetunion wird zunehmend auch davon bestimmt sein, wie die Staaten in der Lage sein werden, zu einem friedlichen Ausgleich zwischen Nord und Süd beizutragen. Die Erkenntnis, daß westliche und östliche Industrienationen ein gemeinsames Interesse daran haben, es nicht zu einem, den Frieden bedrohenden Konflikt zwischen armen und reichen Nationen kommen zu lassen, kann, sofern sie sich einnistet, ermutigend sein. Es ist möglich, daß über diese Fragen zwischen zuständigen Gesprächspartnern auf deutscher und sowjetischer Seite ein Gespräch in Gang kommt. Das wäre ein weiterer Beweis für den Wert guter gegenseitiger Beziehungen im Interesse internationaler Friedenspolitik.

Es mag aufgefallen sein, daß bisher das Wort „Entspannung" nicht gefallen ist. Und doch hat alles, was hier zum deutsch-sowjetischen Verhältnis zu sagen war, nur damit zu tun: wie es uns gelingen kann, den zwischen unseren und anderen Staaten in Gang gekommenen Entspannungsprozeß unzerstörbar zu machen? Wir befinden uns jetzt in einer Phase der Bewährung.[6] Es ist wichtig, daß in der bevorstehenden Begegnung der führenden Männer beider Staaten erneut der Wille deutlich wird, einen Beitrag dazu zu leisten, damit die Entspannungspolitik diese Bewährungsprobe besteht.


Nr. 45
**Hs. Schreiben des Vorsitzenden der SPD, Brandt, an den Generalsekretär des ZK der KPdSU, Breschnew**
**4. Mai 1978**[1]

*AdsD, WBA, A 9, 7.*


Sehr geehrter Herr Generalsekretär, lieber Leonid Iljitsch,
dem hiesigen Protokoll würde es nicht entsprochen haben, wenn ich mich heute vormittag zu Ihrem Empfang auf dem Flugplatz[2] eingefunden hätte.

Umso herzlicher ist der Willkommensgruss, den ich Ihnen auf diesem Wege entbieten möchte. Es ist gut, dass Sie gekommen sind, und ich hoffe sehr, dass sich die Anstrengungen lohnen werden.

An den beiden offiziellen Essen werde ich nicht teilnehmen können, weil ich wichtige Wahlkampftermine[3] wahrzunehmen habe. Ich

**WILLY BRANDT**
VORSITZENDER DER SPD

OLLENHAUERSTR. 1, 5300 BONN
ERICH-OLLENHAUER-HAUS
TELEFON 02221/532 309

den 4. Mai 1978

Sehr geehrter Herr Generalsekretär,
lieber Leonid Iljitsch,

dem hiesigen Protokoll würde es nicht entsprochen haben, wenn ich mich heute vormittag zu Ihrem Empfang auf dem Flugplatz eingefunden hätte.

Umso herzlicher ist der Willkommensgruß, den ich Ihnen auf diesem Wege entbieten möchte. Es ist gut, daß Sie gekommen sind, und ich hoffe sehr, daß sich die Anstrengungen lohnen werden.

An den beiden offiziellen Essen werde ich nicht teilnehmen können, weil ich wichtige Wahlkampftermine wahrzunehmen habe. Ich begrüße es sehr, daß ich Sie am Freitagabend auf Schloß Gymnich aufsuchen kann.

Vorweg nur dies: Es wurde schon viel Zeit verloren, und wir stehen jetzt an einem vielleicht entscheidenden

*Erste Seite des Schreibens Willy Brandts an den Generalsekretär des ZK der KPdSU, Leonid Breschnew, vom 4. Mai 1978.*

begrüsse es sehr, dass ich Sie am Freitagabend auf Schloss Gymnich[4] aufsuchen kann.

Vorweg nur dies: Es wurde schon viel Zeit verloren, und wir stehen jetzt an einem vielleicht entscheidenden Punkt. Ich denke, wir stimmen darin überein, dass die Entspannung nur überleben wird, wenn sie durch Massnahmen auf dem Gebiet der militärischen Sicherheit ergänzt und verfestigt wird.

Wir haben darüber schon 1971 in Oreanda gesprochen[5] und waren uns über die Schwierigkeit des Problems durchaus im klaren. Jetzt ist es wichtig, dass – über das Bilaterale hinaus – Impulse vermittelt werden, die im europäischen und internationalen Masstab der Friedenssicherung zugute kommen.

Es gibt daneben viele Details. Auch von Berlin wird wieder die Rede sein. Gehen Sie, bitte, davon aus, dass meine Freunde und ich keine Manipulation im Sinn haben, die den status quo zu unseren Gunsten verändern würde.
Mit allen guten Wünschen und Auf Wiedersehen!
Ihr
Willy Brandt


## Nr. 46
**Schreiben des Vorsitzenden der SPD, Brandt, an den Ersten Sekretär des ZK der PVAP, Gierek**
**1. Juni 1978**[1]

*AdsD, WBA, A 11.15, 18.*


Sehr geehrter Herr Erster Sekretär,
wir haben die Möglichkeit ins Auge gefaßt, einander von Zeit zu Zeit über Vorgänge zu unterrichten, die normalerweise nicht im Rahmen der Regierungskontakte behandelt werden. Ich möchte mich heute kurz zu vier Fragen äußern:

1. Der Besuch, den Leonid Breschnew Anfang Mai in der Bundesrepublik machte, hat ein befriedigendes Ergebnis erbracht.[2] Beide Seiten haben den Willen zur Fortsetzung der Entspannungspolitik auch dadurch unterstrichen, daß ein auf 25 Jahre befristetes wirtschaftliches Rahmenabkommen unterzeichnet wurde; dies entsprach, was in der Kommentierung nicht überall zum Ausdruck kam, einem deutschen Vorschlag.[3]

Zum anderen sehen wir in der am 6. Mai unterzeichneten Politischen Deklaration Ansatzpunkte, von denen aus die Wiener Verhandlungen vorangebracht werden könnten. Dies gilt u.a. für die Formel von der „ungefähren Gleichheit und Parität"[4] sowie für die sowjetische Bestätigung, daß auch die sog[enannten] Grauzonenwaffen[5] in Verhandlungen einbezogen werden sollen – sei es bei SALT, in Wien oder auf andere Weise.

2. In meinem Gespräch mit Generalsekretär Breschnew[6] kam natürlich auch zur Sprache, was Boris Ponomarjow kurz vorher auf der Abrüstungskonferenz vorgetragen hatte, die die Sozialdemokratische Partei Finnlands gemeinsam mit der Sozialistischen Internationale in Helsinki durchführte.[7] Dorthin waren, wie Sie wissen werden, je ein hochrangiger Vertreter der USA und der UdSSR eingeladen worden, um die Positionen dieser beiden Seiten darzulegen.

Ich habe L[eonid] I[ljitsch] Breschnew erläutert, daß man das lebenswichtige Thema der Rüstungsbegrenzung mit dem unverändert schwierigen (und aufgrund der Gegebenheiten in einer Reihe von Ländern sich unterschiedlich darstellenden) Verhältnis zwischen Sozialdemokraten und Kommunisten nicht vermengen sollte. Die Idee gemeinsamer Konferenzen würde der Sache der Abrüstung zum Beispiel nicht dienen. Demhingegen würde ich der neugebildeten Abrüstungs-Studiengruppe der SI[8] empfehlen – was inzwischen geschehen ist –, sich sowohl in Washington wie in Moskau zu unterrichten und auch die Auffassungen der Gruppe der Non-aligned[9] einzubeziehen. (Die an mich gerichtete Einladung, die Sowjetunion zu besuchen[10], die ich im Prinzip gern angenommen habe, wurde hiervon getrennt.)

3. Mit der sowjetischen Führung wurde Einvernehmen darüber erzielt, daß Mitglieder des Genfer Sekretariats der von mir geleiteten „Unabhängigen Kommission für internationale Entwicklungsfragen"[11] noch vor der Sommerpause in die sowjetische Hauptstadt gehen und dort – auf der Ebene des Weltwirtschaftlichen Instituts – Expertengespräche führen können. Sie werden durch meinen Freund Egon Bahr eingeführt werden.

Ich hoffe sehr, daß hierdurch auch mit den RGW-Staaten[12] zur Nord-Süd-Problematik ein inoffizieller Meinungsaustausch in Gang kommt, der uns dabei hilft, die Gemeinsamkeit von Regeln und Interessen bei den künftigen weltwirtschaftlichen Beziehungen zu definieren.

4. Auf der letzten Bürositzung der Sozialistischen Internationale in Dakar haben die Nord-Süd-Fragen im Mittelpunkt gestanden.[13] Dabei haben wir begonnen, den Zusammenhängen zwischen Weltrüstung und Weltentwicklung besondere Aufmerksamkeit zuzuwenden. Ich hoffe, daß dieses Thema durch die Sondergeneralversammlung der Vereinten Nationen[14] weltweit ins öffentliche Bewußtsein gerückt wird. Die nordischen Staaten haben einen Vorschlag vorbereitet, wie dieses Thema nach der Sondergeneralversammlung weiterzubehandeln wäre.

Mit freundlichen Grüßen

‹gez[eichnet] Willy Brandt›[15]

Nr. 47
**Interview des Vorsitzenden der SPD, Brandt, für die Deutsche Welle**
12. Juni 1978

*Sozialdemokraten Service Presse Funk TV, Nr. 266 vom 12. Juni 1978.*

Frage: Herr Brandt, Sie haben Bulgarien und Rumänien besucht und dort mit den Staats- und Parteiführern gesprochen, mit Todor Shiwkow [sic] in Sofia und Nikolae Ceausescu [sic] in Bukarest.[1] Ist es richtig, dass es dort Befürchtungen gibt, dass die Entspannungspolitik ins Stocken geraten könnte?
Antwort: Das würde man wohl so sagen können, wenngleich es eine wichtige Nuance gibt. Der erste Mann in Bulgarien beurteilt den Ausgang der Belgrader Konferenz, also der ersten Helsinki-Nachfolge-Konferenz[2], positiver als der rumänische Präsident. Herr Shiwkow ist eher geneigt zu sagen: es hat jedenfalls kein Scheitern gegeben, es ist etwas in Gang gekommen, was nun zu einem weiteren Treffen führen wird, wenn auch erst im übernächsten Jahr in Madrid.[3] Die rumänische Seite ist ungeduldiger und möchte, dass es rascher vorangeht. In beiden Fällen allerdings hat die Rüstungsproblematik eine Rolle gespielt und ist – wenn auch zum Teil mit eigenen Begründungen – meiner These zugestimmt worden, dass die politische Entspannung die nächsten Jahre nicht überleben wird, wenn sie nicht abgesichert wird durch Vereinbarungen auf militärischem Gebiet.
Frage: Nun gibt es hier ja eine verbale Übereinstimmung schon seit einiger Zeit, wie Sie eben sagten, die Notwendigkeit, dass der politischen Entspannung die militärische folgen soll. Haben sich bei Ihren Gesprächen irgendwelche konkreten Ansatzpunkte gezeigt, konkrete Möglichkeiten abgezeichnet?
Antwort: Nein. Das ist ja auch vielmehr eine Frage zunächst einmal: wie geht es zwischen Russland und Amerika weiter? Wird das zweite Abkommen über die Begrenzung strategischer Rüstungen[4] zustande-

kommen? Wie rasch wird es zustandekommen? Zweitens: Gibt es einen Durchbruch in Wien bei den Truppenverhandlungen Mitteleuropas[5], eine Öffnung, so dass in absehbarer Zeit, wenn nicht in diesem, dann im nächsten Jahr, ein erstes Teilabkommen denkbar wäre? Da tappt man ja noch weitgehend im Dustern. Beide haben, Shiwkow und Ceausescu, sich stark mit den Themen befasst, die jetzt in New York diskutiert wurden auf der Sondergeneralversammlung der Vereinten Nationen.[6] Aber es war nicht zu erwarten, dass man aus diesen Gesprächen etwas würde ableiten können, was – wie Sie es nannten – jetzt und für die nächste Zeit konkret voranführt.
Frage: Haben Sie schon diskutiert über die sowjetische Antwort auf die westliche Initiative in Bezug auf MBFR?[7]
Antwort: Nein.
Frage: Herr Brandt, hat die Situation in Afrika bei Ihren Abrüstungsgesprächen oder Entspannungsgesprächen eine gewisse Rolle gespielt?
Antwort: Ja.
Frage: In welcher Hinsicht?
Antwort: An beiden Stellen – an der einen vielleicht noch etwas mehr als an der anderen – eine Sorge, dass Afrika oder vielleicht kann man auch sagen der nahöstlich-afrikanische Raum zu einem ausgesprochenen Pulverfass werden könnte, nachdem in den fünfziger und sechziger Jahren Stellvertreter-Kriege in Asien geführt worden sind.[8] Die Besorgnis, dass Interventionen von verschiedener Seite – wie man dann sagt bei solchen Gelegenheiten – die Lage komplizieren können. Jetzt will ich niemanden in einen falschen Verdacht bringen. In Sofia ist man – wie jedermann weiss – sehr darauf bedacht, die sowjetische Politik nicht kritisch unter die Lupe zu nehmen. In Bukarest äussert man sich unbefangener. Aber in beiden Fällen ist gesagt worden, man müsse eigentlich dafür sorgen, dass die Afrikaner ihre Dinge selbst in Ordnung brächten, jeweils im eigenen Land und in der Organisation für Afrikanische Einheit.[9] Das lässt sich natürlich auch leichter sagen, als praktisch durchhalten.

Es ist auch gesprochen worden über konkretere Fragen, denn beide Länder haben, wenn auch begrenzt, Entwicklungsprojekte in mehreren afrikanischen Staaten.

Frage: Wie ist Ihre Überlegung in Bukarest angekommen, Herr Brandt, eine Art internationaler Steuer auf Rüstungsproduktionen einzuführen? Lässt sich so etwas tatsächlich verwirklichen? Aus der CSU kommt soeben der Vorwurf, eine solche Besteuerung erlaube es der wirtschaftlich schwächeren Sowjetunion, ihre militärische Hochrüstung weiter fortzusetzen?[10]

Antwort: Wenn das ein Vorwurf ist, dann müsste er an die Adresse des französischen Staatspräsidenten Giscard gerichtet werden. Denn die französische Regierung hat den von mir nicht gebilligten, nicht für praktikabel gehaltenen Vorschlag gemacht, eine Art Abgabe auf Waffenexporte zu legen.[11] Ich befürchte, dass dies nur dazu führt, dass dann ein anderes Argument als das der CSU dazu führt, dass man die Kosten einer solchen Abgabe auf den Preis draufschlagen würde. Ich habe nicht ein anderes Modell vorgeschlagen. Ich habe gesagt: Wenn ich die hochrangige Expertendiskussion der letzten Monate verfolge, dann schält sich deutlich heraus – nicht von heute auf morgen, aber für das nächste Jahrzehnt –, dass es wohl darauf hinausläuft, für bestimmte Entwicklungsvorhaben eine Art internationaler Steuer, nicht individueller Steuer, sondern eine Art auf die Staaten bezogene Steuer einzuführen, die sich dann orientieren müsste im wesentlichen an der Wirtschaftskraft der einzelnen Staaten. Vielleicht aber könnte auch als ein zusätzlicher Indikator der Verteidigungsetat mit herangezogen werden. Wenn man dies täte, würde übrigens der Einwand der CSU nochmal ins Leere gehen, denn keiner wird sagen können, dass die Sowjetunion einen geringen Verteidigungsetat hätte, oder, dass, wenn man ihn berechnet, im Verhältnis zum Sozialprodukt, dass er einen geringeren Anteil darstellte als etwa die Vereinigten Staaten. Ganz im Gegenteil.

Solche Vorschläge kommen ja zum Teil von eher konservativ eingestellten Herren. Es gibt einen prominenten, nicht mehr ganz jungen Japaner, der zunächst bei der Weltbank war, dann die Entwicklungsbank für Asien aufgebaut hat mit grossem Erfolg, die in Manila ihren Sitz hat, Herr Watanabe[12], der hat bisher am konkretesten den Vorschlag einer solchen internationalen Abgabe oder Steuer zur Diskussion gestellt. Ich habe nur darauf hinweisen wollen.

Das ist eines der Themen, über die man wird nachdenken und diskutieren müssen. Und mehr ist da im Moment noch nicht drin. Und es wäre wenig hilfreich, wenn ein solcher Gegenstand nun bei uns einfach in parteipolitische Polemik hineingezogen würde.

Frage: Wie beurteilen Sie das Verhältnis der Bundesrepublik zu den beiden Ländern, die Sie besucht haben in Süd-Ost-Europa?

Antwort: An beiden Stellen ist mir versichert worden, dass man die Beziehungen für gut halte. In beiden Ländern bezieht sich das vor allem auf die wirtschaftlichen Beziehungen. In beiden Ländern möchte man gerne, dass das ausgebaut würde und möchte wohl gerne, dass die deutsche Seite dazu auch noch zusätzliche Voraussetzungen schafft. Dabei wird häufig unterschätzt, dass die Möglichkeiten einer Regierung in unserer Art von Ordnung sehr viel begrenzter sind als in einem Staatshandelsland. Es werden auch die Schwierigkeiten unterschätzt, die sich für uns aus der weltwirtschaftlichen Krise ergeben haben.[13] Aber in beiden Ländern ist es sehr gut vorangegangen mit der wirtschaftlichen Zusammenarbeit, auch der kulturelle Austausch ist nicht schlecht. Die politische Zusammenarbeit kann vermutlich – die Konsultationen, der Meinungsaustausch – verstärkt werden. Ich habe ein paar Wünsche, die es dort gibt, mir gerne angehört. Ich habe dem Bundeskanzler dazu einen Brief geschrieben. Wir werden im einzelnen noch darüber sprechen. Er war jetzt selbst erst Anfang des Jahres in Bukarest.[14] Ein direkter Kontakt zu Shiwkow liegt schon ein bisschen zurück.[15] Das ist mein Eindruck: Es läuft ganz gut. Für mich waren das keine Hauptthemen. Aber wenn man schon solche Reisen macht und über Nord-Süd und europäische Fragen spricht, dann kann man natürlich sich nicht ablehnend verhalten, wenn der jeweilige Partner sagt, ob er nicht auch noch dies oder jenes zur Sprache bringen könnte, was die – wie man so sagt – bilateralen Beziehungen zwischen den beiden Staaten angeht.

Nr. 48
**Beitrag des Vorsitzenden der SPD, Brandt, für den *SPD-Pressedienst***
**15. August 1978**

*Sozialdemokraten Service Presse Funk TV, Nr. 385/78 vom 15. August 1978.*

10 Jahre 21. August

Zehn Jahre sind vergangen, seit Truppen der Warschauer-Pakt-Staaten in die verbündete Tschechoslowakei einrückten und einem Bemühen um Demokratisierung, das durch viel Sympathie und Hoffnung begleitet war, ein brutales Ende bereiteten.[1] Ob man es in Moskau, in Ostberlin oder anderswo gern hört oder nicht: Der Betroffenheit von damals ist heute wenig hinzuzufügen, von der damaligen Empörung ist nichts abzustreichen.

Es ist deprimierend, in diesen Tagen noch einmal lesen zu müssen, von dem Vorhaben der Prager Reformer seien friedensgefährdende Wirkungen ausgegangen.[2] Um so mehr Respekt verdienen jene tschechoslowakischen oppositionellen Patrioten, die – ob in ihrer Heimat oder im Exil – trotz aller Bedrückungen den Schild des Prager Frühlings reingehalten haben. Mit guten Argumenten haben sie sich auf das gesamteuropäische Dokument von Helsinki berufen. Mit beeindruckender Konsequenz haben sie sich zur Politik der Entspannung bekannt.[3]

Gerade weil dies so ist und weil bittere Erfahrungen nicht in den Wind geschlagen werden dürfen, kommt es jetzt noch einmal darauf an, sich von solchen Kräften abzugrenzen, die die Erinnerung an den August 1968 für einen entspannungsfeindlichen und wirklichkeitsfremden Kurs in Anspruch nehmen möchten. Reaktionäre Feigenblätter können im übrigen nur sehr vordergründig denen helfen, die als Mitverantwortliche für die seinerzeitige Intervention – hoffentlich – an einem Stück schlechten Gewissens tragen.[4]

Was die Männer um Alexander Dubcek [sic] in Richtung auf einen „Sozialismus mit menschlichem Antlitz" versuchten, ist überrollt worden, hat aber von der geschichtlichen Tagesordnung nicht gestrichen werden können.[5] Die Krise und das Elend der Tschechoslowakei haben beispielsweise jene Entwicklung mitbeeinflusst, die etwas zu einfach „Eurokommunismus"[6] genannt wird. Dies ist eine Entwicklung, die bei aller gebotenen Zurückhaltung und ohne Verwischung grundsätzlicher Positionen weiterhin mit Interesse verfolgt zu werden verdient.

Ein anderer Aspekt sollte daneben nicht zu kurz kommen: Der Prager Frühling des Jahres 1968 unterscheidet sich in vielerlei Hinsicht von dem „ostdeutschen" Juni des Jahres 1953[7] und dem ungarischen Oktober des Jahres 1956.[8] Aber gemeinsam ist doch die nüchterne Erfahrung, dass im sowjetischen Machtbereich harte Mechanismen ausgelöst werden, sobald sich Entwicklungen zeigen, die dem Machtzentrum unkontrollierbar erscheinen oder auch nur das Parteimonopol in Frage stellen.

Es ist eine mehrfach bestätigte Erfahrung, dass diesem Machtmechanismus mit idealistischen Zielvorstellungen allein nicht beizukommen ist. Aber auch, dass in die Irre geht, wer in solchen Fällen damit rechnet, dass ein Gewaltaufgebot von aussen etwas zu ändern vermöchte. Und doch muss sich hieraus kein resignierender Schluss ergeben.

Eine weitere Erfahrung besagt nämlich, dass sich Reformprozesse in aller Regel nach einer Pause fortsetzen, wenngleich meistens in veränderter Form. Die Situation nach fünf oder zehn Jahren ist mit der Ausgangslage kaum mehr vergleichbar. Dies ist freilich ein schwacher Trost für jene aufrechten Menschen in der Tschechoslowakei, die immer noch in sinnloser Weise schikaniert und gedemütigt werden.

Für uns im Westen, besonders für uns Sozialdemokraten folgt daraus: Es gibt keine vernünftige Alternative zu einer Politik, die beharrlich darauf abzielt und illusionslos darum bemüht ist, Spannungen abzubauen. Dies war und bleibt geboten, um den Frieden sicherer zu machen. Es bleibt auch geboten, um verkrustete Machtstrukturen zu lockern und den menschlichen Freiheitsrechten zu grösserer Entfaltung zu verhelfen.

Manches von dem, was neuerdings unter Berufung auf die Menschenrechte propagiert und diskutiert wird, geht an der Wirklichkeit vorbei. Eine Grundsatzposition, die über jeden Zweifel erhaben ist, darf weder die Gesamtkonstellation übersehen noch die regionalen und nationalen Gegebenheiten ausser acht lassen. In unserem Teil der Welt führt für alle diejenigen, denen es ernst ist mit Demokratie und Menschenrechten, an der Politik der Entspannung kein Weg vorbei.

Davon haben wir uns schon vor zehn Jahren leiten lassen, als wir erschütterte Zeugen der tschechoslowakischen Tragödie waren. Wir haben uns, so schwer es auch gefühlsmässig gewesen sein mag, von dem als richtig erkannten Weg nicht abbringen lassen. Angesichts neuer Herausforderungen, Unklarheiten und Verwirrungen dürfen wir uns davon auch jetzt nicht abbringen lassen.

Entspannung, sachliche Zusammenarbeit und solide Friedenssicherung sind objektiv wichtiger als alles andere. Sie sind auch die Voraussetzung dafür, dass sich demokratischer Sozialismus in nationaler Unabhängigkeit verwirklichen kann. Der 21. August 1968 bleibt unvergessen und unvergesslich – auch und gerade in dem Sinne, dass es grosser Behutsamkeit und hohen Verantwortungsbewusstseins bedarf, um Chancen demokratischer Eigenverantwortlichkeit nicht zu zerstören, sondern neu zu begründen.

Ich grüsse zahlreiche Freunde in der und aus der CSSR. Sie hatten und haben viel Bitternis zu tragen, und wir fühlen uns ihnen verbunden. Mit ihnen finden wir uns in der Zuversicht, dass die Geschichte vom Sozialismus mit menschlichem Antlitz erst noch zu schreiben sein wird.

Nr. 49
**Beitrag des Vorsitzenden der SPD, Brandt, für das *sozialdemokrat-magazin***
5. September 1979

*Sozialdemokraten Service Presse Funk TV, Nr. 381/79 vom
5. September 1979.*

Es gibt Dinge, die man nicht oft genug wiederholen kann. Dazu gehört, daß die Politik der aktiven Friedenssicherung nicht abgebaut, auch nicht einfach routinehaft fortgeführt werden darf, sondern auszubauen ist.

Die Ergebnisse der Politik, die wir seit 10 Jahren gemeinsam mit unserem Koalitionspartner[1] betreiben und die viel zu oft und zu schnell in Vergessenheit geraten sind, können sich sehen lassen: Die Gefahr einer kriegerischen Auseinandersetzung zwischen Ost und West hat abgenommen, die Grenzen werden respektiert. Das Ansehen, das internationale Gewicht der Bundesrepublik ist gewachsen. Vor allem: der Frieden in Europa ist ein gutes Stück sicherer geworden.

Der Frieden ist sicherer geworden, und dennoch ist er alles andere als gesichert. Bei längst nicht immer überzeugender Berufung auf das militärische Gleichgewicht[2] machen die Rüstungsspiralen neue Umdrehungen. Altes Mißtrauen bricht wieder auf, neues kommt hinzu. Angst-forsche Leute, wie die an der Spitze der DDR, setzen lieber auf die Scheinsicherheit der Abkapselung als auf die Chancen des Miteinander, also der friedlichen Koexistenz.[3]

Es kommt jetzt und in naher Zukunft sehr darauf an, daß die Chancen verstärkter Zusammenarbeit zwischen West und Ost nicht vor die Hunde gehen. Daß der Wettlauf der Rüstungen nicht ins Selbstmörderische abgleitet. Daß die zweite Nachfolgekonferenz von Helsinki[4] gehaltvoll vorbereitet wird; eine gesamteuropäische Kooperation auf dem Gebiet der Energiepolitik – eines der Themen, die dort endlich beraten werden sollten – würde für alle Beteiligten von erheblichem Nutzen sein.

Doch dies alles setzt voraus, daß auf den im vergangenen Jahrzehnt geschaffenen Grundlagen weitergearbeitet werden kann. Daß die deutsche Sicherheits- und Friedenspolitik in den Händen derer bleibt, die durch die Tat bewiesen haben, daß sie die Bedrohung dieser Welt erkennen und vernünftig auf sie eingehen.[5] Vom Kanzlerkandidaten der Unionsparteien[6] ist das nicht zu erwarten.

Gewiß wird Herr Strauß in den nächsten Monaten alles mögliche tun, um außenpolitisch Sachverstand vorzuweisen. Von den Wohltaten südamerikanischer Faschisten und südafrikanischer Herrenmenschen wird nicht mehr viel die Rede sein. Aber großspurig inszenierte Reisen sollten niemanden täuschen.[7] Und man tritt auch niemandem zu nahe, wenn man daran erinnert, mit welch geifernder Wut gerade er unsere Politik des Ausgleichs bekämpft hat.[8]

Wäre es nach Strauß gegangen, hätten die Ostverträge nicht in Kraft treten können. Die Aussöhnung mit unseren östlichen Nachbarn hätte noch immer auf sich warten lassen. Zum Viermächteabkommen über Berlin[9], mit den konkreten Erleichterungen für die Stadt und ihre Bürger, wäre es nicht gekommen. Auf viele Kontakte zu den Bürgern im anderen Deutschland müßten wir noch immer verzichten. Die Bundesrepublik Deutschland wäre nicht Mitglied der Vereinten Nationen.[10] Als einziges europäisches Land – neben Albanien – hätten wir nicht an der Konferenz über Sicherheit und Zusammenarbeit in Europa teilgenommen.[11] Alles in allem: Wir hätten uns in eine ebenso unmögliche wie gefährliche Isolierung begeben, auch gegenüber unseren Verbündeten.

Dem Kanzlerkandidaten der Unionsparteien ist bewußt, daß er mit seinen gestrigen Parolen künftige Wahlen nicht gewinnen kann. Er mag spüren, daß die große Mehrheit unseres Volkes die enge Zusammenarbeit mit den westlichen Partnern wünscht und auch dafür eintritt, daß die Aussöhnung mit den Völkern in Osteuropa vorangeht. Verständlich daher, daß er nun alle Anstrengungen unternimmt, in die östlichen Hauptstädte eingeladen zu werden oder sich selbst einzuladen, um sich durch die geeigneten Fotos den Anstrich eines seriösen Entspannungspolitikers zu geben.

An Euch, an uns, liebe Freunde, liegt, die Roßtäuscherei nicht durchgehen zu lassen. Die offensichtlichen, nur unter taktischen Gesichtspunkten zu verstehenden Widersprüche im Reden und Handeln des CSU-Vorsitzenden müssen den Bürgern deutlich gemacht werden.

Aber noch wichtiger ist natürlich, verstärkt um das Vertrauen der Bürger zu werben. Denn nur mit ihrer Unterstützung können wir unsere Politik des Ausgleichs und der aktiven Friedenssicherung illusionslos, aber konsequent fortsetzen.


Nr. 50
**Schreiben des Vorsitzenden der SPD, Brandt, an den Generalsekretär des ZK der KPdSU, Breschnew**
**14. November 1979**[1]

*AdsD, WBA, A 9, 7.*


Sehr geehrter Herr Generalsekretär,
zunächst möchte ich meiner Freude darüber Ausdruck geben, daß Sie es für richtig gehalten haben, unseren Meinungsaustausch wieder aufzunehmen. Ich finde in Ihren Zeilen[2] die Sorge, daß die Entwicklung in eine falsche Richtung laufen könnte und den Wunsch, das zu verhindern. Ich teile Ihre Sorge und teile Ihren Wunsch.

Meine Antwort erfolgt in der freimütigen und freundschaftlichen Offenheit, ohne die wir nicht jenes Verhältnis zwischen unseren Staaten hätten entwickeln können, das es zu bewahren und auszubauen gilt.

Natürlich ist Ihnen klar, über welchen Vorsprung an Informationen Sie an der Spitze einer Weltmacht verfügen, verglichen mit mir, der ich nicht mehr unmittelbare Regierungsverantwortung in meinem Land trage. Aber vielleicht kann ich gerade aus meiner heutigen Stellung, unverändert für die Fortsetzung unseres Werkes engagiert und an wichtigen Fragen der Weltentwicklung nicht beteiligt, etwas dazu beitragen, daß die Dinge nicht in die falsche Richtung laufen. Ich tue das ohne das Wissen um viele technische Einzelheiten der Waffenentwicklung, über das Sie und andere verfügen, das wichtig ist, das aber nicht entscheidend und bestimmend sein darf, wenn die Staatsmänner nicht zu Oberexperten werden wollen.

Die Lage erscheint verwirrend: Die Amerikaner sagen uns, sie brauchten nach SALT II[3] im Interesse der wachsenden Überlegenheit der Sowjetunion auf dem Gebiet der Mittelstreckenraketen ein Gegengewicht, und unsere Stellung im Bündnis ist so, daß wir uns dem kaum entziehen können. Ihr Land sagt uns, daß es keine Überlegenheit habe und auch nicht erreichen wolle. Ich glaube, Ihr Land hat eine konventionelle Überlegenheit. Ich glaube, Ihr Land sammelt eine Überlegenheit auf dem Gebiet der Mittelstreckenraketen an, auf dem der Westen nachhinkt, was er nicht will.[4]

Ich finde nichts dem Argument entgegenzusetzen, daß die Sowjetunion mit dem Bau der SS 20 und dem hier „Backfire"[5] genannten Bomber das erzielte Gleichgewicht zu ihren Gunsten verändert. Ich bin ein überzeugter Anhänger der These, daß es nur gemeinsam Sicherheit gibt, daß eine Partnerschaft der Sicherheit[6] entwickelt werden muß und daß die Schaffung von Ungleichgewichten das verhindert.

Ich finde wenig dem Argument entgegenzusetzen, daß der Westen mit seinen neuen Plänen nicht nur gleichziehen würde, sondern sich zusätzliche Sicherheit schaffen könnte, wenn sie zur Gänze zur Ausführung kämen – was die Sowjetunion nicht akzeptieren würde.

Wir stehen also vor der Gefahr einer neuen Drehung an der Rüstungsschraube, die nicht mehr Sicherheit, sondern mehr Unsicherheit schaffen kann, aber vor allem dazu führen kann, daß wir vor lauter Überlegungen, die sich auf unsere militärische Sicherheit voreinander beziehen, vergessen, daß wir die Zusammenarbeit miteinander entwickeln müssen. Wir schaffen auf beiden Seiten so nicht mehr Vertrauen, sondern Mißtrauen. Das darf nicht unsere Zukunft sein. Wer das verhindern will, muß darauf drängen, daß sich beide

Seiten an den Tisch setzen, damit alles auf den Tisch kommt, was beide Seiten haben.

Ich sehe, daß Sie das wollen. Der Westen will das auch. Dabei verkenne ich überhaupt nicht, daß es im Westen Kreise geben mag, die bei dieser Gelegenheit eine neue Überlegenheit über die Sowjetunion anstreben oder die gar nicht ernst zu einem Ergebnis kommen wollen oder die davon profitieren, wenn die Beziehungen zwischen Bonn und Moskau schlechter werden. Diese Kreise kann ich nicht wegzaubern; man darf vor Ihnen nicht kapitulieren. Ich bin der Auffassung, daß nichts an Verhandlungen vorbeiführt.

Sie haben interessante und wichtige Vorschläge des guten Willens in Berlin gemacht und sie später ergänzt und präzisieren lassen.[7] Sie haben damit mehr in Bewegung gebracht, als manche sowjetische Äußerungen wahrhaben wollen. Die geplanten westlichen Beschlüsse werden davon nicht unbeeinflußt bleiben. Sie kennen meine Stellungnahme und die meiner Partei zu diesem Komplex.[8] Ich füge hier hinzu: Einseitige Maßnahmen können auch einseitig wieder zurückgenommen werden; die Angebote zu Verhandlungen müssen wahrgenommen werden. Ich bin froh, daß der Bundeskanzler ebenfalls ein einseitiges Angebot gemacht hat. 1000 nukleare Sprengköpfe sind wohl zu vergleichen mit 1000 Panzern und 20 000 Mann.[9] Natürlich können beide Seiten sagen, es handele sich wohl nicht um das neueste Material. Aber was soll das? Es zeigt sich doch, daß jede Seite unterschiedliche Überlegenheiten hat, die sie ohne Gefahr für die eigene Sicherheit reduzieren kann. Aber auch von daher ergibt sich: Nichts führt an Verhandlungen vorbei und nichts kann völkerrechtlich verbindliche Vereinbarungen ersetzen.

Ich möchte mich nicht mit der Entwicklung auseinandersetzen, die zu dieser Situation geführt hat, weil das nicht weiterbringt. Ich kann Fehler auf unserer Seite ebenso wenig ausschließen wie Fehler auf Ihrer Seite. Alles muß darauf konzentriert werden, die Situation nüchtern zu betrachten und die Entwicklung in die richtige Richtung zu lenken. Was ist nüchtern? Die NATO wird am 12. Dezember beschließen; aber dadurch werden für bestimmt drei oder vier Jahre noch keine neuen Waffen stationiert.[10] Ich habe mit Aufmerksamkeit gelesen, daß Sie in Ihrer Berliner Rede[11] das Gewicht auf die Stationierung gelegt haben. Das ist auch das Wichtige. Also gilt es, diese Zeit zu nutzen.

Auch dabei kalkuliere ich ein, daß einige nur ein Ergebnis für möglich halten, das ähnlich wie bei SALT[12] auch für das Gebiet der sogenannten euro-strategischen Waffen ein Gleichgewicht vereinbart, das für den Westen etwas Zusätzliches zur heutigen Lage bedeuten würde. Ich sage offen, ich wäre über ein solches Ergebnis nicht begeistert, aber es wäre immerhin ein gemeinsames Ergebnis. Damit könnte man leben. Besser wäre und erstrebenswert ist ein Ergebnis, das auf westlicher Seite keine zusätzlichen Mittelstreckenraketen bringt.[13] Das erfordert auf Ihrer Seite entsprechendes. Nicht nur meine sowjetischen, sondern auch andere Gesprächspartner bezweifeln, ob es realistisch ist, solche Waffen erst zu produzieren, aber dann nicht zu stationieren. Aber gerade das müssen wir versuchen, gerade auch wegen des globalen Gleichgewichts, auf das Sie hinweisen und dessen ungebrochene Erhaltung ich wichtig finde. Ob es gelingt, zu einem Verhandlungsergebnis zu kommen mit einem Gleichgewicht der Sicherheit und keinen neuen Raketen auf westlicher Seite, hängt in großem Maße von ihrer Seite ab.

Wir können wenig gegen unsere amerikanischen Verbündeten einwenden, solange sie sich auf die weiterlaufende sowjetische Produktion[14] berufen können. Ich fühle mich bei dem erzielten relativen Gleichgewicht sicher und brauche keine Raketen, die von hier aus sowjetisches Territorium erreichen könnten. Aber um die Stationierung solcher Raketen zu verhindern, brauche ich die Sicherheit, daß auf sowjetischer Seite das bestehende Gleichgewicht nicht weiter einseitig verändert wird.

Die SPD hat an ihrer Haltung und ihrem Willen zu keinem Zeitpunkt einen Zweifel aufkommen lassen. Der Vorstand hat zur Außenpolitik und zur Sicherheitspolitik Entschließungen vorbereitet, die eindeutig sind und die auf unserem bevorstehenden Parteitag[15] sicher angenommen werden. Sie werden diese Passagen sicher unmittelbar vorgelegt bekommen. Die SPD bekräftigt die Politik der Verträge, die zentrale Bedeutung unseres Verhältnisses zur Sowjetunion, den Ausbau unserer langfristigen Zusammenarbeit und die bei Ihrem Besuch vereinbarte Erklärung, daß niemand militärische Überlegenheit anstrebt und annähernde Gleichheit und Parität zur Gewährleistung der Verteidigung ausreicht.[16] Zu den Fragen der Sicherheitspolitik wird der Parteitag wahrscheinlich den Hamburger Beschluß zur Neutronenwaffe[17] bestätigen, und im übrigen ist vorgeschlagen, daß es zum Thema der Mittelstreckenraketen keine Automatismen geben darf. Der Gang der Verhandlungen und die erwarteten Ergebnisse müssen es jederzeit möglich machen, Beschlüsse zu überprüfen und zu revidieren. Aus diesen Gründen soll die Bundesregierung einem solchen Beschluß nur unter der Bedingung zustimmen, daß auf die Einführung solcher Waffen verzichtet wird, wenn Rüstungskontrollverhandlungen zu befriedigenden Ergebnissen kommen.[18] Ziel der Verhandlungen ist nach unserer Auffassung, die Einführung zusätzlicher Mittelstreckenwaffen in Europa überflüssig zu machen. Mit anderen Worten: die SPD will unter Berücksichtigung der Bündnisverpflichtungen der Bundesrepublik Deutschland und der Notwendigkeit, die Bundesregierung zu unterstützen, auch und gerade im Wahljahr die Politik der friedlichen Zusammenarbeit mit den Völkern Osteuropas fortsetzen; aber dazu braucht sie Partner.

Sie haben auf den Besuch meiner Freunde aus der Sozialistischen Internationale hingewiesen.[19] Es hat besondere Beachtung gefunden, daß Sie sich die Zeit genommen haben, die Delegation zu empfangen. Wir haben einen Bericht in Lissabon entgegen genommen[20] und beschlossen, daß der Kongreß im Herbst nächsten Jahres[21] sich zentral mit dem Thema der Abrüstung und Rüstungskontrolle beschäftigen wird. Vorher schon werden sich die Parteiführer Anfang Februar in Wien[22] damit befassen. Die Überzeugung wächst, daß die steigenden Ausgaben, im Osten wie im Westen, für Rüstungen wirtschaftlicher Unsinn und angesichts der Probleme, vor denen die Menschheit steht, kaum zu verantworten sind. Daraus muß man Konsequenzen ziehen.

Wiederum ergibt sich: die notwendigen Verhandlungen müssen stattfinden. Ihre Befürchtung, sie sollten nach dem Dezember-Beschluß der NATO²³ von einer „Position der Stärke" her geführt werden, halte ich nicht für gerechtfertigt. Praktisch wird der NATO-Beschluß bedeuten, daß nicht allein die Sowjetunion weiter produziert, sondern die Vereinigten Staaten auch. Wenn Sie in der Lage gewesen wären, einen einseitigen Produktionsstopp zu verkünden, wäre m[eines] E[rachtens] der beabsichtigte Dezember-Beschluß der NATO nicht weiter verfolgt worden. Aber neben allen anderen Momenten sehe ich in Ihrer wie in der westlichen Haltung auch den Wunsch, nichts zu tun, was die Ratifizierung von SALT II²⁴ stören könnte. Daß mit den vier Jahren, die zwischen Produktionsbeschluß und Stationierungsmöglichkeit liegen²⁵, ein gewisser Zeitdruck für die Verhandlungen besteht, begrüße ich. Er wirkt auf beide Seiten und sollte positiv genutzt werden, zumal bei Verhandlungsfortschritten immer die Möglichkeit besteht, sich gemeinsam weitere Zeit zu verschaffen.

Ich halte es für sehr wichtig, daß die Zeit genutzt wird. Damit meine ich: das nächste Jahr darf nicht wegen der Wahlen in den USA und in meinem Land²⁶ verloren gehen. Das bedeutet praktisch, daß man die ersten Monate des nächsten Jahres nicht verstreichen lassen darf, ohne die Vorbereitung von Verhandlungen zu beginnen, an denen wir höchstes Interesse haben, auch wenn wir nicht über atomare Waffen verfügen und auch nicht verfügen wollen.

Ich habe Ihnen in aller Offenheit dargelegt, wie ich die Lage beurteile. Sie werden daraus ersehen, daß ich Ihr Bestreben teile, Europa vor Rückfällen in sinnlose Spannungen zu bewahren. Ich glaube, daß das möglich ist. Wenn ich es nicht für möglich hielte, die Linie mit Aussicht auf Erfolg zu verfolgen, die ich dargelegt habe, würde ich Sie nicht täuschen wollen.
In aller Aufrichtigkeit.
Mit freundlichen Grüßen
‹Willy Brandt›²⁷

Nr. 51
**Aus dem Schreiben des Vorsitzenden der SPD, Brandt, an den Staatspräsidenten der Sozialistischen Republik Rumänien, Ceaușescu**
**19. Dezember 1979**[1]

*AdsD, WBA, A 11.15, 19.*

Sehr geehrter Herr Präsident,
für die mir übermittelten freundlichen Wünsche und Grüße danke ich Ihnen sehr und möchte meinen Glückwunsch zu Ihrer Wiederwahl als Generalsekretär der Kommunistischen Partei Rumäniens übermitteln.[2]

Gerne erinnere ich mich an unsere interessanten und fruchtbaren Gespräche bei meinem Besuch in Ihrem Land im Sommer des vergangenen Jahres.[3]

Seither sind in einer Reihe von Fragen, die wir damals erörtert haben, Entwicklungen eingetreten, zu denen ich bei dieser Gelegenheit gern einige Bemerkungen machen möchte.

Mit großem Interesse habe ich Ihre Ausführungen vor dem Parteitag Ihrer Partei[4] zur Kenntnis genommen. Ich teile im wesentlichen Ihre Einschätzung der Lage in Europa, wenn auch in vielen Bereichen gewiß weitere Fortschritte wünschenswert und auch möglich sind. Es wird sehr viel davon abhängen, daß die Waffenentwicklungen der beiden Bündnisse nicht falsche Reaktionen auslösen.

Ich nehme an, daß Sie über den Verlauf des Parteitages der SPD Anfang September in Berlin[5] unterrichtet worden sind. Die deutschen Sozialdemokraten haben im Bereich der Entspannung und der Zusammenarbeit, aufbauend auf der amtlichen Politik, neue und weiterführende Überlegungen entwickelt.[6] Letzte Woche haben nun die zuständigen Gremien des westlichen Bündnissystems die seit langem vorbereiteten Entschlüsse gefaßt.[7] Wie Sie sicher wissen, werden dadurch für drei, wahrscheinlich mehr als drei Jahre noch keine neuen Waffen stationiert. Es ist also Zeit für Verhandlungen, und diese Zeit gilt es zu nutzen.

Ich möchte nicht versäumen, Sie davon zu unterrichten, daß ich vor kurzem ein Schreiben des Generalsekretärs der KPdSU ausführlich beantwortet und hierbei auch an die Verantwortung der UdSSR erinnert habe.[8] Das Angebot der sowjetischen Seite, so wie dies von Herrn Breschnew im Oktober anläßlich seines Besuches in der DDR[9] formuliert wurde, hat, wie Ihnen bekannt ist, eine positive Antwort durch uns erfahren. Sowohl die SPD als auch die Bundesregierung haben die Hinweise aufgenommen und in den Dialog, den wir in unserem Bündnissystem pflegen, eingebracht. Jetzt sollten die Beteiligten alles tun, damit Verhandlungen oder Sondierungen möglichst früh im nächsten Jahr beginnen können.[10]

Ich kalkuliere dabei ein, daß einige nur ein Ergebnis für möglich halten, das ähnlich wie bei SALT auch für das Gebiet der sogenannten euro-strategischen Waffen ein Gleichgewicht vereinbart, welches für den Westen etwas Zusätzliches zur heutigen Lage bedeuten würde.[11] Ich sage offen, ich wäre über ein solches Ergebnis nicht begeistert, aber es wäre immerhin ein gemeinsames, weitere Aufrüstung begrenzendes Ergebnis. Besser wäre ein Ergebnis, das auf westlicher Seite im wesentlichen keine zusätzlichen Mittelstreckenraketen erfordert.[12] Das aber erfordert Entsprechendes von Seiten des Warschauer Paktes. Solange die sowjetische Produktion der SS 20 und dem hier „Backfire" genannten Bomber[13] unvermindert weiterläuft, lassen sich die Argumente u.a. der amerikanischen Seite im westlichen Bündnis schwer entkräften.

Ergänzt werden müßten diese Verhandlungen nach unserer Einschätzung durch ein erstes Zwischenergebnis der Wiener Verhandlungen über Truppenbegrenzungen – wozu wir Vorschläge eingebracht haben[14] – und durch die Verabredung zusätzlicher vertrauensbildender Maßnahmen im Rahmen des KSZE-Prozesses. [. . .][15]

Ich nehme die Gelegenheit wahr, um Ihnen auf diesem Wege meine guten Wünsche für Sie persönlich und für Ihr Land zu übermitteln und verbleibe
mit freundlichen Empfehlungen
‹gez[eichnet] Willy Brandt›[16]

Nr. 52
**Interview des Vorsitzenden der SPD, Brandt, für *Der Spiegel***
**14. Januar 1980**

*Der Spiegel, Nr. 3 vom 14. Januar 1980, S. 23–28.*

„Möglich, daß wir in den Krieg schlittern"

SPIEGEL: Herr Brandt, 1978 haben Sie dazu aufgerufen, „systematisch daran zu arbeiten, daß die Entspannungspolitik im Übergang zu den achtziger Jahren illusionslos, aber aufgeschlossen fortgesetzt werden kann".[1] Können Sie nach der Invasion der Russen in Afghanistan[2] noch auf Entspannung setzen?
BRANDT: Ja, ganz nachdrücklich und illusionslos, so wie wir es immer gehalten haben.
SPIEGEL: Das müssen Sie begründen.
BRANDT: Aus unserer Interessenlage ist es so, daß wir zu den Hauptgeschädigten gehören würden. Wir müssen also alles nur Menschenmögliche tun, um den Rückfall in den Kalten Krieg verhindern zu helfen.
SPIEGEL: Das sagt sich so leicht.
BRANDT: Wir sind keine Großmacht, obwohl auch die Weltmächte – beide übrigens, die einen merken's im Iran, die anderen werden's woanders noch merken – sich stärker an die Grenzen ihrer Macht gedrängt sehen. Es ist ja etwas Pathetisches an dem Vorgang im Iran, wie die größte Macht der Welt dem Teheraner Geiseldrama jetzt seit mehr als zwei Monaten gegenübersteht.[3]
SPIEGEL: Was kann die Bundesrepublik denn tun?
BRANDT: Ich meine, Bundeskanzler Schmidt hat recht daran getan, nach Paris zu gehen, um europäische Solidarität großzuschreiben.[4] Westliche Solidarität ist wichtig, europäische ist besonders wichtig in dieser Lage. Die Bedrohung darf nicht verschwiegen werden, wo es sie gibt.

Und da es sie gibt, ist uns nicht mit – ich glaube, Helmut Schmidt hat Aufgeregtheit gesagt, ich würde hinzufügen mit steriler –

Aufgeregtheit gedient. Wir müssen vielmehr mit klarem Kopf durch diese schwere Krise hindurchgehen. Da stimme ich mit Carter überein.

Es kann sich dies als die ernsteste Gefährdung des Weltfriedens seit Ende des Zweiten Weltkrieges erweisen[5], jedenfalls vergleichbar mit der Kuba-Krise des Jahres 1962[6], bei der man ja aber, wenn wir uns noch mal daran erinnern, dann erstaunlicherweise an den Verhandlungstisch zurückgekehrt ist. Ich stimme zugleich überein mit meinem Freund Bruno Kreisky, der gesagt hat, dies sei wohl eines der gewagtesten Abenteuer, auf das sich die Sowjet-Union bisher eingelassen hat.[7]

SPIEGEL: Sie erwähnten eben die demonstrative Paris-Visite des Kanzlers.[8] Ist Paris nicht eine Adresse, die zu Irritationen in Washington führen muß, nachdem sich Frankreich als erstes Land von Carters Reaktionen auf die sowjetische Invasion distanziert hat?[9]

*BRANDT:* Ich habe bewußt gesagt, wir müssen jetzt europäische Solidarität großschreiben. Diese muß dann natürlich wieder eingebettet sein in ein gutes, vertrauensvolles Verhältnis zu den Vereinigten Staaten, schon wegen unserer speziellen Sicherheitsinteressen.

SPIEGEL: Ist das die neue Rangfolge: zunächst die europäische und dann die westliche Solidarität?

*BRANDT:* Europäische Solidarität und westliche Solidarität sind für mich untrennbar verbunden. Aber wir in Westeuropa sind keine Weltmächte.

Wir liegen dort, wo wir liegen. Frankreich ist unser unmittelbarer und wichtigster Nachbar. Die Europäische Gemeinschaft ist nicht mehr nur eine Wirtschaftsgemeinschaft. Als solche hat sie Schwierigkeiten, wie wir wissen. Aber wir sind, wenn ich das allein vergleiche mit der Zeit von vor zwölf Jahren, in der ich das als Außenminister[10] gemacht habe, von einer ziemlich unverpflichtenden außenpolitischen Konsultation hineingewachsen in eine Phase westeuropäischen außenpolitischen Zusammenwirkens. Das hat also schon, ohne daß es antiamerikanisch sein darf, aus meiner Sicht sein eigenes Gewicht.

SPIEGEL: Dennoch: Gerät Bonn nicht zwangsläufig in Konflikt mit den USA?

*BRANDT:* Der französische Außenminister hat sich vor einigen Tagen für unsere Begriffe etwas schroff zu den amerikanischen Maßnahmen geäußert[11]; Helmut Schmidt hat, bevor er am vergangenen Mittwoch von Madrid nach Paris[12] geflogen ist, dieses aus der deutschen Interessenlage heraus ohne Polemik und ohne jeden Nebenton sachlich auseinandergesetzt, indem er gesagt hat: Weizen können wir den Russen nicht vorenthalten, weil wir ohnehin keinen liefern.[13] Das ist übrigens bei Frankreich nicht ganz so, und ich denke, da hat es einen Kontakt zwischen Giscard und Carter gegeben.

Doch da will ich mich jetzt nicht einmischen, ich spreche von Deutschland. Anders als die Vereinigten Staaten gibt die Bundesrepublik Deutschland keine Kredite ...
SPIEGEL: ... aber deutsche Banken.
*BRANDT:* Die Regierung gibt keine Kredite, und hier geht's ja um Regierungen. Und beim Botschaftspersonal haben wir – anders als mancher Staat – Parität. Wir haben 100 Leute in Moskau, die haben 104 hier. Also: cum grano salis oder vier Salzkörner Unterschied. Bei den Flugverbindungen haben wir strikte Parität. Was man immer sonst von Maßnahmen hält: Ich will jetzt nicht die kritisieren, die Carter verkündet hat, ich will nur Kissinger zitieren, der gesagt hat, man solle aufpassen, nicht verrückt zu spielen, womit er sicher nicht seinen Präsidenten gemeint hat.
SPIEGEL: Wen sonst?
*BRANDT:* Diejenigen, die der frühere Kennedy-Berater und Historiker George F. Kennan in einem sehr interessanten Aufsatz für die „Zeit"[14] unmittelbar vor der Intervention in Afghanistan als Leute bezeichnet hat, die durch zunehmende Militarisierung des Denkens gekennzeichnet sind, und das wird nun durch den amerikanischen Wahlkampf[15] noch ein bißchen zusätzlich gesteigert.

Ich sage nur: Bei diesen Maßnahmen muß man aufpassen, daß daraus nicht eine reine Redensart wird. Ich sage ja nichts gegen die amerikanischen Überlegungen. Ich habe auch nicht für die USA Politik zu machen, sondern ich bin wieder bei dem Punkt: Ich möchte, daß unsere Politik so eng wie möglich eingebunden bleibt in die westeuropäische, in die mit Frankreich und unseren anderen west-

europäischen Partnern gemeinsam entwickelte Politik, die dann im Atlantischen Bündnis abzustimmen ist.
SPIEGEL: Haben Sie jetzt nicht Prioritäten früherer Zeiten umgedreht?
BRANDT: Ach, wissen Sie, in früheren Zeiten, das sind nun wirklich schon sehr frühere, wo man in Deutschland einerseits von Atlantikern und andererseits von Gaullisten sprach.[16] Da ließ ich mich auch schon nicht richtig einpassen in das Schema. Ich habe mir ja mal viel Kritik eingehandelt, auch in der eigenen Partei, deren Vorsitzender ich noch nicht ganz war, als ich in New York – bewußt in New York – nach einer, wie ich fand, klugen Rede von de Gaulle[17] gesagt habe: Warum nur er?[18]

Dieses habe ich nicht auf alle Punkte von de Gaulle bezogen, wohl aber auf einen, der zu unserem Gegenstand jetzt eine Beziehung hat: auf die von de Gaulle damals angestrebte Nutzung des Spielraums zwischen den Supermächten durch eine europäische Mittelmacht.
SPIEGEL: Das war auch an die sowjetische Adresse gerichtet.
BRANDT: Es lag ja für einen Berliner Bürgermeister[19] nahe, darüber nachzudenken, was aus unserem Verhältnis zur Sowjet-Union werden sollte.
SPIEGEL: Können wir den Russen heute noch so wie vor zehn Jahren gegenübertreten, als Sie den deutsch-sowjetischen Vertrag[20] unterzeichneten?
BRANDT: Ja, wie sind wir ihnen vor zehn Jahren gegenübergetreten? Damals doch in dem ehrlichen Bemühen, einmal nichts zu verwischen von den Unterschieden, die nun mal da sind: Überzeugungen, Ideologie, wie das manche nennen – ein Quatschwort im Grunde –, Interessen, die nur dort identisch sind, wo sie vom Frieden handeln und, wie ich meine, von möglichst viel sachlicher Zusammenarbeit. Das hat sich doch nicht verändert.
SPIEGEL: Ein Eckpfeiler Ihrer gesamten Entspannungspolitik war und ist – und dafür sind Sie häufig genug von der Opposition angegriffen worden – das Vertrauen in den Friedenswillen der Sowjets. Paßt eigentlich die Sowjet-Invasion in Afghanistan[21] noch ins Bild von einem friedfertigen Partner?

BRANDT: Die Politik, die wir als Nicht-Weltmacht haben betreiben können in jenen Jahren, von denen wir jetzt sprechen, war der Natur der Sache nach eine vorrangig auf Europa gerichtete Politik. Ich sehe mit Interesse, wieviel Leute bei uns darüber reden, daß, wenn schon, dann weltweite Entspannung erforderlich wäre. Das wäre sehr schön; das möchte ich auch. Das hätte Kissinger auch gern gemocht. Und vielleicht hat man sich ja auch Chancen entgehen lassen, über Europa hinauszukommen. Vielleicht waren die Konstellationen besonders ungünstig, besonders gegen Ende der Präsidentschaft Nixons.[22]

Selbst wenn meine Empörung, Enttäuschung, Verbitterung über den sowjetischen Einmarsch in Afghanistan noch stärker wären, als sie sind, kann mich niemand wegbringen von der Frage nach unseren Interessen und von dem Hinweis auf die Gefahren, die von denen ausgehen, die Abenteurertum auf ihre Fahnen geschrieben haben, auch wenn sie es anders nennen.
SPIEGEL: Wen meinen Sie damit?
BRANDT: Für mich ist interessant, wie relativ selbstdiszipliniert sich Herr Strauß zunächst geäußert hat. Daß er sich damit zeitweilig vorteilhaft von seinem „Bayernkurier" abhob, ist keine Kunst. Daß er sich damit erst einmal von Helmut Kohl abhob, der dem Bundeskanzler und mir unterstellt, wir betreiben das Geschäft der Sowjet-Union, überrascht mich nicht. Das ist so unqualifiziert, daß man es eigentlich kaum zu registrieren brauchte.

Aber daß ein Mann wie Alfred Dregger allen Ernstes sagt, es sei jetzt fällig, den Wirkungsbereich der Nato auszuweiten auf den Persischen Golf, heißt konkret: Deutsche Soldaten, deutsche Flugzeuge, deutsche Schiffe, wenn wir solche hätten, die dort zu gebrauchen wären, sollten über den Raum des Bündnisses hinaus für militärische Aktionen eingesetzt werden.[23] Ich halte dies für falsch.
SPIEGEL: Halten Sie die Sowjet-Union noch für einen vertrauenswürdigen Partner, nachdem Carter gesagt hat, daß er sich von Breschnew persönlich getäuscht fühlt?[24]
BRANDT: Wissen Sie, ich frage mich natürlich wie viele, die sich Gedanken machen über die Entwicklung in der Welt, was in der einen

und in der anderen Weltmacht an den Hebeln der Macht vor sich geht. Der vorzügliche Sowjet-Kenner Kennan sagt, daß der entspannungsfreudige Kreis um Breschnew vermutlich auf dem Rückzug von der politischen Bühne sei.[25] Dies kann ich nicht schlüssig beantworten, sondern ich sage nur immer wieder, ich muß von der deutschen Interessenlage ausgehen, und ich muß, ohne mir was vorzumachen, ohne Illusionen nachzujagen, versuchen herauszufinden, ob nicht doch die Basis da ist, weiterzumachen oder neu anzusetzen.

SPIEGEL: Ihr Freund Kreisky bezweifelt bereits, daß die für Ende 1980 in Madrid geplante zweite KSZE-Folgekonferenz[26] stattfinden wird.

*BRANDT:* Ich habe das, ohne ein Urheberrecht geltend zu machen, lange vor Afghanistan bezweifelt. Ich habe mir gesagt, da sind Wahlen in ein paar wichtigen Ländern – vor allem in einem ganz wichtigen westlichen Land[27] –, und da werden die Emotionen es unmöglich machen, im November 1980 in Madrid vernünftig zu reden und weniger zu polemisieren als 1978 in Belgrad.[28]

Man sieht doch jetzt schon, daß dieser schreckliche Vorgang für die Russen nicht einfach werden wird. Die erste Bilanz ist doch: Kuba ist nicht in den Sicherheitsrat gewählt worden, obwohl es den Vorsitz in der Bewegung der Blockfreien hat.[29] Und auch Frau Gandhi, deren Name sehr stark verbunden ist mit dem Freundschaftsvertrag zwischen Indien und der Sowjet-Union[30], hat sich betont kritisch über die sowjetische Afghanistan-Intervention geäußert.[31] Ganz allgemein begegnet die Sowjet-Union in der Dritten Welt sehr harter Kritik.

Doch ich stimme mit dem deutschen Bundeskanzler voll und ganz überein, daß wir auch weiter alle verfügbaren Möglichkeiten des Meinungsaustausches mit der Sowjet-Union nutzen müssen. Das gilt auch für die KSZE.[32]

SPIEGEL: Hatten Sie in den letzten Tagen selber irgendwelche Kontakte zu Breschnew, als dessen Freund Sie ja in der Bundesrepublik gelten?

*BRANDT:* Nein, keine.

SPIEGEL: Wäre es nicht nützlich, wenn der SPD-Vorsitzende, der ja auch Chef der Sozialistischen Internationale ist, so schnell wie möglich nach Moskau reisen würde?

*BRANDT:* Ich bin in einem Alter und in einem Gemütszustand, in dem man sich nirgends mehr aufdrängt oder aufdrängen sollte.
SPIEGEL: Das heißt also, wenn ein Signal von Moskau käme, würden Sie gehen?
*BRANDT:* Das muß ja nicht nur von dort kommen.
SPIEGEL: Gesprächsstoff gäbe es reichlich: Wenn in der Bundesrepublik Stimmen laut werden, die Nato auszuweiten bis an den Persischen Golf, könnte man sich eine Gegenposition vorstellen, nämlich die Entspannung bis an den Persischen Golf auszuweiten.[33]
*BRANDT:* Ja, das ist genau das, worauf es ankäme. Aus westlicher Sicht stellt es sich so dar: Die Russen haben in Europa ihren Besitzstand gesichert, was ja nur die halbe Wahrheit ist. Wir haben ja auch was bekommen. Ich möchte nicht, daß wir wieder in Berlin spüren wie vor und nach der Kuba-Krise, wie empfindlich wir sind.[34] Aber die Leute sagen, die Russen haben sich nur dort an so was ähnliches wie Entspannung gehalten, wo es ihren Interessen entsprach, und sind dann hineingestoßen in andere weiche Gebiete.
SPIEGEL: Das stimmt doch wohl.
*BRANDT:* Das haben Weltmächte so an sich, wissen Sie. Als der von mir durchaus nicht nur geachtete, sondern auch geschätzte ägyptische Präsident Sadat sich mit den Russen überworfen hat[35], haben die Amerikaner nicht gesagt, nun erklären wir das mal zu einem Gebiet, das mit sich selbst fertig werden muß, sondern sie haben sich um die Intensivierung ihrer Beziehungen bemüht. Nachdem die Sowjet-Union sich an mehreren Punkten teils direkt, teils durch die Kubaner, teils – völlig unvernünftigerweise – durch die DDR festgesetzt oder jedenfalls engagiert hat...[36]
SPIEGEL: ... Sie meinen vor allem Afrika...
*BRANDT:* ... bemühen sich die Amerikaner um Stützpunkte in Kenia, in Oman, in Somalia.
SPIEGEL: Finden Sie das vernünftig?
*BRANDT:* Ich gebe das zunächst mal so wieder. Es kommt nicht darauf an, ob ich in diesen Zusammenhängen zwischen den beiden Weltmächten was für richtig halte, ich stelle nur fest: Dies liegt auf

der Linie einer jetzt weiteren Verschärfung. Da ist die Möglichkeit drin, daß wir hineinschlittern in den Krieg.
SPIEGEL: Wollen sie damit sagen, daß der Westen die Situation verschärft hat?
BRANDT: Das habe ich nicht gesagt. Das ist ein Sich-gegenseitig-Hochschaukeln einer Krise, wo schließlich keiner mehr sagen kann, wo es begonnen hat. Wir dürfen dabei freilich nicht vergessen, daß die Geheimdienste und Rüstungslobbyisten den agierenden Politikern beider Weltmächte das Leben schwermachen.
SPIEGEL: Breschnew hat 1978 bei seinem Bonn-Besuch in einer gemeinsamen Deklaration mit Kanzler Schmidt per Unterschrift versprochen, „die Unteilbarkeit des Friedens und der Sicherheit in allen Teilen der Welt"[37] zu respektieren. Die Bundesregierung hat sich in ihrer Reaktion auf die Afghanistan-Invasion auf das Prinzip der Unteilbarkeit der Entspannung festgelegt.[38] Muß man jetzt nicht dieses Prinzip für obsolet erklären, wenn die Bundesrepublik ihre eigenen Interessen wahren will?
BRANDT: Nein. Man muß noch viel nüchterner – ich glaube, ich selbst habe es nicht nötig – an die Dinge herangehen. Man muß sich auch im Westen freimachen von allen Versuchungen der Heuchelei.

Ich sehe ja doch mit einem gewissen Interesse, daß einige, die noch mehr erregt sind als andere über das militärische Abenteuer in Afghanistan, gar nichts dagegen gehabt hätten, wenn die Amerikaner im Iran gelandet wären. Bevor diese schreckliche Geisel-Affäre[39] anlief, waren es ja nicht irgendwelche Vertreter der Vereinigten Staaten, die davon gesprochen haben, sich unter Umständen auch mit militärischen Machtmitteln der Ölquellen zu vergewissern. Also, dieses Überwiegen des militärischen Denkens ist ein Phänomen, das wohl nicht nur auf einen Teil der sowjetischen Führung beschränkt ist.
SPIEGEL: Herr Brandt, wofür plädieren Sie konkret, wenn Sie jetzt als Antwort auf Afghanistan mehr statt weniger Entspannung fordern?
BRANDT: Ich sage nicht, „mehr Entspannung", sondern – bitte, damit wir uns hier nicht mißverstehen – ich sage: Wenn es irgend geht, das in Europa Erreichte jetzt nicht kaputtmachen lassen, denn es würde

schwierig genug sein, es wieder auch nur auf den heutigen Stand zu bringen.

SPIEGEL: Sie meinen Berlin?

*BRANDT:* Nein, ich spreche von Deutschland überhaupt und den Beziehungen zwischen den Teilen Deutschlands und den Teilen Europas. Und ich füge hinzu: So wünschenswert es wäre, die Entspannung auszudehnen, als so schwierig hat sich dieses Unterfangen bisher erwiesen. Aber man muß es versuchen.

Wissen Sie, ich habe vor Jahren eine Lehre mitbekommen von dem verstorbenen Jean Monnet, der ja der eigentliche Vater dessen war, was man Schuman-Plan[40] genannt hat. Er hatte aus den Erfahrungen zweier Weltkriege die feste Überzeugung gewonnen, Deutschland, Frankreich und überhaupt Westeuropa müßten sich enger zusammenschließen. Und als das mal wieder ganz schwierig mit der westeuropäischen Zusammenarbeit geworden war, sagte er zu mir: „Wenn es ganz schwierig wird, dann muß man sich darüber Gedanken machen, wie man die Bühne neu arrangieren kann. Denn häufig können Sie mit denselben Requisiten ein anderes Bild erzeugen und aus diesem anderen Zueinanderordnen der Kulissen etwas in Gang bringen, was völlig festgefahren schien."[41]

SPIEGEL: Würden Sie der These zustimmen: Die Entspannung ist im Prinzip unteilbar, wir Europäer müssen aber aus eigenem Interesse so handeln, als ob sie teilbar wäre?

*BRANDT:* Nein, ich will einen anderen Vergleich wählen. Ich bin meiner ganzen Grundüberzeugung nach wie viele Menschen in unserem Lande der Meinung – ob sie das nun ableiten aus der Verankerung im Christentum oder im Humanismus –, daß Menschenwürde unteilbar ist.

Aber dies bringt mich doch nicht zu dem Ergebnis, ich könne nur für Menschenwürde in meinem eigenen Teil der Welt sein, wenn sie auch überall sonst gelte, sondern es bringt mich doch genau zu dem entgegengesetzten Schluß: Ich muß für sie sein dort, wo immer sie möglich ist, und versuchen, ihren Bereich ausweiten zu helfen.

SPIEGEL: Gibt die sowjetische Invasion in Afghanistan all jenen „Falken" innerhalb der Nato recht, die den jüngsten Beschluß des

Bündnisses zur Produktion und Stationierung neuer Mittelstreckenraketen in Europa in den Vordergrund gerückt und den Verhandlungsauftrag zur beiderseitigen Abrüstung nur als notwendige Beigabe mitgeschluckt haben?
*BRANDT:* Ja, die Gefahr besteht. Und das haben sich dann auch in gewisser Hinsicht die Russen selbst zuzuschreiben. Und wir Westeuropäer, mit Einschluß der Amerikaner – aber wir sind nun einmal in erster Linie Deutsche und Europäer –, müssen uns fragen, ob wir nicht gut beraten gewesen wären, wenn wir schon früher mit Verhandlungen begonnen hätten.
SPIEGEL: Das hätte bedeutet, daß man sich schon vor dem Nato-Beschluß vom 12. Dezember[42] an den Tisch gesetzt hätte.
*BRANDT:* Nein, das ist ein willkürliches Datum. Man hätte schon früher so oder anders beschließen können. Ich sage ja, es lagen zwei Dinge in der Luft: Einmal das, was die Nato über viele Jahre beraten hat – es ist ja nicht so, daß das irgend jemand plötzlich im Jahre 1979 in den Kopf gekommen ist. Und es hat dann eine Rede Breschnews Anfang Oktober in Ost-Berlin gegeben.[43]
SPIEGEL: Wäre die Invasion in Afghanistan unterblieben, wenn früher verhandelt worden wäre?
*BRANDT:* Es gibt Leute, die meinen, daß es nicht zu dieser Invasion in Afghanistan gekommen wäre, wenn es schon intensive Verhandlungen zwischen den beiden Bündnissen zu diesem Zeitpunkt gegeben hätte.
SPIEGEL: Herr Brandt, wie beurteilen Sie die Reaktion des amerikanischen Präsidenten auf die Invasion in Afghanistan?
*BRANDT:* Ich bin nicht dessen Zensor.
SPIEGEL: Aber Sie sind einer der angesehensten Außenpolitiker . . .
*BRANDT:* . . . ach!
SPIEGEL: . . . der westlichen Welt.
*BRANDT:* Ach was. Ich verfolge das alles mit großem Interesse und mit dem gebührenden Respekt.
SPIEGEL: Ist es richtig, die Weizenlieferungen zu stoppen?[44] Oder trifft man nicht damit am Ende die falschen Leute?
*BRANDT:* Meine Erfahrung ist ja – aber man kann immer noch dazulernen –, daß wirtschaftlicher Boykott eigentlich noch nie politisch

Wichtiges bewegt hat. Aber es ist ja nicht so, daß die Vereinigten Staaten die Sowjet-Union aushungern wollen und werden...
SPIEGEL:... Das können sie wohl auch gar nicht...
BRANDT:... sondern sie wollen an einer Reihen von Punkten deutlich machen, daß sie in extremem Maße nicht einverstanden sind. Und wenn dies dann dazu führen könnte, daß man sich möglichst bald zusammensetzt und redet, wäre schon was gewonnen. Ich halte dies für eines der großen Versäumnisse der letzten Jahre, daß Carter und Breschnew so lange Zeit gebraucht haben, bevor sie mal miteinander geredet haben.[45]
SPIEGEL: Soll denn die Bundesrepublik auch solche Zeichen setzen? Halten Sie es für opportun, wenn Kanzler Schmidt seine geplanten Reisen zu Honecker und Breschnew aufschiebt?[46]
BRANDT: Solche Reisen abzusagen, wem soll das eigentlich nützen? Ich bin der Meinung, es ist richtig, daß wir unsere Meinung sagen, wie betroffen wir sind, wie gefährlich das ist; daß wir in der Uno mit denen zusammenwirken, die dies deutlich machen; daß wir mit den Leuten in der Dritten Welt vernünftig reden.
SPIEGEL: Nicht im „Bayernkurier", sondern in der SPD-Zeitung „Vorwärts" wird darüber spekuliert, ob es nicht „angebracht sein könnte, wenn sich der Kanzler und Honecker nicht schon Ende Januar oder Anfang Februar träfen, so als wäre zwischen Ost und West nichts geschehen. Eine Verschiebung des Treffens Schmidts mit dem SED-Generalsekretär könnte deshalb durchaus sinnvoll sein – so lange jedenfalls, wie die derzeitige Nahostkrise anhält".[47] Ist das Ihre Meinung?
BRANDT: Nein, das ist ja keine Entschließung des Vorstandes der SPD – das müßte auch noch nicht der Weisheit letzter Schluß sein –, sondern dies ist ein namentlich gezeichneter Artikel von einem Bonner Journalisten[48], den ich sehr schätze. Im übrigen glaube ich, es hieße die Rolle Honeckers im anderen Bündnis überschätzen, wenn man meint, der hätte wesentlich an den Hebeln mitgedreht, die zur Intervention in Afghanistan in Bewegung gesetzt worden sind.
SPIEGEL: Wäre eine Verschiebung der Reise[49] nicht schon deshalb sinnvoll, um den Dialog zwischen Schmidt und Honecker von den Emotionen der Afghanistan-Invasion freizuhalten?

*BRANDT:* Ich glaube nicht, daß es bei Schmidt Emotionen gibt. Warum sollte es sie eigentlich bei Honecker geben? Warum sollten die nicht über das, was in ihrem *begrenzten* Themenbereich ansteht, verhandeln können? Ich lege mich jetzt nicht auf einen Zeitpunkt fest, das habe ich nie getan. Aber ich bin, wie Bundeskanzler Schmidt es selbst gesagt hat, dafür, an den Dispositionen nichts zu ändern. Wenn die andere Seite das ändern will, dann wird sie das ja sagen. Das gilt nicht nur für den Kontakt zwischen den beiden deutschen Staaten, sondern auch für die Weiterführung des sicher nicht einfachen, aber wichtigen Dialogs mit der Sowjet-Union.
SPIEGEL: Könnte ein freundliches Händeschütteln zwischen Schmidt und Honecker zum gegenwärtigen Zeitpunkt die SPD nicht Stimmen bei den Landtagswahlen in Nordrhein-Westfalen und Baden-Württemberg[50] kosten?
*BRANDT:* Ich weiß wohl, daß eine veränderte weltpolitische Landschaft auch innenpolitische Konsequenzen haben würde. Aber da können sich noch manche Leute wundern, was diese Konsequenzen angeht. Wenn ich es richtig verstehe, gibt es neben den gewiß zahlreichen bierstrategischen [sic] Äußerungen, die es an Zuspitzung nicht fehlen lassen, eine tiefe Sehnsucht in unserem Volk, an nichts mitzuwirken, was zu unnötiger Verschärfung und Gefährdung führt. Ich vertraue darauf, daß es eine gute Mehrheit gibt für eine Politik der Vernunft.
SPIEGEL: 1963 wurden Sie als Berliner Bürgermeister von Chruschtschow zu einem Gespräch eingeladen, die Springer-Presse und die CDU trommelten dagegen. Weil der Senat mit seinen CDU-Mitgliedern auseinanderzubrechen drohte, gingen Sie nicht zu Chruschtschow nach Ost-Berlin.[51] Aber die Berliner, die gerade wählen sollten, plädierten für Entspannung.
*BRANDT:* Die Erinnerung ist mir gar nicht unlieb, denn die Wahlen[52] sind für die SPD nicht so schlecht gegangen, um die 62 Prozent. Ich habe in meinem Weddinger Wahlkreis um 75 Prozent gehabt. Das ist heute ...
SPIEGEL: ... Vergangenheit.
*BRANDT:* ... nicht mehr landesüblich.

SPIEGEL: Die Opposition wird die Entspannungspolitik, so wie sie Willy Brandt und Egon Bahr betrieben haben, als Traumtänzerei und Illusionismus verteufeln.
BRANDT: Ja, bloß ich bin ja nicht mehr derjenige, der für die Bundesrepublik Deutschland zu verhandeln hat.
SPIEGEL: Aber Sie haben als Vorsitzender der führenden Regierungspartei den Wahlkampf zu führen.
BRANDT: Das ist sicher, daß ich den Wahlkampf[53] zu bestehen habe und mit dem Bundeskanzler zusammen führen werde. Das ist ganz sicher. Wissen Sie, man kann sich auseinandersetzen mit diesen Leuten, die hier bei uns jetzt frohlocken, wenn es schlechtgeht; sie wollen recht bekommen, sie gehen auf die Zuspitzung der weltpolitischen Lage los wie bestimmte Kreaturen auf das gefundene Fressen.
SPIEGEL: Sie haben 1972 mit den Ost-Verträgen die Wahlen gewonnen...
BRANDT: ... hab' ich? So sicher ist das nicht.[54]
SPIEGEL: Wir behaupten das mal. Müssen Sie nicht damit rechnen, daß Ihnen diese Vertragspolitik im kommenden Wahlkampf wieder von der Opposition mit dem Hinweis auf Afghanistan um die Ohren gehauen wird?
BRANDT: Ich kann nicht ausschließen, daß es neue Demagogie geben wird. Aber es gibt viele Menschen, nicht nur in Berlin, sondern auch hier, die erinnern sich an die Zeiten, wo man nicht im wesentlichen ungehindert von und nach Berlin fahren konnte und wo es noch keine Familienzusammenführung aus Polen und der Sowjet-Union gab.

Und ich glaube nicht, daß unsere Industrie, die sich einige neue Märkte gesichert hat in der Sowjet-Union, in Polen und anderswo, die Verträge rückgängig machen will. Das hört sich ein bißchen krämerhaft an, aber ich bin auch mit dazu da, nachzudenken, wie es bei uns Beschäftigungsmöglichkeiten gibt in den Jahren, die vor uns liegen.
SPIEGEL: Sie gehörten bisher zu den immer seltener werdenden Politikern, die Wahlkämpfe nicht nur mit Leistungsbilanzen bestritten,

sondern auch Zukunft geboten haben. Sehen Sie in der Außenpolitik noch Möglichkeiten für einen offensiven Wahlkampf der SPD?
BRANDT: „Offensiv" ist ein großes Wort. Aber im politischen Leben gibt es Zeiten und Gebiete, in denen und auf denen es darauf ankommt, daß nicht mehr zertöppert wird, als unbedingt notwendig ist.
SPIEGEL: Könnte ein Wahlkampf mit den Schwerpunkten Sicherheits- und Außenpolitik dazu führen, daß die Chancen der Grünen[55] sinken, weil sie zu diesem Thema nichts zu sagen haben?
BRANDT: Ich kann mir vorstellen, daß manche, die sonst abseits stehen, gerade auch Junge, dann wieder dabeisind, wenn es darum geht oder ginge – ich stelle anheim – Friedenspolitik zu sichern.
SPIEGEL: Wie steht es mit den Auswirkungen auf die Koalition? Können Sie sich vorstellen, daß über die Außenpolitik ein Schulterschluß mit Genschers FDP gelingt?
BRANDT: Was Genscher und Schmidt in diesen Tagen zur Entspannungspolitik gesagt haben, stimmt nahtlos zusammen.[56]
SPIEGEL: Auf dem Dreikönigstreffen der baden-württembergischen FDP hat sich Genscher damit gebrüstet, er habe mit seiner Warnung vor Wehners These, die sowjetische Rüstung sei defensiv, recht behalten.[57]
BRANDT: Das war eine Parteiveranstaltung, und das war in einem Land, wo Herrn Genscher daran lag, sich auch an Erhard Eppler[58] zu reiben, was ich ihm nicht verwehren kann, was aber natürlich ...
SPIEGEL: ... auch an Herbert Wehner.
BRANDT: Das weiß ich nicht. Bei aller Polemik wird natürlich auch Herr Genscher wissen, daß er eine Koalition nicht nur mit einem Teil der SPD hat, sondern er hat sie mit einer SPD, zu deren Führung Erhard Eppler gehört.
SPIEGEL: Sie weichen aus. Denn Egon Bahr und Sie haben doch die These von Wehner geteilt. Also ...
BRANDT: ... Wenn Sie mit Herbert Wehner etwas zu erörtern haben, dann müssen Sie mit ihm darüber sprechen.
SPIEGEL: Die SPD hat sich auf ihrem Berliner Parteitag mit Mühe und Not und, wenn Sie ehrlich sind, gegen Ihre innerste Über-

zeugung einen Aufrüstungsbeschluß abgerungen und „Sicherheit für die 8oer Jahre"⁵⁹ versprochen. Kann dieses Motto nicht zum Rohrkrepierer werden, wenn die CDU sagt, was die SPD leichtfertig versprochen hat, das können nur wir garantieren?
*BRANDT:* Das verstehe ich schon als Frage, aber ich komme zu einem Ergebnis, das auf Nein hinausläuft, und zwar aus zwei Gründen.

Wenn die CDU „Sicherheit" sagt, dann schwingt bei mir immer noch mit, was mal buchstäblich „keine Experimente"⁶⁰ genannt worden ist. Wenn die SPD „Sicherheit für die 8oer Jahre" sagt, dann sagt sie damit, wir wissen heute noch besser als Anfang Dezember auf dem Parteitag in Berlin⁶¹, wie gefährdet die Welt ist, in der wir leben. Und wir wollen alles Mögliche tun, um eure Interessen gut wahrzunehmen, aber das geht nicht durch eine Politik der Beharrung.
*SPIEGEL:* Müssen Sie nicht froh sein, daß Sie Ihren Berliner Parteitag gerade noch hinter sich gebracht haben, bevor sich die Weltlage so dramatisch verändert hat?
*BRANDT:* Man muß die Feste feiern, wie sie fallen.
*SPIEGEL:* Herr Brandt, wir danken Ihnen für dieses Gespräch.


Nr. 53
**Schreiben des Vorsitzenden der SPD, Brandt, an den Generalsekretär des ZK der KPdSU, Breschnew
19. Februar 1980**¹

*AdsD, WBA, A 9, 7.*


Sehr geehrter Herr Generalsekretär,
nach meiner Rückkehr von einem kurzen Aufenthalt in den Vereinigten Staaten² möchte ich Ihnen einige Eindrücke vermitteln aus Sorge um die Entwicklung zwischen Ost und West.

Ich habe dem Generalsekretär der Vereinten Nationen und dem amerikanischen Präsidenten den Bericht übergeben, an dem die Unabhängige Kommission für internationale Entwicklungsfragen zwei Jahre gearbeitet hat und für den wir, mit Ihrer Unterstützung, auch Kontakte zu Ihren Wissenschaftlern hatten.³ In diesem Bericht, der jetzt in vielen Ländern veröffentlicht wird, spielt die Abrüstungsfrage eine wichtige Rolle.⁴ Die darin behandelten Fragen werden eine immer größere Bedeutung bekommen, wenn es gelingt, die gegenwärtigen Schwierigkeiten zu überwinden, den Frieden zu bewahren und die Entspannung fortzusetzen.

Für die Stimmung in Amerika ist die Tatsache, daß nun über drei Monate lang Geiseln in Teheran festgehalten werden, von besonderer Bedeutung.⁵ Ihnen nicht helfen zu können, ist eine Demütigung für eine Supermacht, ein Vorgang, der Zorn und Erbitterung hervorruft, und diese Empfindungen suchen nach einem Ziel, um sich Genugtuung zu verschaffen. Die Empörung schien nach der Aktion Ihres Landes in Afghanistan⁶ ihr Ziel zu finden. Mich interessiert jetzt nicht so sehr, wie es dazu kam, sondern wie man schwer berechenbare Konfrontationen vermeiden und die gefährliche Lage beherrschen kann.

Dabei verkenne ich überhaupt nicht, daß die wirkliche Krise die zwischen Ihrem Land und den USA ist, wie sie sich bereits vor Afghanistan entwickelt hat.⁷ Je schärfer die Krise wird, um so schwächer wird der Einfluß der mittleren und kleineren Länder. Wenn die Welt erst beginnt, sich daran zu gewöhnen, daß militärische Stärke das Wichtigste ist, geht nicht nur die Politik zum Teufel, sondern werden die Länder den militärischen Bedürfnissen untergeordnet, deren Stärke im wesentlichen auf ihrer Wirtschaft und ihren politischen Interessen beruht. Der Ruf nach „Solidarität" auf der einen und „Geschlossenheit" auf der anderen Seite⁸ ist ein um so weniger beunruhigendes Zeichen für diese Entwicklung, als es sich dabei in gewisser Hinsicht um Selbstverständlichkeiten handelt. Ich weiß, daß Sie die Stellung der Bundesrepublik in der NATO verstehen und in unseren Gesprächen immer als einen sicheren Faktor für die Stabilität in Europa aufgefaßt haben. Es wäre gut, wenn die Sowjetunion in ihren Äußerungen auch den Anschein vermeiden würde, als sei es ihr Ziel, Europa von Amerika zu trennen.⁹

Meine in New York und in Washington gesammelten Eindrücke[10] weichen im übrigen nicht unwesentlich von dem Bild ab, das sich mir durch die Presse in den letzten Wochen dargeboten hatte. Die Emotionalisierung, die sich im wesentlichen aus der Geiselaffäre in Teheran[11] ergeben und dann durch Afghanistan zusätzliche Nahrung erhalten hatte, kann auf andere Weise während des Wahlkampfes[12] immer wieder aufbrechen. Aber ich war geradezu überrascht, wie abgewogen und nuanciert in Kreisen von Senatoren und anderen einflußreichen Persönlichkeiten über die vitalen internationalen Angelegenheiten gesprochen wird.

Natürlich weiß auch ich nicht, wie sich jetzt im einzelnen die Entscheidungsprozesse in der amerikanischen Führung vollziehen. Aber eines möchte ich Ihnen in aller Nüchternheit vermitteln dürfen: Präsident Carter, der mich nicht aus diesem Anlaß zu einem kurzen Besuch zu sich gebeten hatte, hat mir von sich aus – dem Sinne nach – gesagt, ‹daß er auf die Gelegenheit warte, um zu Gesprächen zurückfinden und den Prozeß der Entspannung fortsetzen zu können. Auf meine Frage, ob er Ihrem Land dies schwer oder leicht machen wolle, hat er das letztere ausdrücklich bestätigt. Er wolle die Beziehungen zur Sowjetunion verbessern und diese weder in Verlegenheit bringen noch kränken. Ich will nichts überinterpretieren, meine aber, daß es über diese Antwort nachzudenken lohnt.›[13]

Ich vermute, daß man Sie über die Ergebnisse einer Konferenz unterrichtet hat, die Anfang dieses Monats in Wien stattfand und an der die Vorsitzenden von 28 sozialdemokratischen Parteien teilnahmen.[14] Es ist dort von jenen Faktoren die Rede gewesen, die in der letzten Zeit die internationale Lage belastet haben, also u.a. die Nichtratifizierung des SALT II-Vertrages[15], die neuen Entwicklungen auf dem Gebiet der Mittelstrecken-Kernwaffen, die Vorgänge in Teheran und nicht zuletzt die sowjetische Aktion in Afghanistan.[16] Wir haben Kritik geübt und unsere warnende Stimme erhoben, wo wir dies für geboten hielten. Aber wir haben vor allem auch unserer tiefen Sorge darüber Ausdruck gegeben, daß die Errungenschaften der Entspannung gefährdet werden könnten, denn – so befürchten wir –

eine Rückkehr zum Kalten Krieg würde die Welt an den Rand einer Katastrophe bringen. Wir haben uns in der Überzeugung bestätigt gesehen, daß es zur Entspannung keine vernünftige Alternative gibt. Gleichzeitig haben wir eine Reihe von Anregungen aufgegriffen, die dazu dienen können, sinnvolle Gespräche wiederaufzunehmen und konstruktive Verhandlungen neu aufzunehmen. Die in Wien Beteiligten haben vereinbart, „alle ihre Möglichkeiten zu Kontakten zu nutzen, um eine Politik für die Fortsetzung der Entspannung, für die Verbesserung der Beziehungen zwischen den USA und der UdSSR und für die Erreichung konkreter Resultate bei den Verhandlungen über Rüstungskontrolle und Abrüstung zu fördern und zu unterstützen".[17]

Es sieht jetzt so aus, als würde die Geiselaffäre gelöst werden können. Danach müßte man die Lage in und um Afghanistan stabilisieren. Je schneller das passiert, um so besser und leichter wird es sein, noch in diesem Jahr sichtbar zur Entspannung zurückzukehren. Nachdem die Sowjetunion in Afghanistan agiert hat, ist es nur logisch, daß von ihr auch der erste Schritt getan wird. Ein solcher erster Schritt könnte m[eines] E[rachtens] in der Ankündigung bestehen, daß Ihr Land die militärischen Kräfte aus Afghanistan zurückzieht, die objektiv ein offensives Potential darstellen, also die Teile der Luftwaffe oder von Luftwaffenverbänden, die in der Lage wären, über Afghanistan hinauszugreifen. Das könnte ein wichtiger Schritt in einer stufenweisen Entwicklung sein, an deren Ende die Wiederherstellung der Situation für die Außenbeziehungen Afghanistans stehen sollte, wie sie, sagen wir, Ende November vergangenen Jahres bestanden hat. Vorstellungen, wie sie die Außenminister der Europäischen Gemeinschaft in Rom entwickelt haben und die auf die Sicherung eines neutralen bzw. blockfreien Status hinauslaufen, verdienen in diesem Zusammenhang eine sorgfältige Prüfung.[18]

Ein Gleichgewicht muß auch im Mittleren Osten wieder hergestellt oder hergestellt werden. Ohne eine Politik des Gleichgewichts ist die Entspannung nicht weiterzuführen. Deshalb werden wir uns der Aufgabe gegenübersehen, Vorstellungen der Überlegenheit nicht überhand nehmen zu lassen. Wer überlegen bleiben oder werden will, wird den Weg zur Abrüstung nicht finden. Es lohnt eine große Anstrengung, um der Welt einen gefährlichen Umweg zu ersparen.

Ihr Land, sehr geehrter Herr Generalsekretär, hat sich in der aufgeregten Welt der letzten Wochen verhältnismäßig inaktiv verhalten. Sie haben in Afghanistan Akzente gesetzt, Sie können dort jetzt wieder Akzente setzen. Das würde auch, ohne daß ich die Bedeutung dieser Frage überschätze, den Olympischen Spielen[19] zugute kommen. Vor allem könnte es bedeutende Auswirkungen sowohl in den USA wie in der Bundesrepublik haben, in denen bekanntlich im Herbst gewählt[20] wird, die Kräfte zu enttäuschen, die sich sichtbar auf eine weitere Verschärfung der Lage einrichten. Ich habe schon oben gesagt, daß bei zunehmender Krise der Einfluß der mittleren und kleinen Länder nachläßt, denn bei zunehmender Krise spielen innenpolitische Unterschiede eine immer geringere Rolle. Der bayrische [sic] Ministerpräsident ist klug genug, sich dem Bundeskanzler anzupassen[21], und Edward Kennedy wird kaum eine Chance haben, Präsident zu werden[22], wenn nicht überhaupt noch die Tendenz zugunsten eines republikanischen Kandidaten sich durchsetzt. Eine Krise verwischt die Fronten innerhalb der Bündnissysteme, weil es sie zwischen ihnen verschärft. Wenn die Welt zur Politik der Entspannung zurückkehrt, nachdem wir schon gesehen haben, wie viel auf dem Spiel steht und wie viel verloren werden kann, werden auch die alten Fronten zwischen Anhängern und Gegnern der Entspannung wieder klarer werden.

Ich hoffe Sie bei guter Gesundheit und übermittle Ihnen meine aufrichtigen Grüße.

‹gez[eichnet] Willy Brandt›[23]

Nr. 54
**Schreiben des Generalsekretärs des ZK der KPdSU, Breschnew, an den Vorsitzenden der SPD, Brandt**
11. März 1980[1]

*AdsD, WBA, A 9, 7.*

Sehr geehrter Vorsitzender Willy Brandt!
Ich habe in Ihre Beurteilung der internationalen Entwicklung, die das vom 19. Februar d[iesen] J[ahres] datierte Schreiben enthält[2], aufmerksam Einsicht genommen. Diese Beurteilung stimmt nicht in geringem Maße mit unserer überein. Das betrifft vor allem den Grundgedanken, daß es keine vernünftige Alternative für die Politik der Entspannung gibt.

Ich möchte noch einmal betonen, daß die Sowjetunion ihrerseits in keiner Weise am Fortbestehen der Spannungen sowohl in der internationalen Arena im allgemeinen als auch in den bilateralen Beziehungen zu den Vereinigten Staaten interessiert ist. Dies alles haben wir nicht einmal unüberhörbar bekundet (ich habe, zum Beispiel, darüber in meiner Wahlrede am 22. Februar[3] gesprochen). Darüber war die Rede auch in den vertraulichen Botschaften, die wir in der letzten Zeit mit führenden Persönlichkeiten der USA und anderer Länder austauschten.

Präsident Carter hat Ihnen gegenüber erklärt, er möchte auf den Weg der Verhandlungen zurückkehren und den Prozeß der Entspannung fortführen, darunter auch die Beziehungen zu der UdSSR verbessern.[4] Hätte es nur gestimmt! Leider zeugen die Taten der amerikanischen Administration von anderem. Dazu bekunden weiter in ihren offiziellen Stellungnahmen Präsident Carter und Personen aus seiner Umgebung[5] offen ihr Bekenntnis zu der Politik der Stärke, ihre Absicht, militärische Überlegenheit über die Sowjetunion zu erlangen und eine dominierende Rolle in der ganzen Welt zu spielen.

Ich glaube, Sie werden mir beipflichten, daß hier eines mit dem anderen nicht übereinstimmt.

Von Grund auf widerspricht den Interessen der Entspannung das Wettrüsten, das von den USA nicht bloß fortgesetzt, sondern drastisch hochgetrieben wird. Derartiger Kurs unterminiert die Entspannung umso mehr, die in den 70er Jahren mit solcher Mühe erreicht wurde; er baut die Möglichkeiten der Fortsetzung eines konstruktiven Dialogs nicht aus, sondern engt sie ein.

Im Mittelpunkt vieler Diskussionen steht heutzutage die sogenannte Afghanistan-Frage. Mitunter formuliert man im Westen solch eine Position: die Spannungen haben zugenommen, weil die UdSSR ihre Truppen in Afghanistan eingeführt habe, folglich führe der Weg zur Minderung der Spannungen über den Abzug der sowjetischen Militärkontingente. Das aber ist eine falsche Logik.

Wie Ihrem Schreiben[6] zu entnehmen ist, halten wir zum gemeinsamen Standpunkt, daß die Verschärfung der Spannungen lange vor den „afghanischen Ereignissen" eintrat und in der Tat nicht infolge dieser andauerte. Diejenigen, die alle Probleme der Fortführung der Entspannung auf den Abzug der sowjetischen Truppen aus Afghanistan begrenzen, versuchen damit, die öffentliche Meinung von wahren Ursachen der Lageverschlechterung abzulenken. Wenn man sich allein dem rein afghanischen Aspekt des Problems annimmt, so können auch die hier vorgeschlagenen Rezepte nicht als realistisch bewertet werden.

Unser begrenztes Militärkontingent wurde nach Afghanistan entsandt nach wiederholten Bitten afghanischer Regierungen[7] um Hilfe bei Abwehr der Anschläge von außen auf die Freiheit und Unabhängigkeit dieses uns befreundeten blockfreien Landes. Ich werde nicht wiederholen, was Ihnen wohl gut bekannt ist. Ich möchte aber bemerken, daß in den letzten Wochen der „unerklärte Krieg", der von den USA, China und Pakistan gegen Afghanistan organisiert worden ist, ein immer größeres Ausmaß annimmt.[8] Wie die amerikanische Presse zugibt, setzt man auf weitere Aktivierung der subversiven Handlungen von außen gegen das jetzige afghanische Regime. Dabei ergreifen nun die USA völlig offen Maßnahmen in dieser Richtung.

Ich glaube, Sie werden mir beipflichten, daß dies alles zur Entschärfung der Lage um Afghanistan durchaus nicht beiträgt, daß dies den Zeitpunkt, an dem wir unsere Truppen abziehen könnten, nicht näherbringt, sondern gar hinausschiebt.

Wir haben bereits wiederholt erklärt, daß sowjetische Militärkontingente aus Afghanistan nicht abgezogen werden können, bis die Gründe entfallen, die uns zu ihrem Einzug bewogen haben. Vor allem muß jede Einmischung in die inneren Angelegenheiten Afghanistans völlig unterbunden werden, militärische und andere Aktionen von außen gegen das Volk und die Regierung Afghanistans müssen völlig eingestellt werden. Die USA, wie auch die Nachbarn von Afghanistan, müssen die realen und wirkungsvollen Garantien dafür geben, daß derartige Einmischung nicht wieder anfängt. Dann wird, dessen bin ich sicher, auch die Regierung von Afghanistan die Lage anders beurteilen.

Folglich hängt alles davon ab, wie bald reale Wege zur Lösung des Problems gefunden werden, die Einmischung in die afghanischen Angelegenheiten von außen einzustellen, die gegen die Regierung und das Volk Afghanistans, gegen die afghanische Revolution gerichtet ist.

Bekanntlich sind jetzt im Westen eine Reihe von Vorschlägen und Überlegungen (inoffiziellen Charakters) im Umlauf, die die Lage in Afghanistan betreffen.[9] Ich möchte Sie auf zwei negative Aspekte dieser Vorschläge und Überlegungen aufmerksam machen.

Der erste besteht darin, daß sie alle die Souveränität Afghanistans ignorieren, an dem Umstand vermeintlich vorbeigehen, daß es eine legitime Regierung hat, die allein das Recht besitzt, im Namen ihres Volkes zu reden.

Der zweite negative Aspekt der unterbreiteten Vorschläge besteht darin, daß sie, indem diese den Abzug der sowjetischen Militärkontingente vorsehen, die Notwendigkeit, Afghanistan vor der Einmischung in seine inneren Angelegenheiten zu sichern, gar nicht erwähnen. Derweil gerade hier liegt der Hund begraben.

Sie erwägen die Möglichkeit dessen, daß die Sowjetunion symbolische Maßnahmen ergreift, die ‹geeignet›[10] sind, zu demonstrieren, daß sie insbesondere keine aggressiven Handlungen gegen die Nachbarn Afghanistans anstrebt. Ihnen ist gut bekannt, daß wir solche Bestrebungen nicht gehabt haben und nicht haben. Wir haben das bereits nicht nur einmal erklärt, und alles, was in dieser Hinsicht im Westen gesagt wird, entbehrt jeder Grundlage.

Ich glaube, daß die wichtigsten europäischen Verbündeten der USA, und nicht zuletzt die Bundesrepublik Deutschland, zu einer besseren Einsicht dieses Umstandes in Washington beitragen könnten, sowie im allgemeinen zur Einsicht dessen, daß unsere Aktion in Afghanistan eine rein defensive Aktion ist und das einzige Ziel verfolgt: den Schutz unserer Freunde und der Sicherheit unserer Südgrenze.

Wir wollen durchaus nicht die westeuropäischen Länder den Vereinigten Staaten entgegenstellen oder sie voneinander trennen. Wir wissen die Verbindungen recht realistisch einzuschätzen, die Ihr Land und andere Staaten Westeuropas zu den Vereinigten Staaten haben. Dabei sind wir überzeugt, daß auch im Rahmen der bestehenden Bündnisse die westeuropäischen Länder, insbesondere die Bundesrepublik Deutschland, einen realen Beitrag zur Wahrung der Entspannung leisten könnten, die ihren vitalen Interessen entspricht. Leider können in diesem Sinne die Ergebnisse des Besuches von Bundeskanzler Schmidt in den Vereinigten Staaten[11] nicht umhin zu enttäuschen.

Was Ihre Information über die Tätigkeit der Sozialistischen Internationale anbelangt, so kann ich sagen: wir haben in die Ergebnisse der in Wien im vorigen Monat stattgefundenen Konferenz aufmerksam Einsicht genommen.[12] Uns imponieren die dort ausgesprochenen Wünsche, alle vorhandenen Mittel zur Unterstützung der Entspannungspolitik einzusetzen. Meiner Meinung nach wäre es nützlich, den eingeleiteten Dialog mit der Sozialistischen Internationale über die Fragen der Entspannung und Abrüstung fortzusetzen und dafür eine passende Form zu finden.

Unsererseits bestätigen wir, daß alle unsere Vorschläge bezüglich der Einstellung des Wettrüstens, die wir früher sowohl auf Staats- als auch auf Parteiebene unterbreitet haben, in Kraft bleiben und daß wir jederzeit bereit sind, sie konstruktiv zu erörtern. Mehr als das, wie wir glauben, ist es bereits durchaus an der Zeit, von Erörterungen und Diskussionen zur Ausarbeitung konkreter Maßnahmen überzugehen, die in der Praxis realisiert werden können.

Es gilt, die Verhandlungen in Wien[13] intensiv fortzusetzen und nach den Wegen zu suchen, eine Vereinbarung zu erreichen.

Ihnen ist unser Standpunkt hinsichtlich der Verhandlungen über die ‹Atomraketen›[14] mittlerer Reichweite bekannt. Der Lösung dieser Frage helfen sicherlich durchaus nicht der Unwillen der amerikanischen Seite, das SALT-II-Abkommen zu ratifizieren[15] und besonders die im Jahre 1979 gefaßten NATO-Beschlüsse[16] über die Stationierung neuer amerikanischer Raketen in Westeuropa. Wir geben jedoch die Möglichkeit solcher Verhandlungen nicht auf, falls die NATO auf die Beschlüsse ihrer Dezember-Tagung in Brüssel[17] verzichtet, oder wenigstens ihre praktische Durchführung offiziell einstellt. Das könnte Europa vor neuen Wettrüstungsspiralen bewahren.

Ich glaube, daß einen nützlichen Beitrag zur Verbesserung der Atmosphäre in Europa das bevorstehende Madrider Treffen[18] von Vertretern der Teilnehmerstaaten der Konferenz über Sicherheit und Zusammenarbeit in Helsinki leisten könnte. Selbstverständlich wird es nur dann möglich sein, wenn die Teilnehmer des Treffens nach Madrid mit der Absicht kommen, konstruktiv nach den Wegen zur Entschärfung der Spannungen zu suchen, zum Wiederherstellen und zur Entwicklung des Geistes von Helsinki, und nicht mit dem Ziel der Fortsetzung und Zuspitzung der Konfrontation.

Wir haben auf jeden Fall die Absicht, in Madrid konstruktiv vorzugehen. Ich hoffe, daß das Herangehen Ihres Landes dasselbe sein wird.

Ich möchte Ihre Aufmerksamkeit auf den Vorschlag der sozialistischen Länder, eine europäische Konferenz über militärische Entspannung und Abrüstung einzuberufen und auf die Bereitschaft Polens, sie in Warschau abzuhalten[19], lenken. Eine solche Konferenz, neben dem Madrider Treffen, könnte einen Anstoß zur Lösung einer Reihe wichtiger Fragen geben, die mit der Einstellung des Wettrüstens zu tun haben.

Gestatten Sie mir abschließend, das Thema Moskauer Olympiade aufzugreifen. Wir messen ihrer Durchführung große Bedeutung bei. Und es handelt sich dabei nicht um das Prestige der Sowjetunion. Der Erfolg der Moskauer Olympiade würde unter jetzigen Bedingungen zweifellos einen wichtigen Entspannungsfaktor darstellen, er würde der Festigung der friedlichen und freundschaftlichen Kontakte zwischen den Völkern dienen. Die Versuche, dieses größte Sportfest zum Scheitern zu bringen und in der Tat die ganze olympische Bewegung zu unterminieren, stellen einen der Bestandteile der Kampagne zur Zerstörung der Entspannung, der friedlichen Zusammenarbeit zwischen den Staaten, der Freundschaft zwischen den Völkern dar, die von der Administration und allen rechten Kräften der USA geführt wird.[20]

Ich möchte die Hoffnung zum Ausdruck bringen, daß in dieser schweren Zeit die Einsicht und Vernunft den politischen Extremismus besiegen werden und die Entspannung, für deren Verwirklichung wir mit Ihnen, Herr Vorsitzender, so viel an Kräften und Energie angelegt haben, über den „kalten Krieg" die Oberhand gewinnen wird.

Jedenfalls werden wir in Moskau dafür alles Mögliche tun. Ich bin bereit, alle diese Probleme mit Ihnen persönlich zu besprechen. Indem ich mir der heiklen Situation bewußt bin, wäre ich Ihnen für ein Zeichen verbunden, wohin und durch welche Kanäle ich eine offizielle (bzw. inoffizielle?) Einladung an Sie richten könnte.[21]
Mit vorzüglicher Hochachtung
gez[eichnet] L[eonid] Breschnew

Nr. 55
**Schreiben des Vorsitzenden der SPD, Brandt, an den Generalsekretär des ZK der KPdSU, Breschnew**
12. August 1980[1]

*AdsD, WBA, A 9, 7.*

Sehr geehrter Herr Generalsekretär,
heute vor zehn Jahren ist in Moskau der Vertrag[2] unterschrieben worden, der die Beziehungen zwischen der Bundesrepublik Deutschland und der Sowjetunion auf eine neue Grundlage gestellt hat. Der Vertrag hat niemandem geschadet, aber vielen genutzt. Er hat in Europa zu einer Stabilität beigetragen, die sich bei kritischen Entwicklungen bewährt hat. Seine Basis war die Überzeugung, daß die Erhaltung und Festigung des Friedens höher stehen muß als alle unterschiedlichen Meinungen, die wir nicht verschwiegen haben.

Ich sehe auch heute und weiterhin kein anderes tragendes Prinzip, wenn die Menschheit den Absturz ins Chaos vermeiden will. Der Verzicht auf Androhung und Anwendung von Gewalt ist im Interesse des Friedens von hohem Wert. Es sollte zur gemeinsamen Aufgabe werden, dieses Prinzip auch für andere Regionen zu vereinbaren und ihm weltweit Geltung zu verschaffen.

Ich glaube, daß der Vertrag vom 12. August 1970[3] geeignet bleibt, als Basis einer ausbaufähigen sachlichen Zusammenarbeit zu dienen. Die Entwicklung der wirtschaftlichen Zusammenarbeit hat sich nicht nur bei Ihnen und uns für zahlreiche Bereiche vorteilhaft ausgewirkt, sondern hat eine politische Wirkung der zuverlässigen, auf Dauer angelegten Zusammenarbeit gewonnen. Es war eine große Genugtuung, daß Sie dies zusammen mit Bundeskanzler Schmidt bei seinem Besuch in Ihrer Hauptstadt[4] deutlich gemacht haben.

Der Politik der Entspannung steht jedoch eine neue Bewährung bevor: Rüstungskontrolle, Rüstungsbegrenzung und Abrüstung bei annäherndem Gleichgewicht – oder wie wir früher gesagt haben: „ohne Nachteile für die Beteiligten"[5] – ist zur wichtigsten Aufgabe geworden. Dies wird besondere Anstrengungen erfordern unter dem Gesichtspunkt, daß Gleichgewicht militärischer Kräfte kein Ziel an sich, sondern auf einem möglichst niedrigen Niveau das Instrument sein soll, um zu einem Frieden zu kommen, der nicht mehr zerstörbar ist.

Eine solche Politik darf nicht der Ausdruck bloßer Hoffnung bleiben, denn sie entspricht der Einsicht in die Verantwortung, die alle teilen, die Macht haben, in welchem System sie auch immer wirken. Die Menschheit sieht sich neuen, unabweisbaren Problemen gegenüber, und ich hoffe sehr, daß dieses Bewußtsein auch erkennbar wird, wenn die Vertreter all der Staaten, die die Schlußakte von Helsinki unterzeichneten, Ende dieses Jahres in Madrid[6] zusammenkommen.

Die führenden Männer in unseren beiden Staaten (und das ist in meinem Land durchaus nicht auf Angehörige meiner Partei beschränkt) kennen sich heute viel besser als vor zehn Jahren. Sie haben Erfahrungen gesammelt und wissen durchweg, was geht und was nicht geht, für beide Seiten. Sich als Partner des Friedens verstehen lernen, verlangt immer wieder eine richtige Einschätzung.

Der Moskauer Vertrag, den ich gemeinsam mit Herrn Scheel auf unserer und mit den Herren Kossygin und Gromyko auf Ihrer Seite unterzeichnete[7] – und für den wir bewußt keinen Kündigungstermin gesetzt haben –, bleibt ein wichtiger Rahmen für die Zukunft.

Dies wollte ich Ihnen aus Anlaß des Zehnjahrestages gern zum Ausdruck gebracht haben und verbinde damit meine freundlichen Grüße.

⟨gez[eichnet] Willy Brandt⟩[8]

Nr. 56
## Schreiben des Generalsekretärs des ZK der KPdSU, Breschnew, an den Vorsitzenden der SPD, Brandt
### 28. August 1980[1]

*AdsD, WBA, A 9, 7.*

Sehr geehrter Willy Brandt!
Die Gedanken, die Sie in dem Schreiben vom 12. August d[iesen] J[ahres] anläßlich des 10. Jahrestages des Moskauer Vertrages[2] dargelegt haben, veranlassen mich, mich nochmals an Sie zu wenden und Ihnen einige Überlegungen anzuvertrauen, besonders deshalb, weil Sie Vorsitzender der Sozialistischen Internationale sind.

Wie sie mit Recht betonen, steht die Entspannungspolitik vor einer neuen Prüfung. In der Tat wird die Weltlage überaus ernst. Erst vor kurzem habe ich in Gesprächen[3] mit dem Bundeskanzler Schmidt und dem Präsidenten Frankreichs, Giscard d'Estaing, unsere diesbezüglichen Auffassungen ausführlich dargelegt. Unsere Auffassung über die Ursachen der andauernden Zuspitzung der internationalen Lage ist Ihnen bekannt.

Die Ereignisse der letzten Zeit haben ein noch größeres Element der Ungewißheit und Instabilität in die internationale Lage hineingebracht. Ich meine in erster Linie die von den Vereinigten Staaten verkündete „neue Nuklearstrategie"[4], die nach der Auffassung sowohl der westlichen als auch der sowjetischen Experten das Risiko eines nuklearen Zusammenstosses vergrößert. Deutlicher wurde auch die Rolle, die die USA im Rahmen dieser Strategie den neuen Kernwaffen mittlerer Reichweite beimessen, die entsprechend dem Beschluß des NATO-Rates zur Stationierung in den westeuropäischen Ländern[5] bestimmt sind.

Selbstverständlich ist die Sowjetunion imstande, alle Herausforderungen seitens der amerikanischen und der NATO-Militaristen zu beantworten. Die UdSSR und ihre Verbündeten sind in der Lage, alle notwendigen Maßnahmen zur Gewährleistung ihrer Sicherheit zu ergreifen. Wir möchten aber nicht, daß die Entwicklung den Weg einschlägt, auf den der Brüsseler NATO-Beschluß und die „neue Nuklearstrategie" der USA drängen, d[as] h[eißt] den Weg eines neuen Aufschwungs der Rüstungen in den 80er Jahren mit allen riesigen Ausgaben und unberechenbaren internationalen Komplikationen.

Man soll sich völlig im klaren sein, daß die Maßnahmen, die zur Zeit von den Vereinigten Staaten unternommen werden, einen gefährlichen Versuch darstellen, den Völkern den Gedanken beizubringen, daß ein Atomkrieg real ist und „gewonnen werden kann".

Wir sind der Meinung, daß die verantwortlichen Politiker von einer anderen Perspektive für die Menschheit ausgehen sollten, Möglichkeiten für eine friedliche Beilegung der internationalen Probleme mit Hilfe von Verhandlungen suchen sollten. Was uns anbetrifft, so gibt es keine Probleme in Europa, Asien und in anderen Teilen der Welt, die die sozialistischen Länder nicht bereit wären, auf dem Verhandlungstisch zu regeln. Mehr als einmal haben auch wir uns bereit erklärt, auf der Grundlage der Gegenseitigkeit die Begrenzung und das Verbot aller möglichen Waffenarten zu vereinbaren.

Eine solche Vereinbarung setzt, selbstverständlich, voraus – und hier sind wir mit Ihnen offensichtlich einer Meinung – die Anerkennung des entstandenen annähernden Kräftegleichgewichts. Die Handlungen der US-Administration zeigen aber, daß die amerikanischen regierenden Kreise sich nicht mit dem annähernden Gleichgewicht zufriedenstellen wollen (im Gegensatz zu unserer Verabredung mit dem Präsidenten Carter im Sommer des vorigen Jahres[6]). Jetzt machen sie sogar kein Hehl daraus, daß sie Kurs auf Erreichung der militärischen Überlegenheit als der materiellen Grundlage der Politik der nuklearen Erpressung genommen haben.

In dieser Hinsicht bestätigt das Erscheinen der Direktive-59[7] leider nur die Besorgnisse und Warnungen, die wir im Herbst des vorigen Jahres zum Ausdruck gebracht haben, als die Absicht der NATO, die Herstellung und Stationierung der neuen amerikanischen nuklearen Raketenwaffen in den Ländern Westeuropas gutzuheißen, bekannt wurde. Damals bestand die Möglichkeit, einen neuen Sprung im Anwachsen der nuklearen Rüstungen zu verhindern.

Doch haben die Regierungen der NATO-Länder diese Möglichkeit nicht wahrnehmen wollen. Vor kurzem haben wir, wie Ihnen bekannt ist, einen neuen Schritt unternommen. Wir schlugen vor, mit der Erörterung der Frage über die nuklearen Raketen der mittleren Reichweite gleichzeitig und im organischen Zusammenhang mit der Frage über die amerikanischen vorgeschobenen Kernwaffen zu beginnen, ohne die Ratifizierung des SALT II-Vertrages abzuwarten.[8] Selbstverständlich würden die möglichen Vereinbarungen erst nach dem Inkrafttreten des SALT II-Vertrages[9] verwirklicht werden können. Dieser von mir während des Treffens mit Bundeskanzler Schmidt vorgetragene Vorschlag wurde sogleich der amerikanischen Regierung mitgeteilt, doch bis zum jetzigen Zeitpunkt fehlt ihre Antwort. In den letzten Tagen habe ich mich an den Präsidenten der USA mit einem Schreiben gewandt, in dem ich vorgeschlagen habe, ohne weitere Verzögerungen den Beginn offizieller Verhandlungen zu vereinbaren. Ich habe auch entsprechende Briefe an den Bundeskanzler Schmidt und an die Führer anderer NATO-Staaten gesandt[10], was Ihnen wahrscheinlich bereits bekannt ist.

Ich möchte betonen, daß wir zu unserem Vorschlag mit vollem Ernst stehen, wie es die Lage und unsere Pflicht als politische Führer, die eine riesige Verantwortung über die Schicksale der Welt tragen, fordern. Mit dem Vorschlag, die Verhandlungen unverzüglich aufzunehmen, verbinden wir keinerlei politische oder propagandistische Nebenabsichten. Man kann meiner Meinung nach feststellen, daß unsere Initiative in offiziellen westeuropäischen Kreisen, in Kreisen der Öffentlichkeit mit Interesse aufgenommen wurde. Wir betrachten mit Genugtuung, daß sie Unterstützung sowohl von der Seite des Bundeskanzlers H[elmut] Schmidt als auch von Ihrer Seite erfahren hat. Ich will aber nicht verheimlichen, daß die Einstellung der amerikanischen Führung uns Sorge bereitet. Die Regierung der USA läßt auf eine Antwort warten, mehr noch – sie versucht eindeutig, das Interesse an dem sowjetischen Vorschlag einzudämmen. In den Erklärungen der hochrangigen amerikanischen Politiker[11] wird die Absicht deutlich, den Beginn der Verhandlungen auf jede Weise zu verzögern.

Dabei beruft man sich wohl in erster Linie auf die Präsidenten-Wahlen in den USA.[12] Ich sage ehrlich: Angesichts der Bedeutung der Fragen, um die es sich handelt und die die Schicksale der Menschheit berühren, erscheint eine solche Berufung in sich selbst haltlos und nicht solide. Die Probleme des Friedens oder des Kriegs dürfen nicht in Abhängigkeit zur Konjunktur der Wahlen in dem einen oder dem anderen Land gebracht werden. Bei uns entsteht aber der Eindruck, daß die Sache letzten Endes wohl doch nicht an den Wahlen liegt, sondern daran, daß unter den regierenden Kreisen der USA eine negative Haltung zu den Verhandlungen dominiert, weil ein Zustandekommen von Vereinbarungen auf der Grundlage des Prinzips der Gleichheit und der gleichen Sicherheit mit den heutigen militärstrategischen Zielsetzungen der USA nicht übereinstimmt. Allem Anschein nach ist die amerikanische Führung nicht auf ernsthafte Verhandlungen ausgerichtet, sie ist nicht bereit, gegenseitig annehmbare Vereinbarungen zu suchen.

Ich brauche Ihnen wohl nicht zu sagen, wie schwerwiegend die Folgen einer weiteren Verzögerung von Verhandlungen sein werden. Dies würde bedeuten, eine Entwertung schon abgeschlossener Verträge und Abkommen, wie SALT I und SALT II[13], hinzunehmen. Die Sowjetunion wird gezwungen sein, zusätzliche Maßnahmen zur Gewährleistung ihrer Sicherheit zu ergreifen, was offensichtlich die Grundlage selbst für eventuelle Verhandlungen verändern wird. Unvermeidlich würden auch andere Abrüstungsverhandlungen abgebremst, darunter auch die Verhandlungen in Wien.[14] Letzten Endes würde eine Verzögerung eine noch größere Untergrabung der Entspannung, Unterminierung von all dem bedeuten, was uns durch gemeinsame Anstrengungen in den 70er Jahren gelungen war, in der Sache der Gewährleistung der Entspannung, der Sicherung des Friedens und der Entwicklung der gegenseitig vorteilhaften vielfältigen internationalen Zusammenarbeit zu erreichen.

Wir glauben, daß entsprechend der Logik der Dinge die Völker, die politischen Parteien, die breite Öffentlichkeit Westeuropas zu einer tätigeren Rolle in den Fragen der Begrenzung der nuklearen Rüstung in Europa berufen sind. Man würde einen unverzeihbaren

Fehler begehen, wenn man sich von einer Stimmung der Beschwichtigung leiten ließe in der Auffassung, die Bereitschaft zu Verhandlungen sei schon vorhanden und der Prozeß ihrer Vorbereitung ginge sozusagen seinen Gang.

In Anbetracht der entstandenen Lage wird man sich offensichtlich auf der staatlichen Ebene nicht wenig Mühe geben müssen, damit die Verhandlungen beginnen und in einer konstruktiven Atmosphäre verlaufen können. Eine wichtige Rolle aber könnten dabei die Aktivitäten und die Beharrlichkeit der europäischen Öffentlichkeit spielen.

Wir wissen, daß die Parteien der Sozialistischen Internationale sich positiv zum sowjetischen Vorschlag geäußert haben, die Idee der Verhandlungen unterstützen. Wir rechnen damit, daß der Ernst der Lage die sozialdemokratischen Parteien zur Verstärkung der Anstrengungen in dieser Richtung veranlassen wird.

Mein Gespräch im vorigen Jahr in Moskau mit der Arbeitsgruppe der Sozialistischen Internationale über die Fragen der Abrüstung[15] hat bei mir den Eindruck hinterlassen, daß wir über ein bestimmtes gegenseitiges Einvernehmen verfügen in bezug auf die dringlichsten Aufgaben des Kampfes für die Erhaltung der Entspannung, gegen das Wettrüsten und für die Abrüstung. Wir hoffen, daß die damals von den Vertretern der Sozialistischen Internationale vorgetragenen Gedanken nicht lediglich auf dem Papier bleiben, sondern ihren Ausdruck in den konkreten politischen Handlungen finden werden, die in der gegenwärtigen Lage so notwendig sind.

Ihr persönliches Ansehen sowie der Einfluß der Parteien der Sozialistischen Internationale können zu einem wichtigen Faktor dafür werden, daß die Chance nicht versäumt wird, einer neuen, sehr gefährlichen Runde des Wettrüstens vorzubeugen, konstruktive Verhandlungen zu beginnen, die eine Wende zur tiefgreifenden militärischen Entspannung fördern könnten. Ich würde gerne, sehr geehrter Willy Brandt, Ihre Meinung über die erwähnten Fragen erfahren.

Hochachtungsvoll
L[eonid] Breschnew

Nr. 57
**Schreiben des Vorsitzenden der SPD, Brandt, an den Generalsekretär des ZK der KPdSU, Breschnew**
**17. September 1980**[1]

*AdsD, WBA, A 9, 7.*

Sehr geehrter Herr Generalsekretär,
für Ihren Brief vom 28. August[2] und die damit verbundene Fortsetzung unseres Gedankenaustausches danke ich Ihnen.

Ich habe mit großer Aufmerksamkeit Ihre Einschätzung der gegenwärtigen internationalen Entwicklung gelesen. Wie Sie aus meinem Schreiben vom 12. August[3] wissen, teile ich Ihre Sorge über das Wettrüsten und seine weitere Beschleunigung. Meine Sorge geht weiter: Die kritischen Entwicklungen im Mittleren Osten haben noch nicht das Stadium erreicht, von dem man sagen könnte, daß sie im Sinne der internationalen Politik und des internationalen Bewußtseins risikofrei geworden wären.[4] Die Lage im Nahen Osten ist schwieriger geworden. Und damit hört die Zahl der Gefahrenzonen nicht auf.[5]

In dieser Situation sind die Vereinigten Staaten fühlbar durch ihren Wahlkampf in Anspruch genommen.[6] Man kann Ihnen schwer widersprechen, wenn Sie meinen, daß das Schicksal der Welt wichtiger sei als jeder Wahlkampf. Auf der anderen Seite ist es nichts Neues, daß die Vereinigten Staaten vor ihren jeweiligen Wahlen nur bedingt handlungsfähig sind. Das gehört zu den Nachteilen einer Ordnung, die auch ihre Stärken hat. Und ich bin im übrigen der Auffassung, daß es für den weiteren Gang eben doch bedeutungsvoll ist, wer regiert. Ich kann das jedenfalls für die Bundesrepublik Deutschland ziemlich genau beurteilen.

Mit anderen Worten: Meine Ansicht zu Ihrer Darstellung der Probleme, die ich in vielen Punkten teile, lautet: Ich sehe keine realistische Möglichkeit, daß die Amerikaner bis zu ihren Wahlen zu substantiellen Verhandlungen kommen. Aber ich sehe doch mit Befriedigung, daß die beiden Außenminister sich sehen werden und daß für Oktober – hoffentlich mehr als symbolische – Verhandlungen[7] in Aussicht genommen sind.

Es wird sich lohnen, unbeschadet der amerikanischen Wahlen eine große Anstrengung zu unternehmen, um das Prinzip der annähernden Gleichheit durch Verhandlungen in die Wirklichkeit umzusetzen. Es wäre sicher gut, wenn die Verhandlungen zur Substanz vorbereitet würden, indem man sich über die Rahmenbedingungen verständigt, in denen sie stattfinden sollen. Sie wissen vermutlich, daß die Bundesregierung die amerikanischen Verbündeten in dieser Hinsicht ermutigt. Es wäre wichtig, wenn Ihr Außenminister das Gespräch mit seinem amerikanischen Kollegen[8] so konstruktiv wie möglich führt.

Die deutschen Sozialdemokraten und die Sozialistische Internationale werden sich weiterhin mit Nachdruck für eine Politik der Rüstungsbegrenzung einsetzen. Wir wissen, was von Vereinbarungen auf militärischem Gebiet für die Entspannung und für das Schicksal der Welt abhängen kann.

Auf dem für November in Madrid vorgesehenen nächsten Kongreß der Sozialistischen Internationale[9] werden wir – auf der Grundlage des von der Arbeitsgruppe für Abrüstungsfragen unter Vorsitz von Kalevi Sorsa erarbeiteten Berichts – eine umfassende Stellungnahme zu diesem Komplex abgeben.[10] Dabei werden die Fragen einer Begrenzung der Mittelstreckenraketen in Europa natürlich eine Rolle spielen. Und wir werden auch sicher nicht versäumen, uns dazu zu äußern, wie solche Beschlüsse in die politische Praxis umgesetzt werden können. Ich werde gern dafür sorgen, daß Sie vom Ergebnis dieser Beratungen unterrichtet werden.

Mit allen guten Wünschen
‹Willy Brandt›[11]

Nr. 58
**Aus dem Interview des Vorsitzenden der SPD, Brandt, für**
*Der Spiegel*
**10. November 1980**

*Der Spiegel*, Nr. 46 vom 10. November 1980, S. 21–24.

„Mehr politische Substanz ist nötig"

[...]¹
SPIEGEL: In der Außenpolitik mußte die SPD ja wohl auch passen ...
BRANDT: ... wieso?
SPIEGEL: Sie mußte ihre Vorschläge, die Truppenreduzierungsgespräche (MBFR) in Wien durch einen neuen Vorschlag des Kanzlers zu beleben, wieder in der Schublade verschwinden lassen.²
BRANDT: Wir Sozialdemokraten haben uns in der Unterrichtung der Öffentlichkeit bisher große Zurückhaltung auferlegt. Ihr Beispiel zeigt mir, daß ein Kollege von der freidemokratischen Seite ein Detail irgendwo ausgebreitet hat, um seine vermeintliche Erfolgsbilanz noch eindrucksvoller zu machen. Das ist Quatsch, das schafft Ärger, ändert an der Sache überhaupt nichts.
SPIEGEL: Aber die FDP hat doch den Vorschlag abgelehnt, daß keine der beiden Seiten, weder die Sowjet-Union für den Warschauer Pakt noch die Bundesrepublik für die Nato, mehr als 50 Prozent der Truppenstärke des jeweiligen Bündnisses stellen darf.³
BRANDT: Ich halte diesen Vorschlag für durchaus erwägenswert, übrigens nicht, weil den Russen das gefallen könnte, sondern weil ich glaube, Deutschland muß sehr aufpassen, daß sein spezifisches Gewicht gegenüber allen Nachbarn, auch den westlichen, nicht eine bestimmte Größe überschreitet. Es ist falsch zu behaupten, das sei abgelehnt. Es wurde zurückgestellt und ist ja auch isoliert von anderen der in Wien behandelten Punkte gar nicht zu entscheiden.
SPIEGEL: Herr Brandt, wir werden mit einem US-Präsidenten⁴ zu leben haben, der Salt II nicht unterschreiben wird, der erklärt hat, er

werde zusätzliche 150 Milliarden Dollar für Rüstung ausgeben, und von dem zu befürchten ist, daß er die Russen totrüsten will. Dies alles paßt nicht in das alte Konzept der Entspannung und des Ausgleichs. Wie werden wir Europäer, wie werden die Deutschen damit fertig?
BRANDT: Für mich gibt es überhaupt keinen Zweifel daran, daß wir noch einmal aufgerufen sind, uns gemeinsam mit anderen Europäern, und dies vor allem mit unserem wichtigsten Nachbarn, Frankreich, um mehr Eigenständigkeit in der Welt zu kümmern. Wir müssen nicht nur über den Agrarmarkt, nicht nur über den Fortgang in der Europäischen Gemeinschaft nachdenken, sondern wir werden auch in engem Kontakt miteinander über europäische Sicherheit nachzudenken haben, nicht alleine mit dem Ziel, darauf antworten zu müssen, was Präsident Reagan an neuen Erwartungen gegenüber den Europäern formuliert.
SPIEGEL: Aber unsere Sicherheit ist doch weiterhin vor allem von den USA abhängig?
BRANDT: Ja, aber es wäre eine veraltete Vorstellung, als ob europäische Sicherheitspolitik nur darin bestehen könnte, zusätzlichen Forderungen eines amerikanischen Präsidenten nachzukommen. Man muß die eigenen Interessen innerhalb des Bündnisses vor Augen haben, muß sie interpretieren...
SPIEGEL: ... bleiben wir doch mal bei Reagans Absage an Salt II...
BRANDT: ... Im übrigen weiß ich wohl, was Reagan zu den strategischen Waffen gesagt hat, also zu Salt II.[5] Es ist ja nicht so, daß nur *er* was gesagt hat. Es ist so, daß auch wir was gesagt haben, meine Partei. Die steht in Europa damit nicht allein und ist von der Erwartung ausgegangen, daß dieses zweite Abkommen zwischen den beiden nuklearen Mächten[6] geschlossen wird, und zwar im Zusammenhang mit dem Nachrüstungsbeschluß[7] der Nato, der mit einer wichtigen Verhandlungskomponente verbunden ist.

Da beginnt dann auch mein Rätseln über die Russen, warum die sich soviel Zeit gelassen haben, auf dieses Verhandlungsangebot einzugehen. Ich sehe das nicht ohne eine gewisse Besorgnis, aber doch auch mit der Erfahrung eines Mannes, der eine ganze Reihe amerikanischer Präsidenten, demokratische wie republikanische, gekannt hat.[8]

SPIEGEL: Sie wollen sagen: Die Suppe wird nicht so heiß gegessen, wie sie gekocht wird. Aber wir denken, daß Reagan eine ganz andere Suppe auftischt. Er will doch einen Rüstungsschritt der Amerikaner, bevor er überhaupt zu neuen Abrüstungsverhandlungen bereit ist.

*BRANDT:* Ich meine, daß es zu früh ist, über diesen in der Tat unglaublich wichtigen Punkt eine knappe Woche nach der US-Wahl zu befinden. Reagan wird die Verteidigung noch wichtiger nehmen. Aber, wenn ich das richtig sehe, wird er in der Regierung auch Leute haben, die sich Gedanken machen über Arbeitslosigkeit und Inflation in den Vereinigten Staaten. Es ist ja wohl ein Irrtum zu glauben, daß man mit Rüstung auch zugleich die großen inneren Probleme der Vereinigten Staaten löst.

SPIEGEL: Man kann zum Beispiel mit Rüstungsaufträgen für Beschäftigung sorgen.

*BRANDT:* Man kann es mit Marshallplänen[9] noch besser, wie wir gesehen haben. Aber das ist auch nicht mehr die Erfahrung der heutigen jungen Generation. Daß es keinen Grund gibt für überschwengliche Erwartungen in den Ost-West-Zusammenhängen, das war mir klar, bevor Herr Reagan zum Präsidenten gewählt wurde.

SPIEGEL: Wie wird der Abrüstungs- und Verständigungspolitiker Brandt mit der neuen Abgrenzungsoffensive der DDR[10] fertig?

*BRANDT:* Da ist ja neulich alles mögliche hineingeheimnist worden in einen Vorgang, den ich mit großem Interesse beobachtet habe, ich will nicht sagen: mit Amüsement. Das erlebt man ab und zu, daß sich eine Bemerkung selbständig macht.

SPIEGEL: Sie meinen Ihre Bemerkung, man sollte doch einfach den frei werdenden Stuhl des Leiters der Ständigen Vertretung in Ost-Berlin[11] nicht besetzen?

*BRANDT:* Ja, da habe ich dann zitiert gelesen: auf absehbare Zeit. Das ist Unsinn. Da haben Leute hineingelegt: Vielleicht hat er denen da drüben in Ost-Berlin zeigen wollen, daß er wirklich sehr verärgert ist. Das war *nicht* mein Motiv.

Aber ich habe nichts gegen diese Nebenwirkung gehabt. Denn ich halte es in der Tat für einen ganz gravierenden Vorgang, wenn man sich überlegt, hier hat man – für die Öffentlichkeit mindestens bis zur Sommerpause, wenn nicht länger – eine Art gemeinsames Interesse ablesen können daran, daß die beiden deutschen Staaten mit ihren Problemen und Gegensätzen entspannungspolitisch auf Kurs bleiben. Dann kommt, zunächst für viele nicht anders zu erklären als durch Vorgänge anderswo im Ostblock...

SPIEGEL: ... Sie denken an Polen[12]...

BRANDT: ... eine neue Welle, nicht nur mit einer Maßnahme zu Lasten armer Leute. Man hört unnötig polemische Reden, erlebt andere Geschichten, ohne jede vorherige Unterrichtung derer, mit denen man sonstwas zusammen will. Mein Punkt ist ein ganz anderer, viel einfacher...

SPIEGEL: ... Sie wollten eine alte Rechnung mit dem als Nachfolger von Günter Gaus vorgesehenen Staatssekretär Klaus Bölling[13] begleichen, der Sie gelegentlich kritisiert hat.

BRANDT: Ich habe keine Rechnung mit ihm zu begleichen. Er hat alle meine guten Wünsche, wenn er das im nächsten Jahr[14] machen soll. Mein Interesse galt nicht nur – bei allem Respekt vor Herrn Bölling – einem neuen Gesicht in Ost-Berlin, sondern der Frage nach unserer Deutschlandpolitik. Wenn meine Vermutung richtig ist, hat sich hier etwas geändert, was nicht allein zu begründen ist mit dem Verhältnis auf deutschem Boden. Das wirft doch Fragen auf.

SPIEGEL: Was hat Ihnen an der Bonner Deutschlandpolitik nicht gepaßt?

BRANDT: Es ist nicht die Frage von „nicht passen", sondern es ist eine Frage von „erwarten". Wir müssen über Politik reden. Das wird nämlich nicht eine Sache sein, wo es darum geht, ob man dort etwas zurückgedreht bekommt, ob man dort ein bißchen mehr bei der Elektrifizierung von Eisenbahnlinien macht, dort ein bißchen mehr beim Kraftwerksbau.[15]

Das ist nun überhaupt nichts gegen die DDR Gerichtetes, sondern es ist eine Frage, wie soll sich über die Regelung praktischer Fragen hinaus das Verhältnis zwischen den beiden Staaten weiterentwickeln.

SPIEGEL: Und dazu empfehlen Sie eine Denkpause?

*BRANDT:* Man muß, wenn man personell etwas verändert, vernünftigerweise eine tatsächlich entstehende Pause – ob sie nun aus ein paar Wochen oder etwas länger besteht – nutzen, sich über die weitere Politik klarzuwerden.

SPIEGEL: Was wird denn dadurch erledigt, daß man eine Zeitlang den Sessel des Ständigen Vertreters in Ost-Berlin nicht besetzt?

*BRANDT:* Sie unterstellen jetzt, daß ich eine Nichtbesetzung an der Spitze der Vertretung vorgeschlagen hätte. Das ist ein Irrtum.

SPIEGEL: Ihnen ging es also nicht um einen diplomatischen Nadelstich gegen die DDR?

*BRANDT:* Ich wollte Zeit haben, damit die, die was beizutragen haben, auch mit einem neuen Mann über den Inhalt der Politik reden können.

SPIEGEL: Vermissen Sie ein deutschlandpolitisches Konzept erst, seit dieser Wechsel ansteht?

*BRANDT:* Wenn Sie die eine Frage auf die andere aufstülpen, ist das wie beim Richter: „Hauen Sie Ihre Frau immer noch?" Was heißt eigentlich deutschlandpolitisches Konzept? Es wäre interessant zu sehen: Habe ich recht mit meiner Einschätzung[16] – ich glaube, ich habe recht –, nicht die bösen Russen haben Ost-Berlin zu etwas veranlaßt? Ich glaube, sie haben davon erst von dort Kenntnis bekommen. Es wäre interessant zum Beispiel, darüber Meinungen auszutauschen.

Honecker hat sehr stark seine, nicht unsere, aber in diesem Fall widersprüchlichen Interessen an Entspannung bekundet. Er hat in der Geraer Rede, die voller Widersprüche ist, das Entspannungselement, das Normalisierungselement, und das Interesse an wirtschaftlicher Zusammenarbeit genannt.[17] Aber mich interessiert ja, was sonst noch in der Schublade ist und wie unsereins dies betrachtet.

SPIEGEL: Also fehlt in Bonn sogar die Analyse?

*BRANDT:* Ich will die Prüfung der deutschen Fragen vor dem Hintergrund veränderter Verhältnisse in Europa und in der Welt. Das wäre schon ganz nützlich.

SPIEGEL: Wenn man die Frage stellt, ob es nicht zweckmäßig wäre, beim Wechsel an der Spitze der Ständigen Vertretung erst mal eine

Pause einzulegen, muß man die Spekulation einkalkulieren. Wollten Sie, daß der von Ihnen 1973 berufene Vertreter Gaus noch länger in Ost-Berlin bleibt?
*BRANDT:* Das ist ja erledigt. Erstens hat die Bundesregierung gesagt, daß sie meines Rates nicht bedarf – wenn ich das richtig verstanden habe[18] ...
SPIEGEL: Ja, das haben Sie richtig verstanden.
*BRANDT:* ... also insofern ist das auch schon erledigt. Zweitens sehe ich, daß für die, die reden möchten mit irgend jemand, ja bis zum Amtsantritt Böllings im Februar Zeit ist.
SPIEGEL: Also, der Vorschlag ist weg?
*BRANDT:* Ja.
SPIEGEL: Hat bei dem Vorschlag auch persönlicher Ärger eine Rolle gespielt, daß Sie nicht gefragt wurden?
*BRANDT:* Nein. Ich habe nur gesagt: Ich habe nichts dagegen, wenn woanders der Eindruck entstanden ist, ich sei sauer. Ich möchte über Politik reden, bevor ich höre, wer macht's künftig „zur Person". Ich möchte nicht einfach nur mitgeteilt haben, da kommt ein neuer Mann hin, sondern ich will erst wissen, was ist der Inhalt.
SPIEGEL: Kennen Sie denn jetzt nach den Koalitionsverhandlungen den Inhalt?
*BRANDT:* Ich glaube nicht, daß wir – ich kann mich nicht erinnern – neue Texte zur Deutschlandpolitik haben. Es wird wohl mehr der noch ausstehenden weiteren Aussprache überlassen bleiben.
SPIEGEL: Für Ost-Berlin steht derzeit die Frage der Staatsbürgerschaft im Vordergrund.[19] Sehen Sie irgendeine Möglichkeit, daß die Bundesregierung in den nächsten Jahren irgendwelche Zugeständnisse in der Staatsbürgerfrage machen kann, ohne mit dem Bundesverfassungsgericht zu kollidieren?
*BRANDT:* Nein, ich sehe diese Möglichkeit nicht.
SPIEGEL: Wenn sich da aber nichts bewegt, wie soll denn nach Ihrer Auffassung der deutsch-deutsche Dialog über diese Frage – und sie wird ja auch Herrn Bölling bei Dienstantritt gestellt werden – wieder in Gang kommen?

*BRANDT:* Also, Sie meinen, wenn mich schon sonst niemand danach fragt, könnte ich es ja auch lieber im Gespräch mit dem SPIEGEL abhandeln. Das ist aber eigentlich nicht meine Stimmungslage ...
SPIEGEL: ... aber unsere ...
*BRANDT:* ... sondern ich sage, was ich vorhin im Grunde schon deutlich gemacht habe: Ich glaube, daß es nicht reicht, so wichtig dies ist, und gerade, wer das mal mit in Gang gesetzt hat mit den kümmerlichen Passierscheinregelungen Ende 1963[20], die für die einzelnen Menschen noch so wichtigen praktischen Fragen ...
SPIEGEL: ... humanitären Fragen ...
*BRANDT:* ... humanitären Fragen, Verkehrsfragen, Wirtschaftsfragen zu behandeln. Man wird – das hebe ich jetzt einmal ab von dem, was hätte polemisch klingen können und im Grunde gar nicht so gemeint war – sich mehr Mühe geben, mehr Gedanken darüber machen müssen, wie das Verhältnis zwischen den beiden deutschen Staaten mehr politische Substanz bekommt.
SPIEGEL: Können Sie bitte etwas konkreter werden?
*BRANDT:* Hier sind zwei, so wie sie sind, beide gewichtig in ihren Teilen Europas, beide gewichtig in ihren Bündnissystemen. Eine größere Dichte des – wenn auch schwierigen – politischen Gesprächs scheint mir, wenn mal wieder die Gelegenheit dafür da ist, eine der Voraussetzungen dafür zu sein, das mit abzufedern, was im Praktischen erwünscht wird, möglich ist, möglich werden kann.

Wir müssen heute darüber nachdenken, was ist, wenn sich nicht alles noch weiter verkompliziert im Ost-West-Verhältnis – was ich auch nicht ausschließen kann –, sondern wenn sich was bewegt. Was ist die Rolle, die dann die einen Deutschen und die anderen Deutschen spielen? Wollen sie reden miteinander oder nicht? Was die einen bei KSZE und die anderen bei MBFR[21] in größeren Zusammenhängen machen, das sind die Fragen, die wichtig sind.
SPIEGEL: Herr Brandt, wir danken Ihnen für dieses Gespräch.

Nr. 59
**Schreiben des Vorsitzenden der SPD, Brandt, an den Generalsekretär des ZK der KPdSU, Breschnew**
17. November 1980[1]

*AdsD, WBA, A 9, 7.*

Sehr geehrter Herr Generalsekretär,
die Belastungen der internationalen, auch der europäischen Lage haben nicht abgenommen. Ich benutze daher gern die Gelegenheit, um Sie wissen zu lassen, daß sich die in der Sozialistischen Internationale verbundenen Parteien auf ihrem jüngsten Kongreß[2] eindeutig für die Fortsetzung des Bemühens um Entspannung und Abrüstung eingesetzt haben.

Der Kongreß hat vom 13. bis 16. November in Madrid stattgefunden, und ich nehme an, daß Ihre Mitarbeiter über die verabschiedeten Texte verfügen. Auch die Niederschriften meiner eigenen Ausführungen[3] waren allgemein zugänglich.

Zu den lebenswichtigen Fragen von Entspannung und Abrüstung sind die Empfehlungen angenommen worden, die von einer Kommission unter Federführung des finnischen Parteivorsitzenden Sorsa ausgearbeitet worden waren. Sie werden sich vielleicht daran erinnern, daß diese Kommission u.a. auch in Moskau war und dankenswerterweise von Ihnen empfangen wurde.[4]

Logischerweise hat der Madrider Kongreß seine Erwartungen im besonderen Maße an die Adresse der Großmächte gerichtet. Im Verhältnis zu den Vereinigten Staaten hat man es für richtig gehalten, sich nicht zu sehr bei Erklärungen aus dem Wahlkampf aufzuhalten, sondern sich auf die Politik einzustellen, die der neue Präsident[5] im Januar bekanntgeben wird.

Einen breiten Raum haben in Madrid auch die Beziehungen zwischen Industrie- und Entwicklungsländern eingenommen. Ich glaube, daß eine ad-hoc-Begegnung von Regierungschefs aus einer Reihe von Ländern im Frühsommer nächsten Jahres in Mexiko[6] eine wichtige

Rolle spielen kann, um Elemente eines Dringlichkeitsprogramms herauszuarbeiten und diese auch in die „global negotiations" im Rahmen der Vereinten Nationen einfließen zu lassen. Auch wenn sich die Sowjetunion an einem solchen Treffen nicht beteiligen sollte, habe ich dem mexikanischen Präsidenten und dem – mit ihm auf diesem Gebiet zusammenarbeitenden – österreichischen Bundeskanzler[7] geraten, für eine umfassende Unterrichtung Ihrer Seite Sorge zu tragen.

Es gibt mehr als ein Gebiet, auf dem man gut voneinander wissen sollte, gerade wenn die Auffassungen und Interessen nicht leicht auf einen Nenner zu bringen sind.

Mit freundlichen Grüßen und guten Wünschen für Ihr persönliches Wohlergehen,

‹Willy Brandt›[8]


Nr. 60
**Aus dem Redebeitrag des Vorsitzenden der SPD, Brandt, zum zehnten Jahrestag der Unterzeichnung des Warschauer Vertrages**
**22. November 1980**

*Vorwärts, Nr. 50 vom 4. Dezember 1980, S. 17.*

„Nie mehr eine Politik über Polen hinweg"

Wer könnte die Beziehungen zwischen Deutschen und Polen beurteilen wollen, ohne beider Vergangenheit im Sinne zu haben? Aber würden wir nicht genauso fehlgehen, wenn wir uns Gedanken über das Verhältnis unserer beiden Völker machten, ohne an die Zukunft zu denken, die sich aus internationalen, materiellen und geistigen Entwicklungen ergibt? Sollten wir uns also nicht gerade hier gemeinsam die Frage stellen, was Deutsche und Polen zusammen tun können, um das Überleben der Menschheit sichern zu helfen? Um Europa dabei eine wichtige und vielleicht auch doch noch einmal beispielhafte Rolle spielen zu lassen? Oder greift diese Frage zu weit vor?

Ich gehöre nicht zu denen, die meinen, alles sei in den vergangenen Jahren auf bestmögliche Weise gehandhabt worden, keine Seite habe Fehler gemacht. Trotzdem gehöre ich zu denen, die ein Glas, das halb voll ist, halb voll und nicht halb leer nennen.

Ich möchte auch von mir aus in Erinnerung rufen, so, wie ich das schon gelegentlich getan habe, daß jenes Dokument, das wir am 7. Dezember 1970 in Warschau unterzeichnet haben und aus gutem Grund den Titel trägt, Vertrag über die Grundlagen der Normalisierung ihrer gegenseitigen Beziehungen.[1] Mir war damals wohl bewußt, daß der Prozeß der Aussöhnung zwischen unseren Völkern noch viel Zeit und viel Kraft und viel zusätzlichen guten Willens bedürfen würde.

So komme ich heute zu dem Zwischenergebnis, daß wir trotz mancher Schwierigkeiten und Rückschläge auf diesem Weg ein Stück, vielleicht sogar ein gutes Stück, vorangekommen sind. Das betrifft die vielen praktischen Fragen, bei denen bedeutsame Fortschritte erreicht wurden; im Handel, bei den Besucherzahlen; im wissenschaftlichen, im kulturellen Austausch. Das betrifft das so ungemein schwierige und atmosphärisch doch so wichtige Problem der Umsiedler, das einvernehmlich gelöst werden konnte.[2]

Aber es lassen sich hierfür noch grundlegendere Tatsachen anführen. Juristische Deutungen oder Ärgernisse, die sie auslösen, hin oder her; es stehen heute zwischen unseren Völkern keine Vorbehalte mehr im Hinblick auf die territorialen Gegebenheiten, wie sie sich aus dem Zweiten Weltkrieg entwickelt haben, und Sie durften es mir, verehrte polnische Freunde, 1970 nicht übelnehmen, Sie dürfen es heute anderen nicht übelnehmen, wenn sie sagen, dies sei mit Schmerzen verbunden gewesen.[3] Aber wir wissen, was dem an Leid und Schmerz für das polnische Volk voraufgegangen war. Von kaum relevanten, denke ich, kleinen Gruppen Ewig-Gestriger abgesehen, haben die betroffenen Menschen in der Bundesrepublik Deutschland den für viele schmerzlichen Abschied von der früheren Heimat endgültig vollzogen.

Die ganz überwiegende Mehrheit der deutschen Öffentlichkeit empfindet heute eine ungebrochene, eine von Herzen kommende

Sympathie für das polnische Volk. Die Bundesrepublik Deutschland, ihre Menschen und ihre Regierung wünschen sich heute, das war nicht immer so, ein starkes, seine wichtige europäische und internationale Rolle behutsam aber kraftvoll wahrnehmendes Polen. Wir wünschen uns, wir Deutschen, Polen als einen bevorzugten Partner in und für Europa. Deutschland als Ganzes, wenn ich den Begriff einmal aufnehmen darf, ohne den Kollegen in der DDR zu nahe zu treten, Deutschland als Ganzes hat sich, was immer die deutschen Staaten voneinander trennt, endlich aus seiner verhängnisvollen Tradition gelöst, die Schwächung oder gar die Zerstörung Polens als wiederkehrendes Ziel seiner Außenpolitik zu betrachten.[4] Wir wollen nie mehr eine Politik über Polen hinweg und zu dessen Lasten.

Nur wünsche ich mir manchmal noch ein bißchen mehr Unbefangenheit im Umgang miteinander. Es hat zum Beispiel nichts mit Revanchismus zu tun, wenn ich einen deutschen Namen für eine polnische Stadt wähle, denn ich sage ja auch Mailand und nicht Milano.

Mehr Unbefangenheit. Wir müssen uns in Ruhe anhören können, was unsere polnischen Partner meinen. Sie müssen zum Beispiel verstehen, wenn meine Kollegen in Bochum, in dieser wichtigen Ruhrstadt, wenn die ihre Kontakte wegen der vielen Schlesier, die bei ihnen leben, mit deren früherer Heimat lebendig erhalten möchten, dann verstehen sie nicht, daß ihnen deshalb die Städtepartnerschaft zu Lublin, um die sie sich bemühen, verwehrt werden soll.[5] Das muß man bereden können. Da muß man mit größerer Unbefangenheit manches ausräumen können.

Für die Umkehr von dem, was ich eine Tradition der deutschen Außenpolitik genannt habe, dafür liefern die vergangenen Jahre viel mehr als einen konkreten Beleg. Die Zusammenarbeit auf höchster Ebene und auf den Arbeitsebenen zwischen Polen und der Bundesrepublik Deutschland[6] war in den letzten Jahren umfassend, zeitweise auch intensiv, kaum übertroffen durch die Beziehungen sonst zwischen zwei anderen Ländern der beiden verschiedenen Bündnissysteme, wobei ich offen zugeben will, die Dichte und die Offenheit des europapolitischen Dialogs, die könnte noch gesteigert werden.

Dabei weiß ich und würdige ich gern, daß unsere Bemühungen, die Politik der Entspannung gegen manchen Widerstand fortzuführen, in Polen eigentlich stets eine positive Entscheidung [sic] gefunden hat. Umgekehrt gilt, polnische Initiativen, wie etwa der schon erwähnte Vorschlag einer gesamteuropäischen Abrüstungskonferenz[7], sind in kaum einem westlichen Land so aufmerksam registriert und von vielen so nachhaltig begrüßt worden, wie bei uns in der Bundesrepublik Deutschland. Dies sollten wir fortführen und uns nach gemeinsamen Beiträgen zum Entspannungsprozeß in Europa fragen. Und überall dort, wo sich die Möglichkeit bietet, sollten wir dies noch weiter verstärken, und das sage ich jetzt noch einmal, nicht nur durch ökonomische Zusammenarbeit, sondern durch politischen Meinungsaustausch bei vollem Wissen, wo der eine und der andere hingehört.

Die gegenwärtige Entwicklung in Ihrem Land, Herr Botschafter und verehrte polnische Freunde[8], die verfolgen wir nicht nur mit starkem Interesse, das wäre zu oberflächlich, sondern, wenn Sie gestatten, mit innerer Anteilnahme. Wir wissen, daß alles, was sich bei Ihnen gegenwärtig vollzieht[9] und was ja wohl, wenn ich es recht verstanden habe, zu tun hat mit der Identitätsfindung einer neuen Generation innerhalb Ihrer gesellschaftlichen Ordnung und Ihrer außenpolitischen Zuordnung, wir wissen, daß dies von Bedeutung ist, weit über die Grenzen Ihres Landes hinaus.

Wir wollen aufrichtig, daß Polen aus diesem Ringen um seine Identität in dem Rahmen, von dem ich sprach, daß Polen daraus mitmenschlich und national, politisch und wirtschaftlich gestärkt hervorgehen wird.

Ja, Freunde erkennt man in schwierigen Zeiten. Im konkreten Fall, indem wir uns, und das ist eine Mahnung an meine Landsleute, indem wir uns, wenn wir uns als Freunde verstehen, dort in die Zucht der Zurückhaltung nehmen, wo es ganz allein um das geht, was die Polen miteinander ausmachen. Und, indem wir im Rahmen unserer Möglichkeiten, wie andere in Ost und West, unsere Bereitschaft bekunden, durch praktische Zusammenarbeit vorübergehende Schwierigkeiten, zum Beispiel in der Versorgung, überwinden zu helfen.

Im übrigen ist es natürlich richtig, daß uns miteinander und denen, die nach uns kommen, noch wichtige Aufgaben aufgetragen sind, wo es um die Bewältigung der Geschichte geht. Das geht über den Geschichtsunterricht sogar noch ein Stück hinaus. Es ist meine feste Überzeugung, daß Europa in verstärktem Maße die Aufgabe zuwachsen wird, wenn nicht alles kaputtgeht, als dann doch starke Macht des Friedens und des Ausgleichs in einer Welt voller Gegensätze und daraus erwachsender explosiver Konflikte zu wirken. Wie könnte es das tun, wenn nicht Polen und Deutsche, Deutsche und Polen mit jener Kraft zusammenarbeiten, die das verzehrende Gegeneinander aus der Geschichte auslöschen kann? Wir müssen uns neu, und immer wieder neu bewähren in unserem beiderseitigen und dann doch miteinander verflochtenen Dienst am Frieden.

Nr. 61
**Vermerk über das Gespräch des Vorsitzenden der SPD, Brandt, mit dem sowjetischen Botschafter Semjonow**
**11. Dezember 1980**[1]

*AdsD, WBA, A 9, 8.*

Botschafter Semjonow begann das Gespräch mit einer ausführlichen Würdigung des vor 10 Jahren abgeschlossenen Moskauer Vertrages[2] und verband dies mit einem Dank an den Vorsitzenden als dem Architekten dieser Politik.

In seiner Erwiderung machte W[illy] B[randt] deutlich, daß er im Hinblick auf die Folgewirkungen des Vertrages mehr erwartet hätte. Daß dies nicht geschehen sei, läge zum einen an den personellen Konstellationen, die sich in der Mitte der siebziger Jahre bei den westlichen Verhandlungspartnern der Sowjetunion ergeben hätten.[3] Zum anderen und hauptsächlich aber daran, daß es nicht gelungen sei, eine Gleichgewichtigkeit herzustellen zwischen deutlichen Fortschritten auf politischem und ökonomischem Gebiet einerseits und sehr geringen Erfolgen bei dem Bemühen um wirksame Vereinbarungen auf militärischem Gebiet. Diese Disparität habe man nicht vorhergesehen. Jedenfalls seien er und Breschnew bei den Gesprächen auf der Krim 1971 davon ausgegangen, daß diese Komplexe eine Einheit darstellten.[4] Der Rüstungswettlauf sei die eigentliche Frage, und die bedrohliche Entwicklung auf diesem Gebiet bringe ihn zu der Einschätzung, daß eine neue Eiszeit drohe.

Auf die Frage nach seinen Eindrücken von den Gesprächen in den USA[5] stellte W[illy] B[randt] fest, es sei gut, daß die UdSSR eine ruhige Haltung gegenüber dem Wechsel in den Vereinigten Staaten eingenommen habe. Er fürchte allerdings, daß es nicht schnell genug gelinge, Verhandlungen herbeizuführen, um eine neue Umdrehung der Rüstungsspirale zu vermeiden. Wenn das nicht gelinge, drohe eine neue Eiszeit. Schließlich aber müßten sich die USA und die Sowjetunion wieder an einen Tisch setzen. Er verstehe, daß die Verantwortlichen in der UdSSR der Meinung seien, mit SALT II eine Art Rechtstitel[6] in der Hand zu halten. Aber dies helfe wohl nicht weiter. Jetzt sei vielleicht die einzige Lösung, daß sich beide Vertragspartner um ein adäquates Verhalten bemühten. Einige Elemente von SALT II könnten auf amerikanischer Seite vielleicht durch „executive order" geregelt werden. Es käme darauf an, den Zusammenhang zu den eurostrategischen Waffen zu sehen. Seit den Brüsseler Beschlüssen[7] sei ein Jahr vergangen. Jetzt dürfe man nicht weitere Zeit ungenutzt verstreichen lassen. Zwar habe man in Genf formal die Gespräche eröffnet[8], jedoch ohne zur Substanz vorzustoßen. Das Problem sei wohl, daß für die USA der erste Teil des Doppelbeschlusses wichtiger sei und für die Europäer der zweite Teil.[9]

Nicht der KSZE-Prozeß als solcher, aber das Schlußdokument[10] von Helsinki sei ein Fehler gewesen. Formelkompromisse hätten bestehende Differenzen überdeckt und dadurch Illusionen geweckt. Bescheidenheit sei daher vorzuziehen. Der Beginn des Überprüfungstreffens in Madrid sei schlimm gewesen.[11] Man müsse wohl neu ansetzen.

Semjonow stellte fest, es falle ihm schwer zu entscheiden, ob das Jahr 1970 oder das Jahr 1972 wichtiger sei, obwohl er an den Vorgängen des Jahres 72 maßgeblich beteiligt gewesen sei.¹² Man dürfe die Bedeutung der USA nicht übertreiben. Die Bundesrepublik Deutschland habe eine wichtige Stellung. Es sei gut, daß Egon Bahr sich jetzt verstärkt um Abrüstung kümmern wolle. Er sei gern bereit, sich mit ihm häufig zu treffen.

Willy Brandt unterstrich, Egon Bahrs neue Aufgabe¹³ sei zentral wichtig. Die USA seien ein Kontinent wie die Sowjetunion und immer noch mit großer Vitalität. Die neue Administration könne möglicherweise etwas isolationistisch sein und auf Europa schimpfen. Dies mache ihm aber keine große Sorge, weil dies dazu führen könnte, daß die Europäer selbständiger würden. Dazu müßten sich vor allem Frankreich und die Bundesrepublik Deutschland zusammentun. Man müsse aber wissen, daß Frankreich zur Zeit größere Rüstungsanstrengungen unternehme und eine gewisse Anlehnung an die USA suche.¹⁴ Auch die Bundesrepublik Deutschland werde sich von den Vereinigten Staaten nicht trennen können.

Semjonow erklärte, er halte ein solches, wenn möglich noch detaillierteres Gespräch auf höherer Ebene für wichtig. Es gebe in der Geschichte subjektive und objektive Faktoren. Die objektiven Gründe für SALT¹⁵ seien stärker als das Trennende zwischen ihnen und den USA. Das gelte auch für die Vorgänge des Jahres 1970. In den USA gebe es im Hinblick auf die Einschätzung der Sowjetunion viel Irrationales und Unrealistisches. Aber die objektiven Interessen würden schließlich wieder zur Zusammenarbeit führen. Wichtig sei, daß die Zusammenarbeit zwischen der UdSSR und der Bundesrepublik weiter intensiviert würde, um den Prozeß der Entspannung zu fördern. Er glaube nicht an eine neue Eiszeit. Er habe kürzlich mit Kossygin¹⁶ gesprochen. Dieser habe ihm unter Hinweis auf die großen Investitionen der UdSSR im Norden ihres Landes versichert, man glaube in Moskau nicht an neue Gefahren. Eine neue Eiszeit schließe man aus.

Willy Brandt sagte daraufhin, es sei vielleicht besser, von einer Kalt-Wetter-Periode oder einer Frost-Periode zu sprechen. Die Frage stelle sich, was in einer solchen Phase aus den deutsch-sowjetischen Beziehungen würde. Unser Interesse sei, die bilateralen und europäischen Beziehungen so gut wie möglich zu gestalten, aber es sei nicht sicher, ob das gut gehen werde. W[illy] B[randt] wies auf den intensiven Handel[17] hin und auf die menschlichen Erleichterungen: schon in Frankreich sei nicht überall Verständnis dafür zu finden, welche Bedeutung dies für die Bundesrepublik Deutschland habe. In den USA erst recht nicht. Aber es könne sein, daß wir unter Druck kämen. Wir seien nicht so autonom wie die Sowjetunion. Herz und Verstand und Interesse sprächen aber für die Fortführung dieser Politik.

Semjonow: Die Beziehungen müßten weiter entwickelt werden, unabhängig von den übrigen internationalen Beziehungen. Man müsse die Linie der Entspannung fortsetzen, weil es dazu keine Alternative gebe. Er habe sich neuneinhalb Jahre mit der strategischen Rüstung befaßt. Die These vom „First Strike"[18] sei eine Illusion. Ebenso das Streben nach nuklearer Überlegenheit. Es bedürfe nur eines geringen Potentials, um die Überlegenheit der Gegenseite in Frage zu stellen. Das Beharren auf diesen Illusionen führe zu einer großen Verarmung der Welt, aber nicht zu einer Lösung der Probleme. Die SALT-Linie[19] müsse fortgesetzt werden, und zwar schnell. Man wisse den Beitrag der Sozialistischen Internationale auf dem Madrider Kongreß[20] zu schätzen. Es gebe Differenzen im Detail. Man lehne aber diese Überlegungen nicht ab, sondern wolle nach Berührungspunkten suchen. Die Wissenschaft führe die Welt in ein neues Zeitalter. Die Menschheit könne heute ihre Ernährungsprobleme lösen. Die Forschungsentwicklung auf dem Gebiet der Genetik stelle eine große Hoffnung, aber auch eine schreckliche Gefahr dar.

Willy Brandt dankte für die Erwähnung systemüberwölbender Probleme in diesem Zusammenhang. Er habe schon oft festgestellt, daß wissenschaftliche Experten in Ost und West übereinstimmende Analysen hätten. Es gebe aber einen äußerst schwerfälligen Prozeß, diese Analysen in die Politik einzuführen. Die UdSSR müsse wissen, daß sie mit einem starken militärischen Potential assoziiert werde. Er habe verstanden, daß, aus Sicht der UdSSR, es vier Gegenpole gebe: Amerika, Europa, China und Japan. Die Verantwortlichen in Moskau täten gut daran, sich darauf einzustellen, daß von der künftigen amerikanischen Regierung ein „Linkage" versucht werden würde, d.h. die Verbindung von verschiedenen Problemen. Dies könne, wenn es richtig verstanden würde, sogar nützlich sein. Die Weltmächte müßten mehr über die Weltpolitik reden. Auch im deutsch-sowjetischen Verhältnis sei es wichtig, den politischen Dialog wieder zu verstärken. Die bilateralen Beziehungen seien etwas blutarm geworden, zu routinehaft, zu buchhalterisch.

Semjonow: Damit sei er völlig einverstanden. Es gelte jetzt, die Arbeit fortzusetzen und alle Ebenen mit einzubeziehen: Helsinki und Madrid[21] wie auch die Abrüstungsbemühungen, um die sich Egon Bahr kümmern wolle. Man müsse folgendes richtig verstehen: die Abrüstungsvorschläge der Sowjetunion seien aus einer Position der Stärke heraus gemacht worden. Man wolle das Gleichgewicht. Es sei wichtig, das Programm für den 26. Parteitag der KPdSU[22] sorgfältig anzusehen. Man habe sich wichtige Aufgaben gestellt: vor allem die Versorgung mit Nahrungsmitteln und Konsumgütern zu verbessern. Die Sowjetunion baue auf einen kontinuierlichen Fortschritt, der von vielen Millionen Generationen [sic] zu tragen sein würde. Ohne Krieg ließen sich alle Probleme lösen. Es sei wohl nötig, dem Vorbild der Wissenschaften zu folgen und auch in der Politik neue Kategorien einzuführen. Es sei manchmal schwieriger, auf der eigenen Seite Verständnis zu wecken, als sich in Verhandlungen mit der Gegenseite zu einigen. Er danke sehr für das Gespräch und wolle betonen, wie hoch Willy Brandts Meinung in Moskau geschätzt werde.

Willy Brandt dankte seinerseits, auch für die freundliche Würdigung von Madrid.[23] Er lege großen Wert darauf, nicht nur mit dem identifiziert zu werden, was in der Vergangenheit war. Er wolle noch einmal betonen, für wie wichtig er Egon Bahrs neue Aufgabe[24] halte. Im übrigen hoffe er auf ein baldiges Wiedersehen.

Semjonow: Er werde in Moskau berichten. Breschnew habe das Wettrüsten die große Gefahr unserer Zeit genannt. Er würde sich freuen, nach seiner Rückkehr das Gespräch fortsetzen zu können.

⟨Th[omas] Mirow⟩[25]

Nr. 62
**Aus dem Schreiben des Vorsitzenden der SPD, Brandt, an den Ersten Sekretär des ZK der USAP, Kádár**
**19. Dezember 1980**[1]

AdsD, WBA, A 9, 11.

Sehr geehrter Herr Erster Sekretär,
[...][2]
Sie hatten seinerzeit in Ihrem Brief[3] an mich auf die verschiedenen Entwicklungen in Europa hingewiesen und Ihre Befürchtung über sich widersprechende Faktoren zum Ausdruck gebracht. Die jüngsten Ereignisse haben unsere gemeinsamen Sorgen nicht verringern können. Zugleich aber entnehme ich Ihrem Gespräch mit Herrn Wischnewski[4], dass Sie selbst die Politik der Entspannung und des sachlichen Ausgleichs von unterschiedlichen Interessen nach wie vor als einzig möglichen Weg der Friedenssicherung ansehen. Meine Partei hat sich dieser Politik seit langem engagiert verschrieben, und wir werden uns weiterhin aktiv darum bemühen, dass dieser Prozess nicht zum Stillstand kommt.

Auch der Bundeskanzler, mit dem ich neulich über Ihre Überlegungen sprach, weiss Ihr Engagement in den uns alle angehenden Fragen des Friedens in Europa zu schätzen. Aus den jüngsten Beschlüssen Ihres Bündnisses[5] glauben wir den Schluss ziehen zu können, dass die aktuelle Lage auch von Ihrer Seite unter dem Gesichtswinkel des Bemühens um Entkrampfung und Zusammenarbeit gesehen wird.

Meine Partei hat – dies gilt auch für die Bundesregierung – mit äusserster Zurückhaltung auf die Entwicklungen in Polen reagiert. Vielen meiner politischen Freunde ist das nicht leichtgefallen. Wir sind uns bewusst, dass jede unüberlegte Kommentierung zu Fehleindrücken führen müsste, die nicht hilfreich sein würden.

Es versteht sich von selbst, dass unsere beiden Länder in die jeweilige Loyalität gegenüber dem eigenen Bündnis eingebunden sind.

Dies kann und sollte nicht verwischt werden. Aber wir dürfen jetzt nicht verkümmern lassen, was bislang an Entspannung in Europa erzielt worden ist. Und dabei wird gerade von unseren beiden Ländern einiges abhängen.
Mit allen guten Wünschen für Sie persönlich bin ich
‹gez[eichnet] Willy Brandt›[6]


**Nr. 63**
**Schreiben des Vorsitzenden der SPD, Brandt, an den Schriftsteller Kopelew**
**25. Januar 1981**[1]

*AdsD, WBA, A 11.2, 118.*


Lieber Herr Kopelev [sic],
ich bin traurig und erzürnt, und ich möchte Ihnen und Ihrer Frau gerade jetzt meine Verbundenheit bekunden.

Traurig bin ich, weil ich mir ausmalen kann, wie hart die Ausbürgerung[2] einen russischen Patrioten trifft. Und weil es mächtige Apparatleute gibt, die ja wohl allen Ernstes meinen, mit solchen Maßnahmen die Interessen ihres Staates zu wahren, während andere Leute, die es besser wissen müssen, nicht wirksam werden.

Erzürnt bin ich, weil ich mich getäuscht sehe. Man hatte mir den Eindruck vermittelt, Sie würden bei uns in der Bundesrepublik ein Jahr wissenschaftlich und literarisch arbeiten und danach mit Ihrer Frau nach Moskau zurückkehren können. Als Sie mich gemeinsam mit Heinrich Böll vor Weihnachten besuchten[3], sagten Sie mir von sich aus, daß Sie sich politischer Aktivitäten enthalten würden, um niemandem einen Vorwand zu geben, sich der gegebenen Zusage zu entziehen. Egon Bahr, der bei Ihrem Besuch zugegen war, hat am

Donnerstag – in meinem Sinne mit – erklärt, die Ihnen gegenüber getroffene Maßnahme sei „ein eklatanter Verstoß gegen Treu und Glauben".[4]

Lieber Lev [sic] Kopelev [sic], ich denke gern an jenen sommerlichen Spätnachmittag im Jahre 1975 zurück, als wir in Pleitgens[5] damaliger Moskauer Wohnung miteinander mit gemeinsamen Freunden sprachen. Vieles in der Welt ist seitdem noch schwieriger geworden. Ich möchte trotzdem nicht resignieren, sondern mich weiterhin engagieren – vor allem dafür, daß es nicht zum Schlimmsten kommt. Und nicht zuletzt dafür, den geistig Schaffenden das Leben etwas leichter zu machen.

Nachdem Marion Dönhoff und Heinrich Böll Sie eingeladen hatten, habe ich die sowjetische Behörde mehrfach wissen lassen, daß ich es begrüßen würde, wenn man Ihnen Ausreise und Rückkehr genehmigte. Ich bin nun mit in der Verantwortung. Jedenfalls, wenn Sie meinen Rat brauchen, zögern Sie, bitte, nicht, ihn in Anspruch zu nehmen.

Mit freundlicher Empfehlung an Ihre Frau und
mit guten Wünschen für die Arbeit
grüßt Sie
‹gez[eichnet] Willy Brandt›[6]
(der auch, allerdings in jüngerem Alter, ausgebürgert war.[7])

Nr. 64
**Aus dem Interview des Vorsitzenden der SPD, Brandt, für**
*Der Spiegel*
**18. Mai 1981**

*Der Spiegel, Nr. 21 vom 18. Mai 1981, S. 112–119.*

„Wir können nicht aussteigen"

[...][1]
SPIEGEL: Wirtschafts- und Friedenspolitik waren einmal Schmidts Stärke. Doch davon ist derzeit nichts zu sehen. Kein Wunder, daß die Kritik auf den Kanzler durchschlägt.
*BRANDT:* Nein. Es gibt natürlich auch Menschen, die ihre Unzufriedenheit am Kanzler festmachen, weniger Sozialdemokraten, aber sicher auch einige Sozialdemokraten.[2] Und das muß man als führender Politiker in Kauf nehmen. Es ist ja übrigens auch keine Kleinigkeit, wenn man viele Jahre Ministerschaft, dann Kanzlerschaft auf dem Buckel hat. Da kann es Phasen geben, in denen man nicht immer nur als strahlender Held erscheint.
SPIEGEL: Es gibt gegen Helmut Schmidt den Vorwurf von Genossen[3], er habe sich mit der FDP gegen die eigene Partei verbündet, etwa durch zu große Konzessionen gegenüber der nur auf Amerika fixierten Politik Hans-Dietrich Genschers.
*BRANDT:* Ich glaube nicht an die Alternative, es gehe um mehr Amerika oder um mehr Ostpolitik. Das ist falsch gesehen. Die Frage ist, wie man mit den Vereinigten Staaten umgeht, mit welchen Kräften man dort zusammenwirkt. Hier gibt es nach allem, was ich sehen kann, nicht die Situation, daß der Bundeskanzler dem Bundesaußenminister nachzugeben hätte, sondern der Bundeskanzler ist aufgrund seiner eigenen Einschätzung der Überzeugung, daß das Verhältnis zu den Vereinigten Staaten zentrale Bedeutung hat, und er weiß, daß es neben der dominierenden Rolle der USA im westlichen Bündnis noch zusätz-

liche Notwendigkeiten guter deutsch-amerikanischer Beziehungen gibt.

Da liegt es auf der Hand, daß einer, der dies als Bundeskanzler zu machen und direkt mit dem Präsidenten der Vereinigten Staaten zu betreiben hat, vermutlich etwas anders rangeht als einer, der wie ich nicht Regierung ist, sondern Regierung stützt. Und das Regierungstützen besteht nicht immer einfach in dem nur Nachsagen, was vorgesagt ist, sondern das Stützen kann auch anders aussehen.
[...]⁴

SPIEGEL: Ursache für den Vertrauensschwund der SPD – nicht nur in Berlin – sind auch faule Formelkompromisse bei schwierigen Problemen, etwa in der Rüstungspolitik.

BRANDT: Ich gebe zu, daß es in der Politik auch immer wieder das gibt, was man Formelkompromiß nennt. Aber das ist nicht der Punkt, sondern: Wie will man sich heutzutage eine große Partei vorstellen, die nicht in sich selbst bei wichtigen und zumal auch neuen schwierigen Fragen Kompromisse schließt. Die reine Linie kriegen Sie mit einer Sekte hin, aber nicht mit einem Verein, der eine Volkspartei sein will.
[...]⁵

SPIEGEL: Zum Mißtrauen vieler Sozialdemokraten gegen Formelkompromisse trägt auch die Nato-Nachrüstung bei. In dem vom Berliner SPD-Parteitag⁶ akzeptierten Doppelbeschluß ist zwar das Angebot an die Sowjets zu Abrüstungsverhandlungen verankert.⁷ Nun aber gibt es begründete Zweifel, daß die USA solche Verhandlungen ernsthaft wollen. Vielmehr sickert durch, daß US-Militärs noch wesentlich mehr als die bisher beschlossenen 572 neuen Mittelstreckenraketen für Westeuropa fordern.⁸

BRANDT: Also es ist sicher richtig, daß es viele Menschen gibt, die nicht nur nachdenklich, sondern ablehnend reagieren, wenn sie bestimmte Teile amerikanischen Denkens oder auch manchmal nur vermutete amerikanische Vorstellungen vorgeführt bekommen. Oder die einem sogar sagen, wir glauben, daß wir verkohlt werden, daß das Verhandlungsgebot nur eine kleine Verzierung war.

Das ist, glaube ich, nicht gerecht gegenüber allen amerikanischen Partnern. Aber wir sind ja noch nicht soweit in der westlichen

Welt, daß wir eine Gleichberechtigung haben, bei der wir den amerikanischen Präsidenten mitwählen, sondern wir haben eine Regierung, die unsere Interessen zunächst innerhalb des westlichen Bündnisses und außerhalb dort wahrnimmt, wo man es kann, ohne sich zu überheben.

Da, finde ich, hat gerade das Jahr 1980 gezeigt, daß diese Regierung ein hohes Maß an Initiative entfaltet und Behutsamkeit zeigt. Es wird sich noch mal herausstellen, daß der Bundeskanzler Schmidt einen hohen Anteil daran gehabt hat, daß nicht nach Afghanistan mehr kaputtgegangen ist.[9]

SPIEGEL: Herr Brandt, Sie gelten als erfahrener Außenpolitiker ...
BRANDT: So?
SPIEGEL: ... Sehen Sie bei beiden Supermächten eine Tendenz, von dem Grundsatz wegzukommen, daß atomare Waffen nur politische Waffen sein können, weil jeder, der zuerst schießt, mit Sicherheit als zweiter stirbt? Gibt es in Moskau und Washington Leute, die einen Atomkrieg tatsächlich für machbar halten, um ihn zu gewinnen?
BRANDT: Ich will erst einmal eine allgemeine Bemerkung über das Verhältnis zwischen den beiden ganz Großen machen. Es ist ja nicht so – das wird sich noch ein bißchen deutlicher herausstellen in den kommenden Monaten –, als ob die sich einfach auseinanderentwickelten. Mich würde es sehr wundern, wenn nicht, während wir unser Gespräch führen, irgendwo Sowjets und Amerikaner miteinander säßen, um zu verhindern, daß im Nahen Osten etwas explodiert. Und das war ganz nahe dran.
SPIEGEL: Wo haben Russen und Amis gesessen, um einen Krieg zwischen Israel und Syrien[10] zu verhindern?
BRANDT: Das will ich nicht sagen. Das zeigt aber, daß dort, wo irgend etwas ganz gefährlich wird, die beiden Großen sich auf den Plan gerufen fühlen. Und das muß ja nicht allein bei einem solchen Vorgang bleiben.
SPIEGEL: Gilt diese Interessengleichheit der beiden Supermächte auch noch beim atomaren Patt?
BRANDT: Die Vorstellung ist nicht ganz richtig, die strategischen, nuklearen Waffen seien nur aufgebaut worden auf beiden Seiten in

der Gewißheit, sie nie zu benutzen. Das *hoffen* sie beide. Aber Leute, die nachdenken, verweisen immer auf die Gefahr, es könnte mal losgehen. Übrigens, es kann auch mal losgehen, ohne daß einer es gewollt hat.

SPIEGEL: Glauben Sie noch an die Politik des Gleichgewichts?

BRANDT: Auf Europa bezogen ist die Frage, wie hat man ein solches regionales Gleichgewicht zu verstehen? Es ist ungeheuer schwierig, für mich jedenfalls, nachzuvollziehen: Wie viele regionale Gleichgewichte muß es in Zukunft geben neben einem globalen Gleichgewicht, über das ja bei Salt verhandelt wird? Gibt es hier eins, gibt es im Nahen Osten eins? Helmut Schmidt hat dieses Thema 1977 öffentlich in die Debatte eingeführt[11], weil er wohl die Befürchtung hatte, die Sowjet-Union könnte durch eine noch viel stärkere Überlegenheit, als sie schon immer hatte, bei den Mittelstreckenwaffen ein gewaltiges politisches Mittel der Pression erlangen. Dies wollte Schmidt besser ausbalanciert sehen.

SPIEGEL: Für die Sowjets wird Westdeutschland durch die neuen Mittelstreckenwaffen, die in der Bundesrepublik aufgestellt werden sollen, noch mehr als bisher zur Zielscheibe ihrer SS-20-Raketen. Warum sollen gerade wir, deren Terrain ohnehin vollgestopft ist bis an den Rand mit atomaren Geschossen, noch immer mehr Raketen aufstellen?

BRANDT: Ich weiß, es gibt viele Leute, denen es ganz schwer fällt, das zu verstehen, oder die es von vornherein von sich schieben, das noch verstehen zu wollen. Wissen Sie, ich verlass' mich darauf, daß es Leute gibt, die hiervon mehr verstehen als ich. Dazu haben wir auch eine Regierung. Schmidt versteht hiervon ohne jeden Zweifel mehr als ich. Ich bin kein Militärsachverständiger.

Und wir sitzen zusammen in einem Bündnis mit erfahrenen Leuten aus anderen Ländern. Die kommen zu dem und dem Ergebnis, so daß ich mich nicht hineinbegebe in die Detaildiskussion. Sondern ich begebe mich hinein in die Diskussion darüber, wie komme ich am ehesten zu Verhandlungen, wie helfe ich dabei mit.

SPIEGEL: Wie denn?

BRANDT: Es sind jetzt bald zehn Jahre her, da habe ich mit Breschnew zusammengesessen auf der Krim. Es war der September 71[12], da haben wir über die beiden Dinge gesprochen, aus denen dann die KSZE[13] in Helsinki und die Wiener MBFR-Verhandlungen über Truppenabbau in Europa[14] wurden. Aus beiden ist nicht viel geworden, sage ich jetzt ein bißchen salopp. Helsinki soll man natürlich auch nicht abwerten, aber es ist nicht soviel geworden, wie ich gehofft hatte.

Und es ist nicht das geworden, wovon ich damals überzeugt war, daß es auch Breschnews Interesse sei – nämlich einen Prozeß besserer politischer Beziehungen einzuleiten, durch den Spannung abgebaut wird und der es erleichtert, über die Begrenzung des Rüstens zu reden. Das ist nicht einfacher geworden. Aber dahin müssen wir wieder kommen.

SPIEGEL: Sie reden sich damit heraus, daß Ihnen die Detailkenntnisse fehlen, die der Kanzler habe. Das nehmen wir Ihnen nicht ab. Glauben Sie immer noch, wie Sie 1979 auf dem Berliner Parteitag ihren Genossen verkündet haben, an einen Erfolg bei Verhandlungen über die Mittelstreckenwaffen?[15]

*BRANDT:* Ich kann guten Gewissens meiner eigenen Partei und anderen, die das hören mögen, sagen, daß Helmut Schmidt und die Bundesregierung nach meiner Überzeugung Vertrauen verdienen bei ihrem Bemühen um seriöse Verhandlungen. Die Regierung bemüht sich ja nicht nur, indem sie auf die Amerikaner guckt, sondern auch indem sie mit Vertretern der neutralen Länder und mit wichtigen Meinungsträgern auf der anderen Seite, im Osten, im Gespräch bleibt. Für dieses Jahr kann es ziemlich wichtig sein, daß Schmidt in dieser Woche in die USA geht und Breschnew nach der Sommerpause in die Bundesrepublik kommt.[16]

Alle Vermutung spricht dafür, daß im Herbst nicht nur formale Verhandlungen über Mittelstreckenraketen aufgenommen werden, sondern daß irgendwann im Lauf des Winters auch Reagan und Breschnew zusammentreffen.[17]

SPIEGEL: Dennoch bleibt die Frage, warum bei einem Scheitern der Verhandlungen immer mehr atomare Waffen in der Bundesrepublik aufgestellt werden müssen. Die Amerikaner überlegen, ihre neuen Interkontinentalraketen auf See zu stationieren. Schmidt hat lange

versucht, die Amerikaner dafür zu gewinnen, auch die für Europa vorgesehenen neuen Mittelstreckenraketen auf Schiffen zu deponieren.[18] Sie wollten nicht.
*BRANDT:* Zu Lande sei es billiger, sagen die Amerikaner. Aber das ist nicht der einzige Grund.
*SPIEGEL:* Wäre es Ihnen auch angenehmer, wenn es denn schon sein muß, daß die neuen Waffen auf dem Wasser vor den europäischen Küsten stationiert werden?
*BRANDT:* Also jetzt haben wir wieder einen typischen Fall, wo ich sage, hier verlass ich mich auf meinen in militärischen und militärtechnischen und strategischen Fragen erfahrenen Bundeskanzler, auch wenn er kein Mariner war.[19] Ich bin dabeigewesen, als unter eigenen Militärs hierzu ganz unterschiedliche Auffassungen vorgetragen wurden. Und was will man als relativ gut informierter Laie dazu sagen, wenn einem die einen sagen, die Nichtmariner: Erstens ist die Treffsicherheit nicht gut genug, zweitens ist das Boot, von dem aus geschossen wird, relativ rasch durch den Gegenschlag so zu treffen, daß es ausfällt für weitere Operationen.

Einer aus der Bundesmarine, der dabeisitzt, sagt dagegen, das zweite Argument sei Quatsch. Deshalb sage ich: Wozu halten wir uns eigentlich eine Regierung, wenn man nicht unterstellt, daß sie diese Dinge gewissenhaft prüft und entscheidet.
*SPIEGEL:* Kanzler Schmidt hat dem amerikanischen Außenminister Alexander Haig erklärt, wenn die Amerikaner ihre MX-Raketen auf Schiffen unterbringen, werde er fordern, daß auch die neuen Mittelstreckenraketen für Europa nur auf See installiert werden.[20]
*BRANDT:* Wenn er das so gesagt haben sollte, wird er wohl seinen Grund gehabt haben.
*SPIEGEL:* Sie verschanzen sich schon wieder hinter dem Kanzler. Fragen wir anders: Halten Sie es im deutschen Interesse für besser, die Raketen in der Bundesrepublik aufzustellen, oder sollte Bonn eine andere Lösung anstreben?
*BRANDT:* Was heißt mich verschanzen? Ich habe auch nicht mit Werner Heisenberg oder mit Otto Hahn über die prinzipielle Gefährdung durch Kernenergie diskutiert.[21] Das gilt auch für andere

schwierige Fragen, die ihren Niederschlag in der Politik und in der Wirtschaft finden.

Es ist in meinem Interesse und im Interesse dessen, was ich vertrete, die Regierung zu unterstützen.

SPIEGEL: Die Regierung sagt, wenn das Verhandlungsgebot des Nato-Doppelbeschlusses von den USA nicht ernst genommen werde, dann gelte auch der erste Teil des Beschlusses, die Nachrüstung, nicht. Glauben Sie wirklich, Bonn könnte diese Position gegen Washington durchhalten?

*BRANDT:* Das ist eine hypothetische Frage. Ich verlass' mich darauf – und habe Grund, anzunehmen, daß ich dies zu Recht tue –, daß die Regierung meint, was sie sagt.

SPIEGEL: Sie haben vor neuer akuter Kriegsgefahr im Nahen Osten gesprochen. Glauben sie generell, daß die Gefahr eines Weltkrieges gewachsen ist? Wird Krieg wieder möglich?

*BRANDT:* Wenn ich so eine Frage beantworte, kann ich sie nur beurteilen durch das Zusammenfügen von Informationen und Eindrücken. Ich bin nie ganz sicher – das will ich in aller Offenheit sagen –, ob dann, wenn man zusammenzählt, was es an Faktoren gibt, nicht auch Hoffnungen oder Befürchtungen durchschlagen – mal mehr Hoffnungen, mal mehr Befürchtungen.

Meine Einschätzung ist: Wir stehen nicht vor der unmittelbaren Gefahr eines großen Krieges. Aber ich kann – ähnlich wie Carl Friedrich von Weizsäcker – nicht ausschließen, daß die alte Erfahrung sich noch einmal auf schreckliche Weise bestätigen könnte, daß Spannungen zu gesteigerten Rüstungsproduktionen führen und daß Rüstung, wenn sie unbegrenzt weitergeht, im militärischen Konflikt endet.

SPIEGEL: Das heißt: Das Kriegsrisiko wird wieder größer?

*BRANDT:* Na ja, ich glaube nicht an ein unmittelbares Kriegsrisiko, wenn ich es recht sehe. Aber da die Spannungen größer geworden sind zwischen den beiden ganz Großen, vermehren sich auch die Unsicherheitsfaktoren. Das, glaube ich, wird man sagen können, zumal wir es ja, anders als in der Zeit um 1970, jetzt mit einer zunehmenden Militarisierung von beträchtlichen Teilen der Dritten

Welt zu tun haben.[22] Und man weiß nie, wenn irgendwo regional was losgeht: Bleibt es begrenzt?

SPIEGEL: Sie haben früher gesagt, daß die Ostpolitik dringend durch Rüstungskontrolle ergänzt werden müsse. Darum aber steht es nicht gut. Die Amerikaner haben Salt II nicht ratifiziert[23], das Wettrüsten scheint inzwischen sehr schwer aufzuhalten zu sein.

*BRANDT:* Ich habe dies gesagt, und ich glaube auch heute, das ist gar nicht so falsch. Wenn nicht im Laufe der 80er Jahre oder im Übergang von den 80ern zu den 90er Jahren etwas passiert, was effektive Rüstungsbegrenzung bedeutet, dann wird es eine reine Illusion sein zu glauben, daß unabhängig davon so etwas ähnliches wie Entspannung und sachliche Zusammenarbeit über die politischen Ordnungen hinweg sich fortentwickeln könnte.

Dies ist aber dann nicht ein deutsches Problem. Das macht ja unsere Schwierigkeit so groß. Wir können immer nur Beiträge leisten, wir können Anstöße geben, aber wir können nicht aussteigen und allein weitermachen.

SPIEGEL: Die Diskussion über ein Aussteigen aus der engen, vielleicht lebensgefährlich engen Bindung an die USA flammt bei uns wieder auf.

*BRANDT:* Ich habe selbst vor ein paar Jahren, als es mir gesundheitlich nicht gutging[24], über dieses und jenes nachgedacht, und da ist mir eigentlich klargeworden: Es liegt in der Luft, daß in den nächsten Jahren irgendwann ein mittelgroßer Staat sagt, ich spiel' nicht mehr mit, ich mach' nicht mehr mit in diesem Prozeß des Wettrüstens, in dem wir uns befinden, sondern ich verlass' mich darauf, es bei meiner Verteidigung anders machen zu können. Frankreich macht's ja auf seine Weise anders, wenn auch mit einer starken rüstungspolitischen Komponente.[25]

Aber ich war ebenso fest davon überzeugt, dies wird nicht der Staat Bundesrepublik Deutschland sein.

SPIEGEL: Gilt diese Einschätzung noch?

*BRANDT:* Ja. Wir müssen unsere Politik im westlichen Bündnis machen, außerdem noch mit anderen, so gut es geht, zusammenarbeiten. Auch Verhandlungen positiv zu beeinflussen ist nur mit dem

Bündnis möglich. Aber daß man Sorgen hat um das, was in Gang gekommen ist, das ist ja kein Geheimnis.

SPIEGEL: Fühlen Sie sich hinreichend informiert über die wahren Absichten der neuen US-Regierung?

*BRANDT:* Was heißt heute hinreichend informiert zu sein? Heißt es, daß man gut genug spricht mit Partnern in Amerika? Was nützt das allein in einer Phase, wo die ihre Politik noch nicht richtig ausformuliert haben. Es ist ja eine Überraschung für viele von uns, daß es länger dauert, als man erwartet hat. Wir haben gewußt, es wird ein bißchen mehr rechts. Amerikanische konservative Regierungen haben wir schon früher gehabt, ich habe mit denen gut zusammengearbeitet.[26] Aber selbst wenn man mehr wüßte, als man weiß, weiß man noch nicht, wo wird die Politik schließlich hinführen.

SPIEGEL: Immer mehr Bundesbürger argwöhnen, die Amerikaner könnten die Bundesrepublik zu einer atomaren Geisel in der Auseinandersetzung mit den Russen machen. Muß dieser Argwohn nicht zwangsläufig einen Trend fördern auszusteigen?

*BRANDT:* Ich sage, es gibt sicher eine Befürchtung, und zwar eine berechtigte Befürchtung, die mit absoluter Sicherheit Helmut Schmidt so empfindet, wie ich sie empfinde, daß wir uns hineinentwickeln könnten in etwas, was der CSU-Experte Mechtersheimer vom Max-Planck-Institut die Tendenz hin zu einer Europäisierung des nuklearen Risikos genannt hat.[27] Das liegt mit in der gegenwärtigen Entwicklung. Da muß man große Sorgen haben. Nur, welche Folgerungen man immer daraus zieht: Ich lehne es ab, wenn ich mir die militärpolitische und die allgemeinpolitische Seite ansehe, irgendeine Form einseitiger bundesrepublikanischer Folgerungen ins Auge zu fassen.

SPIEGEL: Das Verhältnis zu Amerika wird mit Sicherheit den nächsten SPD-Parteitag im Frühjahr 1982 in München beschäftigen.[28] Die Debatte über eine Revision der SPD-Haltung zur Nachrüstung ist unvermeidlich.

*BRANDT:* Wieso Revision?

SPIEGEL: Regionale Parteitage haben die Überprüfung des Berliner Parteitagsbeschlusses zur Nato-Nachrüstung verlangt.

*BRANDT:* Der baden-württembergische Beschluß[29] hat mich nicht überrascht, weil er zu diesem Punkt eine der größten Selbstverständlichkeiten der deutschen Wirklichkeit ausspricht. Wenn die SPD alle zwei Jahre einen Parteitag macht, dann nimmt sie zu der Lage Stellung, wie sie sich seit dem vorigen Parteitag verändert hat. Es kann ja aber sein, meine Herren, daß gar nicht mal die Betrachtung des Zeitraums dazwischen dominieren wird. Es könnte ja sein, daß dann bereits Verhandlungen der Großmächte über Rüstungskontrolle im Gange sind.
SPIEGEL: Selbst wenn Verhandlungen begonnen haben, so ist dennoch heute fast mit Sicherheit vorherzusagen, daß bis zum Herbst 1983 keine Ergebnisse vorliegen. Im Herbst 1983 aber soll der Aufbau der US-Raketen in Westeuropa beginnen.
*BRANDT:* Ich will gerne versuchen, diese Frage zu beantworten, indem ich auf einen kleinen Punkt von vorhin zurückgreife, den ich nicht beantwortet hatte. Sie hatten so registrierend gesagt: „Und ist Salt II nicht ratifiziert worden." Das stimmt, was für einige von uns ein Problem schafft. Für den Bundeskanzler, wenn man sich ansieht, was er dazu gesagt hat in Berlin; für mich, wenn man sich meine Begründung für das Votum zu unserem Beschluß ansieht.[30]

Nur, das hilft alles nichts. Wir brauchen ja nicht weniger Realisten zu sein, als es die Russen sind. Für die Russen ist noch wichtiger, daß sich die Großmächte so verhalten, als ob ratifiziert wäre. Und bisher verhalten sich beide Weltmächte so. Bald sind manche der dort aufgeworfenen Fragen überholt. Deshalb ist der Einstieg in den neuen Prozeß wichtig. Und deswegen bin ich eigentlich ganz zufrieden damit, zu spüren oder auch zu lesen, daß man mit einer Vereinbarung über Mittelstreckenwaffen nicht warten will, bis über die interkontinentalen Waffen neu verhandelt wird.

Außerdem, wenn das so ist, ist die Befürchtung voll berechtigt, daß der für die Verhandlungen zur Verfügung stehende Zeitraum sehr eng sein könnte ...
SPIEGEL: Zu eng ...
*BRANDT:* ... sehr eng sein könnte. Aber es ist auch nicht berechtigt, von der Materie her und von sonstigen Implikationen her, dies ein-

fach zu vergleichen mit diesem zähen Ding, das sich in Wien bei MBFR abgespielt hat.[31]

SPIEGEL: Außenminister Genscher hat den Vollzug des Doppelbeschlusses der Nato eine Existenzfrage für den Weiterbestand der sozialliberalen Koalition in Bonn genannt.[32] Werden Sie von Ihren Genossen im Lande mehr und mehr gefragt, wie lange die Regierung noch halten kann?

*BRANDT*: Mir wird das so nicht nahegebracht. Und die Sorgen meiner Klientel in der SPD sind verständlicherweise noch stärker auf die Wirtschaftspolitik, Beschäftigungspolitik und damit verbundene Fragen gerichtet.

SPIEGEL: Helmut Schmidt wird nicht jünger. Sie haben vor einiger Zeit die Zusage des Kanzlers erhalten, er werde 1984 nochmals zur Verfügung stehen – falls er nicht bereits 1982 geht, damit ein Nachfolger genügend Zeit hat, sich bis zur nächsten Wahl zu profilieren. Steht diese Vereinbarung noch?

*BRANDT*: Ich kann zunächst mal die Voraussetzung der Frage so nicht bestätigen, und ich glaube auch nicht, daß Sie dabeiwaren. Es ist die natürlichste Sache der Welt, daß zwei Männer, die einander so lange kennen und in diesem Fall nun auch noch Aufgaben wahrnehmen, die ja irgendwie miteinander verbunden sind, daß die auch mal reden, wie man für kommende Jahre personell disponiert.

Aber Sie können davon ausgehen, daß das so ist, wie es der Bundeskanzler öffentlich gesagt hat: Er will diese Legislaturperiode durchstehen.[33] Und daraus würde sich automatisch ergeben, daß er die SPD auch in den nächsten Bundestagswahlkampf führt.

SPIEGEL: Ist die Prognose überhaupt realistisch, daß es nach Brandt und Schmidt einen dritten sozialdemokratischen Bundeskanzler geben wird?

*BRANDT*: Ach, ich sehe keinen Automatismus, der in diese Richtung führt. Aber ich habe in meinem Leben nicht nur unangenehme, sondern auch schon angenehme Überraschungen erlebt.

SPIEGEL: Herr Brandt, wir danken Ihnen für dieses Gespräch.

Nr. 65
**Vermerk über das Gespräch des Vorsitzenden der SPD, Brandt, mit dem Generalsekretär des ZK der KPdSU, Breschnew
30. Juni 1981**[1]

*AdsD, WBA, A 9, 7.*

Das Treffen dauerte ca. 2 3/4 Stunden. Auf sowjetischer Seite nahmen zusätzlich teil: Gromyko, Ponomarjew, Blatow; auf deutscher Seite: Wischnewski, Mirow. Ausserdem je ein Dolmetscher. Breschnew eröffnete mit einer etwa einstündigen Einleitung, die er vom Blatt ablas, Brandt erwiderte ebenfalls ca. eine Stunde. Dann wurden zusätzliche Fragen erörtert.

Breschnew nannte die internationale Lage besorgniserregend. Es sei deshalb heute noch wichtiger als in den siebziger Jahren, eine gemeinsame Sprache zu finden. Damals habe man einander als Partner und mögliche Freunde behandelt. Heute gebe es keinen Geist des Wohlwollens mehr. Die Sowjetunion stelle sich die Frage, was sich seit 1970 geändert habe.[2] Vor allem seien die Waffen noch schrecklicher, über die man verfüge. Deswegen sei das Bemühen um Frieden noch wichtiger, die Praxis aber sehe anders aus. Man sei tief besorgt über die USA, die militärische Überlegenheit anstrebten. Die Kriegsgefahr nehme zu, das angesammelte Vertrauenskapital ab. Die Verantwortung dafür liege nicht nur bei den USA, sondern auch bei jenen, die ihnen auf ihrem Weg folgten. Man frage sich, wie wohl die Bundesrepublik reagierte, wenn die Sowjetunion eine Position der Vorherrschaft erstrebte und sich im Nahen Osten und am Persischen Golf so verhielte wie die USA. Man habe zahlreiche konkrete Beweise für die veränderte amerikanische Politik. So habe ein amerikanischer Diplomat aus der MBFR-Delegation erklärt, die Wiener Gespräche[3] seien sinnlos, die bereits erzielte Übereinstimmung müsse wieder auf ein Minimum reduziert werden.

Man wolle keinen Keil zwischen die USA und ihren Verbündeten in Europa treiben, aber die Politik der Entspannung entspreche den Interessen aller Völker. Deshalb solle Westeuropa seinen Einfluss geltend machen.

Besonders verhängnisvoll könne sich der NATO-Beschluss auswirken.[4] Dabei habe Helmut Schmidt eine aktive Rolle gespielt. „Bonn hat gründliche Arbeit geleistet." Die Amerikaner wollten das Kräfteverhältnis in Europa und global zu ihren Gunsten verändern. Die neuen sowjetischen Raketen erreichen die USA nicht, die neuen amerikanischen Raketen hingegen könnten die Sowjetunion treffen. Pershing 2 und Cruise Missiles seien keine Reaktion auf die SS 20[5], sondern ein Schlag gegen die strategischen Kapazitäten der Sowjetunion und damit eine qualitative Veränderung.[6]

Die immer wieder behauptete sowjetische Überlegenheit gebe es nicht. Natürlich seien die SS 20 besser als die alten Raketen. Der Auftrag sei aber derselbe geblieben: den nuklearen Waffen der NATO entgegenzuwirken. Die Aufstellung der SS 20 verändere das Gleichgewicht nicht. Es gebe in Europa, berücksichtige man die FBS[7] der NATO sowie die britischen und französischen Systeme, annäherndes Gleichgewicht bei den nuklearen Trägern, nämlich etwa 1 000 Systeme auf beiden Seiten. Im übrigen werde für jede SS 20 eine alte Rakete abgezogen. Das SS 20 Programm ändere auch nichts daran, dass der Westen, zähle man die Sprengköpfe, weiterhin eine etwa anderthalbfache Überlegenheit besitze.[8]

Die Durchführung des NATO-Beschlusses würde die Überlegenheit des Westens auf das Doppelte erhöhen und damit könnten sich die UdSSR nicht abfinden. Sie müsse dann Gegenmaßnahmen ergreifen.[9] Die Bundesrepublik würde im übrigen dann zu einer Raketenstartrampe der USA reduziert und könne keine eigene Sicherheitspolitik mehr verfolgen. Das Eintreten der Bundesregierung für den NATO-Beschluss[10] sei ein Schritt weg von der Linie des Moskauer Vertrages.[11] Dabei sei der Kurs, der von Willy Brandt und zunächst auch von Helmut Schmidt gesteuert worden sei, nach wie vor richtig. Von deutschem Boden dürfe kein Krieg mehr ausgehen. Man habe in der UdSSR die 20 Millionen Toten des Zweiten Weltkriegs nicht vergessen, wolle aber mit Deutschland in Frieden leben. Man habe sich gegenüber der Bundesrepublik nie illoyal verhalten, werde jetzt aber

*Willy Brandt im Gespräch mit dem sowjetischen Staats- und Parteichef, Leonid Breschnew, am 2. Juli 1981 in Moskau.*

als Bedrohung dargestellt. Die Ereignisse des Jahres 1941[12] würden sich nie wiederholen, auch wenn man den Gürtel enger schnallen müsse.

Die gute deutsch-sowjetische Zusammenarbeit scheine jemanden zu stören. Deswegen sei der NATO-Beschluss gefasst worden.[13] Man werde diesen Beschluss bekämpfen, auch wenn die Bundesregierung dadurch in Schwierigkeiten komme. Man verstehe nicht, dass die deutschen Sozialdemokraten sich damit abfänden, dass die Politik der Entspannung untergraben werde. Man wolle eine Festigung des Vertrauens und den Ausbau der Zusammenarbeit. Aber der gute Wille der UdSSR genüge nicht. Die Sowjetunion wolle Verhandlungen über die Begrenzung und Reduzierung von Kernwaffen, einschließlich der FBS, der britischen und französischen Systeme.[14] Für die Dauer von Verhandlungen sei man zu einem qualitativen und quantitativen Moratorium bereit.[15] Allerdings dürften die Verhand-

321 Vermerk über das Gespräch mit Breschnew, 30. Juni 1981

lungen keine Tarnung sein für die Einführung neuer Waffen. Wenn Europa eine klare Haltung einnehme, könnten die USA nichts machen. Jede entsprechende Initiative werde von der Sowjetunion begrüsst.

Breschnew verwies dann auf die verschiedenen Vorschläge, die in seiner Parteitagsrede vom 23. Februar 1981[16] enthalten waren sowie auf seinen jüngsten Vorschlag im Hinblick auf eine kernwaffenfreie Zone in Nordeuropa. Man überlege auch, den Ostseeraum in eine kernwaffenfreie Zone zu verwandeln, wenn sich die NATO entsprechend verhalte.[17]

Bei allen Unterschieden zwischen beiden Seiten gehe man davon aus, dass weiterhin Einvernehmen darüber bestehe, dass der Frieden der höchste Wert sei, an dem man sich orientieren müsse. Von daher ergäben sich viele Möglichkeiten gemeinsamer oder paralleler Aktivitäten. So sehe er auch das bevorstehende Treffen mit Bundeskanzler Helmut Schmidt[18]: es solle ein Schritt nach vorn sein und konkrete Fortschritte bringen im Sinne des Moskauer Vertrages[19] und der gemeinsamen Erklärung von 1978.[20] Es gebe noch viele Reserven für die Zusammenarbeit, etwa beim Erdgas-Röhren-Geschäft.[21] Die bilateralen Beziehungen könnten sich gut entwickeln, gäbe es nicht die Störfaktoren von aussen.

Breschnew äusserte anschliessend die grossen Sorgen der Sowjetunion angesichts der amerikanischen China-Politik. Man werde Konsequenzen ziehen, vor allem wenn es zu Waffenlieferungen komme.[22]

Zur Nord-Süd-Problematik legte B[reschnew] noch einmal die bekannte sowjetische Haltung dar, fügte dann aber im Hinblick auf den Gipfel in Cancun[23] hinzu: „Wir schliessen nicht aus, dass wir irgendeine Form der Beteiligung finden."

Angesichts der schwierigen Weltlage müssten alle Reserven genutzt werden, um gute Wege zur Lösung der Probleme zu finden. Daher auch der Appell des Obersten Sowjets für den Frieden.[24] Man hoffe, dass der Deutsche Bundestag darauf reagieren werde.

In seiner Antwort machte Willy Brandt deutlich, dass ihn grosse Sorge erfülle. Es sei zu fragen, wie die Entspannung wieder auf solide

Grundlagen gestellt werden könne. Nicht nur die schlechten Beziehungen zwischen den Weltmächten seien gefährlich, es drohe auch die Kapitulation der Politik vor der Waffentechnik. Man brauche wieder einen stärkeren Willen zur Entspannungspolitik.

Blicke man auf den Beginn der siebziger Jahre zurück, so müsse man feststellen, dass die politische Entspannung und die praktische Zusammenarbeit keine Entsprechung auf militärischem Gebiet gefunden hätten. Ausser SALT I[25] habe es hier keine konkreten Erfolge gegeben. Nun sei die Frage zu stellen, was man tun könne, um Fehlentwicklungen wieder aufzufangen.

Der Beitrag der Bundesrepublik könne nur begrenzt sein, man wolle aber gern das Mögliche tun. Dies sei auch die Meinung des Bundeskanzlers, dessen aufrichtige Grüsse er überbringe. Dabei sei es ein Vorteil, wenn man einander nicht den guten Willen streitig mache, wie dies gelegentlich auch im Zusammenhang mit Polen geschehen sei. Man habe hier grösste Disziplin geübt und hielte es für richtig, wenn dies anerkannt würde.[26] Die Bundesrepublik habe ein vitales Interesse daran, dass sich die Beziehungen zwischen den Weltmächten verbesserten. Die USA seien kein monolithischer Block, ihre Politik sei beeinflussbar. Die Skepsis der UdSSR sei uns bekannt, aber der Bundeskanzler habe aus Washington die feste Zusage mitgebracht, dass über eurostrategische Waffen verhandelt werden soll und die NATO habe dies in Rom noch einmal bekräftigt.[27]

Es sei gesagt worden, Helmut Schmidt habe gründliche Arbeit geleistet. In Wirklichkeit habe er gründlich argumentiert. Bei den Gesprächen 1978 in Bonn habe er die entsprechende Passage über das annähernde Gleichgewicht in der gemeinsamen Erklärung ausdrücklich auch auf die Mittelstreckenwaffen bezogen. 1980 in Moskau sei dann auch darüber gesprochen worden.[28] Es sei verständlich, dass sich die UdSSR durch neue Mittelstreckenwaffen bedroht fühlen würde. Aber wir fühlten uns auch durch die SS 20 gefährdet. Die beiderseitigen Bedrohungen müssten abgebaut werden durch baldige Verhandlungen. Dabei verstehe er den sowjetischen Standpunkt, dass die FBS[29] einbezogen werden sollten und akzeptiere die Berücksichtigung des französischen und britischen Potentials.[30]

W[illy] B[randt] fuhr fort, er wolle jetzt nicht im einzelnen auf den Antwortbrief des SPD-Präsidiums an das ZK der KPdSU[31] eingehen (der, wie ersichtlich wurde, Breschnew nicht bekannt war), sondern nur auf einige Hauptargumente verweisen: kein Überlegenheitsstreben, für baldige Verhandlungen ohne Vorbedingungen, unsere Überlegungen zum Gedanken eines Moratoriums, klare Beantwortung der Frage, welche Waffensysteme einbezogen werden sollen. Eine grosse Schwierigkeit sei, dass beide Seiten offensichtlich von ganz unterschiedlichen Zahlen ausgingen. Daher komme alles darauf an, den politischen Willen aufzubringen, eine Lösung zu finden. Die deutschen Sozialdemokraten machten sich zu eigen, was die Regierungsparteien in Frankreich zu diesem Thema festgehalten hätten.[32]

Für die Bundesrepublik sei es am besten, wenn sich die Null-Option realisieren lasse.[33] Dies erfordere, dass die Sowjetunion ihre Position noch klarer mache, also deutlicher sage, was aus SS 4 und SS 5 werde und was aus Zahl und Dislozierung der SS 20. Dass die SS 20 die USA nicht erreichten, sei für uns in Europa kaum beruhigend. Die SS 20 bedeuteten für uns sehr wohl eine qualitative Veränderung. Vielleicht könne es helfen, wenn man sich zuerst auf die gefährlichsten Systeme, also die Raketen, konzentrierte. Die Null-Lösung setze im übrigen voraus, dass die Verhandlungen nicht zu lange dauerten.[34]

Im Zusammenhang mit dem Moskauer Vertrag[35] wolle er festhalten: es bleibe unsere Überzeugung, dass von deutschem Boden kein Krieg mehr ausgehen dürfe. Der 22. Juni 1981 sei auch bei uns ein wichtiger Tag des Gedenkens gewesen.[36] Viele Menschen bei uns hätten Angst vor einem neuen Krieg. Die wachsende Friedensbewegung in der Bundesrepublik sei im übrigen nicht eine Bewegung für die Sowjetunion und ihre Politik. Sie richte ihre Forderungen an alle Beteiligten. Ihr Ziel – wie auch das der SPD – sei gleiche Sicherheit für beide Seiten auf möglichst niedrigem Niveau. In diesem Zusammenhang wolle er fragen, ob die UdSSR bereit sei, die Raketen, die nicht als Parität zu unseren Systemen dienten, hinter eine Linie zu ziehen, von der aus sie uns nicht mehr erreichen könnten.

Wir hofften im übrigen, dass Madrid[37] zu einem guten Abschluss komme, dass eine Klärung des Begriffs von vertrauensbildenden

Massnahmen möglichst weit reiche und eine Konferenz über Abrüstung in Europa[38] möglich werde.

W[illy] B[randt] berichtete dann von der Neukonstituierung der Abrüstungskommission der Sozialistischen Internationale unter Leitung von Kalevi Sorsa[39] und regte an, im Herbst oder Winter durch die Ebert-Stiftung in Bonn eine gemeinsame deutsch-sowjetische Tagung über aktuelle Sicherheitsfragen ausrichten zu lassen.[40] (Breschnew erklärte sich damit einverstanden.) Zum Vorschlag, den Breschnew in seiner Parteitagsrede gemacht hatte, die Folgen eines Atomkriegs durch Wissenschaftler erforschen zu lassen[41], regte W[illy] B[randt] an, den UN-Generalsekretär zu beauftragen, eine entsprechende Arbeitsgruppe zusammenzurufen.

Im Hinblick auf den geplanten Besuch Breschnews in Bonn[42] wolle er sagen, dass dies vom Bundeskanzler nicht nur als wichtiges Element für die bilateralen Beziehungen, sondern auch als wichtiges Element für den Verhandlungsprozess gesehen würde. Die bilateralen Beziehungen hätten sich nicht schlecht entwickelt und wir seien am weiteren Ausbau auch der wirtschaftlichen Zusammenarbeit interessiert. Es sollte darauf geachtet werden, dass das bilaterale Verhältnis weiterhin pfleglich behandelt werde, da es für die Zukunft nicht weniger wichtig sei als in der Vergangenheit. (B[reschnew] stimmte dem ausdrücklich zu.)

W[illy] B[randt] erläuterte dann kurz die – zurückhaltende – Chinapolitik der Bundesrepublik.[43] Im übrigen sei er interessiert, während seines Aufenthaltes in Moskau über Afghanistan zu sprechen, das eine Menge Schwierigkeiten gemacht habe. Im Hinblick auf das Nord-Süd-Thema interessiere ihn weniger die Vergangenheit als die Zukunft, und hier gebe es gemeinsam interessierende Fragen, z.B. der Hunger in der Welt, Energieprobleme, Schuldenfragen, die künftige Entwicklung der internationalen Organisationen oder auch der Zusammenhang zwischen Wettrüsten und Welthunger.

Breschnew unterstrich daraufhin noch einmal das Interesse beider Seiten an Verhandlungen. Die Bundesrepublik könne einen wesentlichen Beitrag leisten. Er wolle offen fragen, warum die USA alles durchsetzen könnten. Die Europäer müssten jetzt ihre Interessen artikulieren, damit es zu einem Umschwung zugunsten von Rüstungskontrolle komme.

Zu Polen führte er aus, die Ereignisse dort seien zweifacher Natur. Zum einen habe die politische Führung schwere ökonomische Fehler begangen, was zur Unzufriedenheit der Massen geführt habe. Das werde jetzt geändert. Zum anderen aber würden diese Fehler von antisozialistischen Kräften ausgenutzt, die den Sozialismus in Polen liquidieren wollten, so zum Beispiel die extremistischen Kräfte in „Solidarnosc".[44] Dabei würden sie vom Westen mit konkreten Hilfen unterstützt. Die Polen müssten ihre Probleme selbst lösen. Die UdSSR würde jedoch jede erdenkliche Hilfe leisten und Polen im Notfall beistehen.

B[reschnew] fragte W[illy] B[randt] dann nach dem neuen französischen Präsidenten[45], mit dem er doch gut bekannt sei.

Willy Brandt unterstrich seinerseits erneut die Bereitschaft zur Fortsetzung und zum Ausbau der bilateralen Zusammenarbeit. Auf Polen bezogen könne er allerdings den Vorwurf der Einmischung, soweit er Bereiche betreffe, für die er verantwortlich sei, nicht hinnehmen. Er habe schon vor einigen Monaten ähnliche Vorwürfe von Botschafter Semjonow[46] gehört und daraufhin um konkrete Hinweise gebeten. Diese seien ihm nie gegeben worden. Es gebe sie auch nicht. Noch einmal wolle er sich auf das Abkommen der beiden französischen Regierungsparteien[47] berufen: die Polen müssten den Prozess ihrer ökonomischen Erneuerung selbst zuende führen. Dies sei auch unsere Meinung.

Auf François Mitterrand bezogen wolle er sagen, dass er davon überzeugt sei, dass die Sowjetunion in ihm einen ernsthaften Partner finden werde, der Frieden und Entspannung in Europa wolle.

<u>Hans-Jürgen Wischnewski</u> bekräftigte abschliessend die Bedeutung des Breschnew-Besuchs in Bonn.[48] Das deutsche Interesse daran gehe weit über die Parteigrenzen hinaus. Es sei wünschenswert, wenn möglichst bald ein genaues Datum festgelegt werden könne. Dies wäre ein Zeichen für eine positive Entwicklung in Europa.

<u>Breschnew</u> dankte und erklärte seine Bereitschaft, im November nach Bonn zu kommen.

⟨T[homas] Mirow⟩[49]

Nr. 66
**Interview des Vorsitzenden der SPD, Brandt, für *Der Spiegel*
6. Juli 1981**

*Der Spiegel, Nr. 28 vom 6. Juli 1981, S. 23–29.*

„Breschnew zittert um den Frieden"

SPIEGEL: Herr Brandt, Sie haben in Moskau auf zunehmende Gefahren für den Weltfrieden hingewiesen und mehrmals gesagt, daß Sie die Lage als sehr ernst ansehen. Haben Sie neue düstere Informationen erhalten, oder malen Sie schwarz in schwarz, um die Entspannung zu retten?[1]
BRANDT: Meine Einschätzung der internationalen Lage hat sich durch die Gespräche in Moskau nicht geändert. Ich bin nach Moskau gekommen mit einer sehr ernsten Einschätzung der internationalen Lage: besorgniserregend, wie ich sage, zunehmende Spannungen, zunehmende Rüstungen. Allerdings ist mir hier noch klarer geworden, was die Breschnew-Rede in Tiflis[2] bedeutet hat. Man kann damit rechnen, daß, sehr verspätet anlaufend, Verhandlungen stattfinden und sich die sowjetische Seite zu gleicher Zeit alternativ auf eine Antwort auf das einstellt, was sich aus dem einen Teil des Nato-Beschlusses vom Dezember 1979 ergeben wird.[3]
SPIEGEL: Sie meinen die westliche Nachrüstung.
BRANDT: Eigentlich hat man sich das schon ausrechnen können. Ich habe – um den zweiten Teil Ihrer Frage noch zu beantworten – nicht aus irgendwelchen taktischen Gründen eine Lage ernster gemalt, als sie ist. Die ist wirklich ernst genug, und das spüren ja auch viele Menschen bei uns in der Bundesrepublik und auch sonst in Europa.
SPIEGEL: Haben die Sowjets zusätzliche Drohungen ausgesprochen?
BRANDT: Drohungen sind überhaupt nicht ausgesprochen worden. Zum Ausdruck gekommen ist das Selbstbewußtsein einer Großmacht, die mithalten wird, wenn die andere Großmacht meint, ihr vormachen zu können, daß sie bei den großen Vernichtungsmitteln die Übermacht

gewinnt.⁴ Und meine Erfahrung ist – das ist übrigens auch in Moskau gesagt worden –, daß im Laufe der Geschichte die Abstände zwischen den Erfindungen der einen und der anderen Seite immer kürzer geworden sind: erst bei der Atombombe, dann bei der Wasserstoffbombe und dann bei den anderen Waffensystemen.⁵ Die Vorstellung vom „Den-anderen-Kaputtrüsten" halte ich nicht für realistisch.
SPIEGEL: Helmut Schmidt und Hans-Dietrich Genscher sehen das atomare Gleichgewicht in Europa gestört, weil die Sowjet-Union ihre SS-20-Mittelstreckenraketen in Stellung gebracht hat. Jetzt sagt die Sowjet-Union, falls die Nato 572 amerikanische Waffen in Stellung bringt, werden wir mit neuen Waffen zuvorkommen.⁶ Was ist das anderes als eine Drohung?
BRANDT: Was die Zahlen angeht: Dies gehört zu dem Deprimierendsten, was wir erfahren haben. Hans-Jürgen Wischnewski nimmt, während der Generalsekretär redet, unsere Unterlagen raus und guckt nach und stellt fest, das weicht meilenweit voneinander ab. Er sagt dann völlig zu Recht, und ich habe es übrigens auch gesagt: Ich habe keine Satelliten, und ich kann auch auf andere Weise nicht zählen. Dies alles weicht auf eine phantastische Weise voneinander ab, was die Zahl der Trägerwaffen und die Zahl der Sprengköpfe angeht.
SPIEGEL: Können Sie Größenordnungen nennen?
BRANDT: Ich sollte es besser nicht tun, aber es sind Abweichungen zwischen eins zu zehn und eins zu hundert. Und das bringt unsereins zu dem Ergebnis, daß ein Parteivorsitzender, was er immer auch sonst noch betrieben hat, nicht dazu da ist, Vorkehrungen zu treffen, die Regierungen zu treffen haben. Ich sage: Wenn nicht aus anderem Grund, dann müßte man schon aus diesem Grund so rasch wie irgend möglich mit Verhandlungen beginnen.⁷
SPIEGEL: Die Waffenzählerei allein nützt auch nicht viel, wie die zähen Wiener Verhandlungen über einen Truppenabbau in Europa beweisen.⁸
BRANDT: Was Wien immer bedeutet hat, was sich so mühsam hingezogen hat über die Jahre, das hat doch seine Bedeutung. Bei der Datenfrage gab es ein paar marginale Geschichten, ob man die Musikkapellen mitzählt oder das Küchenpersonal – über diese Margi-

nalien haben Breschnew und ich schon 1971 auf der Krim gesprochen.[9] Im Grunde wissen durch Wien beide Seiten ziemlich genau, was sie auf den Gebieten haben, von denen die MBFR-Verhandlungen in Wien handeln ...

SPIEGEL: Sie meinen, daß die sowjetischen Unterhändler aus den Zahlen des US-Geheimdienstes erfahren haben, wie stark die UdSSR wirklich ist?

BRANDT: ... dies müßte jetzt endlich bei den nuklearen Waffen für Europa geschehen, und deshalb bin ich für die baldigen, baldigsten Verhandlungen zur Sache.[10]

SPIEGEL: Bundesverteidigungsminister Apel ließ vor kurzem erklären, daß es im Bereich der Mittelstreckenraketen eine Überlegenheit der östlichen Seite von acht zu eins gebe.[11] Sie sprechen von Differenzen zwischen 10:1 und 100:1.

BRANDT: Es kommt darauf an, worauf man die Zahlen bezieht. Es hängt davon ab, ob man die Rechnungen auf landgestützte Raketen bezieht, ob man die französischen und britischen Potentiale einrechnet, ob man die Forward Based Systems[12] der Amerikaner einschließt, die irgendwo auch in der Grauzone sind. Ob man die U-Boote hinzunimmt, die allerdings zum Teil bei dem nicht ratifizierten Salt-II-Vertrag[13] schon gezählt wurden, und die sowjetischen U-Boote in der Ostsee außen vor läßt.

SPIEGEL: Die fünf U-Boote der USA mit „Poseidon"-Raketen sind schon mitgezählt.

BRANDT: Ja. Die sowjetische Seite sagt – ob uns dies bequem ist oder nicht –, und ich habe Verständnis dafür, daß sie es sagt: Wir müssen, wenn wir an den Verhandlungstisch kommen, die Forward Based Systems[14] der Amerikaner miteinbeziehen. Wir werden sie jedenfalls zur Sprache bringen. Ich glaube, es ist realistisch, daß sich die Nato darauf einstellt.

SPIEGEL: Diese Position hat der Bundeskanzler auch schon mal hier in Moskau, im Jahre 1980, vertreten[15] ...

BRANDT: Ich denke, ja ...

SPIEGEL: ... doch mittlerweile scheint er – möglicherweise unter dem Einfluß von Herrn Genscher – davon abgerückt zu sein.

BRANDT: Da bin ich nicht so sicher. Herr Genscher hat ja nur gesagt, er befürchte, daß sich der Verhandlungsvorgang kompliziere, wenn man diese zusätzlichen Elemente einbezieht.[16]
SPIEGEL: Bislang scheint er mit den Amerikanern dagegen zu sein.
BRANDT: Man kann sich ja sehr wohl eine Verhandlung in Stufen vorstellen. Ich bin in der Sowjet-Union jetzt in diesen Tagen auf Gesprächspartner gestoßen – nicht irgend jemand, den ich auf der Straße getroffen habe, sondern auf hochrangige Persönlichkeiten –, die mir noch eine andere Stufenfolge vorgestellt haben.
SPIEGEL: Wie sieht das sowjetische Modell aus?
BRANDT: Also, die haben nur gesagt: Wir haben Ihre Null-Lösung zur Kenntnis genommen. Die bezieht sich auf die Materie, die im Nato-Beschluß vom Dezember 1979 abgehandelt ist,[17] also auf sowjetische SS-20 und amerikanische „Pershing 2"-Raketen sowie Cruise Missiles. Unterstellen wir einmal, so sagen diese sowjetischen Gesprächspartner, daß wir bereit wären, unsere SS-20 zu verschrotten.
SPIEGEL: „Verschrotten", also nicht nur ein Abzug in Stellungen gegen außereuropäische Ziele, haben sie doch gar nicht verlangt?
BRANDT: Ich habe gesprochen über Zahlen, Dislozierungen und Reichweiten. Sowjetische Gesprächspartner haben gesagt: Unterstellen Sie, wir wären bereit, zu verschrotten. Dann müssen Sie – so sagen die sowjetischen Gesprächspartner – darauf gefaßt sein, daß wir auf eine umfassendere Null-Lösung zugehen. Diese müßte sich auf mehr als nur die neuen Mittelstreckenwaffen beziehen, beispielsweise auch auf die „Pershing 1"[18], die bei uns als Kurzstreckenwaffe gilt. Natürlich würden dann auch entsprechende Waffen auf sowjetischer Seite abgebaut werden.
SPIEGEL: Es ist gängige westliche Meinung, daß diese taktische Waffe etwa 750 Kilometer weit reicht und mithin sowjetisches Territorium nicht treffen, allenfalls streifen kann.
BRANDT: Die Sowjets haben gesagt, die Pershing 1 erreiche die Vorstädte von Leningrad.
SPIEGEL: Wie haben Sie auf den neuen Vorschlag der Sowjets reagiert?
BRANDT: Ich habe in einem der begleitenden Gespräche nur dazu geraten, die Sache nicht zu überfrachten. Aber ich kann natürlich

nicht die Legitimität eines Vorgehens bezweifeln, die sagt, eigentlich geht es dabei noch um mehr. Denn auf sowjetischer Seite sagt man: Wir möchten dann eigentlich in einer zweiten Stufe auch über alle anderen Waffen verhandeln, nicht nur über die neuen, die Rußland erreichen, und wir sind bereit, auch über Waffen zu reden, die euch erreichen können.

SPIEGEL: Führt Breschnews „Null-Lösung" schneller zu Verhandlungen als Ihr eigener Vorschlag?

BRANDT: Ich habe – ohne hier Breschnew selbst ins Spiel zu bringen – ein bißchen die Befürchtung, daß, wenn man das zusammenwirft, aus der ganzen Sache nichts wird, daß das zweite das erste erdrückt. Ich bin dafür, über das zu reden, worüber Schmidt, Genscher, Brandt einer Meinung sind, nämlich: Es wäre gut, die Voraussetzungen dafür zu schaffen, daß der zweite Teil des Nato-Beschlusses[19] in bezug auf Pershing 2 und Cruise Missiles nicht in Kraft zu treten brauchte.[20]

SPIEGEL: Das liegt auch an den Sowjets.

BRANDT: Ich rate der sowjetischen Seite, ihre grundsätzlichen, weiter in die Zukunft gerichteten Dinge nicht als eine Art Bedingung zu verbinden mit dem, was jetzt ansteht, weil dann – wir kennen ja solche Geschichten – das eine das andere nicht nur belastet, sondern totmacht. Wenn Sie einen Passus aus der Tischrede Breschnews[21] vom Dienstagabend sich noch einmal genau anschauen, dort steht drin: Wir sind bereit, sozusagen als Einleitung des Verhandlungsprozesses, nichts weiter zu machen bei SS-20, wenn die Amerikaner uns bei Beginn von Verhandlungen wissen lassen, daß sie, während der Verhandlungen, nichts machen, was Steigerung des in Aussicht genommenen nuklearen Potentials bedeutet.

Das heißt, sie stellen keine Bedingungen in bezug auf Produktion, auch nicht auf unsere Buddeleien oder Betoniereien für die Raketenstellungen, sondern sie konzentrieren alles auf diesen entscheidenden Punkt hin, auf die Dislozierung. Das halte ich für ganz wesentlich.

SPIEGEL: Kurz gefaßt heißt Breschnews Vorschlag: Die Sowjets wollen über alles verhandeln, was sowjetischen Boden erreichen kann, und wären dafür bereit, über das gesamte SS-20-Potential mit sich reden zu lassen ...

*BRANDT:* Ich kann nicht die gegen China gerichteten SS-20 beurteilen.
SPIEGEL: ... also über das gesamte gegen West-Europa gerichtete SS-20-Potential.
*BRANDT:* Da wären wir übrigens in guter Gesellschaft mit Bundeskanzler Adenauer, der sich dies zu einer Maxime gemacht hat...
SPIEGEL: ... der dagegen gekämpft hat, „Thor"- und „Jupiter"-Raketen bei uns stationieren zu lassen.[22]
*BRANDT:* ... der gesagt hat, nach allem, was hinter uns liegt, wäre es gut, wenn wir uns da raushielten.[23]
SPIEGEL: Was sagen Sie jemandem, der sich auf den Standpunkt stellt, die Breschnew-Idee vom Stufenplan bringt neue Bedingungen für Verhandlungen und beweise mithin, daß die Sowjets nicht verhandlungsbereit sind?
*BRANDT:* Also, ich habe jetzt ganz offen dargelegt, was – über die offiziellen Texte hinaus – an Ideen vorgebracht worden ist. Ich habe überhaupt nichts vorzubringen darüber, was die sowjetische Regierung tatsächlich vorschlagen will. Das ist noch eine andere Sache, das wird sich zeigen.
SPIEGEL: Zugleich aber hat die sowjetische Seite auch gesagt: Falls es nicht zu erfolgreichen Verhandlungen kommt, wird es die „Nach-Nachrüstung" geben, ehe die Nachrüstung der USA stattgefunden hat. Ist konkretisiert worden, was sich hinter der „Nach-Nachrüstung" verbirgt?
*BRANDT:* Nein, das ist mein Begriff. Der ist nie von einem sowjetischen Politiker mir gegenüber mit diesem Ausdruck vertreten worden. Wenn ich es abwandeln würde, könnte ich sagen: Vor-Nachrüstung. Man weiß ja nicht, wie rasch die Dinge laufen.

Fachleute sagen: Natürlich gibt es auch was im Backofen, was auf dem Gebiet des anderen deutschen Staates und dem der Tschechoslowakei passieren könnte.[24] Das geht noch ein bißchen rascher als bei der Pershing 2.
SPIEGEL: Sie meinen die SS-23-Raketen, die von diesen Warschauer-Pakt-Staaten aus sehr schnell die Bundesrepublik treffen könnten.
*BRANDT:* Es gibt doch auch sonst noch so manches – doch nichts davon ist mir gegenüber zur Sprache gebracht worden, sondern dies

kenne ich aus den Gesprächen der Experten, ich hätte fast gesagt: der Arbatows und der Bahrs[25], die sich im engeren Sinne mit diesen jeweils weiteren Stufen befassen.

SPIEGEL: Richtet sich das nur gegen Europa? Können Sie deutlicher werden?

BRANDT: Gucken Sie mal die Landkarte an. Ich würde mir mal die Distanz angucken zwischen vorgeschobenen sowjetischen Inseln im Osten und der kalifornischen Küste.

SPIEGEL: Liegt diese Entfernung in der Reichweite der SS-20?

BRANDT: Wenn es so wäre, würde es bedeuten, diese Waffen fielen nicht unter den Salt-II-Vertrag.[26]

SPIEGEL: Sind Sie mit dieser Fragestellung hier konfrontiert worden?

BRANDT: Nein.

SPIEGEL: Das wußten Sie vorher schon?

BRANDT: Ja.

SPIEGEL: Egon Bahr war ja auch gerade erst, um Ihre Gespräche vorzubereiten, in Moskau.[27] Wieso waren Sie eigentlich so überrascht über die Zahlendifferenzen?

BRANDT: Ich muß das korrigieren, was die Vorbereitung angeht. Es ist bei uns falsch dargestellt worden, als hätte die SPD hier eine Zweistufenrakete losgelassen, erst Bahr, dann Brandt. Bahr war hier als Mitglied der Palme-Kommission.[28] Aber er hat mir natürlich berichtet über seine Eindrücke. Sie haben im übrigen recht: Hinweise darauf, daß das weit auseinanderläuft, was eine Seite von der anderen hält, habe ich natürlich gehabt, auch schon vor Bahrs Besuch. So drastische Hinweise auf unterschiedliche Zahlen, wie sie mir aus dem Mund des Generalsekretärs entgegengehalten wurden, habe ich allerdings bisher nicht erlebt. Damit sage ich ja noch nicht, daß das stimmt.

SPIEGEL: Macht hier Moskau vielleicht mit Hilfe von extremen Zählungen seine Ausgangsposition für Verhandlungen fest?

BRANDT: Das hieße wohl einen solchen Besuch überschätzen. Und das muß ich nun wirklich mal sagen, was ich sonst immer gegen die Sowjets haben mag: Die wollen verhandeln. Und man kann über Breschnew sagen, was man will: Er zittert, wo es um den Weltfrieden geht. Da ist subjektiv überhaupt kein Zweifel.

Aber was die Zahlen angeht, also, wenn die Sowjets verhandeln wollen, und ich hoffe – nein, ich bin sicher –, unsere amerikanischen Freunde wollen es, denn sie haben es ja zugesagt, im Brüsseler Beschluß steht es drin, im Nato-Beschluß in Rom ist es bestätigt, Helmut Schmidt hat es mitgebracht[29], dann muß Klarheit hergestellt werden. Denn wenn man überhaupt Verhandlungen will, dann weiß doch die sowjetische Seite, sie muß die Hosen runterlassen, wenn es zu Verhandlungen kommt.

SPIEGEL: An wem liegt es denn nun, daß die Verhandlungen nicht in Gang kommen?

*BRANDT:* Erstens, so muß man jetzt sagen: Die sowjetische Seite hat sich zunächst zuviel Zeit gelassen, hat die Sache falsch eingeschätzt, wenn ich mich erinnere an die Äußerung von Andrej Gromyko in Bonn Ende 1979.[30] Dann hat Moskau die Zeit verstreichen lassen bis zum Herbst 1980. Dann kamen im Oktober/November die Verhandlungen in Genf[31], die – das habe ich damals nicht gleich schon am nächsten Tag gewußt, sondern erst einige Wochen danach – ja nicht nur prozedurale Verhandlungen waren, wie jetzt zwischen Außenminister Haig und Botschafter Dobrynin, die sich einmal im Monat oder alle sechs Wochen gesehen haben.[32] In Genf ist man richtig in die Materie eingestiegen. Ich kenne inzwischen den Inhalt. Aber da war fast ein Jahr vergangen.

Das – dies muß ich fairerweise sagen – war nicht in erster Linie der amerikanischen Seite anzulasten.

SPIEGEL: Und wer ist jetzt der Schuldige?

*BRANDT:* Jetzt kommt die zweite Phase mit der großen Überraschung, für Leute wie mich und für die Russen und viele andere. Man hat gedacht, da kommt eine neue amerikanische Regierung, die ist ein bißchen mehr rechts in der Innenpolitik. Wir haben ja alle schon mit republikanischen Regierungen zu tun gehabt. Sie waren nach relativ wenigen Wochen klar durchschaubar. Und jetzt vergehen Monate, und es dauert und dauert. Ich habe hier mit Boris Ponomarjow gesprochen.[33] Er ist ja Vorsitzender der Auswärtigen Kommission im Obersten Sowjet. Der war vor einigen Jahren in

Amerika und hat Reagan getroffen, als er noch Gouverneur war in Kalifornien.

Ponomarjow erzählte, wie ihn Reagan in Sacramento im dortigen Kongreß auf den Stuhl des Speakers gesetzt und dann gesagt hat: „Was habt ihr für ein praktisches System in der UdSSR! Da tagt der Oberste Sowjet zweimal im Jahr zwei bis drei Tage. Ich habe diesen Kongreß hier, der sitzt mir dauernd im Nacken." Die beiden haben sich offensichtlich gut verstanden. Da war keine prinzipielle Voreingenommenheit gegen Reagan zu spüren.

SPIEGEL: Davon ist derzeit nichts mehr zu spüren.

*BRANDT:* Die Sowjets sind natürlich unsicher, und das muß man verstehen können. Da ist jetzt ein halbes Jahr vergangen, und man weiß noch immer nicht richtig, was los ist. Das gilt ja nicht nur für diese vitalen Dinge wie die Raketen.

Nehmen Sie ein Beispiel: Präsident Reagan sagt, wir mögen zwar nicht, daß die Kommunisten in der französischen Regierung mitmachen[34], aber Frankreich bleibt unser guter Freund. Am Tage danach kommt aus dem US-Außenministerium eine Geschichte, die nicht mit dem übereinstimmt, was der Präsident sagt.

SPIEGEL: Unterschiedliche Positionen soll's sogar gelegentlich in kommunistischen Staaten geben.

*BRANDT:* Für einen Staat, der so organisiert ist wie die Sowjet-Union – ich sage ja nicht, daß ich das für die höchste Entwicklung menschlicher Gesellschaft halte, ich sage nur, es ist ein wichtiger Staat, der so organisiert ist, wie er es ist –, muß es verunsichernd wirken, daß die immer noch nicht wissen, was die Amerikaner eigentlich wollen.

SPIEGEL: Wissen Sie denn, was bei dem für den Herbst geplanten Gespräch Haig/Gromyko[35], das weltweit als Datum für den Beginn der Verhandlungen genannt wird, herauskommen soll? Welche Hoffnungen setzen die Sowjets in diese Begegnung?

*BRANDT:* Wenn in der Breschnew-Rede vom Dienstagabend die Rede ist von „Verhandlungen zur Sache"[36], dann ist damit die Begegnung Gromyko/Haig nicht gemeint, sondern die ist in Moskau verstanden worden als eine politische Begegnung und nicht als Beginn einer Verhandlung zur Sache.

SPIEGEL: Also eine andere Bewertung als in Washington.
BRANDT: Da bin ich nicht sicher, ich habe darüber mit keinem Amerikaner gesprochen.
SPIEGEL: Mithin ist es auch Ihnen hier nicht gelungen, die großen Zweifel der sowjetischen Seite an der Ernsthaftigkeit des amerikanischen Verhandlungswillens auszuräumen?
BRANDT: Die sowjetische Seite ist, so wie sie es darlegt, in der Tat sehr unsicher, was die amerikanische Haltung angeht. Ich habe dargelegt, was sich aus dem Beschluß von Rom ergibt, was Helmut Schmidt aus Washington mitgebracht hat.[37]
SPIEGEL: Er hat unter anderem mitgebracht, daß Haig Gromyko trifft.
BRANDT: Und daß, so wie es vorgesehen ist, danach Verhandlungen beginnen.
SPIEGEL: In Rom machten die Amerikaner ihre Verhandlungsbereitschaft vom Wohlverhalten der Sowjet-Union abhängig.[38] Das war ja wohl ein Rückschritt hinter den Doppelbeschluß vom Dezember 1979?[39]
BRANDT: Das kann ich so im einzelnen nicht beurteilen, ich war in Rom nicht dabei. Ich bin für Verhandlungen. Meine Partei ist dafür, daß nichts herumgemacht wird an dem Beschluß vom Dezember 1979.

Im übrigen werde ich dafür sorgen, daß die amerikanische Seite getreulich, wenn es für sie von Interesse sein sollte, informiert wird über das, was man auf sowjetischer Seite nicht nur zur Prozedur, sondern auch zur Sache meint.
SPIEGEL: Also sind Sie doch Parlamentär?
BRANDT: Nein, ich bin ein Mann guten Willens. Das ist etwas ganz anderes als ein „go in between". Das heißt, ich würde ja meine Pflicht versäumen, wenn ich nicht, außer, daß ich mit meiner eigenen Partei spreche und den Bundeskanzler und den Außenminister bis ins Detail unterrichte, drei andere Partner im Auge hätte:

Erstens, ich muß meinen französischen Freunden sagen, wie man die Dinge hier sieht, zumal die Russen mich nach den französischen Partnern gefragt haben.[40]

Zweitens, ich muß den amerikanischen Verbündeten und Freunden sagen, wie ich das hier aufgefaßt habe. Ich muß es ihnen übermitteln.

Drittens, ich habe Mitte Juli die führenden Vertreter der Sozialistischen Internationale in Bonn, 20 an der Zahl.[41] Ich werde ihnen darlegen, was sich ergeben hat. Und ein paar kommen schon vorher, um zu wissen, was sich ergeben hat.

SPIEGEL: Herr Brandt, Sie gelten hier in Moskau als einer der, wahrscheinlich als *der* glaubwürdigste westliche Politiker. Ist es Ihnen gelungen, das Mißtrauen gegenüber Washington zu zerstreuen oder abzumildern?

BRANDT: Das kann ich selbst nicht sagen. Ich fürchte, daß das beiderseitige Mißtrauen sehr tief sitzt, nicht nur das der einen gegenüber den anderen, sondern auch das der anderen gegenüber den einen.

Und wieso? Ich habe gesagt in meiner Rede im Kreml am Dienstagabend[42], daß ich überhaupt nicht für Regierungen spreche, schon gar nicht für die Vereinigten Staaten. Das hat mich aber nicht daran gehindert, im Gespräch darzulegen, daß es falsch wäre, die Vereinigten Staaten zu sehen als einen monolithischen Block, der dagegensteht, sondern das wird sich entwickeln, und es wird nach meiner Überzeugung zu Verhandlungen kommen.

SPIEGEL: Wenn es trotzdem schiefgeht, wird es dann nach Ihrer Einschätzung möglich sein, die Entspannung mindestens im europäischen Raum zu erhalten, oder wird dann alles zwangsläufig in den neuen Kalten Krieg hineingeraten, von dem Breschnew gesprochen hat?

BRANDT: Es kommt darauf an, welche Zeiträume Sie ins Auge fassen. Die Erfahrung hat gezeigt, daß trotz der Verschlechterung der Gesamtbeziehungen, das heißt vor allem der Beziehungen zwischen den beiden ganz Großen, bilaterale Beziehungen nicht wesentlich geschädigt worden sind.

Im letzten Jahr haben wir erlebt, wie europäische Regierungen in Ost und West trotz der unterschiedlichen Bündniszugehörigkeiten ihr Interesse daran bekundet haben, nicht über Gebühr in den Strudel der verschlechterten Beziehungen zwischen den beiden Großen hineingezogen zu werden. Dann kam eine Beeinträchtigung durch die polnische Entwicklung.[43]

SPIEGEL: Die Geschichte muß sich ja nicht wiederholen.

BRANDT: Jetzt hat Breschnew mit ganz betonter Abhebung von den übrigen Schwierigkeiten gesagt, wie sehr er die Bedeutung der bilateralen Beziehungen zu schätzen weiß.[44] Ich habe dies bestätigt aus unserer Sicht, aus der Sicht meiner politischen Freunde und, soweit ich weiß, aus der Sicht der Bundesregierung.

SPIEGEL: Er sprach von „strategischer" Bedeutung.

BRANDT: Ja. Das ist aber etwas anderes. Das ist ungefähr so, wie wenn ich sage: Breschnews Besuch in Bonn im November[45] kann neben den bilateralen Beziehungen auch dem Verhandlungsprozeß zum Nutzen sein.

Das meint Breschnew wohl mit „strategischer" Bedeutung. Er weiß ja auch, daß, wenn das nicht alles kaputtgeht, er sich irgendwann im nächsten Jahr mit dem Präsidenten der Vereinigten Staaten treffen wird.[46]

Deshalb ist es ja für ihn nicht so uninteressant, im Vorfeld mit dem deutschen Bundeskanzler auch das erörtert zu haben, was über das Bilaterale hinausgeht.

SPIEGEL: Sehen Sie in diesem bevorstehenden Ost-West-Treffen auch ein Indiz für eine Stabilisierung der Lage in Polen?

BRANDT: Ich sprach jetzt von dem Besuch im November.

Die Entwicklung in Polen hat natürlich ab Spätsommer vorigen Jahres[47] einen Einfluß gehabt auf die Ost-West-Beziehungen, obwohl es sich nicht um ein Problem zwischen den Bündnissystemen handelt. Es geht darum, wie ein Staat im östlichen Bündnissystem mit seinen Problemen der ökonomischen und sozialen Erneuerung fertig wird, wie die es selbst nennen.

Mich hat es interessiert, aus sowjetischer Sicht, und zwar von hier höchster Stelle zu hören, welcher Art die Besorgnisse sind. Das ist für unsereins nicht immer gleich zu begreifen, weil wir insoweit in unterschiedlichen Gedankenwelten leben. Ich habe mit ganzem Nachdruck zurückgewiesen den Vorwurf des polnischen Politbüromitglieds Olszowski, der westdeutsche Revanchismus habe, wie er es dort nannte, etwas mit der polnischen Sache zu tun.[48] Das ist eine Vergiftung einer ohnehin schwierigen Situation. Dies ist in aller Deutlichkeit gesagt worden. Und ich habe darauf hingewiesen, daß die französischen Sozialisten und Kommunisten offensichtlich derselben Meinung sind.

Ich will trotzdem sagen: Sowenig ich manches verstehe von dem, was aus sowjetischer Sicht zu Polen gesagt wird, sosehr habe ich nicht den Eindruck, daß diejenigen recht hätten, die uns eine akut dramatische Entwicklung, auf Polen bezogen, voraussagen.

SPIEGEL: Haben Sie noch weitere Beweise für sowjetische Entspannungsbereitschaft entdeckt?

BRANDT: Unmittelbar bevor ich hierherkam, gab es in einer finnischen Zeitung ein in Nordeuropa stark beachtetes Interview von Breschnew darüber, ob Nordeuropa nicht atomwaffenfrei gemacht werden könne.[49] Dies hat er übrigens von sich aus in einem Teil unseres Gesprächs erläutert. Erstens weil ich Europäer bin und zweitens auch aus sowjetischer Sicht einer bin, der von Nordeuropa etwas versteht. Ich hatte den Eindruck, er gehe selbstverständlich davon aus, daß zu einem solchen atomwaffenfrei zu machenden Gebiet in Nordeuropa auch Gebiete der Sowjet-Union hinzukommen.[50]

SPIEGEL: Diese Bereitschaft hat Moskau noch nie so klargemacht.

BRANDT: Es ist nicht mein Business, dies weiter zu kommentieren. Das machen die Beteiligten untereinander. Das ist die eine Seite, wenn man so will, die hoffnungsvollere Seite der Medaille.

SPIEGEL: Die weniger hoffnungsvolle Seite zielt als SS-20 auf Kalifornien. Doch zurück zu Nordeuropa: Wie konkret und wie detailliert war die Bereitschaft, sowjetisches Territorium in eine atomwaffenfreie Zone im Norden einzubringen?

BRANDT: Für mich verständlich genug. Die norwegische Ministerpräsidentin, Frau Brundtland, wird bei mir in 14 Tagen in Bonn sein. Und wenn dieses Gespräch am Montag veröffentlicht ist, wird der norwegische stellvertretende Parteivorstand bereits in Moskau gewesen sein.[51]

SPIEGEL: Könnte diese Anregung Modellcharakter für Überlegungen gewinnen, die es nicht nur in Sektiererzirkeln, sondern auch bei ernst zu nehmenden Leuten gibt, nämlich für eine atomwaffenfreie Zone, die beide Teile Europas ...

*BRANDT:* Laßt doch die dort einmal versuchen. Mich hat etwas anderes überrascht, die veränderte Akzentsetzung Breschnews zu Nord-Süd-Fragen.

*SPIEGEL:* Haben Sie ihn zu diesem Thema festgenagelt?

*BRANDT:* Ich hatte nicht vor, ihn zu nageln. Ich war bei aller sonstigen Übereinstimmung mit dem Bundesaußenminister und seinen Kollegen, die dies vorbereiten, nicht davon überzeugt, daß es richtig war, zu insistieren, die Russen müßten im Oktober nach Cancun in Mexiko gehen.[52]

Ich war immer der Meinung, so ein großer Staat wie die Sowjet-Union entscheidet dies nicht, wenn wir drängeln, sondern wenn er meint, die Interessen sprechen dafür.

Bevor ich aber überhaupt zu diesem Punkt kam, hat mir Leonid Breschnew in seiner Präsentation der Sache gesagt: „Also, Sie kennen unseren grundsätzlichen Standpunkt: Wir – die Sowjet-Union – sind nicht verantwortlich für die Folgen des Kolonialismus."[53]

*SPIEGEL:* Nehmen denn die Sowjets an der Konferenz teil?

*BRANDT:* Breschnew hat gesagt: „Ohne etwas an unseren grundsätzlichen Standpunkten zu ändern, überlegen wir, auf welche Weise wir uns an dem beteiligen können, was in Mexiko im Oktober beginnen soll."[54] Das ist anders, als wir es bisher gehört hatten. In diesem Falle wird's für jemand, der sich gute zwei Jahre seines Lebens stark mit Nord-Süd befaßt hat, interessant.[55]

*SPIEGEL:* Warum haben Sie sich so gewehrt, als wir Sie auf Ihre Rolle ansprachen, die Sie ja möglicherweise irgendwann mal bei der Abrüstung in Europa spielen könnten? Haben Sie Sorgen davor, daß Sie in eine Diskussion über „Neutralismus", „Finnlandisierung" oder „Abkoppelung von der Nato"[56] gezogen werden?

*BRANDT:* Nein, meine Qualifikation auf diesem Gebiet besteht allein darin, daß ich als junger Mann die wichtigsten Jahre meines Lebens in Norwegen und Schweden verbracht habe, zwischendurch immer mal woanders, auch mal in Deutschland, auch mal in Frankreich, mal in Spanien. Aber in Skandinavien habe ich gelebt.[57] Das sind sehr selbstbewußte Menschen und Regierungen und Staaten. Die würden sich verbitten, daß der SPD-Vorsitzende, der auch ein guter Freund für viele von ihnen ist, eine Art „Vormünder" spielen könnte. Die machen das allein.

Für mich war das interessant, und dann wird man sehen. Das, wovon Sie sprechen, was einmal Europa insgesamt betreffen könnte, das ist Zukunftsmusik; eine mir nicht unangenehme.

SPIEGEL: Werden Sie nach Amerika reisen in absehbarer Zeit?

*BRANDT:* Ich werde nach jetziger Planung wohl erst Anfang Oktober reisen.

SPIEGEL: Und den Präsidenten sehen?

*BRANDT:* Das glaube ich nicht, wenn er mich nicht bittet.[58] Warum sollte er? Ich habe bei den Vereinten Nationen zu tun. Ich habe zu tun bei der wichtigsten jüdischen Loge, die es in der Welt gibt, B'nai B'rith, die mir eine Auszeichnung zuteil werden lassen will.[59] Mir liegt gerade in dieser Zeit daran, daß wir mit den jüdischen Organisationen – zumal in den Vereinigten Staaten – im vertrauensvollen Gespräch bleiben. Ich habe sonst einige Termine. Soll ich mich da in was reinbringen?

SPIEGEL: Riskieren Sie nicht, daß Sie Ihre Partei durch Ihre Aktivitäten, die Sie hier entwickeln können, bei der deutschen Bevölkerung in Mißkredit bringen, die doch eher zu Russenfurcht erzogen ist und auf eine Politik der Stärke vertraut?

*BRANDT:* Ich arbeite im engen Schulterschluß mit denjenigen meiner Freunde und Kollegen, die Regierungsverantwortung tragen – ganz eng.

Zweitens bin ich davon überzeugt, daß die Mehrheit unseres Volkes weit über die Reihen derer hinaus, die was von der sozialliberalen Koalition halten, wollen, daß jede nur mögliche Chance genutzt werde, um den Frieden zu bewahren. Die Menschen in beiden deutschen Staaten wissen, daß, wenn der Frieden kaputtgeht, wir Deutschen die ersten sein werden, die dann ausgelöscht sind. Als Volk werden wir ausgelöscht sein.

Die Deutschen wollen, was es da immer auch an Ressentiments geben mag, daß jede vernünftige, realistische Anstrengung gemacht wird, um den Frieden zu bewahren. Das ist die Lehre aus der Ver-

gangenheit. Und jetzt sage ich hinzu: Und selbst wenn es nicht so wäre, daß die Mehrheit dieses meinte, würde ich mich bemühen.
SPIEGEL: Was muß eigentlich passieren, daß einer, der so redet wie Sie, im Frühjahr nächsten Jahres in München auf dem SPD-Parteitag[60] die Genossen ermuntern kann, am Doppelbeschluß der NATO[61] festzuhalten?
*BRANDT:* Das wollen wir mal sehen. Jetzt schreiben wir Juli 1981. Sie reden vom April 1982. Was passiert heutzutage in solchen Zeiträumen? Bis dahin werden Verhandlungen im Gange sein, sage ich Ihnen. Und dann wird die SPD ihre Erwartungen an diese Verhandlungen formulieren. Und das wird nicht von Pappe sein. Aber: Auch wenn das nicht so wäre, wenn ich mich umschaue in der Welt, wäre ja das nicht das Schlechteste, wenn die SPD sich genau an das hielte, was sie gesagt hat, nämlich: daß die Stationierung von neuen Waffen abhängig sein muß von dem Ergebnis von Verhandlungen. Oder? Das haben wir beschlossen.
SPIEGEL: Die Amerikaner interpretieren den Doppelbeschluß aber anders. Sie wollen doch in jedem Falle die Raketen stationieren.
*BRANDT:* Ich habe gesagt: was *wir* beschlossen haben. Und was auch im Brüsseler Beschluß steht.[62]
SPIEGEL: Wie könnte die Perspektive für Europa aussehen, die Sie vorhin eine für Sie „nicht unangenehme" genannt haben?
*BRANDT:* Also sehen Sie mal, ich bin als junger Mann nach Koblenz gelaufen von der Insel Namedywerth bei Andernach am Rhein.

Ich war ein Falke, aber nicht im politischen Sinne der Vereinigten Staaten: Ich war ein Roter Falke.[63] Ich bin hingelaufen zum Deutschen Eck. Da standen noch, ob Sie es glauben oder nicht, französische Soldaten – im Jahre 1929. Die sind erst kurz danach abgezogen worden, über zehn Jahre nach dem Ersten Weltkrieg.[64]

Das hat mich als einen von Hause aus zum Internationalismus erzogenen Jungen empört. Und dann sind wir von dort zurückmarschiert von Koblenz nach Andernach und haben gesungen: „Nie, nie woll'n wir Waffen tragen."
SPIEGEL: Das Lied haben auch die Ostermarschierer gegen die atomare Bewaffnung der Bundesrepublik gesungen.

BRANDT: Kann sein.
SPIEGEL: Können Sie auch noch die Melodie?
BRANDT: Nie, nie woll'n wir Waffen tragen, nie, nie woll'n wir wieder Krieg. Laßt die hohen Herren sich alleine schlagen, wir machen einfach nicht mehr mit. Nie, nie woll'n wir ... und so weiter.
SPIEGEL: Willy Brandt als Vorsänger der „Friedensbewegung"?[65]
BRANDT: Das ist ein bißchen zu einfach. Doch es ist nicht so weit entfernt von dem, was viele heute denken. Deshalb verstehe ich die auch ganz gut. Also, was ich will, wenn Sie danach fragen – bloß danach fragt die Welt der Mächtigen nicht viel –: Ich möchte, daß wir von diesem Wahnsinn des Wettrüstens wegkommen. Und sollte in einer erreichbaren Zukunft möglich sein, daß Europa weitgehend von nuklearen Waffen frei sein könnte, wäre das doch vernünftig. Bloß: Ich wage nicht zu hoffen, daß ich das noch erlebe.
SPIEGEL: Herr Brandt, wir danken Ihnen für dieses Gespräch.

Nr. 67
**Aus dem Schreiben des Vorsitzenden der SPD, Brandt, an den Schriftsteller Kopelew**
**24. Juli 1981**[1]

*AdsD, WBA, A 11.2, 118.*

Sehr geehrter, lieber Herr Kopelew,
haben Sie vielen Dank für Ihren Brief vom 17. Juni.[2]
   Die von Ihnen geschilderten Schicksale sind während meines Aufenthaltes in Moskau zur Sprache gekommen.[3] Ich hoffe, dass sich wenigstens in dem einen oder anderen Fall eine Erleichterung ergibt. Aber natürlich lässt sich das schwer vorhersagen. Auch Ihre persönliche Bitte ist angesprochen worden. Ich hoffe, dass wir dabei etwas erreichen konnten. Im übrigen zeigt sich immer wieder, dass es auf

*Willy Brandt begrüßt den sowjetischen Dichter und Regimekritiker Lew Kopelew, 1989.*

dem humanitären Feld besonders schwierig ist, wenn die politischen Beziehungen gelitten haben.

Die Gespräche haben mir noch einmal deutlich gemacht, wie schlecht es insgesamt um die Ost-West-Beziehungen steht und wie ernst die Lage ist. Sorge macht mir vor allem das Verhältnis zwischen den beiden Weltmächten. Man kann nur hoffen, dass es jetzt bald zur Wiederaufnahme eines konstruktiven Dialogs kommt.
[...]⁴
Mit allen guten Wünschen für Sie und Ihre Frau
Ihr
‹gez[eichnet] Willy Brandt›⁵

Nr. 68
**Vermerk über das Gespräch des Vorsitzenden der SPD, Brandt, mit dem französischen Staatspräsidenten, Mitterrand**
**25. September 1981**[1]

*AdsD, WBA, A 9, 35.*

Das Gespräch konzentrierte sich auf die Fragen der Sicherheitspolitik.

François Mitterrand erklärte, es gebe jetzt, im Jahr 1981, im ganzen gesehen ein strategisches Gleichgewicht. 1985 werde es eine sowjetische Überlegenheit geben.[2] Danach, bis etwa zum Jahr 1992, sehe er eine Überlegenheit der Vereinigten Staaten voraus.

In seine Überlegungen seien dabei strategisch wirkende Flugzeuge einbezogen.

Frankreich könne heute die Neutronenbombe herstellen, werde dies aber aller Voraussicht nach nicht tun. Die Neutronenbombe setze eine Strategie der abgestuften Reaktion voraus, und diese Strategie entspreche nicht den Möglichkeiten der französischen Atomstreitkraft.[3] Die vom sowjetischen Botschafter in Paris nach einem Gespräch mit ihm herausgestellte Übereinstimmung, es müsse Gleichgewicht in Europa herrschen, entspreche nicht dem Verlauf des Gesprächs und seiner Überzeugung. Gleichgewicht müsse global bestehen, nicht aber nur in Europa. Frankreichs Atomstreitkraft sei im übrigen nur um so wenig größer als das, was zur Abschreckung unbedingt gebraucht werde, daß Frankreich eine Einbeziehung dieser Streitkräfte in Verhandlungen nicht akzeptieren könne.[4]

Er sei für Verhandlungen. Die USA dürften nicht nach Überlegenheit streben.

Er sei gegen Moratorien, denn 150 SS-20 reichten aus, alles zu zerstören.[5] Im Abbau von Overkill-Kapazitäten sehe er keinen Sinn.

Ihm sei bewußt, daß die Einführung von Pershing die strategische Lage von Grund auf (de nature) ändern würde und „il serait bon, si cela ne se produirait pas."[6]

*Willy Brandt im Gespräch mit dem französischen Staatspräsidenten, François Mitterrand, im August 1981.*

Seine Äußerungen für das Stern-Interview seien verkürzt wiedergegeben worden. Er stehe auf dem Boden des NATO-Beschlusses.[7]

In seiner Antwort legte Willy Brandt das deutsche Verständnis vom NATO-Beschluß dar. Man habe eine Zeitlang befürchten müssen, daß die USA dies anders sähen.

Die konventionelle Überlegenheit des Ostens bestehe im übrigen schon lange. Sie werde allerdings zum Teil überzeichnet. Wenn die USA sie konventionell ausgleichen wollten, müßten sie die Wehrpflicht einführen.

Willy Brandt erläuterte dann die besondere deutsche Situation, die sich aus der Stationierung von SS-20 – deren genaue Qualität im übrigen schwer abzuschätzen sei[8] – und der Einführung von Pershing und Cruise missiles sowie der dann zu erwartenden militärischen Reaktion der Sowjetunion[9] ergeben könnte. Er regte an, daß François Mitterrand mit dem deutschen Bundeskanzler bei ihrem bevorstehenden Gespräch[10] über das eurostrategische und das globale Gleichgewicht spreche.

Er äußerte Verständnis für die französische Position, wies aber zugleich auf die Frage der Legitimation eines sowjetischen Gegengewichts zu den französischen Streitkräften hin und von sowjetischen sicherheitspolitischen Überlegungen gegenüber China.

Abschließend erläuterte Willy Brandt die Sorgen der jungen Generation in der Bundesrepublik und deren Folgen für die SPD.

François Mitterrand hält die Anrechnung eines sowjetischen Gegengewichts für die französischen Streitkräfte für legitim.

Er habe es im übrigen mit einem elementaren Widerspruch zu tun, dessen Lösung er noch nicht sähe: Widerspruch zwischen der nationalen Bestimmung der französischen Atomstreitkräfte und den Solidaritätsverpflichtungen, die sich aus der Mitgliedschaft im Atlantischen Bündnis ergeben. Die Frage, wann französische Sicherheitsinteressen im Kern gefährdet seien, sei nicht präzise beantwortet.

Die von Willy Brandt erwähnte These Adenauers, daß in der Bundesrepublik Deutschland keine Raketen stationiert werden dürften, die die Sowjetunion bedrohen könnten[11], könne er gut verstehen. Er wolle daher, daß man die Pershing nicht stationieren müsse. Er verstehe auch die Besorgnisse der Sowjetunion. Die Kräfteverhältnisse seien im wesentlichen Zeitverhältnisse („rapport de forces = rapport de temps"). Man müsse durch Verhandlungen die SS-20 zu beseitigen versuchen, und das werde er auch öffentlich noch klarer machen. Er wolle nicht, daß Deutschland ein Pulverfaß werde. Im übrigen wolle er betonen, daß er den Ausdruck „Neutralismus" auf Entwicklungen in Deutschland[12] bezogen nicht verwende.

⟨Th[omas] Mirow⟩[13]

Nr. 69
**Aus dem Vermerk über das Gespräch des Vorsitzenden der SPD, Brandt, mit dem Außenminister der Vereinigten Staaten von Amerika, Haig**[1]
5. Oktober 1981

*AdsD, WBA, A 9, 35.*

[...][2]

[Brandt] habe dem Kanzler gesagt, es sei ein Fehler, die Friedensbewegung[3] als anti-amerikanisch, neutralistisch oder gegen die eigene Regierung gerichtet zu betrachten. Ihr Ziel sei es, dem, was die Regierungen tun, etwas hinzuzufügen. Die jungen Leute verstünden die Notwendigkeit des overkill nicht.[4] In Deutschland, wo sie lebten, sei das größte Arsenal von Atomwaffen der Welt auf engstem Raum konzentriert. Leider sei in die Öffentlichkeit gebracht worden, daß er, anders als der Bundeskanzler, die Friedensdemonstration am 10. Oktober[5] nicht für eine Kampfansage an die Regierung hält. Er habe festgestellt, daß man mit den jungen Leuten diskutieren könne; sie stimmten zwar mit uns nicht überein, hörten aber zu, und er sei zuversichtlich, man könne den größten Teil integrieren. Er habe Breschnew davor gewarnt, die Friedensbewegung als eine kommunistische Bewegung zu betrachten[6], ihre Anhänger hätten vielmehr grundsätzlich etwas gegen Raketen. Dabei verkenne er nicht, daß kleine kommunistische Gruppen die Friedensbewegung zu infiltrieren suchten[7], die aber im Kern von der Evangelischen Kirche ausgehe. Er glaube, daß es gelingen werde, diese Gruppen zu integrieren. Als positiv bezeichnete er es, daß nach den Vorgängen in Berlin[8] eine Tendenz unter den jungen Leuten bestehe, nicht der Polizei die Arbeit zu überlassen. Man müsse deshalb auch damit rechnen, daß bei der Bonner Demonstration Jugendliche gegen die Krawallmacher vorgehen. Seine These sei es, das Protestpotential vom Gewaltpotential zu trennen. Wenn die Abrüstungsverhandlungen begonnen hätten, werde es leichter sein, mit den jungen Leuten zu argumentieren.

H[aig] sagte, früher sei man über die Sorge in den europäischen Ländern irritiert gewesen, „to trade Hamburg for New York".⁹ Jetzt sei die Sorge eine andere. Er stimme darin überein, es gebe keine Tendenz zum Neutralismus oder zur „Finnlandisierung"¹⁰, vielmehr einen profound concern¹¹ über die Massierung von Waffen. Hinzu kämen ökologische Forderungen. Man könne die Jugend überzeugen, wenn die Abrüstungsverhandlungen erfolgreich seien – „und ich versichere Ihnen, daß wir ernsthaft verhandeln, das sagte ich auch Gromyko, und er hat es nach neuneinhalb Stunden verstanden".¹² Dennoch seien Resultate nicht schnell zu erwarten. Er sei betroffen über die Sorge der Sowjetunion, dem Westen gehe es nur darum, einige mobile Systeme neu zu lozieren. H[aig] betont, man betrachte die europäische Sicherheit nicht als von der eigenen unterschieden, es sei ein einheitliches Paket, deshalb liege den USA auch [an] Konsultationen. Allerdings brauche es Zeit, bis man die Position des anderen sieht.

Man fühle, und das decke sich mit seinen NATO-Erfahrungen, daß die Russen nicht so schnell bereit seien, sich an den Tisch zu setzen. Seit Dezember 1979 habe man sie darum gebeten, er hoffe, man werde den Russen klarmachen können, was die Alternative sei: es gehe nicht um Fragen der Überlegenheit, sondern um das Gleichgewicht. Er betont, daß er dies klarmachen müsse, weil er wisse, daß es in seiner, B[randt]s, Partei besonders diskutiert werde. Man gehe ernsthaft an die Gespräche [heran] und in der Erwartung, Erfolge zu erzielen. Diese Gespräche involvierten vitale europäische Interessen.

B[randt] gibt auf Bitte von H[aig] eine Bewertung der polnischen Situation. Seit Anfang des Jahres glaube er, die Zeit komme, zu der die polnische Armee in die Verantwortung gezogen wird. Die Bevölkerung wolle zunehmend mehr Ordnung. Sie müßten auf den Nationalismus setzen. Er wisse nicht, wieweit das möglich sei, ohne die russische Sympathie zu verlieren. Nach seinen Gesprächen mit Breschnew¹³ habe er nicht den Eindruck, daß eine Intervention drohe. Insbesondere Jaruzelski habe dessen Vertrauen. Das Problem sei, da die Partei ein Vakuum gelassen habe, das Solidarność¹⁴ nicht füllen könne, komme die Armee. Mit Walesa habe man ein be-

sonderes Problem: einerseits wolle man ihn nicht entmutigen, ihm
andererseits aber deutlich machen, wo Grenzen sind.

H[aig] betont, auch er sei der Überzeugung, es gebe ein Blutbad
im Falle einer Intervention, die Situation sei „immanagable".
[...]¹⁵
‹Rosen›¹⁶


**Nr. 70**
**Aus dem Schreiben des Vorsitzenden der SPD, Brandt, an den Historiker Geiss**
**23. Dezember 1981**¹

*AdsD, WBA, A 11.4, 171.*


Lieber Imanuel Geiss,
vermutlich sind wir in der Einschätzung dessen, was in Polen vor sich geht², gar nicht so weit voneinander entfernt.³ Unterschiedliche Meinungen haben wir aber offensichtlich weiterhin über das, was wir von hier aus tun können, um den Menschen in Polen zu helfen. Ich bleibe dabei, daß es besser ist, auf starke Worte zu verzichten, als Hoffnungen zu wecken, für die es keine inhaltliche Deckung gibt.

Ich habe in meinem Leben die Erfahrung gemacht, daß es Situationen gibt, in denen man auf eine inhaltsleere Demonstration verzichten muß, auch wenn man sich damit Mißverständnissen aussetzt. Im übrigen habe ich es immer als ein Grundelement der Ostpolitik verstanden, daß man zur Kenntnis nimmt, wie die Wirklichkeit aussieht, damit man durch mehr als die Demonstration guter Gesinnung auf sie einwirken kann.
[...]⁴
Mit freundlichen Grüßen
‹Willy Brandt›⁵

Nr. 71
**Schreiben des Vorsitzenden der SPD, Brandt, an den Vorsitzenden des Militärrates der VR Polen, Jaruzelski**
**14. Januar 1982**[1]

AdsD, WBA, A 9, 11.

Sehr geehrter Herr Vorsitzender,
für Ihr Schreiben, das mich am 11. Januar erreichte, möchte ich Ihnen danken. Ich weiß es zu schätzen, daß Sie mir in dieser schwierigen Zeit Ihre Einschätzung der Vorgänge in Polen haben zukommen lassen und darauf hingewiesen haben, welche Ziele Sie mit Ihrem Handeln verfolgen.

Es bedarf nicht vieler Worte, um festzustellen, daß die aktuelle Entwicklung in Ihrem Land[2] viele Menschen bei uns umtreibt und das Klima in den internationalen Beziehungen belastet. Die deutschen Sozialdemokraten und die von ihr getragene Bundesregierung haben sich in den vergangenen Wochen, wie Sie wissen werden, um eine ausgewogene, Zuspitzungen vermeidende Haltung bemüht. Wir haben damit, im eigenen Land und vor allem bei einigen unserer wichtigen Verbündeten, nicht nur Zustimmung gefunden.[3] Wir sind dennoch entschlossen, an dieser Position festzuhalten, soweit die objektiven Umstände uns dies erlauben. Wir haben den besonderen Charakter der Beziehungen zwischen unseren beiden Ländern nicht vergessen. Zugleich ist es notwendig, daß wir unser Verhalten mit unseren westlichen Partnern abstimmen.

Für die SPD – und dies gilt auch für die Sozialistische Internationale[4] – ist jetzt vorrangig, daß die seit Ausrufung des Ausnahmezustandes in Ihrem Land Internierten freigelassen werden, die Gewerkschaft Solidarität[5] ihre Arbeit wieder aufnehmen kann und das Kriegsrecht aufgehoben wird. Systematische Verletzungen von Menschen- und Gewerkschaftsrechten, wo immer sie auf der Welt geschehen, können uns nicht gleichgültig lassen. Wir wünschen auch dringlich, daß in Polen der nationale Dialog zwischen den politisch Verantwortlichen, den Vertretern von Solidarität und der Katholischen Kirche wieder aufgenommen wird.

Führende Vertreter der Sozialistischen Internationale haben am 29. Dezember in Paris an alle Verantwortlichen appelliert, die Krise in Polen nicht als Vorwand zu benutzen, um in den Bemühungen für Entspannung und Abrüstung nachzulassen.[6] Wir beobachten mit großer Sorge, daß die aktuellen Geschehnisse erhebliche Risiken bergen für die Fortführung jener Politik der Entspannung und Zusammenarbeit, die zumal für unsere beiden Nationen von so zentraler Bedeutung ist. Ohne Zweifel liegt hier eine zusätzliche, große Verantwortung auf Ihren Schultern.

Unsere Verbundenheit gilt dem ganzen polnischen Volk, dessen Wohlergehen und Zukunft in Europa von größter Bedeutung ist und bleibt. Polen muß seinen eigenen Weg finden, einen Weg, der von den Menschen angenommen wird und den gemeinsam in der Schlußakte von Helsinki festgehaltenen Prinzipien[7] entspricht. Soweit wir dabei praktische Hilfe leisten können, wird es an der Bereitschaft der Verantwortlichen wie der Bürger in meinem Lande gewiß nicht fehlen.

Mit vorzüglicher Hochachtung
‹gez[eichnet] Willy Brandt›[8]

Nr. 72
**Artikel des Vorsitzenden der SPD, Brandt, für *Der Spiegel***
**1. Februar 1982**

*Der Spiegel*, Nr. 5 vom 1. Februar 1982, S. 42f.

Deutscher Patriotismus

> Mein ist die Rede vom Vaterland. Das neide mir keiner.[1]
> Friedrich Hölderlin

Diese Zeilen Hölderlins sind knapp einhundertachtzig Jahre alt. Mit Trotz und Hoffnung halten sie eine Idee fest, auf deren Verwirklichung nicht zu rechnen war: die Idee des geeinten deutschen Vaterlands. Hölderlin hoffte auf eine Befreiungsbewegung, die das feudalistisch zersplitterte Deutschland zu einer staatlich geformten Nation zusammenfügen würde.

Manche in unserem Lande, vor allem unter den Jüngeren, berufen sich auf das geschichtliche Beispiel oder fragen unabhängig davon nach Wegen, die neu zu deutscher Einheit führen könnten.[2] Auch sie wollen sich die Rede vom Vaterland nicht neiden, will sagen: die Idee und die Hoffnung nicht entwinden lassen.

Ist das verständlich und berechtigt? Ist es „zulässig" nach allem, womit Deutschland seine Nachbarn und die Welt belastete? Manchmal will es scheinen, dies würde durch eben jene bestritten, die den Vereinigungs-Auftrag aus der Präambel der Grundgesetzes gepachtet haben möchten. Doch könnte es sein, daß wir von diesem Ausgangspunkt auf eine falsche Spur gelangen. Denn für viele, die sich neu zu Wort melden, steht offensichtlich nicht die nationale Einheit als solche, sondern das gemeinsame Interesse am Leben (und Überleben) des eigenen Volkes an der Spitze ihrer Forderungen. Und die Lebensinteressen eines Volkes sind nicht notwendigerweise daraus abzuleiten, ob es in staatlicher Einheit organisiert ist.

Es hat nach Hölderlin ein geeintes Deutschland gegeben – das eher willkürlich zusammengeschnittene „kleindeutsche" Kaiserreich, das Europa gegen sich aufbrachte und den Ersten Weltkrieg entscheidend mitverschuldet hat.³ Und dann jenes geeinte Deutschland, das in der Weimarer Zeit den überfälligen Reifeprozeß der Demokratie nicht bestand und im verbrecherischen Wahnsinn der NS-Herrschaft unterging.⁴ Kaum eine Verblendung, kaum eine Untat, die nicht im Namen von Nation und Vaterland begangen worden wäre. Nichts, woran einfach hätte angeknüpft werden können. Der radikale Bruch mit der jüngsten Vergangenheit war geboten.

Indes: Gab und gibt es nicht einen Patriotismus, der von allen nationalistischen Verirrungen immer frei war? Gibt es nicht jene Lebensinteressen, die eben darum legitim sind, weil sie mit Überlegenheits- oder Machtstreben nichts zu tun haben? Und wozu gebietet das Grundgesetz, die nationale Einheit in Freiheit und Selbstbestimmung zu vollenden?⁵

Wie dieses „Vollenden" vor sich gehen sollte, wurde aus guten Gründen offengelassen.

Fragen nach dem nationalen Interesse werden wieder lauter gestellt; wie man im Ausland darauf reagiert, läßt die Dünne des Eises ermessen, auf dem sich deutsche Politik immer noch bewegt. Von „German nationalism" ist in anglo-amerikanischen Zeitungen mehr zu lesen als von „deutschem Patriotismus" in deutschen. In französischen Blättern wird über deutschen Patriotismus spekuliert, dem man zutraut, im Zusammenspiel mit den Russen die gefürchtete „réunification" bewirken zu können.

Was wohl dahintersteckt, wenn die Deutschen – wie im Falle Polen – nicht jede Art von Maulheldentum mitmachen und sich nicht mehr allzu sehr durch Maßnahmen beeindrucken lassen, die keine sind?⁶ Was wohl den Deutschen einfällt, wenn sie an dem Sinn militärischer Installationen zweifeln, die sie noch mehr zum Schießplatz der Weltmächte machen würden? Es erscheint zunächst grotesk: Für gefährlich hält mancher ausländische Kritiker nun, wenn Deutsche nicht mehr für Aggression und Übermacht, sondern für Frieden und Abrüstung demonstrieren. Als habe sich auf deutschem Boden nicht Schrecklicheres abgespielt als eben dies.

Die Reaktionen zeigen: Das Thema ist heikel. Denn da geht es ja nicht nur um trockene Eigeninteressen oder um die zu Unrecht angezweifelte Bündnistreue der Deutschen. Da geht es auch um ein tiefsitzendes Mißtrauen – in Ost und West – gegen jenes Deutschland, das zweimal in einer Jahrhunderthälfte Europa mit Krieg überzogen hat; das erst nach Teilung, Besetzung und doppelseitiger Eingliederung in die einander gegenüberstehenden Bündnissysteme halbwegs hantierbar erscheint; und das, nachdem es zu erheblicher Wirtschaftskraft gefunden hat, zwiefach einen eigenen politischen Weg gehen könnte. Auch diese Ängste gehören zur Wirklichkeit unserer Existenz in Europa.

Umgekehrt entsinne ich mich der Warnung von Günter Grass aus dem vorigen Jahr, am Ort des Begriffs der Nation kein Vakuum zu lassen. Er fürchtete, daß bei der jungen Generation eine Bereitschaft da ist, dann „irgendein Angebot irrationaler Art aufzugreifen und für sich zum Instrument zu machen. Dann läge das Versagen bei denjenigen, die aus einer total berechtigten Scheu vor den großen Worten das Thema zu lange ausgespart haben". Aus der Scheu, „mißverstanden zu werden, sei es vom anderen Staat, sei es von unseren Verbündeten im Westen, sei es von wem auch immer".[7]

Vorsichten, Rücksichten, Einsichten. Was also kann, darf, soll Patriotismus in Deutschland heute bedeuten?

Auch wenn es manchen Jüngeren nicht geläufig sein mag: Ich stelle mir diese Frage nicht erst jetzt, auch nicht zum erstenmal seit den Ostverträgen. Man lese nach, was 1970 in Moskau, in Warschau und in den westlichen Hauptstädten von uns gesagt wurde.[8] Im Bericht zur Lage der Nation 1970 habe ich ausgeführt: „Patriotismus verlangt die Erkenntnis dessen, was ist, und den Versuch, immer wieder herauszufinden, was möglich ist. Er verlangt den Mut zum Erkennen der Wirklichkeit. Dies ist nicht gleichbedeutend damit, daß man diese Wirklichkeit als wünschenswert ansieht, oder daß man auf die Hoffnung verzichtet, sie ließe sich im Laufe längerer Zeiträume ändern. Aber die Aufrichtigkeit, ohne die keine Politik auf Dauer mehr geführt werden kann, verpflichtet uns, keine Forderungen zu erheben, deren Erfüllung in den Bereich der illusionären

Wunschvorstellungen gehört."[9] Hieran möchte ich festhalten. Wir dürfen nicht vergessen, daß kaum eine Politik gefährlicher ist als eine, die sich an Illusionen hängt.

Ostpolitik und Abbau der Spannungen in Europa wären weder sinnvoll noch überhaupt möglich gewesen, wenn wir nicht von jenen Realitäten hätten ausgehen wollen, die der Hitlerkrieg geschaffen hatte. Denn es gibt kein deutsches Interesse, das über dem Frieden stünde, und um den Frieden zu sichern, muß man Spannungen abbauen. Konkret meine ich vor allem zweierlei.

Erstens: Es gibt keinen deutschen Sonderweg aus den Blöcken heraus und in die Neutralität hinein. Beide Weltmächte (und die meisten deutschen Politiker mit ihnen) waren sich einig, daß eine österreichische Lösung für Deutschland nicht in Betracht käme.[10] Sollte es je einen Sonderzug gegeben haben, so ist er in den fünfziger Jahren abgefahren. Wer heute die militärpolitische Einbettung der beiden deutschen Staaten gegen den Willen der Weltmächte revidieren wollte, würde Illusionen nähren und den Frieden gefährden.

Die deutschen Staaten können, so wie die Dinge liegen, aus ihren Bündnisverpflichtungen nicht aussteigen. Allein der Gedanke, daß man es in der Mitte Europas mit einem Vakuum zu tun haben könnte, ist geeignet, ein Gefühl tiefer Verunsicherung zu erzeugen.

Chancen für eine andere, bessere Ordnung der deutschen Dinge ergeben sich nicht durch den Ausbruch aus den Allianzen, sondern dadurch, daß man auf deren künftige Entwicklung Einfluß nimmt. Das gilt für die Rüstungen, die uns Deutsche erst spät und lange nicht stark genug beunruhigt haben. Das gilt für das Verhältnis zwischen den Teilen Europas. Denn nur insoweit dieses sich wandelt, werden sich auch noch Möglichkeiten für uns Deutsche eröffnen.

Patriotismus in allen Ehren. Er hat gerade auch in der einst als „international" verschrieenen Arbeiterbewegung seine solide Verankerung. Von August Bebel stammt das Wort vom „Vaterland der Liebe und Gerechtigkeit"[11], das es zu erringen gelte. Auf die andere Seite derselben Sache habe ich vor Jahr und Tag, auch als Bundeskanzler, in aller Offenheit hingewiesen: ein guter Deutscher darf kein

Nationalist sein.¹² Außenpolitisch gerät in die Irre, wer nicht das globale Kräfteverhältnis im Blick behält.

Dies führt im Militärischen zu der Einsicht: Sicherheit gibt es nicht voreinander, sondern nur noch miteinander. Diese Regel gilt auch politisch. Mit dem Satz eines guten Freundes: Einzelne können aussteigen, Völker nicht.¹³

Sprechen wir nicht nur von Machtfragen. Sprechen wir auch von dem Maß an Stabilität, an politischer Kultur, an Zivilisation, das uns die Integration in die westliche Welt, die Aussöhnung mit Frankreich, die Europäische Gemeinschaft mit allen ihren Unzulänglichkeiten und gewiß auch die Partnerschaft mit den USA gebracht haben. Völker können ohne Schaden auch nicht aus der Geschichte aussteigen.

Die allzu pathetischen Klagen, wir seien ein „besetztes" Land, beschreiben die Situation nicht einmal andeutungsweise korrekt. Ich ärgere mich über ausländische Stimmen, die uns in Bausch und Bogen verdammen und böswillig mißverstehen. Doch ich muß die eigenen Landsleute bitten, die Rahmenbedingungen, die für Deutschland und für Europa durch den Krieg gesetzt wurden, nicht zu gering zu veranschlagen. Wir sind im Verständnis der anderen noch immer das Volk, das den Krieg angefangen hat, der dann auf uns so furchtbar zurückschlug.

Gewiß werden eines Tages die Karten neu gemischt werden, doch nicht in jenem Zeitraum, den wir heute zu gestalten haben. Immerhin hat es die Bundesrepublik zu einem Bündnispartner gebracht, der nicht nur gescholten wird, sondern der auch Einfluß hat. Der ein respektierter mittelgroßer Staat geworden ist – nicht mehr, nicht weniger – und der Gewicht hat; wie ja auf seine Weise auch der andere deutsche Staat.

Beide deutschen Staaten wären gut beraten, wenn sie die Vormacht ihrer jeweiligen Bündnissysteme geduldig und klug zur Abrüstung drängten und dabei durchaus nicht unter den Tisch fallen ließen, was ihre eigenen Lebensinteressen ihnen gebieten. Wir Sozialdemokraten zucken ja keineswegs zusammen, wenn man uns vorhält, daß im Godesberger Programm¹⁴ eine atomwaffenfreie Zone in Mitteleuropa, der Abzug fremder Truppen und die Wiedervereinigung geschrieben stehen.

Weshalb sollten wir diese Ziele verleugnen? Doch greifbar können sie nur als Resultate eines langen Prozesses werden, der durch fortschreitende Abrüstung voranzutreiben ist. Peter Bender hat im letzten Jahr ein Buch („Das Ende des ideologischen Zeitalters")[15] geschrieben, das ein Szenario für eine denkbare Reihenfolge einzelner Schritte enthält. Ich habe mir seine Thesen nicht in allen Einzelheiten zu eigen gemacht. Doch ich rühme ihnen nach, daß sie realistisch sind. Sie verbinden politische Phantasie mit der Einsicht, daß der zweite Schritt nur aus dem ersten folgen kann.

Die Blöcke wird nur überwinden können, wer von dem ausgeht, wozu sie geworden sind. Wenn international, zumal zwischen den Großmächten, Abrüstung und Entspannung weit genug gediehen wären, dann könnte nicht nur der Zusammenhalt der Blöcke, dann könnten die Blöcke selber an Gewicht verlieren. Wer die letzten Jahre oder gar nur die letzten Monate überblickt, wird eine entsprechende Tendenz mancherorts vorgeformt finden. Bei aller Bitterkeit, bei aller Solidarität: Warschau 1981[16] ist nicht wie Prag 1968. Daß es gleichwohl einen solchen polnischen Winter gegeben hat, können wir durch große Worte und Gesten nicht aus der Welt schaffen. Vielleicht aber durch ein längerfristiges Bemühen, nicht nur Spannungen, sondern auch Rüstungen abzubauen.

Zweitens: Analog gilt dies auch für die „nationale Frage", wenn damit gemeint ist, daß die Deutschen darüber werden entscheiden können müssen, ob und wie sie anders miteinander leben wollen, als es sich nach 1945 im Zeichen des Kalten Krieges herausgebildet hat. Eine Überwindung der Teilung wird nur möglich sein, wenn man die neuen Gegebenheiten zur Kenntnis nimmt und sich nicht vornimmt, die Zukunft über den Leisten der Vergangenheit zu schlagen.

Ich werde oft gefragt, ob diejenigen, die sich als deutsche Friedensbewegung[17] empfinden, nicht eigentlich Repräsentanten einer nationalen Bewegung seien. Das ist schon deshalb schwer zu sagen, weil sich viel Unterschiedliches in dieser „Bewegung" zusammenfindet. Sicher aber ist eines: Die Bemühung um Frieden, Entspannung und Abrüstung wird nicht erleichtert, wenn man sie mit der deutschen Frage verquickt.

Es ist nicht leicht, dies gegenwärtig unbefangen zu formulieren, doch muß wahr bleiben, was wahr ist: Beide deutsche Staaten stehen in der Pflicht, ihr Teil zu tun, um zu Entspannung und Abrüstung beizutragen. Vielleicht finden sie dabei auch Gemeinsamkeiten. Aber die nationale, staatliche Einheit kommt nicht sozusagen nebenbei noch heraus. Ein neues Verhältnis zwischen beiden deutschen Staaten, vielleicht sogar einmal ein gemeinsames Dach: Dies kann nur der hundert-erste Schritt eines Prozesses sein, in dem hundert andere Schritte der Vertrauensbildung in Europa vorausgegangen sein müssen. Wer heute unvermittelt nach deutscher Einheit ruft, ohne etwa angeben zu können, welche Rolle die bestehenden Staaten in Deutschland in einem solchen Konzept spielen sollen, der mindert die Chancen Europas. Es ist eine gefährliche Vorstellung, Deutschland gegen Europa organisieren zu wollen.

Man muß wissen, worüber wir allein entscheiden können und worüber nicht. Ich bin überzeugt davon, daß man die nationale Frage – als die Frage, welchen Weg das deutsche Volk in seinen zwei Staaten oder auch über sie hinaus gehen soll – weder verleugnen noch abwürgen kann. Daß junge Menschen unsere abgeschliffenen Antworten nicht einfach übernehmen mögen, finde ich verständlich. Aber patriotisch sein in Deutschland heißt heute zunächst: die Gemeinsamkeiten in unserem Volk zu wahren und auf unsere besondere Verantwortung für den Frieden in Europa bedacht zu sein. Und zwar mit der DDR, wo immer dies möglich ist.

Eine solche Haltung erst, die von den Realitäten ausgeht, den anderen als gleichwertig anerkennt und Überlegenheitsansprüche gar nicht erst aufkommen läßt, macht glaubwürdig, was zu Patriotismus gehört: sich zur Verantwortung des eigenen Volkes bekennen, während man zugleich auf seine Lebensinteressen pocht. Verantwortung: Dies bedeutet, den Satz, daß von deutschem Boden nie wieder Krieg ausgehen darf[18], nicht zur Phrase verkommen zu lassen. Beide deutsche Staaten sind hierzu im Wort. Lebensinteressen: Dazu gehört der Versuch, abzuwenden, daß in Deutschland immer mehr nukleare Vernichtungswaffen stationiert werden und Deutschland noch mehr zum Zielgebiet möglicher Vernichtungsschläge wird.

Dies ist patriotische Pflicht; sie enthebt niemanden dem Zwang, über die Gesamtbedingungen friedenssichernder Politik in Europa nachzudenken und Fehlschlüsse, aus denen Kurzschlüsse werden könnten, zu vermeiden.

Die „Rede vom Vaterland": Wir haben sie nicht zu scheuen, wenn wir sie nur vom Rausch fernhalten, der sie wiederholt so schwer diskreditiert hat. Wenn wir statt dessen deutsche Partnerschaft für den Frieden und ein europäisches Europa im Auge haben. Wenn wir sie von Illusionen fernhalten und statt dessen Patriotismus als „heilige Nüchternheit"[19] begreifen, um Hölderlin noch einmal zu zitieren.


Nr. 73
**Interview des Vorsitzenden der SPD, Brandt, für *Die Zeit***
**5. Februar 1982**

*Die Zeit, Nr. 6 vom 5. Februar 1982, S. 3.*

Entspannungspolitik ohne Kaltschnäuzigkeit

*ZEIT:* Herr Brandt, Sie haben die Befürchtung geäußert, Bonn werde zu einer Revision seiner Außenpolitik gezwungen werden, wenn sich die Lage in Polen nicht bessere.[1] Ist nicht längst schon ein schmerzhafter Prozeß der Überprüfung im Gange, schwindet nicht der Spielraum für deutsche Entspannungspolitik schon seit Jahren?
*Brandt:* Wenn ich es recht sehe, haben wir in der letzten Zeit Verständigungsschwierigkeiten mit den Franzosen und Amerikanern gehabt, aber aus unterschiedlichen Gründen.[2] Für die Allianz kommt

es ganz entscheidend darauf an, herauszufinden, ob die Vereinigten Staaten weiterhin auf dem Boden der vor fünfzehn Jahren gemeinsam entwickelten Politik stehenbleiben wollen oder nicht. Das ist für mich noch nicht klar; da gibt es widersprüchliche Äußerungen. Wenn ich sage „vor fünfzehn Jahren", dann meine ich natürlich den Harmel-Bericht von 1967 *(Pierre Harmel war damals belgischer Außenminister. D[ie] Z[eit])*. Damals haben wir in der Allianz gesagt, daß erst Verteidigung und Entspannung zusammengenommen die Sicherheitspolitik des Bündnisses ergeben.[3]

ZEIT: Seither hat sich viel verändert.

*Brandt:* Wenn wir uns die fünfzehn Jahre vor Augen führen, so ist es natürlich auf beiden Gebieten nicht ohne Änderungen abgegangen. Bei der Verteidigung schon deswegen nicht, weil auf beiden Seiten neue Waffen mit ins Spiel gekommen sind; bei der Entspannung deswegen, weil der deutsche Beitrag, aber auch der amerikanische damals noch gar nicht Gestalt angenommen hatte. Beide Elemente haben sich gewandelt. Aber die Konzeption, daß beides zusammengehört, sollte, glaube ich, gültig bleiben.

ZEIT: Die Amerikaner rücken von der Nato ab?

*Brandt:* Ich habe von widersprüchlichen Äußerungen geredet. Man findet bei ziemlich hochgestellten Leuten in Washington die Vorstellung, eigentlich mache man den Russen ein Geschenk, wenn man sich mit ihnen auf Rüstungskontrollgespräche einlasse. Das ist nicht die Auffassung, von der das Bündnis ausgegangen war. Das Bündnis war der Meinung, es liege im gemeinsamen Interesse, sich an Gespräche über Rüstungsbegrenzung und, wenn man Glück hat, über Abrüstung heranzuarbeiten. Dies ist wohl die Kernfrage. Für den Fall, daß das nicht gelänge, wäre in der Tat eine Überprüfung der Außenpolitik angezeigt.

ZEIT: Tatsächlich sind in Amerika die Stimmen lauter geworden, die der Bundesrepublik raten, sie sollte endlich aufhören, den Chimären der Entspannung nachzujagen.[4] Diese Stimmung wirkt bis in das deutsche Auswärtige Amt hinein, wo in einem Papier des Planungsstabs davon die Rede ist, daß der Kern der westlichen Politik darin besteht, *„to manage the decline of Soviet empire"*[5] – den Niedergang des

Sowjetimperiums zu steuern. Ist bei einer solchen Zielsetzung Entspannungspolitik überhaupt noch möglich?
*Brandt:* Daß man sich zumal in Planungsabteilungen der Auswärtigen Ämter Gedanken macht, auch Pfade verfolgt, die nicht ausgetreten sind, das muß wohl so sein. Aber die deutsche Politik würde sich meiner Meinung nach erheblich übernehmen und an einem falschen Punkt landen, wenn sie das, was mit „*to manage the decline of Soviet empire*" umschrieben wird, als Überschrift erhielte. Damit will ich nicht in Abrede stellen, daß sich der sowjetische Machtbereich aus vielerlei Gründen – dazu gehört der ideologische Niedergang, dazu gehören wirtschaftliche Schwierigkeiten, die noch größer sind als die in der westlichen Welt – in einer Krise befindet.
*ZEIT:* Und welche Schlußfolgerungen ergeben sich daraus?
*Brandt:* Daraus ergibt sich zunächst einmal, daß manche übersteigerten Befürchtungen im militärischen Bereich eher mit einem Fragezeichen zu versehen sind. Ich will es an einem Beispiel deutlich machen: In den Berechnungen, von denen wir bei der Gegenüberstellung der Kräfte des Warschauer Pakts und des Atlantischen Bündnisses ausgehen, ist Polen mit soundso viel Divisionen angesetzt.[6] Man kann füglich bezweifeln, ob wir uns in einer Situation befinden, in der uns von diesen polnischen Divisionen akute Gefahr droht. Aber ich sehe nicht, was sich vernünftigerweise aus der Krise ableiten läßt, um eine andere Politik zu befürworten als die, ohne Illusionen nachzujagen, sich weiter darum zu bemühen, die Rüstungen zu begrenzen und sachliche Zusammenarbeit zu organisieren. Das war ja der Inhalt dessen, was wir Entspannungspolitik genannt haben.
*ZEIT:* Unterstellt, Ihre Besorgnisse wegen Änderungen in der amerikanischen Politik würden sich als begründet erweisen: Dann käme auf unseren Staat die Aufgabe zu, als letzter die Fahne der Entspannungspolitik hochzuhalten. Übernimmt sich die Bundesrepublik dann nicht damit, wird sie nicht isoliert?
*Brandt:* Ich sehe das nicht. Außerdem ist ja das Bündnis nicht so organisiert, daß die Neuformulierung einer amerikanischen Politik automatische Wirkungen für die Bündnispartner hätte. Im Bündnis ist

die Bundesrepublik ein gewichtiger Partner, und sie ist unter den Partnern der Allianz keineswegs allein. In der Allianz muß über die Anpassung einer vereinbarten Politik sicherlich von Zeit zu Zeit gesprochen werden. Aber ich sehe nicht eine Situation, in der wir es plötzlich mit den Vereinigten Staaten plus den anderen Verbündeten auf der einen Seite und uns in einer Einzelposition auf der anderen Seite zu tun hätten.

ZEIT: Immerhin gibt es ja nicht nur Verständigungsschwierigkeiten mit den USA. Auch die ersten Reaktionen in Frankreich auf die Entwicklung in Polen waren von unseren sehr verschieden.

*Brandt:* Beim Urteil über das Auseinanderdriften von Reaktionen, zumal von gefühlsmäßigen Reaktionen auf das polnische Geschehen, sollte man vorsichtig sein. Da sieht plötzlich manches anders aus. Nicht mehr die Deutschen trifft der Tadel, sondern die französische Regierung steht jetzt im Mittelpunkt der Kritik, weil sie das Erdgasgeschäft (*mit der Sowjetunion – D[ie] Z[eit]*) abgeschlossen hat.[7]

Diese Reaktionen haben aber meines Erachtens viel mehr mit europäischer Geschichte als mit der Politik des Bündnisses zu tun. Es ist ja kein Zufall, daß ein Deutscher zurückhaltender ist und wohl auch sein muß als andere, wenn von Lagern in Polen die Rede ist.[8] Denn wenn er davon spräche, würde er sofort die Frage herausfordern, was es sonst schon an Lagern in Polen gegeben hat. Diese Befangenheit, diese aus der Vergangenheit herrührende besondere Betroffenheit ist für die Franzosen kein Problem.

ZEIT: Es gibt ja nicht nur Äußerungen von Polen, in denen den Bonner Entspannungspolitikern moralische Kapitulation vorgeworfen wird.[9] Dieser Vorwurf wird auch von Linken im Westen erhoben. Ein Beispiel unter vielen: André Gorz[10], einer der Wortführer der Neuen Linken in Frankreich, spricht von einer deutschen Bereitschaft zum Despotismus, die sich jetzt in der Form der Realpolitik äußere, von einer Politik, die darauf hinauslaufe, es mit der Sowjetunion nicht zu verderben.

*Brandt:* Ich glaube, hier liegt ein fundamentales Mißverständnis vor. Zunächst einmal: wenn es irgendwo Illusionen gegeben hat, dann wohl in Verbindung mit dem Helsinki-Prozeß.[11] Da ließ man tüchtige

Beamte so lange zusammensitzen, bis sie eine hinreichende Summe an Formelkompromissen zustande gebracht hatten, die einige zu dem Gedanken verleiteten, man könnte den Kommunismus mit Hilfe der Helsinki-Schlußakte (*1975 auf der Konferenz für Sicherheit und Zusammenarbeit in Europa – D[ie] Z[eit]*) wegtexten.[12] Das wäre eine Illusion.

Das schließt natürlich nicht aus, daß man sich auf Helsinki beruft. Wir, die wir auf deutscher Seite die Entspannungspolitik entwickelt haben, haben sie doch nie als eine Politik der Kaltschnäuzigkeit verstanden, die besagt: Jetzt arrangieren wir uns. Und der Preis dafür, daß es uns ein bißchen besser geht, ist, daß andere gefälligst in der Ordnung bleiben, in der sie sind. Wir sind vielmehr ausgegangen von der Hinnahme der Grenzen in Europa, wir sind ausgegangen von der Existenz nicht miteinander zu vereinbarender politischer Ordnungen – aber doch ohne uns zur Geschichtslosigkeit zu verpflichten. Wir wußten doch, daß die Geschichte weder im Westen noch im Osten stillsteht.

Man hat sich verständigt über Regeln der Zusammenarbeit zwischen Staaten. Man hat sich nicht darüber verständigt, wie Prozesse in den jeweiligen Gesellschaften und Staaten sich entwickeln. Unsere Politik ist in meiner Vorstellung immer damit verbunden gewesen, daß sie natürlich nicht dem im Wege stehen darf, daß Menschen mehr Freiheit in Anspruch nehmen können, sie mehr Menschenrechte erringen können.

*ZEIT:* War nicht eine Bedingung dieser Politik, daß man auf unnötige ideologische Schlachten verzichtet, um praktische Ergebnisse zu erreichen? Nun aber sagt André Gorz[13], gerade diese ideologischen Schlachten seien für das Selbstverständnis der Sozialisten notwendig: für ihre Identität, die Glaubwürdigkeit ihrer Mission, den Unterdrückten überall zu helfen. Hat die Sprachlosigkeit mancher Linken nach Polen nicht doch damit zu tun, daß sie sich zu sehr an die Realpolitik, an den Status quo gewöhnt haben.

*Brandt:* Ich kann nicht sehen, wo die Sozialdemokraten je die ideologische Auseinandersetzung aufgegeben hätten. Wir haben sie vielleicht nicht immer klar genug geführt, aber wir haben doch genau gesagt, daß wir nicht die eigene Position aufgeben, daß wir keinen Mischmasch wollen. Wir sind also davon ausgegangen, daß das Ringen um die besten Antworten auf die Frage der Menschen – wie sie leben, wie sie zusammenleben wollen – weitergeführt werden muß. Ich kann aber auch nicht erkennen, wie eine Politik der Konfrontation für die Freiheit der Menschen in Osteuropa bessere Ergebnisse bringen könnte.

*ZEIT:* Die Friedenssicherung und eine Politik, die auf Wandel setzt, stehen sich nicht im Wege?

*Brandt:* Unsere Politik bestand doch darin, den Frieden zu sichern, um dadurch auch Entwicklungen in Osteuropa möglich zu machen und Verkrustungen aufzubrechen. Ohne Entspannungspolitik hätte *Solidarnosc*[14] in dieser Form kaum entstehen und wirken können. Ich sehe nicht, wie man – gestützt auf militärische Macht – die Lage in den osteuropäischen Ländern ändern wollte. Die Frage ist doch wohl: Wie kann der Hegemonialmacht gegenüber die Lage als militärisch nicht gefährdet erscheinen und gleichwohl sich ein Wandel vollziehen, der dem Wunsch und dem Willen der Völker entspricht? Da allerdings haben die Russen, glaube ich, noch eine Menge zu lernen; sie haben noch nicht begriffen, daß sie es auch leichter haben könnten.

*ZEIT:* Welche Möglichkeiten gibt es, über die Grenze der Interessensphären hinaus auf Polen einzuwirken, damit dort eine Entwicklung, die ja auch von Ihnen gewünscht wird, eintritt? Proteste? Sanktionen?

*Brandt:* Proteste können ihren Sinn haben. Sie können auch deutlich machen, daß sich aus unserer Sicht Kriegsrecht und Friedenspolitik nicht miteinander vertragen. Aber sie dürfen nicht dazu führen, daß man blind wird für die schwierigen Probleme, mit denen wir es im Verhältnis zwischen Ost und West zu tun haben.

*ZEIT:* Sanktionen?

*Brandt:* Vielleicht bin ich dafür ein besonders ungeeigneter Gesprächspartner, weil ich relativ alt bin und seit meiner Jugend verfolgt habe, wie immer wieder Wirtschaftssanktionen vorgeschlagen worden sind, und ich in keinem einzigen Fall erlebt habe, daß sie etwas politisch Vernünftiges bewirkt haben. Ich kenne keinen Fall, wo dies zu etwas geführt hat.

Ganz abgesehen davon hielte ich sie, auf Polen bezogen, auch nicht für hilfreich. Es könnte ja geradezu als zynisch empfunden werden, wenn man den Polen gegenüber sagte: Dafür, daß andere – in diesem Fall eure eigenen Herrschenden – euch schlecht behandeln, sperren wir jetzt die Lieferung von Lebensmitteln. Ich bin ja deshalb dafür, daß wir uns an Spendenaktionen[15] beteiligen, um Menschen in einer sehr schwierigen Lage zu helfen.

Was die Wirkung von Sanktionen angeht, so bleibe ich skeptisch. Etwas ganz anderes ist es, daß man Erwartungen und Forderungen ausspricht. Insofern war es vernünftig, daß wir – die Regierung, die Koalition, meine Partei – gesagt haben: Wir können es nicht billigen, daß in Polen ein Ausnahmezustand herrscht, „Kriegsrecht".[16] Wir können nicht damit einverstanden sein, daß Leute nicht die Möglichkeit haben, ihre gewerkschaftlichen Rechte wahrzunehmen. Wir erwarten, wir fordern, daß das Kriegsrecht aufgehoben wird, daß die Menschen freikommen.

*ZEIT:* Der Westen hat [die Aufhebung der] Sanktionen von der Veränderung der Verhältnisse in Polen abhängig gemacht. Wird da nicht ein Automatismus der Konfrontation in Gang gesetzt, der auch auf die Abrüstungsverhandlungen in Genf[17] durchschlägt? Denn eine grundlegende Verbesserung der Verhältnisse in Polen scheint auf absehbare Zeit kaum erreichbar, jedenfalls gemessen an den Kriterien des Westens.

*Brandt:* Ich bin nicht überoptimistisch, aber ich würde nicht von vornherein sagen, daß sich in Polen nichts zum Besseren hin bewegen läßt.

Aber unabhängig von dieser Entwicklung: Ich weiß nicht, wie man den Polen dadurch helfen sollte, daß man Abrüstungsverhandlungen abbricht, wie das ja auch von einigen bei uns in der Bundesrepublik gefordert worden ist.[18] Diese Forderung ist von den Amerikanern nicht aufgegriffen worden, sondern sie haben entschieden, daß weiter gesprochen und verhandelt wird – wohl doch auch aus der Erkenntnis heraus, daß man hier nicht den Russen irgendein Entgegenkommen zeigt, sondern daß die Verhandlungen beide Seiten in hohem Maße interessieren müssen.

ZEIT: Die *Salt-* oder, wie Reagan sagt, die *Start-*Verhandlungen[19] zur Beschränkung strategischer Waffen sind aber vertagt worden. Und selbst die Äußerungen des amerikanischen Außenministers Haig zu der Frage, in welchem Maß die polnische Entwicklung die Gespräche in Genf beeinflußt, sind sehr interpretationsfähig.[20]

*Brandt:* Das ändert nichts an meiner Meinung, daß man Polen nicht helfen würde, wenn man Abrüstungsverhandlungen scheitern ließe. Denn das ginge von der falschen Voraussetzung aus, daß es allein die Russen seien, die am Ergebnis von Verhandlungen interessiert sind. Wir sind es auch, und ich glaube, die Amerikaner sind es ebenfalls.

ZEIT: Die Abrüstungsverhandlungen hängen vor allem davon ab, wie die Amerikaner und die Sowjets die Situation einschätzen. Aber auch die Bundesregierung und die SPD sind in die Verantwortung mit einbezogen. Wird die SPD dieser Verantwortung in ihrem Leitantrag zum Münchner Parteitag gerecht?[21] Sie sehen darin eine Unterstützung der Position des Kanzlers, nämlich über den Doppelbeschluß zu positiven Verhandlungsergebnissen zu kommen. Aber ist diese Unterstützung wirklich gegeben, wenn im Antrag die Verhandlungsposition im Vorwege aufgeweicht wird?

*Brandt:* Dies kann ich nicht erkennen. Der Leitantrag, den der SPD-Vorstand für die Diskussion im Vorfeld von München und dann zur Entscheidung in München auf den Weg gebracht hat, enthält ja eine ganze Menge. Die SPD erklärt ihre Meinung zu Sicherheit, Rüstungskontrolle und Abrüstung. Der eine Passus, auf den Sie anspielen, besagt: Wir wollen im Herbst 1983 entscheiden, was sich für uns in bezug auf die etwaige Stationierung neuer Waffen ergibt.[22]

Unser Motiv war, sich an das anzulehnen, was im Brüsseler Beschluß vom Dezember 1979 steht, nämlich, daß die Allianz im Lichte konkreter Verhandlungen über ihren Bedarf entscheidet, also zwischen Null und X.[23] Die SPD will nichts anderes, als im Vorfeld dieser Entscheidung des Bündnisses sagen, was ihrer Meinung nach für diesen Fall unser nationales Interesse gebietet und was sie der Regierung zu raten hat. Man kann ja nicht im Februar 1982 entscheiden wollen, was erst im Herbst 1983 entscheidungsreif ist.

*ZEIT:* Liegt die Wirkung des Doppelbeschlusses nicht darin, daß er einen gewissen Automatismus der Entscheidungen vorsieht? Dieser Automatismus wird aber geschwächt, wenn sich erstens die SPD ihre Entscheidung vorbehält und wenn sie zweitens Moratoriumsüberlegungen einbringt[24], ehe die Verhandlungen zu Ende sind.

*Brandt:* Die SPD hat ja hier nichts Neues erfunden. Wenn es jetzt in dem Beschlußentwurf der SPD heißt, daß es keine Automatik geben darf, dann wird damit wiederholt, was die SPD bereits im Dezember 1979 in Berlin beschlossen hatte.[25] Das hat ja sein eigenes Gewicht. Auch wenn sie auf die Möglichkeit eines Moratoriums hinweist, greift sie auf, was sie dazu auf ihrem letzten Parteitag gesagt hat und was ja ganz einleuchtend ist. Es wäre ja widersinnig für die beiden großen Mächte, wenn sie sich während der Schlußrunde wirklich erfolgversprechender Verhandlungen nicht darauf einigten, daß keine weiteren Waffen auf der einen oder auf der anderen Seite stationiert werden.

*ZEIT:* Ist es denn realistisch – und können sie sich als SPD-Vorsitzender das vorstellen –, daß die SPD 1984 in den Wahlkampf zieht mit der Aussage, jetzt werden hier leider Raketen stationiert?

*Brandt:* Ich gehe nicht davon aus, daß Genf[26] scheitern muß. Mein Ausgangspunkt ist, daß es möglich sein muß, die Sowjetunion zu Maßnahmen zu bewegen, die es überflüssig machen, die neuen Waffen bei uns zu stationieren.

Nr. 74
**Schreiben des Generalsekretärs des ZK der KPdSU, Breschnew,
an den Vorsitzenden der SPD, Brandt
22. Februar 1982**[1]

AdsD, WBA, A 9, 7.

Sehr geehrter Herr Brandt!
Ich möchte nochmals Ihre Aufmerksamkeit auf die Frage lenken, die während des Meinungsaustausches zwischen uns bei unseren Begegnungen im vorigen Jahr in Moskau und in Bonn schon besprochen worden ist.[2] Ich meine damit das Problem der nuklearen Mittelstreckenwaffen in Europa.

Ich sage es offen: der Verlauf der sowjetisch-amerikanischen Verhandlungen über dieses Problem in Genf[3] löst bei uns eine ernste und wachsende Besorgnis aus. Die Position der amerikanischen Seite zeugt keineswegs von der Bereitschaft der USA, die Sache zu einer Vereinbarung führen zu wollen.[4] Ganz im Gegenteil. Sie, Herr Brandt, erinnern sich wohl daran, daß, als wir über die bevorstehenden sowjetisch-amerikanischen Verhandlungen gesprochen haben, so hatten Sie volles Verständnis für unsere Position zum Ausdruck gebracht, daß in diese Verhandlungen nicht nur sowjetische Mittelstreckenraketen, sondern auch amerikanische vorgeschobene Mittel sowie entsprechende nukleare Mittel Englands und Frankreichs einbezogen werden sollten.[5] Und in der Tat schien es so, daß keine andere Möglichkeit in Frage käme.

Inzwischen wollen die Amerikaner vom ersten Verhandlungstag an und bis heute von nichts anderem hören, als von ihrer eigenen „Null"-Option[6], die man nur als Verhöhnung des gesunden Verstandes bezeichnen kann.

Dieser amerikanischen Variante zufolge sollte die Sowjetunion alle ihre Mittelstreckenraketen faktisch auf den Nullpunkt bringen, d.h. verschrotten, während auf der NATO-Seite keine einzige Rakete, kein ‹Flugzeug als Träger›[7] der atomaren Waffe zu vernichten wären. Aber es sind nahezu 1 000, genauer gesagt 986 Einheiten, darunter mehr als 160 ballistische Raketen. Sollten wir uns mit dieser Variante einverstanden erklären, so würde bei der NATO mehr als die zweifache zahlenmäßige Überlegenheit im Bereich der Trägermittel für die nuklearen Mittelstreckenwaffen entstehen und im Bereich der atomaren Geschosse sogar die dreifache.[8] Mit anderen Worten würde das Kräfteverhältnis im Bereich der nuklearen Mittelstreckenwaffen dadurch für die Sowjetunion noch schlechter ausfallen, als bei der Verwirklichung des bekannten NATO-Beschlusses über die „Nachrüstung".[9] Unwillkürlich drängt sich der Gedanke auf, daß die Amerikaner durch eine solche „Null"-Option uns vor die Wahl stellen wollen, „von zwei Übeln das kleinere zu wählen". Das ist aber eine primitive Handlungsweise, die auf keinen Fall von der Ernsthaftigkeit der USA-Verhandlungsführung zeugt.

Im Bestreben, ihre Vorschläge für die Sowjetunion von vornherein unannehmbar zu machen, versteigen sich die Amerikaner zu einer Absurdität: sie bestehen darauf, daß wir auch die Mittelstreckenraketen verschrotten sollen, die im Osten stationiert sind und mit Europa überhaupt nichts zu tun haben.[10]

Für Sie muß die Absurdität solcher Fragestellung zweifellos verständlich sein. Während Ihres Aufenthalts in Moskau hielten Sie selbst den Abzug der für das Gleichgewicht unnötigen sowjetischen Raketen auf die Positionen für wünschenswert, von denen [aus] sie Westeuropa nicht erreichen können.[11]

Nicht weniger absurd ist auch die Verhandlungsposition der USA bezüglich unserer Mittelstreckenraketen im europäischen Teil der UdSSR.

Es ist bekannt, daß sogar diejenigen westeuropäischen Politiker, die den Tatsachen zuwider das Bestehen des annähernden Gleichgewichts im Bereich der Mittelstreckenwaffen in Europa bestreiten, der Meinung sind, daß das Gleichgewicht nur durch die Aufstellung der SS-20 zerstört worden wäre.

Das heißt, daß bei der weit größeren Zahl der SS-4 und SS-5 als heute bei niemandem ein Gedanke von „Ungleichgewicht" entstand. Deshalb fragt sich, wieso von uns jetzt die Vernichtung aller unserer

Mittelstreckenraketen, SS-4, SS-5, SS-20 verlangt wird – und das bei der Beibehaltung des ganzen nuklearen Arsenals der NATO?[12] Gibt es da einen Hauch von Logik? Das hat offensichtlich nichts mit der Logik zu tun.

Und dazu entschieden sich die Amerikaner neulich, noch ein erschwerendes Moment in ihre Verhandlungsposition in Genf einzubringen. Sie bestehen nämlich auf einer Begrenzung für die sowjetischen Raketen, deren Reichweite geringer als [die] mittlere ist.[13] Zusammenfassend haben wir allen Grund zu sagen, daß die Annahme der amerikanischen Vorschläge eine einseitige Abrüstung der Sowjetunion bedeuten würde, was, wie Sie in unserem letzten Gespräch[14] zu Recht bemerkten, niemand von uns fordern könne. Nach Ihren eigenen Worten ist das eine unbestrittene Frage.

All das führt zur Schlußfolgerung, von welcher ich während des jüngsten Treffens mit Ihren Kollegen von der Sozialistischen Internationale[15] gesprochen habe: allem Anschein nach möchte Washington die Verhandlungen in Genf dazu ausnutzen, um die Öffentlichkeit der westeuropäischen Länder, die gegen die gefährlichen militärischen Pläne der USA protestiert, zu beruhigen und dann, wenn die Verhandlungen vorsätzlich in eine Sackgasse geführt worden sind, zu versuchen, die für 1983 geplante Stationierung der fast 600 neuen amerikanischen Mittelstreckenraketen[16] in Westeuropa zu rechtfertigen.

Und hier, Herr Brandt, muß ich folgendes ganz offen sagen: Wir können uns nur wundern, daß die meisten Staatsmänner und Politiker in Westeuropa, darunter auch in der Bundesrepublik, entweder dieses Spiel Washingtons wirklich nicht verstehen oder tun, als ob sie es nicht verstünden. Und einige von Ihnen sogar unverhohlen den Amerikanern in die Hand spielen.

Ich erinnere mich gut an Ihre Worte, daß die sowjetisch-amerikanischen Verhandlungen für die Bundesrepublik lebenswichtig seien und daß die Bundesrepublik zu einem günstigen Verlauf dieser Verhandlungen beitragen würde.[17] Dasselbe sagte mir auch Herr Bundeskanzler Helmut Schmidt. Ich wäre unaufrichtig, wenn ich nicht zugeben würde, daß wir die positive Einwirkung der Bundesrepublik auf die Position der USA nicht empfinden.

Es liegt mir fern, mich in die inneren Angelegenheiten Ihrer Partei einzumischen. Aber wenn die Führung der SPD, wie ich informiert wurde, den Zustand der sowjetisch-amerikanischen Verhandlungen erst auf ihrem Parteitag im Herbst 1983 zu analysieren gedenkt und erst dann ihre Einstellung zu den Plänen der Stationierung der neuen amerikanischen Raketen in der Bundesrepublik definieren will[18], da darf man sich wohl fragen, ob die Führung der SPD nicht vor eine vollendete Tatsache gestellt wird und dann beim besten Willen nicht imstande sein wird, den Lauf der Ereignisse in eine positive Richtung umzukehren. Es ist nun jetzt nicht meine Absicht, Ihnen die sowjetische Position zu den Fragen, die in Genf behandelt werden, noch einmal darzulegen. Wir haben sie Ihnen schon zukommen lassen. Wir haben sie neulich auch öffentlich vorgetragen[19], weil die amerikanische Seite ihre in Genf unterbreiteten Vorschläge veröffentlichte und gleichzeitig unsere Position entstellt präsentierte.

Ich möchte nur eines betonen: wir sind tatsächlich zu ganz radikalen Schritten auf dem Gebiet der Begrenzung der nuklearen Rüstungen in Europa bereit. Das kann eine mehr als dreifache Reduzierung bestehender Nukleararsenale der Mittelstreckenwaffen auf beiden Seiten von 1000 bis auf 300 Einheiten sein. Das kann eine volle Liquidierung solcher Arsenale sein. Das kann eine volle Liquidierung der atomaren Waffen in Europa sein – mittlerer sowie taktischer Reichweite.

Die einzige und, aus unserer Sicht, unumstößliche Bedingung für die Verwirklichung jeder von diesen Varianten ist eine strikte Beachtung des Prinzips der Gleichheit und der gleichen Sicherheit der Seiten.

Da ich sehr wohl weiß, wie Sie der Entspannungs- und Friedenspolitik zugetan sind, bin ich sicher, daß Sie, Herr Brandt, Ihr Verständnis für die Beweggründe aufbringen werden, von denen ich mich leiten lasse, wenn ich Ihre Aufmerksamkeit auf die Lage der Dinge bei den Verhandlungen in Genf lenke.
Hochachtungsvoll
L[eonid] Breschnew

Nr. 75
**Schreiben des Vorsitzenden der SPD, Brandt, an den Generalsekretär des ZK der KPdSU, Breschnew**
**17. März 1982**[1]

*AdsD, WBA, A 9, 7.*

Sehr geehrter Herr Generalsekretär,
zunächst möchte ich Ihnen danken für Ihren Brief vom 22. Februar 1982[2], in dem Sie Ihre Überlegungen und Sorgen zu dem Stand der Verhandlungen in Genf[3] zum Ausdruck bringen. Sie können sicher sein, daß wir diese Verhandlungen mit äußerster Aufmerksamkeit verfolgen.

Der Stand ist ohne Zweifel unbefriedigend. Ich finde es auch nicht gut, wenn durch eine zweimonatige Osterpause[4] der Eindruck entstehen kann, daß die Verhandlungsführenden es so eilig gar nicht haben.

Ich sitze nicht am Verhandlungstisch und bilde also mein Urteil aus dem, was ich von den Beteiligten höre. Dabei brauche ich sicher nicht zu unterstreichen, wie wichtig dafür Ihre Eindrücke sind. Ich halte es daher für hilfreich, wenn bisher bewährte Wege des Gedankenaustausches weiter zur Verfügung stehen.

Lassen Sie mich in gewohnter Offenheit sagen: Die amerikanische Null-Lösung[5] erscheint mir ein Ausgangspunkt für die Verhandlungen, von dem man weiß, daß es dabei nicht bleiben kann. Die Vorschläge der Sowjetunion sind, wie sie bisher vorgelegt wurden, auch umgekehrt nicht annehmbar.

Es ist kein Zweifel, daß der sowjetische Vorschlag einer Null-Lösung[6] heute nicht erreichbar ist; wie ich höre, wird er in Genf auch gar nicht ernsthaft behandelt. Man konzentriert sich auf den Stufenplan, den ich, aus deutschem Interesse, nicht für gut halte.[7]

600 Systeme auf beiden Seiten würden jedenfalls zum Beispiel bedeuten, daß amerikanische Raketen hier stationiert werden müssen. Die Amerikaner sind frei, veraltete Flugzeug-Systeme durch neue

Raketen-Systeme zu ersetzen. Daß dies die Sowjetunion vorschlägt, muß verwundern, weil sie damit selbst im Prinzip die Möglichkeit eröffnet, mit ihrer Zustimmung eine Situation zu schaffen, die sie sonst als eine grundsätzliche Veränderung der strategischen Lage zu ihrem Nachteil bezeichnet. Sie wissen, daß ich nie zu denen gehört habe, die Angst haben, wenn sich die beiden Supermächte verständigen, denn eine Verständigung der beiden mächtigsten Staaten bedeutet Entspannung. Jede Verständigung ist besser als keine. Aber was Raketen angeht, so halte ich es doch für wünschenswert, daß dies nicht auf unsere Kosten geschieht. Dafür werden Sie sicher Verständnis haben.

Nach meinem Eindruck befinden sich die Verhandlungen im Anfangsstadium. Ich halte es für denkbar, daß sie erst dann in eine ernste Phase kommen, wenn die amerikanischen Vorstellungen zur Reduktion der interkontinentalen Waffen und zu den Verhandlungen in Wien[8] genau bekannt werden, womit durch eine Rede des amerikanischen Präsidenten im Mai zu rechnen ist.[9]

Die Position, die Sie, Herr Generalsekretär, in Ihrer Rede vor dem Gewerkschaftskongreß in dieser Frage eingenommen haben[10], halte ich für hilfreich, auch wenn wir nicht ermessen können, ob die Sowjetunion nicht ihr Produktionsziel bei den SS 20 schon erreicht hat. Ihre einseitige Entscheidung kann jedenfalls eine Stabilisierung der Lage bedeuten und damit die Verhandlungen erleichtern, so lange die Amerikaner technisch nicht in der Lage sind, ihre Raketen zu stationieren, was, wie Sie wissen, sechs Jahre, also bis 1989, brauchen würde. Deshalb wird die Frage eines vereinbarten Moratoriums[11] im Herbst 1983 wichtig, falls die Verhandlungen bis dahin noch nicht zu einem Ergebnis gekommen sind.

Wir haben ein wichtiges Jahr vor uns, das Kraft und gute Nerven erfordert, bei Ihnen wie bei uns, damit die Entwicklung berechenbar bleibt und zum Guten gewendet werden kann. Ich hoffe, daß das zwischen uns gewachsene Vertrauen dabei hilft.
Mit freundlichem Gruß
‹Willy Brandt›[12]

Nr. 76
**Aus dem Interview des Vorsitzenden der SPD, Brandt, für**
*Der Spiegel*
**5. April 1982**

*Der Spiegel, Nr. 14 vom 5. April 1982, S. 24–32.*

[...][1]
SPIEGEL: Stichwort „Perspektiven", Beispiel „Sicherheitspolitik": Was hat der Bundeskanzler auf diesem Feld von dem Parteitag zu erwarten?
*BRANDT:* Ich gehe davon aus, daß der sicherheitspolitische Leitantrag des Parteivorstandes[2] in München verabschiedet wird. Da wird es Abänderungs-, Ergänzungsanträge geben zu dem einen oder anderen, mit zum Teil gewichtigen Argumenten. Es wird kein Antrag angenommen werden, der die Frage des Nato-Doppelbeschlusses wieder aufrollen will. Die Frage ist überholt.
SPIEGEL: Wird es eine Mehrheit für ein „Moratorium" geben?
*BRANDT:* Für die verschiedenen Formen dessen, was man unter der Überschrift „Moratorium" zum jetzigen Zeitpunkt bringt, wird es Argumente und Stimmen geben ...[3]
SPIEGEL: ... auch Mehrheiten?
*BRANDT:* ... davon gehe ich nicht aus.
SPIEGEL: Es wird aber starke Minderheiten gegen die Parteitagsbeschlüsse geben.
*BRANDT:* Das werden wir sehen. Eine offene Diskussion muß ja nicht Schmidts Geschäft erschweren. Nicht alles, was kritische Hinweise gibt, ist eine Schwächung der eigenen Position, sondern kann gegenüber schwierigen Partnern draußen auch hilfreich sein.
SPIEGEL: Die Diskussion in den Vereinigten Staaten über regionale Parteitagsbeschlüsse der SPD[4] hat der Bundesregierung viele Schwierigkeiten bereitet.
*BRANDT:* Bitte, da kann ich nicht denen in Bonn folgen, die das allzu ernst nehmen, wenn Leute in Washington über regionale Parteitage

sich ereifern. Warum redet man nicht darüber, daß Leute der amerikanischen Administration in München parteipolitisch zugespitzte Reden gegen die Bundesregierung halten. Sind das antideutsche Reden, oder was?

SPIEGEL: Sie meinen US-Staatssekretär Fred Ikle vom Pentagon auf einem CSU-Kongreß.[5]

*BRANDT:* Namen sind mir schnuppe. Aber es könnte ja noch dahin kommen, daß Sozialdemokraten demnächst nach Amerika gehen und auf dortigen Parteiveranstaltungen oder solchen der dortigen Friedensbewegung polemisieren. Ich habe das übrigens nicht vor.

SPIEGEL: Reduziert sich nicht der Wert des Parteitagsbeschlusses für den Kanzler, wenn die Diskussion und möglicherweise knappe Abstimmungsergebnisse denjenigen in den USA Stichworte liefern, die der SPD Grenzgängerei zwischen Ost und West vorwerfen?

*BRANDT:* Man soll nicht als Angsthase durch die Landschaft hüpfen. Das ist ja auch dem Bundeskanzler völlig unangemessen. In einer Situation, wo die amerikanische Friedensbewegung, Mitglieder des Senats und wer weiß nicht, Ideen entwickeln, die weit hinausgehen über das, was irgendwelche Mitglieder der SPD sich schon mal abgerungen haben, dann muß man doch nicht so tun, als ob man sich für etwas zu entschuldigen hat, was hochangesehene Amerikaner[6] jetzt zur Diskussion stellen. Das geht ja weit über die meisten Moratoriumsvorstellungen hinaus.

Wir sollten aus diesem etwas komischen, auch von Minderwertigkeitskomplexen geprägten Verhalten herauskommen – als ob wir immer erst mal darauf zu achten hätten, ob in bestimmten Washingtoner Büros jemand die Stirn kräuselt. Soviel Unsinn und soviel Durcheinander, wie dort produziert wird in dieser Zeit, das bringen die Sozialdemokraten in Deutschland nicht hin, auch wenn sie sich große Mühe geben.

SPIEGEL: Dem Bundeskanzler fehlen bei den amerikanischen Friedenskämpfern bislang noch politisch gewichtige Personen, damit er die ganze Bewegung ernst nehmen kann.

*BRANDT:* Ich will jetzt nicht böse sein und Namen, die ich kenne, zu wägen versuchen im Verhältnis zu Namen derer, die dort Ämter haben. Ich will auch gar nicht dem Bundeskanzler Helmut Schmidt widersprechen, wenn er gesagt haben sollte, daß er manches für naiv hält, was mit der amerikanischen Friedensbewegung verbunden ist. Ich habe ja nicht gesagt, daß das alles richtig ist, was die Leute vorbringen. Aber zum Teil ist das viel weniger falsch als das, was die sagen, die dran sind, oder was sie zwischendurch gesagt haben.

SPIEGEL: Halten Sie es denn für möglich, daß diese neue amerikanische Friedensbewegung bis Ende '83 die amerikanische Haltung in wesentlichen Punkten verändert?

*BRANDT:* Wichtiger wäre das Nachdenken darüber, ob wir an einer Katastrophe vorbeikommen. Doch auf Ihre Frage bezogen: Die jetzige Administration hat ja gerade in diesen Tagen erklärt, daß sie noch im Sommer die Start-Verhandlungen über interkontinentale Waffen aufnehmen möchte.[7] Das ist wichtig.

SPIEGEL: Können Sie sich vorstellen, daß ein sozialdemokratischer Kanzler Ende 1983 oder 1984 der Aufstellung von Raketen in der Bundesrepublik zustimmen kann, wenn zugleich hier die Friedensbewegung – vielleicht auch in Amerika – eine sehr unruhige Grundstimmung in der Bevölkerung gegen eine Nachrüstung hervorgerufen hat?

*BRANDT:* Der Nato-Doppelbeschluß[8], was immer man von ihm halten mag, steht nicht zur Disposition der deutschen Sozialdemokraten. Das ist ein Beschluß des Bündnisses, an dem sich die deutsche Regierung beteiligt. Die SPD kann und wird zu gegebener Zeit ihren Rat geben, wie sie es bisher getan hat.[9]

Ich werde einen Deubel tun, heute irgend etwas hier oder bei anderer Gelegenheit oder in München oder auf dem Parteitag zu sagen, was den Eindruck einer Schwächung der westlichen Verhandlungsposition vermitteln könnte. Ich darf nichts tun – ich finde, auch die SPD darf nichts tun –, was den Eindruck erwecken könnte, man wolle die westliche Verhandlungsposition schwächen.

Jedes Spiel, auch ein solch wichtiges und unter Umständen todbringendes wie das, von dem wir sprechen, hat seine Regeln. Man kann nicht plötzlich in der Mitte des Spiels sagen: Jetzt steige ich von „Mensch, ärgere dich nicht" auf Schach oder umgekehrt, das geht nicht.

Nach der Logik, nach der der Beschluß entstanden ist und eine Grundlage von Verhandlungen ist, muß jeder sehr aufpassen, daß er nicht erscheint als einer, der zwar das Bessere möchte, aber damit vielleicht das Erträgliche verhindern oder kaputtmachen hilft.
SPIEGEL: Können Sie sich denn vorstellen, Vorsitzender einer SPD zu sein, die sich im Lichte bestimmter Verhandlungsergebnisse für die Aufstellung von Raketen in Deutschland entscheidet?
*BRANDT:* Es gibt hier keinen Automatismus. Niemand hat schon unsere Zustimmung zur Stationierung. Unsere Politik zielt darauf, daß wir es vermeiden können, diese amerikanischen Waffen bei uns aufzustellen, auf der anderen Seite die Russen zu veranlassen, ihre in hinreichendem Maße wegzutun.[10]
[...][11]
SPIEGEL: Der sozialdemokratische Bundeskanzler hat eigentlich einen Anspruch darauf, daß ihn der Vorsitzende der Sozialdemokratischen Partei in einer schwierigen Situation, in der er sich zweifellos im Moment befindet, Ratschläge gibt. Was raten Sie Helmut Schmidt?
*BRANDT:* Man würde das Verhältnis zwischen den beiden Personen, die Sie genannt hatten, völlig falsch einschätzen, wenn Sie glauben, sie kommunizierten nicht, und der hier sitzt, würde den Weg eines Interviews – zugegebenermaßen eines gewichtigen, schon der Adressaten wegen – nutzen, um dem Bundeskanzler Ratschläge zu geben.

Er weiß von mir in der konkreten Lage, was ich zu Inhalten und zu anderem für richtig halte.
[...][12]
SPIEGEL: Herr Brandt, wir danken Ihnen für das Gespräch.

Nr. 77
**Aus dem Vermerk über das Gespräch des Vorsitzenden der SPD, Brandt, mit dem sowjetischen Botschafter Semjonow**
**4. Oktober 1982**[1]

*WBA, AdsD, A 9, 8.*

Botschafter Semjonow überbrachte dem Vorsitzenden die Grüße von Breschnew und Gromyko. Er hob die besonderen Verdienste der sozial-liberalen Koalition für die guten Beziehungen zwischen den beiden Ländern hervor. Man habe in Moskau Interesse an der Fortführung der Kontakte „in der Ihnen bequemen Form". Genau verfolgt würden die öffentlichen Reden führender Sozialdemokraten, in denen die Bereitschaft zu mehr Zusammenarbeit mit der „Anti-Kriegsbewegung"[2] erklärt werde. Semjonow überreichte Dokumente der Reden von Gromyko in New York und von Breschnew in Baku.[3] Dort werde die sowjetische Position in den wichtigen Fragen der Außenpolitik beschrieben. Was die Verhandlungen in Genf angehe, so gebe es in der Sache keine Annäherung. Die „Pseudo-Null-Option"[4] von Reagan sei keine angemessene Verhandlungsgrundlage.

Brandt dankte und bat, die Grüße zu erwidern. Er würdigte seinerseits die 13 Jahre guter Zusammenarbeit. Nun habe die Bundesrepublik eine andere Regierung[5], und es sei sein Interesse sowie das Interesse der deutschen Sozialdemokraten, daß die gute Zusammenarbeit auf staatlicher Ebene fortgeführt werde. Man solle in Moskau wissen, daß man keinen führenden Sozialdemokraten desavouiere, wenn die guten Beziehungen weiter ausgebaut würden. Die innenpolitischen Kontroversen hier seien allein unsere Sache. Ihm liege daran, daß der Kontakt in geeigneter Form aufrecht erhalten werde. Er wolle sich darüber mit Egon Bahr besprechen.

Willy Brandt erläuterte anschließend die Haltung der SPD zu Grünen und Alternativen und verwies dabei auf die Rede von Helmut Schmidt im Bundestag vom 1. Oktober.[6] Dabei müsse man in Moskau

*Antrittsbesuch des sowjetischen Botschafters in der Bundesrepublik Deutschland, Wladimir S. Semjonow, bei Willy Brandt, 1979.*

wissen, daß wir dies alles nicht der Sowjetunion zuliebe machten, sondern wegen unserer eigenen Interessen.

Willy Brandt unterstrich die gemeinsame Verantwortung für die Erhaltung des Friedens und die Lösung anderer systemüberwölbender Aufgaben. Er dankte für die guten Besuche von führenden Sozialdemokraten in Moskau. Dies werde fortgeführt, ohne daß damit der Zusammenarbeit zwischen den Regierungen Steine in den Weg gelegt werden sollten. Brandt gab dem Botschafter anschließend einen Überblick über die mögliche innenpolitische Entwicklung in der Bundesrepublik.

Semjonow dankte für diese Informationen und für den Rat im Hinblick auf die Zusammenarbeit der Regierungen. Dies entspreche seiner eigenen Meinung.

[...][7]

380  Vermerk über das Gespräch mit Semjonow, 4. Okt. 1982

Man habe um Termine bei Kohl gebeten, zu dessen Wahl[8] er einen Glückwunsch übermittelt habe. Richtlinie für die weitere Zusammenarbeit sei für die Sowjetunion der 26. Parteitag der KPdSU und der Besuch von Breschnew im vergangenen Herbst.[9] Dankbar sei er für die Bereitschaft Brandts, die Kontakte fortzuführen.

Anschließend äußerte sich der Botschafter ausführlich über die Genfer Verhandlungen[10], legte dabei die bekannten sowjetischen Positionen dar und äußerte unter Berufung auf seine eigene Erfahrung mit SALT[11] große Zweifel daran, daß man in der verbleibenden kurzen Zeit zu einer Lösung kommen werde. Unmöglich sei dies, wenn man weiter Stück für Stück gegenrechne, wie dies seit Jahren auch in Wien[12] geschehe. Es gäbe nur die Möglichkeit pauschaler Lösungen.

Brandt äußerte die Vermutung, daß auf amerikanischer Seite die INF- und START-Verhandlungen[13] nicht genügend koordiniert würden. Er verwies darauf, daß Bemerkungen von Honecker[14], die Beziehungen würden sich im Fall der Stationierungen verschlechtern, kein gewichtiges Argument sein würden, falls es dazu kommen sollte. Man sei nicht erpreßbar. Man solle die Öffentlichkeit darauf vorbereiten, daß man wohl mehr Zeit brauche. Vielleicht sehe die Lage auch anders aus, wenn ein neuer amerikanischer Präsident gewählt sei.[15]

Semjonow dankte wiederum. Er werde die erhaltenen Informationen nach Moskau weiterleiten und bäte um Nachricht, wie die Kontakte zukünftig gestaltet werden sollten.[16]

⟨Th[omas] Mirow⟩[17]

Nr. 78
**Schreiben des Vorsitzenden der SPD, Brandt, an den Generalsekretär des ZK der KPdSU, Breschnew**
**13. Oktober 1982**[1]

*AdsD, WBA, A 9, 7.*

Sehr geehrter Herr Generalsekretär,
es gibt viele Beobachter in meinem Lande, die im Rückblick auf die dreizehn Jahre der sozial-liberalen Regierung der Auffassung sind, daß die Politik der Entspannung, die Verträge von Moskau, Warschau und Prag, das Vier-Mächte-Abkommen und der Grundlagen-Vertrag mit der DDR[2] geschichtlich zum Wichtigsten dieser Zeitspanne gehören. Wenn das so ist – und darüber ist das Urteil der Nichtbeteiligten noch wichtiger –, so ist es jedenfalls etwas, was es ohne die Zusammenarbeit und das wachsende und bewährte Vertrauen zwischen uns nicht gegeben hätte. Dies bleibt für mich unvergessen. Das sollten Sie wissen, gerade auch, nachdem eine neue Bundesregierung[3] die Verantwortung für die Regierungsgeschäfte meines Landes übernommen hat.

Gerade wenn man guten Mutes und unverdrossen nach vorne blickt, ergeben sich zwei Gesichtspunkte: Wenn die neue Bundesregierung von Kontinuität spricht in Bezug auf die von uns eingeleitete Politik[4], die so umstritten war, so zeigt das zunächst einmal die Stärke dieser Politik; zum anderen sollte der Wille zur Kontinuität beim Wort genommen und erprobt werden, denn die Beziehungen zwischen unseren beiden Staaten bleiben für den weiteren Gang der Entwicklung in Europa wichtig, unabhängig davon, wer in Bonn regiert. Je besser die Beziehungen auch zum neuen Bundeskanzler und seiner Regierung sind, um so besser wird es für die Politik des Friedens sein. Wir werden da nicht hemmen, sondern fördern.

Es nützt wenig, im Rückblick zu überlegen, warum die von uns 1971 in Oreanda ins Auge gefaßte Truppenreduktion[5] noch nicht zu einem Erfolg gekommen ist. Das Thema bleibt auf der Tagesordnung und muß vielleicht ausgeweitet werden. Es wird von der Frage der Mittelstreckenraketen überlagert. Hier wird viel zu tun sein, und aus meiner Sicht ist dazu – wie zu anderen lebenswichtigen Fragen – der offene Austausch von Ansichten, Argumenten und Anregungen künftig vielleicht noch wichtiger.

Für einen solchen Austausch erschiene mir der in Jahren bewährte Weg am zweckmäßigsten.[6] Ich habe bedauert, daß er in den letzten Monaten nicht so gut funktioniert hat und muß hinzufügen, daß die in Moskau vorgenommene Unterbrechung des Selbstwählverkehrs nicht nur, wie unsere Industriellen sagen, wirtschaftlich, sondern auch politisch schon geschadet hat.

Ich weiß nicht, ob wir Anfang März kommenden Jahres Neuwahlen zum Bundestag haben werden.[7] Dieses Datum würde jedoch nichts ändern an dem Beschluß meiner Partei zur Raketen-Frage, wie er in München gefaßt wurde, das heißt, wir werden unsere Stellungnahme abhängig machen von dem bis dahin vorliegenden Verhandlungsergebnis.[8] Ich bin sicher, daß wir uns für diese Urteilsbildung nicht nur auf die offiziellen Verlautbarungen der beiden Seiten werden stützen können. Es ist klar, daß sich beide Seiten werden bewegen müssen. Es ist leider auch klar, daß unser Einfluß an den maßgebenden offiziellen Stellen nicht mehr durch einen sozialdemokratischen Bundeskanzler wahrgenommen wird. Das unveränderte Ziel muß also unter erschwerten Bedingungen erstrebt werden, und dafür werden wir uns, wie ich hoffe, gerade auch auf die Verbindungen und das Vertrauen stützen können, die wir geschaffen haben und die, um es materiell zu sagen, im Interesse unserer beiden Länder und der Sicherung des Friedens noch hohe Zinsen bringen können.

Ich habe mich gefreut zu hören, daß es Ihnen gesundheitlich besser[9] geht und übermittle Ihnen meine guten Wünsche und aufrichtigen Grüße.

‹gez[eichnet] Willy Brandt›[10]

Nr. 79
**Artikel des Vorsitzenden der SPD, Brandt, zum Tod des Generalsekretärs des ZK der KPdSU, Breschnew, für *Der Spiegel***
**15. November 1982**

*Der Spiegel, Nr. 46 vom 15. November 1982, S. 148 f.*

Breschnew: Vertrauensvolle Gegnerschaft

Wir sind einander seit dem Sommer 1970 nicht selten begegnet, wir haben viele Stunden miteinander geredet. Ich glaube, wir hätten im Interesse des Friedens mehr bewirken können. Die Konstellation war nicht so. Und er war gewiß nicht nur ein ältlicher Friedensengel (falls denn Engel altern könnten).

Nein, Breschnew war der Mann seiner Partei, seines Staates, und dessen internationaler Ambitionen. Man wußte, was er wollte. Und er wußte in aller Regel, mit wem er es zu tun hatte. Er hatte sich angewöhnt, Interessen abzuwägen und Fragen, die das Überleben von Völkern oder sogar der Menschheit betreffen, ernst zu nehmen.

Bei unserer Begegnung im Kreml im Sommer vorigen Jahres[1] hat der Generalsekretär – der in der Zeit unserer Bekanntschaft auch Staatspräsident geworden war – sich so geäußert, daß ich ohne Übertreibung sagen konnte, er (auch er) zittere um den Frieden.[2] Das stand nicht im Widerspruch zu seiner mir wohl bewußten machtpolitischen Rolle.

Es war und bleibt meine Überzeugung: Mit Breschnew wären in der ersten Hälfte der siebziger Jahre mit großer Wahrscheinlichkeit Vereinbarungen auszuhandeln gewesen, die sich zugunsten der Begrenzung des Rüstungswahnsinns ausgewirkt hätten. Ich habe Nixon ebenso wie Pompidou gesagt, daß ich eine solche Chance sähe.[3] Es ist wenig daraus geworden. Doch was brächte es, anderen im nachhinein vorzuhalten, sie seien ihrem Auftrag nicht hinreichend gerecht geworden!

Seit ich Breschnew kannte, war es um seine Gesundheit nicht gut bestellt. Schon im August 1970, nach der Vertragsunterzeichnung[4], entzog er sich der Bürde des Abendessens und sagte vertraulich, daß er gerade einen Krankenhausaufenthalt hinter sich hätte. Aber es war doch ein gewaltiger Abstand zwischen dem Frühherbst vor elf Jahren, als er mich – übrigens ohne Erfolg – in Simferopol unter den Tisch trinken wollte[5], und dem vorigen Sommer oder Herbst[6], als er keinen Zweifel mehr daran aufkommen ließ, daß ihm nichts mehr schmeckte, weder Speise noch Trank.

Doch wach ist er bis zuletzt geblieben. Wenn er sich auch weitgehend, zum Schluß fast ganz, an die ihm vorbereiteten Texte mit großen Buchstaben hielt, so paßte er doch genau auf und merkte an, wenn auf seiner Seite des Tisches – zum Beispiel durch Gromyko – etwas vorgebracht wurde, was an ihm vorbeigegangen war.

Es mag im Kreml eine Gruppe gegeben haben, die sich zunehmend im Namen des kranken und schon zuvor überlasteten Chefs äußerte. Doch wußte er durchaus, was gespielt wurde. Die interessantesten Gespräche hatten wir, wenn, außer seinem Dolmetscher, sonst keiner zugegen war. So auch, als er mich das letztemal zum Flugplatz brachte[7]: Fragen nach Frankreich, nach handelnden Personen im Westen, und die Bereitschaft, Antworten zu geben, die man in Moskau sonst nicht bekommen konnte.

Anders als Kossygin, mein unmittelbarer Vertragspartner von 1970[8], der eher unterkühlt wirkte, konnte Breschnew impulsiv, sogar aufbrausend sein. Anflüge von Gefühlswallungen gaben sich wiederholt zu erkennen, ebenso, wenn man so will, eine „russische Seele", die sich auch rascher Tränen nicht schämt. Er hatte Sinn für Humor. Ein nicht nur marginaler Teil der sechzehneinhalb Stunden, die wir seinerzeit in Oreanda am Schwarzen Meer miteinander verbrachten[9], galt dem persönlichen Gespräch, und es wurde dabei ziemlich viel gelacht. Auf der Rückfahrt bemühte er die Geschichte, zumal die seines eigenen Landes, und nicht nur die der letzten Jahrzehnte.

1970, als er mich in seinem Kreml-Büro empfing, gab es nur wenige Besucher aus dem nicht-kommunistischen Ausland, mit denen er überhaupt oder auf ähnliche Weise zusammengetroffen war. Auf mich wirkte er etwas abwartend. Aber dies war offenbar der Zeitpunkt, zu dem Breschnew die Federführung für wichtige Fragen der Westpolitik selbst zu übernehmen entschlossen und vom Politbüro gewiß autorisiert war. Er und Kossygin wirkten auf mich zunächst wie „1a" und „1b" der Führungsspitze. Ein Jahr später war die überragende und konkurrenzlose Führungsposition des Generalsekretärs unübersehbar, auch unüberhörbar. Und ganz gewiß beherrschte er seinen neuen Stoff.

Auf mich wirkte er damals wie ein Mann, der ganz durch seine Stellung und Entwicklung im Kreis der Parteifunktionäre geformt worden war, ohne sich freilich als Typus des engen Parteisekretärs zu vermitteln. Seine Erscheinung bewies das Bemühen um ein gepflegtes Äußeres. Seine Statur entsprach nicht völlig den Maßen, die die offiziellen Photos mitzuteilen schienen: keineswegs eine „gewaltige Erscheinung", sondern trotz der Massigkeit des Körpers fast zierlich wirkend, lebhaft in den Bewegungen und im Mienenspiel, fast südländisch ausholend in den Gesten, wenn er sich im Gespräch lockerte. Er kam ja aus dem ukrainischen Industriegebiet, in dem verschiedene nationale Einflüsse aufeinandertreffen. Mehr als anderes schien ihn der Zweite Weltkrieg geprägt zu haben. Darüber, daß es Hitler gelungen war, Stalin hereinzulegen[10], konnte er sich auf naiv anmutende Weise ereifern.

Uns in der Bundesrepublik Deutschland nahm er noch wichtiger, als es uns zukommt. Er hat mir gegenüber immer wieder betont – ob er es nun genauso meinte, wie er es sagte –, daß er nicht darauf abziele, uns von den Amerikanern zu trennen. Doch er ließ ebensowenig einen Zweifel daran, daß die sowjetische Weltmacht fest entschlossen sei, nicht hinter den USA zurückzubleiben. Auch nicht auf den Weltmeeren. Auch nicht bei den Nuklearwaffen unterschiedlicher Zerstörungskraft.

Zwischendurch, fast unvermittelt: „Ich verstehe Sie, Willy Brandt, was die deutsche Frage angeht, aber wir beide können daran jetzt nichts ändern." Daß im Verhältnis zwischen den Teilen Europas nicht alles genauso bleiben muß, wie es geworden ist, schien ihm bewußt zu sein. Und er akzeptierte, daß wir unsere Chancen so zu nutzen gedachten, wie wir es bei der Entwicklung unserer Vertragspolitik offen erläutert haben. Und wie es hoffentlich wieder aufgegriffen wird und weiterwirken kann.

Ich glaube, er war ehrlich erschüttert, als Salt II in Washington nicht ratifiziert wurde.[11] Wie er es sah: daß nicht gelten und zur Grundlage weiterer Bemühungen gemacht werden sollte, was er gemeinsam mit einem Präsidenten der Vereinigten Staaten unterzeichnet hatte. Vieles spricht dafür, daß dies auch den Streit um die nuklearen sogenannten Mittelstrecken-Raketen[12] stärker belastet hat, als es gerade auch aus westlicher Sicht erstrebenswert sein mußte.

Als wir zu Beginn der siebziger Jahre über die Perspektiven europäischer Friedenspolitik sprachen, schwebte keinem von uns vor, daß wir es mit zwei voneinander getrennten, eher bürokratisch angelegten Vorgängen zu tun haben würden:

Einmal die Schlußakte von Helsinki mit ihren terminologischen Problemen und dem im ganzen wenig ermutigenden „KSZE-Prozeß"[13], zum anderen die sich schon bald ein Jahrzehnt hinziehenden Wiener MBFR-Verhandlungen[14] über den gleichgewichtigen Abbau von Truppen und Rüstungen in Mitteleuropa. Breschnew war vor elf Jahren dafür, die beiden Bemühungen nicht voneinander zu trennen und sie von Anfang an politisch hoch anzusiedeln. Ich habe ähnlich gedacht, mich damit aber auf unserer Seite nicht durchsetzen können.[15]

Nachdem die Dinge anders gelaufen sind, wäre es nun allerdings in hohem Maße schädlich, wenn die Wiener Verhandlungen[16] weiterhin blockiert blieben und der Helsinki-Vorgang in Madrid[17] zum Scheitern gebracht würde. Ich hielte es für dringend geboten, Breschnews Nachfolger an beiden Orten – wie natürlich erst recht in Genf[18] – an die gemeinsame Verantwortung zu erinnern. Denn natürlich hatte Helmut Schmidt recht, als er der sowjetischen Führung wie den eigenen Verbündeten gegenüber vom objektiven Zwang zur Sicherheitspartnerschaft gesprochen hat.[19]

Ideologisch und machtpolitisch war Leonid Iljitsch Breschnew ein Gegner von erheblichem Gewicht. Dies schloß nicht aus, mit ihm Interessen aufeinander abzustimmen und über gemeinsame Probleme unserer Völker und Staaten nicht nur taktisch und diplomatisch, sondern auch sachlich und vertrauensvoll miteinander zu reden. Bei ihm wußte man insoweit, woran man war.

# Anmerkungen

## Einleitung

1 Nr. 66.
2 Vgl. *Schöllgen, Gregor:* Willy Brandt. Die Biographie, Berlin und München 2001, S. 102 f. und 114 ff.
3 Vgl. Berliner Ausgabe, Bd. 7, Nr. 104–107, und Bd. 5, Nr. 13.
4 Vgl. *Brandt, Willy:* Erinnerungen. Mit den „Notizen zum Fall G", Berlin und Frankfurt/Main 1994, S. 303 f.
5 *Bahr, Egon:* Zu meiner Zeit, München 1996, S. 427.
6 *Brandt* 1994, S. 303.
7 Ebd., S. 314.
8 Berliner Ausgabe, Bd. 5, Nr. 13.
9 Das Schreiben Rudolf Augsteins an Willy Brandt vom 17. Dezember 1975 findet sich in: AdsD, WBA, A 11.1, 29.
10 *Brandt* 1994, S. 341.
11 Nr. 21.
12 Nr. 1.
13 Ebd.
14 Vgl. Berliner Ausgabe, Bd. 5, Einleitung.
15 Vgl. *Schmidt, Helmut:* Weggefährten. Erinnerungen und Reflexionen, Berlin 1996, S. 440 ff.
16 *Dohnanyi, Klaus von:* Einführungsrede zu Band 7 der Edition „Willy Brandt – Berliner Ausgabe", 5. Dezember 2001, Rathaus Schöneberg.
17 Ebd.
18 *Brandt, Willy:* Über den Tag hinaus. Eine Zwischenbilanz, Hamburg 1974.
19 Nr. 3.
20 *Brandt, Willy:* Rede in Hannover am 27. Mai 1974, in: SPD Pressemitteilungen und Informationen, Nr. 252 vom 27. Mai 1974, S. 2.
21 „Mitgetan zu haben, daß der deutsche Name, der Begriff des Friedens und die Aussicht auf europäische Freiheit zusammengebracht werden", so Brandt, sei „die eigentliche Genugtuung" seines Lebens. *Brandt* 1994, S. 500. Vgl. Berliner Ausgabe, Bd. 6.
22 *Brandt, Willy:* Friedenspolitik in Europa, Frankfurt/Main 1968, S. 156.
23 *Brandt, Willy:* „Ich blicke nicht im Zorn zurück", *Spiegel*-Gespräch, in: *Der Spiegel*, Nr. 20 vom 14. Mai 1984, S. 37–49, Zitat S. 46.
24 Vgl. *Winkler, Heinrich August:* Der lange Weg nach Westen. Bd. 2: Deutsche Geschichte vom „Dritten Reich" bis zur Wiedervereinigung, München 2000, S. 181.
25 Verhandlungen des Deutschen Bundestages, Stenographische Berichte, 6. Wahlperiode, Bd. 71, S. 21, vgl. auch Berliner Ausgabe, Bd. 7, Nr. 36.
26 Vgl. Nr. 4.
27 Vgl. dazu *Bahr, Egon:* Wandel durch Annäherung, 1963, in: *Bahr, Egon:* Sicherheit für und vor Deutschland. Vom Wandel durch Annäherung zur europäischen Sicherheitsgemeinschaft, München u. a. 1991, S. 11–17.
28 Vgl. Nr. 7, Anm. 4.
29 Vgl. EA 30 (1975) 4, D 91 ff.
30 Vgl. dazu die Grundsatzerklärung über die amerikanisch-sowjetischen Beziehungen vom 29. Mai 1972, in: EA 27 (1972) 12, D 289–291.
31 EA 31 (1976) 8, D 191.
32 Vgl. *Czempiel, Ernst-Otto:* Machtprobe. Die USA und die Sowjetunion in den achtziger Jahren, München 1989.
33 AdG 42 (1972), S. 17453.
34 *Potthoff, Heinrich:* Bonn und Ost-Berlin 1969–1982. Dialog auf höchster Ebene und vertrauliche Kanäle. Darstellung und Dokumente, Bonn 1997, S. 45.
35 Am 31. Mai 1973 hatte er in einem Gespräch mit Honecker in der Schorfheide diesbezügliche Äußerungen Brandts offen

relativiert: Er selbst „billige diese Darlegungen [...] nicht und halte sie für einen Fehler, aber aufgrund seiner Loyalität gegenüber dem Bundeskanzler müsse er sagen, daß Brandt mit diesen Äußerungen das Beste, wenn auch mit illusionären Absichten, verfolge." Vgl. *Potthoff* 1997, S. 283.

36 Nr. 3.
37 Nr. 4.
38 Vgl. Nr. 3, Anm. 13.
39 EA 30 (1975) 17, D 437–484.
40 *Kissinger, Henry A.*: Die Vernunft der Nationen. Über das Wesen der Außenpolitik, Berlin 1996, S. 838 f.
41 EA 30 (1975) 17, D 441.
42 Vgl. Nr. 17.
43 Vgl. Nr. 3, Anm. 14.
44 *Bahr* 1996, S. 499.
45 Aufzeichnung des Gespräches zwischen dem Generalsekretär des ZK der KPdSU, L[eonid] I[ljitsch] Breschnew, und Bundeskanzler Willy Brandt am 17. September 1971 in Oreanda, in: AdsD, Dep. Egon Bahr, 430.
46 „SS 20" war ein westliches Kürzel („surface to surface") für eine hochmoderne, mobile, schnell startbereite atomare Mittelstreckenrakete mit einer Reichweite von ca. 4000 km und drei voneinander unabhängigen Nukleargefechtsköpfen, die von der Sowjetunion ab 1977 in großer Zahl stationiert wurde. Vgl. *Talbott, Strobe*: Raketenschach, München und Zürich 1984, S. 59, und *Risse-Kappen, Thomas*: Null-Lösung. Entscheidungsprozesse zu den Mittelstreckenwaffen 1970–1987, Frankfurt/Main und New York 1988, S. 29 ff.
47 Nr. 1.
48 Nr. 6.
49 Nr. 17.
50 Nr. 44.
51 EA 31 (1976) 9, D 235.
52 Ebd., D 224 und D 227.
53 Verhandlungen, Bd. 88, S. 6597.
54 *Der Spiegel*, Nr. 29 vom 14. Juli 1975, S. 22.
55 Nr. 11, Anm. 1.
56 *Brandt* 1994, S. 346.
57 Nr. 6.
58 Nr. 2.
59 SPD Pressemitteilungen und Informationen, Nr. 193 vom 2. April 1975; vgl. auch *Brandt* 1994, S. 349.
60 Vgl. *Schöllgen, Gregor*: Geschichte der Weltpolitik von Hitler bis Gorbatschow 1941–1991, München 1996, S. 269.
61 Vgl. Anm. 59.
62 Nr. 12.
63 Vgl. *Schmidt, Helmut*: Menschen und Mächte, Berlin 1990, S. 51 ff. [= *Schmidt* 1990]
64 Nr. 13.
65 Nr. 14.
66 Alle Zitate ebd.
67 Vgl. *Brandt* 1994, S. 349.
68 Vgl. *Breschnew, Leonid*: Für Frieden, Entspannung und Abrüstung. Aus Reden und Interviews 1971 bis Februar 1980, Frankfurt/Main 1980.
69 Nr. 14.
70 Vgl. dazu *Potthoff, Heinrich*: Die „Koalition der Vernunft". Deutschlandpolitik in den 80er Jahren, München 1995, S. 9 ff., und Berliner Ausgabe, Bd. 10.
71 Nr. 14.
72 *Bahr, Egon*: Ostpolitik im Rückblick. Vortrag Egon Bahrs in Tutzing am 28. November 1997, S. 6.
73 Nr. 22.
74 Vgl. *Hacke, Christian*: Zur Weltmacht verdammt. Die amerikanische Außenpolitik von Kennedy bis Clinton, Berlin 1997, S. 176 ff.
75 *Reagan, Ronald*: Erinnerungen. Ein amerikanisches Leben, Berlin 1990, S. 257.
76 Vgl. Nr. 25, Anm. 1.
77 Nr. 25.
78 EA 31 (1976) 15, D 396.

79 Nr. 24.
80 Ebd.
81 Vgl. Nr. 18, 27, 28, 33, 34.
82 Nr. 29.
83 Nr. 52.
84 Vgl. Berliner Ausgabe, Bd. 10.
85 Vgl. *Schmidt, Helmut:* Die Deutschen und ihre Nachbarn. Menschen und Mächte II, Berlin 1990, S. 30 ff. [= *Schmidt* 1990 a], und *Potthoff* 1997, S. 329 ff.
86 Vgl. *Potthoff* 1997, S. 57 f. und S. 360–367.
87 Nr. 30.
88 Nr. 31.
89 EA 32 (1977) 15, D 408.
90 Nr. 37.
91 Vgl. Nr. 37, Anm. 22.
92 *Garton Ash, Timothy:* Im Namen Europas. Deutschland und der geteilte Kontinent, München und Wien 1993, S. 417.
93 Nr. 35.
94 Nr. 63.
95 *Bahr, Egon:* Ist die Menschheit dabei, verrückt zu werden? Die Neutronenbombe ist ein Symbol der Perversion des Denkens, in: *Vorwärts*, Nr. 29 vom 21. Juli 1977, S. 4.
96 *Bahr* 1996, S. 497.
97 So Bahr an Schmidt am 13. September 1978, in: AdsD, Dep. Egon Bahr, 413.
98 Protokoll der Verhandlungen des Parteitages der Sozialdemokratischen Partei Deutschlands vom 15. bis 19. November 1977 in Hamburg, Bonn o.J., S. 717.
99 Nr. 42.
100 *Brandt, Willy:* Entspannung und Abrüstung. Rede auf der Abrüstungskonferenz der Sozialistischen Internationale (SI) in Helsinki am 26. April 1978, in: Sozialdemokraten Service Presse Funk TV, Nr. 187 vom 26. April 1978.
101 Nr. 49.
102 Vgl. *Risse-Kappen* 1988, S. 30.
103 Vgl. *Haftendorn, Helga:* Sicherheit und Stabilität. Außenbeziehungen der Bundesrepublik zwischen Ölkrise und NATO-Doppelbeschluß, München 1986, S. 195 ff.
104 *Schmidt* 1990, S. 230.
105 Nr. 45.
106 EA 33 (1978) 18, D 514, vgl. *Schmidt* 1990, S. 89 ff.
107 Nr. 46.
108 Leonid Breschnew an Willy Brandt, November 1979, in: AdsD, WBA, A 9, 7.
109 *Schmidt* 1996, S. 268.
110 *Wehner, Herbert:* Deutsche Politik auf dem Prüfstand, in: *Die Neue Gesellschaft*, 26 (1979) 2, S. 92–94, Zitat S. 93.
111 Vgl. *Frankfurter Allgemeine Zeitung*, Nr. 30 vom 3. Februar 1979, S. 1.
112 Berliner Ausgabe, Bd. 5, Nr. 60.
113 Vgl. Berliner Ausgabe, Bd. 8.
114 Sozialdemokraten Service Presse Funk TV, Nr. 94 vom 11. März 1979.
115 *Ehmke, Horst:* Mittendrin. Von der Großen Koalition zur Deutschen Einheit, Berlin 1994, S. 308; vgl. auch *Apel, Hans:* Der Abstieg: Politisches Tagebuch 1978–1988, Stuttgart 1990, S. 82 f.
116 Nr. 49.
117 Vgl. EA 34 (1979) 21, D 556–560.
118 Leonid Breschnew an Willy Brandt, November 1979, in: AdsD, WBA, A 9, 7.
119 Nr. 50.
120 *Gorbatschow, Michail S.:* Erinnerungen, Berlin 1995, S. 621.
121 EA 35 (1980) 2, D 36.
122 *Spiegel*-Gespräch mit Hugo Brandt: „Wir sind nicht die Kompanie des Kanzlers", in: *Der Spiegel*, Nr. 49 vom 3. Dezember 1979, S. 26–29, Zitat S. 27 f.
123 Protokoll der Verhandlungen des Parteitages der Sozialdemokratischen Partei Deutschlands vom 3. bis 7. Dezember 1979 in Berlin, o. J., S. 47.
124 *Apel* 1990, S. 112.
125 Protokoll des SPD-Parteitages in Berlin (3. – 7. Dezember 1979), S. 1243.
126 *Schmidt* 1990, S. 292.

127 EA 35 (1980) 6, S. 134 f. und *Hacke* 1997, S. 261.
128 Vgl. EA 35 (1980) 3, Z 27.
129 *Apel* 1990, S. 187.
130 Verhandlungen, Bd. 113, S. 15581.
131 Nr. 52.
132 Nr. 50.
133 Nr. 52.
134 Vgl. Berliner Ausgabe, Bd. 10, und *Fischer, Frank*: „Im deutschen Interesse". Die Ostpolitik der SPD von 1969 bis 1989, Husum 2001.
135 Nr. 52.
136 *Spiegel*-Gespräch mit Helmut Schmidt: „Meine Sorge ist: kein Stillstand", in: *Der Spiegel*, Nr. 6 vom 4. Februar 1980, S. 24–33, Zitate S. 26 und 32.
137 Nr. 53.
138 Nr. 54.
139 EA 35 (1980) 7, D 166.
140 Helmut Schmidt an Willy Brandt, 2. April 1980, in: AdSD, WBA, A 9, 7.
141 Schmidt empfand Carters Schreiben als „sehr ungewöhnlich" und schlug eine klärende Zusammenkunft am Rande des Wirtschaftsgipfels der G-7 in Venedig vor, die am 21. Juni 1980 stattfand, die beiderseitige Entfremdung aber nicht aufheben konnte. Vgl. *Schmidt* 1990, S. 253 ff.
142 Nr. 55.
143 Nr. 56.
144 *Winkler* 2000, Bd. 2, S. 362.
145 *Eppler, Erhard*: Wege aus der Gefahr, Reinbek bei Hamburg 1981, S. 12.
146 *Ehmke* 1994, S. 142.
147 EA 39 (1984) 20, D 570.
148 Alle Zitate in Nr. 58.
149 *Reagan* 1990, S. 234.
150 *Reagan, Ronald*: Frieden und Sicherheit für die achtziger Jahre. Ein politisches Konzept für die Vereinigten Staaten, in: EA 35 (1980) 15, S. 467–474, Zitat S. 470.
151 *Apel* 1990, S. 189.

152 Vermerk Egon Bahrs, Betr[effend] Gespräch in Moskau, Bonn, den 26. Juni 1981, in: AdSD, Dep. Egon Bahr, 355.
153 „[...] wage ich es, Ihnen angesichts Ihrer Reise eine kleine Liste von dringend der Hilfe Bedürftigen in die Hand zu drücken". Schreiben Kopelews an Brandt vom 17. Juni 1981, in: AdSD, WBA, A 11.2, 118. Auf der Liste standen u.a. Familienangehörige Andrej Sacharows, der Physiker Jurij Orlow und der Lyriker Nikolaj Rudenko. Vgl. Brandts Antwortschreiben vom 24. Juli 1981, Nr. 67.
154 Nr. 65.
155 Gemeint sind die in und um Europa stationierten amerikanischen nuklearen Waffensysteme.
156 Vgl. Nr. 68. Zur Haltung der USA vgl. AdG 51 (1981), S. 24724.
157 Nr. 65.
158 Nr. 66.
159 Protokoll über die Sitzung des Präsidiums am Montag, 9. 3. 1981, in: AdSD, Dep. Helmut Schmidt, 6323.
160 „Mut für eine bessere Zukunft" (Bielefelder Appell), in: Sicherheitspolitik contra Frieden? Ein Forum zur Friedensbewegung, Bonn 1981, S. 146 f.
161 Schreiben Helmut Schmidts an Willy Brandt vom 16. September 1981, in: AdSD, Dep. Erhard Eppler, 115.
162 Berliner Ausgabe, Bd. 5, Nr. 77.
163 Protokoll über die Sitzung des Präsidiums am Montag, dem 28. September 1981, 20.00 Uhr, in Bonn, Erich-Ollenhauer-Haus, in: AdSD, Dep. Helmut Schmidt, 6324.
164 *Schmidt* 1990, S. 126.
165 AdG 51 (1981), S. 25114.
166 EA 37 (1982) 2, Z 20.
167 Vgl. *Potthoff* 1997, S. 79 ff., und *Schmidt* 1990 a, S. 58 ff.
168 Nr. 60.
169 Nr. 62.
170 Nr. 69.

171  Nr. 70.
172  Schreiben von Imanuel Geiss an Willy Brandt vom 17. Dezember 1981, in: AdsD, WBA, A 11.4, 171.
173  Nr. 71.
174  Nr. 72; vgl. auch Nr. 73.
175  Vgl. Berliner Ausgabe, Bd. 10.
176  Vgl. Nr. 73.
177  Nr. 74.
178  Nr. 75.
179  *Stern*, Nr. 29 vom 15. Juli 1982, S. 55 f.
180  Vgl. *Risse-Kappen* 1988, S. 110 f.
181  *Spiegel*-Gespräch mit Hans Apel: „Wir sind nicht der 51. Staat der USA", in: *Der Spiegel*, Nr. 44 vom 31. Oktober 1983, S. 28.
182  Vgl. *Winkler* 2000, Bd. 2, S. 396.
183  Verhandlungen, Bd. 122, S. 7075.
184  Ebd., S. 7210.
185  Ebd., S. 7166.
186  *Garton Ash* 1993, S. 148.
187  Verhandlungen, Bd. 122, S. 7193.
188  Helmut Schmidt an Willy Brandt, 7. Januar 1975, in: AdsD, WBA, A 9, 12.
189  Nr. 60.

## Nr. 1

1  Am 31. Mai 1974 wurde der Artikel Brandts bereits vorab veröffentlicht, in: *SPD Pressemitteilungen und Informationen*, Nr. 255 vom 31. Mai 1974.

2  Vgl. Berliner Ausgabe, Bd. 7, Nr. 102 bis 107.

3  Gemeint ist der damalige Amtssitz des deutschen Bundeskanzlers in Bonn.

4  Brandt spielt auf seinen Rücktritt als Bundeskanzler vom 6. Mai 1974 an. Vgl. Berliner Ausgabe, Bd. 7, Nr. 106, und Bd. 5, Nr. 13.

5  Helmut Schmidt wurde am 16. Mai 1974 mit 267 zu 225 Stimmen zum fünften Bundeskanzler der Bundesrepublik Deutschland gewählt. Vgl. EA 29 (1974) 12, Z 136.

6  Es folgen Aussagen zu Problemen, Aufgaben und Zielen der sozial-liberalen Koalition.

7  Brandt bezieht sich auf den Bonner „Machtwechsel" im Gefolge der Bundestagswahl vom 28. September 1969, deren Ergebnis – SPD 42,7, FDP 5,8 Prozent der Stimmen – die Option einer sozial-liberalen Koalition eröffnet hatte. Am 21. Oktober 1969 wurde Willy Brandt mit einer hauchdünnen Mehrheit von drei Stimmen zum Bundeskanzler gewählt. Vgl. Berliner Ausgabe, Bd. 7, und *Baring, Arnulf:* Machtwechsel. Die Ära Brandt-Scheel, Stuttgart 1982.

8  Vgl. dazu Brandts Formulierung in der Regierungserklärung am 18. Januar 1973 vom „vitale[n] Bürgergeist, der in dem Bereich zu Hause ist, den ich die neue Mitte nenne", in: Verhandlungen, Bd. 81, S. 133.

9  Es folgen Aussagen vornehmlich innenpolitischer Natur sowie zum Selbstverständnis und zur Programmatik der SPD.

10  Brandt zitiert hier aus seinem Vortrag anlässlich der Verleihung des Friedensnobelpreises am 11. Dezember 1971 in Oslo. Dort führte er u.a. aus: „Ich sage hier wie zu Hause: Ein guter Deutscher kann kein Nationalist sein. Ein guter Deutscher weiß, daß er sich seiner europäischen Bestimmung nicht versagen kann." Vgl. *Brandt, Willy:* Friedenspolitik in unserer Zeit, in: EA 27 (1972) 2, D 25–35, Zitat D 26.

## Nr. 2

1  Bei der Vorlage handelt es sich um den Durchschlag des Schreibens Brandts.

2  Ausgelassen wurde ein Satz zum Modus des Informationsaustausches zwischen Brandt und der polnischen Seite.

3  Gemeint ist die Ostpolitik insgesamt, die Bewältigung der historischen Vergangenheit und insbesondere die Aussöhnung

zwischen Deutschen und Polen: „Unter der Last der jüngsten deutschen Geschichte tat ich, was Menschen tun, wenn die Worte versagen", begründete Brandt beispielsweise seinen Kniefall vor dem Mahnmal für die Opfer des Warschauer Gettos. Vgl. *Brandt, Willy:* Begegnungen und Einsichten. Die Jahre 1960 bis 1975, Hamburg 1976, S. 525.

4   Brandt spielt darauf an, dass im Gegensatz zu den freiheitlichen Demokratien westlicher Prägung im politischen System des östlichen Staatssozialismus die Parteiführung praktisch mit der Staatsführung identisch und das jeweilige Politbüro die eigentliche Regierung war. Mit dieser Klarstellung versucht Brandt, der bei Gierek – auch bei Breschnew – immer wieder zu beobachtenden Überschätzung des Einflusses der SPD auf die Politik der Bundesregierung entgegenzuwirken.

5   Brandt bezieht sich auf die beiden sozial-liberalen Kabinette während seiner Kanzlerschaft, die am 22. Oktober 1969 bzw. am 15. Dezember 1972 der Öffentlichkeit vorgestellt wurden.

6   Gemeint sind die Gespräche zwischen dem deutschen Außenminister Walter Scheel und seinem polnischen Amtskollegen Stefan Olszowski am 6./7. Dezember in Bonn. Vgl. FA 29 (1974) 1, Z 2.

7   Hs. paraphiert.

Nr. 3

1   *Brandt 1974.* Brandt entschied sich nach längeren Überlegungen für den Titel „Über den Tag hinaus. Eine Zwischenbilanz" und verwarf frühere Varianten wie „Mut zur Vernunft" oder „Kraft der Vernunft. Die Politik der neuen Mitte". Vgl. *Schöllgen* 2001, S. 218.

2   Brandt bezieht sich auf sein verstärktes Engagement in der ihm nach dem Rücktritt als Bundeskanzler verbliebenen Funktion des Parteivorsitzenden der SPD. Vgl. Nr. 1.

3   Vgl. Berliner Ausgabe, Bd. 7, Nr. 35 und 51.

4   Berliner Ausgabe, Bd. 7, Nr. 36 und 85.

5   Brandt bezieht sich hier auf eine Formulierung in seiner Regierungserklärung vom 28. Oktober 1969: „Wir wollen mehr Demokratie wagen." Berliner Ausgabe, Bd. 7, Nr. 36.

6   Vgl. Berliner Ausgabe, Bd. 6.

7   Brandt spielt hier auf die Widerstände der Gewerkschaften, voran der IG Metall und der ÖTV, gegen die Stabilitätspolitik der Bundesregierung sowie deren massive Lohnforderungen an der Jahreswende 1973/74 an, wobei sich insbesondere der ÖTV-Chef Heinz Kluncker hervorgetan hatte. Vgl. *Brandt* 1994, S. 312 f.

8   Walter Scheel lancierte im Herbst 1973 den Vorschlag, Brandt das Amt des Bundespräsidenten anzutragen. Vgl. *Brandt* 1994, S. 307 f.

9   Vgl. Nr. 1.

10   Auf dem Mannheimer Bundesparteitag der SPD vom 11. bis 15. November 1975 wurde Brandt im Amt des Parteivorsitzenden bestätigt.

11   Ausgelassen wurden Passagen zur Aufgabenverteilung in der SPD-Führung, zu Brandts Verhältnis zu den Jungsozialisten sowie zur CDU/CSU.

12   Die neutralen oder bündnisfreien Staaten bildeten während des Ost-West-Konfliktes eine sehr heterogene Gruppierung. Im September 1961 hatte der jugoslawische Partei- und Staatschef Tito Vertreter von 25 Staaten zu einer Konferenz der blockfreien Staaten in Belgrad versammeln können, die sich seither regelmäßig zu weiteren Gipfeln trafen. Gegen Ende des Kalten Krieges gehörten der blockfreien Bewegung über 70 Mitglieder an.

13  Die Konferenz über Sicherheit und Zusammenarbeit in Europa (KSZE) war – nach vorbereitenden Konsultationen und Konferenzen seit Ende 1972 – unter Beteiligung von 35 Staaten am 3. Juli 1973 in Helsinki eröffnet worden. Dieser ersten Phase der Konferenz auf Außenministerebene folgte eine zweite Phase auf Expertenebene in Genf vom 18. September 1973 bis zum 21. Juli 1975, in der die endgültigen Texte ausgearbeitet wurden. Ursprünglich eine sowjetische Idee, wurde die Konferenz von den westlichen Teilnehmerstaaten genutzt, um ihre Auffassungen zu Themen wie Sicherheitsfragen, Zusammenarbeit in Wirtschaft, Technik und Umwelt, vor allem aber in humanitären Fragen, etwa der Grund- und Menschenrechte, zu kodifizieren. Die Schlussakte wurde von den Staats- und Regierungs- bzw. Parteichefs am 1. August 1975 unterzeichnet. Vgl. EA 30 (1975) 17, D 437–484.

14  Am 31. Januar 1973 begannen in Wien die Vorgespräche der Delegationen der zwölf Mitgliedsstaaten der NATO und der sieben des Warschauer Paktes über Truppenreduzierungen in Mitteleuropa (MBFR). Vgl. EA 28 (1973) 4, Z 46. Die so genannten MBFR-Verhandlungen blieben über rund anderthalb Jahrzehnte und 500 Plenarsitzungen ohne Ergebnis und wurden am 2. Februar 1989 zugunsten der Verhandlungen über konventionelle Streitkräfte in Europa (VKSE) beendet.

15  Gemeint sind das Post- und Telefonabkommen vom 30. September 1971, das Transitabkommen vom 17. Dezember 1971, der Verkehrsvertrag vom 26. Mai 1972 und der Grundlagenvertrag vom 21. Dezember 1972.

Nr. 4

1  Ausgelassen wurden Passagen zur Geschichte und Programmatik der SPD, insbesondere zu den Grundwerten und Grundforderungen sozialdemokratischer Politik.

2  Am 15. November 1959 verabschiedete ein außerordentlicher Parteitag der SPD das Godesberger Programm, in dem der Wandel der SPD von der Klassen- bzw. Arbeiterpartei hin zur Volkspartei zum Abschluss kam.

3  Brandt spielt auf die Bundestagsdebatte vom 6. November 1974 an, in der der Oppositionsführer Karl Carstens (CDU) die Entspannungspolitik der Bundesregierung kritisiert hatte. Vgl. EA 29 (1974) 23, Z 266.

4  Vgl. Einleitung und Nr. 3, Anm. 13 und 14.

5  Es folgen Ausführungen zum Charakter der Demokratie sowie zur inhaltlichen Abgrenzung der Sozialdemokratie sowohl gegenüber konservativen Auffassungen als auch gegenüber kommunistischen Positionen.

Nr. 5

1  Gekürzte Fassung in: EA 30 (1975) 2, D 33–D 38. Englische Fassung in: Socialist Affairs 25 (1975), S. 2–5.

2  Gemeint ist die Pressekonferenz des französischen Staatspräsidenten Valéry Giscard d'Estaing vom 24. Oktober 1974. Vgl. EA 29 (1974) 22, Z 254 f.

3  Brandt bezieht sich auf Giscards Forderung vom 24. Oktober 1974, im Hinblick auf die Europäische Gemeinschaft zu substanziellen Fortschritten und einer Stärkung der Institutionen, etwa durch regelmäßige Treffen der Regierungschefs, zu kommen. Vgl. ebd.

4  Brandt spielt auf die gelegentlichen Obstruktionen des europäischen Einigungsprozesses durch Frankreich an, beispielsweise die Ablehnung des EVG-Vertrages durch die französische Nationalver-

sammlung am 30. August 1954 oder die „Politik des leeren Stuhls" unter Staatspräsident de Gaulle in den sechziger Jahren.

5 Mit der Formulierung die „großen Europäer Frankreichs" meint Brandt insbesondere die französischen Politiker Robert Schuman und Jean Monnet. Schuman, 1947/48 Ministerpräsident, legte am 9. Mai 1950 den so genannten Schuman-Plan zur Schaffung der Europäischen Gemeinschaft für Kohle und Stahl vor. Monnet, maßgeblich an der Erarbeitung des Planes beteiligt, präsidierte 1950–52 der Pariser Schuman-Plan-Konferenz.

6 „Die große Zeit der Bundesrepublik waren die beiden ersten Jahrzehnte, zwischen 1949 und 1969. [...] Seither [...] lebte die Bundesrepublik über ihre Verhältnisse", schreibt der Historiker Arnulf Baring, in: *Baring, Arnulf:* Es lebe die Republik, es lebe Deutschland! Stationen demokratischer Erneuerung 1949–1999, Stuttgart 1999, S. 275.

7 Brandt bezieht sich auf die massive Preiserhöhung der Organisation der Erdöl-Export-Länder (OPEC) im Gefolge des Jom-Kippur-Krieges Ende 1973 und die uneinheitliche Reaktion der Europäischen Gemeinschaften.

8 Die Römischen Verträge wurden am 25. März 1957 von Frankreich, Italien, der Bundesrepublik Deutschland und den Benelux-Staaten unterzeichnet und begründeten die Europäische Wirtschaftsgemeinschaft (EWG) sowie die Europäische Atomgemeinschaft (EURATOM). Sie traten am 1. Januar 1958 in Kraft. Als Väter des Vertragswerks gelten Bundeskanzler Konrad Adenauer und der französische Ministerpräsident Guy Mollet.

9 Gemeint sind die damaligen Mitgliedsstaaten der Europäischen Wirtschaftsgemeinschaft (EWG): Belgien, Bundesrepublik Deutschland, Frankreich, Italien, Luxemburg, Niederlande, Dänemark, Großbritannien und Irland.

10 Vgl. Anm. 2. Zu Schmidts Rede zur Europapolitik vgl. EA 29 (1974) 23, Z 266 f.

11 So während Brandts Treffen mit dem französischen Staatspräsidenten Georges Pompidou am 26./27. November 1973. Vgl. AdG 43 (1973), S. 18359 f.

12 Gemeint ist die Tagung der sozialistischen Parteien der EG-Mitgliedsländer am 1./2. November 1974 in Den Haag. Vgl. AdG 44 (1974), S. 19039 f.

13 Brandt bezieht sich auf die laufenden Neuverhandlungen über die Bedingungen der Mitgliedschaft Großbritanniens in der EG und Forderungen des britischen Außenministers Callaghan vom 30. Oktober 1974 bezüglich des EG-Haushaltes und der Agrarpolitik. Vgl. EA 29 (1974) 22, Z 255 f.

14 Vgl. Anm. 2.

15 Im Juli 1974 brach die griechische Militärdiktatur zusammen. Griechenland kehrte unter Ministerpräsident Karamanlis zum parlamentarisch-demokratischen System zurück. In Portugal beendete am 25. April 1974 die so genannte Nelkenrevolution unblutig das diktatorische Regime des Salazar-Nachfolgers Marcelo Caetano.

16 Vgl. EA 29 (1974) 23, Z 275.

17 Gemeint ist der Vertrag über die deutsch-französische Zusammenarbeit, der so genannte Elysée-Vertrag, den Adenauer und de Gaulle am 22. Januar 1963 in Paris unterzeichneten.

18 Im Rahmen der deutsch-französischen Konsultationsgespräche am 21./22. Juni 1973 in Bonn. Vgl. AdG 43 (1973), S. 17990 f.

Nr. 6

1 Bei der Vorlage handelt es sich um die Kopie des Schreibens Brandts.

2  Ausgelassen wurden private Glückwünsche zum Weihnachtsfest.
3  Egon Bahr schied nach dem Rücktritt Willy Brandts im Mai 1974 aus dem sozialliberalen Kabinett aus. Am 8. Juli 1974 wurde er als Nachfolger Erhard Epplers zum Bundesminister für wirtschaftliche Zusammenarbeit in der Regierung Schmidt ernannt. Eppler war nach Differenzen mit Bundeskanzler Schmidt über den Stellenwert der Entwicklungspolitik und die Höhe des Entwicklungshilfe-Haushaltes am 4. Juli 1974 von seinem Amt zurückgetreten. Vgl. EA 29 (1974) 15, Z 176.
4  Egon Franke (SPD) gewann in seiner Funktion als Bundesminister für innerdeutsche Beziehungen nach dem Rücktritt Brandts und der Kaltstellung Bahrs verstärkt Einfluss auf die deutsch-deutschen Beziehungen und machte, ähnlich wie Herbert Wehner, keinen Hehl daraus, dass er Bahrs Konzept eines „Wandels durch Annäherung" nicht teilte. Vgl. *Jäger, Wolfgang/ Link, Werner:* Republik im Wandel 1974–1982. Die Ära Schmidt, Stuttgart 1987, S. 370 sowie *Potthoff* 1997, S. 45 ff.
5  Vgl. beispielsweise Nr. 1.
6  Hs. von Brandt verbessert aus „vermieden".
7  Gemeint ist die außenpolitische Konferenz der SPD in Bonn vom 17. bis 19. Januar 1975. Vgl. EA 30 (1975) 4, Z 28.
8  Vgl. Nr. 4.
9  Ausgelassen wurden Überlegungen, die sich u. a. auf frühere Reden Brandts zu ähnlichen Themen bezogen.

## Nr. 7

1  Ausgelassen wurden Fragen und Antworten zum so genannten Orientierungsrahmen '85, zur Arbeitslosigkeit und zu Themen der bundesdeutschen Innenpolitik.

2  Gemeint ist Schmidts Erklärung zur Lage der Nation am 30. Januar 1975, in der er erklärte, dass „Mauer, Stacheldraht, Todesstreifen und Schießbefehl" ihre „Unmenschlichkeit nicht verloren" hätten. Verhandlungen, Bd. 91, S. 10034. Zur Reaktion der DDR-Führung vgl. EA 30 (1975) 6, Z 45 f.
3  Gemeint sind die Verträge von Moskau (12. August 1970), Warschau (7. Dezember 1970), Prag (11. Dezember 1973) sowie das Vier-Mächte-Abkommen (3. September 1971) und der deutsch-deutsche Grundlagenvertrag (21. Dezember 1972).
4  Beim sowjetisch-amerikanischen Gipfel in Wladiwostok am 23./24. November 1974 bekräftigten Präsident Ford und Generalsekretär Breschnew ihren Willen, ein zweites SALT-Abkommen über die umfassende Begrenzung strategischer Offensivwaffen anzustreben. Vgl. EA 30 (1975) 5, D 91 ff. Vorangegangen war das zweiteilige Moskauer SALT-Abkommen vom 26. Mai 1972. Teil Eins, der unbefristete ABM-Vertrag, setzte die Anzahl der Abschussrampen auf jeweils 100 sowie die Anzahl der Stellungen auf je zwei, davon eine zum Schutz der jeweiligen Hauptstadt, fest. Der zweite Teil begrenzte für fünf Jahre die quantitative Aufrüstung land- und seegestützter ICBM-Systeme auf einem noch zu erreichenden Niveau. Ausdrücklich erlaubt blieb die Modernisierung der Interkontinentalraketen, etwa die Ausrüstung mit Mehrfachsprengköpfen. Vgl. *Schöllgen* 1996, S. 274 f.

## Nr. 8

1  Vgl. die Rede Abeleins im Deutschen Bundestag am 31. Januar 1975, in: Verhandlungen, Bd. 91, S. 10162–10169, insbesondere S. 10166.

2 Gemeint ist das Vier-Mächte-Abkommen über Berlin, das am 3. September 1971 durch die Vertreter der vier alliierten Siegermächte des Zweiten Weltkrieges unterzeichnet wurde und am 3. Juni 1972 in Kraft trat. Es schrieb im Wesentlichen den Status quo fest und entsprach den Wünschen des Westens, wie sie der Regierende Bürgermeister Klaus Schütz formuliert hatte: Zuordnung West-Berlins zum Bund, Zugang von der Bundesrepublik nach West-Berlin und Zutritt der West-Berliner nach Ost-Berlin und in die DDR. Vgl. *Bender, Peter*: Die „Neue Ostpolitik" und ihre Folgen. Vom Mauerbau bis zur Wiedervereinigung. München 1995, S. 189 ff.

3 Brandt bezieht sich auf Verbesserungen im deutsch-deutschen Reiseverkehr – der Ausbau der Verkehrswege nach Berlin und Reiseerleichterungen wie die Nutzungserlaubnis für private PKW durch West-Berliner und Bundesbürger. Hinzu kamen „Aufenthaltsberechtigungen" für West-Berliner in der gesamten DDR und die Herabsetzung des Mindestumtausches im Dezember 1974. Vgl. *Potthoff* 1997, S. 50.

4 Vgl. Anm. 1.

5 Vgl. Berliner Ausgabe, Bd. 6.

6 Am 9. Dezember 1974 hatte die DDR-Führung an den Berliner Senat eine Reihe von Vorschlägen bezüglich Energielieferungen, Reiseerleichterungen und Verkehrsverbesserungen zwischen West-Berlin und der Bundesrepublik gerichtet. Gesondert davon ergingen, schon um die vermeintliche Eigenständigkeit West-Berlins zu betonen, Vorschläge an die Bundesregierung bezüglich wirtschaftlicher Kooperation. Vgl. EA 30 (1975) 1, Z 2 f.

7 Vgl. *Brandt* 1994, S. 230 ff.

8 Während des Besuches Konrad Adenauers in Moskau vom 9. bis 13. September 1955 etwa, der u.a. zur Aufnahme diplomatischer Beziehungen zwischen der Bundesrepublik und der Sowjetunion führte, wurde das Thema West-Berlin offiziell nicht erwähnt. Vgl. Gemeinsames Kommuniqué zu den Verhandlungen, in: EA 10 (1955) 18, Z 8219.

9 Vgl. Anm. 2.

10 Ausgelassen wurden Fragen und Antworten zur Lage in und um Berlin sowie zur innerparteilichen Situation der SPD.

Nr. 9

1 Am 18. September 1973 wurden die DDR und die Bundesrepublik auf Vorschlag des Sicherheitsrates in die Vereinten Nationen aufgenommen. Vgl. EA 28 (1973) 20, Z 208 f.

2 Brandt bezieht sich auf seine Rede vor der Vollversammlung der Vereinten Nationen am 26. September 1973. Vgl. EA 28 (1973) 24, D 677–684.

3 Vgl. Anm. 1.

4 Vgl. Nr. 8.

5 Gemeint ist mit dem deutsch-sowjetischen „Moskauer Vertrag" vom 12. August 1970 der grundlegende Vertrag der sozial-liberalen Ostpolitik, den Bundeskanzler Willy Brandt und Außenminister Walter Scheel für die Bundesrepublik Deutschland sowie Ministerpräsident Alexej Kossygin und Außenminister Andrej Gromyko für die Sowjetunion unterzeichneten. Vgl. Berliner Ausgabe, Bd. 6, und *Schöllgen* 1996, S. 256 f.

6 Vgl. Nr. 8, Anm. 2.

7 Vgl. Nr. 3, Anm. 13.

8 Der Nahostkonflikt eskalierte im Oktober 1973 mit dem Angriff Ägyptens und Syriens auf Israel, dem so genannten „Jom-Kippur"- oder Vierten Nahostkrieg. Der Konflikt belastete zudem die amerikanisch-sowjetischen Beziehungen, da Washington Israel und Moskau Ägypten und Syrien indirekt unterstützten. Der amerikanische

Außenminister Kissinger regte eine Genfer Nahostkonferenz an und ebnete den Weg zu einem Truppenentflechtungsabkommen im Januar 1974. Eine Lösung des weiter schwelenden Konfliktes lag jedoch in weiter Ferne.

9   Die Genfer Zypernkonferenz vom 25. Juli 1974 war ohne Ergebnis zu Ende gegangen. Türkische Truppen hielten den Norden und Nordosten der Insel besetzt und zwangen griechische Zyprioten zur Flucht, wodurch zwei ethnisch getrennte Siedlungsgebiete entstanden. Am 13. Februar erfolgte die Proklamation des Türkischen Föderationsstaates von Zypern.

10   Am 1. Januar 1973 traten Dänemark, Großbritannien und Irland der EG bei. Aus dem Europa der Sechs wurde damit das Europa der Neun. Vgl. EA 28 (1973) 3, Z 31 sowie Nr. 5, Anm. 8.

11   Am 13. Februar 1975 berieten die Außenminister der EG-Mitgliedsstaaten über den europäisch-arabischen Dialog und das Zypern-Problem. Vgl. EA 30 (1975) 5, Z 43 f.

12   Gemeint ist das Abkommen zwischen der EWG und 46 Staaten Afrikas, der Karibik und des Pazifiks, das am 28. Februar 1975 in Lomé, der Hauptstadt Togos, unterzeichnet wurde. Es garantierte den so genannten AKP-Staaten insbesondere zollfreie Exporte in den EWG-Raum und galt auch Brandt als beispielhaftes Ergebnis des „Nord-Süd-Dialogs".

13   Die Sowjetunion und die Ostblockstaaten entzogen sich der Beteiligung an der Entwicklungshilfe für die Dritte Welt in aller Regel mit dem Hinweis, für die vermeintlichen Folgeschäden von Imperialismus und Kolonialismus weder verantwortlich noch zuständig zu sein. Vgl. Nr. 65 und 66.

14   Vgl. Berliner Ausgabe, Bd. 6.

Nr. 10

1   Vgl. *Winkler* 2000, Bd. 2, S. 1 ff.

2   Bereits im Januar 1944 hatte der britische Vertreter in der alliierten European Advisory Commission (EAC) vorgeschlagen, die Demarkationslinie zwischen der östlichen Besatzungszone und den westlichen Besatzungszonen in Deutschland von Lübeck über Helmstedt und Eisenach bis Hof verlaufen zu lassen und damit exakt die spätere innerdeutsche Grenze vorweggenommen.

3   Vgl. Berliner Ausgabe, Bd. 6.

4   Am 30. April 1975 eroberten nordvietnamesische Truppenverbände mit Unterstützung des Vietcong die südvietnamesische Hauptstadt Saigon. Die letzten US-Bürger mussten mit Hubschraubern evakuiert werden, was allgemein als Symbol für das endgültige Scheitern der Washingtoner Vietnampolitik interpretiert wurde.

5   Vgl. Nr. 3, Anm. 13.

6   Gemeint sind die MBFR-Verhandlungen in Wien. Vgl. Nr. 3, Anm. 14.

7   Aus den Wahlen zur Verfassunggebenden Versammlung vom 25. April 1975 in Portugal ging die Sozialistische Partei mit 37,87 % der Stimmen und 116 Sitzen als stärkste Partei hervor. Vgl. EA 30 (1975) 10, Z 78 f.

8   Bundesaußenminister Genscher brachte während seines Besuches in der ČSSR vom 24. bis 26. März 1975 gegenüber seinem Amtskollegen Chnoupek ebenfalls das Thema der „humanitären Fragen" zur Sprache. Vgl. AdG 45 (1975), S. 19342 f.

9 Vgl. dazu die Rede des französischen Staatspräsidenten Giscard d'Estaing im Juni 1975 in Auschwitz über die Lehren der dortigen Vorgänge, auszugsweise abgedruckt in: AdG 45 (1975), S. 19592 f.

Nr. 11

1 Ausgelassen wurden einige Höflichkeitsformeln des Interviewers, der dabei seine Hoffnung ausdrückte, noch lange über Brandt als „eine herausragende Persönlichkeit der Weltpolitik" schreiben zu können.
2 Zu den Fernzielen einer künftigen Ostpolitik entwickelte Brandt bereits 1968 sehr weitreichende Vorstellungen. Vgl. *Brandt 1968*, S. 156, und Berliner Ausgabe, Bd. 6.
3 Vgl. Nr. 7, Anm. 3.
4 Am 7. Dezember 1970 vor dem Mahnmal für die Opfer des Warschauer Gettos. Vgl. *Brandt 1976*, S. 525, *Brandt 1994*, S. 211 ff., und Berliner Ausgabe, Bd. 6.
5 *Brandt 1994*, S. 214.
6 Offizielle Beziehungen zwischen Bonn und Ost-Berlin kamen erst durch den Bonner Machtwechsel 1969 zustande: In seiner ersten Regierungserklärung am 28. Oktober 1969 erkannte Brandt die DDR faktisch an: „Auch wenn zwei Staaten in Deutschland existieren, so sind sie doch füreinander nicht Ausland; ihre Beziehungen zueinander können nur von besonderer Art sein." Verhandlungen, Bd. 71, S. 21. Am 13. Oktober 1967 hatte Brandts Vorgänger Kurt Georg Kiesinger noch im Bundestag zu Protokoll gegeben, „daß sich da drüben etwas gebildet hat, ein Phänomen, mit dem wir es zu tun haben, ein Phänomen, mit dessen Vertretern ich in einen Briefwechsel eingetreten bin". Verhandlungen, Bd. 65, S. 6360.
7 Vgl. Nr. 3, Anm. 13.
8 Gemeint ist der Inhalt der Schlussakte von Helsinki, welche die 35 versammelten Staats- und Regierungs- bzw. Parteichefs am 1. August 1975 unterzeichneten. Vgl. ebd.
9 Gemeint sind die MBFR-Verhandlungen in Wien. Vgl. Nr. 3, Anm. 14.
10 Ausgelassen wurden Fragen und Antworten zur jugoslawischen Sichtweise der Entspannungspolitik, zu den bilateralen Beziehungen zwischen Jugoslawien und der Bundesrepublik sowie zur europäischen Sozialdemokratie.

Nr. 12

1 Die Einladung Brandts in die Sowjetunion ging auf Breschnews Besuch in der Bundesrepublik im Mai 1973 zurück.
2 Brandt bezieht sich auf den 12. August 1970, an dem er anlässlich der Unterzeichnung des Moskauer Vertrages zu Gast in der sowjetischen Hauptstadt war. Vgl. Nr. 9, Anm. 5.
3 Zur Mittelmeerproblematik vgl. *Manousakis, Gregor M.*: Patt im Mittelmeer, in: APZ, B 51–52/1975 vom 20. Dezember 1975, S. 19–37.
4 Im Jahrzehnt zwischen 1969 und 1979 versechsfachte sich der deutsch-sowjetische Handel, zudem verzeichneten Tourismus und Kulturaustausch steigende Zahlen. Trotzdem blieb die wirtschaftliche Kooperation weit hinter den hochgesteckten sowjetischen Erwartungen, namentlich hinter denjenigen Breschnews, zurück. Vgl. *Bender* 1995, S. 229 ff.
5 Vgl. Nr. 8, Anm. 2.
6 Breschnew hatte die Bundesrepublik vom 18. bis 22. Mai 1973 besucht – als erster sowjetischer Generalsekretär überhaupt. Bei der Anwendung des Vier-Mächte-Abkommens war vor allem strittig, ob und inwieweit West-Berlin in deutsch-sowjetische Verträge und Abkommen einbezogen werden durfte. Die in der Gemeinsamen Erklärung fixierte Formel „strikte Einhaltung und

volle Anwendung" des Vier-Mächte-Abkommens erwies sich lediglich als Formelkompromiss. Die östliche Seite versuchte immer wieder, West-Berlin als selbstständige politische Einheit zu behandeln und die Bindungen zum Bund zu schwächen. Vgl. Nr. 8, Anm. 2, und Bracher, Karl Dietrich/ Jäger, Wolfgang/Link, Werner: Geschichte der Bundesrepublik Deutschland. Republik im Wandel 1969–1974. Die Ära Brandt. Stuttgart und München 1986, S. 228 f.

7  Vgl. Nr. 3, Anm. 13.

8  Die MBFR-Verhandlungen stagnierten, weil sich die Vertreter der NATO und des Warschauer Paktes im Hinblick auf die vorhandenen Truppen und Rüstungen nicht auf gemeinsame Daten und Zahlen verständigen konnten. Vgl. Einleitung und Nr. 3, Anm. 14.

9  Zu SALT II und dem Treffen von Wladiwostok vgl. Nr. 7, Anm. 4.

10  Vgl. Nr. 3, Anm. 13.

11  Vgl. Nr. 3, Anm. 14.

12  Gemeint ist die Erklärung der NATO über eine beiderseitige und ausgewogene Truppenverminderung vom 25. Juni 1968, das so genannte „Signal von Reykjavik". Vgl. EA 23 (1968) 23, D 357 ff.

13  Kissinger hatte in einer Rede in Atlanta am 23. Juni 1975 betont, dass die Sowjetunion die bilateralen Beziehungen gefährde, wenn sie die Entspannung als Vorwand für eine selektive Ausnutzung strategischer Möglichkeiten instrumentalisiere. Vgl. EA 30 (1975) 14, Z 120 f.

14  Brandt bezieht sich auf seine Gespräche mit Tito am 24./25. Juni 1975 in Belgrad. Vgl. EA 30 (1975) 14, Z 116 f.

Nr. 13

1  Brandt und Breschnew hatten sich zuvor am 12. August 1970 in Moskau, vom 16. bis 18. September 1971 in Oreanda auf der Krim und vom 18. bis 22. Mai 1973 in der Bundesrepublik Deutschland getroffen.

2  Vgl. Nr. 9, Anm. 5.

3  Schmidt besuchte zusammen mit Außenminister Genscher vom 28. bis 31. Oktober 1974 die Sowjetunion.

4  Vgl. Nr. 8, Anm. 2.

5  Vgl. Nr. 12, Anm. 6.

6  Vgl. Nr. 3, Anm. 13.

7  Ebd.

8  Vgl. Nr. 3, Anm. 14.

9  Vgl. Nr. 9, Anm. 8.

Nr. 14

1  Bei der Vorlage handelt es sich um die namentlich nicht gezeichnete Kopie des Vermerks.

2  Vgl. Nr. 9, Anm. 5.

3  Vgl. EA 30 (1975) 15, Z 131 f.

4  Gemeint ist Bundeskanzler Schmidts Besuch in der Sowjetunion vom 28. bis 31. Oktober 1974. Vgl. *Schmidt* 1990, S. 51 ff.

5  Vgl. Anm. 3.

6  Vgl. Anm. 2.

7  Brandt spielt hier auf seinen Rücktritt vom Amt des Bundeskanzlers am 6. Mai 1974 und dessen Umstände an. Vgl. Berliner Ausgabe, Bd. 7.

8  Breschnew bezieht sich auf das weit hinter seinen Erwartungen gebliebene Ausmaß der wirtschaftlichen Zusammenarbeit mit dem Westen. Ökonomische Mammutprojekte, wie sie ihm vorschweben mochten, waren bislang auf dem Papier geblieben.

9  Vgl. Anm. 4.

10  Bei den Genfer KSZE-Verhandlungen begann am 26. Juni 1975 der Koordinationsausschuss mit Beratungen über einen Termin für den Abschluss der Vorbereitungsphase und die Unterzeichnung der Schlussdokumente. Vgl. EA 30 (1975) 14, Z 124 f., und Nr. 3, Anm. 13.

11 Gemeint ist der sozialdemokratische Bundesverteidigungsminister Georg Leber. Breschnews Vorwurf entbehrte jeder Grundlage.

12 Die besagten Abkommen über wirtschaftliche und kulturelle Zusammenarbeit lagen auf Eis, weil die sowjetische Führung an der Verlegung des Umweltbundesamtes nach West-Berlin Anstoß nahm und darin einen Verstoß gegen das Vier-Mächte-Abkommen erkannte. Sie befürchtete, mit ihrer Unterschrift unter die Verträge die Verlegung von Bundesbehörden an die Spree indirekt zu legitimieren. Vgl. *Jäger/Link* 1987, S. 292 ff.

13 Vgl. Nr. 8, Anm. 2.

14 Der Besuch von Schütz in Moskau scheiterte letztlich am Dissens in der Frage, ob der Regierende Bürgermeister während seines Aufenthaltes von der bundesdeutschen Botschaft betreut werden dürfe oder nicht.

15 Breschnew spielt hier auf das Scheitern des konstruktiven Misstrauensvotums gegen Brandt am 27. April 1972, die Kampagne der CDU/CSU-Opposition gegen die Ostverträge sowie den Wahlsieg der SPD am 19. November 1972 an.

16 Gemeint ist ein deutsch-sowjetisches Kooperationsprojekt. Die deutsche Seite lieferte das technische Know-how, die sowjetische Seite die zu verarbeitenden Rohstoffe.

17 Breschnew meint die im Oktober 1974 mit Schmidt erwogene Errichtung eines gigantischen Kernkraftwerkes, das deutsche Firmen nahe Königsberg errichten wollten und u.a. auch West-Berlin mit Strom beliefern sollte. Das Projekt scheiterte jedoch an Finanzierungsproblemen und der Ablehnung der DDR-Führung.

18 Für den 3. Oktober 1976 standen die Wahlen zum 8. Deutschen Bundestag an. Der Kanzlerkandidat der CDU/CSU-Fraktion stand bereits fest: Am 19. Juni 1975 nominierten die Präsidien von CDU und CSU den rheinland-pfälzischen Ministerpräsidenten Helmut Kohl.

19 Für Stromlieferungen von der Sowjetunion in die Bundesrepublik. Vgl. *Jäger/Link* 1987, S. 294 f.

20 Vgl. Nr. 3, Anm. 13.

21 Gemeint sind die Genfer KSZE-Verhandlungen. Vgl. ebd.

22 In seiner Regierungserklärung am 17. Mai 1974 erklärte Schmidt: „Kontinuität und Konzentration – das sind die Leitworte dieser Bundesregierung." Vgl. Verhandlungen, Bd. 88, S. 6593.

23 Gemeint ist der Mannheimer Bundesparteitag der SPD vom 11. bis 15. November 1975.

24 Vgl. Anm. 11.

25 Die Sowjetunion forcierte in den siebziger Jahren nochmals den Ausbau ihrer Kriegsmarine, legte sechs neue Hochseeflotten auf Kiel und startete ein Flugzeugträgerprogramm. Vgl. *Hacke* 1997, S. 178.

26 Vgl. Nr. 3, Anm. 13 und 14.

27 Das sporadische Auftauchen rechter Splitterparteien und -gruppen nährte den sowjetischen Propagandatopos bezüglich revanchistischer und neofaschistischer Umtriebe in der Bundesrepublik.

28 Vgl. Nr. 12, Anm. 6.

29 Vgl. Anm. 18.

30 Brandt und Breschnew trafen sich am 12. August 1970 in Moskau, vom 16. bis 18. September 1971 in Oreanda auf der Krim, vom 18. bis 22. Mai 1973 in der Bundesrepublik Deutschland und vom 2. bis 9. Juli 1975 in Moskau.

31 Vgl. Nr. 12, Anm. 4.

32 Vgl. Anm. 17.

33 Strittig war v.a. die Frage der Einbeziehung West-Berlins in die in Rede stehenden Abkommen.

34 Gemeint sind der deutsche Außenminister Hans-Dietrich Genscher und sein sowjetischer Amtskollege Andrej Gromyko.
35 Nr. 12.
36 Vgl. Anm. 14.
37 Vgl. Anm. 30.
38 Vgl. Anm. 18.
39 Vgl. Anm. 30.
40 Am Rande des KSZE-Gipfels in Helsinki kam eine ähnliche Regelung zustande: Schmidt und Gierek handelten einen Kredit in Höhe von einer Mrd. DM für die polnische Wirtschaft und die Zahlung von 1,3 Milliarden DM zur Abgeltung der polnischen Rentenansprüche aus – gegen die Ausreisegenehmigung für über 120 000 deutschstämmige Polen binnen vier Jahren. Unterzeichnet wurden diese und andere Abkommen während eines Besuches von Außenminister Genscher am 9./10. Oktober 1975 in Warschau. Am 19. Februar 1976 stimmte der Bundestag, am 12. März 1976 der Bundesrat den deutsch-polnischen Vereinbarungen zu. Vgl. *Schmidt* 1990 a, S. 479 ff.
41 Die deutsch-deutschen Verhandlungen über den Ausbau und die Verbesserung der Verkehrswege nach Berlin machten rasche Fortschritte. Am 19. Dezember 1975 konnte eine Verkehrsvereinbarung geschlossen und eine neue Transitpauschale festgesetzt werden, die der DDR jährlich ca. 400 Millionen DM einbrachte.
42 Gemeint sind bilaterale Kooperationsprojekte in Ländern der Dritten Welt.
43 Gemeint ist ein gesamteuropäisches Stromverbundnetz.
44 Vgl. Nr. 3, Anm. 13.
45 Die Schlussakte der KSZE legte im so genannten „Korb" 4 die „Folgen der Konferenz" fest, darunter die Abhaltung eines Folgetreffens in Belgrad im Jahre 1977. Vgl. EA 30 (1975) 17, D 483 f.
46 Vgl. ebd.
47 Vgl. Nr. 3, Anm. 14.

48 Vgl. Nr. 3, Anm. 13 und 14.
49 Vgl. Nr. 7, Anm. 4.
50 Breschnew bezieht sich auf seine Rede am 13. Juni 1975 auf einer Wahlveranstaltung in Moskau. Vgl. EA 30 (1975) 13, Z 110.
51 Vgl. Nr. 12, Anm. 3.
52 Der sowjetische Außenminister Gromyko besuchte vom 26. bis 29. Juni 1975 Italien und den Vatikan. Vgl. AdG 45 (1975), S. 19554 f.
53 Vgl. Nr. 3, Anm. 13.
54 Ausgelassen wurden Partien zur Weltpolitik, etwa zur Lage im Nahen Osten, zur amerikanischen Außenpolitik und zur Situation in Spanien und Portugal.

Nr. 15

1 Vgl. Nr. 14, Anm. 30.
2 Vgl. ebd.
3 Brandt bezieht sich auf seine beiden Zusammenkünfte als Bundeskanzler mit dem DDR-Ministerpräsidenten Stoph in Erfurt am 19. März 1970 und in Kassel am 21. Mai 1970. Vgl. *Bender* 1995, S. 183 ff.
4 Gemeint ist der XXV. Parteitag der KPdSU vom 24. Februar bis 5. März 1976 in Moskau. Vgl. EA 31 (1976) 9, D 223 ff.
5 Vgl. Nr. 12, Anm. 4.
6 Vgl. EA 30 (1975) 15, Z 131 f.
7 So gab es beispielsweise keine verbindliche deutsche Fassung des Vier-Mächte-Abkommens. Vgl. Nr. 8, Anm. 2.
8 Vgl. *Der Spiegel*, Nr. 28 vom 7. Juli 1975, S. 22.

Nr. 16

1 Vgl. Nr. 3, Anm. 13.
2 Brandt traf zu zwei mehrstündigen Gesprächen – am 3. und am 9. Juli 1975 – mit Gastgeber Breschnew zusammen. Vgl. Nr. 14.

3 Vgl. Nr. 3, Anm. 13.
4 Vgl. ebd.
5 Vgl. Nr. 14.
6 Die Sowjetunion drängte auf einen frühestmöglichen Beginn der KSZE-Schlusskonferenz. Breschnew hatte am 19. Juni 1975 in Schreiben an westliche Regierungschefs vorgeschlagen, die KSZE bereits am 22. Juli 1975 abzuschließen. Vgl. EA 30 (1975) 14, Z 119.
7 Vgl. ebd.
8 Vgl. EA 30 (1975) 15, Z 131 f.
9 Vgl. Nr. 12, Anm. 6.
10 Vgl. ebd.
11 Brandt besuchte Portugal vom 19. bis 21. Oktober 1974 auf Einladung der Sozialistischen Partei Portugals. Vgl. EA 29 (1974) 22, Z 257 f.
12 Das Moskauer Treffen war die erste Zusammenkunft mit Breschnew, die Brandt nicht in der Funktion des Bundeskanzlers absolvierte. Insofern waren die erwähnten Vorwürfe unzutreffend. Vgl. *Der Spiegel*, Nr. 28 vom 7. Juli 1975, S. 22.
13 Barzel hielt sich Mitte Dezember 1971 in Moskau auf. Vgl. *Barzel, Rainer*: Ein gewagtes Leben. Erinnerungen, Stuttgart und Leipzig 2001, S. 282. Kohl besuchte die Sowjetunion vom 22. bis 30. September 1975. Vgl. AdG 45 (1975), S. 19799.
14 In den USA hielt sich Brandt vom 24. bis 30. März 1975 auf, in der Sowjetunion vom 2. bis 9. Juli 1975. Griechenland und Jugoslawien besuchte der SPD-Vorsitzende vom 20. bis 24. Juni bzw. am 24./25. Juni 1975.

Nr. 17
1 Die Konferenz über Sicherheit und Zusammenarbeit in Europa (KSZE) endete mit einer dreitägigen Schlussphase in Helsinki vom 29. Juli bis 1. August 1975. Die Schlussakte unterzeichneten höchstrangige Vertreter der 35 Teilnehmerstaaten – mit Ausnahme Maltas, das lediglich den stellvertretenden Ministerpräsidenten entsandte, und des Heiligen Stuhls, der den Sekretär seines Rates für Öffentliche Angelegenheiten delegierte. Vgl. Nr. 3, Anm. 13.
2 Brandt spielt auf den Volksaufstand in der DDR am 17. Juni 1953, die Berlin-Krise 1958/59, den Bau der Berliner Mauer am 13. August 1961 sowie die Konfrontation kampfbereiter amerikanischer und sowjetischer Panzer am „Checkpoint Charlie" Ende Oktober 1962 an.
3 Vgl. Anm. 1.
4 Vgl. die Schlussakte der KSZE vom 1. August 1975, in: EA 30 (1975) 17, D 437– 484.
5 Vgl. Nr. 3, Anm. 14.
6 Die KSZE resultierte auch aus dem sowjetischen Kalkül, die USA aus europäischen Sicherheitsfragen herauszuhalten und damit das Geschehen auf dem Kontinent dominieren zu wollen. Der Westen machte jedoch die Teilnahme der USA und Kanadas zur Bedingung für das Stattfinden der Konferenz, womit sich die Kremlführer schließlich abfanden.
7 Vgl. *Bender* 1995, S. 189 ff.
8 Zu den Gesprächen Schmidts mit Honecker am Rande der KSZE-Schlusskonferenz vgl. *Schmidt* 1990 a, S. 30 ff.
9 Mit dieser Prognose sollte Brandt Recht behalten. Die DDR-Führung war außerstande, die in der Schlussakte beispielsweise festgeschriebene „Achtung der Menschenrechte und Grundfreiheiten, einschließlich der Gedanken-, Gewissens-, Religions- oder Überzeugungsfreiheit" im konkreten Falle zu gewährleisten. Gleiches galt für die „freiere und umfassendere Verbreitung von Informationen aller Art". Die Ausweisung des Ost-Berliner *Spiegel*-Korrespondenten Jörg R. Mettke wegen vermeintlicher grober Verleumdung der DDR

am 16. Dezember 1975 war symptomatisch für die fortdauernde Repression und Informationsblockade der SED-Spitze. Vgl. EA 31 (1976) 2, Z 14.

## Nr. 18
1   Bei der Vorlage handelt es sich um den Durchschlag des Schreibens Brandts.
2   Vgl. Nr. 13 und 14.
3   Eine sechsköpfige Delegation sowjetischer Bürgermeister besuchte auf Einladung des Deutschen Städtetages vom 6. bis 16. Oktober 1975 die Bundesrepublik Deutschland. Den geplanten Abschlussbesuch in West-Berlin verhinderte die Aufforderung der sowjetischen Regierung, die Reise vorher abzubrechen. Vgl. AdG 45 (1975), S. 19766.
4   Vgl. Berliner Ausgabe, Bd. 3.
5   Vgl. EA 30 (1975) 23, Z 202 f.
6   Vgl. *Bracher u.a.* 1986, S. 198 ff.
7   Brandt bezieht sich auf die diesbezüglichen Sondierungen des Bremer Bürgermeisters und Präsidenten des Deutschen Städtetages, Hans Koschnick, beim sowjetischen Botschafter in Bonn, Valentin M. Falin, am 23. Oktober 1975. Vgl. AdG 45 (1975), S. 19782.
8   Vgl. Nr. 3, Anm. 13.
9   Gemeint ist der Bundesparteitag der SPD in Mannheim vom 11. bis 15. November 1975.
10   Vgl. EA 30 (1975) 23, Z 202 f.
11   Stempel.

## Nr. 19
1   Vgl. Nr. 7, Anm. 3, und Berliner Ausgabe, Bd. 6.
2   AdG 40 (1970), S. 15874 f.
3   Der deutsch-tschechoslowakische „Prager Vertrag" vom 11. Dezember 1973 bildete den Schlussstein der bilateralen Ostpolitik. Vgl. *Bender* 1995, S. 155 ff.

4   AdG 40 (1970). S. 15872 f.
5   Gemeint sind die deutsch-polnischen Vereinbarungen, die während des Polenbesuches von Außenminister Genscher am 9. Oktober 1975 unterzeichnet wurden: u. a. Abkommen über einen Finanzkredit, zur Renten- und Unfallversicherung sowie zur wirtschaftlichen Kooperation. Am 24. Oktober 1975 hatte der CSU-Vorsitzende Strauß zur Ablehnung der Verträge mit Polen aufgefordert und damit – nicht nur in Warschau kursierenden – Zweifeln an der außenpolitischen Verlässlichkeit der Bundesrepublik Vorschub geleistet. Vgl. AdG 45 (1975), S. 19782 f.
6   Den Warschauer Vertrag unterzeichneten für die Bundesrepublik Deutschland Bundeskanzler Willy Brandt und Außenminister Walter Scheel, für die Volksrepublik Polen Ministerpräsident Jozef Cyrankiewicz und Außenminister Stefan Jedrychowski. Vgl. AdG 40 (1970), S. 15872 f.

## Nr. 20
1   Bei der Vorlage handelt es sich um eine Kopie der Übersetzung des Schreibens Breschnews.
2   Breschnew bezieht sich auf Brandts Wiederwahl zum SPD-Vorsitzenden durch den Mannheimer Bundesparteitag der SPD vom 11. bis 15. November 1975 sowie auf Brandts Geburtstag am 18. Dezember 1975.
3   Vgl. Anm. 2.
4   Vgl. Nr. 9, Anm. 5.
5   Gemeint ist der XXV. Parteitag der KPdSU, der vom 24. Februar bis 5. März 1976 in Moskau stattfand. Vgl. AdG 46 (1976), S. 20040 ff.
6   Breschnew bezieht sich auf den XXIV. Parteitag der KPdSU vom 30. März bis 9. April 1971 in Moskau. Vgl. AdG 41 (1971), S. 16179 ff.
7   Vgl. Nr. 3, Anm. 13.

8 Vgl. ebd.
9 Vgl. Nr. 18, Anm. 7.
10 Vgl. Nr. 18, Anm. 3.

Nr. 21
1 Bei der Vorlage handelt es sich um den Durchschlag des Schreibens Brandts.
2 Brandt hatte an der Darstellung seiner Kanzlerschaft und seiner Person im *Spiegel* Anstoß genommen. Hier bezieht er sich auf Augsteins Schreiben vom 17. Dezember 1975, in: AdsD, WBA, A 11.1, 29.
3 Gemeint ist das Manuskript zu Brandts aktuellem Memoirenband. Vgl. *Brandt 1976*.
4 Stempel.

Nr. 22
1 Dt. „Im Ausland".
2 Vgl. Nr. 3, Anm. 13.
3 Vgl. Nr. 7, Anm. 4.
4 Vgl. Nr. 7, Anm. 3.
5 Vgl. Nr. 3, Anm. 13.
6 Vgl. Nr. 3, Anm. 14.
7 Vgl. Nr. 3, Anm. 13.
8 Die Erste KSZE-Folgekonferenz in Belgrad begann am 4. Oktober 1977 und endete am 9. März 1978. Vgl. EA 33 (1978) 8, D 246 ff.
9 Vgl. EA 30 (1975) 17, D 467 ff.
10 Vgl. Nr. 3, Anm. 14.
11 Gemeint ist die politische Hegemonie der Sowjetunion in ihrem Bündnissystem. Ein Dilemma der sozial-liberalen Ostpolitik bestand von Anfang an darin, dass sich die Bundesregierung mit der Wahl Moskaus als erstem, weil wichtigstem, Verhandlungspartner *nolens volens* auf den Boden der so genannten „Breschnew-Doktrin" stellte und damit die drastische Einschränkung der außenpolitischen Souveränität der Ostblockstaaten praktisch akzeptierte. Vgl. EA 23 (1968) 18, D 440–446.
12 Vgl. Nr. 9, Anm. 5.

13 Vgl. *Jäger/Link* 1987, S. 290 ff.
14 Vgl. Nr. 12, Anm. 6.

Nr. 23
1 Bei der Vorlage handelt es sich um eine Kopie des Schreibens Brandts.
2 Nr. 20.
3 Vgl. Nr. 20, Anm. 5.
4 Brandt bezieht sich auf die bevorstehenden Präsidentschaftswahlen in den USA am 2. November 1976, die Führungskrise in China (am 9. September 1976 starb Mao Tse-tung nach langem Siechtum) sowie auf die Wahlen zum 8. Deutschen Bundestag am 3. Oktober 1976.
5 Vgl. Nr. 3, Anm. 13.
6 Brandt bezieht sich auf die Machtkämpfe in Portugal, die auch nach dem Wahlsieg der Sozialisten in den Wahlen zur Verfassunggebenden Versammlung am 25. April 1975 andauerten, ehe sich 1976 die politischen Verhältnisse nach Parlaments- und Präsidentschaftswahlen stabilisierten.
7 Vgl. Nr. 18, Anm. 3.
8 Vgl. Nr. 12, Anm. 6.
9 Vgl. EA 30 (1975) 23, Z 202 f.

Nr. 24
1 Bei der Vorlage handelt es sich um den Durchschlag des Schreibens Brandts. Am Textanfang hs. vermerkt „Persönlich".
2 Vgl. *Nannen, Henri:* War die Ostpolitik umsonst? in: *Stern*, Nr. 5 vom 22. Januar 1976, S. 40–44.
3 Die Ostpolitik Brandts, so Nannen, sei „nicht nur nicht umsonst", sondern „nötig um unserer Selbstachtung willen" gewesen. Vgl. ebd., S. 44.
4 In seinem Vortrag anlässlich der Verleihung des Friedensnobelpreises am 11. Dezember 1971 in Oslo hatte Brandt betont: „Unsere Entspannungspolitik fing im Westen an und bleibt im Westen verankert."

Vgl. *Brandt* 1972, D 25–35, Zitat D 31. In der Tat kam es für die Bundesregierung darauf an, die deutschen Interessen in den übergeordneten Entspannungsdialog der Supermächte einzufädeln und sich von unzeitgemäßen außenpolitischen Prinzipien wie der Hallstein-Doktrin oder dem Vorrang der Wiedervereinigung vor der Entspannung zu trennen. Andernfalls wäre die Bundesrepublik von der Entspannung „überrollt" worden, wie Brandt hier zu bedenken gibt.

5   Nannen beschrieb das Schicksal eines deutsch-polnischen Paares, dem aufgrund der Obstruktionshaltung polnischer Behörden die Hochzeit verweigert wurde.

6   Stempel.

### Nr. 25

1   In einem Fernsehinterview am 1. März 1976 lehnte Präsident Ford die Begriffsbezeichnung „Détente" ab und stellte klar: „Ich meine, wir sollten es so formulieren, daß die USA sich mit den Supermächten, der UdSSR, China und anderen, treffen und versuchen werden, die Spannungen zu mildern, so daß wir eine Politik des Friedens durch Stärke fortsetzen können." AdG 46 (1976), S. 20061.

2   Auf den 2. November 1976 waren in den USA Präsidentschaftswahlen und Wahlen für das Repräsentantenhaus sowie Teilwahlen für Senat und Gouverneursämter terminiert. Der republikanische Amtsinhaber Gerald Ford sah sich auch deswegen zur Distanzierung gegenüber der Détente-Politik veranlasst, weil er sich mit Ronald Reagan in seiner eigenen Partei einem Konkurrenten um die Nominierung als Präsidentschaftskandidat gegenübersah, der den Kurs der Entspannung und Rüstungskontrolle radikal ablehnte.

3   Vgl. *Genscher, Hans-Dietrich:* Erinnerungen, Berlin 1995, S. 207 ff.

4   Brandt bezieht sich auf den so genannten „Harmel-Bericht", benannt nach dem belgischen Außenminister Pierre Harmel, der Ende 1966 die Ausarbeitung der am 14. Dezember 1967 verabschiedeten Studie über die künftigen Aufgaben der NATO vorgeschlagen hatte. Demnach habe die NATO „zwei Hauptfunktionen. Die erste besteht darin, eine ausreichende militärische Stärke und politische Solidarität aufrechtzuerhalten, um gegenüber Aggressionen und anderen Formen von Druckanwendung abschreckend zu wirken." Brandt ging es vor allem um die zweite Funktion: „die weitere Suche nach Fortschritten in Richtung auf dauerhafte Beziehungen [...]. Militärische Sicherheit und Politik der Entspannung stellen keinen Widerspruch, sondern eine gegenseitige Ergänzung dar." EA 23 (1968) 23, D 75 f. Vgl. *Schöllgen* 1996, S. 236 f.

5   Unter Bundeskanzler Kurt Georg Kiesinger und Vizekanzler und Außenminister Willy Brandt.

6   Vgl. die Regierungserklärung Helmut Schmidts am 17. Mai 1974, in: Verhandlungen, Bd. 88, S. 6593 ff.

7   Brandt bezieht sich auf die Phase der Schwäche und Unsicherheit, welche die amerikanische Gesellschaft im Gefolge der Watergate-Affäre, die im August 1974 zum Rücktritt des Präsidenten Richard Nixon führte, und des verlorenen Vietnamkrieges durchlebte. Vgl. *Hacke* 1997, S. 170 ff.

8   Zu Strauß' zunächst ablehnender Haltung gegenüber der Entspannungspolitik vgl. *Strauß, Franz Josef:* Die Erinnerungen, Berlin 1989, S. 443.

9   „Das Etikett ‚Ostpolitik'", so Brandt Ende 1971, „sagt mir nicht zu. [...] Das Wort ist vorbelastet. Und es läßt die Fehldeutung zu, als sei es mit der auswärtigen Politik wie mit einer Kommode, bei der man mal die eine, mal die andere Schublade aufzieht. [...] Wir wollen und brauchen die Partner-

schaft mit dem Westen u n d die Verständigung mit dem Osten." *Brandt 1972*, D 25–35, Zitat D 31. Allerdings verwendete Brandt den Begriff „Ostpolitik" dennoch, vgl. Nr. 1. Nach der Kritik an der Détente bzw. der Entspannung bevorzugte er jedoch die Formulierungen „aktive Friedenssicherung" oder „aktive Friedenspolitik". Vgl. hierzu Nr. 4 und 37.

Nr. 26

1   Bei der Vorlage handelt es sich um den Durchschlag des Schreibens Brandts.
2   Lüders' Schreiben vom 20. Februar 1976, in: AdsD, WBA, A 11.1, 45.
3   Am 19. Februar 1976 stimmte der Deutsche Bundestag in zweiter Lesung den Vereinbarungen mit Polen vom 9. Oktober 1975 zu und billigte die Verträge mit 276 zu 191 Stimmen. 15 Oppositionsabgeordnete stimmten mit Ja. Am 12. März 1976 stimmte auch der Bundesrat zu. Vgl. Nr. 19, Anm. 5.
4   Vgl. ebd.
5   Vgl. Nr. 25, Anm. 1.
6   Vgl. ebd.
7   Ausgelassen wurden persönliche, ausschließlich Lüders betreffende Informationen.
8   Die Vorlage trägt keine Unterschrift.
9   Ausgelassen wurde die Anlage zu persönlichen Angelegenheiten von Lüders.

Nr. 27

1   Bei der Vorlage handelt es sich um eine Kopie des hs. Vermerks Brandts.
2   Gierek besuchte vom 8. bis 12. Juni 1976 die Bundesrepublik Deutschland. Vgl. AdG 46 (1976), S. 20295 ff.
3   Gemeint ist der polnische Botschafter in Bonn.
4   Ferdinand Lassalle, Arbeiterführer und erster Präsident des ADAV, starb an den Folgen eines Duells am 31. August 1864 in Genf und wurde am 14. September 1864 auf dem jüdischen Friedhof seiner Geburtsstadt Breslau beigesetzt. Vgl. *Uexküll, Gösta von:* Ferdinand Lassalle in Selbstzeugnissen und Bilddokumenten, Reinbek bei Hamburg 1974.
5   Vgl. Nr. 3, Anm. 13.
6   Vgl. Nr. 22, Anm. 8.
7   Vgl. Nr. 3, Anm. 14.
8   Vgl. Nr. 25, Anm. 2.
9   Vgl. Nr. 7, Anm. 4.
10  Von Brandt hs. ergänzt.
11  Gemeint ist eine während Giereks Besuch in der Bundesrepublik geschlossene deutsch-polnische Vereinbarung über die Zusammenarbeit bei einem Großprojekt für Vergasung und chemische Verarbeitung von Kohle. Vgl. AdG 46 (1976), S. 20297.
12  Gemeint ist die Konferenz der kommunistischen Parteien West- und Osteuropas in Ost-Berlin am 29./30. Juni 1976. Vgl. EA 31 (1976) 14, Z 134.
13  Gemeint sind Meinungsverschiedenheiten zwischen den italienischen und portugiesischen Kommunisten, insbesondere deren Vorsitzenden, Enrico Berlinguer und Alvaro Cunhal.
14  Vgl. Berliner Ausgabe, Bd. 8.
15  Brandt bezieht sich auf die Konferenz europäischer und lateinamerikanischer sozialdemokratischer Parteien in Caracas vom 22. bis 24. Mai 1976. Vgl. EA 31 (1976) 12, Z 114.
16  Für viele östliche Staats- und Parteichefs, voran für Breschnew, gehörte die Frage nach einer Institutionalisierung der Zusammenarbeit mit der SPD auf Parteiebene geradezu zum Standardrepertoire. Vgl. Nr. 14, 15 und 32.
17  Gemeint ist ein Bonn-Besuch Breschnews.
18  Am 7. Dezember 1970 wurde in Warschau der deutsch-polnische Vertrag unterzeichnet. Vgl. Nr. 19, Anm. 6, und Berliner Ausgabe, Bd. 6.

19 Gemeint ist die polnische Staatsführung, voran Ministerpräsident Jozef Cyrankiewicz und Außenminister Stefan Jedrychowski.
20 Vgl. Nr. 2, Anm. 3.
21 Hs. paraphiert.

## Nr. 28

1 Bei der Vorlage handelt es sich um die Kopie des hs. Schreibens Brandts. Am Textanfang von Brandt hs. vermerkt „p.t. Hamar, den 5. 8. 1976".
2 Brandt bezieht sich auf die Gipfelkonferenz der blockfreien Staaten in Colombo vom 16. bis 19. August 1976. Vgl. EA 31 (1976) 18, Z 161 f.
3 Gemeint ist die vierte Konferenz für Welthandel und Entwicklung (UNCTAD IV) vom 5. bis 30. Mai 1976 in der kenianischen Hauptstadt Nairobi. Die 1964 als ständiges Organ der UNO eingerichtete Konferenz sollte vor allem den Handel zwischen Entwicklungsländern und Ländern unterschiedlicher Wirtschaftsordnung fördern. Die Zusammenkunft der 154 Mitgliedsstaaten von 1976 wurde vom Dissens zwischen Entwicklungs- und Industrieländern überschattet. Die Errichtung einer „Neuen Weltwirtschaftsordnung" blieb einmal mehr auf dem Papier. Vgl. EA 31 (1976) 12, Z 111 f.
4 Gemeint ist George Fernandes. Am 26. Juni 1975 waren im Gefolge einer schweren innenpolitischen Krise in Indien der Ausnahmezustand verhängt und eine Reihe von Repressionsmaßnahmen durchgeführt worden, darunter die Verhaftung von rund 700 oppositionellen Politikern. Vgl. AdG 45 (1975), S. 19648 ff.
5 Gemeint ist der verantwortliche Repräsentant der Friedrich-Ebert-Stiftung in Colombo, Heino Froehling.
6 Vgl. Anm. 2.

## Nr. 29

1 Die Berliner Ost-West-Sektorengrenze wurde in der Nacht vom 12. zum 13. August 1961 zunächst provisorisch mit Stacheldrahtverhauen versperrt, der Bau der eigentlichen Mauer begann einige Tage später. Vgl. *Winkler* 2000, Bd. 2, S. 203 ff.
2 Gleichwohl respektierte Moskau die vom amerikanischen Präsidenten Kennedy für die Existenz West-Berlins als konstitutiv angeführten „three essentials": die Präsenz der Westmächte in West-Berlin, deren freier Zugang dorthin und die Freiheit der West-Berliner. Im Gegenzug nahmen die Vereinigten Staaten von Amerika die Maßnahmen im sowjetischen Machtbereich hin.
3 Vgl. *Brandt* 1976, S. 9 ff., v.a. S. 17, und *Brandt* 1994, S. 36 ff., zudem Berliner Ausgabe, Bd. 3.
4 Vgl. Nr. 8, Anm. 2.
5 Insbesondere in Verkehrs-, Versorgungs- und Transitfragen. Vgl. *Bender* 1995, S. 189 ff.
6 Brandt bezieht sich auf einen Grenzzwischenfall an der deutsch-deutschen Grenze im Juli 1976. DDR-Grenzsoldaten hatten auf einen Hamburger Urlauber geschossen, der die Demarkationslinie überschritten hatte. Vgl. EA 31 (1976) 16, Z 141 f.

## Nr. 30

1 Vgl. Nr. 8, Anm. 2.
2 Brandt bezieht sich auf seine Amtszeit als Regierender Bürgermeister Berlins von 1957–1966, in der er jene „Politik der kleinen Schritte" erprobte, die zum Vorbild der späteren sozial-liberalen Ostpolitik wurde. Vgl. Berliner Ausgabe, Bd. 3. Insbesondere das erste Passierschein-Abkommen mit Ost-Berlin vom 17. Dezember 1963 trug Modellcharakter. Egon Bahr schrieb in der Rückschau: „In der Nußschale ist die ganze Phi-

losophie der Ostpolitik bei den Passierscheinen erprobt worden." *Bahr* 1996, S. 164.

3 Vgl. *Naeher, Gerd:* Axel Springer. Mensch, Macht, Mythos, Erlangen u.a. 1991, S. 329 ff.

## Nr. 31

1 Bei der Vorlage handelt es sich um den Durchschlag des Schreibens Brandts.

2 Als Sicherheitsberater des Präsidenten (1969–1974) und als Außenminister (1973–1977) der Vereinigten Staaten von Amerika hatte Henry A. Kissinger vor und hinter den Kulissen maßgeblichen Einfluss auf die Sicherheits- und Außenpolitik der Präsidenten Nixon und Ford. Brandt bezieht sich vor allem auf Kissingers Verdienste um die Politik der Entspannung und Rüstungskontrolle im Ost-West-Konflikt. Vgl. *Hacke* 1997, S. 119 ff.

3 Trotz der von Brandt hervorgehobenen Identität der Entspannungsinteressen zwischen den USA und der Bundesrepublik stand Kissinger der Brandt'schen Ostpolitik nie ohne Skepsis gegenüber. Den erläuternden Ausführungen des Staatssekretärs Paul Frank zur Bonner Außenpolitik hielt er 1970 entgegen: „Na gut, schön. Aber das eine sage ich Ihnen: wenn Entspannungspolitik, dann machen wir sie und nicht Sie." Vgl. *Bender* 1995, S. 187. Vgl. auch Kissingers eigene, durchaus kritische Sicht der bundesdeutschen Ostpolitik und ihrer Protagonisten Willy Brandt und Egon Bahr, in: *Kissinger, Henry A.:* Memoiren 1968–1973, München 1979, S. 546 ff.

4 Vgl. Nr. 8, Anm. 2.

5 Sowohl Brandt als auch Kissinger sahen sich von der Nazidiktatur zur Emigration gezwungen: Brandt flüchtete 1933 über Dänemark nach Norwegen, Kissinger emigrierte 1938 mit seinen jüdischen Eltern in die USA.

6 Brandt bezieht sich hier auf seinen USA-Besuch vom 24. bis 30. März 1975.

7 Stempel.

## Nr. 32

1 Bei der Vorlage handelt es sich um die Übersetzung des Schreibens Breschnews.

2 Breschnew bezieht sich auf Brandts Amt als Präsident der Sozialistischen Internationale (SI), in das er auf dem 13. Kongress der SI vom 26. bis 28. November 1976 in Genf gewählt wurde. Vgl. AdG 46 (1976), S. 20662 f., und Berliner Ausgabe, Bd. 8.

3 Vgl. Nr. 27, Anm. 16.

4 Diese Formulierung hatte nicht Brandt, sondern Egon Bahr in seiner Rede beim Kongress der SI im November 1976 verwendet. Vgl. Socialist Affairs 27 (1977) 2, S. 52 f. Siehe auch Nr. 34.

5 Ebd.

6 Vgl. Nr. 14 und Berliner Ausgabe, Bd. 6.

7 Vor allem in der so genannten „Datenfrage" konnten keine Fortschritte erzielt werden. Nach der 129. Plenarsitzung der Wiener MBFR-Verhandlungen teilten Sprecher beider Seiten mit, dass nun außerhalb des Plenums Gespräche über die vorgelegten Zahlen bezüglich der Truppenstärken aufgenommen worden seien. Vgl. EA 32 (1977) 7, Z 66, und Nr. 3, Anm. 14.

8 Breschnew besuchte die Bundesrepublik vom 4. bis 7. Mai 1978 und traf mit Brandt zu einem Gespräch zusammen.

9 Vgl. Nr. 14, Anm. 30.

## Nr. 33

1 Bei der Vorlage handelt es sich um den Durchschlag des Schreibens Brandts. Am Textanfang hs. vermerkt „ab 14.4 → H[ans] E[berhard] D[ingels] → jugosl[awischer] Botsch[after]": Der internationale Sekretär der

SPD, Hans Eberhard Dingels, übermittelte das Schreiben Brandts am 14. April dem jugoslawischen Botschafter in Bonn.
2 Aleksandar Grličkow, jugoslawischer Politiker, in der Kommunistischen Partei Jugoslawiens für internationale Beziehungen zuständig.
3 Bundeskanzler Schmidt besuchte am 27./28. Mai 1977 Jugoslawien. Vgl. AdG 47 (1977), S. 21094 f.
4 Vladimir Bakarić, jugoslawischer Politiker, 1975/76 Stellvertreter Titos.
5 Die von Moskau unabhängige KP Jugoslawiens war die einzige kommunistische Partei, mit der die SPD offizielle Beziehungen unterhielt.
6 Gemeint ist die Konferenz der sozialdemokratischen Parteiführer und Regierungschefs am 16./17. April 1977 in Amsterdam.
7 Vgl. Nr. 22, Anm. 8.
8 Der amerikanische Außenminister Cyrus Vance hatte während seines Besuches in der Sowjetunion vom 28. bis 30. März 1977 der Vorbereitung eines neuen SALT-Abkommens zentrale Bedeutung eingeräumt und dazu zwei Vorschläge unterbreitet, welche jedoch die sowjetische Seite ablehnte. Vgl. EA 32 (1977) 8, Z 73 f., und Nr. 7, Anm. 4.
9 Brandt bezieht sich auf seine USA-Reise vom 6. bis 14. März 1977. Am 14. März gab er bekannt, dass er den Vorsitz der „Unabhängigen Kommission für Internationale Entwicklungsfragen", kurz Nord-Süd-Kommission, zu übernehmen beabsichtige. Vgl. AdG 47 (1977), S. 20845 f., und Berliner Ausgabe, Bd. 8.
10 Vgl. Anm. 7.
11 Vgl. Anm. 9.
12 Brandt bezieht sich auf die „Konferenz über Internationale Wirtschaftliche Zusammenarbeit" (KIWZ), deren Eröffnungstagung vom 16. bis 18. Dezember 1975 in Paris stattfand. Der Abschlussgipfel fand am 2./3. Juni 1977 statt. Ein konkretes Ergebnis, etwa die viel beschworene „Neue Weltwirtschaftsordnung", erbrachte die Konferenz nicht. Vgl. *Schöllgen* 1996, S. 322 ff.
13 Vgl. Nr. 28, Anm. 2.
14 Lediglich die Idee zum Projekt der „Unabhängigen Kommission für Internationale Entwicklungsfragen" stammte von Weltbankpräsident Robert McNamara. Vgl. Berliner Ausgabe, Bd. 8.
15 Stempel

Nr. 34

1 Bei der Vorlage handelt es sich um den Durchschlag des Schreibens Brandts.
2 Nr. 32.
3 Vgl. Nr. 14, Anm. 30.
4 Vgl. Nr. 22, Anm. 8.
5 Gemeint sind die Wiener MBFR-Verhandlungen. Vgl. Nr. 3, Anm. 14. Brandt bezieht sich bei seiner Erwähnung „1971 und 1973" auf seine Zusammenkünfte mit Breschnew im September 1971 in Oreanda und im Mai 1973 in Bonn.
6 Gemeint ist der zweite Besuch Breschnews in der Bundesrepublik, der vom 4. bis 7. Mai 1978 stattfand.
7 Brandt versucht hier, über Breschnew das Verhalten der Ost-Berliner SED-Regierung positiv zu beeinflussen – ein probates Mittel, das Brandt bereits während seiner Kanzlerschaft eingesetzt hatte, um Druck auf die DDR-Führung zu machen. Vgl. dazu Berliner Ausgabe, Bd. 6, und den britischen Historiker Garton Ash, der in diesem Zusammenhang von einem „Triangel Bonn-Moskau-Berlin" spricht. *Garton Ash* 1993, S. 76 ff., Zitat S. 125.
8 Vgl. Nr. 32.
9 Vgl. Nr. 32, Anm. 4.
10 Vgl. Berliner Ausgabe, Bd. 8.
11 Vgl. Nr. 32.

12 Vgl. Anm. 6.
13 Brandt besuchte vom 17. bis 19. Dezember 1977 Japan, um an der Tokioter Konferenz führender Vertreter der SI-Mitgliedsparteien teilzunehmen. Zum geplanten Zwischenstopp in Moskau kam es nicht. Vgl. EA 33 (1978) 2, Z 22.
14 Stempel.

## Nr. 35

1 Bei der Vorlage handelt es sich um die ms. Abschrift des Schreibens Brandts.
2 Schreibweise in der Vorlage „Hajek".
3 Hájek war tschechoslowakischer Außenminister vom 8. April bis 19. September 1968, Brandt vom 1. Dezember 1966 bis zum 21. Oktober 1969. Als einer der Protagonisten des „Prager Frühlings" 1968 musste Hájek nach der Intervention der sowjetischen Armee von seinem Amt zurücktreten und wurde im April 1970 aus der Kommunistischen Partei ausgeschlossen.
4 Vgl. Nr. 3, Anm. 13.
5 Vgl. Nr. 22, Anm. 8.
6 Brandt spielt darauf an, dass in den kommunistisch regierten Staaten des Ostblocks das Einfordern der Menschenrechte und Grundfreiheiten nach wie vor mit hohem persönlichen Risiko verbunden war.

## Nr. 36

1 Bei der Vorlage handelt es sich um die Übersetzung des Schreibens Breschnews. Am Textanfang vermerkte Brandt hs. „Br 8/7".
2 Nr. 34.
3 Vgl. Nr. 3, Anm. 13.
4 In der Vorlage fälschlich „darauf".
5 In der Vorlage fälschlich „bewilligen".
6 Breschnew spielt auf die Entspannungskritik aus den Reihen der CDU/CSU-Fraktion an. Vgl. Erklärung der CDU/CSU-Bundestagsfraktion zum 17. Juni, in: AdG 47 (1977), S. 21077 f.

7 Trotz Breschnews Abrüstungsbekundungen trieb die Sowjetunion in der zweiten Hälfte der siebziger Jahre massive Aufrüstungsprogramme voran. Vgl. *Hildermeier, Manfred*: Geschichte der Sowjetunion 1917–1991. Entstehung und Niedergang des ersten sozialistischen Staates, München 1998, S. 990 ff.
8 In der Vorlage fälschlich „auf".
9 Vgl. Nr. 22, Anm. 8.
10 In der Vorlage fälschlich „weitgehend".
11 In der Vorlage fälschlich „zurückgreifen".
12 Vgl. Nr. 27, Anm. 16.
13 Von Brandt hs. mit senkrechtem Randstrich markiert.
14 Vgl. Nr. 9, Anm. 13.
15 Von Brandt hs. mit senkrechtem Randstrich markiert.
16 Vgl. Nr. 14, Anm. 30.
17 Ohne Unterschrift.

## Nr. 37

1 Vgl. Nr. 25, Anm. 9.
2 Der amerikanische Präsident Carter stellte die Menschenrechtsproblematik in den Mittelpunkt seiner Außen- und Sowjetunionpolitik, während die Bundesregierung und auch Brandt sich von einer diskreten, stillschweigenden Handhabung dieses Themas mehr versprachen. Am 5. Februar 1977 beantwortete Carter in einem persönlichen Schreiben eine Nachricht des sowjetischen Regimekritikers Sacharow und ermutigte diesen in seinem Protest gegen die Kremlherrscher. EA 32 (1977) 13, D 374. Vgl. *Hacke* 1997, S. 213 ff.
3 Vgl. Nr. 25, Anm. 4.
4 Vgl. Nr. 12, Anm. 12.
5 Gemeint ist die Erklärung des amerikanischen Präsidenten Nixon anlässlich des zwanzigjährigen Bestehens der NATO im April 1969. Vgl. EA 24 (1969) 9, Z 95.

6  Vgl. dazu die Geburtsurkunde der amerikanisch-sowjetischen Détente-Politik, die so genannte „Friedensrede" des amerikanischen Präsidenten Kennedy am 10. Juni 1963 in der Universität Washington: „Beide, die Vereinigten Staaten und ihre Verbündeten sowie die Sowjetunion und ihre Verbündeten, haben ein gemeinsames tiefes Interesse an einem gerechten und wirklichen Frieden und an einer Einstellung des Wettrüstens. Abkommen, die zu diesem Ziel führen, sind im Interesse der Sowjets wie auch im unsrigen." EA 18 (1963) 12, D 289–294, Zitat D 291.

7  Die Konferenz tagte in Genf vom 29. August bis 28. September 1968. Vgl. die Erklärung des deutschen Außenministers Willy Brandt vom 3. September 1968, in: EA 23 (1968) 21, D 502–505.

8  Brandt bezieht sich auf die Besetzung der ČSSR und die Niederschlagung der reformkommunistischen Bewegung des „Prager Frühlings" durch die Truppen der Sowjetunion und anderer Staaten des Warschauer Paktes am 20./21. August 1968.

9  Gemeint ist das Treffen Brandts mit dem DDR-Ministerpräsidenten Stoph am 19. März 1970 in Erfurt. In seinem Gespräch mit Stoph ging Brandt nicht explizit auf die Menschenrechtsthematik ein: „Wie ich es nicht akzeptieren kann, dieses Gespräch zu einem Forum für die Erörterung der, wie wir es verstehen, freiheitlich-demokratischen Grundordnung der Bundesrepublik zu machen, so halten wir es meinerseits auch nicht für angebracht, die inneren Verhältnisse der DDR zur Debatte zu stellen." SAPMO DY30/J IV 2/201/831, Stenographische Mitschrift des Gesprächs des Vorsitzenden des Ministerrates der Deutschen Demokratischen Republik, Willi Stoph, mit dem Bundeskanzler der Bundesrepublik Deutschland, Willy Brandt, am 19. März 1970 in Erfurt, abgedruckt in: *Potthoff* 1997, S. 135–159, Zitat S. 150.

10  Gemeint ist die Verleihung des Friedensnobelpreises an Brandt am 11. Dezember 1971.

11  Vgl. Brandt, Willy: Friedenspolitik in unserer Zeit, in: EA 27 (1972) 2, D 25–35.

12  Vgl. Nr. 3, Anm. 13.

13  Vgl. Schlussakte, in: EA 30 (1975) 17, D 467–483.

14  Vgl. Nr. 22, Anm. 8.

15  Brandt bezieht sich auf die Bundestagsrede von Friedrich Zimmermann (CSU) am 26. Mai 1977. Vgl. Verhandlungen, Bd. 101, S. 2082.

16  James Earl „Jimmy" Carter, im November 1976 zum 39. Präsidenten der Vereinigten Staaten von Amerika gewählt, seit 20. Januar 1977 im Amt.

17  Bundeskanzler Schmidt besuchte vom 13. bis 15. Juli 1977 die USA.

18  Vgl. Nr. 22, Anm. 8.

19  Vgl. Nr. 3, Anm. 14.

20  Vgl. EA 30 (1975) 17, D 437–464.

21  Vgl. Nr. 3, Anm. 13.

22  Im Januar 1977 übergab eine Gruppe von Bürgern der ČSSR westlichen Korrespondenten eine Erklärung, in der unter Berufung auf die KSZE-Schlussakte sowie auf allgemeine Menschenrechtskonventionen die permanente Verletzung der Menschenrechte durch die Staatsorgane und die Kommunistische Partei der ČSSR angeprangert wurde. Die rund 250 Unterzeichner der Erklärung gaben sich den Namen „Charta 77". Zu ihren Sprechern bestimmten sie den ehemaligen Außenminister Jiři Hájek, den Schriftsteller Václav Havel und den Philosophen Jan Patočka. Vgl. die Erklärung der tschechoslowakischen Bürgerrechts-Bewegung „Charta 77" vom 1. Januar 1977, in: EA 32 (1977) 13, D 335–358.

23  Brandt bezieht sich auf Jacek Kuróń, den im Mai 1977 verhafteten prominenten Sprecher der polnischen Bürgerrechtler.

24 Gemeint ist der sowjetische Atomphysiker und Bürgerrechtler Andrej Sacharow.
25 Vom 26. bis 28. November 1976 fand in Genf der 13. Kongress der SI statt, auf dem Brandt am 26. November einstimmig zum neuen Präsidenten der SI gewählt wurde. In seiner Rede rief er zu drei Offensiven globalen Maßstabs auf: für einen gesicherten Frieden, für neue Beziehungen zwischen Nord und Süd, für die Menschenrechte. Vgl. EA 32 (1977) 6, D 143 ff., und Berliner Ausgabe, Bd. 8.
26 Franz Josef Strauß warf beispielsweise der Bundesregierung vor, statt Entspannungspolitik Annäherung durch Anpassung zu betreiben. Vgl. EA 32 (1977) 2, Z 12.
27 Gemeint ist Giulio Andreotti.
28 Vgl. Anm. 25.
29 Gemeint ist Rosa Luxemburg und deren berühmt gewordene Feststellung: „Freiheit nur für die Anhänger der Regierung, nur für Mitglieder einer Partei – mögen sie noch so zahlreich sein – ist keine Freiheit. Freiheit ist immer nur Freiheit der Andersdenkenden." *Luxemburg, Rosa*: Rosa Luxemburg und die Freiheit der Andersdenkenden. Extraausgabe des unvollendeten Manuskripts „Zur russischen Revolution" und anderer Quellen zur Polemik mit Lenin, zusammengestellt und eingeleitet von Annelies Laschitza, Berlin 1990.
30 Gemeint sind das Erste KSZE-Folgetreffen in Belgrad, die MBFR-Verhandlungen in Wien, der SALT-Prozess zur Begrenzung der atomaren Interkontinentalraketen und die Abrüstungsbestrebungen der Vereinten Nationen, beispielsweise die periodischen Sondersitzungen der Generalversammlung zu Abrüstungsfragen.
31 Brandt bezieht sich auf die Menschenrechtskonvention der Vereinten Nationen von 1948 sowie auf die Europäische Menschenrechtskonvention von 1950. Vgl. auch Nr. 3, Anm. 13, und EA 32 (1977) 10, Z 97 f.

Nr. 38
1 Bei der Vorlage handelt es sich um die Kopie des Schreibens Brandts.
2 Nr. 36.
3 Zum SALT-Prozess vgl. EA 32 (1977) 11, D 279–309, zur Entwicklung des Nahost-Konfliktes vgl. EA 32 (1977) 18, D 497–522, zur Vorbereitung des Folgetreffens der KSZE in Belgrad vgl. EA 32 (1977) 16, D 429–434, zum Verlauf des Belgrader Treffens vgl. EA 33 (1978) 3, D 51–94, zu den Ergebnissen vgl. EA 33 (1978) 8, D 217–260.
4 Vgl. Nr. 3, Anm. 14.
5 Brandt bezieht sich auf eine SI-Bürositzung am 15./16. Oktober 1977 in Madrid. Vgl. Sozialdemokraten Service Presse Funk TV, Nr. 2 vom 3. Januar 1978.
6 Nr. 36.
7 Brandt zitiert hier genau den Satz, der im Schreiben Breschnews mit einer Randmarkierung versehen hatte. Vgl. ebd.
8 Vgl. ebd.
9 Vgl. ebd.
10 Vgl. Nr. 33, Anm. 9.
11 Breschnews Besuch in Bonn kam erst vom 4. bis 7. Mai 1978 zustande.
12 Am 7. Oktober 1977 wurde die neue sowjetische Verfassung in Kraft gesetzt. Vgl. Auszug: Präambel und Abschnitt I, in: EA 32 (1977) 22, D 625 632.
13 Hs. unterzeichnet.

Nr. 39
1 Bei der Vorlage handelt es sich um die Übersetzung des in Kopie beiliegenden Schreibens Breschnews. Am Textanfang ms. vermerkt: „<u>Brief an Willy Brandt am 5. Dezember 1977 übergeben</u>".
2 Nr. 38.
3 Gemeint ist die Tagung des Büros der SI am 15./16. Oktober 1977 in Madrid, auf der u.a. die Bildung einer Arbeitsgruppe

über Nuklearprobleme und Abrüstung erfolgte. Vgl. EA 32 (1977) 22, Z 207 f.

4  Anlässlich des 60. Jahrestages der Oktoberrevolution hatte sich Breschnew am 2. November 1977 für ein vollständiges Verbot aller Kernwaffenversuche ausgesprochen und gleichzeitig einen Produktionsstopp und eine schrittweise Reduzierung der vorhandenen Arsenale vorgeschlagen. In einem am 24. Dezember 1977 in der Parteizeitung *Prawda* veröffentlichten Interview wandte sich Breschnew ausdrücklich gegen die Herstellung der Neutronenwaffe. Vgl. EA 33 (1978) 7, D 207–214.

5  Gemeint ist der SPD-Bundesparteitag in Hamburg vom 15. bis 19. November 1977.

6  Vgl. Nr. 3, Anm. 14.

7  Vgl. Nr. 38, Anm. 12.

8  Vgl. Anm. 5.

9  Vgl. Nr. 34, Anm. 13.

## Nr. 40

1  Bei der Vorlage handelt es sich um den Durchschlag des Schreibens Brandts.

2  Ausgelassen wurden Partien über die Besuchsreise eines Gesandten Titos in der Bundesrepublik Deutschland.

3  Brandt besuchte Jugoslawien vom 6. bis 8. September 1978.

4  Vgl. Anm. 2.

5  Die Welle von terroristischen Anschlägen in der Bundesrepublik hatte 1977 mit der Ermordung des Generalbundesanwaltes Siegfried Buback und des Vorstandssprechers der Dresdner Bank, Jürgen Ponto, sowie der Entführung und Ermordung des Arbeitgeberpräsidenten, Hanns-Martin Schleyer, einen blutigen Höhepunkt erreicht. Am 13. Oktober entführten palästinensische Luftpiraten eine Lufthansa-Maschine mit 91 Passagieren, um die Freilassung inhaftierter Terroristen zu erpressen. Am 18. Oktober befreite ein deutsches Sonderkommando in Mogadischu (Somalia) die Geiseln aus der Gewalt der Entführer. Wenig später verübten die RAF-Anführer Baader, Ensslin und Raspe in ihren Zellen in Stuttgart-Stammheim Selbstmord.

6  Vgl. Anm. 2.

7  Gemeint ist das Erste KSZE-Folgetreffen in Belgrad vom 4. Oktober 1977 bis 8. März 1978.

8  Brandt bezieht sich auf die 10. Sondersitzung der Generalversammlung der Vereinten Nationen zu Abrüstungsfragen vom 23. bis 30. Mai 1978 in New York. Vgl. AdG 48 (1978), S. 21823 ff.

9  Gemeint ist die Unabhängige Kommission für Internationale Entwicklungsfragen. Vgl. Nr. 33, Anm. 9.

10  Die jugoslawische Seite befürchtete, dass die Tätigkeit der Kommission die Interessen der neutralen Länder tangieren könnte.

11  Brandt stellte am 29. November 1977 in Bonn die Mitglieder der von ihm geleiteten Unabhängigen Kommission für Internationale Entwicklungsfragen der Öffentlichkeit vor. Zu den beteiligten Politikern vgl. AdG 47 (1977), S. 21404 f.

12  Mit „Gruppe der 77" ist eine Organisation von Ländern der Dritten Welt gemeint, deren zentrales Anliegen die Verbesserung der Zusammenarbeit in den Bereichen Energie, Ernährung, Industrialisierung und Handel sowie die Koordinierung der Wirtschaftsprogramme der einzelnen Staaten ist.

13  Gemeint ist der jugoslawische Politiker und Wissenschaftler Dragoslav Avramović. Vgl. *Brandt, Willy*: Rede in Schloss Gymnich bei Bonn am 9. Dezember 1977 zur Eröffnung der konstituierenden Sitzung der Unabhängigen Kommission für Internationale Entwicklungsfragen, in: EA 33 (1978) 21, D 602–604.

14 Gemeint ist die 1949 bis 1991 bestehende Wirtschaftsorganisation der kommunistischen Staaten, der Rat für gegenseitige Wirtschaftshilfe (RGW), engl. Council for Mutual Economic Assistance (Comecon).
15 Vgl. Nr. 32, Anm. 2.
16 Stempel.

## Nr. 41

1 Die Frage bezieht sich insbesondere auf die Schließung des Büros des Nachrichtenmagazins *Der Spiegel* in Ost-Berlin durch die DDR-Behörden am 10. Januar 1978. Im Vorfeld hatte das Politbüromitglied Kurt Hager auf der 7. Tagung des ZK der SED der Bundesregierung destruktive Positionen vorgehalten, etwa hinsichtlich der „in letzter Zeit mehrfach" unternommenen Versuche, West-Berlin als Land der Bundesrepublik zu behandeln. EA 32 (1977) 24, Z 219 f.
2 Anfang Januar 1978 rief Breschnew in persönlichen Schreiben an eine Reihe von Staats- und Regierungschefs westlicher und neutraler Staaten zur Ächtung der Neutronenbombe auf. Vgl. AdG (48) 1978, S. 21659.
3 Vgl. ebd.
4 Unter der Neutronenwaffe versteht man eine miniaturisierte Atomrakete kürzerer Reichweite, die bei der Detonation nur eine relativ geringe Druck- und Hitzewelle erzeugt und den größten Teil ihrer Energie als radioaktive Strahlung freisetzt. Vgl. Einleitung.
5 Mit „Grauzonenwaffen" sind die Atomraketen mittlerer Reichweite (INF) gemeint, die weder bei den SALT-Verhandlungen der Weltmächte noch im Rahmen anderer Abrüstungsverhandlungen einbezogen waren. Auf sowjetischer Seite waren dies vor allem die SS-20-Raketen, die die Sowjetunion in der zweiten Hälfte der siebziger Jahre in großem Umfang stationierte. Vgl. Einleitung.
6 Vgl. Nr. 7, Anm. 4.
7 Vgl. Nr. 3, Anm. 14.
8 Vgl. Anm. 1.
9 Ab August 1977 sondierten Staatsminister Wischnewski und der Leiter der Ständigen Vertretung der DDR, Kohl, die Möglichkeit von Verbesserungen im innerdeutschen Verkehr. Nach kleineren Zwischenerfolgen konnte am 16. November 1978 eine Vereinbarung über den Autobahnbau Berlin-Hamburg und den Ausbau der Transitwasserstraßen unterzeichnet werden. Vgl. *Potthoff* 1997, S. 59.
10 Vgl. Nr. 8, Anm. 2.
11 Vgl. Nr. 7, Anm. 3, und Berliner Ausgabe, Bd. 6.
12 Die Haltung der CDU/CSU-Fraktion zur Deutschlandpolitik der sozialliberalen Bundesregierung war bei weitem nicht so ablehnend, wie gelegentliche Äußerungen aus konservativen Parteikreisen, etwa von Abelein, Dregger, Carstens, Strauß, Windelen u.a. vermuten ließen. Mit dem CDU-Parteivorsitzenden und späteren Bundeskanzler Kohl verband sich eine gemäßigte Linie, welche die Deutschlandpolitik der Regierungen Brandt/Schmidt *cum grano salis* unterstützte und nach dem Machtwechsel vom Oktober 1982 operativ fortsetzte. Vgl. *Potthoff* 1995, S. 42 ff.

## Nr. 42

1 Bei der Vorlage handelt es sich um die Kopie des Schreibens Kiekheben-Schmidts.
2 Gemeint ist Bundesaußenminister und FDP-Vorsitzender Genscher, der während eines Blitzbesuches in Washington am 4. April 1978 vergeblich versuchte, Carter zu bewegen, an dessen ursprünglichem Neutronenwaffenplan vom November 1977

festzuhalten. Danach sollte die US-Administration sich für die Produktion der Neutronenwaffe entscheiden und zugleich der Sowjetunion den amerikanischen Verzicht auf die Aufstellung dieser Waffe vorschlagen, wenn Moskau die Stationierung der SS-20 einstellte. Vgl. *Jäger/Link* 1987, S. 314 ff.

3  Der Terminus „Neutronenbombe" war ebenso verbreitet wie irreführend, da die fragliche Waffe nie zum Abwurf aus Flugzeugen vorgesehen war.

4  Gemeint ist der Hamburger Bundesparteitag der SPD vom 15. bis 19. November 1977. Die SPD ersuchte die Bundesregierung, „im Rahmen der Bündniskonsultationen ihren Einfluß geltend [zu] machen, um zu verhindern, daß technische Weiterentwicklungen bei den Atomwaffen zu einer Senkung der nuklearen Schwelle führen." Vgl. Einleitung, Anm. 98.

5  Ausgelassen wurde eine Partie zur regionalpolitischen Lage der SPD im Main/Taunus-Gebiet.

6  Bahr erklärte die Neutronenwaffe in einem Artikel für die SPD-Parteizeitung *Vorwärts* zu einem „Symbol der Perversion des Denkens", weil sie Menschen „sauber" töte, ohne Sachschaden anzurichten. Vgl. *Bahr, Egon:* Ist die Menschheit dabei, verrückt zu werden? in: *Vorwärts*, Nr. 29 vom 21. Juli 1977, S. 4.

7  Hs. unterzeichnet.

## Nr. 43

1  Bei der Vorlage handelt es sich um den Durchschlag des Schreibens Brandts.

2  Am 7. April 1978 entschied sich der amerikanische Präsident Carter zur Überraschung der westlichen Verbündeten, insbesondere des deutschen Bundeskanzlers Schmidt, die „Produktion von Waffen mit verstärkter Strahlenwirkung aufzuschieben". EA 33 (1978) 17, D 470.

3  Verhandlungen, Bd. 105, S. 6502.

4  Stempel.

## Nr. 44

1  Vgl. Nr. 14, Anm. 4 und 30. Schmidt und Breschnew führten ein Gespräch am Rande des KSZE-Gipfels von Helsinki. Vgl. *Schmidt* 1990, S. 74 ff.

2  Vgl. Nr. 9, Anm. 5.

3  Vgl. Nr. 12, Anm. 4.

4  Vgl. *Brandt* 1972, D 25–35.

5  Vgl. Nr. 3, Anm. 13.

6  Vgl. Nr. 41.

## Nr. 45

1  Bei der Vorlage handelt es sich um die Kopie des hs. Schreibens Brandts.

2  Breschnew und seine Delegation landeten am 4. Mai 1978 auf dem Flughafen Köln-Bonn. Mit dem Hinweis auf das „hiesige Protokoll" spielt Brandt auf den Umstand an, dass er in seiner Eigenschaft als Vorsitzender der SPD nicht zum offiziellen Empfang am Flughafen zugegen sein konnte.

3  Gemeint sind die bevorstehenden Bürgerschaftswahlen in Hamburg und die Landtagswahlen in Niedersachsen am 4. Juni 1978.

4  Gemeint ist das Treffen zwischen Brandt und Breschnew am 5. Mai 1978. Vgl. AdG 48 (1978), S. 21782.

5  Brandt bezieht sich auf seine Zusammenkunft mit Breschnew in Oreanda auf der Krim vom 16. bis 18. September 1971. Erörterungen über die militärische Sicherheit Europas, insbesondere über die gleichgewichtige Verminderung von Truppenstärken, nahmen seinerzeit einen wichtigen Teil des über 16-stündigen Meinungsaus-

tausches ein, gleichwohl konnte das „schwierige Thema", so Brandt, „nur andiskutiert werden". EA 31 (1971) 20, D 474.

## Nr. 46

1  Bei der Vorlage handelt es sich um den Durchschlag des Schreibens Brandts.
2  Gemeint ist Breschnews Besuch vom 4. bis 7. Mai 1978 in der Bundesrepublik. Vgl. EA 33 (1978) 18, D 501–516.
3  Das Kooperationsabkommen hatte mit 25 Jahren eine außerordentlich lange Laufzeit und sollte die wirtschaftliche Zusammenarbeit – bis hin zu gemeinsamen Entwicklungs- und Produktionsvorhaben – ausweiten und vertiefen. Vgl. *Jäger/Link* 1987, S. 294 ff.
4  Zum Inhalt der gemeinsamen deutsch-sowjetischen Deklaration vom 6. Mai 1978 vgl. EA 33 (1978) 18, D 513–515. Die hohen Erwartungen, die Schmidt und Brandt insbesondere in die sowjetische Akzeptanz der Formel von der „ungefähren Gleichheit und Parität" setzten, erfüllten sich jedoch nicht: Die sowjetische Rüstung, vor allem im Mittelstreckenbereich, lief weiter auf Hochtouren.
5  Vgl. Nr. 41, Anm. 5.
6  Vgl. Nr. 45, Anm. 4.
7  Gemeint ist die Abrüstungskonferenz der SI in Helsinki vom 24. bis 26. April 1978. Vgl. EA 33 (1978) 10, Z 104, und Berliner Ausgabe, Bd. 8.
8  Vgl. Nr. 39, Anm. 3.
9  Gemeint ist die Gruppe der Blockfreien.
10  Vgl. Nr. 32.
11  Vgl. Nr. 33, Anm. 9.
12  Vgl. Nr. 40, Anm. 14.
13  Die Tagung des Büros der SI fand am 12. und 13. Mai 1978 in Dakar statt und verabschiedete einen Aufruf gegen ausländische Interventionen in Afrika.
14  Vgl. Nr. 40, Anm. 8.
15  Stempel.

## Nr. 47

1  Brandt besuchte vom 7. bis 9. Juni 1978 Sofia und Bukarest.
2  Vgl. Nr. 22, Anm. 8. Siehe auch das abschließende Dokument des KSZE-Folgetreffens von Belgrad vom 8. März 1978 – ein Verlegenheitspapier, in dem es u.a. hieß, über „eine Anzahl dem Treffen unterbreiteter Vorschläge wurde kein Konsens erreicht", in: EA 33 (1978) 8, D 246–248, Zitat D 247.
3  Gemeint ist das Zweite KSZE-Folgetreffen in Madrid vom 11. November 1980 bis 9. September 1983, mit einer Unterbrechung vom 12. März 1982 bis 9. November 1982.
4  Vgl. Nr. 7, Anm. 4.
5  Vgl. Nr. 3, Anm. 14.
6  Vgl. Nr. 40, Anm. 8.
7  Am 19. April 1978 hatten die westlichen Delegationen eine neue Initiative vorgelegt, die Verpflichtungen zum Umfang und Zeitplan von Streitkräfteverminderungen vorsah. Am 18. Mai 1978 wurden die Wiener Verhandlungen wieder aufgenommen. Der Sprecher der Warschauer-Pakt-Staaten teilte mit, die westlichen Vorschläge würden gründlich geprüft. Am 8. Juni 1978 legten die östlichen Teilnehmer ihrerseits neue Vorschläge vor, welche eine beiderseitige Höchststärke der Streitkräfte und eine selektive Verminderung der Rüstungen vorschlug. Zu konkreten Ergebnissen führte all dies nicht. Vgl. EA 33 (1978) 10, Z 104, sowie EA 33 (1978) 12, Z 126, und EA 33 (1978) 13, Z 136.
8  Vgl. dazu *Schöllgen* 1996, S. 107 ff.

9 Gemeint ist die OAU (Organization of African Unity), die 1963 von 30 unabhängigen afrikanischen Staaten gegründet wurde und sich für die Förderung der afrikanischen Einheit, die Koordinierung der Zusammenarbeit, Blockfreiheit und die Beseitigung des Neokolonialismus einsetzte. Im Jahre 2000 umfasste sie 53 Mitgliedsstaaten.

10 Gemeint ist der Vorsitzende der CSU-Landesgruppe im Bundestag, Friedrich Zimmermann.

11 Am 25. Januar 1978 hatte die französische Regierung eine Erklärung mit einer Reihe von Abrüstungsvorschlägen veröffentlicht, u. a. die Schaffung einer internationalen Agentur zur Rüstungskontrolle durch Satellitenbeobachtung, die Schaffung eines internationalen Fonds aus der Besteuerung übermäßiger Rüstung, die Reduzierung der nuklearen Bestände der USA und der Sowjetunion sowie die Einberufung einer europäischen Abrüstungskonferenz. Vgl. EA 33 (1978) 4, Z 34 f.

12 Gemeint ist der japanische Finanzexperte Takeshi Watanabe.

13 Vgl. *Haftendorn* 1986, S. 32 ff.

14 Bundeskanzler Schmidt besuchte am 6./7. Januar 1978 Rumänien. Vgl. AdG 48 (1978), S. 21573 ff.

15 Brandt bezieht sich auf den Besuch Schiwkows in der Bundesrepublik vom 24. bis 28. November 1975.

Nr. 48

1 Vgl. Nr. 37, Anm. 8.

2 So lautet die offizielle Begründung sowjetischer Stellen für die militärische Intervention in der ČSSR im August 1968. Vgl. EA 23 (1968) 18, D 440 ff.

3 Brandt bezieht sich auf die tschechoslowakischen Regimekritiker der „Charta 77". Vgl. Nr. 37, Anm. 22.

4 Brandt spielt auf die sowjetische Führungsriege um Breschnew an, die am 20./21. August 1968 die militärische Intervention in die ČSSR anordnete und am 22. August mit der so genannten „Breschnew-Doktrin" von der eingeschränkten äußeren Souveränität der Ostblockstaaten fadenscheinig zu legitimieren versuchte. Vgl. EA 23 (1968) 18, D 440–446.

5 Vgl. dazu *Havel, Václav*: Am Anfang war das Wort, Reinbek bei Hamburg 1990.

6 Unter Eurokommunismus werden die Unabhängigkeitsbestrebungen innerhalb mehrerer westeuropäischer kommunistischer Parteien verstanden, die in der Mitte der siebziger Jahre unabhängig von der Sowjetunion einen autonomen Weg zum Sozialismus suchten. Dies galt insbesondere für die Kommunisten Italiens, Spaniens und zeitweise Frankreichs.

7 Gemeint sind die von sowjetischen Truppen niedergeschlagenen Massenproteste gegen die SED-Diktatur in Ost-Berlin und der DDR am 17. Juni 1953.

8 Am 23. Oktober 1956 begann der Volksaufstand in Ungarn, der zur Bildung einer reformkommunistischen Regierung unter Ministerpräsident Imre Nagy führte. Der Reformversuch wurde Mitte November 1956 von sowjetischen Truppen brutal erstickt, Nagy am 16. Juni 1958 hingerichtet. Im Gefolge der ungarischen Demokratisierung wurde er am 16. Juni 1989 offiziell rehabilitiert.

Nr. 49

1 Gemeint ist die FDP.

2 Brandt spielt hier auch kritisch auf die Position des Bundeskanzlers Schmidt an, der seit jeher konsequenter Verfechter der Gleichgewichtslogik war. Ende 1976 hatte er formuliert: „Die Aufrechterhaltung des militärischen Gleichgewichts in Europa ist

eine Lebensbedingung für unsere freiheitliche demokratische Grundordnung. Dies klingt nach einer Überschrift, ist aber todernst gemeint." *Spiegel*-Gespräch mit Helmut Schmidt: „Das Bewußtsein der Nächstenliebe stärken", in: *Der Spiegel*, Nr. 47 vom 15. November 1976, S. 36–47, Zitat S. 45.

3   Brandt bezieht sich auf die restriktive Informationspolitik der DDR-Führung sowie deren verstärkte Abschottung gegenüber der Bundesrepublik. Am 11. April 1979 war die Bewegungsfreiheit westlicher Journalisten in der DDR drastisch eingeschränkt worden.

4   Vgl. Nr. 47, Anm. 3.

5   Die Außen- und Sicherheitspolitik war zentrales Wahlkampfthema im Vorfeld der Wahl zum 9. Deutschen Bundestag am 5. Oktober 1980. Vgl. *Bahr* 1996, S. 488 ff.

6   Bereits am 2. Juli 1979 wählte die CDU/CSU-Bundestagsfraktion den bayerischen Ministerpräsidenten und CSU-Vorsitzenden Franz Josef Strauß zum gemeinsamen Kanzlerkandidaten von CDU und CSU. Auf Strauß entfielen 135, auf den Gegenkandidaten und niedersächsischen Ministerpräsidenten Ernst Albrecht 102 Stimmen.

7   Brandt bezieht sich auf Äußerungen von Strauß über die Innenpolitik der Diktatoren in Südafrika und Südamerika sowie auf die Ungarnreise von Strauß an der Spitze der CSU-Fraktion mit 95 Abgeordneten vom 30. Juli bis 2. August 1979. Vgl. AdG 49 (1979), S. 22925.

8   Unter maßgeblichem Einfluss von Strauß verweigerte die CDU/CSU-Opposition – inbesondere nach dem Debakel in der Bundestagswahl am 19. November 1972 – der Ostpolitik der Bundesregierung ihre Zustimmung: insbesondere dem deutsch-deutschen Grundlagenvertrag, dem Prager Vertrag und der KSZE-Schlussakte von Helsinki. Gegen den Grundlagenvertrag reichte die Bayerische Staatsregierung eine Verfassungsklage ein. Vgl. *Bender* 1995, S. 200 ff., und *Winkler* 2000, Bd. 2, S. 299 ff.

9   Vgl. Nr. 8, Anm. 2.

10  Vgl. Nr. 9, Anm. 1.

11  Die CDU/CSU war die einzige große Oppositionspartei Westeuropas, die der KSZE-Schlussakte die Zustimmung verweigerte. Vgl. *Garton Ash* 1993, S. 54.

Nr. 50

1   Bei der Vorlage handelt es sich um eine Kopie des Schreibens Brandts.

2   Schreiben Leonid Breschnews an Willy Brandt, November 1979, in: AdsD, WBA, A 9, 7.

3   Vgl. Nr. 7, Anm. 4.

4   In der Tat gab es auf westlicher Seite keine Waffensysteme, die der sowjetischen Mittelstreckenrakete SS-20 sowie dem modernen, im NATO-Jargon „Backfire" genannten, sowjetischen Schwenkflügelbomber vergleichbar waren. Vgl. *Hacke* 1997, S. 171 ff.

5   Ebd.

6   Der Gedanke der Sicherheitspartnerschaft bzw. Egon Bahrs Konzept „gemeinsamer Sicherheit" bildeten in den achtziger Jahren den konzeptionellen Kern der sozialdemokratischen Sicherheitspolitik aus der Opposition heraus. Vgl. Berliner Ausgabe, Bd. 10.

7   Gemeint ist Breschnews Rede vom 6. Oktober 1979 in Ost-Berlin, in der er für den Fall der Stationierung neuer amerikanischer Mittelstreckenraketen in Westeuropa nicht nur die Zerstörung des seiner Meinung nach – ungeachtet der SS-20-Hochrüstung – bestehenden Kräftegleichgewichts konstatierte, sondern zugleich mit einem „Gegenschlag" gegen die Bundesrepublik drohte. Zudem kündigte der

Kremlchef den einseitigen und bedingungslosen Abzug von bis zu 20 000 sowjetischen Soldaten und 1 000 Panzern aus der DDR an. Vgl. EA 33 (1978) 21, D 556–560, und *Schöllgen* 1996, S. 364.

8 Brandt und weite Teile der SPD hofften, die Verhandlungsoption des NATO-Doppelbeschlusses werde die Stationierungsoption dahingehend überlagern, dass ein durchschlagender Verhandlungserfolg die Stationierung neuer Raketen am Ende zur Gänze überflüssig machen würde. Für diesen Idealfall bürgerte sich die vieldeutige Bezeichnung „Null-Lösung" ein.

9 Der Abzug von 1 000 amerikanischen Nuklearsprengköpfen aus Europa war bereits Bestandteil des NATO-Doppelbeschlusses vom 12. Dezember 1979. Vgl. EA 35 (1980) 2, D 36.

10 Am 12. Dezember 1979 einigten sich die Außen- und Verteidigungsminister der an der integrierten Verteidigungsstruktur beteiligten Mitgliedsstaaten der NATO in einer Sondersitzung in Brüssel auf den so genannten NATO-Doppelbeschluss. Darin wurde vereinbart, die Mittelstreckensysteme der NATO durch die Stationierung „von amerikanischen bodengestützten Systemen in Europa zu modernisieren. Diese Systeme umfassen 108 Abschußvorrichtungen für Pershing II [...] und 464 bodengestützte Marschflugkörper". Parallel und komplementär zur Stationierungsoption enthielt der zweite Teil des Beschlusses das Angebot an die sowjetische Führung, „so bald wie möglich Verhandlungen" über die „amerikanischen und sowjetischen LRTNF" zu beginnen, und zwar „bilateral im Rahmen von SALT III". Vgl. EA 35 (1980) 2, D 35–37. Aus technischen Gründen war die Stationierung der amerikanischen Mittelstreckenraketen vom Typ Pershing II und der Marschflugkörper des Typs Cruise Missiles frühestens im Herbst 1983 möglich.

11 Anm. 7.
12 Vgl. Nr. 7, Anm. 4.
13 Vgl. Anm. 8.
14 Gemeint ist die sowjetische SS-20-Produktion.
15 Gemeint ist der Bundesparteitag der SPD vom 3. bis 7. Dezember 1979 in Berlin.
16 Vgl. Nr. 46, Anm. 4.
17 Vgl. Nr. 42, Anm. 4.
18 Brandt bezieht sich hier auf den Grundsatzbeschluss des Bundessicherheitsrates vom Januar 1978 zur Neutronenwaffe, der nun als Modell für die Haltung zu einer eventuellen Stationierung amerikanischer Mittelstreckenraketen in der Bundesrepublik diente. Danach war, wie Bundeskanzler Schmidt am 13. April 1978 ausgeführt hatte, die Lagerung der Neutronenwaffe auf deutschem Boden dann erlaubt, „wenn nicht innerhalb von zwei Jahren nach amerikanischer Produktionsentscheidung die westliche Seite deshalb auf die Dislozierung verzichtet, weil inzwischen entsprechende Resultate von Rüstungsbegrenzungsverhandlungen vorliegen". Vgl. EA 33 (1978) 9, D 293.
19 Gemeint ist ein Treffen Breschnews mit Mitgliedern der Abrüstungs-Studiengruppe der SI am 1. Oktober 1979 in Moskau. In seiner dortigen Rede führte Breschnew u.a. aus, dass die Sowjetunion niemanden bedrohe und allein der Westen für die Fortsetzung des Wettrüstens verantwortlich sei. Vgl. EA 34 (1979) 21, Z 197.
20 Gemeint ist die Tagung des Büros der SI am 30./31. Oktober 1979 in Lissabon.
21 Brandt bezieht sich auf den 15. SI-Kongress Mitte November 1980 in Madrid.
22 Gemeint ist die Konferenz der Parteiführer der SI am 5./6. Februar 1980 in Wien.
23 Vgl. Anm. 10.
24 Am 18. Juni 1979 wurde in Wien der SALT-II-Vertrag von dem amerikanischen Präsidenten Carter und dem sowjetischen

Generalsekretär Breschnew unterzeichnet. Der Vertrag schränkte die Anzahl der Interkontinentalraketen beider Seiten ein. Vgl. den Vertragstext mit den zugehörigen Dokumenten, in: EA 34 (1979) 15, D 368–400, und Nr. 7, Anm. 4.

25  Vgl. Anm. 10.

26  Gemeint sind die Wahl zum Deutschen Bundestag am 5. Oktober 1980 und die amerikanische Präsidentschaftswahl vom 4. November 1980.

27  Hs. unterzeichnet.

## Nr. 51

1  Bei der Vorlage handelt es sich um den Durchschlag des Schreibens Brandts.

2  Ceaușescu wurde auf dem 12. Parteitag der Kommunistischen Partei in Bukarest vom 19. bis 23. November 1979 als Generalsekretär wiedergewählt.

3  Brandt bezieht sich auf seinen Besuch in Rumänien am 9. Juni 1978.

4  Vgl. EA 34 (1979) 24, Z 226.

5  Vgl. Nr. 50, Anm. 15.

6  Vgl. dazu den Leitantrag des Parteivorstandes der SPD zur Friedens- und Sicherheitspolitik des Berliner Bundesparteitages, der u.a. Vorschläge zur „Rüstungsbegrenzung, Rüstungsverminderung und kooperative[n] Rüstungssteuerung" enthielt. Protokoll des SPD-Parteitages in Berlin (3.–7. Dezember 1979), S. 1225 ff.

7  Gemeint ist der NATO-Doppelbeschluss vom 12. Dezember 1979. Vgl. Nr. 50, Anm. 10.

8  Vgl. Nr. 50.

9  Vgl. Nr. 50, Anm. 7.

10  Die Gespräche zwischen den Delegationen der USA und der Sowjetunion über die Begrenzung amerikanischer und sowjetischer Mittelstreckenwaffen in Europa (INF) begannen am 17. Oktober 1980 in Genf.

11  Vgl. Nr. 7, Anm. 4.

12  Vgl. Nr. 50, Anm. 8.

13  Vgl. Nr. 50, Anm. 4.

14  Brandt bezieht sich auf die am 14. September 1979 auf einer Ministertagung des Nordatlantikrates in Brüssel verabschiedeten Vorschläge, welche die westliche Seite am 20. Dezember 1979 in die Wiener MBFR-Verhandlungen einbrachte. Enthalten waren darin u.a. ein Vorschlag für die asymmetrische Reduzierung der Landstreitkräfte der USA und der Sowjetunion um 13 000 bzw. 30 000 Mann. Die östliche Seite sicherte trotz gewisser inhaltlicher Vorbehalte sorgfältige Prüfung zu. Vgl. EA 35 (1980) 2, D 38–43 sowie Z 20 f.

15  Ausgelassen wurde eine Partie zur politischen Lage im Nahen Osten sowie zum Meinungsaustausch zwischen der SPD und den rumänischen Kommunisten.

16  Stempel.

## Nr. 52

1  Vgl. Nr. 41.

2  Am 24. Dezember 1979 begann die sowjetische Intervention in Afghanistan. Präsident Amin wurde mit Hilfe der Moskauer Truppen gestürzt und Karmal als sowjetfreundlicher Machthaber installiert. Vgl. Einleitung.

3  Brandt spielt auf die Besetzung der US-Botschaft in Teheran am 4. November 1979 an, bei der ein iranisches „Revolutionskomitee" fast 70 US-Bürger als Geiseln festsetzte. Ihre hilflose Reaktion trug der Carter-Administration erhebliche Prestigeverluste ein. Der von den USA unterstützte Schah Resa Pahlewi hatte bereits am 16. Januar 1979 das Land verlassen und Ayatollah Khomeini im April 1979 die „Islamische Republik Iran" ausgerufen. Vgl. *Hacke* 1997, S. 252 ff.

4  Am 7. Januar 1980 trafen Bundeskanzler Schmidt und Staatspräsident Giscard zu einem Gespräch über die Afghanistan-Krise zusammen.

5  Der amerikanische Präsident Carter hatte die sowjetische Intervention und ihre Folgen am 23. Januar 1980 als „ernsthafteste Bedrohung des Weltfriedens seit dem Zweiten Weltkrieg" bezeichnet. Vgl. *Hacke* 1997, S. 261.

6  Die Kubakrise 1962/63 wurde ausgelöst durch die Stationierung sowjetischer Mittelstreckenraketen auf Kuba. Präsident Kennedy verlangte am 22. Oktober 1962 ultimativ den Abbau und Abtransport der Raketen. Am 28. Oktober kam der sowjetische Generalsekretär Chruschtschow, der seine Position offensichtlich überschätzt hatte, dieser Forderung nach. Im Januar 1963 wurde die Krise endgültig beigelegt. Vgl. *Hacke* 1997, S. 69–73.

7  Vgl. zu Kreiskys Haltung AdG 50 (1980), S. 23177 f.

8  Vgl. Anm. 4.

9  Am 6. Januar 1980 erklärte der französische Außenminister Jean François-Poncet, dass trotz der Vorgänge in Afghanistan der Dialog mit Moskau fortzusetzen sei. Die französische Regierung plante im Unterschied zur US-Administration keine wirtschaftlichen Boykottmaßnahmen, sondern setzte auf Gespräche, um ihre fortdauernde Entspannungsbereitschaft zu signalisieren. Vgl. EA 35 (1980) 3, Z 23.

10  Brandt war Bundesminister des Auswärtigen von 1966 bis 1969.

11  Vgl. Anm. 9.

12  Vgl. Anm. 4.

13  Brandt spielt hier auf das Lieferembargo für Getreide an, das Präsident Carter am 4. Januar 1980 in Reaktion auf die sowjetische Afghanistan-Intervention verhängt hatte. Vgl. EA 35 (1980) 6, D 142.

14  Vgl. *Kennan, George F.*: Die russische Gefahr ist viel Einbildung, in: *Die Zeit*, Nr. 2 vom 4. Januar 1980, S. 14.

15  Am 4. November 1980 fanden die amerikanischen Präsidentschaftswahlen statt.

16  Brandt bezieht sich auf die Kontroverse zwischen „Atlantikern" und „Gaullisten" in der Ära Erhard. Erstere, voran Bundeskanzler Erhard und Außenminister Schröder, gründeten ihre Außenpolitik auf das enge Bündnis mit den Vereinigten Staaten. Letztere scharten sich um Altkanzler Adenauer und Strauß, setzten große Hoffnungen auf den französischen Staatspräsidenten de Gaulle und hofften, das deutsch-französische Verhältnis zu einem westeuropäischen Integrationskern auszubauen. Brandt fühlte sich im Übrigen – trotz aller späteren Affinitäten für den eigenständigen Kurs de Gaulles – seinerzeit eher den „Atlantikern" zugehörig. Vgl. *Hacke, Christian*: Weltmacht wider Willen. Die Außenpolitik der Bundesrepublik Deutschland, Frankfurt/Main und Berlin 1993, S. 116–120.

17  Brandt bezieht sich auf die Rundfunkansprache de Gaulles am 31. Dezember 1963. Vgl. EA 19 (1964) 2, D 35 f.

18  Brandt bezieht sich auf seine Rede am 15. Mai 1964 vor der Foreign Policy Association in New York, wo er u.a. ausführte: „Das Gleichgewicht des Schreckens" gebe „Spielraum, die starren Fronten in Bewegung zu setzen. Der französische Präsident macht hiervon auf seine Weise Gebrauch. Und manchmal frage ich mich als Deutscher: warum eigentlich nur er?" AdG 34 (1964), S. 11229. Allerdings war Brandt zu diesem Zeitpunkt bereits (seit 16. Februar 1964) Vorsitzender der SPD.

19  Brandt war von 1957 bis 1966 Regierender Bürgermeister von Berlin. Vgl. Berliner Ausgabe, Bd. 3.

20 Vgl. Nr. 9, Anm. 5.
21 Vgl. Anm. 2.
22 Brandt spielt auf die skandalösen Umstände des Rücktrittes Nixons im Gefolge der Watergate-Affäre an: Nixon trat – als erster Präsident in der Geschichte der Vereinigten Staaten – am 8. August 1974 zurück, um einer Amtsenthebung durch Impeachment zuvorzukommen. Hinzu kam die amerikanische Niederlage im Vietnamkrieg. Die Sowjetunion nutzte die vermeintliche Schwächeperiode der USA zu einer geopolitischen Offensive in die Dritte Welt, was wiederum die Grundlagen der Détente unterminierte. Vgl. *Hacke* 1997, S. 162 ff.
23 Vgl. die Debatte im Deutschen Bundestag am 17. Januar 1980 zur Afghanistankrise, in: Verhandlungen, Bd. 113, S. 15578 ff.
24 Vgl. *Hacke* 1997, S. 259 ff.
25 Vgl. Anm. 14.
26 Vgl. Nr. 47, Anm. 3.
27 Gemeint sind die amerikanischen Präsidentschaftswahlen am 4. November 1980.
28 Gemeint sind die beiden KSZE-Folgetreffen von Belgrad (4. Oktober 1977 bis 9. März 1978) und Madrid (11. November 1980 bis 9. September 1983, mit einer Unterbrechung vom 12. März 1982 bis 9. November 1982).
29 Die UN-Generalversammlung war Ende Dezember 1979 zur Wahl des 15. nichtständigen Mitglieds des Sicherheitsrates zusammengetreten. Die Entscheidung zwischen Kuba und Kolumbien fiel letztlich zuungunsten Kubas aus. Vgl. EA 35 (1980) 2, Z 17.
30 Gemeint ist der sowjetisch-indische Vertrag über Frieden, Freundschaft und Zusammenarbeit, der am 9. August 1971 anlässlich des Besuches des sowjetischen Außenministers Gromyko in Indien unterzeichnet und bereits am 11. August 1971 ratifiziert wurde. Vgl. AdG 41 (1971), S. 16457 f.
31 Anlässlich des Besuches des britischen Außenministers Lord Carrington in Indien bezeichneten beide Seiten den Abzug der sowjetischen Truppen aus Afghanistan als wünschenswert. Ministerpräsidentin Gandhi erklärte öffentlich, kein Land habe das Recht, in ein anderes einzudringen. Vgl. EA 35 (1980) 4, Z 34.
32 Vgl. Nr. 3, Anm. 13.
33 Vgl. Anm. 23.
34 Vgl. *Winkler* 2000, Bd. 2, S. 192 ff.
35 Ende Mai 1971 hatte Präsident Sadat einen Freundschaftsvertrag mit der Sowjetunion abgeschlossen, in der Folgezeit jedoch einen abrupten Kurswechsel vollzogen: Am 18. Juli 1972 gab er die Ausweisung der rund 17 000 sowjetischen Militärberater und Techniker aus Ägypten bekannt und knüpfte Kontakte zu Washington. Vgl. *Schöllgen* 1996, S. 299 ff.
36 Brandt spielt auf das sowjetische Engagement in der Dritten Welt an, insbesondere auf die kubanische Intervention in Angola, die in der zweiten Hälfte der siebziger Jahre ihren Höhepunkt erreichte und ohne die logistische Unterstützung Moskaus nicht denkbar gewesen wäre. Die DDR engagierte sich in etlichen Ländern der Dritten Welt durch bilaterale Wirtschafts- und Kooperationsabkommen sowie durch die Entsendung von Militär- und Wirtschaftsberatern.
37 Vgl. den Wortlaut der gemeinsamen deutsch-sowjetischen Deklaration vom 6. Mai 1978, in: EA 33 (1978) 18, D 513–515, Zitat D 513.
38 So Außenminister Genscher am 30. Dezember 1979. Vgl. EA 35 (1980) 2, Z 14.
39 Vgl. Anm. 3.
40 Jean Monnet hatte maßgeblichen Anteil an der Konzipierung des Schuman-Planes von 1950 zur Schaffung der Euro-

päischen Gemeinschaft für Kohle und Stahl, den der französische Außenminister Robert Schuman vorschlug.

41 Brandt schätzte Monnet, mit dem er viele intensive Gespräche führte, als „meinen väterlichen Freund". *Brandt 1976*, S. 135.

42 Vgl. Nr. 50, Anm. 10.

43 Vgl. Nr. 50, Anm. 7.

44 Am 4. Januar 1980 hatten die USA in Reaktion auf den sowjetischen Einmarsch in Afghanistan ein Weizenembargo gegen die Sowjetunion verhängt.

45 Präsident Carter und Generalsekretär Breschnew trafen sich erstmals anlässlich der Unterzeichnung des SALT-II-Vertrages am 18. Juni 1979 in Wien, der die Anzahl der Interkontinentalraketen beider Seiten beschränken sollte. Aufgrund der sowjetischen Intervention in Afghanistan ersuchte Carter am 3. Januar 1980 den amerikanischen Senat, die Ratifizierungsdebatte über den SALT-II-Vertrag zu unterbrechen. Der Vertrag wurde nie ratifiziert, gleichwohl aber von beiden Seiten eingehalten.

46 Der Besuch bei Honecker wurde bis in den Dezember 1981 verschoben, den Besuch bei Breschnew absolvierte Bundeskanzler Schmidt zusammen mit Außenminister Genscher vom 30. Juni bis 1. Juli 1980.

47 Vgl. *Vorwärts*, Nr. 3 vom 10. Januar 1980, S. 1.

48 Ebd. Der Beitrag „Der Ruf nach einer Kurskorrektur" stammte von Dettmar Cramer.

49 Bundeskanzler Schmidt sagte tatsächlich den für Ende August 1980 geplanten DDR-Besuch ab.

50 Die Landtagswahl in Nordrhein-Westfalen fand am 11. Mai 1980 statt, die in Baden-Württemberg am 16. März 1980.

51 Vgl. *Brandt 1976*, S. 109–113, und Berliner Ausgabe, Bd. 3.

52 Die Wahl zum Berliner Abgeordnetenhaus fand am 17. Februar 1963 statt.

53 Vgl. Nr. 49, Anm. 5.

54 Die SPD-Wahlkampfstrategie des Jahres 1972 warb eher mit innen- und sozialpolitischen Schwerpunktsetzungen um die Gunst der Wähler, was die zurückhaltende Einschätzung Brandts bezüglich einer wahlentscheidenden Rolle der Ostpolitik bestätigte.

55 „Die Grünen" konstituierten sich Anfang 1980 als Bundespartei und zogen nach der baden-württembergischen Landtagswahl am 16. März 1980 erstmals in das Parlament eines Flächenstaates ein.

56 Vgl. EA 35 (1980) 2, Z 14; EA 35 (1980) 3, Z 22, und EA 35 (1980) 4, Z 31 f.

57 Vgl. *Frankfurter Allgemeine Zeitung*, 5. Februar 1979, S. 1.

58 Brandt bezieht sich auf Epplers Funktion als SPD-Vorsitzender und Oppositionsführer in Baden-Württemberg.

59 Der Bundesparteitag der SPD vom 3. bis 7. Dezember 1979 in Berlin hatte dem Stationierungsteil des NATO-Doppelbeschlusses unter der „auflösenden Bedingung" zugestimmt, dass auf die Stationierung verzichtet wird, „wenn Rüstungskontrollverhandlungen zu befriedigenden Ergebnissen führen. Ziel der Verhandlungen ist es, durch eine Verringerung der sowjetischen und eine für Ost und West in Europa insgesamt vereinbarte gemeinsame Begrenzung der Mittelstreckenwaffen die Einführung zusätzlicher Mittelstreckenwaffen in Westeuropa überflüssig zu machen." Protokoll des SPD-Parteitages in Berlin (3.–7. Dezember 1979), S. 1243.

60 Brandt bezieht sich auf die Wahlkampfparole der CDU „Keine Experimente!" aus dem Jahre 1957. Vgl. *Winkler* 2000, Bd. 2, S. 183 f.

61 Vgl. Anm. 59.

Nr. 53
1  Bei der Vorlage handelt es sich um den Durchschlag des Schreibens Brandts. Brandt erwähnt dieses Schreiben an Breschnew vom 19. Februar 1980 in seinen Erinnerungen: „Ich habe mich von Zeit zu Zeit darum bemüht, Moskauer Fehleinschätzungen entgegenzuwirken. So schrieb ich im Februar 1980 an Generalsekretär Breschnew; ich versuchte ihn zu bewegen, dem afghanischen Abenteuer ein Ende zu setzen, und riet ihm, auch sonst Hindernisse auf dem Entspannungsweg beiseite zu räumen." *Brandt* 1994, S. 390 f.
2  Brandt besuchte die USA vom 9. bis 16. Februar 1980.
3  Die Unabhängige Kommission für internationale Entwicklungsfragen hatte nach zweijähriger Arbeit ihren Schlussbericht im Dezember 1979 fertiggestellt. Der Kommissionsvorsitzende Brandt versah den Bericht mit einer Einleitung und übergab ihn am 12. Februar 1980 offiziell dem Generalsekretär der Vereinten Nationen, Waldheim, in New York. Der Bericht wurde zudem als UN-Dokument allen Mitgliedsregierungen zugänglich gemacht. Die deutsche Fassung stellte Brandt am 3. März 1980 in Bonn der Öffentlichkeit vor. Vgl. Das Überleben sichern. Gemeinsame Interessen der Industrie- und Entwicklungsländer. Bericht der Nord-Süd-Kommission. Mit einer Einleitung des Vorsitzenden Willy Brandt, Köln 1980, und Berliner Ausgabe, Bd. 8.
4  Vgl. auch die Zusammenfassung der Empfehlungen der Kommission, in: EA 35 (1980) 8, D 200–208.
5  Vgl. Nr. 52, Anm. 3.
6  Vgl. Nr. 52, Anm. 2.
7  Zur Krise der Entspannung und zum Niedergang des amerikanisch-sowjetischen Bilateralismus, vgl. Einleitung.
8  Brandt weist auf die Bündnisverpflichtungen hin, die sich in Krisensituationen für die Mitgliedsstaaten der NATO und des Warschauer Paktes gegenüber den Vormächten USA und Sowjetunion ergaben.
9  Trotz aller gegenteiliger Bekundungen versuchte die sowjetische Führung massiv, die westeuropäischen Staaten mit einer deklaratorischen „Friedensoffensive" und einem antiamerikanischen Propagandafeldzug von den USA zu entfremden. Vgl. *Fischer* 2001, S. 98 ff.
10  Vgl. Anm. 2.
11  Vgl. Nr. 52, Anm. 3.
12  Vgl. Nr. 52, Anm. 27.
13  Brandt übernahm diese Passage des Dokumentes weitgehend identisch in seine Erinnerungen. Vgl. *Brandt* 1994, S. 391.
14  Gemeint ist die Parteiführerkonferenz der SI am 5./6. Februar 1980 in Wien.
15  Vgl. Nr. 52, Anm. 45.
16  Die führenden Politiker der Mitgliedsparteien der SI verurteilten den Einmarsch sowjetischer Truppen in Afghanistan. Dennoch müsse die Stabilität in Europa sowie die sachliche Zusammenarbeit über die Blockgrenzen erhalten werden. Vgl. EA 35 (1980) 5, Z 52.
17  Zum Inhalt der Erklärung vgl. EA 35 (1980) 5, Z 52.
18  Am 2. Februar 1980 empfing der italienische Außenminister Ruffini seinen deutschen Amtskollegen Genscher in Rom zu einer Unterredung über die internationale Lage nach dem sowjetischen Einmarsch in Afghanistan. Dabei wurde über einen neutralen oder blockfreien Status Afghanistans gesprochen. Vgl. EA 35 (1980) 5, Z 45.
19  Präsident Carter hatte in seiner Reaktion auf die sowjetische Intervention am 4. Januar 1980 den Boykott der Olympischen Sommerspiele des Jahres 1980 in Moskau angekündigt: „Zwar würden die Vereinigten Staaten es vorziehen, sich nicht von den für diesen Sommer in Moskau an-

gesetzten Olympischen Spielen fernzuhalten, aber die Sowjetunion muß einsehen, daß ihre fortgesetzten aggressiven Aktionen sowohl die Teilnahme der Sportler gefährden als auch die Reise von Besuchern nach Moskau, die normalerweise die Olympischen Spiele würden besuchen wollen." EA 35 (1980) 6, D 143.

20 Vgl. Nr. 50, Anm. 26.

21 Gemeint ist die von Strauß signalisierte Zustimmung zur besonnenen, demonstrativ gelassenen Reaktion Schmidts auf die Afghanistan-Krise. In seiner Regierungserklärung vom 17. Januar 1980 hatte der Bundeskanzler „ein sorgfältig überlegendes, ein sorgfältig überlegtes Crisis Management" zum Gebot der Stunde erklärt. Verhandlungen, Bd. 113, S. 15580.

22 Edward Kennedy, jüngerer Bruder von John F. Kennedy, scheiterte 1980 mit seiner Bewerbung um die demokratische Präsidentschaftskandidatur.

23 Stempel.

## Nr. 54

1 Bei der Vorlage handelt es sich um die Übersetzung des Schreibens Breschnews.

2 Nr. 53.

3 Breschnew bezieht sich auf seine Rede auf einer Wahlkundgebung in Moskau am 22. Februar 1980 anlässlich der Wahl zum Obersten Sowjet. Vgl. EA 35 (1980) 6, Z 59.

4 Vgl. Nr. 53.

5 Vgl. Carters Rundfunk- und Fernsehansprache am 4. Januar 1980, in: EA 35 (1980) 6, D 141–143, und die Rede des amerikanischen Vertreters bei den Vereinten Nationen, McHenry, vor dem UN-Sicherheitsrat am 6. Januar 1980, in: EA 35 (1980) 6, D 145–148.

6 Vgl. Nr. 53.

7 Die sowjetische Nachrichtenagentur TASS hatte am 28. Dezember 1979 eine Mitteilung von Radio Kabul veröffentlicht, dass sich prokommunistische Regierungskreise „mit dem dringenden Ersuchen an die UdSSR gewandt" hätten, ihnen „sofortige politische, moralische und wirtschaftliche Hilfe, einschließlich militärischer Hilfe, zu gewähren". EA 35 (1980) 6, D 134.

8 Die Fiktion einer Bedrohung „von außen" trug Propagandacharakter und diente lediglich zur Rechtfertigung der sowjetischen Intervention.

9 Vgl. Nr. 53, Anm. 18.

10 In der Vorlage fälschlich „aufgerufen".

11 Breschnew bezieht sich auf Schmidts Besuch in den USA vom 4. bis 6. März 1980. In der gemeinsamen Presseerklärung von Carter und Schmidt hieß es u.a.: „Sie verurteilten erneut die sowjetische Intervention in Afghanistan und forderten die Sowjetunion zum sofortigen Rückzug ihrer Streitkräfte aus Afghanistan auf." EA 35 (1980) 10, D 236.

12 Vgl. Nr. 53, Anm. 14.

13 Gemeint sind die MBFR-Verhandlungen in Wien. Vgl. Nr. 3, Anm. 14.

14 In der Vorlage fälschlich „atomare Raketenwaffe".

15 Vgl. Nr. 52, Anm. 45.

16 Vgl. Nr. 50, Anm. 10.

17 Ebd.

18 Gemeint ist das Zweite KSZE-Folgetreffen von Madrid (11. November 1980 bis 9. September 1983, mit einer Unterbrechung vom 12. März 1982 bis 9. November 1982).

19 Der Vorschlag zu einer europäischen „Konferenz zur Erörterung der Fragen der militärischen Entspannung und der Abrüstung" wurde vom Außenministerkomitee des Warschauer Paktes auf dessen Ost-Berliner Tagung am 5./6. Dezember 1979 unterbreitet. Vgl. EA 35 (1980) 2, D 52. Mitte Februar 1980 schlug der Erste Sekretär des ZK der PVAP, Gierek, vor, diese Konferenz

in Warschau abzuhalten. Vgl. EA 35 (1980) 5, Z 46.
20  Vgl. Nr. 53, Anm. 19.
21  Zu Brandts Reaktion auf Breschnews Einladung, insbesondere zur diesbezüglichen Haltung des Bundeskanzlers Schmidt, vgl. Einleitung.

## Nr. 55

1  Bei der Vorlage handelt es sich um den Durchschlag des Schreibens Brandts.
2  Vgl. Nr. 9, Anm. 5.
3  Ebd.
4  Brandt bezieht sich auf den Besuch Schmidts und Genschers in Moskau vom 30. Juni bis 1. Juli 1980. In ihrem gemeinsamen Kommuniqué bekundeten Breschnew und Schmidt ihren Willen, die beiderseitigen Handels- und Wirtschaftsbeziehungen „kontinuierlich weiter zu entwickeln". EA 35 (1980) 15, D 433. Die sowjetische Führung erklärte sich zudem bereit, mit den USA über nukleare Mittelstreckenraketen (INF) zusammen mit den vorn stationierten amerikanischen Kernwaffen (FBS) zu verhandeln, ohne, wie bislang, auf der Forderung nach der Aufhebung des NATO-Doppelbeschlusses zu beharren. Vgl. EA 35 (1980) 15, D 426.
5  Brandt zitiert hier aus dem Kommuniqué über die Gespräche, die er als Bundeskanzler mit Breschnew in Oreanda auf der Krim vom 16. bis 18. September 1971 führte. Vgl. EA 26 (1971) 20, D 471-473, Zitat D 472.
6  Vgl. Nr. 47, Anm. 3.
7  Vgl. Nr. 9, Anm. 5.
8  Stempel.

## Nr. 56

1  Bei der Vorlage handelt es sich um die Übersetzung des Schreibens Breschnews. Am Textanfang ms. vermerkt: „Inoffizielle Übersetzung" sowie hs. vermerkt „28.8.80".
2  Nr. 55.
3  Breschnew traf am 19. Mai 1980 mit Giscard in Schloss Wilanow bei Warschau, vgl. EA 35 (1980) 12, Z 119, und – anlässlich eines Besuchs vom 30. Juni bis 1. Juli 1980 – mit Schmidt in Moskau zusammen.
4  Breschnew bezieht sich auf die Weiterentwicklung der amerikanischen Abschreckungsdoktrin und die diesbezüglich von Präsident Carter Ende Juni 1980 erlassene Direktive (Presidential Directive 59). Anders als von Breschnew unterstellt, handelte es sich dabei nicht um eine Abkehr von der bisherigen Strategie, sondern um deren Weiterentwicklung. Vgl. EA 35 (1980) 16, D 445 ff.
5  Breschnew verweist auf den NATO-Doppelbeschluss vom 12. Dezember 1979, ohne allerdings auf dessen gleichgewichtige Verhandlungsteile einzugehen. Vgl. Nr. 50, Anm. 10.
6  Gemeint ist die Unterzeichnung des SALT-II-Vertrages durch Breschnew und Carter am 18. Juni 1979 in Wien. Vgl. Nr. 52, Anm. 45.
7  Vgl. Anm. 4.
8  Vgl. Nr. 55, Anm. 4.
9  Vgl. Nr. 52, Anm. 45.
10  Vgl. EA 35 (1980) 18, Z 174.
11  Carters erste Reaktion auf die im Anschluss an Schmidts Besuch in Moskau bekanntgewordene sowjetische Gesprächsbereitschaft fiel durchaus positiv aus: Die Änderung der Moskauer Haltung sei ernsthafter Erwägung wert. Vgl. EA 35 (1980) 15, Z 149 f.
12  Die amerikanischen Präsidentschaftswahlen fanden am 4. November 1980 statt.
13  Vgl. Nr. 7, Anm. 4, und Nr. 52, Anm. 45.
14  Gemeint sind die MBFR-Verhandlungen. Vgl. Nr. 3, Anm. 14.
15  Vgl. Nr. 50, Anm. 19.

Nr. 57
1  Bei der Vorlage handelt es sich um die Kopie des Schreibens Brandts.
2  Nr. 56.
3  Nr. 55.
4  Brandt spielt auf die Lage in Afghanistan und Iran an. Das iranische Geiseldrama dauerte noch immer an. Am 24./25. April 1980 war ein militärischer Befreiungsversuch der USA kläglich gescheitert. Vgl. die Erklärung Präsident Carters am 25. April 1980, in: EA 35 (1980) 17, D 491 f. Die Geiseln kamen erst nach dem Regierungswechsel im Washington, am 20. Januar 1981, frei. Wenige Tage nach Brandts Schreiben, am 22. September 1980, überfielen irakische Truppen den Iran und brachen damit den Ersten Golfkrieg (1980 bis 1988) vom Zaun.
5  Der Nahost-Konflikt schwelte weiter, obgleich mit der Unterzeichnung des ägyptisch-israelischen Friedensvertrages am 26. März 1979 in Washington ein Teilerfolg erzielt werden konnte. Erstmals hatte damit ein arabischer Staat Israel anerkannt. Zu den Einzelheiten, insbesondere zum Palästinenserproblem, vgl. EA 35 (1980) 20, D 551 ff.
6  Umfragen zufolge lag mit Ronald Reagan der republikanische Herausforderer im Präsidentschaftswahlkampf vor dem demokratischen Amtsinhaber Jimmy Carter. Vgl. *Hacke* 1997, S. 278 ff.
7  Die Genfer Gespräche über die Begrenzung der amerikanischen und der sowjetischen Mittelstreckenraketen in Europa (INF) begannen am 17. Oktober 1980, kurz vor den Präsidentschaftswahlen am 4. November, wurden jedoch bereits vier Wochen später unterbrochen.
8  Am 15. September 1980 erklärte der amerikanische Außenminister Muskie, er wolle sich mit dem sowjetischen Außenminister Gromyko am Rande der UN-Generalversammlung vom 22. bis 30. September 1980 in New York treffen. Nach der Zusammenkunft wurde die Aufnahme der Genfer Gespräche bekanntgegeben. Vgl. EA 35 (1980) 20, Z 200.
9  Gemeint ist der 15. SI-Kongress vom 13. bis 16. November 1980 in Madrid.
10  Vgl. EA 35 (1980) 24, Z 246, und Berliner Ausgabe, Bd. 8.
11  Hs. unterzeichnet.

Nr. 58
1  Ausgelassen wurden Partien zu den Koalitionsverhandlungen zwischen SPD und FDP auf Bundesebene sowie zu innen-, gesellschafts- und wirtschaftspolitischen Fragen.
2  Schmidt hatte am 7. November 1980 in einem Interview verlauten lassen, dass der bevorstehende Regierungswechsel in den USA wenn schon keinen Stillstand, so doch eine Denkpause im Hinblick auf den KSZE-Prozess, die MBFR-Gespräche, die Ost-West-Beziehungen insgesamt, bedeute. Vor diesem Hintergrund ventilierte er neue Lösungsmöglichkeiten für die festgefahrenen MBFR-Runden. Vgl. EA 35 (1980) 23, Z 226 f.
3  Ebd.
4  Ronald Reagan, Kandidat der Republikanischen Partei, gewann die Präsidentschaftswahlen am 4. November 1980 mit einem Stimmenvorsprung von rund 10 %-Punkten vor dem demokratischen Amtsinhaber Jimmy Carter. Seine Ablehnung des SALT-II-Abkommens hatte er bereits im Herbst 1980 der deutschen Öffentlichkeit mitgeteilt. Vgl. *Spiegel*-Interview mit Ronald Reagan: „Ich rede über Frieden, nicht Krieg", in: *Der Spiegel*, Nr. 44 vom 27. Oktober 1980, S. 161–164. Reagan setzte eine in Friedenszeiten beispiellose Erhöhung des Verteidigungsbudgets durch. Die Ausgaben stiegen von 1981 bis 1985 um 51 %. Vgl.

Reagan 1990, S. 234 f.; *Czempiel, Ernst-Otto:* Machtprobe. Die USA und die Sowjetunion in den achtziger Jahren, München 1989, S. 153.

5 Vgl. Anm. 4.
6 Vgl. Nr. 52, Anm. 45.
7 Vgl. Nr. 50, Anm. 10.
8 Brandt traf 1958 und 1959 mit Präsident Eisenhower zusammen und seither mit sämtlichen Präsidenten der Vereinigten Staaten, von Kennedy über Johnson, Nixon, Ford, Carter und Reagan bis hin zu Bush. Vgl. *Brandt* 1976 und 1994.
9 Gemeint ist mit dem European Recovery Program das 1947 auf Vorschlag von George C. Marshall geschaffene Hilfsprogramm der Vereinigten Staaten für die durch den Zweiten Weltkrieg zerstörten Länder Europas. Vgl. *Winkler* 2000, Bd. 2, S. 128 ff.
10 Bereits am 9. Oktober 1980 erhöhte das DDR-Finanzministerium den Mindestumtausch für Einreisen aus den nichtsozialistischen Ländern pro Tag auf 25 DDR-Mark. Am 13. Oktober stellte Staats- und Parteichef Honecker auf einer SED-Veranstaltung in Gera vier weitreichende Forderungen an die Bundesrepublik: Anerkennung der Staatsbürgerschaft der DDR, Auflösung der Zentralen Beweis- und Dokumentationsstelle für politische Straftaten in der DDR (in Salzgitter), Umwandlung der Ständigen Vertretungen in Botschaften und Regelung des Grenzverlaufes an der Elbe. Darüber hinaus kritisierte er Bundeskanzler Schmidt als „Erfinder und Einpeitscher des Brüsseler Raketenbeschlusses". Vgl. EA 39 (1984) 20, D 570–572, Zitat D 570.
11 Anfang 1981 ging die Amtszeit von Günter Gaus als Leiter der Ständigen Vertretung der Bundesrepublik in der DDR zu Ende. Am 9. Februar 1981 überreichte Nachfolger Klaus Bölling in Ost-Berlin sein Beglaubigungsschreiben.
12 Am 15. August 1980 brach in Polen, ausgehend von der Danziger „Lenin"-Werft, eine Welle von Streiks und Massenunruhen los, die rasch das ganze Land erfasste und mit ihren Forderungen – Gründung freier Gewerkschaften, daneben mehr Lohn, Senkung der Lebensmittelpreise – das kommunistische System in seinen Grundfesten erschütterte. Am 17. September 1980 erfolgte die Gründung der unabhängigen polnischen Gewerkschaft „Solidarność".
13 Vgl. dazu *Bölling, Klaus:* Die letzten 30 Tage des Kanzlers Helmut Schmidt. Ein Tagebuch, Reinbek bei Hamburg 1982.
14 Vgl. Anm. 11.
15 *Potthoff* 1997, S. 72 ff.
16 Brandt spielt darauf an, dass der politische Spielraum der DDR-Führung nicht ausschließlich von der Sowjetunion bestimmt werden könnte.
17 Honecker hatte in seiner Geraer Rede die Verbesserung der deutsch-deutschen Beziehungen als ein „wesentliches Moment der Entspannungs- und Friedenspolitik in Europa" bezeichnet und hinzugefügt: „Eine Politik im Sinne weiterer Entspannung in Europa ist durchaus wünschenswert." Allerdings könne man dabei die „Widersprüchlichkeit der BRD-Politik nicht übersehen". EA 39 (1984) 20, D 570.
18 Der Einfluss Brandts auf die operative Ebene der Deutschlandpolitik war Ende 1980 gering, seine Ratschläge waren nicht gefragt. Was die Koordination zwischen Parteivorsitzendem und Parteizentrale auf der einen, Kanzler und Kanzleramt auf der anderen Seite anbetraf, so gab es, vor allem seit dem Bundestagswahlkampf 1980, offensichtliche Misshelligkeiten. In einem Schreiben an Bahr konstatierte Brandt Ende September 1980 mit Blick auf das Bundeskanzleramt: „Die Art, in der mit dem Parteivorsitzenden umgegangen wird, ist schon bemerkenswert." Schreiben Brandts

an Egon Bahr vom 22. September 1980, in: AdsD, WBA, A 9, 35.

19 Die Anerkennung der DDR-Staatsbürgerschaft hatte Honecker in seiner Geraer Rede an die Spitze seiner Forderungen an die Bundesrepublik gestellt. Vgl. EA 39 (1984) 20, D 571, und Anm. 10.

20 Am 17. Dezember 1963, während Brandts Amtszeit als Regierender Bürgermeister Berlins, wurde das erste Passierscheinabkommen unterschrieben, das vom 19. Dezember 1963 bis zum 5. Januar 1964 gültig war und zahlreichen West-Berliner Bürgern den Besuch in Ost-Berlin ermöglichte. Vgl. *Bender* 1995, S. 126 ff.

21 Vgl. Nr. 3, Anm. 13 und 14.

Nr. 59

1 Bei der Vorlage handelt es sich um die Kopie des Schreibens Brandts.

2 Gemeint ist der 15. Kongress der SI in Madrid vom 13. bis 16. November 1980. Vgl. EA 35 (1980) 24, Z 246.

3 Vgl. Berliner Ausgabe, Bd. 8.

4 Brandt bezieht sich auf Breschnews Treffen mit Mitgliedern der Abrüstungskommission der SI am 1. Oktober 1979 in Moskau. Zu den Abrüstungsinitiativen der SI vgl. auch *Mujal-León, Eusebio/Nilsson, Ann-Sofie:* Die Sozialistische Internationale in den 80er Jahren. Dritte-Welt-Politik zwischen den Blöcken, Paderborn, München u.a. 1995, S. 45 ff.

5 Gemeint ist Ronald Reagan sowie dessen Rede anlässlich seiner Amtseinführung am 20. Januar 1981. Vgl. Nr. 58, Anm. 4, und EA 36 (1981) 5, D 149–153.

6 Brandt bezieht sich auf die erste internationale Gipfelkonferenz für Zusammenarbeit und Entwicklung zwischen den Industrie- und Entwicklungsländern am 22./23. Oktober 1981 im mexikanischen Cancún. Vgl. AdG 51 (1981), S. 25037 ff.

7 Gemeint sind der österreichische Bundeskanzler Bruno Kreisky und der mexikanische Staatspräsident José Lopez Portillo.

8 Hs. unterzeichnet.

Nr. 60

1 Vgl. AdG 40 (1970), S. 15908 ff., und *Bender* 1995, S. 302 ff.

2 Vgl. Nr. 14, Anm. 40.

3 Brandt bezieht sich auf seine Fernsehansprache aus Warschau an die Bundesbürger am 7. Dezember 1970, in der er u.a. von „Respekt vor der Trauer um das Verlorene" sprach und hinzufügte, das „leidgeprüfte polnische Volk" werde „unseren Schmerz respektieren". AdG 40 (1970), S. 15912.

4 Brandt bezieht sich hauptsächlich auf eine Strömung in der deutschen Außenpolitik der Zwischenkriegszeit von 1918 bis 1933, die ein Arrangement mit der Sowjetunion auf Kosten Polens erstrebte sowie auf den Hitler-Stalin-Pakt vom 23. August 1939, in dem die Aufteilung Polens zwischen Deutschland und der Sowjetunion festgelegt wurde. Vgl. *Krzeminski, Adam:* Polen im 20. Jahrhundert. Ein historischer Essay, München 1993.

5 Die Ende der siebziger Jahre maßgeblich von der SPD erwogene Städtepartnerschaft zwischen Bochum und Lublin kam nicht zustande. 1987 wurde das ukrainische Donezk zur Bochumer Partnerstadt.

6 Vgl. *Bender* 1995, S. 236 ff.

7 Vgl. Nr. 54, Anm. 19.

8 Gemeint ist die anwesende Delegation der polnischen Botschaft in Bonn.

9 Brandt spielt hier überaus zurückhaltend auf die Streiks und Massenproteste gegen das kommunistische Regime in Polen an, die seit Sommer 1980 unaufhörlich an Schärfe gewannen und eine offene Systemkrise herbeiführten. Vgl. Nr. 58, Anm. 12.

Nr. 61

1  Bei der Vorlage handelt es sich um eine Kopie des Vermerks von Thomas Mirow. Am Textanfang vermerkte Mirow „Betr.: Gespräch Willy Brandt mit Botschafer Semjonow am 11. Dezember 1980 in Bonn. Weitere Teilnehmer: Egon Bahr, Leonid Grigorjewitsch Ussytschenko, Thomas Mirow, sowjetischer Dolmetscher".

2  Vgl. Nr. 9, Anm. 5.

3  Gemeint sind die Regierungswechsel in Großbritannien (Rücktritt Heaths am 4. März 1974, Nachfolge Wilsons als Premierminister), der Bundesrepublik Deutschland (Rücktritt Brandts am 6. Mai 1974, Wahl Schmidts zum Bundeskanzler am 16. Mai 1974), Frankreichs (Tod Pompidous, Wahl Giscards zum Staatspräsidenten am 19. Mai 1974) sowie in den USA (Rücktritt Nixons am 8. August 1974, Vereidigung Fords zum Präsidenten).

4  Vgl. Nr. 45, Anm. 5.

5  Brandt besuchte die USA vom 4. bis 8. Dezember 1980 und traf in Washington u. a. mit Außenminister Muskie und Weltbankpräsident McNamara zusammen. In New York nahm er an einer Konferenz über die europäische Sozialdemokratie teil. Vgl. *Sozialdemokraten Service Presse Funk TV*, Nr. 812/80 vom 4. Dezember 1980.

6  Vgl. Nr. 52, Anm. 45.

7  Vgl. Nr. 50, Anm. 10.

8  Die Delegationsgespräche über die Begrenzung der amerikanischen und sowjetischen Mittelstreckenraketen in Europa (INF) begannen am 17. Oktober 1980 in Genf.

9  Gemeint sind der (erste) Stationierungs- und der (zweite) Verhandlungsteil des NATO-Doppelbeschlusses. Vgl. Nr. 50, Anm. 10.

10  Vgl. die Schlußakte der KSZE vom 1. August 1975, in: EA 30 (1975) 17, D 437–484.

11  Die Madrider KSZE-Folgekonferenz begann am 11. November 1980 in gespannter Atmosphäre. Im Vorfeld hatte es bereits über die Tagesordnung erbitterte Streitigkeiten gegeben. Die Sowjetunion und ihre Verbündeten versuchten, die geplante Überprüfung der Ergebnisse des bisherigen KSZE-Prozesses drastisch einzuschränken. Vgl. EA 36 (1981) 3, D 53 ff.

12  1970 wurde der Moskauer Vertrag unterzeichnet, 1972 traten der Moskauer und der Warschauer Vertrag in Kraft. 1972 scheiterte das konstruktive Misstrauensvotum der CDU/CSU gegen Brandt, die SPD gewann am 19. November die Bundestagswahl, Egon Bahr und Michael Kohl unterzeichneten den deutsch-deutschen Grundlagenvertrag.

13  Egon Bahr war im September 1980 dem Ruf Olof Palmes in die so genannte „Palme-Kommission", offiziell „Unabhängige Kommission für Abrüstung und Sicherheit", gefolgt und hatte dort unter der Überschrift „Gemeinsame Sicherheit" ein Konzept über Sicherheitskriterien im Atomzeitalter erarbeitet und damit die sicherheitspolitische Linie der SPD in den achtziger Jahren vorgegeben. Vgl. dazu Der Palme-Bericht. Bericht der unabhängigen Kommission für Abrüstung und Sicherheit, Berlin 1982, und Berliner Ausgabe, Bd. 10.

14  Vgl. *Greiff, Burckhardt:* Die französische Sicherheitspolitik: Die Ära François Mitterrand, Frankfurt/Main 1991.

15  Vgl. Nr. 7, Anm. 4.

16  Alexej N. Kossygin war seit 1964 sowjetischer Ministerpräsident und widmete sich insbesondere innen- und wirtschaftspolitischen Problemen.

17  Trotz eines beträchtlichen Anstiegs des deutsch-sowjetischen Handelsvolumens – Versechsfachung von 1969 bis 1979 – blieb die Entwicklung hinter den sowjetischen Erwartungen zurück. Relativ gesehen spielte der Warenaustausch mit der Sowjetunion und dem Ostblock im deutschen Au-

ßenhandel nur eine untergeordnete Rolle. Vgl. *Bender* 1995, S. 230 ff.

18 Semjonow spielt auf die hypothetische Möglichkeit eines nuklearen Erstschlages seitens der USA gegen die Sowjetunion an, der einen Gegenschlag unmöglich machen und mit der so genannten MAD (mutual assured destruction) das Grundprinzip der atomaren Abschreckung außer Kraft setzen könnte.

19 Vgl. Nr. 7, Anm. 4.

20 Gemeint ist der 15. SI-Kongress vom 13. bis 16. November 1980 in Madrid. Vgl. EA 35 (1980) 24, Z 246.

21 Semjonow bezieht sich auf den KSZE-Prozess und die Abrüstungsbemühungen der Sozialistischen Internationale.

22 Der XXVI. Parteitag fand vom 23. Februar bis zum 3. März 1981 in Moskau statt. Vgl. EA 36 (1981) 8, D 207 ff.

23 Vgl. Anm. 20.

24 Vgl. Anm. 13.

25 Hs. unterzeichnet.

Nr. 62

1 Bei der Vorlage handelt es sich um den Durchschlag des Schreibens Brandts.

2 Ausgelassen wurden persönliche Grüße und Wünsche und eine Passage zum Meinungsaustausch zwischen der SPD und den ungarischen Kommunisten.

3 Brandt bezieht sich auf Kádárs Schreiben vom 6. Februar 1980, in: AdsD, WBA, A 9, 11.

4 Hans-Jürgen Wischnewski führte zahlreiche Sondierungsgespräche in Ostblockländern, u.a. auch in der DDR. Vgl. *Potthoff* 1997, S. 59 ff.

5 Brandt bezieht sich auf die Tagung der Außenminister der Warschauer-Pakt-Staaten am 19./20. Oktober 1980 in Warschau. Die Teilnehmer verlautbarten u.a., es gebe keine Waffenarten, über die man sich nicht auf der Grundlage der Gegenseitigkeit und gleichen Sicherheit einigen könne. Vgl. EA 35 (1980) 23, D 654 ff.

6 Stempel.

Nr. 63

1 Bei der Vorlage handelt es sich um den Durchschlag des Schreibens Brandts.

2 Lew Kopelew, der am 13. November 1980 einen einjährigen, offiziell genehmigten Studienaufenthalt in der Bundesrepublik begonnen hatte, wurde Anfang Januar 1981 von den sowjetischen Behörden aus der Sowjetunion ausgebürgert.

3 Der Besuch fand am 21. November 1980 in Bonn statt. Kopelew bedankte sich bei Brandt für dessen Engagement zugunsten seines einjährigen Studienaufenthaltes auf Einladung von Heinrich Böll. Vgl. *Sozialdemokraten Service Presse Funk TV*, Nr. 796 vom 22. November 1980.

4 Vgl. Bahrs Erklärung, in: *Sozialdemokraten Service Presse Funk TV*, Nr. 27 vom 23. Januar 1981.

5 Gemeint ist der Fernsehjournalist Fritz Pleitgen, 1970–1977 ARD-Korrespondent in Moskau. Brandt bezieht sich auf ein Zusammentreffen mit Kopelew und anderen während seines Besuches in der sowjetischen Hauptstadt Anfang Juli 1975.

6 Stempel.

7 Brandt bezieht sich auf seine Flucht aus dem „Dritten Reich" und seine Exiljahre in Skandinavien. Am 5. September 1938 wurde seine Ausbürgerung bekannt gegeben. Seine Wiedereinbürgerung erfolgte 1948. Vgl. Berliner Ausgabe, Bd. 1 und 2.

Nr. 64

1 Ausgelassen wurden Passagen zur Innenpolitik, etwa zur Lage der Berliner SPD und zur Programmatik der SPD.

2  An der Spitze der innerparteilichen Kanzlerkritiker profilierte sich Erhard Eppler. Im Mai 1981 erklärte er, künftig kein Risiko scheuen zu wollen, um das „Nein" zum NATO-Doppelbeschluss, mit dem Bundeskanzler Schmidt sein politisches Schicksal verbunden hatte, in der SPD mehrheitsfähig zu machen. Vgl. *Fischer* 2001, S. 98 ff.

3  Entsprechende Vorwürfe erhob Egon Bahr in der SPD-Präsidiumssitzung am 9. März 1981 in Bonn. Vgl. Protokoll über die Sitzung des Präsidiums am Montag, 9. 3. 1981, in Bonn, Erich-Ollenhauer-Haus, in: AdsD, Dep. Helmut Schmidt, 6323.

4  Ausgelassen wurden Partien zur Lage der Berliner SPD und zum Verhältnis zwischen SPD und FDP.

5  Ausgelassen wurden Partien zur Kernenergiepolitik der SPD.

6  Vgl. Nr. 52, Anm. 59.

7  Vgl. EA 35 (1980) 2, D 35–37.

8  Insbesondere Reagans Verteidigungsminister Caspar Weinberger sorgte im Frühjahr 1981 mit militanter Rhetorik für Irritationen im Lager der westeuropäischen NATO-Partner. Vgl. *Hacke* 1997, S. 290.

9  Brandt spielt auf die besonnene Reaktion Schmidts auf die Afghanistankrise sowie die konstruktive Moskaureise des Bundeskanzlers im Sommer 1980 an, zu deren Ergebnissen es gehörte, dass sich die sowjetische Führung zu Verhandlungen über die Mittelstreckenwaffen (INF) bereit erklärte.

10  Den Ausgangspunkt des israelisch-syrischen Konfliktes im Mai 1981 bildete die Stationierung syrischer Raketen im Libanon. Vgl. EA 36 (1981) 12, Z 118 f.

11  Gemeint ist Schmidts Rede vor dem „International Institute for Strategic Studies" in London am 28. Oktober 1977, in der er u.a. die Einbeziehung der sowjetischen Mittelstreckenwaffen in den SALT-Prozess forderte. Schmidts Beitrag war die Geburtsstunde des NATO-Doppelbeschlusses. Vgl. *Haftendorn* 1986, S. 195 ff.

12  Vgl. Nr. 45, Anm. 5.

13  Vgl. Nr. 3, Anm. 13.

14  Vgl. Nr. 3, Anm. 14.

15  Vgl. *Brandt, Willy*: Rechenschaftsbericht, in: Protokoll des SPD-Parteitages in Berlin (3.–7. Dezember 1979), S. 33–55.

16  Schmidt besuchte vom 21. bis 23. Mai 1981 die USA; Breschnews Staatsbesuch in der Bundesrepublik Deutschland fand vom 22. bis 25. November 1981 statt.

17  Die Gespräche über die Begrenzung der amerikanischen und der sowjetischen Mittelstreckenwaffen in Europa (INF) begannen am 17. Oktober 1980 in Genf. Zu einem Treffen zwischen Reagan und Breschnew kam es allerdings nicht.

18  Schmidt versprach sich von der Option einer Seestationierung Entlastung gegenüber den Stationierungsgegnern in der SPD. Allerdings hatte sich im Vorfeld des NATO-Doppelbeschlusses die mit dessen Planung beauftragte High Level Group (HLG) gegen eine Seestationierung ausgesprochen, weil landgestützte Systeme einen größeren Abschreckungswert besäßen. Zudem wollte kein westeuropäischer Staat seine Häfen für ein derartiges Projekt bereitstellen. Vgl. *Risse-Kappen* 1988, S. 66 f.

19  Vgl. dazu *Steffahn, Harald*: Helmut Schmidt, Reinbek bei Hamburg 1990.

20  Die Entscheidung für den Bau der neuen amerikanischen MX-Interkontinentalrakete war bereits in der Präsidentschaft Carters gefallen. Stationiert wurde sie, wie Carter am 7. September 1979 bekannt gab, in einem System miteinander verbundener Feuerstellungen auf dem amerikanischen Festland. Vgl. EA 34 (1979) 19, Z 179, und *Haig, Alexander M.*: Geisterschiff USA. Wer macht Reagans Außenpolitik? Stuttgart 1984, S. 265.

21  Brandt bezieht sich mit seinem Hinweis auf Werner Heisenberg und Otto Hahn

auf zwei deutsche Atomphysiker, die v.a. während des Zweiten Weltkrieges maßgeblich die Kernforschung vorantrieben.
22  Vgl. *Schöllgen* 1996, S. 314 ff.
23  Vgl. Nr. 52, Anm. 45.
24  Brandt spielt auf seinen Herzinfarkt im Spätherbst 1978 an. Vgl. Einleitung.
25  Frankreich war am 1. Juli 1966 auf Betreiben de Gaulles aus der militärischen Integration der NATO ausgetreten und hatte mit äußerst hohen Kosten den Aufbau einer eigenen Atomstreitmacht betrieben, um nicht von der amerikanischen Abschreckungsgarantie abhängig zu sein. Vgl. *Greiff* 1991, S. 21 ff.
26  Brandt bezieht sich beispielsweise auf die Administrationen Nixon und Ford.
27  Gemeint ist die Hypothese eines auf Europa begrenzbaren Nuklearkrieges, die jedoch die ursprüngliche amerikanische Intention bei der Stationierung neuer Mittelstreckenraketen in Westeuropa ins Gegenteil verkehrte – ging es doch gerade darum, die Abschreckung glaubhafter zu machen.
28  Der Bundesparteitag der SPD in München fand vom 19. bis 23. April 1982 statt.
29  Gemeint ist der Beschluss des Aalener Landesparteitags der baden-württembergischen SPD vom 6. Mai 1981, der auf Betreiben Epplers die Überprüfung der konditionierten Zustimmung der SPD zum NATO-Doppelbeschluss, wie sie auf dem Berliner SPD-Parteitag im Dezember 1979 gefallen war, verlangte. „Wichtig und gewichtig", kommentierte Brandt diese Entscheidung vor den rund 300 Landesdelegierten in Aalen. Vgl. *Vorwärts*, Nr. 20 vom 7. Mai 1981, S. 6.
30  Vgl. Anm. 15.
31  Die Wiener MBFR-Verhandlungen traten nach wie vor auf der Stelle; insbesondere in der Datenfrage, was die real vorhandenen Truppen- und Waffenstärken anging, konnte keine Einigung erzielt werden.

32  Vgl. *Genscher* 1995, S. 414 ff.
33  Schmidt hatte seinen Durchhaltewillen allerdings mehrfach mit Rücktrittsdrohungen für den Fall verbunden, dass die SPD von ihrer Zustimmung zum NATO-Doppelbeschluss abrücke: Geschehe dies, so erklärte er auf einer SPD-Veranstaltung in Wolfratshausen, könne er „die Verantwortung für die Bundesrepublik Deutschland nicht länger tragen". *Vorwärts*, Nr. 22 vom 21. Mai 1981, S. 5.

Nr. 65

1  Bei der Vorlage handelt es sich um eine Kopie des Vermerks Mirows, der auf den 6. Juli 1981 datiert ist.
2  Vgl. Nr. 9, Anm. 5.
3  Am 14. Mai 1981 erfolgte in Wien die Wiederaufnahme der bislang erfolglosen MBFR-Gespräche mit der 24. Verhandlungsrunde. Vgl. Nr. 3, Anm. 14, und EA 36 (1981) 11, Z 114.
4  Vgl. Nr. 50, Anm. 10.
5  Vgl. Einleitung.
6  Die Pershing II und die Cruise Missiles waren, was ihre Reichweite, ihr Zerstörungspotenzial und ihre Anzahl anbetraf, nicht imstande, die sowjetischen strategischen Potenziale – größtenteils hinter dem Ural stationiert – ernsthaft zu gefährden und konnten nicht als „Erstschlagswaffen" gelten. Vgl. *Talbott, Strobe*: Raketenschach, München und Zürich 1984, S. 67 f.
7  Gemeint sind die so genannten Forward Based Systems – auf Flugzeugen, Über- und Unterwasserschiffen sowie in der Nähe sowjetischen Territoriums stationierte Nuklearwaffen der NATO in und um Europa.
8  Angesichts der dramatischen Zunahme des sowjetischen SS-20-Potenzials – 1977 waren die ersten zehn Startrampen

einsatzbereit, Ende 1981 waren es 270, Ende 1986 bereits 441 – war schwer nachzuvollziehen, warum diese Entwicklung das eurostrategische Gleichgewicht unbeeinflusst lassen sollte. Vgl. *Risse-Kappen* 1988, S. 30.

9 Breschnew bezieht sich auf militärische Gegenmaßnahmen der Sowjetunion in Reaktion auf die Stationierung der Pershing II und Cruise Missiles in Westeuropa. Im Frühjahr 1984 begann Moskau mit der Verlegung von Mittelstreckensystemen kürzerer Reichweite (SS-23) nach Mitteleuropa.

10 Vgl. Nr. 50, Anm. 10.

11 Vgl. Nr. 9, Anm. 5.

12 Am 22. Juni 1941 überfiel die deutsche Wehrmacht die Sowjetunion.

13 Vgl. Nr. 50, Anm. 10.

14 Vgl. Anm. 7. Die atomaren Sprengköpfe Frankreichs und Großbritanniens machten zusammen keine 4 % des weltweiten Nukleararsenals aus. Der französische Präsident Giscard und der britische Premierminister Callaghan hatten sich zudem auf dem Vierergipfel von Guadeloupe am 5./6. Januar 1979 mit dem amerikanischen Präsidenten Carter und dem deutschen Bundeskanzler Schmidt darauf geeinigt, die britischen und die französischen Nuklearpotenziale nicht in die amerikanisch-sowjetischen Verhandlungen einzubeziehen. An dieser Position hielt im weiteren Verlauf sowohl die britische als auch die französische Seite konsequent fest. Vgl. Nr. 68 und *Callaghan, James:* Time and Chance, London 1987, S. 543 f.

15 Breschnew signalisierte die Bereitschaft der Sowjetunion, die Stationierung ihrer Mittelstreckenraketen auszusetzen, sobald substanzielle Verhandlungen beginnen würden. Vgl. auch EA 36 (1981) 15, Z 153. Die USA und die Bundesregierung lehnten Breschnews Moratoriums-Vorschlag als nicht neu und „offensichtlich ungleichgewichtig" ab. Vgl. AdG 51 (1981), S. 24724.

16 Vgl. EA 36 (1981) 8, D 207 ff.

17 Breschnews Vorschläge zur Schaffung atomwaffenfreier Zonen in Nordeuropa und anderswo zielten in erster Linie auf die friedensbewegte westliche Öffentlichkeit und waren als Störmanöver gegen die Realisierung des NATO-Doppelbeschlusses zu verstehen. Vgl. dazu das *Spiegel*-Interview mit Breschnew: „Versetzen Sie sich mal in unsere Lage . . .", in: *Der Spiegel*, Nr. 45 vom 2. November 1981, S. 34–63, AdG (51) 1981, S. 24697.

18 Breschnew und Schmidt trafen in der Zeit vom 22. bis 25. November 1981 in der Bundesrepublik zu Gesprächen zusammen.

19 Vgl. Nr. 9, Anm. 5.

20 Zum Inhalt der gemeinsamen deutsch-sowjetischen Deklaration vom 6. Mai 1978 vgl. EA 33 (1978) 18, D 513–515.

21 Das deutsch-sowjetische Erdgas-Röhren-Geschäft enthielt die Lieferung sowjetischen Erdgases gegen deutsche Großröhren und Ausrüstungen für die Gasindustrie – in den Jahren 1978 bis 2000 war die Lieferung von 60 Milliarden Kubikmeter Erdgas geplant, 1981 wurde ein weiteres diesbezügliches Abkommen unterzeichnet. Vgl. *Jäger/Link* 1987, S. 294 und 425.

22 Breschnew bezieht sich auf den Besuch des amerikanischen Außenministers Haig in China vom 14. bis 17. Juni 1981, in dessen Verlauf u.a. ein Abkommen über die wechselseitige Einrichtung von drei zusätzlichen Konsulaten unterzeichnet und die Lieferung defensiver Waffensysteme vereinbart wurde. Vgl. AdG (51) 1981, S. 24806 f.

23 Gemeint ist das Gipfeltreffen von 22 Industrie- und Entwicklungsländern am 22./23. November 1981 im mexikanischen Cancún.

24 Breschnew verkündete am 23. Juni 1981 einen Appell des ZK der KPdSU und des Präsidiums des Obersten Sowjets an „die Parlamente und Völker der Welt", demzufolge es notwendig und möglich sei, einen neuen Weltkrieg zu verhindern. Vgl. EA 36 (1981) 14, Z 143.

25 Vgl. Nr. 7, Anm. 4.

26 Brandt bezieht sich auf die große Zurückhaltung von SPD und Bundesregierung gegenüber der antikommunistischen Streik- und Protestbewegung in Polen. Vgl. Nr. 58, Anm. 12.

27 Reagan hatte Schmidt gegenüber schon bei der ersten Zusammenkunft im November 1980 ausdrücklich versichert: „You can be sure: I will negotiate, negotiate, negotiate." *Jäger/Link* 1987, S. 337. Brandt bezieht sich auf Schmidts Besuch in den USA vom 21. bis 23. Mai 1981, in dessen Verlauf Reagan diese Position bestätigte. Vgl. EA 36 (1981) 13, D 357 ff. Am 4./5. Mai 1981 begrüßten auf einer Ministertagung des Nordatlantikrates in Rom die am NATO-Doppelbeschluss beteiligten Mitgliedsstaaten die Absicht der USA, noch vor Ablauf des Jahres 1981 innerhalb des SALT-Prozesses mit der Sowjetunion über Mittelstreckenraketen (INF) zu verhandeln.

28 Brandt bezieht sich auf die beiden deutsch-sowjetischen Gipfeltreffen in Bonn vom 4. bis 7. Mai 1978 sowie in Moskau vom 30. Juni bis 1. Juli 1980.

29 Vgl. Anm. 7.

30 Sowohl die französische als auch die britische Regierung bestanden vehement auf der Ausklammerung ihrer Nuklearpotenziale aus den amerikanisch-sowjetischen Verhandlungen. Vgl. Anm. 14.

31 Schreiben des Präsidiums der SPD an das ZK der KPdSU vom 18. Juni 1981, in: AdsD, WBA, A 9, 7.

32 Gemeint ist das Koalitionsabkommen zwischen der Sozialistischen und der Kommunistischen Partei Frankreichs vom 22. Juni 1981, in dem sich beide Parteien für Frieden, schrittweise Abrüstung und die unverzügliche Aufnahme von Verhandlungen aussprachen. Vgl. EA 36 (1981) 14, Z 139.

33 Vgl. Nr. 50, Anm. 8.

34 Brandt weist darauf hin, dass ein Verhandlungsergebnis – zumal ein optimales wie die Null-Lösung – vor dem Herbst 1983 vorliegen müsse, da andernfalls, wie im NATO-Doppelbeschluss festgelegt, die Stationierung der amerikanischen Mittelstreckenraketen beginne.

35 Vgl. Nr. 9, Anm. 5.

36 Am 22. Juni 1981 jährte sich der Überfall Hitlerdeutschlands auf die Sowjetunion zum vierzigsten Mal.

37 Gemeint ist das Zweite KSZE-Folgetreffen vom 11. November 1980 bis 9. September 1983, mit einer Unterbrechung vom 12. März 1982 bis 9. November 1982.

38 Im Schlussdokument des Madrider KSZE-Folgetreffens wurde u.a. die Einberufung einer Konferenz über Vertrauens- und Sicherheitsbildende Maßnahmen und Abrüstung in Europa (KVAE) beschlossen, die dann am 17. Januar 1984 in Stockholm zusammentrat. Vgl. EA 38 (1983) 20, D 537 ff., und *Schöllgen* 1996, S. 386 ff.

39 Vgl. *Seidelmann, Reimund:* Die Sozialistische Internationale als Parteienbewegung und politischer Wegbereiter, in: EA 36 (1981) 21, S. 659–668, v. a. S. 662.

40 Ein so genanntes deutsch-sowjetisches „Sicherheitsseminar" in der Friedrich-Ebert-Stiftung in Bonn fand erst nach dem Bruch der sozial-liberalen Koalition statt. Ende Oktober 1982 trafen sozialdemokratische Sicherheitsexperten mit einer sowjetischen Delegation zusammen. Vgl. *Bender, Peter:* Nach dem Zahlenritual kam die Logik. Beobachtungen bei einem Sicherheitsseminar mit Moskauer Gästen, in: *Vorwärts*, Nr. 44 vom 28. Oktober 1982, S. 14.

41 Vgl. EA 36 (1981) 8, D 207 ff.
42 Breschnews letzter Staatsbesuch in der Bundesrepublik Deutschland fand vom 22. bis 25. November 1981 statt.
43 Vgl. AdG (51) 1981, S. 24966 ff.
44 Vgl. Nr. 58, Anm. 12.
45 Am 10. Mai 1981 besiegte François Mitterrand (PS) im zweiten Wahlgang Giscard d'Estaing, den amtierenden französischen Staatspräsidenten, und wurde der erste sozialistische Präsident der V. Republik. „Dies ist für Ihr Land und Europa ein Ereignis von historischer Bedeutung", schrieb Brandt in seinem Glückwunschtelegramm, in: *Sozialdemokraten Service Presse Funk TV*, Nr. 257 vom 11. Mai 1981.
46 Brandt bezieht sich auf sein Treffen mit Semjonow vom 26. März 1981. Vgl. AdsD, WBA, A 9, 8.
47 Vgl. Anm. 32.
48 Vgl. Anm. 42.
49 Hs. unterzeichnet.

Nr. 66
1 Vgl. Nr. 65.
2 Fußnote in *Der Spiegel*: „Am 22. Mai erklärte Breschnew in Tiflis, die Sowjet-Union müsse mit weiteren militärischen Maßnahmen auf die Stationierung der neuen Mittelstreckenraketen des Westens antworten." Vgl. EA 36 (1981) 14, Z 143.
3 Brandt bezieht sich auf militärische Gegenmaßnahmen der Sowjetunion in Reaktion auf die Stationierung der Pershing II und Cruise Missiles in Westeuropa. Im Frühjahr 1984 begann Moskau mit der Verlegung von Mittelstreckensystemen kürzerer Reichweite (SS-23) nach Mitteleuropa.
4 Vgl. Nr. 65.
5 Vgl. *Hacke* 1997.
6 Vgl. Anm. 3 und Nr. 50, Anm. 10.
7 Gemeint sind die amerikanisch-sowjetischen Gespräche über die Begrenzung der Mittelstreckenwaffen in Europa (INF), die am 17. Oktober 1980 begannen und am 17. November 1980 unterbrochen wurden.
8 Vgl. Nr. 3, Anm. 14.
9 Vgl. Nr. 45, Anm. 5, *Bender* 1995, S. 214, und *Winkler* 2000, Bd. 2, S. 296 f.
10 Vgl. Anm. 7.
11 Vgl. AdG (51) 1981, S. 24439 f.
12 Vgl. Nr. 65, Anm. 7.
13 Vgl. Nr. 52, Anm. 45.
14 Vgl. Nr. 65, Anm. 7.
15 Gemeint ist Schmidts Besuch in der Sowjetunion vom 30. Juni bis 1. Juli 1980. Vgl. *Schmidt* 1990, S. 108 ff.
16 Vgl. AdG (51) 1981, S. 24496.
17 Vgl. Nr. 50, Anm. 10.
18 Vgl. *Risse-Kappen* 1988, S. 64 ff.
19 Vgl. Nr. 50, Anm. 10.
20 Vgl. Nr. 50, Anm. 8.
21 Gemeint ist Breschnews Tischrede am 30. Juni 1981 bei einem Essen zu Ehren Brandts im Kreml. Vgl. AdG 51 (1981), S. 24722 ff.
22 Im Dezember 1957 hatte ein NATO-Gipfel einen amerikanischen Plan zur Stationierung atomarer Mittelstrecken der Typen „Thor" und „Jupiter" mit Reichweiten von ca. 2000 km in Westeuropa akzeptiert. Die Bundesrepublik kam jedoch nicht als Stationierungsland in Betracht. Die Systeme wurden in der Türkei, in Großbritannien und Italien stationiert und von Kennedy im Gefolge der Kuba-Krise bis Ende April 1963 wieder abgezogen. Vgl. *Risse-Kappen* 1988, S. 18, und *Schöllgen* 1996, S. 164 f.
23 Vgl. *Köhler, Henning*: Adenauer. Eine politische Biographie, Berlin 1994, S. 977 ff.
24 Vgl. Anm. 3.
25 Fußnote in *Der Spiegel*: „Professor Georgij Arbatow, Leiter des Moskauer Amerika-Instituts, ZK-Mitglied und Breschnew-Berater, gehört mit Egon Bahr einer internationalen Abrüstungskommission an, die vor drei Wochen in Moskau tagte." Gemeint

ist eine Tagung der so genannten „Palme-Kommission" in Moskau Ende Juni 1981. Vgl. *Fischer* 2001, S. 105.

26 Brandt spielt darauf an, dass die SS-20, wenn sie von sowjetischem Territorium aus die USA erreichen könne, als strategische Waffe anzusehen wäre, und damit innerhalb des SALT-Prozesses verhandelt werden müsste.

27 Vgl. Anm. 25 und *Bahr* 1996, S. 511 ff.

28 Vgl. Nr. 61, Anm. 13.

29 Vgl. Nr. 50, Anm. 10, und Nr. 65, Anm. 27.

30 Brandt bezieht sich auf den Besuch Gromykos in der Bundesrepublik Deutschland vom 21. bis 24. November 1979. Gromyko hatte erklärt, falls der NATO-Beschluss vom 12. Dezember 1979 zustande käme, könne es nicht mehr zu Verhandlungen kommen. Vgl. EA 34 (1979) 24, Z 223 f.

31 Die Genfer INF-Verhandlungen begannen am 17. Oktober 1980, wurden jedoch nach nur vier Wochen unterbrochen.

32 Gemeint sind die vorbereitenden Gespräche zwischen dem amerikanischen Außenminister Haig und dem sowjetischen Botschafter Dobrynin zur Wiederaufnahme der Genfer Verhandlungen zur Begrenzung nuklearer Mittelstreckenwaffen (INF), die am 30. November 1981 stattfand. Vgl. EA 36 (1981) 12, Z 123.

33 Vgl. AdG 51 (1981), S. 24722.

34 Vgl. Nr. 65, Anm. 32.

35 Das Treffen zwischen Haig und Gromyko fand am 23. September 1981 am Rande der XXXVI. UN-Vollversammlung statt. Vgl. AdG 51 (1981), S. 24923 f.

36 Vgl. Anm. 21.

37 Vgl. Nr. 65, Anm. 27.

38 Ebd.

39 Vgl. Nr. 50, Anm. 10.

40 Vgl. Nr. 65.

41 Die Präsidiumssitzung der SI fand unter Vorsitz Brandts am 15. und 16. Juli 1981 in Bonn statt. Vgl. AdG 51 (1981), S. 24772 f.

42 Vgl. ebd., S. 24722 ff.

43 Brandt spielt auf die Krise des kommunistischen Systems in Polen an. Vgl. Nr. 58, Anm. 12.

44 Vgl. Nr. 65 und AdG 51 (1981), S. 24722 f.

45 Gemeint ist Breschnews Besuch in Bonn vom 22. bis 25. November 1981. Vgl. AdG 51 (1981), S. 25110 ff.

46 Zu einem Treffen zwischen Breschnew und Reagan kam es nicht.

47 Vgl. Nr. 58, Anm. 12.

48 Vgl. AdG 51 (1981), S. 24643 ff.

49 Brandt bezieht sich auf Breschnews Interview mit dem Parteiorgan der finnischen Sozialdemokraten *Suomen Sosialidemokraatti*, vgl. AdG 51 (1981), S. 24697.

50 Vgl. Nr. 65.

51 Brundtland besuchte Bonn im Rahmen der SI-Präsidiumssitzung am 15./16. Juli 1981. Der amerikanische Außenminister Haig hatte Breschnews Vorschlag einer kernwaffenfreien Zone in Skandinavien allerdings am 14. Juli 1981 in Washington dem norwegischen Außenminister gegenüber strikt abgelehnt, womit das Thema vom Tisch war. Vgl. AdG 51 (1981), S. 24772 f.

52 Gemeint ist das Gipfeltreffen von 22 Industrie- und Entwicklungsländern am 22./23. November 1981 im mexikanischen Cancún.

53 Vgl. Nr. 65.

54 Vgl. ebd.

55 Brandt bezieht sich auf seinen Vorsitz in der „Unabhängigen Kommission für Internationale Entwicklungsfragen". Vgl. Berliner Ausgabe, Bd. 8.

56 Unter diesen Schlagworten wurde in der Bundesrepublik Deutschland, nicht zuletzt in den Reihen der SPD, beginnend in der zweiten Hälfte der siebziger Jahre, eine teilweise emotional bestimmte Diskussion

über die deutsche Sicherheitspolitik und die Verpflichtungen im atlantischen Bündnis geführt. Vgl. *Fischer* 2001, S. 58 ff.
57   Vgl. Berliner Ausgabe, Bd. 1 und Bd. 2.
58   Brandt besuchte die USA vom 3. bis 7. Oktober 1981. Ein Treffen mit Reagan kam nicht zustande.
59   B'nai B'rith (hebräisch „Söhne des Bundes"): der Humanität, Toleranz und allgemeinen Wohlfahrt verpflichteter, 1843 in New York gegründeter Orden. Brandt nahm den B'nai B'rith Humanitarian Award während seines New York-Aufenthaltes entgegen.
60   Gemeint ist der Bundesparteitag der SPD vom 19. bis 23. April 1982 in München.
61   Vgl. Nr. 50, Anm. 10.
62   Vgl. ebd. und EA 35 (1980) 2, D 35–37.
63   Vgl. Berliner Ausgabe, Bd. 1.
64   Brandt bezieht sich auf die Bestimmungen des Versailler Vertrages vom 28. Juni 1919, welche die Besetzung des Rheinlandes festlegten, das nach fünf, zehn bzw. fünfzehn Jahren wieder geräumt werden sollte. Die letzte Zone wurde, entsprechend dem Young-Plan, bereits Ende Juni 1930 geräumt. Vgl. *Kolb, Eberhard:* Die Weimarer Republik, ⁴1998, S. 23 ff.
65   Vgl. Einleitung.

## Nr. 67

1   Bei der Vorlage handelt es sich um den Durchschlag des Schreibens Brandts. Am Ende des Dokuments ms. vermerkt: „Kopie des V[or]g[angs] Egon Bahr zur Kenntnis".
2   In seinem Schreiben vom 17. Juni 1981 hatte sich Kopelew mit „eine[r] kleine[n] Liste von dringend der Hilfe Bedürftigen", darunter die Familie Andrej Sacharows, an Brandt gewandt. Vgl. AdsD, WBA, A 11.2, 118.
3   Vgl. Nrn. 65 und 66.
4   Ausgelassen wurde ein Satz zu einem an Brandt übergebenen Buchgeschenk.
5   Stempel.

## Nr. 68

1   Bei der Vorlage handelt es sich um die Kopie des Vermerks Thomas Mirows, datiert auf den 28. September 1981. Am Seitenanfang hs. vermerkt: „Ø H[ans]-J[ürgen] Wischnewski pers[önlich]/vertraulich". Am Textanfang vermerkt Mirow: „Betr.: Gespräch Willy Brandt mit dem französischen Staatspräsidenten François Mitterrand am 25. September 1981 im Elysée (weiter anwesend: Thomas Mirow; Dolmetscher)".
2   Vgl. *Risse-Kappen* 1988, S. 29 ff.
3   Frankreichs Atomstreitmacht, der *Force de dissuasion*, lag eine Abschreckungsdoktrin zugrunde, derzufolge eine nukleare Gefährdung des französischen Territoriums durch die Androhung eines massiven Vergeltungsschlages verhindert werden sollte. Das nukleare Potenzial Frankreichs umfasste 98 Sprengköpfe und bestand hauptsächlich aus 18 (veralteten) Interkontinentalraketen, stationiert auf dem Plateau d'Albion, und einer Flottille von Atom-U-Booten. Unter Mitterrand wurden das siebente Atom-U-Boot in Dienst gestellt und die aufwendige Modernisierung der Interkontinentalraketen in die Wege geleitet. Zur französischen Neutronenwaffe vgl. AdG 51 (1980), S. 24798.
4   Für Mitterrand war – im Gegensatz zu Brandt und weiten Teilen der SPD – die Nichteinbeziehung des französischen Nuklearpotenzials in die Genfer INF-Verhandlungen eine *conditio sine qua non*.
5   Vgl. Nr. 65, Anm. 15.
6   „Es wäre gut, wenn das nicht passieren würde."
7   Vgl. Interview Mitterrands, in: *Stern*, Nr. 29 vom 29. Juli 1981, S. 80–84. Vgl. Nr. 50, Anm. 10.
8   Vgl. Einleitung.
9   Vgl. Nr. 65, Anm. 9.
10   Am 7./8. Oktober 1981 fand ein informeller Besuch Schmidts bei Mitterrand in

dessen Landhaus in Latché statt. Vgl. EA 36 (1981) 21, Z 211.

11 Vgl. Nr. 66.

12 Mitterrand spielt auf die Formierung einer massiven Anti-Raketenbewegung in der Bundesrepublik Deutschland an, die nicht nur die Gültigkeit der NATO-Doktrin der nuklearen Abschreckung, sondern zunehmend auch die Zugehörigkeit der Bundesrepublik zum westlichen Bündnis in Zweifel zog. Vgl. Einleitung und Berliner Ausgabe, Bd. 5.

13 Hs. unterzeichnet.

Nr. 69

1 Bei der Vorlage handelt es sich um eine Kopie des Vermerks Henning Rosens vom 14. Oktober 1981.

2 Ausgelassen wurden Passagen zur internationalen Lage, zu Dritte-Welt-Fragen sowie zu Unruhen in Berlin. Vgl. Anm. 8.

3 Vgl. Nr. 68, Anm. 12.

4 Gemeint ist die Zerstörungsgewalt der nuklearen Potenziale der Supermächte, die für eine vielfache Zerstörung der Erde in einem atomaren Inferno ausreichte.

5 Gemeint ist die bis dahin größte Friedensdemonstration in der Geschichte der Bundesrepublik, zu der sich am 10. Oktober 1981 im Bonner Hofgarten rund 250 000 Teilnehmer versammelten. Vgl. AdG 51 (1981), S. 24977 ff., und Berliner Ausgabe, Bd. 5, Nr. 78.

6 Brandt bezieht sich auf seinen Besuch bei Breschnew vom 29. Juni bis 2. Juli 1981 in Moskau. Vgl. Nrn. 65 und 66.

7 Vgl. *Jäger/Link* 1987, S. 211 f.

8 Bei einer Reihe von Kundgebungen im Vorfeld der Bonner Friedensdemonstration war es in Berlin zu schweren Ausschreitungen gekommen.

9 Haig bezieht sich auf die westeuropäischen Zweifel an der Verlässlichkeit der amerikanischen Abschreckungsgarantie, die sich beispielweise in der Befürchtung äußerten, dass die USA in einem begrenzten nuklearen Konflikt die Zerstörung Hamburgs hinnehmen könnten, um New York zu erhalten.

10 Der Begriff „Finnlandisierung" umschreibt die schon aus geopolitischen Gründen zur Rücksichtnahme auf die Sowjetunion veranlasste Neutralitätspolitik Finnlands im Zeitalter des Kalten Krieges und wurde – mit diffamierendem Unterton – als Chiffre für eine prosowjetische Politik des Wanderns zwischen den Blöcken verwendet.

11 Begründete Besorgnis.

12 Haig bezieht sich auf seine Gespräche mit Gromyko im Vorfeld der Wiederaufnahme der Genfer INF-Verhandlungen. Das Außenministertreffen fand am 23. September 1981 am Rande der XXXVI. UN-Vollversammlung statt. Vgl. AdG (1981), S. 24923 f.

13 Vgl. Nr. 65.

14 Vgl. Nr. 58, Anm. 12.

15 Ausgelassen wurden Partien zur politischen und militärischen Integration Westeuropas sowie zur Lage im Nahen Osten und Lateinamerika.

16 Hs. unterzeichnet.

Nr. 70

1 Bei der Vorlage handelt es sich um die Kopie des Schreibens Brandts.

2 Am 13. Dezember 1981 hatte der polnische Partei- und Staatschef Jaruzelski in einer Fernsehansprache die Konstituierung eines „Militärischen Rates der Nationalen Erneuerung" unter seinem Vorsitz sowie die landesweite Verhängung des Kriegszustandes bekannt gegeben. Vgl. AdG 52 (1982), S. 2519 ff.

3 Brandt bezieht sich auf das Schreiben von Geiss vom 17. Dezember 1981, in dem

der Historiker, zugleich SPD-Mitglied, heftige Kritik an der zurückhaltenden Reaktion Brandts, der SPD sowie der Bundesregierung auf die Repressionen der polnischen Partei- und Staatsführung geübt hatte: „Die offizielle Stellungnahme unserer Partei und unserer Regierung läuft faktisch auf ein Appeasement gegenüber der UdSSR und der DDR hinaus, und das in einer Zeit, in der Polen gerade den Bankrott des ‚realen Sozialismus' anzeigt." Vgl. AdsD, WBA, A 11.4, 171. Geiss erwartete nach einer Auskunft vom 2. Oktober 2002 seinerzeit keine „starken Worte" und „inhaltsleere Demonstration", sondern „möglichst deutlich zu Polen Stellung zu nehmen als eindeutige Beschreibung und Analyse der Situation", um die „Verantwortung Moskaus für den Kriegszustand in Polen" – ein Schritt, den Geiss in seinem Brief an Brandt als eine „präventive Selbstbesetzung unter dem Druck der angedrohten militärischen Invasion durch die Sowjetunion" bezeichnet hatte – klar zu benennen.

4    Ausgelassen wurde eine Passage zu einer persönlichen Angelegenheit von Geiss.

5    Hs. unterzeichnet.

Nr. 71

1    Bei der Vorlage handelt es sich um den Durchschlag des Schreibens Brandts. Am Ende des Dokumentes ist ms. vermerkt: „Absendung durch H[ans] E[berhard] Dingels ü[ber]/Poln[ische] Botschaft in Bonn 2 Kopien an H[ans]-J[ürgen] W[ischnewski] 14. 1. 82
Fotokopie und Fotokopie von Eingang Gen[ossen] H[erbert] Wehner 18.2.82".

2    Vgl. Nr. 70, Anm. 2.

3    Kritische Stimmen wurden v.a. in den USA laut. Präsident Reagan bezeichnete am 17. Dezember 1981 die Verhängung des Kriegsrechts in Polen als „grobe[n] Verstoß gegen das Abkommen von Helsinki". EA 36 (1981) 2, Z 19. Auch die italienischen und die französischen Sozialisten um Bettino Craxi und Lionel Jospin drängten auf klare Worte zu den Repressionen der polnischen Staats- und Parteiführung. Vgl. *Fischer* 2001, S. 326 f.

4    Vgl. Berliner Ausgabe, Bd. 8.

5    Vgl. Nr. 58, Anm. 12.

6    Vgl. EA 37 (1982) 2, Z 22.

7    Vgl. Nr. 3, Anm. 13, und EA 30 (1975) 17, D 437–484.

8    Stempel.

Nr. 72

1    *Hölderlin, Friedrich:* Heidnisches, in: *Sattler, Dietrich E. (Hrsg.):* Friedrich Hölderlin. Sämtliche Werke. Band 7, Gesänge. Frankfurter Ausgabe, Frankfurt/Main und Basel 2000, S. 353. Das Zitat stammt aus dem Jahr 1802.

2    Brandt spielt auf die im Umkreis der Anti-Raketenbewegung sowie in der SPD laut werdenden Stimmen an, ob sich nicht aus der gemeinsamen nuklearen Gefährdung der beiden deutschen Staaten im Zentrum Europas eine Art deutsch-deutscher Überlebenspartnerschaft ableite. Vgl. *Fischer* 2001, S. 132 ff.

3    Vgl. *Winkler* 2000, Bd. 1, S. 213 ff.

4    Vgl. ebd., S. 378 ff., und *Winkler* 2000, Bd. 2, S. 1 ff.

5    Vgl. Grundgesetz, 23. Mai 1949, Präambel.

6    Brandt bezieht sich auf die westlichen Sanktionsmaßnahmen. Vgl. EA 37 (1982) 2, Z 19 f.

7    *Grass, Günter:* Deutscher Lastenausgleich. Wider das dumpfe Einheitsgebot. Reden und Gespräche, Berlin und Weimar 1990, S. 96.

8    Vgl. *Bender* 1995, S. 174 ff., und Berliner Ausgabe, Bd. 6.

9 Brandt bezieht sich auf den Bericht zur Lage der Nation, den er als Bundeskanzler am 14. Januar 1970 abgegeben hatte. Vgl. Verhandlungen, Bd. 71, S. 839–847.

10 Brandt bezieht sich auf Österreichs freiwillige Neutralitätsverpflichtung im Staatsvertrag vom 15. Mai 1955, der das Besatzungsstatut beendete und Österreich mit einer Reihe von Auflagen – u.a. die Erneuerung des Anschlussverbotes an Deutschland – in die Souveränität entließ.

11 Nicht ermittelt. Vgl. *Stern, Carola:* Willy Brandt. Reinbek bei Hamburg 2002, S. 7.

12 Vgl. Nr. 1, Anm. 10.

13 Der von Brandt wiedergegebene Satz geht auf Egon Bahr zurück. *Bahr, Egon:* Was wird aus den Deutschen? Fragen und Antworten. Reinbek bei Hamburg 1982, S. 18.

14 Vgl. Grundsatzprogramm der Sozialdemokratischen Partei Deutschlands, beschlossen auf dem außerordentlichen Parteitag in Bad Godesberg, in: *Dowe, Dieter/ Klotzbach, Kurt (Hrsg.):* Programmatische Dokumente der deutschen Sozialdemokratie, Berlin und Bonn 1984, S. 361–383.

15 Vgl. *Bender, Peter:* Das Ende des ideologischen Zeitalters. Die Europäisierung Europas, Berlin 1981.

16 Brandt bezieht sich auf den gescheiterten reformkommunistischen Ansatz des „Prager Frühlings" in der ČSSR und dessen Niederschlagung durch sowjetische Truppen am 20./21. August 1968 und gibt seiner Hoffnung Ausdruck, dass es im Falle der polnischen Systemkrise nicht zu einem sowjetischen Einmarsch kommen möge. Vgl. Nr. 70, Anm. 2.

17 Vgl. Nr. 69, Anm. 5.

18 „Wir sind uns sicher darin einig, daß von deutschem Boden kein Krieg mehr ausgehen darf", hatte Brandt u.a. bereits in einem Eingangsstatement während seines Treffens mit dem DDR-Ministerpräsidenten Stoph am 19. März 1970 in Erfurt formuliert. Vgl. *Potthoff* 1997, S. 136.

19 *Hölderlin, Friedrich:* Hälfte des Lebens, in: *Sattler*, Bd. 8, 2000, S. 757.

Nr. 73

1 Vgl. *Sozialdemokraten Service Presse Funk TV*, Nr. 28 vom 22. Januar 1982, S. 3.

2 Präsident Reagans Ablehnung der staatlichen Repressionen in Polen im Zusammenhang mit der Verhängung des Kriegsrechtes ließ – im Gegensatz zu Brandt – an Deutlichkeit nichts zu wünschen übrig. Vgl. Nr. 71, Anm. 3. Der französische Präsident Mitterrand verurteilte die Aufhebung der öffentlichen, kollektiven und individuellen Freiheiten in Polen ebenfalls mit Verve. Vgl. EA 37 (1982) 2, Z 15. Darüber hinaus nahm er Anstoß an Forderungen führender SPD-Politiker, die französischen Nuklearwaffen in die Genfer INF-Verhandlungen einzubeziehen. Vgl. Nr. 68, Anm. 4.

3 Vgl. Kommuniqué über die Ministertagung des Nordatlantikrats vom 13. bis zum 14. Dezember 1967 in Brüssel (mit Anhang), in: EA 23 (1968) 3, D 73–77, und Nr. 25, Anm. 4.

4 Vgl. *Hacke* 1997, S. 283 ff.

5 Vgl. *Der Spiegel*, Nr. 4 vom 25. Januar 1982, S. 23.

6 Vgl. *Czempiel* 1989, S. 7 ff.

7 Vgl. *Jäger/Link* 1987, S. 425 f.

8 Brandt spielt auf die Internierung von polnischen Regimekritikern und führenden Mitgliedern der unabhängigen Gewerkschaft Solidarność nach Verhängung des Kriegsrechtes am 13. Dezember 1981 an. Das prominenteste Opfer der Internierungsmaßnahmen war von 1981 bis 1982 der Solidarność-Vorsitzende Lech Wałęsa.

9 Vgl. *Garton Ash* 1993, S. 410 ff.

10 Vgl. dazu Little, Adrian: The Political Thought of André Gorz, London and New York 1996.
11 Vgl. Nr. 3, Anm. 13.
12 Vgl. ebd.
13 Vgl. Anm. 10.
14 Vgl. Nr. 58, Anm. 12.
15 In der Bundesrepublik fanden im Winter 1981/82 umfangreiche Spendenaktionen zugunsten der polnischen Bevölkerung statt.
16 Vgl. Nr. 70, Anm. 2.
17 Gemeint sind die amerikanisch-sowjetischen Verhandlungen in Genf zur Begrenzung nuklearer Mittelstreckenwaffen (INF).
18 Entsprechende Forderungen wurden insbesondere aus den Reihen der CDU/CSU-Fraktion laut.
19 Der amerikanische Präsident Reagan hatte am 18. November 1981 zwei Vorschläge unterbreitet: Zum einen bot er im Hinblick auf die nuklearen Mittelstreckenwaffen (INF) die „Null-Lösung", also den völligen Verzicht auf die Stationierung der „Pershing II" und „Cruise Missiles", an, falls die Sowjetunion ihre Mittelstreckenwaffen sämtlicher Typen verschrotte. Zum anderen regte er Verhandlungen über die durchschlagende Verringerung der strategischen Waffen unter der Bezeichnung „Strategic Arms Reduction Talks" (START) an. Die START-Verhandlungen begannen am 29. Juni 1982 in Genf. Vgl. EA 36 (1981) 24, D 654–660, und Schöllgen 1996, S. 375 f.
20 Gemeint sind Haigs Ausführungen in einer Pressekonferenz am 6. Januar 1982. Vgl. EA 37 (1982) 3, Z 30 f.
21 Vgl. Protokoll der Verhandlungen des Parteitages der Sozialdemokratischen Partei Deutschlands vom 19. bis 23. April 1982 in München, Bonn o.J., S. 907 ff., und Winkler 2000, Bd. 2, S. 390.

22 Vgl. Protokoll des SPD-Parteitages in München (19.–23. April 1982), S. 910.
23 Brandt bezieht sich vor allem auf den Schlusssatz des NATO-Doppelbeschlusses vom 12. Dezember 1979. Der Bedarf an neuen Mittelstreckenraketen, so hieß es, werde „im Licht konkreter Verhandlungsergebnisse geprüft werden". Vgl. EA 35 (1980) 2, D 35–37, Zitat D 37.
24 Gemeint sind Bestrebungen, den Rüstungsstand auf dem gegenwärtigen Zeitpunkt einzufrieren und beispielsweise, so lautete ein Antrag des SPD-Landesverbandes Schleswig-Holstein, die technischen Vorbereitungen zur Raketenstationierung in der Bundesrepublik sofort zu stoppen. Vgl. AdG 52 (1982), S. 25538. Die NATO lehnte Moratoriumsvorschläge mit dem Verweis auf die Festschreibung bestehender Ungleichgewichte ab. Vgl. Nr. 65, Anm. 15.
25 Vgl. Protokoll des SPD-Parteitages in Berlin (3.–7. Dezember 1979), S. 1243.
26 Vgl. Anm. 17.

Nr. 74

1 Bei der Vorlage handelt es sich um die Kopie der Übersetzung des Schreibens Breschnews. Am Dokumentenanfang ms. vermerkt: „Fotokopie:
H[elmut] S[chmidt]
H[ans]-J[ürgen] W[ischnewski]
E[gon] B[ahr] 1. 3. 82".
2 Breschnew bezieht sich auf Brandts Besuch in der Sowjetunion vom 29. Juni bis 2. Juli und auf sein Gespräch mit Brandt auf Schloss Gymnich am 24. November 1981. Vgl. AdG (51) 1981, S. 25114.
3 Vgl. Nr. 73, Anm. 17.
4 Am 26. Januar 1982 hatten sich in Genf der Außenminister der USA, Haig, und dessen sowjetischer Amtskollege, Gromyko, zu einem Meinungsaustausch getroffen. Haig verlautete, dass die Lage in Polen einen

langen dunklen Schatten über die Ost-West-Beziehungen werfe. Gromyko machte auf prinzipielle Meinungsunterschiede bezüglich der nuklearen Waffen in Europa aufmerksam. Vgl. EA 36 (1981) 51, Z 42.

5 Gemeint sind die so genannten Forward Based Systems (vgl. Nr. 65, Anm. 7). Zu den französischen und britischen Nuklearpotenzialen vgl. Nr. 65, Anm. 14.

6 Vgl. Nr. 73, Anm. 19.

7 In der Vorlage fälschlich „Flugzeugträger".

8 Vgl. dazu *Risse-Kappen* 1988, S. 64 ff.

9 Vgl. Nr. 50, Anm. 10.

10 Reagan hatte in seiner Rede am 18. November 1981 darauf hingewiesen, dass die SS-20 auch bei einer Verlegung hinter den Ural „nahezu ganz Westeuropa und seine großen Städte" erreichen könnten. EA 36 (1981) 24, D 654–660, Zitat D 658.

11 Vgl. Nr. 65.

12 Reagan führte am 18. November 1981 aus: „Die Vereinigten Staaten sind bereit, auf ihre Dislozierung der Pershing II und der landgestützten Marschflugkörper zu verzichten, wenn die Sowjetunion ihre SS-20-, SS-4- und SS-5-Raketen abbaut." EA 36 (1981) 24, D 657.

13 Bei den Nuklearwaffen kürzerer Reichweite verfügte die Sowjetunion über ein beträchtliches Übergewicht gegenüber der NATO. Vgl. AdG 51 (1981), S. 25170 ff.

14 Breschnew bezieht sich auf sein Gespräch mit Brandt auf Schloss Gymnich am 24. November 1981. Vgl. AdG 51 (1981), S. 25114.

15 Breschnew rekurriert auf sein Treffen mit Vertretern des Abrüstungsausschusses der SI am 3. Februar 1982 in Moskau. Vgl. EA 37 (1982) 5, Z 46 f.

16 Geplant war die Stationierung von insgesamt 572 Nukleargefechtsköpfen: 108 Abschussrampen für die Pershing II und 464 Marschflugkörper. Vgl. EA 35 (1980) 2, D 36.

17 Brandt hatte am 30. Juni 1981 in Moskau Breschnew gegenüber in diesem Zusammenhang ausgeführt: „Der Beitrag der Bundesrepublik könne nur begrenzt sein, man wolle aber gern das Mögliche tun". Vgl. Nr. 65.

18 Breschnew bezieht sich auf die entsprechende Entscheidung des Münchener SPD-Bundesparteitags im April 1982. Vgl. Protokoll des SPD-Parteitages in München (19.–23. April 1982), S. 910.

19 Gemeint ist Breschnews Rede vor Vertretern des Abrüstungsausschusses der SI am 3. Februar 1982. Vgl. EA 37 (1982) 5, Z 46 f.

Nr. 75

1 Bei der Vorlage handelt es sich um eine Kopie des Schreibens Brandts. Am Ende des Dokuments ms. vermerkt: „Zustellung ü[ber]/E[gon] B[ahr] Kopie: H[ans-]J[ürgen] W[ischnewski]".

2 Nr. 74.

3 Gemeint sind die amerikanisch-sowjetischen Verhandlungen in Genf zur Begrenzung nuklearer Mittelstreckenwaffen (INF).

4 Am 16. März 1982 wurden die Verhandlungen auf den 20. Mai 1982 vertagt. Vgl. EA 37 (1982) 8, Z 84.

5 Vgl. Nr. 73, Anm. 19.

6 Breschnew hatte am 24. Februar 1982 eine Reihe von Abrüstungsvorschlägen unterbreitet, darunter ein Abkommen, das die Einstellung der Produktion weiterer Kernwaffen sowie die Reduzierung und spätere völlige Beseitigung der vorhandenen Arsenale vorsah. Vgl. EA 37 (1982) 6, Z 58.

7 Brandt favorisierte das Zustandekommen einer „Null-Lösung", welche die Stationierung neuer amerikanischer Mittelstre-

ckenraketen in Westeuropa gänzlich überflüssig machen sollte. Vgl. zum Stand der Genfer INF-Verhandlungen: EA 37 (1982) 4, Z 42.

8 Am 28. Januar 1982 begann in Wien die 26. Runde der bis dato erfolglosen MBFR-Verhandlungen. Die Polenkrise lähmte den Fortgang zusätzlich. Am 18. Februar 1982 legte die polnische Delegation einen Abkommensentwurf vor, dem die westlichen Teilnehmer sorgfältige Prüfung zusicherten. In der so genannten Datenfrage bestand aber nach wie vor keine Einigkeit. Vgl. EA 37 (1982) 4, Z 42, und EA 37 (1982) 6, Z 62.

9 Brandt bezieht sich auf die Rede des Präsidenten Reagan am 9. Mai 1982 in Illinois, in welcher er die amerikanischen Vorschläge zur Abrüstung bei strategischen Waffen (START) vortrug und als Verhandlungsbeginn Ende Juni 1982 nannte. Vgl. EA 37 (1982) 11, Z 116.

10 Brandt bezieht sich auf Breschnews Eröffnungsrede vor dem XVII. Kongress der sowjetischen Gewerkschaften am 16. März 1982 in Moskau und seine Erklärung, die sowjetische Führung habe ein einseitiges Moratorium für die Stationierung von Kernwaffen mittlerer Reichweite im europäischen Teil der Sowjetunion beschlossen. Vgl. AdG 52 (1982), S. 25419 f.

11 Vgl. Nr. 65, Anm. 15.

12 Hs. unterzeichnet.

Nr. 76

1 Ausgelassen wurden Passagen zur Landtagswahl in Niedersachsen, zur Lage der sozial-liberalen Koalition und zum Verhältnis der SPD zu den Grünen.

2 Im sicherheitspolitischen Leitantrag des Münchener Parteitages hieß es u.a.: „Die SPD wird auf einem ordentlichen Parteitag im Herbst 1983 entscheiden, welche Folgerungen sie aus dem bis dahin erreichten Verhandlungsstand für die Frage der Stationierung zieht." Protokoll des SPD-Parteitages in München (19.–23. April 1982), S. 910.

3 Insbesondere Eppler plädierte auf dem Münchener Parteitag für eine sorgfältigere Prüfung der sowjetischen Moratoriums- und Abrüstungsvorschläge. Vgl. Nr. 65, Anm. 15.

4 Gemeint sind Beschlüsse sozialdemokratischer Landesverbände von Schleswig-Holstein über Bremen und Hamburg bis nach Hessen und Bayern, die sich vom Stationierungsteil des NATO-Doppelbeschlusses distanzierten. Vgl. Notz, Anton: Die SPD und der NATO-Doppelbeschluß. Abkehr von einer Sicherheitspolitik der Vernunft, Baden-Baden 1990, S. 105 ff.

5 Gemeint ist Fred C. Ikle, enger Mitarbeiter und späterer Stellvertreter des amerikanischen Verteidigungsministers Caspar Weinberger, der sich mehrfach kritisch über die sicherheitspolitischen Positionen des linken SPD-Flügels äußerte.

6 Brandt bezieht sich auf die Initiative der beiden US-Senatoren Edward Kennedy (Demokrat) und Mark Hatfield (Republikaner) vom 10. März 1982 zur Einstellung jeglicher Kernwaffenproduktion. Kennedy verlautete, dass sich bislang 139 Abgeordnete und 19 Senatoren im US-Kongress für die Verabschiedung einer dementsprechenden Resolution ausgesprochen hätten. Vgl. AdG 52 (1982), S. 25425 f.

7 Am 31. März 1982 erklärte Präsident Reagan, die Vorbereitungen für die START-Verhandlungen befänden sich in der Schlussphase. Vgl. EA 37 (1982) 8, Z 81.

8 Vgl. Nr. 50, Anm. 10.

9 Vgl. Anm. 2.

10 Brandt erneuert seine Lieblingsvorstellung einer „Null-Lösung", welche die Stationierung neuer amerikanischer Mittel-

streckenraketen in Westeuropa gänzlich überflüssig machen würde. Vgl. Nr. 50, Anm. 8.

11 Ausgelassen wurden Partien zur Energiepolitik, etwa zur Haltung der SPD zur friedlichen Nutzung der Kernenergie, sowie zur Innen- und Gesellschaftspolitik und zum Verhältnis der SPD zur FDP.

12 Ausgelassen wurden Partien zum für 1984 geplanten Bundestagswahlkampf und zur Aufgabenverteilung in der SPD-Spitze.

Nr. 77

1 Bei der Vorlage handelt es sich um eine Kopie des Vermerks Thomas Mirows vom 5. Oktober 1982. Am Ende des Dokumentes ms. vermerkt:
„– W[illy] B[randt] z[ur] K[enn]tn[is] und Billigung
– E[gon] B[ahr] Kopie zur Kenntnis".

2 Der dramatisierende Terminus „Anti-Kriegsbewegung" ist von Semjonow bewusst gewählt. Die sowjetische Führung hatte ihre Störmanöver gegen den NATO-Doppelbeschluss zunehmend mit drohenden Untertönen versehen, welche die Stationierung amerikanischer Raketen in der Bundesrepublik nahezu zur Frage von Krieg und Frieden zu stilisieren suchten.

3 Gemeint sind Breschnews Rede in Baku vom 26. September 1982, vgl. EA 37 (1982) 20, Z 210, und Gromykos Rede auf der ergebnislosen zweiten Sondergeneralversammlung der UNO über Abrüstung in New York am 15. Juni 1982, vgl. AdG 52 (1982), S. 25780 f.

4 Vgl. Nr. 73, Anm. 19.

5 Am 1. Oktober 1982 war mit dem erfolgreichen konstruktiven Misstrauensvotum der CDU/CSU-Bundestagsfraktion gegen Bundeskanzler Schmidt und der damit erfolgten Wahl Helmut Kohls zum Nachfolger die sozial-liberale Ära zu Ende gegangen, nachdem bereits am 17. September die freidemokratischen Minister das Kabinett Schmidt verlassen hatten. Vgl. Berliner Ausgabe, Bd. 5, und *Winkler* 2000, Bd. 2, S. 402 ff.

6 Gemeint ist Schmidts letzte Rede als Bundeskanzler am 1. Oktober 1982. Vgl. Verhandlungen, Bd. 122, S. 7162 ff.

7 Ausgelassen wurden Ausführungen Semjonows zu Besuchen sowjetischer Experten in der Bundesrepublik.

8 Vgl. Anm. 5.

9 Der XXVI. Parteitag der KPdSU fand vom 23. Februar bis 3. März 1981 statt, vgl. EA 36 (1981) 8, D 207 ff., Breschnew besuchte die Bundesrepublik vom 22. bis 25. November 1981.

10 Gemeint sind die amerikanisch-sowjetischen Verhandlungen in Genf über die Begrenzung der atomaren Mittelstreckenwaffen in Europa (INF) und die START-Verhandlungen.

11 Vgl. Nr. 7, Anm. 4.

12 Vgl. Nr. 3, Anm. 14.

13 Vgl. Nr. 73, Anm. 19.

14 Honecker hatte, beginnend im Vorfeld des NATO-Doppelbeschlusses, die deutsch-deutschen Beziehungen als Hebel gegen die westliche Sicherheitspolitik zu instrumentalisieren versucht. Ende November 1979 hatte er Schmidt gewarnt, diesbezüglich keiner „Fehleinschätzung" zu erliegen: Nach dem Beschluss werde es „finsterer, dunkler werden in den Beziehungen". Vgl. *Potthoff* 1997, S. 473.

15 Brandt spielt darauf an, dass in der Amtszeit des amerikanischen Präsidenten Ronald Reagan keine ernsthaften Abrüstungsverhandlungen zu erwarten seien.

16 Egon Bahr übergab seinen direkten Gesprächskanal zur sowjetischen Führung nach dem Bonner Machtwechsel vom 1. Oktober 1982 an Helmut Kohls außenpolitischen Berater Horst Teltschik. Vgl. *Bahr*

1996, S. 332 ff. Die Gesprächsschiene zwischen SPD und KPdSU wurde in den folgenden Jahren intensiviert und institutionalisiert. Vgl. Berliner Ausgabe, Bd. 10, und *Fischer* 2001, S. 223 ff.

17 Hs. unterzeichnet.

## Nr. 78

1 Bei der Vorlage handelt es sich um den Durchschlag des Schreibens Brandts.

2 Vgl. Nr. 7, Anm. 3, und Nr. 9, Anm. 5, sowie *Bender* 1995, S. 155 ff.

3 Vgl. Nr. 77, Anm. 5.

4 Bundeskanzler Kohl führte am 13. Oktober 1982 zu den sozial-liberalen Ostverträgen in seiner Regierungserklärung u.a. aus: „Wir stehen zu diesen Verträgen, und wir werden sie nutzen als Instrumente aktiver Friedenspolitik." Vgl. Verhandlungen, Bd. 123, S. 8938 f.

5 Vgl. Nr. 45, Anm. 5, und EA 26 (1971) 20, D 471–473.

6 Brandt bezieht sich auf seinen umfangreichen Schriftwechsel mit dem sowjetischen Generalsekretär.

7 Nach dem erfolgreichen konstruktiven Misstrauensvotum gegen Helmut Schmidt und der damit erfolgten Wahl Helmut Kohls zum Bundeskanzler am 1. Oktober 1982 wurden Neuwahlen anberaumt, die am 6. März 1983 stattfanden und einen Wahlsieg der CDU/CSU sowie den Fortbestand der konservativ-liberalen Koalition erbrachten.

8 Vgl. Einleitung.

9 Breschnews tatsächlicher Gesundheitszustand war unvermindert kritisch.

10 Stempel.

## Nr. 79

1 Vgl. Nr. 65.

2 Vgl. Nr. 66.

3 Vgl. Berliner Ausgabe, Bd. 6.

4 Gemeint ist die Unterzeichnung des deutsch-sowjetischen Moskauer Vertrages am 12. August 1970. Vgl. Nr. 9, Anm. 5.

5 Brandt bezieht sich auf sein Treffen mit Breschnew in Oreanda auf der Krim vom 16. bis 18. September 1971. Vgl. Nr. 45, Anm. 5.

6 Gemeint sind das Treffen Breschnews mit Brandt im Sommer 1981 in Moskau und der Besuch Breschnews vom 22. bis 25. November 1981 in der Bundesrepublik Deutschland.

7 Am 2. Juli 1981. Vgl. AdG 51 (1981), S. 24722 ff.

8 Vgl. Nr. 9, Anm. 5.

9 Vgl. Anm. 5.

10 Vgl. *Winkler* 2000, Bd. 2, S. 65 ff.

11 Vgl. Nr. 52, Anm. 45.

12 Vgl. Nr. 50, Anm. 10.

13 Vgl. Nr. 3, Anm. 13.

14 Vgl. Nr. 3, Anm. 14.

15 Vgl. Anm. 5.

16 Vgl. Nr. 3, Anm. 14.

17 Gemeint ist das KSZE-Folgetreffen von Madrid (11. November 1980 bis 9. September 1983, mit einer Unterbrechung vom 12. März 1982 bis 9. November 1982).

18 Vgl. Nr. 77, Anm. 10.

19 Brandt bezieht sich auf Schmidts Rede vor der ergebnislosen zweiten Sondergeneralversammlung über Abrüstung am 14. Juni 1982 in New York. Der Zwang zur Sicherheitspartnerschaft resultierte für Schmidt aus der Erkenntnis, dass „wir den Krieg nur noch gemeinsam verhindern können". Vgl. AdG 52 (1982), S. 25779 ff.

# Anhang

Quellen- und Literaturverzeichnis

Archivalische Quellen

*Willy-Brandt-Archiv im Archiv der sozialen Demokratie der Friedrich-Ebert-Stiftung, Bonn*
Persönliche Unterlagen/biographische Materialien (A 1)
Publizistische Äußerungen Willy Brandts 1933–1992 (A 3)
Allgemeine Korrespondenz (A 4)
Schriftwechsel/Aufzeichnungen geheim/vertraulich (A 9)
Sozialdemokratische Partei Deutschlands: Parteivorsitzender/ Parteipräsidium/Parteivorstand 1964–1987 (A 11)
  Persönliche Korrespondenz A–Z 1968–1980 (A 11.1)
  Persönliche Korrespondenz A–Z 1981–1986 (A 11.2)
  Verbindungen mit Mitgliedern des Präsidiums, sozialdemokratischen Bundesministern und Staatssekretären in obersten Behörden A–Z (A 11.3)
  Verbindungen mit Referaten, Abteilungen, Büros des Erich-Ollenhauer-Hauses, Gremien beim Parteivorstand sowie mit Arbeitsgemeinschaften und Verbänden in der SPD (Bundesebene) 1964–1986 (A 11.4)
  Allgemeine Korrespondenz (A 11.10)
Akten aus dem Privathaus Willy Brandts in Unkel/Rhein (B 25)
Fotoarchiv (A 23)
*Archiv der sozialen Demokratie der Friedrich-Ebert-Stiftung, Bonn*
Depositum Egon Bahr
Depositum Horst Ehmke
Depositum Erhard Eppler
Depositum Helmut Schmidt
Depositum Hans-Jochen Vogel
SPD-Bundestagsfraktion
SPD-Parteivorstand
Ton- und Filmarchiv

Veröffentlichte Quellen

## I. Veröffentlichungen Willy Brandts

*Brandt, Willy:* Friedenspolitik in Europa, Frankfurt/Main 1968.

*Brandt, Willy:* Friedenspolitik in unserer Zeit, in: EA 27 (1972) 2, D 25 – 35.

*Brandt, Willy:* Für die deutsche Vernunft. Zur Lage, in: NG 21 (1974) 6, S. 443 – 445.

*Brandt, Willy:* Über den Tag hinaus. Eine Zwischenbilanz, Hamburg 1974.

*Brandt, Willy:* Begegnungen und Einsichten. Die Jahre 1960 bis 1975, Hamburg 1976.

*Brandt, Willy:* Rede in Schloß Gymnich bei Bonn am 9. Dezember 1977 zur Eröffnung der konstituierenden Sitzung der Unabhängigen Kommission für Internationale Entwicklungsfragen, in: EA 33 (1978) 21, D 602 – 604.

*Brandt, Willy:* Erinnerungen. Mit den „Notizen zum Fall G.", erw. Auflage, Berlin und Frankfurt/Main 1994 (1. Auflage 1989).

*Brandt, Willy:* Hitler ist nicht Deutschland. Jugend in Lübeck – Exil in Norwegen 1928 – 1940, bearb. von Einhart Lorenz, Bonn 2002 (Berliner Ausgabe Bd. 1).

*Brandt, Willy:* Zwei Vaterländer. Deutsch-Norweger im schwedischen Exil – Rückkehr nach Deutschland 1940 – 1947, bearb. von Einhart Lorenz, Bonn 2000 (Berliner Ausgabe Bd. 2).

*Brandt, Willy:* Auf dem Weg nach vorn. Willy Brandt und die SPD 1947 – 1972, bearb. von Daniela Münkel, Bonn 2000 (Berliner Ausgabe Bd. 4).

*Brandt, Willy:* Mehr Demokratie wagen. Innen- und Gesellschaftspolitik 1966 – 1974, bearb. von Wolther von Kieseritzky, Bonn 2001 (Berliner Ausgabe Bd. 7).

## II. Editionen, zeitgenössische Dokumente, Erinnerungen

*Apel, Hans:* Der Abstieg: Politisches Tagebuch 1978 – 1988, Stuttgart 1990.

*Bahr, Egon:* Ist die Menschheit dabei, verrückt zu werden?, in: Vorwärts, Nr. 29 vom 21. Juli 1977, S. 4.

*Bahr, Egon:* Was wird aus den Deutschen? Fragen und Antworten, Reinbek bei Hamburg 1982.

*Bahr, Egon:* Zum europäischen Frieden. Eine Antwort auf Gorbatschow, Berlin 1988.

*Bahr, Egon:* Sicherheit für und vor Deutschland. Vom Wandel durch Annäherung zur europäischen Sicherheitsgemeinschaft, München u.a. 1991.

*Bahr, Egon:* Zu meiner Zeit, München 1996.

*Bahr, Egon:* Ostpolitik im Rückblick. Vortrag Egon Bahrs in Tutzing am 28. November 1997, Tutzing 1997.

*Barzel, Rainer:* Ein gewagtes Leben, Stuttgart und Leipzig 2001.

*Bölling, Klaus:* Die letzten 30 Tage des Kanzlers Helmut Schmidt. Ein Tagebuch, Reinbek bei Hamburg 1982.

*Breschnew, Leonid:* Für Frieden, Entspannung und Abrüstung. Aus Reden und Interviews 1971 bis Februar 1980, Frankfurt/Main 1980.

*Callaghan, James:* Time and Chance, London 1987.

*Dowe, Dieter/Klotzbach, Kurt* (Hg.): Programmatische Dokumente der deutschen Sozialdemokratie, Berlin und Bonn 1990.

*Ehmke, Horst:* Mittendrin. Von der Großen Koalition zur Deutschen Einheit, Berlin 1994.

*Eppler, Erhard:* Wege aus der Gefahr, Reinbek bei Hamburg 1981.

*Genscher, Hans-Dietrich:* Erinnerungen, Berlin 1995.

*Gorbatschow, Michail S.:* Erinnerungen, Berlin 1995.

*Grass, Günter:* Deutscher Lastenausgleich. Wider das dumpfe Einheitsgebot. Reden und Gespräche, Berlin und Weimar 1990.

*Gromyko, Andrej A.:* Erinnerungen, Düsseldorf u.a. 1989.

Grundgesetz für die Bundesrepublik Deutschland. Textausgabe, Bonn 1989.

Grundsatzprogramm der Sozialdemokratischen Partei Deutschlands. Beschlossen vom Außerordentlichen Parteitag der SPD in Bad Godesberg vom 13. bis 15. November 1959, Bonn 1959.

*Haig, Alexander M.:* Geisterschiff USA. Wer macht Reagans Außenpolitik? Mit einer Einführung von Richard Löwenthal, Stuttgart 1984.

*Havel, Václav:* Am Anfang war das Wort, Reinbek bei Hamburg 1990.

*Friedrich Hölderlin.* Sämtliche Werke. Hrsg v. Dietrich E. Sattler. Band 7, Gesänge. Frankfurter Ausgabe, Frankfurt/Main und Basel 2000.

*Kennan, George F.:* Die russische Gefahr ist viel Einbildung, in: DIE ZEIT, Nr. 2 vom 4. Januar 1980, S. 14.

*Kissinger, Henry A.:* Memoiren 1968 – 1973, München 1979.

*Kissinger, Henry A.:* Die Vernunft der Nationen. Über das Wesen der Außenpolitik, Berlin 1996.

*Luxemburg, Rosa:* Rosa Luxemburg und die Freiheit der Andersdenkenden. Extraausgabe des unvollendeten Manuskripts „Zur russischen Revolution" und anderer Quellen zur Polemik mit Lenin, zusammengestellt und eingeleitet von Annelies Laschitza, Berlin 1990.

*Nannen, Henri:* War die Ostpolitik umsonst? In: Stern, Nr. 5 vom 22. Januar 1976, S. 40 – 44.

Der Palme-Bericht. Bericht der unabhängigen Kommission für Abrüstung und Sicherheit, Berlin 1982.

Protokoll der Verhandlungen des Parteitages der Sozialdemokratischen Partei Deutschlands vom 15. bis 19. November 1977 in Hamburg, Bonn o.J.

Protokoll der Verhandlungen des Parteitages der Sozialdemokratischen Partei Deutschlands vom 3. bis 7. Dezember 1979 in Berlin, Bonn o.J.

Protokoll der Verhandlungen des Parteitages der Sozialdemokratischen Partei Deutschlands vom 19. bis 23. April 1982 in München, Bonn o.J.

*Reagan, Ronald:* Frieden und Sicherheit für die achtziger Jahre. Ein politisches Konzept für die Vereinigten Staaten, in: EA 35 (1980) 15, S. 467 – 474.

*Reagan, Ronald:* Ein amerikanisches Leben, Berlin 1990.
Schlussakte der Konferenz über Sicherheit und Zusammenarbeit in Europa vom 1. August 1975, in: EA 30 (1975) 17, D 437–484.
*Schmidt, Helmut:* Menschen und Mächte, Berlin 1990.
*Schmidt, Helmut:* Die Deutschen und ihre Nachbarn. Menschen und Mächte II, Berlin 1990.
*Schmidt, Helmut:* Weggefährten. Erinnerungen und Reflexionen, Berlin 1996.
Sicherheitspolitik contra Frieden? Ein Forum zur Friedensbewegung, Bonn 1981.
*Strauß, Franz Josef:* Die Erinnerungen, Berlin 1989.
Das Überleben sichern. Gemeinsame Interessen der Industrie- und Entwicklungsländer. Bericht der Nord-Süd-Kommission. Mit einer Einleitung des Vorsitzenden Willy Brandt, Köln 1980.
Verhandlungen des Deutschen Bundestages, Stenographische Berichte, 7.–9. Wahlperiode, Bd. 88–122.
*Wehner, Herbert:* Deutsche Politik auf dem Prüfstand, in: NG 2 (1979), S. 92–94.

*III. Pressedienste, Zeitungen, Zeitschriften*

Archiv der Gegenwart, Königswinter
Baseler Nationalzeitung, Basel
Bulletin des Presse- und Informationsamtes der Bundesregierung, Bonn
Europa-Archiv, Bonn
Frankfurter Allgemeine Zeitung, Frankfurt/Main
Frankfurter Rundschau, Frankfurt/Main
Die Neue Gesellschaft, Bonn-Bad Godesberg
Sozialist Affairs, London
Sozialdemokratischer Pressedienst, Bonn
SPD Pressemitteilungen und Informationen, Bonn
Der Spiegel, Hamburg
Stern, Hamburg
Süddeutsche Zeitung, München

Vorwärts, Bonn
Die Welt, Hamburg/Bonn
Die Zeit, Hamburg

*Darstellungen*

*Baring, Arnulf:* Machtwechsel. Die Ära Brandt-Scheel, Stuttgart 1982.
*Baring, Arnulf:* Es lebe die Republik, es lebe Deutschland! Stationen demokratischer Erneuerung 1949–1999, Stuttgart 1999.
*Bender, Peter:* Offensive Entspannung. Möglichkeit für Deutschland, Köln und Berlin 1964.
*Bender, Peter:* Das Ende des ideologischen Zeitalters. Die Europäisierung Europas, Berlin 1981.
*Bender, Peter:* Die „Neue Ostpolitik" und ihre Folgen. Vom Mauerbau bis zur Wiedervereinigung, München 1995.
*Bracher, Karl Dietrich* u.a: Republik im Wandel 1969–1974. Die Ära Brandt, Stuttgart 1986.
*Czempiel, Ernst-Otto:* Machtprobe. Die USA und die Sowjetunion in den achtziger Jahren, München 1989.
*Fischer, Frank:* „Im deutschen Interesse". Die Ostpolitik der SPD von 1969 bis 1989, Husum 2001.
*Garton Ash, Timothy:* Im Namen Europas. Deutschland und der geteilte Kontinent, München 1993.
*Greiff, Burckhardt:* Die französische Sicherheitspolitik. Die Ära François Mitterrand, Frankfurt/Main 1991.
*Hacke, Christian:* Weltmacht wider Willen. Die Außenpolitik der Bundesrepublik Deutschland, Frankfurt/Main und Berlin 1993.
*Hacke, Christian:* Zur Weltmacht verdammt. Die amerikanische Außenpolitik von Kennedy bis Clinton, Berlin 1997.
*Haftendorn, Helga:* Sicherheit und Stabilität. Außenbeziehungen der Bundesrepublik zwischen Ölkrise und NATO-Doppelbeschluß, München 1996.
*Hildermeier, Manfred:* Geschichte der Sowjetunion 1917–1991. Entstehung und Niedergang des ersten sozialistischen Staates, München 1998.

*Jäger, Wolfgang/Link, Werner:* Republik im Wandel 1974-1982. Die Ära Schmidt, Stuttgart 1987.
*Köhler, Henning:* Adenauer. Eine politische Biographie, Berlin 1994.
*Kolb, Eberhard:* Die Weimarer Republik, München ⁴1998.
*Krzeminski, Adam:* Polen im 20. Jahrhundert. Ein historischer Essay, München 1993.
*Little, Adrian:* The Political Thought of André Gorz, London und New York 1996.
*Lüders, Carl H.:* Ideologie und Machtdenken in der Außen- und Sicherheitspolitik der Sowjetunion, Baden-Baden 1981.
*Manousakis, Gregor M.:* Patt im Mittelmeer, in: APZ, B 51-52/1975 vom 20. Dezember 1975.
*Mujal-León, Eusebio/Nilsson, Ann-Sofie:* Die Sozialistische Internationale in den 80er Jahren. Dritte-Welt-Politik zwischen den Blöcken, Paderborn, München u.a. 1995.
*Naeher, Gerd:* Axel Springer. Mensch, Macht, Mythos, Erlangen u.a. 1991.
*Notz, Anton:* Die SPD und der NATO-Doppelbeschluß. Abkehr von einer Sicherheitspolitik der Vernunft, Baden-Baden 1990.
*Potthoff, Heinrich:* Die „Koalition der Vernunft". Deutschlandpolitik in den 80er Jahren, München 1995.
*Potthoff, Heinrich:* Bonn und Ost-Berlin 1969-1982. Dialog auf höchster Ebene und vertrauliche Kanäle. Darstellung und Dokumente, Bonn 1997.
*Risse-Kappen, Thomas:* Null-Lösung. Entscheidungsprozesse zu den Mittelstreckenwaffen 1970-1987, Frankfurt/Main und New York 1988.
*Schleicher, Ilona/Schleicher, Hans Georg:* Die DDR im südlichen Afrika: Solidarität und Kalter Krieg, Hamburg 1997.
*Schöllgen, Gregor:* Geschichte der Weltpolitik von Hitler bis Gorbatschow 1941-1991, München 1996.
*Schöllgen, Gregor:* Willy Brandt. Die Biographie, Berlin und München 2001.
*Seidelmann, Reimund:* Die Sozialistische Internationale als Parteienbewegung und politischer Wegbereiter, in: EA 21 (1981), S. 659-668.

*Steffahn, Harald:* Helmut Schmidt, Reinbek bei Hamburg 1999.
*Stern, Carola:* Willy Brandt, überarbeitete und erweiterte Neuausgabe, Reinbek bei Hamburg 2002.
*Talbott, Strobe:* Raketenschach, München und Zürich 1984.
*Uexküll, Gösta von:* Ferdinand Lassalle in Selbstzeugnissen und Bilddokumenten, Reinbek bei Hamburg 1974.
*Vogtmeier, Andreas:* Egon Bahr und die deutsche Frage. Zur Entwicklung der sozialdemokratischen Ost- und Deutschlandpolitik vom Kriegsende bis zur Vereinigung, Bonn 1996.
*Winkler, Heinrich August:* Der lange Weg nach Westen. Erster Band. Deutsche Geschichte vom Ende des Alten Reiches bis zum Untergang der Weimarer Republik, München 2000.
*Winkler, Heinrich August:* Der lange Weg nach Westen. Zweiter Band. Deutsche Geschichte vom „Dritten Reich" bis zur Wiedervereinigung, München 2000.

Abkürzungsverzeichnis

| | |
|---|---|
| AA | Auswärtiges Amt |
| ABM | Anti-Ballistic-Missile-System (Raketenabwehr-System) |
| ADAV | Allgemeiner Deutscher Arbeiterverein |
| AdG | Archiv der Gegenwart |
| AdsD | Archiv der sozialen Demokratie |
| AKP | Abkommen zwischen den Neun [EG-] und den 46 Staaten Afrikas, des karibischen und pazifischen Raumes |
| Anm. | Anmerkung |
| a.o. | außerordentlich |
| APZ | Aus Politik und Zeitgeschichte – Beilage zur Wochenzeitung „Das Parlament" |
| ARD | Arbeitsgemeinschaft der öffentlich-rechtlichen Rundfunkanstalten der Bundesrepublik Deutschland |
| BdKJ | Bund der Kommunisten Jugoslawiens |
| BRD | Bundesrepublik Deutschland |
| CDU | Christlich-Demokratische Union Deutschlands |
| CIA | Central Intelligence Agency [amerikanischer Geheimdienst] |
| COCOM | Coordinating Committee for East-West-Trade-Policy (Koordinierungskomitee für Ost-West-Handelspolitik) |
| COMECON | Council for Mutual Economic Assistance (Rat für gegenseitige Wirtschaftshilfe) |
| ČSSR | Československá Socialistická Republika (Tschechoslowakische Sozialistische Republik) |
| CSU | Christlich-Soziale Union in Bayern |
| DC | Democrazia Cristiana (Christdemokratische Partei in Italien) |
| DDR | Deutsche Demokratische Republik |
| Dep. | Depositum |
| DM | Deutsche Mark |

| | |
|---|---|
| EA | Europa-Archiv |
| f. | folgende (Seite) |
| FAZ | Frankfurter Allgemeine Zeitung |
| FBS | Forward Based Systems (vorne stationierte Nuklearwaffensysteme) |
| FDJ | Freie Deutsche Jugend (der DDR) |
| FDP/F.D.P. | Freie Demokratische Partei |
| ff. | folgende (Seiten) |
| EAC | European Advisory Commission (Europäische Beratende Kommission) |
| EG | Europäische Gemeinschaft |
| EU | Europäische Union |
| EURATOM | Europäische Atomgemeinschaft |
| EVG | Europäische Verteidigungsgemeinschaft |
| EWG | Europäische Wirtschaftsgemeinschaft |
| G 7, G-7 | [Bezeichnung für die sieben führenden westlichen Industriestaaten] |
| GG | Grundgesetz |
| GVP | Gesamtdeutsche Volkspartei |
| HLG | High Level Group (Hochrangige Planungsgruppe der NATO) |
| Hs./hs. | Handschriftlich, handschriftlich |
| ICBM | Intercontinental Ballistic Missile (Interkontinentalrakete) |
| IG | Industriegewerkschaft |
| IISS | International Institute for Strategic Studies (Internationales Institut für Strategische Studien in London) |
| INF | Intermediate Range Nuclear Forces (nukleare Mittelstreckenwaffen) |
| KIWZ | Konferenz über Internationale Wirtschaftliche Zusammenarbeit |
| KP | Kommunistische Partei |
| KPČ | Kommunistische Partei der Tschechoslowakei |
| KPD | Kommunistische Partei Deutschlands |
| KPdSU | Kommunistische Partei der Sowjetunion |

| | |
|---|---|
| KPI | Kommunistische Partei Italiens |
| KSZE | Konferenz über Sicherheit und Zusammenarbeit in Europa |
| KZ | Konzentrationslager |
| LRTNF | Longe Ranged Theater Nuclear Forces (weitreichende nukleare Kurzstreckenrakete) |
| MBFR | Mutual Balanced Force Reductions (Gegenseitige ausgewogene Truppenreduzierung) |
| MdB | Mitglied des Bundestages |
| MdEP | Mitglied des Europäischen Parlamentes |
| MdL | Mitglied des Landtages |
| MdNR | Mitglied des Norddeutschen Reichstages |
| MdR | Mitglied des Reichstages |
| MfS | Ministerium für Staatssicherheit der DDR |
| Ms., ms. | Maschinenschriftlich, maschinenschriftlich |
| MX | Missile Experimental [amerikanische Interkontinentalrakete] |
| NATO | North Atlantic Treaty Organization (Nordatlantikpakt) |
| NG | Neue Gesellschaft |
| NRW | Nordrhein-Westfalen |
| NSDAP | Nationalsozialistische Deutsche Arbeiterpartei |
| OAU | Organization of African Unity (Organisation für Afrikanische Einheit) |
| OECD | Organization for Economic Co-operation and Development (Organisation für wirtschaftliche Zusammenarbeit und Entwicklung) |
| ÖTV | Gewerkschaft Öffentliche Dienste, Transport und Verkehr |
| PS | Parti Socialiste (Sozialistische Partei Frankreichs) |
| PSI | Partito Socialista Italiano (Sozialistische Partei Italiens) |
| PStS | Parlamentarischer Staatssekretär |
| PV | Parteivorstand |
| PVAP | Polnische Vereinigte Arbeiterpartei |
| RAF | Rote Armee Fraktion |

| | |
|---|---|
| RGW | Rat für Gegenseitige Wirtschaftshilfe [engl. Abk. COMECON] |
| RIAS | Rundfunk im amerikanischen Sektor |
| SALT | Strategic Arms Limitation Talks (Gespräche über die Begrenzung nuklearstrategischer Waffen) |
| SAPMO | Stiftung Archiv der Parteien und Massenorganisationen der DDR im Bundesarchiv |
| SDI | Strategic Defense Initiative (Initiative zur strategischen Verteidigung) |
| SED | Sozialistische Einheitspartei Deutschlands |
| SI | Sozialistische Internationale |
| SPD | Sozialdemokratische Partei Deutschlands |
| SPÖ | Sozialistische Partei Österreichs (seit 1991: Sozialdemokratische Partei Österreichs) |
| SS | Surface to Surface (Missile) [Bezeichnung für sowjetische Boden-Boden-Flugkörper-Typen] |
| START | Strategic Arms Reduction Talks (Gespräche über die Reduzierung nuklearstrategischer Waffen) |
| StS | Staatssekretär |
| SU | Sowjetunion |
| SZ | Süddeutsche Zeitung |
| TASS | Telegrafnoje Agenstwo Sowetskogo Sojuza (Telegrafische Nachrichtenagentur der Sowjetunion) |
| TV | Television |
| UdSSR | Union der Sozialistischen Sowjetrepubliken |
| UNCTAD | United Nations Conference on Trade and Development (Konferenz der UN für Handel und Entwicklung) |
| UN, UNO | United Nations Organization (Organisation der Vereinten Nationen) |
| US, USA | United States of America (Vereinigte Staaten von Amerika) |
| USAP | Ungarische Sozialistische Arbeiterpartei |
| VKSE | Verhandlungen über konventionelle Streitkräfte in Europa |

| | |
|---|---|
| VR | Volksrepublik |
| WBA | Willy-Brandt-Archiv |
| ZDF | Zweites Deutsches Fernsehen |
| ZK | Zentralkomitee |

Editionsgrundsätze

Die Berliner Ausgabe zeichnet anhand von Quellen, die nach wissenschaftlichen Kriterien ausgewählt werden, das politische Wirken Willy Brandts nach. Dabei werden die unterschiedlichen Funktionen und Ämter Brandts und thematisch abgrenzbare Tätigkeitsfelder jeweils gesondert behandelt. Die vorliegenden Dokumentenbände stützen sich vorwiegend auf Materialien aus dem Willy-Brandt-Archiv (WBA) im Archiv der sozialen Demokratie der Friedrich-Ebert-Stiftung. Veröffentlichte Dokumente und Schriftstücke aus anderen Archiven werden übernommen, wenn sie ursprünglicher oder vollständiger sind als Schriftstücke aus dem WBA, wenn sie Lücken im Brandt-Nachlass schließen oder ihr Inhalt eine Aufnahme in die Edition nahe legt.

In beschränktem Umfang werden in die Edition auch Quellen aufgenommen, deren Verfasser nicht Willy Brandt selbst ist, die aber in unmittelbarem Bezug zu seinem politischen Denken und Tun stehen. So finden sich in den Bänden sowohl Briefe oder sonstige Mitteilungen an Willy Brandt als auch Vorlagen seiner Mitarbeiter.

Die Edition richtet sich in Übereinstimmung mit dem gesetzlich festgelegten politischen Bildungsauftrag der Bundeskanzler-Willy-Brandt-Stiftung (BWBS) an eine breite historisch-politisch interessierte Öffentlichkeit. Dies war sowohl bei der Auswahl der zu publizierenden Dokumente als auch bei ihrer Aufbereitung und Kommentierung zu beachten. Deshalb finden vereinzelt auch Materialien Berücksichtigung, die z. B. Einblick in den Alltag eines Spitzenpolitikers und Staatsmannes gewähren. Sämtliche fremdsprachigen Texte wurden ins Deutsche übertragen und sind als Übersetzungen kenntlich gemacht.

Die durchnummerierten Dokumente sind grundsätzlich chronologisch angeordnet. Ausschlaggebend dafür ist das Datum des betreffenden Ereignisses, bei zeitgenössischen Veröffentlichungen das Datum der Publikation. Einzelne Bände der Berliner Ausgabe verbinden aus inhaltlichen Gründen eine themenbezogene systematische Gliederung mit dem chronologischen Ordnungsprinzip. Ein Dokument, das als Anlage kenntlich gemacht oder aus dem Textzusammenhang als Anlage erkennbar ist, gilt mit Blick auf die Reihenfolge und die Nummerierung nicht als eigenständig, wenn das Hauptdokument, dem es beigegeben ist, ebenfalls abgedruckt wird. In diesem Fall trägt es die Nummer des Hauptdokuments zuzüglich eines Großbuchstabens (in alphabetischer Reihenfolge) und wird im Dokumentenkopf ausdrücklich als Anlage ausgewiesen. Das Datum der Anlage ist für die Einordnung unerheblich.

Der Dokumentenkopf umfasst Dokumentennummer, Dokumentenüberschrift und Quellenangabe. Die Dokumentenüberschrift vermittelt auf einen Blick Informationen zum Datum, zur Art des Dokuments und zu den jeweils unmittelbar angesprochenen handelnden Personen. Die Quellenangaben weisen in der Regel nur den Fundort des Originals nach, nach dem das Dokument abgedruckt wird. Fremdsprachige Archivnamen und Bestandsbezeichnungen sind in den Angaben des Dokumentenkopfes ins Deutsche übersetzt.

Wird das Dokument unvollständig wiedergegeben, wird es in der Dokumentenüberschrift als Auszug bezeichnet.

Zum Dokument gehören sämtliche im Originaltext enthaltenen Angaben. Dazu zählen im einzelnen: Datum und Uhrzeiten, Klassifizierung, Anrede, Anwesenheits- oder Teilnehmerlisten, Überschriften und Zwischenüberschriften, Schlussformeln, Unterschriften, Namenskürzel, hand- oder maschinenschriftliche Zusätze, Kommentare und Korrekturen, sofern sie nicht einen deutlich späteren Zeitbezug haben. Auf eine Reihe dieser Angaben wird beim Abdruck verzichtet, wenn sie inhaltlich unerheblich oder schon im Dokumentenkopf enthalten sind. Dies gilt insbesondere für Datumsangaben, Absenderanschriften, Adressen und ebenso für Überschriften, sofern diese dem Dokumentenkopf weitestgehend entsprechen. Hand- bzw. maschinenschriftliche Vermerke oder Kommentare, die sich auf das Dokument insgesamt beziehen, werden unabhängig von ihrer Aussagekraft immer in der Anmerkung wiedergegeben, wenn sie von Brandt selbst stammen; dies gilt ebenso für die Paraphe oder andere Kürzel Brandts sowie Stempel bzw. Vermerke, mit denen bestätigt wird, dass Brandt Kenntnis von dem Schriftstück genommen hat. Übrige Vermerke, Paraphen oder Stempel werden nur dann in eine Anmerkung aufgenommen, wenn dies aus Sicht des jeweiligen Bearbeiters aus inhaltlichen Gründen geboten ist.

Streichungen im Original erscheinen nicht im Dokumententext, alle hand- bzw. maschinenschriftlichen Zusätze oder Korrekturen werden in der Regel *unkommentiert* in den Dokumententext übernommen, da sie allesamt als vom jeweiligen Verfasser genehmigt gelten können. Wird solchen Ergänzungen, Verbesserungen oder Streichungen jedoch eine wichtige inhaltliche Aussagekraft zugeschrieben, wird dies insoweit in textkritischen Anmerkungen erläutert. Im Text selbst werden solche Passagen in spitze Klammern „‹ ›" gesetzt. Unterschriften und Paraphen des Verfassers eines Dokuments werden in der Regel kommentiert, Unterstreichungen, Bemerkungen und Notizen am Rand nur dann, wenn dies inhaltlich geboten erscheint.

Bei der Wiedergabe der Dokumente wird ein Höchstmaß an Authentizität angestrebt. Die im jeweiligen Original gebräuchliche Schreibweise sowie Hervorhebungen werden unverändert übernommen. Dies gilt ebenso für die Wiedergabe von Eigennamen aus slawischen Sprachen, die im übrigen Text grundsätzlich in der transkribierten Form erscheinen. Das Layout folgt weitgehend dem Original, sofern Absätze, Zeilenausrichtung und Aufzählungen betroffen sind. Offensichtliche „Verschreibfehler" werden hingegen ohne weiteren Hinweis verbessert, es sei denn, sie besitzen inhaltliche Aussagekraft. Sinnentstellende Passagen und Zusätze werden im Dokumententext belassen, Streichungen solcher Art nicht rückgängig gemacht und in textkritischen Anmerkungen mit der gebotenen Zurückhaltung erläutert. Ebenso wird mit schwer verständlichen oder heute nicht mehr gebräuchlichen Ausdrücken verfahren. Sachlich falsche Angaben in der Vorlage werden im Anmerkungsapparat korrigiert. Tarnnamen und -bezeichnungen sowie sonstige „Codes" oder schwer zu deutende Formulierungen werden in eckigen Klammern im Dokumententext aufgeschlüsselt. Abkürzungen im Originaltext werden in der Regel im Abkürzungsverzeichnis aufgelöst. Im

Dokumententext selbst werden sie – in eckigen Klammern – nur dann entschlüsselt, wenn es sich um ungewöhnliche Kurzschreibformen handelt.

Die Berliner Ausgabe enthält einen bewusst knapp gehaltenen Anmerkungsteil, der als separater Abschnitt dem Dokumententeil angehängt ist. Die Zählung der Anmerkungen erfolgt durchgehend für die Einleitung und für jedes einzelne Dokument. Der Kommentar soll in erster Linie Hilfe für die Leserin und den Leser sein. Er ergänzt die im Dokumentenkopf enthaltenen formalen Informationen, gibt textkritische Hinweise, erläutert knapp Ereignisse oder Sachverhalte, die aus dem Textzusammenhang heraus nicht verständlich werden oder der heutigen Erfahrungswelt fremd sind, weist in den Dokumenten erwähntes veröffentlichtes Schriftgut nach und liefert Querverweise auf andere Quellentexte innerhalb der Edition, sofern sie in einem engeren Bezug zueinander stehen. Es ist nicht Aufgabe des Kommentars, Ereignisse oder Sachverhalte, die in den edierten Schriftstücken angesprochen sind, *detailliert* zu rekonstruieren. Ebenso wenig sollen weitere nicht abgedruckte Aktenstücke oder anderes Schriftgut mit dem Ziel nachgewiesen werden, den geschichtlichen Kontext der abgedruckten Quellentexte in ihrer chronologischen und inhaltlichen Abfolge sichtbar zu machen und damit Entscheidungsprozesse näher zu beleuchten.

Es bleibt der Einführung zu den einzelnen Bänden vorbehalten, das edierte Material in den historischen Zusammenhang einzuordnen, die einzelnen Dokumente in Bezug zueinander zu setzen sowie zentrale Begriffe ausführlich zu klären. Darüber hinaus unterzieht sie das politische Wirken Brandts und die jeweiligen historischen Rahmenbedingungen seiner Politik einer kritischen Bewertung. Aufgabe der Einführung ist es auch, die Auswahl der Dokumente zu begründen, in der gebotenen Kürze den Forschungsstand zu referieren und auf einschlägige Sekundärliteratur hinzuweisen.

Eine erste Orientierung in jedem Band bietet dem Leser das durchnummerierte Dokumentenverzeichnis mit Angabe der Seitenzahlen, über das sich jedes Dokument nach Datum, Bezeichnung des Vorgangs und der daran beteiligten Personen erschließen lässt.

Das Personenregister listet die Namen aller in der Einführung, im Dokumententeil einschließlich Dokumentenverzeichnis und im Anmerkungsapparat genannten Personen mit Ausnahme des Namens von Willy Brandt auf, sofern sie nicht im Rahmen selbständiger bibliographischer Angaben ausgewiesen sind; es enthält zusätzlich biographische Angaben, insbesondere zu den maßgeblichen Funktionen, die die angesprochenen Personen während der vom jeweiligen Band erfassten Zeitspanne ausübten. Die alphanumerisch geordneten Schlagwörter des Sachregisters, denen weitere Unterbegriffe zugeordnet sein können, ermöglichen einen gezielten, thematisch differenzierten Zugriff. Das Quellen- und Literaturverzeichnis vermittelt – mit Ausnahme von Artikeln in Tages-, Wochen- oder monatlich erscheinenden Zeitungen bzw. Pressediensten – einen Überblick über die im Rahmen der Bearbeitung des jeweiligen Bandes der Berliner Ausgabe eingesehenen Archivbestände und die benutzte Literatur.

*Carsten Tessmer*

# Personenregister

**Abelein, Manfred** (geb. 1930), Politiker, 1965–1990 MdB (CDU), deutschlandpolitischer Sprecher der Unionsfraktion 117, 397, 416

**Adenauer, Konrad** (1876–1967), Politiker, 1917–1933 und 1945 Oberbürgermeister von Köln, 1946 bis 1950 Vorsitzender der CDU in der britischen Besatzungszone, 1949–1967 MdB (CDU), 1949–1963 Bundeskanzler, 1950–1966 Bundesvorsitzender der CDU, 1951–1955 Bundesminister des Auswärtigen 20, 347, 396, 398, 423

**Amin, Hafisollah** (1926–1979), afghanischer Politiker, 1978 stellv. Ministerpräsident, 1979 Ministerpräsident und Parteivorsitzender der kommunistischen Demokratischen Volkspartei, im Dezember 1979 Entmachtung und Hinrichtung nach dem Einmarsch der sowjetischen Truppen 422

**Apel, Hans** (geb. 1932), Politiker, seit 1955 Mitglied der SPD, 1965–1990 MdB (SPD), 1970–1988 Mitglied des SPD-PV, 1972–1974 PStS im AA, 1974–1978 Bundesminister der Finanzen, 1978–1982 Bundesminister der Verteidigung 50, 53, 55, 69, 329

**Arbatow, Georgij** (geb. 1923), sowjetischer Historiker und Politiker, ab 1967 Leiter des „Instituts für die USA und Kanada" der Akademie der Wissenschaften der UdSSR, ab 1981 Vollmitglied des ZK der KPdSU, 1982 Mitglied der Unabhängigen Kommission für Abrüstung und Sicherheit („→ Palme-Kommission") 333, 438

**Augstein, Rudolf** (1923–2002), Publizist, 1946–2002 Herausgeber des Nachrichtenmagazins *Der Spiegel*, 1972/73 MdB (FDP) 16 f., 170, 389

**Avramović, Dragoslav** (1919–2001), jugoslawischer Volkswirt und Politiker, 1965–1977 leitende Funktionen in der Weltbank, 1974–1975 Sonderberater der UNCTAD für Rohstoffstabilisierung, 1977–1980 Direktor des Sekretariats der Unabhängigen Kommission für Internationale Entwicklungsfragen (Nord-Süd-Kommission) 415

**Baader, Andreas** (1944–1977), Mitglied der Baader-Meinhof-Gruppe und Mitbegründer der RAF, 1977 Verurteilung zu lebenslanger Freiheitsstrafe, 1977 Selbstmord in der Haftanstalt Stuttgart-Stammheim 415

**Bahr, Egon** (geb. 1922), Journalist und Politiker, seit 1956 Mitglied der SPD, 1960–1966 Leiter des Presse- und Informationsamtes des Landes Berlin, 1966–1967 Sonderbotschafter und 1967–1969 Leiter des Planungsstabes im AA, 1969–1972 StS im Bundeskanzleramt und Bundesbevollmächtigter für Berlin, 1972–1974 Bundesminister für besondere Aufgaben, 1974–1976 Bundesminister für wirtschaftliche Zusammenarbeit, 1976–1981 Bundesgeschäftsführer der SPD, 1972–1990 MdB (SPD) 16, 24, 26 f., 29, 37, 43 ff., 50, 58, 62, 64, 71, 75, 114, 267, 302, 306, 333, 379, 397, 409 f., 420, 432, 434, 438, 443, 447

**Bakarić, Vladimir** (1912–1983), jugoslawischer Politiker, ab 1941 enger Mitarbeiter → Titos, ab 1948 Mitglied des

ZK, ab 1962 des Politbüros und 1971–1980 des Präsidiums des BdKJ, 1974–1980 Mitglied des Staatspräsidiums, 1975–1976 stellv. Staatspräsident 196, 411

**Barzel, Rainer** (geb. 1924), Politiker, 1957–1987 MdB (CDU), 1960–1973 Mitglied des CDU-Parteivorstandes, 1962–1963 Bundesminister für gesamtdeutsche Fragen, 1963–1973 Vorsitzender der CDU/CSU-Bundestagsfraktion, 1971–1973 Bundesvorsitzender der CDU, 1972 Kanzlerkandidat der CDU/CSU, 1982–1983 Bundesminister für Innerdeutsche Beziehungen, 1983–1984 Bundestagspräsident 404

**Bebel, August** (1840–1913), 1869 Mitbegründer der Sozialdemokratischen Arbeiterpartei, 1875 Mitbegründer der Sozialistischen Arbeiterpartei, 1867–1881 und 1883–1913 MdNR bzw. MdR, 1892–1913 Vorsitzender der SPD 356

**Bender, Peter** (geb. 1923), deutscher Publizist, Journalist und Historiker 358

**Berlinguer, Enrico** (1922–1984), italienischer Politiker, ab 1943 Mitglied der KPI, ab 1968 Mitglied des Politbüros der KPI, ab 1972 deren Generalsekretär, 1979–1984 MdEP 408

**Biermann, Wolf** (geb. 1936), Schriftsteller und Liedermacher, 1953 Übersiedlung in die DDR, 1963 Ausschluss aus der SED, 1976 Ausbürgerung aus der DDR während eines Aufenthalts in der Bundesrepublik 41

**Blatow, Anatolii I.** (geb. 1914), 1971–1982 Assistent des Generalsekretärs des ZK der KPdSU 319

**Böll, Heinrich** (1917–1985), Schriftsteller, 1972 Nobelpreisträger für Literatur 306 f., 433

**Bölling, Klaus** (geb. 1928), Journalist und Politiker, 1958 Eintritt in die SPD, 1973–1974 Intendant von Radio Bremen, 1974–1980 und 1982 StS und Leiter des Presse- und Informationsamtes der Bundesregierung, 1981–1982 Leiter der Ständigen Vertretung der Bundesrepublik Deutschland in der DDR 291, 293, 430

**Breschnew, Leonid Iljitsch** (1906–1982), sowjetischer Politiker, ab 1952 Mitglied des ZK, 1956–1960 und 1963–1964 Sekretär des ZK, 1957 Vollmitglied des Präsidiums (ab 1966 Politbüro) der KPdSU, 1960–1964 und 1977–1982 Vorsitzender des Präsidium des Obersten Sowjets (Staatsoberhaupt), 1964–1966 Erster Sekretär, 1966–1982 Generalsekretär der KPdSU 21 f., 26, 28, 34–37, 40, 47 f., 50–52, 56–58, 62 f., 65, 68, 75, 95, 119 f., 130, 134, 138–158, 162 f., 167, 169, 175, 184, 192, 195, 198, 202, 213, 216, 227 ff., 232 f., 235, 246, 253, 259, 264, 268, 273, 278 f., 281, 285 f., 295, 301, 311 ff., 319, 321 f., 325 ff., 329, 331, 338 ff., 369, 372 f., 379, 384–387, 390, 394, 397, 401–404, 408, 410 f., 414–418, 420 f., 425–428, 431, 434, 436–439, 441, 444 f., 497 f.

**Brundtland, Gro Harlem** (geb. 1939), Ärztin und norwegische Politikerin, 1974–1979 Ministerin für Umweltschutz, Januar bis Oktober 1981, 1986–1989 und 1990–1996 Ministerpräsidentin, 1981–1992 Parteivorsitzende der norwegischen Sozialdemokraten 339, 439

**Buback, Siegfried** (1920–1977), Jurist, 1974–1977 Generalbundesanwalt, 1977 Opfer eines terroristischen Anschlags 415

**Bush, George** (geb. 1924), amerikanischer Politiker, 1970–1972 UN-Botschafter der USA, 1972-1974 Vorsitzender der Republikanischen Partei, 1974-1976 Leiter des amerikanischen Verbindungsbüros in Peking, 1976-1977 Chef des amerikanischen Geheimdienstes CIA, 1981-1989 Vizepräsident, 1989-1993 41. Präsident der USA   430

**Caetano, Marcello José Das Neves Alves** (1906-1980), Staatsrechtler und portugiesischer Politiker, 1968-1974 Ministerpräsident, nach Revolution 1974 kurzfristig verhaftet, Exil in Brasilien   396

**Callaghan, James** (geb. 1912), britischer Gewerkschafter und Politiker, 1945-1987 Abgeordneter im Unterhaus (Labour Party), 1974-1976 Außenminister, 1976-1979 Premierminister, 1976-1980 Vorsitzender der Labour Party   48, 396, 436

**Carrington, Lord Peter Alexander Rupert** (geb. 1919), britischer Politiker, 1970-1974 Verteidigungsminister, 1972-1974 Vorsitzender der Konservativen Partei, 1979-1982 Außenminister, 1984-1988 NATO-Generalsekretär   424

**Carstens, Karl** (1914-1992), Staats- und Völkerrechtler und Politiker, 1972-1979 MdB (CDU), 1973-1976 Vorsitzender des CDU/CSU-Bundestagsfraktion, 1976-1979 Bundestagspräsident, 1979-1984 Bundespräsident   395, 416

**Carter, James Earl (Jimmy)** (geb. 1924), amerikanischer Politiker, 1971-1975 Gouverneur von Georgia, 1977-1981 39. Präsident der USA, 2002 Friedensnobelpreisträger   37, 39, 41 f., 44 ff., 48, 51, 55, 57 f., 205, 208-210, 255 f., 392, 412 f., 416 f., 421, 425-430, 434, 436

**Ceaușescu, Nicolaie** (1918-1989), rumänischer Politiker, ab 1952 im ZK der rumänischen Arbeiterpartei, ab 1955 Mitglied des Politbüros, 1965 Erster Sekretär des ZK der rumänischen Arbeiterpartei, nach deren Umbildung Generalsekretär der KP Rumäniens, 1967 auch Staatsratsvorsitzender, ab 1974 Staatspräsident, 1989 Hinrichtung während des politischen Umsturzes in Rumänien   75, 237 f., 252, 422

**Chnoupek, Bohuslav** (geb. 1925), tschechoslowakischer Politiker, 1970-1971 Botschafter in der UdSSR, 1971-1988 Außenminister   399

**Chruschtschow, Nikita Sergejewitsch** (1894-1971), sowjetischer Politiker, 1934-1966 Mitglied des ZK, 1939-1952 Mitglied des Politbüros, 1952-1964 Mitglied des Präsidiums der KPdSU, 1953-1964 Erster Sekretär des ZK der KPdSU, 1958-1964 Ministerpräsident   265, 423

**Cramer, Dettmar** (geb. 1929), Journalist, 1969-1975 Korrespondent der *FAZ* in Bonn, 1975 Wechsel zum RIAS Berlin, 1982-1986 Chefredakteur, 1986-1988 Direktor und Chefredakteur des Aktuellen Dienstes im Deutschlandfunk   425

**Craxi, Bettino (Benedetto)** (1934-2000), italienischer Politiker, 1976-1993 Generalsekretär der PSI, 1983-1987 Ministerpräsident, 1994 wegen Korruption verurteilt   202, 442

**Cunhal, Álvaro,** (geb. 1913), portugiesischer Politiker, 1961-1992 Generalsekretär der KP Portugals   150, 184, 408

**Cyrankiewicz, Józef** (1911-1989), polnischer Politiker, 1947-1952 und 1954-1970 Ministerpräsident, 1948-1971

Mitglied des Politbüros, 1948–1975 Mitglied des ZK der PVAP, 1970–1972 Vorsitzender des Staatsrats 405, 409

**Dingels, Hans Eberhard** (geb. 1930), 1961–1965 Leiter des Auslandsreferats, 1965–1995 Leiter der Abteilung für internationale Beziehungen/Politik des SPD-PV 410 f.

**Dobrynin, Anatolji Federovič**, (geb. 1919), sowjetischer Diplomat und Politiker, 1961–1986 Botschafter in den USA, 1971–1988 Mitglied des ZK der KPdSU, 1986–1988 Sekretär des ZK und Leiter der Abteilung für Internationale Beziehungen 334, 439

**Dohnanyi, Klaus von** (geb. 1928), Politiker, 1969–1981 MdB (SPD), 1972–1974 Bundesminister für Bildung und Wissenschaft, 1976–1981 PStS und Staatsminister im AA, 1981–1988 Erster Bürgermeister der Freien und Hansestadt Hamburg 18

**Dönhoff, Marion Gräfin** (1909–2002), Publizistin und Journalistin, ab 1961 stellv., 1968–1972 Chefredakteurin und 1972–2002 Mitherausgeberin der Wochenzeitung *Die Zeit*, 1971 Friedenspreis des Deutschen Buchhandels 307

**Dregger, Alfred** (1920–2002), Politiker, 1967–1982 Landesvorsitzender der hessischen CDU, 1972–1998 MdB (CDU), 1982–1991 Vorsitzender der CDU/CSU-Bundestagsfraktion 258, 416

**Dubček, Alexander** (1921–1992), tschechoslowakischer Politiker, ab 1958 Mitglied, 1968 Erster Sekretär des ZK der KPČ, Entmachtung nach dem Einmarsch der Truppen des Warschauer Paktes im August 1968, bis 1970 Verlust aller Ämter, im November 1989 rehabilitiert, 1989–1992 Präsident des Bundesparlaments 241

**Ebert, Friedrich** (1871–1925), Politiker, 1912–1918 MdR (SPD), 1913–1919 Vorsitzender der SPD, 1916–1918 Vorsitzender der Reichstagsfraktion, 1918 Reichskanzler bzw. Vorsitzender des Rats der Volksbeauftragten, 1919–1925 Reichspräsident → Friedrich-Ebert-Stiftung

**Ehmke, Horst** (geb. 1927), Jurist und Politiker, 1969 Bundesminister der Justiz, 1969–1972 Bundesminister für besondere Aufgaben und Chef des Bundeskanzleramtes, 1972–1974 Bundesminister für Forschung, Technologie und das Post- und Fernmeldewesen, 1969–1994 MdB (SPD) 50, 60, 75

**Ensslin, Gudrun** (1940–1977), Mitglied der Baader-Meinhof-Gruppe und Mitbegründerin der RAF, 1977 Verurteilung zu lebenslanger Freiheitsstrafe, 1977 Selbstmord in der Haftanstalt Stuttgart-Stammheim 415

**Eppler, Erhard** (geb. 1926), Politiker, 1961–1976 MdB (SPD), 1968–1974 Bundesminister für wirtschaftliche Zusammenarbeit, 1970–1991 Mitglied des SPD-PV, 1973–1989 Mitglied des SPD-Präsidiums, 1973–1981 Landesvorsitzender der SPD in Baden-Württemberg und 1976–1982 MdL in Baden-Württemberg, 1981–1983 und 1989–1991 Präsident des Evangelischen Kirchentages 43, 52–54, 62, 64, 68, 75, 267, 397, 425, 435, 446

**Erhard, Ludwig** (1897–1977), Nationalökonom und Politiker, 1949–1977 MdB (CDU), 1949–1963 Bundesminister für Wirtschaft, 1957–1963 Vizekanzler, 1963–1966 Bundeskanzler, 1966–1967 Bundesvorsitzender der CDU 423

**Falin, Valentin Michailowitsch** (geb. 1926), sowjetischer Diplomat und Politiker, 1971–1978 sowjetischer Botschafter in Bonn, 1978–1983 stellv. Leiter der Abteilung für internationale Information beim ZK der KPdSU, 1988 Leiter der Internationalen Abteilung beim ZK der KPdSU, 1989 Vollmitglied des ZK der KPdSU, 1991 Betätigungsverbot und Ausreise nach Deutschland 405

**Fernandes, George** (geb. 1930), indischer Gewerkschafter und Politiker, 1973–1975 Vorsitzender der Sozialistischen Partei, 1976/1977 aus politischen Gründen in Haft, 1977–1979 und 1998–2001 Regierungsmitglied, zuletzt Verteidigungsminister 185 f., 409

**Ford, Gerald Rudolf** (geb. 1913), amerikanischer Politiker, 1948–1973 Mitglied des Repräsentantenhauses (Republikanische Partei), 1965–1973 Vorsitzender der Republikanischen Fraktion, 1973–1974 Vizepräsident, 1974–1977 38. Präsident der USA 22, 33, 37 f., 46, 116, 178 f., 397, 407, 410, 430, 432, 435

**François-Poncet, Jean** (geb. 1928), französischer Diplomat und Politiker, 1976 zunächst Zweiter Staatssekretär im Außenministerium und dann außenpolitischer Berater des Staatspräsidenten im Élysée-Palast, 1978–1981 Außenminister 423

**Franke, Egon** (1913–1995), Politiker, 1945 Mitbegründer der Nachkriegs-SPD in Hannover, 1947–1952 und 1958–1973 Mitglied des SPD-PV, 1951–1987 MdB (SPD), 1964–1973 Mitglied des SPD-Präsidiums, 1969–1982 Bundesminister für Innerdeutsche Beziehungen 114, 397

**Froehling, Heino** (1940–2000) war von 1975 bis 1979 Vertreter der Friedrich-Ebert-Stiftung in Colombo, Sri Lanka 409

**Gandhi, Indira P.** (1917–1984), indische Politikerin, 1966–1977 und 1980–1984 Premierministerin, 1984 Ermordung 185 f., 259, 424

**Garton Ash, Timothy** (geb. 1955), britischer Historiker und Publizist, 1984–1986 Europakorrespondent der *Times*, seit 1990 Inhaber des Lehrstuhls für zeitgenössische Geschichte am St. Antonys College Oxford 70

**Gaulle, Charles de** (1890–1970), französischer General und Politiker, 1944–1945 Chef der „Provisorischen Regierung der Republik Frankreich", 1945–1946 und 1958 Ministerpräsident, 1958–1969 Staatspräsident 56, 257, 396, 423, 435

**Gaus, Günter** (geb. 1929), Journalist und Politiker, 1969–1973 Chefredakteur des Nachrichtenmagazins *Der Spiegel*, 1973–1981 StS und 1974–1981 Leiter der Ständigen Vertretung der Bundesrepublik in der DDR, 1981 Wirtschaftssenator in Berlin, 1976–2002 Mitglied der SPD 293, 430

**Geiss, Imanuel** (geb. 1931), Historiker, seit 1973 Professor für Neueste Geschichte an der von ihm mitgegründeten Universität Bremen 67, 350, 441 f.

**Genscher, Hans-Dietrich** (geb. 1927), Politiker, 1965–1998 MdB (FDP), 1969–1974 Bundesminister des Innern, 1974–1985 Bundesvorsitzender der FDP, 1974 bis September 1982 und Oktober 1982 bis April 1992 Bundesminister des Auswärtigen 34, 38, 42–45, 63, 70, 179, 267, 308, 318, 328–331, 399, 401, 405, 424, 426, 428

**Gierek, Edward** (1913-2001), polnischer Politiker, 1954-1980 Mitglied des ZK der PVAP, 1956 und 1959-1980 Mitglied des Politbüros, 1970-1980 Erster ZK-Sekretär, 1979 Erster Vorsitzender des ZK, September 1980 von allen Ämtern entbunden, 1981 Ausschluss aus der Partei, 1981-1983 in Haft   32, 40, 58, 75, 90, 147, 182-184, 234, 394, 403, 408, 427

**Giscard d'Estaing, Valéry** (geb. 1926), französischer Politiker, 1966-1973 Vorsitzender der Republikanischen Partei, 1962-1966 und 1969-1974 Minister für Wirtschaft und Finanzen, 1974-1981 Staatspräsident   37, 48, 58, 239, 256, 281, 395, 423, 428, 432, 436, 438

**Gonçalves, Vasco dos Santos** (geb. 1921), portugiesischer Militär und Politiker, 1974 maßgebliche Beteiligung am Sturz der Diktatur, 1974-1975 Ministerpräsident, zeitweilig auch Verteidigungs- und Informationsminister   150

**Gorbatschow, Michail Sergejewitsch** (geb. 1931), sowjetischer Politiker, 1971-1991 Mitglied des ZK, 1978 ZK-Sekretär, 1980-1981 Mitglied des Politbüros, 1985-1991 Generalsekretär der KPdSU, 1988-1990 Vorsitzender des Präsidiums des Obersten Sowjets (Staatsoberhaupt), 1990-1991 sowjetischer Staatspräsident   35, 52

**Gorz, André** (geb. 1924), französischer Publizist und Sozialtheoretiker   363 f., 444

**Grass, Günter** (geb. 1927), Schriftsteller, Bildhauer und Grafiker, Mitglied der „Gruppe 47", 1965-1972 Beteiligung an Wahlkämpfen der SPD, dabei Begründer und Mitglied der Sozialdemokratischen Wählerinitiative, 1982-1993 Mitglied der SPD, 1999 Nobelpreis für Literatur   355

**Grličkow, Aleksandar** (geb. 1923), jugoslawischer Politiker, ab 1964 Mitglied des ZK, 1965-1982 Mitglied des Präsidiums und des Exekutivausschusses des BdKJ und Sekretär für internationale Beziehungen   195, 411

**Gromyko, Andrej Andrejewitsch** (1909-1989), sowjetischer Politiker und Diplomat, 1957-1985 Außenminister, 1973-1988 Vollmitglied des Politbüros der KPdSU, 1985-1988 Staatsoberhaupt der UdSSR   28, 34, 65, 150, 280, 319, 335 f., 379, 385, 403, 424, 428, 439, 441, 444 f., 447

**Guillaume, Günter** (1927-1995), Mitarbeiter des MfS der DDR, zuletzt im Rang eines Obersten, 1956 im Auftrag des MfS Übersiedlung in die Bundesrepublik, 1957-1974 Mitglied der SPD, 1969-1974 Mitarbeit im Bundeskanzleramt, dabei ab 1972 im persönlichen Stab des Bundeskanzlers Brandt, 1974 Verhaftung und 1975 Verurteilung wegen Spionage, 1981 Abschiebung in die DDR   16, 24

**Hager, Kurt** (1912-1998), Politiker, ab 1955 Sekretär für Wissenschaft und Kultur des ZK der SED, 1958-1989 Abgeordneter der Volkskammer der DDR, 1963-1989 Vollmitglied des Politbüros der SED, 1976-1989 Mitglied des Staatsrats der DDR   416

**Hahn, Otto** (1879-1968), Chemiker, 1928-1945 Direktor des Kaiser-Wilhelm-Instituts für Chemie, 1938 Entdeckung der Spaltung von Urankernen bei Neutronenbestrahlung, 1944 Nobelpreis für Chemie, 1946-1960 Präsident der Max-Planck-Gesellschaft   313, 434

**Haig, Alexander M.** (geb. 1924), amerikanischer General und Politiker (Republikaner), 1973-1974 ziviler Stabschef im Weißen Haus, 1974–1979 NATO-Oberbefehlshaber und Oberbefehlshaber der US-Truppen in Europa, 1981–1982 Außenminister 66, 75, 313, 334 ff., 348 ff., 367, 436, 439, 441, 444

**Hájek, Jiří** (1913–1993), tschechoslowakischer Politiker und Bürgerrechtler, April-September 1968 Außenminister, 1970 Ausschluss aus der KPČ, 1973 Zwangspensionierung, 1977 Mitglied und einer der Sprecher der Bürgerrechtsgruppe Charta 77, 1981 und 1989 kurzzeitig in Haft   42, 75, 201, 412

**Harmel, Pierre** (geb. 1911), Rechtswissenschaftler und belgischer Politiker, 1965–1966 Ministerpräsident, 1966–1973 Außenminister, ab 1971 Mitglied des Senats (Christlich-Soziale Volkspartei) und 1973–1977 dessen Präsident, 1977 Rückzug aus der Politik 361, 407

**Hatfield, Mark** (geb. 1922), amerikanischer Politiker, 1958–1968 Gouverneur des US-Staates Oregon, 1969–1997 Senator für Oregon (Republikanische Partei) 376, 446

**Havel, Václav** (geb. 1936), tschechischer Dramatiker und Politiker, 1977 Mitbegründer und einer der Sprecher der Charta 77, 1977, 1979–1983 und 1989 in Haft, 1989 Friedenspreis des Deutschen Buchhandels, 1989–1992 Staatspräsident der Tschechoslowakei, seit 1993 Präsident der Tschechischen Republik 72, 413

**Heath, Edward** (geb. 1916), britischer Politiker, 1965–1975 Führer der Konservativen Partei, 1970–1974 Premierminister, 1977–1980 Mitglied der Unabhängigen Kommission für Internationale Entwicklungsfragen (Nord-Süd-Kommission) 432

**Heinemann, Gustav** (1899–1976), Politiker, 1946–1952 Mitglied der CDU, 1949–1950 Bundesminister des Innern, 1952 Austritt aus der CDU, 1952–1957 Gründer und Vorsitzender der GVP, 1957 Eintritt in die SPD, 1957–1969 MdB (SPD), 1966–1969 Bundesminister der Justiz, 1969–1974 Bundespräsident 16

**Heisenberg, Werner** (1901–1976), Physiker, 1932 Nobelpreis für Physik, 1941–1945 Direktor des Kaiser-Wilhelm-Instituts für Physik in Berlin, 1946–1957 Direktor des Max-Planck-Instituts für Physik und Astrophysik in Göttingen und München, 1955–1975 Vorsitzender der Alexander-von-Humboldt-Stiftung   313, 434

**Hitler, Adolf** (1889–1945), 1933–1945 Reichskanzler, „Führer" der NSDAP 124, 431

**Hölderlin, Friedrich** (1770–1843), deutscher Dichter 353

**Honecker, Erich** (1912–1994), Politiker, 1930 Eintritt in die KPD, ab 1933 Untergrundarbeit, 1935 Verhaftung, 1937 Verurteilung zu zehn Jahren Zuchthaus (1937–1945 im Zuchthaus Brandenburg), 1946–1955 Vorsitzender der Freien Deutschen Jugend (FDJ), ab 1946 im Vorstand bzw. ZK der SED, 1949–1989 Abgeordneter der Volkskammer der DDR, 1958–1989 Vollmitglied des SED-Politbüros, 1958–1971 Sekretär des ZK für Sicherheitsfragen, 1971–1989 Erster Sekretär (ab 1976 Generalsekretär) der SED und Vorsitzender des Nationalen Verteidigungsrats, 1976–1989 Staatsratsvorsitzender (Staatsoberhaupt) der DDR   24, 26, 40 f., 60,

65, 95, 162, 264 f., 292, 381, 389, 425, 430 f., 447

**Iklé, Fred** (geb. 1924), amerikanischer Sozialwissenschaftler und Politiker, 1973–1977 Direktor der amerikanischen Behörde für Rüstungskontrolle und Abrüstung, 1981–1988 Staatssekretär im Verteidigungsministerium 376, 446

**Jaruzelski, Wojciech** (geb. 1923), polnischer General und Politiker, 1968–1983 Verteidigungsminister, 1971–1989 Mitglied des Politbüros der PVAP, 1981–1985 Ministerpräsident, 1981–1983 in der Zeit des Kriegsrechts, Vorsitzender des Militärrates der VR Polen, 1985–1989 Vorsitzender des Staatsrats (Staatsoberhaupt), 1981–1989 Erster Sekretär des ZK der PVAP, 1989–1990 Staatspräsident 65, 67, 75, 349, 351, 441

**Jedrychowski, Stefan** (geb. 1910), polnischer Politiker, 1952–1957 stellv. Ministerpräsident, 1956–1971 Mitglied des Politbüros der PVAP, 1968–1971 Außenminister, 1971–1974 Finanzminister 405, 409

**Johnson, Lyndon B.** (1908–1973), amerikanischer Politiker, 1949–1973 Senator (Demokratische Partei) von Texas, 1953–1961 Fraktionsführer der Demokraten im Senat, 1961–1963 Vizepräsident, 1963–1969 36. Präsident der USA 430

**Jospin, Lionel** (geb. 1937), französischer Politiker, seit 1971 Mitglied der PS, 1975–1981 Leiter des Ressorts „Beziehungen zur Dritten Welt" bzw. des Ressorts für außenpolitische Beziehungen im Sekretariat der PS, 1981–1988 und 1995–1997 Erster Sekretär (Vorsitzender) der PS, 1995 und 2002 Präsidentschaftskandidat, 1997–2002 Ministerpräsident 442

**Kádár, János** (1912–1989), ungarischer Politiker, 1942–1951 Mitglied des ZK und 1945–1951 Mitglied des Politbüros der ungarischen KP, 1948–1950 Innenminister, 1951–1954 Inhaftierung, ab 1956 wieder Mitglied des Politbüros und des ZK-Sekretariats, im November 1956 Bildung einer moskautreuen Gegenregierung gegen die Regierung → Nagy, 1956–1988 Erster Sekretär des ZK der USAP, 1956–1958 und 1961–1965 auch Ministerpräsident 26, 66, 75, 305, 433

**Karamanlis, Konstantin** (1907–1998), griechischer Politiker, 1955–1963 mit kurzen Unterbrechungen und erneut 1974–1980 Ministerpräsident, 1963–1974 Exil in Paris, 1974 Gründer der konservativen Partei Neue Demokratie, 1980–1985 und 1990–1995 Staatspräsident 396

**Karmal, Babrak** (1929–1996), afghanischer Politiker, 1978 stellv. Ministerpräsident, 1979–1986 im Zuge des sowjetischen Einmarsches Vorsitzender des Revolutionsrates (Staatspräsident) und Generalsekretär der kommunistischen Demokratischen Volkspartei, 1979–1981 Ministerpräsident 422

**Kennan, George F.** (geb. 1904), amerikanischer Diplomat und Historiker, 1926 Eintritt in den diplomatischen Dienst, 1952–1953 Botschafter in Moskau und 1961–1963 in Belgrad, 1956–1974 Professor für Geschichte in Princeton, 1982 Friedenspreis des Deutschen Buchhandels 256, 259

**Kennedy, Edward M.** (geb. 1932), amerikanischer Politiker, Bruder von → John Fitzgerald Kennedy, seit 1963

Senator von Massachusetts, 1969–1971 stellv. Fraktionsvorsitzender der Demokratischen Partei im Senat, 1980 erfolglose Bewerbung um die Präsidentschaftskandidatur der Demokraten 272, 427, 446

**Kennedy, John Fitzgerald** (1917–1963), amerikanischer Politiker, 1953–1961 Senator (Demokratische Partei) von Massachusetts, 1961–1963 35. Präsident der USA 256, 409, 413, 423, 427

**Khomeini, Ruholla Musavi (Ayatollah Khomeini)** (1900–1989), iranischer Schiitenführer und Politiker, 1963 Agitator gegen die Landreform des Schah, 1965–1978 Exil in Irak und Frankreich, 1979 Rückkehr, 1979–1989 an der Spitze der Islamischen Republik Iran 422

**Kiekheben-Schmidt, Veronika** → Winterstein, Veronika

**Kiesinger, Kurt Georg** (1904–1988), 1949–1959 und 1969–1980 MdB (CDU), 1958–1966 Ministerpräsident von Baden-Württemberg, 1966–1969 Bundeskanzler, 1967–1971 Bundesvorsitzender der CDU 400, 407

**Kissinger, Henry A.** (geb. 1923), amerikanischer Politiker und Historiker, 1938 Emigration aus Deutschland, 1969–1974 Sicherheitsberater Präsident → Nixons, 1973–1977 Außenminister der USA 23, 25, 33, 38, 75, 133, 190, 256, 258, 401, 410

**Kluncker, Heinz** (geb. 1925), 1964–1982 Vorsitzender der Gewerkschaft ÖTV 394

**Kohl, Helmut** (geb. 1930), seit 1947 Mitglied der CDU, 1966–1973 Landesvorsitzender, 1969–1976 Ministerpräsident von Rheinland-Pfalz, 1969–1973 stellv., 1973–1998 Bundesvorsitzender der CDU, 1976 Kanzlerkandidat der CDU/CSU, 1982–1998 Bundeskanzler, 1998–2000 CDU-Ehrenvorsitzender 70, 158, 258, 381, 402, 447 f.

**Kohl, Michael** (1929–1981), DDR-Diplomat und Politiker, ab 1961 im Außenministerium, 1965–1973 Staatssekretär beim Ministerrat, 1970–1973 Chefunterhändler der DDR in den Verhandlungen mit der Bundesregierung um das Transit- und Verkehrsabkommen und den Grundlagenvertrag, 1974–1978 Leiter der Ständigen Vertretung der DDR in Bonn 416, 432

**Kopelew, Lew S.** (1912–1997), russischer Schriftsteller, Germanist und Übersetzer, 1945–1955 in Haft, 1981 – während eines Aufenthalts in der Bundesrepublik Deutschland – aus der UdSSR ausgebürgert, 1981 Friedenspreis des Deutschen Buchhandels 42, 62, 75, 306 f., 343 f., 433, 440

**Koschnick, Hans** (geb. 1929), 1967–1985 Bürgermeister und Senatspräsident von Bremen (SPD), 1975–1979 stellv. Vorsitzender der SPD, 1994–1996 EU-Administrator in Mostar 164, 169, 405

**Kossygin, Alexej N.** (1904–1980), sowjetischer Politiker, 1948–1952 und 1960–1980 Mitglied des Politbüros der KPdSU, 1964–1980 Vorsitzender des Ministerrats der UdSSR 134, 280, 302, 385 f., 398, 423

**Kreisky, Bruno** (1911–1990), österreichischer Politiker, 1938–1945 Exil in Schweden, 1956–1983 Abgeordneter im Nationalrat (SPÖ), 1967–1983 SPÖ-Vorsitzender, 1970–1983 österreichischer Bundeskanzler 185, 202, 255, 259, 431

**Kühn, Heinz** (1912–1992), 1930 Eintritt in die SPD, 1954–1956 und 1962–1975 Mitglied des SPD-PV, 1962–1979 MdL (SPD) NRW, 1962–1973 SPD-Landesvorsitzender NRW, 1966–1978 Ministerpräsident von NRW, 1973–1975 stellv. SPD-Parteivorsitzender, 1979–1984 MdEP, 1983–1987 Vorsitzender der Friedrich-Ebert-Stiftung 93

**Kurón, Jacek** (geb. 1934), Historiker und polnischer Politiker, 1976 Gründung des Komitees zur gesellschaftlichen Selbstverteidigung, ab 1980 Beratung der Gewerkschaft Solidarność, 1981–1984 inhaftiert, 1989–1991, 1992–1993 Arbeitsminister 413

**Kwizinski, Julij A.** (geb. 1936), sowjetischer Diplomat, ab 1970 stellv. Abteilungsleiter im Außenministerium der UdSSR, Delegationsmitglied bei den MBFR-Verhandlungen in Wien, 1978–1981 Gesandter an der Botschaft der UdSSR in der Bundesrepublik, 1981–1983 sowjetischer Verhandlungsführer bei den SALT-Verhandlungen in Genf, 1986–1990 Botschafter in der Bundesrepublik 69

**Lafontaine, Oskar** (geb. 1943), 1966 Eintritt in die SPD, 1976–1985 Oberbürgermeister von Saarbrücken, 1985–1998 Ministerpräsident des Saarlandes, 1987–1995 stellv., 1995–1999 Vorsitzender der SPD, 1990 Kanzlerkandidat der SPD, 1998–1999 Bundesminister der Finanzen, 1999 Rücktritt von allen politischen Ämtern 68

**Lambsdorff, Otto Graf** (geb. 1926), 1951 Eintritt in die FDP, 1972–1998 MdB (FDP), 1978–1984 Bundeswirtschaftsminister, 1988–1993 Vorsitzender der FDP 69

**Lassalle, Ferdinand** (1825–1864), Publizist und Politiker, 1863 Begründer des Allgemeinen Deutschen Arbeitervereins 182, 408

**Leber, Georg** (geb. 1920), 1947 Eintritt in die SPD, 1957–1966 Vorsitzender der Industriegewerkschaft Bau-Steine-Erden, 1957–1983 MdB (SPD), 1961–1986 Mitglied des SPD-PV, 1966–1972 Bundesverkehrsminister, 1969–1972 auch Bundesminister für Post- und Fernmeldewesen, 1972–1978 Bundesminister der Verteidigung, 1979–1983 Vizepräsident des Deutschen Bundestages 36, 44, 141, 143 f., 402

**Lüders, Carl H.** (geb. 1913) Diplomat, 1971–1974 Vertreter des Leiters der Deutschen Botschaft in Moskau, 1974–1978 Leiter der Ständigen Vertretung der Bundesrepublik Deutschland beim Europarat in Straßburg, seit 1978 im Ruhestand 180

**Luxemburg, Rosa** (1871–1919), Nationalökonomin und Politikerin, 1899 Eintritt in die SPD, 1918/1919 Programmentwurf, Mitgründung und Vorsitz der KPD, 1919 nach dem Scheitern des Spartakusaufstandes von Freikorpssoldaten ermordet 414

**Mao Tse-tung** (1893–1976), chinesischer Politiker, 1935–1976 Vorsitzender der KP Chinas, 1954–1959 Staatspräsident 406

**Marshall, George C.** (1880–1959), amerikanischer General und Politiker, 1947–1949 Außenminister, leitete die Stärkung der wirtschaftlichen und politischen Widerstandskraft der europäischen Staaten ein („Marshallplan") 430

**McHenry, Donald F.** (geb. 1936), amerikanischer Diplomat, 1963–1973 im Außenministerium, 1977–1979 stellv., 1979–1981 Botschafter der USA bei der UNO, Leiter der westlichen „Kontaktgruppe" bei den Verhandlungen um die Zukunft Namibias   427

**McNamara, Robert S.** (geb. 1916), amerikanischer Politiker (Demokrat), 1960–1961 Präsident der Ford Motor Co., 1961–1968 Verteidigungsminister, 1968–1981 Präsident der Weltbank   196, 432

**Mechtersheimer, Alfred** (geb. 1939), 1979–1982 Mitarbeiter am Max-Planck-Institut für Sozialwissenschaften in Starnberg, 1987–1990 MdB (Grüne)   316

**Mettke, Jörg-Rainer** (geb. 1943), Journalist, 1973–1975 Korrespondent des *Spiegel* in Berlin-Ost, 1975 ausgewiesen   404

**Mirow, Thomas** (geb. 1953), 1971 Eintritt in die SPD, 1975–1983 Mitarbeiter von Willy Brandt, 1983–1987 Sprecher des Senats der Hansestadt Hamburg, 1993–2001 Senator für Stadtentwicklung in Hamburg   304, 319, 326, 347, 381, 432, 440

**Mitterrand, François** (1916–1996), französischer Politiker, 1965 und 1974 Niederlage bei den Präsidentschaftswahlen, 1971–1981 Erster Sekretär der Parti Socialiste, 1981–1995 französischer Staatspräsident   63, 75, 202, 326, 345 f., 438, 440 f.

**Mollet, Guy** (1905–1975), französischer Politiker, 1946–1969 Generalsekretär der SFIO, 1956–1957 Ministerpräsident   396

**Monnet, Jean** (1888–1979), französischer Politiker, 1919–1923 stellv. Generalsekretär des Völkerbundes, 1950–1952 Präsident der Pariser Schuman-Plan-Konferenz, 1952–1955 Präsident der Hohen Behörde der Montanunion, 1955 Gründer des „Aktionskomitees für die Vereinigten Staaten von Europa"   56, 262, 396, 424 f.

**Muskie, Edmund S.** (1914–1996), amerikanischer Politiker (Demokrat), 1955–1959 Gouverneur und 1959–1980 Senator für Maine, 1974–1980 Vorsitzender des Budget-Ausschusses des US-Senats, 1979 Sonderbotschafter von Präsident → Carter in Polen, 1980–1981 Außenminister   428, 432

**Nagy, Imre** (1903–1958), ungarischer Politiker, 1930–1944 Aufenthalt in der UdSSR, 1944–1945 ungarischer Landwirtschaftsminister, 1953–1955 und 1956 Ministerpräsident, 1956 nach Niederschlagung des ungarischen Aufstandes nach Rumänien verschleppt, 1958 in Ungarn zum Tode verurteilt, 1989 rehabilitiert   419

**Nannen, Henri** (1913–1996), Journalist und Publizist, 1948 Gründer der Illustrierten *Stern*, die er als Chefredakteur bis 1980 leitete; dann bis Ende 1983 Herausgeber   38, 177, 406

**Nitze, Paul H.** (geb. 1907), amerikanischer Bankier, Diplomat und Politiker (Demokrat), 1969–1973 Mitglied der US-Delegation bei den SALT-Verhandlungen, 1981–1984 Chefunterhändler der USA bei den INF-Verhandlungen mit der UdSSR, 1984–1989 Sonderberater des Außenministers   69

**Nixon, Richard M.** (1913–1994), amerikanischer Politiker (Republikaner), 1950–1953 Senator, 1953–1961 Vizepräsident, 1969–1974 37. Präsident der USA   21 f., 33, 38, 384, 407, 410, 412, 424, 430, 432, 435

**Nowikow, Wladimir N.** (1907–?), sowjetischer Politiker, ab 1961 Mitglied des ZK der KPdSU, 1962–1970 ständiger Vertreter im Exekutivkomitee des RGW, 1965–1980 stellv. Vorsitzender des Ministerrats der Sowjetunion 143

**Olszowski, Stefan** (geb. 1931), polnischer Politiker, 1970–1980 Mitglied des Politbüros der PVAP, 1972–1976 Außenminister 339, 394

**Orlow, Jurij Fedorowitsch** (geb. 1924), russischer Physiker und Menschenrechtler, 1976 Mitbegründer der Bürgerrechtsvereinigung „Helsinki Watch Group" in Moskau, 1977 Verhaftung, 1978 Verurteilung zu sieben Jahren verschärftem Arbeitslager und anschließender Verbannung, 1986 Ausreise in die USA 392

**Pahlewi, Mohammed Resa** (1919–1980), Schah von Iran 1941–1979, verstarb nach seinem Sturz 1979 im ägyptischen Exil 422

**Palme, Olof** (1927–1986), schwedischer Politiker, 1969–1986 Vorsitzender der Sozialdemokratischen Partei Schwedens, 1969–1976 und 1982–1986 Ministerpräsident, 1986 bei einem Attentat ermordet 185, 202, 333, 432

**Patočka, Jan** (1907–1977), tschechoslowakischer Philosoph, 1945–1948 und 1968–1970 Professor in Prag, Mitglied der Charta 77 413

**Pawelczyk, Alfons** (geb. 1933), 1961 Eintritt in die SPD, 1969–1980 MdB (SPD), 1980–1988 Innensenator der Hansestadt Hamburg 50

**Pleitgen, Fritz** (geb. 1938), deutscher Fernsehjournalist, Auslandskorrespondent in Ost-Berlin, Washington, New York und Moskau, seit 2001 Vorsitzender der ARD 307, 433

**Pompidou, Georges** (1911–1974), französischer Politiker (Gaullist), ab 1944 enger Mitarbeiter de Gaulles, 1958–1959 dessen Kabinettschef, 1959–1962 Mitglied des französischen Verfassungsrates, 1962–1969 Ministerpräsident, 1969–1974 französischer Staatspräsident 113, 384, 396, 432

**Ponomarjow, Boris N.** (1905–1995), sowjetischer Politiker, 1961–1986 Sekretär des ZK der KPdSU, 1972–1986 Kandidat des Politbüros, 1955–1986 Leiter des Internationalen Abteilung des ZK 235, 319, 334 f.

**Ponto, Jürgen** (1923–1977), Bankier, Sprecher des Vorstandes der Dresdner Bank AG, 1977 Opfer eines terroristischen Anschlags 415

**Portillo y Pacheco, José Lopez** (geb. 1920), mexikanischer Politiker, 1971 Finanzminister, 1976–1982 Präsident 431

**Raspe, Jan-Carl** (1944–1977), Mitglied der Kommune II in Berlin und der RAF, 1977 wegen mehrfachen Mordes zu lebenslanger Freiheitsstrafe verurteilt, 1977 Selbstmord 415

**Reagan, Ronald W.** (geb. 1911), Filmschauspieler und amerikanischer Politiker (Republikaner), 1967–1975 Gouverneur von Kalifornien, 1981–1989 40. Präsident der USA 38, 61 f., 65 f., 74, 289 f., 312, 335, 367, 407, 429 ff., 434, 437 ff., 442–447

**Rosen, Klaus Henning** (geb. 1938), 1976–1989 Leiter des persönlichen Büros von Willy Brandt, 1984–1989 Mitarbeiter der SPD-Bundestagsfraktion, seit 1991 im Bundesministerium des Innern 441

**Rudenko, Nikolaj Danilovi** (geb. 1920), ukrainischer Lyriker und Menschenrechtler, 1976 Mitbegründer der Bürgerrechtsvereinigung „Helsinki Watch Group" in Moskau, 1977 Verhaftung, Verurteilung zu Arbeitslager und anschließender Verbannung, 1987 Ausreise in die USA 392

**Ruffini, Attilo** (geb. 1924), italienischer Politiker, seit 1945 Mitglied der DC, 1976–1977 Verkehrsminister, 1977–1980 Verteidigungsminister, 1980 Außenminister 426

**Sacharow, Andrej D.** (1921–1989), sowjetischer Atomphysiker und Bürgerrechtler, 1970 Gründung des Komitees für die Verwirklichung der Menschenrechte in der UdSSR, 1975 Friedensnobelpreis, 1980–1986 Verbannung, ab April 1989 Abgeordneter im Kongress der Volksdeputierten 72, 392, 412, 414, 440

**Sadat, Mohammed Anwar as-** (1918–1981), ägyptischer Politiker, 1970–1981 Staatspräsident, 1977 Reise nach Israel und Aufnahme von Friedensverhandlungen, 1978 Friedensnobelpreis 260, 424

**Salazar, António de Oliveira** (1889–1970), portugiesischer Politiker, 1932–1968 Ministerpräsident 396

**Scheel, Walter** (geb. 1919), 1946 Eintritt in die FDP, 1953–1974 MdB (FDP), 1956–1974 Mitglied des FDP-Bundesvorstandes, 1961–1966 Bundesminister für wirtschaftliche Zusammenarbeit, 1967–1969 Vizepräsident des Bundestags, 1968–1974 FDP-Bundesvorsitzender, 1969–1974 Bundesminister des Auswärtigen und Vizekanzler, 1974–1979 Bundespräsident, seit 1979 Ehrenvorsitzender der FDP 21, 29, 141, 179, 280, 394, 398, 405

**Schiwkow, Todor** (1911–1998), bulgarischer Politiker (Kommunist), im Zweiten Weltkrieg führendes Mitglied der Partisanenbewegung, 1950–1954 Sekretär des ZK der bulgarischen KP, 1951–1989 Vollmitglied des Politbüros, 1954–1998 Erster Sekretär des ZK, 1962–71 Ministerpräsident, 1971–1989 Vorsitzender des Staatsrates, 1989 gestürzt 26, 237 f., 240, 419

**Schleyer, Hanns Martin** (1915–1977), 1973–1977 Präsident der Bundesvereinigung der deutschen Arbeitgeberverbände, 1977 Präsident des Bundesverbandes der deutschen Industrie, 1977 von Terroristen entführt und ermordet 415

**Schmidt, Helmut** (geb. 1918), seit 1946 Mitglied der SPD, 1953–1962 und 1965–1987 MdB (SPD), 1961–1965 Innensenator von Hamburg, 1965–1967 stellv., 1967–1969 Vorsitzender der SPD-Bundestagsfraktion, 1968–1984 stellv. Vorsitzender der SPD, 1969–1972 Bundesminister der Verteidigung, Juli-Dezember 1972 Bundesminister für Wirtschaft und Finanzen, 1972–1974 Bundesminister der Finanzen, 1974–1982 Bundeskanzler, seit 1983 Mitherausgeber der Wochenzeitung *DIE ZEIT* 16 f., 19, 24, 29 f., 32, 34–37, 41–50, 52 f., 55 f., 58–60, 62–71, 75, 88 ff., 114 f., 135, 138 f., 141, 145, 147, 149, 180, 196, 203, 208 f., 216 f., 227, 254, 256, 261, 264 f., 267, 283, 308, 311 ff., 316, 318, 320, 322 f., 328, 331, 334, 336, 371, 377 ff., 387, 390, 393, 397, 401, 403, 411, 416 ff., 423, 425, 427 ff., 432, 434 ff., 440, 447 f.

**Schröder, Gerhard** (1910–1989), 1949–1980 MdB (CDU), 1953–1961 Innenminister, 1961–1966 Außenminister, 1966–1969 Bundesminister der Verteidigung, 1967–1973 stellv. Bundesvorsitzender der CDU, 1969–1980 Vorsitzender des Auswärtigen Ausschusses des Bundestags   423

**Schuman, Robert** (1886–1963), französischer Politiker, 1946–1962 Mitglied der Französischen Nationalversammlung (MRP), 1946–1947 Finanzminister, 1947–1948 Ministerpräsident, 1948–1953 Außenminister, 1955–1956 Justizminister   396, 425

**Schütz, Klaus** (geb. 1926), 1946 Eintritt in die SPD, 1954–1957 und 1963–1977 Mitglied des Berliner Abgeordnetenhauses, 1957–1962 MdB (SPD), 1961–1966 Berliner Senator für Bundesangelegenheiten und Post- und Fernmeldewesen, 1966–1967 Staatssekretär im Auswärtigen Amt, 1967–1977 Regierender Bürgermeister von Berlin, 1968–1977 SPD-Landesvorsitzender in Berlin, 1977–1981 Botschafter in Israel, 1981–1987 Intendant der *Deutschen Welle*   141, 146, 398, 402

**Semjonow, Wladimir S.** (1911–1992), sowjetischer Diplomat und Politiker, 1949–1953 Berater der sowjetischen Kontrollkommission in der DDR, 1953–1954 Hochkommissar und Botschafter in Ost-Berlin, 1955 stellv. Außenminister, 1961–1963 Mitglied der sowjetischen UN-Delegation, 1969 Leiter der sowjetischen Delegation bei den SALT-Verhandlungen, 1978–1986 sowjetischer Botschafter in Bonn   62, 300–304, 326, 379 ff., 432 f., 447

**Sindermann, Horst** (1915–1990), 1967–1989 Vollmitglied des Politbüros der SED, 1971–1973 Erster stellv. Ministerpräsident, 1973–1976 Ministerpräsident, 1976–1989 Präsident der Volkskammer der DDR   95, 162

**Soares, Mário** (geb. 1924), portugiesischer Politiker, 1973–1985 Generalsekretär der Sozialistischen Partei Portugals, 1974–1975 Außenminister, 1976–1978 und 1983–1985 Ministerpräsident, 1986–1996 Staatspräsident   35, 158

**Sorsa, Kalevi** (geb. 1930), finnischer Politiker, 1969–1975 Generalsekretär, 1975–1987 Vorsitzender der Sozialdemokratischen Partei Finnlands, 1972, 1975–1976 und 1987–1989 Außenminister, 1975–1976 stellv. Ministerpräsident, 1972–1975, 1977–1979 und 1982–1987 Ministerpräsident Finnlands   287, 325

**Springer, Axel C.** (1912–1985), Journalist und Verleger, Gründer des Axel-Springer-Verlages → Springer-Konzern

**Stalin, Jossif Wissarionowitsch** (1879–1953), sowjetischer Politiker, ab 1898 Sozialdemokrat, ab 1903 Bolschewist, 1912 Aufnahme in das ZK der Partei, 1922–1953 Generalsekretär der KPdSU, 1941–1953 Vorsitzender des Rates der Volkskommissare bzw. des sowjetischen Ministerrates   386, 431

**Stoph, Willi** (1914–1999), Politiker der DDR, 1931 Eintritt in die KPD, 1950 Mitglied des ZK der SED, 1952–1955 Minister des Inneren, 1956–1960 Minister für nationale Verteidigung im Generalsrang, 1964–1973 und 1976–1989 Vorsitzender des Ministerrats der DDR, 1973–1976 Vorsitzender des Staatsrates   95, 151, 403, 413, 443

**Strauß, Franz Josef** (1915–1988), 1945 Mitbegründer der CSU, 1949–1978 MdB

(CSU), 1949–1952 Generalsekretär, 1952–1961 stellv. Vorsitzender, 1961–1988 Vorsitzender der CSU, 1963–1966 Vorsitzender der Bundestagsfraktion von CDU/CSU, 1953–1955 Bundesminister für Sonderaufgaben, 1955–1956 Bundesminister für Atomfragen, 1956–1962 Bundesminister der Verteidigung, 1966–1969 Bundesminister der Finanzen, 1978–1988 bayerischer Ministerpräsident, 1980 Kanzlerkandidat der Unionsparteien  52, 58, 60, 142, 180, 211, 245, 258, 414, 416, 420, 423, 427

**Stücklen, Richard** (1916–2002), 1945 Mitbegründer der CSU, 1949–1990 MdB (CSU), 1957–1966 Bundesminister für das Post- und Fernmeldewesen, 1953–1957 und 1967–1976 stellv. Vorsitzender der CDU/CSU-Fraktion im Bundestag, 1979–1983 Präsident des Bundestags  70

**Teltschik, Horst** (geb. 1940), Wirtschaftsmanager und Politiker, enger Mitarbeiter und außenpolitischer Berater → Helmut Kohls, 1982–1990 Abteilungsleiter im Bundeskanzleramt, 1989 Sonderbeauftragter für die Verhandlungen mit Polen  447

**Thatcher, Margaret** (geb. 1925), britische Politikerin, 1959–1992 Mitglied des Unterhauses (Konservative Partei), 1970–1974 Ministerin für Erziehung und Wissenschaft, 1975–1991 Vorsitzende der Konservativen Partei Großbritanniens, 1979–1990 Premierministerin  37

**Tito**, eigentlich **Josip Broz** (1892–1980), 1938–1966 Generalsekretär, ab 1966 Präsident der KPJ, 1945–1953 Ministerpräsident, 1947/1948 Bruch mit Stalin, 1953–1980 Staatspräsident Jugoslawiens  40, 65, 75, 133, 185, 195, 218, 394, 401

**Ussytschenko, Leonid Gregorjewitsch** (es konnten keine biographischen Angaben ermittelt werden)  432

**Vance, Cyrus R.** (1917–2002), amerikanischer Politiker, 1962–1964 Heeresminister, 1964–1967 stellv. Verteidigungsminister, 1977–1980 Außenminister  411

**Vogel, Hans-Jochen** (geb. 1926), 1950 Eintritt in die SPD, 1960–1972 Oberbürgermeister von München, 1972–1977 Landesvorsitzender der SPD in Bayern, 1972–1994 MdB (SPD), 1972–1974 Bundesminister für Städtebau, Raumordnung und Bauwesen, 1974–1981 Bundesminister der Justiz, Januar–Juni 1981 Regierender Bürgermeister von Berlin, 1983 Kanzlerkandidat der SPD, 1983–1991 Fraktionsvorsitzender der SPD im Bundestag, 1984–1987 stellv. Vorsitzender, 1987–1991 Vorsitzender der SPD  75

**Waldheim, Kurt** (geb. 1918), österreichischer Diplomat und Politiker, 1955–1956 Ständiger Beobachter, 1964–1968 und 1970–1971 Ständiger Vertreter Österreichs bei der UNO, 1968–1970 Außenminister, 1972–1982 Generalsekretär der UNO, 1986–1992 Bundespräsident Österreichs  57

**Wałęsa, Leszek** (Lech) (geb. 1943), Elektromonteur und polnischer Gewerkschafter, erstmals 1970, dann 1980 Streikführer der Werftarbeiter in der Danziger Bucht und Vorsitzender der Gewerkschaft Solidarnosc, 1981–1982 in Haft, 1983 Friedensnobelpreis, 1990–1996 Staatspräsident  66, 72, 443

**Watanabe, Takeshi** (geb. 1906), japanischer Wirtschaftsexperte, 1966–1972 Präsident der Asiatischen Entwicklungsbank, ab 1973 Berater der Bank of Tokyo 239, 419

**Wehner, Herbert** (1906–1990), 1927–1942 Mitglied der KPD, 1946 Eintritt in die SPD, 1949–1983 MdB (SPD), 1958–1973 stellv. Vorsitzender der SPD, 1966–1969 Bundesminister für gesamtdeutsche Fragen, 1969–1983 Vorsitzender der SPD-Bundestagsfraktion 24, 30, 43, 49 f., 267, 397

**Weinberger, Caspar W.** (geb. 1917), amerikanischer Politiker (Republikaner), 1973–1975 Minister für Gesundheit, Erziehung und Soziales, 1981–1987 Verteidigungsminister der USA 434, 446

**Weizsäcker, Carl Friedrich von** (geb. 1912), Physiker und Philosoph, 1957–1969 Professor für Philosophie an der Universität Hamburg, 1963 Friedenspreis des Deutschen Buchhandels, 1969–1980 Direktor des Max-Planck-Instituts zur Erforschung der Lebensbedingungen der wissenschaftlich-technischen Welt in Starnberg 314

**Wilson, Harold** (1916–1995), britischer Politiker, 1945–1983 Mitglied des Unterhauses (Labour Party), 1947–1951 Handelsminister, 1964–1970 und 1974–1976 Premierminister 432

**Windelen, Heinrich** (geb. 1921), 1957–1990 MdB (CDU), 1969–1980 stellv. Fraktionsvorsitzender, 1969 Bundesvertriebenenminister, 1981–1983 Bundestagsvizepräsident, 1983–1987 Bundesminister für Innerdeutsche Beziehungen 416

**Winterstein, Veronika** (geb. 1939), Dolmetscherin, seit 1969 Mitglied der SPD, 1976–1989 Kreistagsabgeordnete der SPD im Main-Taunus-Kreis, seit 1982 MdL (SPD) in Hessen, seit 1995 Vizepräsidentin des Hessischen Landtags 225 f.

**Wischnewski, Hans-Jürgen** (geb. 1922), 1946 Eintritt in die SPD, 1957–1990 MdB (SPD), 1966–1968 Bundesminister für wirtschaftliche Zusammenarbeit, 1968–1972 SPD-Bundesgeschäftsführer, 1970–1985 Mitglied des SPD-PV und des Präsidiums, 1974–1976 Staatsminister im Auswärtigen Amt, 1976–1979 und 1982 Staatsminister im Bundeskanzleramt, 1979–1982 stellv. SPD-Vorsitzender, 1980–1983 stellv. Fraktionsvorsitzender im Bundestag 50, 224, 305, 319, 326, 328, 416, 433

**Zimmermann, Friedrich** (1925–2001), 1955–1965 Generalsekretär der CSU, 1957–1990 MdB (CSU), 1965–1972 Vorsitzender des Verteidigungsausschusses, 1976–1983 erster stellv. Vorsitzender der CDU/CSU-Fraktion, 1982–1989 Bundesminister des Innern, 1989–1991 Bundesverkehrsminister 419

# Sachregister

Abkommen und Verträge:
— Ägyptisch-israelischer Friedensvertrag, 26. März 1979   429
— Ägyptisch-sowjetischer Freundschaftsvertrag, 27. Mai 1971   424
— Assoziationsvertrag zwischen der EWG und Griechenland, 9. Juli 1961   111
— Atomarer Nichtverbreitungsvertrag, 1. Juli 1968   21
— Bilaterale Abkommen (Entwurf) über wissenschaftlich-technische Kooperation, Rechtshilfe und Kulturaustausch zwischen der Bundesrepublik Deutschland und der Sowjetunion, 1974   34
— Deutsch-französischer Freundschaftsvertrag, 22. Januar 1963   113
— EVG-Vertrag, 27. Mai 1952   395
— Grundlagenvertrag, 21. Dezember 1972   20, 23 f., 41, 382, 397, 420
— Handelsabkommen zwischen den USA und der Sowjetunion, 26. Mai 1972   21
— „Hitler-Stalin-Pakt", deutsch-sowjetischer Nichtangriffspakt, 23. August 1939   431
— Indisch-sowjetischer Freundschaftsvertrag, 9. August 1971   259
— Kooperationsvertrag (Entwurf), wirtschaftlicher, zwischen der Bundesrepublik Deutschland und der Sowjetunion, 1974   34
— KSZE-Schlussakte, 1. August 1975   25 f., 201, 241, 280, 301, 353, 387, 395, 420
— Lomé-Abkommen zwischen der EU- und den AKP-Staaten (AKP-Abkommen), 25. Februar 1975   123
— Moskauer Vertrag, 12. August 1970   33, 59, 72, 134, 139, 397 f., 400
— Österreichischer Staatsvertrag, 15. Mai 1955   443
— Ostverträge, *siehe auch: Abkommen und Verträge: Grundlagenvertrag, Moskauer Vertrag, Prager Vertrag, Warschauer Vertrag*   72, 130 f., 245, 266, 355
— Polen-Verträge, 9./10. Oktober 1975   180
— Prager Vertrag, 11. Dezember 1973   20, 72, 382, 397, 405, 420
— Römische Verträge, 25. März 1957   104, 396
— SALT I-Vertrag, 26. Mai 1972   22, 150, 284, 323, 397
— SALT II-Vertrag, 18. Juni 1979   51, 55, 133, 223, 247, 249, 251, 277, 283 f., 288 f., 301, 315, 333, 387, 425
— Viermächte-Abkommen zwischen Frankreich, Großbritannien, den Vereinigten Staaten von Amerika und der Sowjetunion über Berlin (Berlin-Abkommen) 3. September 1971   20, 34, 41, 72, 95, 117 – 119, 121, 130 f., 135, 141, 144, 154, 157, 162, 164, 174, 176, 187 f., 191, 224, 245, 328, 397 f., 400 ff.
— Warschauer Vertrag, 7. Dezember 1970   66, 72, 147, 165, 173, 297, 382, 397, 405, 408
— Young-Plan, 7. Juni 1929   440
Abrüstung   26, 35 f., 42, 46, 48, 58, 61, 68, 203, 214, 230, 250, 262, 271 f., 279, 284, 295, 358 f., 361, 366 f., 371
Afghanistan   54 – 58, 65, 72 f., 254, 256 – 259, 261 ff., 295, 358 f., 361, 366 f., 371, 422 – 426
Afrika   197, 238
Agrarmarkt   289
Ägypten   22, 398
„Aktive Friedenspolitik", *siehe auch: Ostpolitik*
Albanien   161, 207, 245
Algerien   220

Alleinvertretungsanspruch, *siehe auch: Hallstein-Doktrin*
Andernach 342
Angola 23
Anti-Atomtod-Kampagne, in der Bundesrepublik Deutschland 45
Anti-Raketenbewegung, *siehe auch: Friedensbewegung*
Arbeiterbewegung 193, 199, 212, 214
Arbeitslosigkeit 29, 97, 101, 105
Asien 238 f., 282
Athen 159
Äthiopien 23
Atlanta 401
„Atlantiker", *siehe auch: „Gaullisten"* 257, 423
Atomares Gleichgewicht/Atomares Patt 310
Atom-/Kernenergie 313
Atom-/Kernwaffenfreie Zone 357, 430
Atomkraftwerk 142 f., 391, 402
Atomkrieg 45, 171, 310, 325
Atomstromverbund zwischen der BRD und der Sowjetunion 34
Atomstreitkräfte 26
Atom- und Aufrüstungsproteste 53
Aufklärungssatelliten 26
Aufrüstung 22 f., 62 f.
Auschwitz 400
Außenpolitik 74, 92, 143, 379
— Amerikanische, *siehe auch: Beziehungen* 39
— Deutsche, *siehe auch: Beziehungen* 62, 71, 179, 208, 267
— SPD, *siehe auch: Sozialdemokratische Partei Deutschlands (SPD)* 288
Auswärtiges Amt 39, 361

Baden-Württemberg 52, 265, 267, 311
Baku 379
Beistandsgarantie, amerikanische (gegenüber der Bundesrepublik) 29
Belgien 396
Belgrad 65, 159, 173, 201, 209, 212

Benelux-Staaten 108, 396
Bericht zur Lage der Nation 1970 355
Berlin, *siehe auch: Abkommen und Verträge* 34, 41, 55, 71, 118, 131, 143
— Berliner Mauer 40, 118, 186 f., 404, 409
— Berlinfrage 41, 145, 153
— Berlin-Klausel 153
— Berlin-Krise 1958/59 404
— Berlinpolitik 117
— West 117, 119, 141, 144 f., 164, 169, 174, 176, 187 f., 199, 398, 400–402, 405, 409
Berlin (Ost), *siehe auch: Deutsche Demokratische Republik* 21, 24, 28, 115, 163, 188, 241, 265, 291
Besatzungszonen 399
Beschäftigungspolitik 318
Beziehungen
— Amerikanisch-sowjetische 41, 271, 389, 398
— Bilaterale, zwischen der Bundesrepublik und der Sowjetunion 401
— Deutsch-amerikanische 308 f.
— Deutsch-deutsche 25, 27, 41, 71, 121, 129, 147, 163, 225, 397, 447
— Deutsch-polnische 35, 90, 147
— Deutsch-sowjetische 34, 132, 135, 140, 153, 173, 302
— Diplomatische, zwischen den USA und der DDR 23
— Internationale 27
Bielefelder Appell, Dezember 1980 64
Bilateralismus 22, 198, 216, 228, 234, 338
Blockfreiheit 197, 221
B'nai B'rith-Loge 341, 440
Bochum 298, 431
Bonn 21, 23, 28, 32, 36, 39, 41, 45, 49, 57, 59–62, 69 f., 75, 111, 115, 118, 170, 204, 228, 248, 255, 375, 382
Brahmsee 44
Brasilien 42
„Breschnew-Doktrin" 406, 419
Breslauer Friedhof 182, 408

„brinkmanship", *siehe auch: Beziehungen: amerikanisch-sowjetische* 40
Brüssel 60, 104, 342
Bukarest 237–240, 422
Bulgarien 237
Bundeshaushalt 1983 68
Bundeskanzler 11, 15 ff., 24, 26 f., 29, 32 f., 41, 44–49, 52, 54, 56, 58, 60 f., 63 f., 68 ff., 88, 90 f., 93, 105 f., 115, 130, 135, 141, 143, 145, 147, 151 f., 159, 162, 196, 226, 248, 266, 309, 317, 347 f., 356, 371, 378, 383
— Kanzleramt 15, 17–19, 29, 50
— Kanzlerhaushalt 15
— Kanzlerschaft 16 f., 39, 91, 124
— Regierungserklärung
  1969 91, 394, 400
  1973 91, 393
  1980 60
Bundesmarine 313
Bundespräsident 16, 394
— Wahlen 93
Bundesrat 180 f.
Bundesregierung 24, 28, 34 ff., 42–45, 49, 51, 55 f., 58, 61 f., 67, 89 f., 119, 124, 130 f., 139, 146, 162, 179, 217, 226 f., 250, 293, 338, 394, 406 f.
Bundesrepublik Deutschland 11, 16, 20, 29, 35, 43 ff., 49 f., 53, 57, 70 f., 90, 92, 96 f., 100, 103, 108 f., 113, 118, 120, 122, 126, 128, 137, 139, 144, 146, 156, 159, 166, 168, 171, 173, 182, 187, 189, 194, 200, 202 f., 208, 212, 215, 223, 228, 244 f., 250, 254, 256, 264, 276, 286, 396, 407, 410
Bundessicherheitsrat 44, 421
Bundestag, *siehe Deutscher Bundestag*
Bundestagswahlkampf 1980 52, 58 f., 430
Bundeswehr 143 f.
Bündnissysteme 338, 355
Bündniszugehörigkeiten 337
Bürgerrechte 208

Cancún 322, 340

Caracas 408
„Carter-Doktrin", *siehe auch: Beziehungen: amerikanisch-sowjetische* 55
CDU/CSU 39, 50, 69, 142, 158, 166, 181, 265
— Bundestagsfraktion 52, 420
Chemiebetriebe 142
China 63, 214, 274, 303, 347, 406 f.
Chinapolitik
— amerikanische 322
— der Bundesrepublik Deutschland 325
Christdemokraten, *siehe auch: CDU/CSU*
Christentum 262
Colombo 185 f., 196, 409
Comecon-Staaten 73, 220
Cruise Missiles, *siehe Waffen*
ČSSR 126, 210, 241 ff., 399
— August 1968 206, 241
— „Charta 77" 42, 209, 413
— Prager Frühling 1968 21, 241 f., 412 f., 443
— Prager Reformer 241

Dakar 236, 418
Dänemark 396, 399
Danzig 59
Demokratie 42, 88, 92, 110, 191, 243, 354
Demokratisierung 241, 419
Deutsch-deutscher Dialog 41
Deutsche Demokratische Republik (DDR), *siehe auch: Abkommen und Verträge, Berlin, Deutsch-deutscher Dialog, Warschauer Pakt* 23 f., 28, 35, 50, 59 ff., 65 ff., 92, 117, 143, 152, 156, 188, 224, 298, 359, 398
— Abgrenzungsoffensive 23
— Abgrenzungspolitik 296, 420
— Abkapselung 290
— Anerkennung der Staatsbürgerschaft 21, 60, 293
— Aufstand vom 17. Juni 1953 242, 404
— Faktische Anerkennung 400
— Führung 23 f., 41, 60, 115, 199, 223, 244, 398, 402, 404, 411, 420

— Ständige Vertretung der Bundesrepublik Deutschland in Ostberlin 60, 290, 292
Deutsche Einheit 21 f., 71, 96
Deutsche Frage 15, 20, 72
Deutscher Bundestag 11, 19, 55, 70, 117 f., 166, 208, 227, 322, 379, 383, 404
Deutscher Evangelischer Kirchentag Juni 1981 in Hamburg 62
Deutscher Städtetag 164, 169, 405
Deutsche Sicherheits- und Friedenspolitik 440
Deutsche Teilung 40
Deutsch-französisches Verhältnis 112
Deutschland 20 f., 98, 100, 107, 262, 298, 355
Deutschlandpolitik, siehe auch: Abkommen und Verträge, Berlin, Sowjetunion, Deutsche Teilung, Deutsche Einheit, Wiedervereinigung 24, 40, 61, 74, 224 f., 291, 293, 416
Deutsch-sowjetisches Verhältnis 27, 230 ff.
Diplomatie 35
Dissidenten 25, 73, 210
Dritte Welt 11, 23, 28, 42, 123, 179, 200, 251, 314, 424

Einkommensentwicklung 102
Eisenach 399
Eisenbahnlinien 291
„Eiserner Vorhang" 28
Elbgrenze 60
Energie 101, 114, 182
Entspannung 15, 20 – 24, 26 ff., 33, 35 – 40, 42, 45, 47 ff., 53, 56 – 59, 63 f., 66, 71, 73, 89, 99, 103, 116, 120 ff., 124, 128, 130, 132, 135 f., 138, 140, 155, 172, 175 – 181, 191 f., 196, 198 f., 202 ff., 206, 208, 210, 213 f., 216 f., 219, 222, 232, 234 f., 237, 243, 252, 254, 257 f., 261, 264, 270, 272 ff., 284, 295, 299, 305, 319, 322, 327, 358 f., 361 f., 372, 374, 407 f., 410

Entwicklungspolitik 20 ff., 24 – 27, 43, 73 f., 92, 160, 222, 224, 399
Erdgas-Röhren-Geschäft 322
Erdöl 100 ff.
Erfurt 206
Erklärung zur Lage der Nation 1975 115
Eurokommunismus 242, 419
Europa 25 f., 42, 48, 51, 54, 69, 71 f., 74, 89 f., 92, 98, 100, 106, 120 ff., 124 f., 127 ff., 133, 135, 138, 148, 150, 160 f., 163, 173 f., 189, 193 ff., 208, 212, 219, 224, 228, 230 f., 250, 260, 276, 282, 292, 300, 303, 314, 321, 333, 342, 352, 355 f., 359 f., 392
— Europäisch-arabischer Dialog 109, 122
— Europäische Atomgemeinschaft 396
— Europäische Aufgabe 89
— Europäische Einigung 89, 93, 96, 98 f., 125
— Europäische Integration 99, 104
Europäische Gemeinschaft, siehe auch: Abkommen und Verträge, Westintegration (EG) 94, 99 f., 103 f., 107 f., 110, 112, 121, 123, 128, 148, 191, 219, 255, 288, 357, 395 f., 399
— Europäische Interessen 349
— Europäische Sicherheit 140
— Europäisches Parlament 49, 111 f.
— Europäische Wirtschaftsgemeinschaft (EWG) 122, 396
— Notprogramm für die Europäische Gemeinschaft 104, 111
Euro-strategische Waffen, siehe Waffen
Eurozentrismus 221
Evangelische Kirche 348
Extremismus, politischer 103

„Fahrstuhlfahrt", siehe auch: SALT II 52
Familienzusammenführung 23, 35, 41, 141, 266
Fernsehen und Rundfunk
— Deutsche Welle 237
— Hessischer Rundfunk 155
— „Kennzeichen D" 160, 188

— Sender Freies Berlin 117
— Süddeutscher Rundfunk 115
— Zweites Deutsches Fernsehen 160
Finanzkrise 29
Finanzpolitik 44, 64
Finnland 441
„Finnlandisierung" 340, 349, 441
„First Strike" 303
Flugzeuge 369
Flugzeugsysteme 373
Flugzeugträger 369, 402
Formelkompromisse 301, 309, 364
Forward Based Systems (FBS), *siehe Waffen*
Frankreich 63, 98 ff., 108, 112, 156, 235, 262, 288, 357, 395 f.
— „Politik des leeren Stuhls" 396
Freie Demokratische Partei (FDP) 60, 64, 69 f., 88, 143, 218, 308
Freiheit 11, 18, 38, 59, 72 f., 89, 110, 191, 212, 354, 389
Freilassung politischer Gefangener, in der Volksrepublik Polen 351
Frieden 11, 20, 35 f., 42, 59, 66, 71 f., 74, 89, 92, 115, 121 f., 128, 134, 140, 171, 187, 191 f., 194 f., 198, 202 f., 205 f., 212, 214, 216, 227, 231, 242, 267, 271, 284, 300, 322, 341, 356, 359, 384, 389
— „Frieden durch Stärke" 38, 61, 178
Friedensbewegung 53, 343, 348, 441
— amerikanische 376 f.
— Demonstration der deutschen Friedensbewegung Bonn 1981 64, 348, 441
Friedensfestigung 244
Friedensnobelpreis 19, 45, 206, 226, 393, 406
Friedensordnung 20
Friedenspolitik, aktive, *siehe auch: Ostpolitik* 53, 97, 120 f., 207, 222, 231 f., 245, 308
Friedenssicherung 38, 96, 125, 127, 152, 175, 180, 222, 230, 234, 383
Friedrich-Ebert-Stiftung 12, 75 f., 186, 325, 409

„Frost-Periode", *siehe auch: Beziehungen: Amerikanisch-sowjetische* 302

„Gaullisten", *siehe auch: „Atlantiker"*
Gefechtsfeldwaffen, *siehe Waffen*
„Gegenseitige Verringerung von Truppen und Rüstungen", *siehe auch: Konferenzen und Verhandlungen, MBFR-Verhandlungen in Wien* 26
Genf 59, 65, 132, 143, 210 f., 366, 395, 399
Genfer See 69
Gerechtigkeit 11, 18, 89, 91
„German nationalism" 354
Geschichtsunterricht 300
Gewaltpotenzial 348
Gewaltverzicht 20, 71, 120, 122, 209
Gewerkschaft 394
— IG Metall 394
— ÖTV 394
Gewerkschaftsrechte 351
Gipfeltreffen 436 f., 439
Gleichgewicht 26, 46, 53, 103, 126, 244, 249, 279, 328, 345
Gleichheit 25, 47, 284, 288
Godesberger Programm, *siehe auch: Sozialdemokratische Partei Deutschlands (SPD)* 95 f., 114, 357, 395
Golfkrieg, Erster (1980–1988) 429
Golfregion 55
Grauzonenwaffen, *siehe Waffen*
Griechenland 110 f., 396
Großbritannien 108 f., 396, 399
Große Koalition 20, 179
Großmächte 317, 327, 358
Grundfreiheiten 25, 404, 412
Grundgesetz 353 f.
Grüne 54, 60, 267, 425
„Gruppe der 77" 220, 415
Guadeloupe 48 ff., 436
Guillaume-Affäre 24
Güstrow 66

Hallstein-Doktrin, *siehe auch: Alleinvertretungsanspruch* 21, 407
Hamburg
— Bürgerschaftswahlen 1978 69, 182
Handel 144, 174, 288
Handelsbeziehungen 22, 142, 153, 400
Harmel-Bericht, *siehe auch: NATO* 205, 361, 407
Hegemonialansprüche 185
Hegemonialmacht 20, 37, 365
Heiliger Stuhl 404
Helmstedt 399
Helsinki 25 f., 37 f., 41, 132, 144 f., 147 ff., 155, 160–164, 168, 171 ff., 202, 207, 209, 213, 228, 304
Hof 399
Holocaust 20
Humanismus 262
Humanitäre Erleichterungen 343
Hunger 210
Hyères 49

Indien 186, 220, 409, 424
Industrieländer 101 f., 110, 112, 123, 126, 169, 176
Inflation 29, 64, 97, 101, 105
Informationsaustausch 23, 159
Infrastrukturvorhaben 182
Innenpolitik 140
Innerdeutsche Beziehungen, *siehe Alleinvertretungsanspruch, Berlin, Beziehungen: Deutsch-deutsche, Deutsche Demokratische Republik (DDR), Deutschlandpolitik, Hallstein-Doktrin*
Interkontinentalraketen, *siehe Waffen*
Internationale Beziehungen 15, 217
Internationale Lage 426
Interventionismus 185
Irak 429
Iran 254, 422
Irland 396, 399
Israel 22, 398

— israelisch-syrischer Konflikt 1981 310, 434
Italien 109, 150, 211, 396

„Jackson-Vanik-Amendment", *siehe Beziehungen: amerikanisch-sowjetische* 22
Japan 112, 303
Jugoslawien 219
„Jupiter"-Raketen, *siehe Waffen*

Kaiserreich, Deutsches 88, 353
Kalifornien 333, 335, 339
Kalter Krieg 21, 27, 38, 48, 56, 72, 120, 160, 171, 180, 205 f., 221, 230, 254, 271, 278, 337, 358
Kambodscha 33
Kanada 25, 112, 160 ff., 207
Kapitalismus 22, 28
Katholische Kirche 352
Kenia 260
Kiel 402
Koblenz 342
Koexistenz
— friedliche 199
Köln 417
Kolonialismus 194, 340
Kommunikation 182
Kommunismus 66, 208
Kommunisten 48, 184, 192 ff., 199, 203, 235
— chinesische 31
— französische 335, 339
— italienische 150, 184, 408, 419
Konferenzen und Verhandlungen
— Abrüstungskonferenz der Sozialistischen Internationale (SI) in Helsinki, 24. bis 26. April 1978 391, 418
— Gipfelkonferenz der blockfreien Staaten in Colombo, 16. bis 19. August 1976 185, 409
— INF-Verhandlungen zwischen den USA und der Sowjetunion in Genf, 30. November 1981 bis 23. November 1983

und 12. März 1985 bis 8. Dezember 1987   63, 69, 381, 444
— Konferenz der kommunistischen Parteien West- und Osteuropas in Ost-Berlin am 29./30. Juni 1976   408
— Konferenz der Nichtkernwaffenstaaten in Genf, 29. August bis 28. September 1968   206
— Konferenz der sozialdemokratischen Parteiführer und Regierungschefs Westeuropas in Amsterdam, 16./17. April 1977   196, 411
— Konferenz europäischer und lateinamerikanischer sozialdemokratischer Parteien in Caracas, 22. bis 24. Mai 1976   184, 408
— Konferenz führender Vertreter der SI-Mitgliedsparteien in Tokio, 17. bis 19. Dezember 1977   412
— Konferenz für Welthandel und Entwicklung (UNCTAD IV) vom 5. bis 30. Mai 1976 in Nairobi 1976   285, 409
— Konferenz über Internationale Wirtschaftliche Zusammenarbeit (KIWZ), Pariser Eröffnungstagung, 16. bis 18. Dezember 1975   411
— KSZE in Helsinki, 3. Juli 1973 bis 1. August 1975   26, 34 f., 41, 94, 121, 129, 150, 172, 230, 245, 294, 312, 363 f., 395, 399, 403
— KSZE-Folgekonferenz in Belgrad, 4. Oktober 1977 bis 9. März 1978   61, 182, 196, 198, 203, 207, 214, 219, 237, 244, 406
— KSZE-Folgekonferenz in Madrid, 11. November 1980 bis 9. September 1983   61, 259, 277, 280, 387, 432
— MBFR-Verhandlungen in Wien, 30. Oktober 1974 bis 2. Februar 1989   26, 35, 37 f., 46, 61, 72, 126, 132 f., 149 f., 172 f., 182, 194, 214, 217, 235, 253, 270, 276, 288, 294, 312, 318, 329, 387, 395, 399, 401, 410, 418, 422
— START-Verhandlungen in Genf, 29. Juni 1981 bis 31. Juni 1991 (mit Unterbrechungen)   367, 369, 372 f., 377, 381, 444
Königsberg   402
Konstruktives Misstrauensvotum, *siehe auch: Deutscher Bundestag*   69 f., 402, 447 f.
Kontinentale Friedensordnung   20
Konzentrationslager   68, 127
Kooperationsprojekte, deutsch-sowjetische
— Technik   34
— Wirtschaft   142, 144
— Wissenschaft   39
Kräftebalance   174, 282
Kraftwerksbau   402
„Krefelder Appell", 16. November 1980   64
Kriegsgefahr   314
Kriegsrecht   65, 67, 351, 366, 443
Krim   301, 311, 321
Krisenjahrzehnt   15
Krisenmanagement   43, 55, 98, 104 f.
Kuba-Krise   21, 255, 260, 423, 438
Kubanische Invasionstruppen   23
Kultureller Austausch   34, 141, 172, 174, 229, 297, 400
Kursk, Hüttenkombinat   142
Kurzstreckenwaffen, *siehe Waffen*

Lateinamerika   148, 408, 441
Legitimität   25
Leningrad   130, 330
Liberalismus   88
Lissabon   250
London   37, 46, 63
Lübeck   399
Lublin   298, 431
Luxemburg   396

Madrid   214, 216, 237, 256, 303 f., 324
Malta   404
Manila   239
Marktwirtschaft   64
Marschflugkörper, *siehe Waffen, Cruise Missiles*

Marshallplan 296, 430
Mehrfachsprengköpfe, siehe Waffen
Meistbegünstigungsklausel 22
Menschenrechte 25, 38, 42, 73, 204–207, 209–213, 243
Menschenwürde 262
Mexiko 33, 295, 340
Mindestumtausch 60, 398
Mitteleuropa 25, 27, 96, 121 f., 150, 160, 174, 194, 230, 358
Mittelmächte, europäische 56
Mittelmeer 131
Mittelmeerraum 25, 35, 150
Mittelstreckenraketen, auch -waffen, siehe Waffen
Mittlerer Osten 136, 271, 286
Modernisierung 22, 52, 397, 440
Moratorium 345, 368, 374
Mosambik 23
Moskau 20 ff., 25 f., 28, 37 f., 42 f., 46, 48, 52, 54, 57–60, 62, 69, 95, 130, 134, 138, 146, 152 f., 156 ff., 180, 204, 218, 228, 235, 248, 327, 343, 355, 398, 402, 406
Mouvement Européen 98
München 342, 377
MX-Raketen, siehe Waffen

Nachrüstung, siehe NATO, NATO-Doppelbeschluss 48, 63, 65, 370, 377
— atomare 327
— konventionelle 46
— US-amerikanische 48, 332
Naher Osten 35, 122, 126, 131, 286, 310, 314
Nahostfrage 398
Namedywerth 342
Nationale Frage 358
Nationales Olympisches Komitee der Bundesrepublik Deutschland 58
Nationalismus 89, 349
Nationalsozialismus 12, 20, 88, 124, 354
NATO 26, 28, 35 f., 38, 43, 48, 51 f., 54, 56, 62, 65, 141, 248, 251, 258, 260, 262, 269, 282, 288, 322 f., 328, 351, 361, 395, 401, 407, 412
— Atlantisches Bündnis 92, 94, 103, 121, 178, 362
— Bündnisloyalität 29, 43
— High Level Group (HLG) 434
— „Signal von Reykjavik", NATO-Vorschlag einer beiderseitigen und ausgewogenen Trupppenreduzierung, 25. Juni 1968 133, 205, 401
NATO-Doppelbeschluss 44, 46, 49 ff., 53 f., 59 f., 62, 64, 68, 70, 72, 314, 318, 336, 342, 368, 375, 377, 421 f., 425, 428, 434, 437, 444
Neofaschismus 193, 402
Neutrale Länder 94
Neutralismus 347, 349
Neutronenwaffe, siehe Waffen
New York 120, 124, 257, 270, 379
Nichteinmischung in innere Angelegenheiten 25
Nichtverbreitungsvertrag 21
Niederlande 396
Nordeuropa 322, 339
Nordrhein-Westfalen 265
Nord-Süd-Kommission 49, 196
Nord-Süd-Politik 63, 203, 212, 236, 325, 340, 399
Norwegen 340
Nowosibirsk 130
NS-Herrschaft, siehe Nationalsozialismus
Nukleare Konfrontation 126
Nukleares Potenzial 21
Nuklearmächte 289
Nuklearwaffen, Nukleare Waffen, siehe auch Waffen 58, 68, 148, 283, 329, 343, 386, 392
Null-Lösung, auch „Nulloption" 55, 68, 324, 330 f., 369 f., 373, 421, 444

Oberfranken 131
OECD 102
Öffentlichkeit, westliche 436
Ölkrise 16, 29, 103, 106

Ölquellen 261
Olympische Spiele 1980 58, 272, 277 f.
— Boykott 58, 61, 426 f.
Oman 260
Oreanda 26, 135, 144, 146, 228, 234, 382, 385, 417, 419
Organisation für afrikanische Einheit 238, 419
Organisation der Erdöl-Export-Länder (OPEC) 396
Ostblock 35, 67, 119
— Oppositions- und Reformbewegungen
Osteuropa 73, 177, 210, 215, 217, 245
— Auflockerungen im humanitären Bereich 39
Ostpolitik 19 f., 24, 26, 29, 35 f., 39, 42 ff., 46, 56, 67, 71 ff., 89, 94, 127 f., 130 ff., 142, 166, 177, 224, 230, 308, 315, 356, 393, 406–410
Ostseeraum 322
Ost-West-Beziehungen 37, 59, 94, 150, 171, 187, 191, 198, 338, 344
Ost-West-Konflikt 37, 67, 230, 244, 394
Overkill-Kapazitäten 345, 348

Pakistan 274
Palais Schaumburg 17, 19, 88
Palme-Kommission 333, 432
Panzer, siehe Waffen
Paris 37, 63, 254 ff.
Parlament 15, 24
Passierscheinregelungen 294
Patriotismus
— deutscher 353 ff., 360
Peking 21
Pentagon 376
„Pershing 1"-/„Pershing 2"-Raketen, siehe Waffen
Persischer Golf 260
Petersberg 151
Phnom Penh 33
Planwirtschaft 21
Polen 60, 63, 65 ff., 72 f., 90, 143, 145, 166 f., 182, 184, 210, 266, 291, 296, 298, 300, 305, 323, 326, 338, 350, 352, 354, 362 f., 366, 403, 442 f.
— Arbeiterunruhen 59, 430
— Ausnahmezustand 366
— Austausch mit der Bundesrepublik Deutschland 297
— politische Gefangene 59, 351
— Polnische Vereinigte Arbeiterpartei (PVAP) 32, 59, 66, 90
Politik der aktiven Friedenssicherung, siehe auch: Ostpolitik 40, 244
Politik der Entspannung und Versöhnung 21, 40, 90, 96, 175, 241
Politik der friedlichen Zusammenarbeit 250
„Politik der kleinen Schritte" 71, 149, 409
„Politik der Stärke" 28, 57, 273
Politik des Ausgleichs 245
„Politik des Friedens durch Stärke" 407
Politik des Gleichgewichts 311
Politische Kultur 356
Portugal 35, 110 f., 126, 150, 157 f., 176, 406
— „Nelkenrevolution" 396
„Poseidon-Raketen" 329
Prag 358
Presse
— französische 98, 354, 395
Pressefreiheit 211
Prinzip der gleichen Sicherheit 433

Raketenabschussrampen 46
Raketenrüstung gegen Westeuropa 54
Rat für gegenseitige Wirtschaftshilfe (RGW) 415
Rechtsextremismus 193
Rechtshilfevereinbarung 34
Reformbewegung im Ostblock 67, 72
Regimekritik 25 f., 42, 66
Reise- und Besuchsdiplomatie 29, 32
Reisen und Staatsbesuche
— Adenauer in Moskau 1955 398
— Brandt bei Honecker in Ost-Berlin 1985 40
— Brandt in Bulgarien 1978 237

— Brandt in den USA 1975, 1977, 1980, 1981   32 ff., 36, 404, 411
— Brandt in der DDR 1970   403, 413
— Brandt in der UdSSR 1970, 1971, 1975   26, 33, 403
— Brandt in Griechenland 1975   404
— Brandt in Jugoslawien 1978   404
— Breschnew in Bonn 1973   131, 135, 400
— Breschnew in Bonn 1978   47, 229, 235
— Breschnew in der Bundesrepublik Deutschland 1981   65
— Genscher bei Chnoupek, ČSSR 1975   399
— Genscher in Washington 1978   416
— Gierek in der Bundesrepublik Deutschland 1976   182, 408
— Grličkow (ČSSR) in Bonn 1977   195
— Gromyko in der Bundesrepublik Deutschland 1974   334, 439
— Gromyko in Italien/dem Vatikan 1975   403
— Kohl in der UdSSR 1975   158
— Schiwkow (Bulgarien) in der Bundesrepublik Deutschland 1975   419
— Schmidt (Helmut) in den USA 1977   208
— Schmidt (Helmut) in den USA 1980   276
— Schmidt (Helmut) in den USA 1981   312
— Schmidt (Helmut) in Güstrow 1981   66
— Schmidt (Helmut) in Jugoslawien 1977   411
— Schmidt (Helmut) in Moskau 1974   34
— Schmidt (Helmut) in Moskau 1980   58, 279, 434
— Schütz (Klaus) in Moskau (geplant)   402
— Strauß in Ungarn 1979   420
— Vance in der Sowjetunion 1977   411
Reiseverkehr   23
Rezession   16, 64
Rhein   342
Rohstoffe   100, 102, 114, 123, 136, 165

Rohstoffpolitik   96
Rom   323, 334
Rote Khmer   33
Rumänien   145, 148, 237
— Kommunistische Partei   252
— XII. Parteitag der KP in Bukarest   252
Rüstung   49 f., 230, 356
— sowjetische   47, 49
Rüstungsaufschwung   282
Rüstungsaufträge   290
Rüstungsbegrenzung   24, 47, 96, 133, 144, 150, 175, 185, 213, 223, 279, 284
Rüstungskontrolle   23, 46, 52, 171, 225, 231, 250, 271, 279, 317, 326, 361, 407, 410 f.
Rüstungskontrollverhandlungen   44, 53, 250
Rüstungslobbyisten   261
Rüstungspolitik   244
Rüstungsproblematik   237
Rüstungsproduktion   239, 314
Rüstungsspirale   46, 223, 244, 301
Rüstungswettlauf   244, 301

Sacramento   335
Saigon (Ho-Chi-Minh-Stadt)   33, 399
Salzgitter   60, 430
Sanktionen
— wirtschaftliche   365
„Scheidungsbrief", siehe Sozial-liberale Koalition   69
Schlesier   298
Schleswig-Holstein   444, 446
Schloss Gymnich (Bundesrepublik Deutschland)   47, 65, 234
Schloss Wilanow (Polen)   428
Schorfheide   389
Schuman-Plan   262, 424
Schwarzes Meer   385
Schweden   340
Sicherheit   25, 47, 89, 91, 96, 156, 162, 195, 214, 234, 247 f., 268, 284, 289, 324
Sicherheitsexperten   45
Sicherheitsfragen   25

Sicherheitsinteressen 347
Sicherheitspartnerschaft 420, 448
Sicherheitspolitik 37, 46, 48, 54, 62 ff., 179, 205, 245, 345, 361, 375, 420
Sicherheitsrat 398
Sicherheitssystem, europäisches 20, 69
„Signal von Reykjavik", siehe NATO
Simferopol 385
Skandinavien 340
Sofia 237 f.
Soldaten, deutsche 258
Solidarität 18, 55, 93
Solidarność 59, 63, 66, 326, 349, 351, 430, 443
Somalia 260
Sowjetunion 22 f., 33, 37, 48, 55, 57 ff., 61 f., 66 ff., 72 ff., 94 f., 116, 119, 123, 126, 130 f., 133, 137, 144 f., 148, 154 ff., 158, 161 f., 165, 169, 171, 173, 176, 179, 182, 192, 203, 210, 215 f., 228, 230 f., 237, 239, 247 f., 250 f., 255, 257 f., 264 ff., 269, 273, 281, 296, 301, 303, 319–323, 330, 340, 349, 370, 380, 390, 403, 406 f., 412
— Ausbürgerung aus der Sowjetunion 306
— Auswärtige Kommission des Obersten Sowjet 334
— Expansion in der Dritten Welt 54, 72
— Globaloffensive 28
— KPdSU 47, 134, 138, 144, 151 f., 154, 163, 168, 175, 193, 252, 324
XXV. Parteitag 1976 28, 152, 175
XXVI. Parteitag 1981 304, 381
— Kreml 23, 36, 42, 48, 51, 56, 63, 72, 153, 337, 384 f.
— Propagandaoffensive 426
— Verfassung 1977 217, 413
Sozialdemokraten 32, 45 f., 48, 53, 58, 64, 68, 70, 97, 126, 154, 179, 184, 192 ff., 199, 203, 205, 211, 219, 235, 242, 252, 287 f., 308, 321, 351, 357, 380
Sozialdemokratie 17, 70, 88, 191
— europäische 93, 220

Sozialdemokratische Partei Deutschlands (SPD) 11, 15, 17, 36 f., 42, 44 f., 47–54, 56, 58–61, 63, 65, 67 ff., 75, 88, 90 f., 95, 98, 114 f., 117, 120, 124, 130, 134, 138, 144, 151, 154 f., 158, 160, 163, 165, 171, 175, 200, 212, 219, 223, 249, 267, 284, 288, 309, 347, 374, 378, 394, 408, 411
— Ämtertrennung zwischen Kanzlerschaft und Parteivorsitz 18
— Hamburger Beschluss zur Neutronenwaffe 44, 226, 250
— Parteitage
  1975 93, 143, 164, 168, 314
  1977 44, 217 f., 417
  1979 30, 52 f., 268, 309, 312, 422, 425
  1982 67, 316, 342, 367, 446
  1983 68, 372
— Präsidium 49, 65, 434
Sozialdemokratische Partei Finnlands 235
soziales Netz 64
Sozialismus 28, 67, 326
„Sozialismus mit menschlichem Antlitz" 241
Sozialisten
— französische 339
Sozialistische Internationale (SI) 11, 49, 63, 184, 192, 197, 200, 210, 236, 250, 259, 276, 295, 371, 410, 413
— Arbeitsgruppe für Abrüstungsfragen 235
Sozialistische Partei Portugals 35, 399, 404
Sozialistische Staaten 277, 282
Sozial-liberale Koalition 16, 21, 39, 59, 63, 67 ff., 89, 165, 177, 224, 318, 379, 382, 393
— „Scheidungsbrief" 69
Sozialversicherungsleistungen 147
Spanien 35, 111, 346
Spannungsabbau 205, 228, 242, 356
Springer-Konzern 190, 265
SS-4, -5, -20, -23-Raketen, siehe Waffen
Staatssozialismus 65, 394
Staatsbürgerschaft 60, 430 f.
Staatsverschuldung 64

Städtepartnerschaft 298, 431
Stellvertreterkriege 238
Stettin 59
Steuer, internationale 259
Strategische Nuklearraketen 257
Streikrecht 59
Streikwellen 59
Supermächte, *siehe Weltmächte* 20 ff., 24, 37 f., 56, 72, 185, 220, 231, 257, 407
Südafrika 245
Südamerika 245
Süd-Ost-Asien 33, 131
Süd-Ost-Europa 240
Supranationalität 94
„Swing", *siehe Beziehungen: Deutsch-deutsche* 66
Syrien 22, 398

Tagespolitik 18
Tansania 220
Tarifkonflikte 16
Teheran
— Geiseldrama 55, 254, 261, 269 f., 422, 429
Teilung, deutsche 187
Terror 211
Terrorismus 29, 185, 219, 415
„Thor"-Raketen, *siehe Waffen*
Tiflis 327
Tokio 218
Toleranz 18
Transitpauschale, *siehe auch: Beziehungen: Deutsch-deutsche* 41
Truppen 230
Truppenabbau 25, 96, 129, 194, 209, 382
Truppenabzug 358
Truppenbegrenzungen 95, 135 f.
Truppenstärke 410, 417
Tschechoslowakei, *siehe* ČSSR
Türkei 399, 438

U-Boote, *siehe Waffen*
Ukrainisches Industriegebiet 386

Umwelt 25, 54, 114, 182, 395
Umweltbundesamt 34, 402
Unabhängige Kommission für internationale Entwicklungsfragen 49, 57, 209, 219, 236, 411, 415, 426
UNCTAD 220, 409
Ungarn 145
— Aufstand 1956 73, 242, 419
Ungleichgewicht 370
Union der Sozialistischen Sowjetrepubliken (UdSSR), *siehe Sowjetunion*
Unsicherheit 407
Unverletzlichkeit der Grenzen 25, 71

Vaterland 125, 353 f., 356, 360
Venedig 392
Venezuela 33
Vereinigte Staaten von Amerika (USA) 21, 23, 25, 28, 33, 36, 41 f., 48, 55, 57, 61 ff., 65, 69, 72, 110, 112, 123, 126, 133, 150, 156, 161 f., 171, 178, 182, 191, 207, 237, 239, 251, 255 f., 264, 268, 273 f., 276, 281, 290, 295, 302 f., 308 f., 319, 322 f., 361 ff., 370, 375
— Asienpolitik 322
— Direktive-59 428
— Geheimdienste 329
— Nationaler Sicherheitsrat der Vereinigten Staaten 38
— Präsidentenwahlen 38, 61, 182 f., 284, 286, 406 f., 423
— Senat 55, 376, 407
— Verhandlungsbereitschaft 53
Vereinte Nationen (UNO) 23, 120, 122, 124, 149, 165, 169, 196, 207, 209, 213, 245, 268, 341, 406
— Sondergeneralversammlung 219, 236, 238
Verfassung 23
Verkehrsfragen 147
Vernichtungswaffen, *siehe Waffen*
Verteidigung 47, 290, 361
Verteidigungsbudget 429
Vertrauen 67, 74

Vertrauensbildende Maßnahmen   359
Vietcong   33, 399
Vietnam
— Vietnam (Nord)   28
— -krieg   126, 180, 407, 424
Vietnam-Trauma   21
Völkerrecht   161, 206
Völkerrechtliche Vereinbarungen   25
Volkspartei   395

Waffen   48
— atomare   44, 63, 178, 227, 369, 372, 415
— „Backfire"   247, 253, 420
— „Cruise Missiles"   52, 320, 330 f., 346, 421, 435 f., 444
— euro-strategische   51, 249, 253
— Forward Based Systems (FBS)   63, 329, 435
— Gefechtsfeldwaffen   45
— Grauzonenwaffen   223, 235, 416
— Interkontinentalraketen   39, 312, 374, 422
— „Jupiter"-Raketen   332, 438
— Marschflugkörper   52, 68, 421, 445
— Mehrfachsprengköpfe   22, 397
— Mittelstreckenraketen, auch -waffen   27, 46, 48, 50 – 55, 58, 69, 247, 249 f., 253, 263, 277, 287, 309, 311 ff., 317, 323, 329, 369 f., 383, 387, 390, 428
— MX-Raketen   313, 434
— Neutronenwaffe   43 f., 48 f., 51, 72, 223, 225 ff., 416 f.
— Panzer   404, 421
— „Pershing 1"-/„Pershing 2-Raketen"   52, 68 f., 320, 330 f., 345 f., 421, 436, 444 f.
— SS-4, -5, -20, -23-Raketen   27, 46 ff., 51, 62 f., 247, 253, 311, 320, 323 f., 328, 330 – 333, 346, 370 f., 374, 390, 416 f., 435, 439, 445
— strategische Waffen   212, 237, 310
— „Thor"-Raketen   332, 438
— U-Boote   329
— Vernichtungswaffen   135, 174, 327, 360

— Wasserstoffbombe   328
Waffenentwicklung   51, 247, 252
Waffenlieferungen   322
Waffensysteme   324
Waffentechnologie   323
Wahlen in der Bundesrepublik Deutschland, *siehe Wahlkampf*
— Bundestag
   1961   15
   1965   15
   1969   393
   1972   15
   1976   402, 406
   1980   59, 64
— Landtags- und Bürgerschaftswahlen
   Baden-Württemberg   425
   Nordrhein-Westfalen   265, 417
Wahlkampf   59, 143, 232, 256, 266, 295
Währungskrise   29
„Waldspaziergang"   69
„Wandel durch Annäherung"   22, 24, 394
Warschau   20, 90, 166, 355, 358, 403
Warschauer Kniefall, *siehe auch: Ostpolitik*   128, 394
Warschauer Pakt   26, 29, 38, 46, 55, 93, 241, 288, 332, 362, 395, 401
Washington   20 ff., 28, 33 f., 36 ff., 41, 43, 45, 55, 57, 59, 63, 69, 180, 191, 196, 225, 235, 270, 276, 336, 375, 398
Wasserstoffbombe, *siehe Waffen*
„Watergate-Affäre"   28, 407, 424
Weimarer Republik   88, 126 f., 354
Weizenlieferungen   263
Weltbank   196, 200, 220, 231
Weltentwicklung   236
Weltkrieg
— Erster   184, 342, 354
— Zweiter (auch „Hitlerkrieg")   20 f., 55, 125, 230, 255, 297, 320, 356, 386, 398
Weltmächte   20, 23, 128, 133, 155, 160 f., 201, 231, 246, 254 f., 344, 354, 356
Weltwirtschaft   100, 123, 131, 136, 176, 236
Weltwirtschaftskrise   102

Westeuropa 26, 41, 53 f., 72, 99 ff., 103, 162,
  191, 215, 217, 255, 262, 276, 309, 317,
  320, 370 f.
Westintegration, *siehe auch: Abkommen und
  Verträge, Deutschlandpolitik, Europa,
  NATO* 20
Wettrüstung
— nukleare  15, 27, 45, 48, 57, 63, 114,
  216 f., 227, 276, 284, 315, 343, 412
Wettrüstungsstopp  203
Wiedervereinigung, deutsche  358, 407
Wien  51, 149, 182, 198, 209, 212, 223, 235,
  238, 250
Wirtschaft  25, 69, 117, 395
Wirtschaftsbeziehungen  124, 144
Wirtschaftspolitik  44, 64, 308, 318
Wirtschaftswachstum  100, 355
Wissenschaft  25, 64
Wladiwostok  116, 133, 150, 171, 397

Y om-Kippur-Krieg 1973  22, 396

Z eitungen, Zeitschriften
— Bayernkurier  158, 264
— General-Anzeiger (Bonn)  130
— Harburger Anzeigen und Nachrichten
  186
— Literaturnaja Gaseta (Moskau)  158
— Nationalzeitung (Basel)  91
— Die Neue Gesellschaft (Bonn)  17, 88,
  95
— Nin (Jugoslawien)  127
— Prawda (Moskau)  158, 415
— SA RUBJESHOM (Sowjetunion)  171
— sozialdemokrat magazin (Bonn)  244
— SPD-Pressedienst  241
— Der Spiegel  61, 67, 151, 156, 170, 254,
  288 – 294, 308 – 318, 375 – 378, 415
— Stern  39, 177, 346
— Süddeutsche Zeitung (München)  38,
  178
— Vorwärts  221 – 224
— Die Zeit  42, 204, 360 – 368
Zensur  59
Zentrale Erfassungsstelle in Salzgitter  60
Zivilisation  356
Zypern  122, 399

# Bildnachweis

Seite 6 und Foto auf dem Umschlag: Willy Brandt: Foto: Konrad R. Müller.

Seite 19: Bundeskanzler a.D. Willy Brandt gratuliert im Deutschen Bundestag am 16. Mai 1974 seinem Nachfolger Helmut Schmidt zur Kanzlerwahl: Foto: Sven Simon, Bonn.

Seiten 30 und 31: Kein einfaches Verhältnis: Willy Brandt und Helmut Schmidt auf einer Wahlkundgebung in Dortmund im Mai 1975, während des Berliner SPD-Parteitages am 4. Dezember 1979 und in der Sitzung der SPD-Bundestagsfraktion am 17. Dezember 1982 in Bonn mit Herbert Wehner: Fotos: Sven Simon, Bonn (Seite 30 und Seite 31 oben), poly-press, Bonn (Seite 31 unten).

Seite 139: Willy Brandt im Gespräch mit dem sowjetischen Parteichef, Leonid Breschnew, am 3. Juli 1975 im Kreml: Foto: Associated Press.

Seite 183: Erste Seite des Vermerks Willy Brandts über sein Gespräch mit dem Ersten Sekretär des ZK der PVAP, Edward Gierek, vom 9. Juni 1976: Willy-Brandt-Archiv im Archiv der sozialen Demokratie der Friedrich-Ebert-Stiftung, Bonn.

Seite 229: Die Entspannung unzerstörbar machen: Willy Brandt im Gespräch mit dem sowjetischen Staats- und Parteichef Leonid Breschnew während dessen Besuch in der Bundesrepublik Deutschland im Mai 1978: Foto: dpa.

Seite 233: Erste Seite des Schreibens Willy Brandts an den Generalsekretär des ZK der KPdSU, Leonid Breschnew, vom 4. Mai 1978: Willy-Brandt-Archiv im Archiv der sozialen Demokratie der Friedrich-Ebert-Stiftung, Bonn.

Seite 321: Willy Brandt im Gespräch mit dem sowjetischen Staats- und Parteichef Leonid Breschnew am 2. Juli 1981 in Moskau: Foto: J.H. Darchinger.

Seite 344: Willy Brandt begrüßt den sowjetischen Dichter und Regimekritiker Lew Kopelew, 1989: Foto: J.H. Darchinger.

Seite 346: Willy Brandt im Gespräch mit dem französischen Staatspräsidenten François Mitterrand im August 1981: Foto: AdsD.

Seite 380: Antrittsbesuch des sowjetischen Botschafters in der Bundesrepublik Deutschland, Wladimir S. Semjonow, bei Willy Brandt, 1979: Foto: Sven Simon.

# Angaben zum Bearbeiter und zu den Herausgebern

*Bearbeiter:*

Frank Fischer, geb. 1968, Dr. phil., Studium der Geschichte, Germanistik und Sprachwissenschaft in Erlangen; Veröffentlichungen zur Geschichte der Sozialdemokratie und der Bundesrepublik Deutschland, Lehr- und Forschungstätigkeit an der Universität Erlangen-Nürnberg.

*Herausgeber:*

Prof. Dr. Helga Grebing, geb. 1930 in Berlin. Studium an der Humboldt- und der Freien Universität. 1952 Promotion im Fach Geschichte. Danach Tätigkeiten im Verlagswesen und in Institutionen der Politischen Bildung. Seit 1971 Professorin für Geschichte (Schwerpunkt Sozialgeschichte des 19. und 20. Jahrhunderts) an den Universitäten Frankfurt/Main, Göttingen und Bochum, hier 1988–1995 Leiterin des Zentral-Instituts zur Erforschung der europäischen Arbeiterbewegung. 1995 emeritiert und seither als Publizistin in Göttingen und München lebend. Viele Veröffentlichungen zur Geschichte der Arbeiterbewegung; Autorin u. a. der „Geschichte der deutschen Arbeiterbewegung".

Prof. Dr. Gregor Schöllgen, geb. 1952 in Düsseldorf. Studium der Geschichte, Philosophie und Sozialwissenschaften in Bochum, Berlin, Marburg und Frankfurt/Main. Dort 1977 Promotion im Fach Philosophie; 1982 Habilitation für Neuere Geschichte in Münster. Seit 1985 Professor für Neuere Geschichte an der Universität Erlangen. Gastprofessor in New York, Oxford und London. Mitglied des Vorstandes der Bundeskanzler-Willy-Brandt-Stiftung. Zahlreiche Veröffentlichungen, zuletzt: „Geschichte der Weltpolitik von Hitler bis Gorbatschow 1941–1991", „Die Außenpolitik der Bundesrepublik Deutschland", „Diehl. Ein Familienunternehmen in Deutschland 1902–2002" und „Willy Brandt. Die Biographie".

Prof. Dr. Heinrich August Winkler, geb. 1938 in Königsberg. Studium in Münster, Heidelberg und Tübingen. Promotion zum Dr. phil. in Tübingen 1963. Professor an der Freien Universität Berlin und an der Universität Freiburg/Br., seit 1991 an der Humboldt-Universität zu Berlin. Wichtigste Veröffentlichungen: „Arbeiter und Arbeiterbewegung in der Weimarer Republik" (3 Bde.), „Weimar 1918–1933. Die Geschichte der ersten deutschen Demokratie", „Streitfragen der deutschen Geschichte" und „Der lange Weg nach Westen" (2 Bde.). Weitere Publikationen zur deutschen, europäischen und amerikanischen Geschichte.

Kai Langhans

**Willy Brandt
und die bildende Kunst**

188 Seiten, geb. mit Schutzumschlag, zahlreiche farbige Abb.
Euro 39,80
ISBN 3-8012-0338-X

*Kein anderer Politiker der deutschen Nachkriegsgeschichte wurde von so vielen zeitgenössischen Künstlern dargestellt wie Willy Brandt. Was aber machte ihn so anziehend für die Künstler? Und wie stand er selbst zur Kunst seiner Zeit?*

Der Kunsthistoriker Kai Langhans hat zwei Jahre lang recherchiert, um dem Phänomen »Willy Brandt als Objekt der bildenden Kunst« anhand von Archivmaterialien sowie in Interviews mit Künstlern und Zeitzeugen auf den Grund zu gehen. Dabei hat Langhans im Rahmen seiner Untersuchung solche Porträts ausgesucht, die Willy Brandt in wichtigen Phasen seines Lebens darstellen und ihn in das zeitgeschichtliche Umfeld integrieren.

Anhand der in diesem Band erstmals präsentierten Zusammenschau von Kunstwerken, die Willy Brandt zum Thema haben, manifestiert sich posthum die ganze Bandbreite seiner Persönlichkeit: Emigrant, Sozialdemokrat, Staatsmann, Friedensstifter, Journalist und Mensch.

**Verlag J.H.W. Dietz Nachf.**
Dreizehnmorgenweg 24 – 53175 Bonn
www.dietz-verlag.de – e-mail: info@dietz-verlag.de

Heinrich Potthoff / Susanne Miller

## Kleine Geschichte der SPD 1848–2002

8., aktualisierte und erw. Auflage

592 Seiten, geb. mit Schutzumschlag, Abb. und Dokumente
Euro 15,50
ISBN 3-8012-0320-4

*Mit ihrer »Kleinen Geschichte der SPD« bringen die Autoren Potthoff und Miller die Entwicklungsgeschichte und das Selbstverständnis der Sozialdemokratie auf wissenschaftlicher Grundlage einer breiten Öffentlichkeit nahe.*

Die »Kleine Geschichte der SPD« reicht in der jetzt vorliegenden, komplett überarbeiteten 8. Auflage bis in die unmittelbare Gegenwart. Im ersten Teil des Buches schildert Heinrich Potthoff den Weg der sozialdemokratischen Arbeiterbewegung seit dem Revolutionsjahr 1848/49.

Der von Susanne Miller verfasste zweite Abschnitt umfasst die Zeitspanne von 1945 bis zum Ende der sozialliberalen Koalition im Jahre 1982. Dieser Teil wurde für die Neuausgabe gründlich überarbeitet und bezieht nun auch die Entwicklungen in der früheren DDR mit ein.

Völlig neu ist der umfangreiche dritte Teil der Gesamtdarstellung über die Jahre von 1982 bis 2002. Hierin beschreibt Heinrich Potthoff die Entwicklung der SPD von den langen Bonner Oppositionsjahren über die Kurssuche im geeinten Deutschland bis zur heutigen Regierungspartei Gerhard Schröders.

W. Müller / F. Mrotzek / J. Köllner

## Die Geschichte der SPD in Mecklenburg und Vorpommern

272 Seiten, Broschur
über 60 Abbildungen
Euro 14,80
ISBN 3-8012-0329-8

*Rund 70 Jahre war die Sozialdemokratie im heutigen Bundesland Mecklenburg-Vorpommern de jure oder de facto verboten. Dennoch leistete die SPD zwischen Ostsee und Müritz, zwischen Trave und Peene einen wichtigen Beitrag zur Geschichte der sozialen Demokratie in Deutschland.*

Die Autoren liefern mit dieser Darstellung erstmals eine zusammenhängende Politik- und Organisationsgeschichte der Sozialdemokratie in den Landesteilen Mecklenburg und Vorpommern. Erschwert wurden ihre historischen Recherchen nicht nur aufgrund der früheren territorialen Vielfalt des heutigen Bundeslandes, sondern auch wegen der z.T. desolaten Quellenlage: Viele Unterlagen gingen 1933 verloren oder wurden durch die nationalsozialistischen Machthaber vernichtet. Und nach 1945 haben führende Sozialdemokraten gezielt Unterlagen vernichtet, um sie nicht den Kommunisten zu überlassen.

Die Tradition der Sozialdemokratie in Mecklenburg und Vorpommern stellt sich also als eine »Geschichte mit Lücken« dar. Die Autoren unternehmen einen ersten systematischen Versuch, die zahlreichen »weißen Flecken« in der regionalen Geschichtsschreibung zu schließen.